関東大震災　政府陸海軍関係史料

I巻

政府・戒厳令関係史料

監修＝松尾章一

編集＝平形千惠子・大竹米子

本書の出版に際して、平成８年度文部省科学研究費補助金「研究成果公開促進費」の交付を受けた。

Ⅰ巻　政府・戒厳令関係史料――目　次――

凡例

一、『関東大震災政府陸海軍関係史料』は全3巻から構成されている。全巻にわたる解題・校閲は、松尾章一が担当した。

二、I巻「政府・戒厳令関係史料」の編集・校閲は大竹米子、平形千恵子が行い、解題は平形、松尾が担当した。

三、収録史料について

収録史料は、国立公文書館、法政大学図書館、防衛庁防衛研究所図書館、所蔵のものである。

四、編集にあたって

原則として各図書館所蔵の分類に従っているが、史料を時系列、内容の両面から考慮し、かなり史料の配列を変更し、見出しを設けた。

見出しは、読み易さを考慮して文字の大きさ、ゴチック体および行取り等手を加えた。また各巻に目次を新設した。

史料は原則として新組みとしたが、写真版による復刻は、史料が鮮明であるうえに、各大臣の花押がある文書、情報、宣伝ビラ等を対象とし、原文の姿を直接示そうとした故である。また、各史料毎に上下左右を枠で囲み区分し、文末に史料名を付した。

新組みでは、原則として原史料における旧字は、人名以外は新字に改めた。𪜈、ヿはそれぞれトモ、コトと改めた。

また、原史料中の誤字・脱字等については（ママ）としたが、頻出するときはそのままにしてある。

原史料の文字、文章でどうしても判読できない箇所は○○○をあて、原史料にある伏字は□□□をあてた。

プライバシーにかかわると判断したものは、実名を伏せイニシャルに変えた。

文中および文末の〔 〕内の文章は原史料にある記述等を編者が注記したものである。

写真版による復刻史料は様々な大きさであるが、これを適宜縮小し、また分割して収めた。

本巻に収録した史料および所蔵は左のとおりである。

公文類聚第四十七編大正十二年巻一　国立公文書館
公文類聚第四十七編大正十二年巻三　同右
公文類聚第四十七編大正十二年巻二十六　同右
大正十二年公文雑纂、巻十二　同右
大正十二年公文雑纂、巻二十四止　同右
特殊資料第五類、戦役及び事変　同右
特殊資料第七類災害関係関東大震災関係資料　同右
記事取締ニ関スル書類綴、新聞紙行政処分件数調　同右
関東戒厳司令官命令通牒告諭　同右
昭和十六年七月、戒厳令ニ関スル研究　同右
松室文書（戒厳司令部文書）　法政大学図書館
黒龍会内田良平意見開陳　防衛庁防衛研究所図書館

関東大震災史研究の成果と課題

松尾　章一

はじめに

一九二三（大正十二）年九月一日午前十一時五十八分、関東地方南部に大地震が発生した。いわゆる関東大震災である。その規模はマグニチュード七・九、震源は相模湾西北部（東経一三九・三度、北緯三五・二度）と計測された。地震は小田原・根府川方面がもっとも激烈であったが、東京・横浜では地震による火災が加わり最大の被害を生んだ。東京は三日未明まで燃え続け、下町一帯から山の手の一部にかけて全市の三分の二が消失した。なかでも本所の被服廠跡では火の旋風が起こり、一挙に三万八千名が死んだ。横浜では煉瓦づくりの洋館などが倒壊して多くの圧死者を出したうえ、全市街がほとんど焼失ないし全半壊し、四日までまったく救援の手が届かなかった。この震災による被害は、死者九万九三三一名、負傷者一〇万三七三三名、行方不明者四万三七四六名、全壊家屋一二万八二六六戸、半壊家屋一二万六二三三戸、焼失家屋四四万七一二八戸、流失家屋八六八戸で、罹災者数約三四〇万名といわれている（今井清一執筆『国史大辞典』第三巻、吉川弘文館、一九八二年十二月）。本『史料』Ⅰ巻所収の「戒厳令ニ関スル研究」（一九四一年七月）には、東京府下の被害として罹災世帯数三一万五一三九戸、罹災総人口三二万四二五四名、内訳は死者六万四二二〇名、負傷者三万一〇五一名、行方不明者三万六六三四名、其他罹災一一九万六一二九名、総人口に対して三四パーセント、と記載されている。

関東大震災から七三年目にあたる今日、この大震災に関する資料が多く出版されている。たとえば新聞資料ライブラリー監修・シリーズその日の新聞『関東大震災』全二巻、大空社、一九九二年八月、『大正ニュース事典』第六巻、株式会社毎日コミュニケーションズ、一九八八年九月、『新聞集録大正史』第十一巻、大正出版株式会社、一九七八年六月などに関東大震災の新聞記事が収録されていて便利である。

冒頭に被害を紹介したように、関東大震災は日本の歴史上きわめて特筆すべき大災害（天災）であった。しかしそれ以上に、この災害時に起こされた今日までに判明しているだけでも六千名以上の在日韓国・朝鮮人と七百名以上の在日中国人にたいする大虐殺と亀戸事件・大杉（甘粕）事件と呼ばれている日本人社会主義者・無政府主義者・共産主義者・労働運動・青年運動の指導者十三名の殺害事件を忘れてはならない。とくにまったく事実無根の流言蜚語を信じて自警団を組織させられた日本の民衆が、軍隊・警察とともに韓国・朝鮮人をはじめ中国人にたいする言語に絶する大量殺戮行為を白昼公然と行ったという歴史的事実は、今後絶対に繰り返してはならない日本歴史上の最大の汚点の一つである。この時いわれなく無残に殺されていった人々にとっては、関東大震災はまさに人災であったというべきである。

七三年たった今日、このようないまわしい大惨事が絶対に起こらないという保証があるだろうか。私は毎年、「防災の日」とされている九月一日の新聞報道を見て思うことは、阪神大震災を例にとってみても明らかなように、大災害にたいする準備がきわめて不十分であるばかりでなく、自衛隊を中心とする上からの国家統制的（戒厳令状況的）な防災対策が感じられてならない。関東大震災の教訓が必ず指摘されながら、「三大テロ」事件の指摘はほとんど書かれていない。

現在、日本政府にたいして被害者が法廷に提訴し、国際問題にまで発展している元日本軍「慰安婦」や朝鮮人強制連行問題にたいして、日本政府の対応はまったく不誠実であるばかりか、いまだに韓国・朝鮮人をはじめとする在日外国人にたいする権力側の治安対策的発想を感じてならない。

以上のようなことは、明治以来の日本近現代史、とくにいわゆる日韓「併合」を起点とした、アジア・太平洋地域での十五年に及ぶ侵略戦争にたいする反省を欠如した歴史認識に由来するものではないかと私は考えている。韓国・朝鮮をはじめとするアジア諸民族にたいする日本人の蔑視感は、一九四五年八月十五日以後も克服されていないのではないかとさえ考えざるをえない。

私たちは、日本が韓国・朝鮮・中国をはじめとするアジア諸民族国家と国家・政府レベルで、政治・経済・学術・文化等の交流がこれまで以上に発展することを心から願っている。しかしそれ以上に今日必要なことは、心の通い合った国民相互の交流を深めることによってお互いの信頼関係を回復させることとである。

とくに私たち歴史研究者・教育者の社会的責任として、この歴史事実を広く国民に知らせる歴史教育が要請されている。この『史料』はそのための基礎的研究の素材である。さらにまた、国内での共同研究はもとより、国際的（とくに韓国・朝鮮・中国の研究者との）共同研究が今日切実に必要とされている。

一、研究史をふりかえって

問題点の所在

まず最初に、これまでの関東大震災と朝鮮人虐殺に関する研究にたいする三人の意見を紹介したい。いずれも『季刊三千里』第三六号、特集、関東大震災の時代（一九八三年十一月一日）に掲載されたものである。

高柳俊男は、「朝鮮人虐殺についての研究と文献」の中で、次のように書いている。

「研究史を概観してみてまず気がつくことの一つは、研究のための条件を整え、主導的に研究を行ってきたのが、在日朝鮮人の研究者であったことである。これは、強制連行の研究などとも共通するが、日本人自らがまず明らかにすべきものと向き合う際の、姿勢の弱さを物語っている。もう一つは、関東大震災四〇周年、五〇周年といった節目に研究がまとまって現われ、それ以外は空白という状態が続いたことである。そこには事件に寄せる関心の質があらわれている」（七一頁）と、この研究への日本人研究者の姿勢の弱さを指摘している。

山田昭次は、「関東大震災と朝鮮人虐殺――民衆運動と研究の方法論前進のために」の中で、運動論の観点から次のように指摘している。

「関東大震災における朝鮮人虐殺の調査・追悼は、近年ようやく日本人大衆の運動になってきた。そうした動きは、この事件の五〇周年前後に始まった。その成果は、日朝協会豊島支部『民族の刺――関東大震災と朝鮮人虐殺の記録』（一九七三年）や、関東大震災五〇周年朝鮮人犠牲者調査・追悼事業実行委員会『かくされていた歴史――関東大震災と埼玉の朝鮮人虐殺事件』（一九七四年）となって結実した。六〇周年を迎えた今日、さらに運動主体の変化があることに気づく。それは一九七八年六月二十四日の『千葉県における関東大震災と朝鮮人犠牲者追悼・調査実行委員会』の発足や、一九八二年十二月三日の『関東大震災時に虐殺された朝鮮人の遺骨を発掘し慰霊する会』の発足（準備会は同年七月十八日結成）に示されている。五〇周年の運動の中心をなしたのは日朝協会であったのに対し、『追悼・調査実行委員会』と『発掘し慰霊する会』の会員のほとんどが、日朝協会やその他朝鮮・韓国問題の運動団体、研究会と関係のないズブの素人の地域住民である。これらの会の活動や性格については、追悼・調査実行委員会の『いわれなく殺された人びと――関東大震災と朝鮮人』（青木書店、一九八三年）、発掘し慰霊する会の『地震と虐殺――一九八二年九月第一次試掘報告』（一九八二年）、拙稿『関東大震災から六〇年、東京下町の朝鮮人虐殺事件掘りおこし運動――〝朝鮮人の遺骨を発掘し慰霊する会〟の調査報告』（『歴史地理教育』一九八三年九月号）を参照していただきたいが、六〇周年には五〇周年行事以上に大衆のエネルギーが噴出し始めた。

日朝協会は朝鮮民主主義人民共和国との交流を主要課題としているが、調査活動の上に六〇周年行事を担った前記二団体はそうではない。私は追悼・調査実行委員会とは交流はあっても会員ではないから、その実情はわからないが、発掘し慰霊する会の場合、在日朝鮮人も会員となっており、また韓国の知識人との交流も行っている。つまり、この会は南北朝鮮に対して開かれた、多少なりとも両者の掛け橋の機能をもっている。この点も五〇周年の時期の運動とちがいを示している」（三九〜四〇頁）。

戦後、この研究を先導してきた姜徳相《カントクサン》は、「関東大震災六〇年に思う」と題した文章の中で次のように書いている。

「六〇年前の一九二三年九月一日におこった関東大震災、この時、六、七千名の朝鮮人が殺されたことを知っている人は少なくないが、どうしてこれほど多くの生命が失われたのか、そしていつ、どこで、だれに殺されたのか、なおわからないままの状態であるのを知っている人は、あまりいない。一口に六、七千名というが、この事件で一人の殺人犯もまともな罪の報いを受けたものはない不思議な事件なのである。相手が朝鮮人である限り殺人も許容される、思えば恐ろしい時代もあったものである。では、どうしてそんなことになったのか、一つは、日帝権力が異常な執念で事件を隠そうとし、〝官製真相〟をばらまいてすりかえたこと、そして言論統制をきびしくし、違反者は処罰したことなど、瞞着と脅迫の結果といえよう。しかし反面、真相調査をおこたった日本民衆の意識にも理由があったようである。民衆の残した膨大な記録をみても、虐殺事件は震災一般論のなかにおしこめられて、焦点にすえているものは見あたらない。震災下、最大の衝撃を受けたのは地震でも火事でもなく、『朝鮮人狩り』であったはずであるが、それをそのまま素直に記録したものはないのである。それは、何人かの朝鮮人が生命を賭して、手のとどくかぎり調査し、真相の一端をつかみだしたことや、自己の体験を口から口へと語り伝えたこととはちがっていた。約六五〇〇名と推定される犠牲者数も、朝鮮人の調査によるものである。事件直後、もし日本の民衆が権力の妨害をはねのけて真相調査をしていたら、これほどまでに隠されることはなかったと思う。昨年、荒川河川敷の遺骨を発掘する会に寄せられた古老たちの証言を読んで、事実のばらつきにおどろくと共に、どうして事件の真相を書き残した人がいないのか不思議に思い、事件に密着した史料がなにより可信性を高めること、逆に時間の経過は真相をぼかすものであるという史料批判のイロハを思い浮かべた。事実を知ろうとしなかった民衆、権力のとりこになり、植民地支配の腐臭に気がつかない民衆、あの頃の思想状況が見えてきてならない。きついことを言うようだが、ある時間を経過しても、民衆の手で事実をさぐりだす動きもなかったように思う。一部の左翼系雑誌や政党の機関誌がテロ行為を声高に告発したことはあるが、個々の事実を発掘、追悼する姿勢はみえなかった、それは単に権力の妨害、それへの保身というだけの問題ではなかったようである。大日本帝国の束縛がなくなった敗戦後、朝鮮人虐殺事件欠落の思想はより鮮明になる。本質露呈というべきだろう。日本の民衆が、戦後まっさきに語り、真相究明にいさみたったのは大杉事件であり、社会主義者虐殺事件である。戦争直後の新聞、雑誌には、かつての同志たちの思い出から、史実はこれだ式の論議が横行しているのを見ることができるが、朝鮮人問題は焦点にすえられておらず、依然として無関心のままである。さきにのべた、事実を知ろうとしなかった民衆がそのままクローズ・アップされているのである。自由を保証された時にこのていたらくである。人殺したちは大日本帝国の庇護を失ったあとでも大手をふってのし歩いていたのである」（二二三～二二四頁）。

いささか長文の引用をあえてしたのは、この姜徳相の私たち日本人にたいする実に痛烈な批判は、在日韓国・朝鮮人の思いを代表していると思ったからである。とくに私のように日本近現代史研究に携わっている者にとって、甘受しなければならない指摘が多い。姜は、一九九三年八月二十八日と二十九日に東京江東区総合区民センターで行われた関東大震災七〇周年記念事業実行委員会（委員長・松尾章一）主催の記念集会第三分科会（大震災と歴史研究）の最初の報告「三大テロ史観」の中でも同様の趣旨を述べた（同上委員会編『この歴史永遠に忘れず』日本経済評論社、一九九四年一月刊参照)。

在日韓国・朝鮮人歴史研究者の業績

姜徳相、琴秉洞《クムビョンドン》、朴慶植《パクキョンシュク》ら在日韓国・朝鮮人歴史研究者の代表的な研究を紹介しておこう。

まず第一に挙げなければならないのは、姜徳相、琴秉洞編『関東大震災と朝鮮人』(現代史資料 六、みすず書房、一九六三年十月)であろう。この史料集によって、戦後の関東大震災と朝鮮人虐殺事件の研究は飛躍的な前進をみることになった。六十年代に姜は、「関東大震災下の朝鮮人被害者数の調査」『労働運動史研究』一九六三年七月号、「関東大震災に於ける朝鮮人虐殺の実態」『歴史学研究』一九六三年七月、「つくりだされた流言」『歴史評論』一九六三年九月、「忘れることのできないいまわしい事件」『新しい世代』一九六三年十月、『関東大震災』(中央公論社新書、一九七五年十一月)、姜・琴「松尾尊兊氏『関東大震災と朝鮮人』書評についての若干の感想」『みすず』一九六四年四月、「関東大震災下『朝鮮人暴動流言』について」『歴史評論』一九七三年十月、などと、じつに精力的な発表をしつづけた。

姜徳相との前掲の画期的な史料集の共編者であった琴秉洞は、その後貴重な史料を編集し解説をつけた『朝鮮人虐殺関連児童証言史料』(関東大震災朝鮮人虐殺問題史料Ⅰ、緑蔭書房、一九八九年十月)、『朝鮮人虐殺関連官庁史料』(同史料Ⅱ、一九九一年三月)、同史料Ⅲ『朝鮮人虐殺に関する知識人の反応』(全二巻、一九九六年四月)、同Ⅳ『朝鮮人虐殺に関する植民地朝鮮の反応』(一九九六年十月)と精力的な出版活動を続けている。

戦後の朝鮮史研究のなかでも記念碑的な名著ともいえる『朝鮮人強制連行の記録』(未來社、一九六五年五月)を出版し、日本人歴史研究者に大きな影響を与えた朴慶植らの『関東大震災における朝鮮人虐殺の真相と実態』(朝鮮大学校「朝鮮に関する研究資料」第九集、一九六三年七月。本書は朴個人の執筆ではないが、同校教員在職時代の貴重な調査成果である）は、その後の体験者への聞きとり調査の先駆的業績である。その後『天皇制国家と在日朝鮮人』（社会評論社、一九七六年七月）、『在日朝鮮人関係資料集成』全五巻（三一書房、一九七五年九月〜一九七六年十二月）等々、多数の研究書や史料集を刊行している。朴の自叙伝ともいうべき『在日朝鮮人・強制連行・民族問題　古稀を記念して』（三一書房、一九九二年十二月）も出版されている。

日本人研究者の業績

戦後日本人研究者としてこの事件を正面からとりあげたのは、斎藤秀夫「関東大震災と朝鮮人さわぎ――三十五周年によせて――」（『歴史評論』、一九五八年十一月）であった。この研究によって虐殺の口実とされた流言が、官憲によるデマではないかとの推論が提起され、現在に至る論争の口火をきった。しかし姜徳相は、同上の文章で「括弧抜きで『朝鮮人さわぎ』と把握した業績は、そのまま日本でのこの問題への関心を反映し、壁にぬりこめてきた真実をつき破ることはできなかった」（二五頁）ときびしく批判した。

戦後の日本現代史とくに大正期の研究で大きな業績をあげてきた今井清一の「大震災下の諸事件の位置づけ」（『労働運動史研究』一九六三年七月。本誌の表紙には、「大震災下の三事件の位置づけ」と誤記されている）によって、朝鮮人虐殺事件と亀戸事件・大杉事件が、「白色テロ」事件として日本現代史のなかではじめて位置づけられた。今井は「大震災という自然的大事件の突発によって、日本の政治や社会や民衆意識のなかにひそんでいた病理が、一挙にどぎつい形で露呈したのだと見ることができます。死者十万、損害百億といわれる被害にしても、すくなくとも東京では都市計画にもっと周到な注意が払われていたらある程度はくいとめられたわけで、この天災をきっかけに東京という大都市の弱点が暴露され、人災をまねいたわけです。これと同様に、白色テロも、日本の権力者たちのもっている無責任な反動性や民衆の社会的訓練の乏しさなど――これらは日常生活のなかに現れているのですが——が、震災下の混乱をきっかけに爆発的に発現したものとみることができます」（一頁）と述べている。

今日、関東大震災を研究する場合に重要なことは、朝鮮人にたいする大虐殺に象徴され、その後の南京大虐殺につながってくる日本人のアジア人への加害責任と同時に、民衆の立場からいえばこのような災害や戦争における被害の問題もあわせて検討されなければならないであろう。この点から都市問題をからめての今井の右の指摘はきわめて重要だと考える。しかしながら後述するように、この今井の画期的論文以後、朝鮮人・中国人虐殺と亀戸・大杉事件とを「三大白色テロ事件」として同列して論ずる日本人歴史研究者のとらえ方（問題意識）にたいして、姜徳相ら在日朝鮮・韓国人研究者からきびしい批判を浴びているのである。また、今井の研究業績で特筆すべきは、それまでまったく解明されていなかった大震災時に行方不明となった中国人留学生・王希天らの虐殺の真相にはじめて分析のメスを入れたことである。その最初の本格的研究が後掲の『歴史の真実　関東大震災と朝鮮人虐殺』（一九七五年九月）の中で既述されているが、さらに研究を深めた「大島町事件・王希天事件と日本政府の対応」（藤原彰・松尾尊兊編『論集　現代史』所収、筑摩書房、一九七六年十月）、「関東大震災下の中国人虐殺事件が明らかにされるまで——資料の所在・発掘および調査の経過と二三の問題点」（『湘南国際女子短期大学紀要』創刊号、一九九三年三月）となって発表された。

すでにそれ以前に松岡文平が「関東大震災と在日中国人」（関西大学大学院文学院生協議会編『千里山文学論集』八号、一九七五年十月）、「もう一つの虐殺事件」（大阪歴史学会近代史部会編『近代史研究』十六号、一九二七年十二月）、小川博司の「関東大震災と中国人労働者虐殺事件」（『歴史評論』二八一号特集・関東大震災五〇周年、一九七三年十月）、高梨輝憲の地方史研究協議会での中国人虐殺事件に関する報告『関東大震災体験記』（一九七四年四月）、松岡文平「関東大震災下の中国人虐殺事件について」（大阪歴史学会編『ヒストリア』六五号、一九七四年六月）などがある。

その後、王希天と中国人労働者虐殺事件について、田原洋著『関東大震災と王希天事件』（三一書房、一九八三年八月）、宮武剛著『将軍の遺言』（毎日新聞社、一九八六年四月）、また、現地での精力的な史料調査、生存者の聞きとりなどの貴重な成果である仁木ふみ子の『震災下の中国人虐殺』（青木書店、一九九三年七月）、『関東大震災中国人大虐殺』（岩波書店ブックレット、二一七号、一九九一年九月）等がある。

一九九六年八月三十一日から九月八日まで、私たち「王希天生誕百周年訪中団（団長・山住正巳、秘書長・仁木富美子）」は、九月三日吉林省長春市郊外につくられた王希天烈士陵墓前で、王希天生誕一〇〇周年祭と王希天記念館の開館式に招待された。翌四日、中日王希天研究学術討論会で私も研究報告「関東大震災史研究の成果と課題」を行った。この会を記念して『王希天記念文集』『王希天研究文集』『王希天档案史料选編』『写真集』（いずれも長春出版社、一九九六年八月刊、中国文）が刊行された。

内務省や司法省の極秘文書や海軍省軍務局関係文書を調査検討して、この研究の水準をさらに一段と引き上げた研究を発表したのが松尾尊兊の「関東大震災下の朝鮮人虐殺事件」上・下『思想』（一九六三年九月、一九六四年二月）である。松尾はこの論文でとくに流言の発生に検討を加え、これまで斎藤や姜徳相らが共通して指摘していた官憲側から流したという説にたいして、流言拡大の官憲の責任を指摘しつつも、断定するにはなお論証が不足しており、自警団の「狂態」に見られるように、官憲の宣伝に乗せられた民衆の朝鮮人への恐怖感によって自然に発生したものではないかと提唱した。この松尾説は前掲の姜徳相らに批判されて論争が起こり、さらに松尾の再批判「関東大震災下の朝鮮人暴動流言に関する二、三の問題」『朝鮮研究』（一九六四年九、十月）となって、今日なおも未解決のテーマである。松尾は、前掲の姜徳相・琴秉洞編『関東大震災と朝鮮人』の書評の中で、編者らが流言の発生原因をもっぱら内務省筋の作為に求めていることにたいして、次のように述べている。

「思うに編者があくまで流言発生官憲作為説を固執するのは、事件の責任は日本帝国主義にあって日本人民にあらずといいたいためではなかろうか。編者の気持ちは充分諒解できるし、私はそれはありがたいものと思う。もし私が編者と同じ立場に置かれれば、おそらく同様の説を唱えたくなることであろう。しかし日本人としては、編者の配慮にあまえることはできない。むしろ日本人民の間に、流言が自ら発生し、また官憲の煽動にのりやすい気分が充満していたということを率直に明らかにし、そのよって来るゆえんを徹底的に究明することこそ、むしろより強く日本帝国主義の罪過を糾弾することになるのではあるまいか」（松尾著『本倉』みすず書房、一九八二年十二月、一四八頁。この文章の発表は一九六四年二月である）。今日改めて読み直してみて、この松尾の意見に私も同感である。当然のことではあるが、松尾の同上論文を読みながら、歴史研究においてはまず第一に史料に基づく事実確認の重要性をあらためて痛感させられた。史料批判が必要なことはいうまでもないことであるが。

この流言蜚語については、あらためて後述したい。

厳密な史料で手堅い論文を書いていることで定評のある二村一夫によって、戦後はじめて亀戸事件について実証的分析のメスが入れられた（「亀戸事件小論」『資料室報』法政大学大原社会問題研究所、一九六八年三月。本論文は『歴史評論』一九七三年十月号に同題名で再録された）。

二村はこの論文の中で、「九月三日の時点で、少なくとも一般民衆にとって『鮮人襲来』は決して流言蜚語ではなく事実だと考えられていたのではないか。だからこそ自警団が組織され、大勢の朝鮮人が虐殺されたのではなかったか（六頁）と、注目すべき見解を述べている。また全虎巖の体験記によると、亀戸署内の死者は五〇～六〇人はあったことをあげて、これまでのようにこの事件を、平沢、川合ら一〇人の労働者が殺されたことだけに限っては事件の全容は明らかにならない。江東地区は自警団などによる朝鮮人の虐殺が特に多かった地域の一つであり、このことと亀戸事件とは相互に深いつながりがあるのではないか（一七頁）と、重要な問題提起をしている。

二村論文を再録した歴史科学協議会編『歴史評論』の特集・関東大震災五〇周年号には、これまでふれられなかった災害と都市に関する研究が発表され、さらに中国人虐殺についての論文が掲載されている（藤井陽一郎「関東大震災と科学者」、室崎益輝「関東大震災と都市計画」、姜徳相「関東大震災下の『朝鮮人暴動流言』について」、前掲の小川博司「関東大震災と中国人労働者虐殺事件」）。

亀戸事件の犠牲者の一人である平沢計七について、藤田富士男・大和田茂共著『評伝平沢計七』（恒文社、一九九六年七月）が公刊された。一九九六年九月十五日、東京の江東区勤労福祉会館において『関東大震災と亀戸　労働演劇・生協のパイオニア平沢計七を偲ぶ』講演会が開催され、藤田・大和田とともに私も「亀戸事件と現代」と題して記念講演を行った。

また、この事件で虐殺された川合義虎については、加藤文三著『川合義虎　日本共産青年同盟初代委員長の生涯』（新日本出版社、一九八八年）がある。

朝鮮人虐殺事件と亀戸事件にくらべて、当時新聞報道が多く出された大杉（甘粕）事件については、田宮裕の「甘粕事件」がよく整理されている（我妻栄編代表『日本政治裁判史録』大正所収、第一法規出版株式会社）、一九六九年八月。この巻に小田中聰樹「第一次共産党事件」、許世楷「朴烈事件」、田中時彦「虎ノ門事件」、田宮裕「福田大将狙撃事件」が収録されている）。

七〇年代の特筆すべき研究（批判の対象となっているという意味でも）は、私も参加した関東大震災五十周年朝鮮人犠牲者追悼行事実行委員会・調査会著（代表・故高橋磌一・当時歴史教育者協議会委員長）『関東大震災と朝鮮人虐殺』（現代史出版会、一九七五年九月。犠牲者一人ひとりが明らかにされるまで〔高橋磌一〕、真の日朝連帯をめざして〔渡辺佐平・当時日朝協会会長〕、第一部　大震災と朝鮮人虐殺の真因の究明〔今井清一・斎藤秀夫〕、第二部　関東大震災における朝鮮人虐殺事件の歴史的背景〔犬丸義一〕、第三部　朝鮮人虐殺の歴史資料〔松尾章一・鬼頭忠和」、第四部　大震災テロを描いた文芸作品〔中村新太郎〕）である。本書についてどうしてもふれておかなければならないことがある。本書が出版された直後、本書に収録した史料の取り扱い方とその解説にたいして朴慶植からきびしい批判がよせられた。これをめぐって調査委員会の代表者であった故高橋磌一と犬丸、鬼頭、松尾の三名は、朴慶植と李進熙《リジンヒ》との会合を何度も重ねた結果、私たちの非をみとめて、解説文の一部を書き替え訂正版を出すことで決着した。この事件は、私たちにとって、史料の取り扱い方の難しさをあらためて教えられた貴重な体験であった。

二、今後の研究課題と目標

歴史研究上の問題点

まず第一に、さらに新しい史料の発掘と地域史研究と叙述を活発に行うことであろう。そのために大学の卒業論文などで、若い研究者が出ることを期待したい。私が管見したなかで、たとえば桜井優子・五島智子共著『関東大震災の禍根――茨城・千葉の朝鮮人虐殺事件――』（筑波書林、一九八〇年五月）は貴重な成果である。前述した関東大震災七〇周年記念集会の報告者であった岡本真希子の第三分科会報告（「横浜における朝鮮人について」前掲書『この歴史永遠に忘れず』所収）は、大学の卒論をさらに大学院で研究を進展させた立派な研究成果である。

関東大震災について、地域史の立場からの新しい研究成果としては、『神奈川県史』通史編五、近代・現代（二）（神奈川県、一九八二年三月）所収の金原左門「関東大震災と県民・県政」をあげておきたい。

第二に、韓国・朝鮮人遺族との交流を通じての新たな成果が出ることを期待したい。

この成果として、前掲の田原洋著『関東大震災と王希天事件　もうひとつの虐殺秘史』（三一書房、一九八二年八月）、仁木ふみ子著『震災下の中国人虐殺　中国人労働者と王希天はなぜ殺されたか』（青木書店、一九九三年七月）、『関東大震災中国人大虐殺』（岩波ブックレット、一九九一年九月）、関東大震災に虐殺された朝鮮人の遺骨を発掘し追悼する会編『風よ　鳳仙花をはこべ』（教育史料出版会、一九九二年七月）などは、近年の貴重な業績である。

検討すべき問題点

①「三大テロ事件」の評価をめぐって

犬丸義一の見解。「朝鮮人虐殺事件は、第一次世界大戦後、日本独占資本主義の確立を社会的基盤として形成された、日本の労働者階級を中心とする日本人民の諸階級・諸階層と、朝鮮人労働者階級を中核とする朝鮮人民との反日本帝国主義の連帯の芽生えを、つみとろうとして日本帝国主義者によって強行されたものであることを、かなりの程度明らかにすることができたと考える。（中略）この朝鮮人虐殺事件をふくむ亀戸事件、大杉事件などの三大テロ事件は『第一次共産党事件』とあいまって、すでにのべたようにようやく大衆化しはじめた日朝人民の連帯運動をふくむ日本の革命運動に大きな打撃を与えた。震災後には、一方では総同盟内部に、労資協調主義を基礎にする改良主義的な社会民主主義的潮流が形成され、共産党内部にもそれは影響し、解党主義が発生する直接の原因をなしている。もっともこの打撃は、『大逆事件』が明治の社会主義運動、労働運動に与えたような壊滅的打撃ではなく（したがって、この一九二〇年代の運動がもっていたより大衆的な基礎の存在を示しているのだが）、やがて、一九二五、六年には、再び再建されるが、一九二五年には、その運動の前に治安維持法の弾圧体制が構築される。日本帝国主義に反対する日本人民の運動は、その勇敢さにもかかわらず、三・一五事件、四・一六事件をはじめ、その後の一連の弾圧体制を打ち破って勝利することはできず、戦争とファシズムの体制をゆるし、一九四五年の敗戦を迎えるのであるが、本文でものべたように、この時期は一定の勝利の可能性の存在した時期であった、と私は考える」（前掲『歴史の真実　関東大震災と朝鮮人虐殺』一七三～一七四頁）。

この犬丸の見解は、すでに前掲の四〇周年時に特集号を組んだ『労働運動史研究』所収の「はじめに」で、塩田庄兵衛が「扼殺三大事件」として位置づけ、さらに前述した本号の巻頭論文「大震災下の諸事件の位置づけ」で今井清一が三つの事件を「白色テロ」事件として並列的に論じた観点を、さらに私たち編者の討議をふまえて犬丸がまとめたものであった。

このような戦後の「科学的歴史学」の立場にたつ日本人歴史研究者の、いわば「通説」ともいえる見解にたいして、在日韓国・朝鮮人歴史家から痛烈な反論が出されたのである。

この代表的見解として冒頭から度々紹介してきた姜徳相の批判がある、氏は次のように言う。

「個々の生命の尊厳に差のあるはずはないし、異をとなえるわけでもないが、家族三人の生命、一〇人の社会主義者の生命と六千人以上の生命の量の差を均等視することはできない。量の問題は質の問題であり、事件はまったく異質のものである。異質のものを無理に同質化し、並列化することは官憲の隠蔽工作に加担したと同じであるといえよう。前二者が官憲による完全な権力犯罪であり、自民族内の階級問題であるに反し、朝鮮人事件は日本官民一体の犯罪であり、民衆が動員され直接虐殺に加担した民族犯罪であり、国際問題である。この相違を峻別しないということはない。しかし、日本での問題のとりあげられ方は事件後からこんにちまで、著者が強調したと逆の順で関心が強いようである。当時の三大総合雑誌『中央公論』『改造』『太陽』ほかいくつかの雑誌も大杉事件を中心にとりあげ、亀戸、朝鮮人事件へのページのさき方は順に少ない。この傾向は解放後も同じで、大杉事件、亀戸事件、朝鮮人虐殺事件の順で研究水準は低下し文献も少数化している。関心の高低の要因をどこに求むべきか、異質の事件としてのとらえ直しをまつ以外にないであろう」（前掲、中公新書『関東大震災』二〇七〜二〇八頁）。

名著の誉れ高い本書が公刊されて以来二〇年以上も経過した今日、著者の痛烈な批判にこたえられるだけの仕事を私たち日本人歴史研究者はしてきただろうか。残念ながら私たちは、姜徳相に代表されている韓国・朝鮮人の共通した批判にたいして、いまだに十分に答えきれていないのではないかと思う。冒頭で私も述べたように、姜の指摘したような危険な状況が一層進行している現在にあるように思う。日本人歴史研究者の中でもこの批判にこたえられる業績を数々あげてきた山田昭次（朴慶植編『在日朝鮮人史研究』緑蔭書房、一九九六年復刻版を参照）さえも嘆いているように、私たち六十歳代の歴史研究者ではなく、もっと若い歴史研究者による活發な研究の進展を切に期待したい。

② 亀戸事件の評価をめぐって

前述の姜の批判の鉾先は、さらに官憲の犠牲となった当時の日本人社会主義者・無政府主義者にたいしても厳しく向けられている。姜は社会主義者が朝鮮人虐殺の直接の下手人になった証拠はないが（同上書、一九六頁）とことわりながらも、亀戸事件の犠牲者や大杉栄らも自警団に参加し、朝鮮人検束に疑問を感じない社会主義者がいたこと、また当時の社会主義者と労働組合は亀戸事件や大杉事件には抗議しながらも、朝鮮人虐殺事件への究明をおこたったと指摘する。姜は『亀戸事件労働者大会宣言』を例にあげて「抗議文から朝鮮人虐殺事件への関心の片鱗も発見できない。歴史家が三大虐殺事件として奇妙な連帯を創作した社会主義者の仲間は朝鮮人事件を回避した。朝鮮人事件の合理化のため亀戸事件がおきたことを提起せずしてどうしてまっさきに抗議できよう。抗議文にみるかぎり亀戸事件労働者大会は朝鮮人事件にそっぽをむいているのである。そればかりか、かれらは権力のすさまじい迫害を目撃して、朝鮮人民との連帯、植民地解放などを口にすることは命の問題として意識するようになり、さらに一部は朝鮮民族解放闘争との敵対関係にもすすむようになる」（同上書、二〇一頁）と、きわめて手厳しい批判を述べている。

亀戸事件建碑実行委員会編（編集委員会代表・難波英夫、酒井定吉）『亀戸事件の記録』（亀戸事件建碑実行委員会、一九七一年三月）の中で紺野与次郎（記念講演「亀戸事件と七〇年代の闘争」）や山岸一章（「関東大震災と亀

戸事件の真相」）は、南葛労働組合の犠牲者たちは朝鮮人を助けるために自警団に参加したのだと述べている（一八、四四頁）。史料的証拠を示していないが、同上書に収録してある自由法曹団が作成した「亀戸労働者刺殺事件聴取書」（南喜一、南巌）や渡辺政之輔の「亡き同志を憶う」（一九二四年四月、「社会運動犠牲者列伝」）などに依拠したものと思われる。こうした評価のしかたにたいしても、姜の批判が向けられているのではないかと私は思う。いわゆる「三大テロ事件」のなかで、これまでに研究が一番おくれていた「亀戸事件」を公刊した加藤文三は、虐殺された一人であった純労働組合の平沢計七が自警団で見張りに立っていたとき、長屋のすみにいた朝鮮人をひっぱりにきた在郷軍人を説得し、「鮮人は決して悪いことはしてない」といって、在郷軍人を追いかえしたという話を紹介したすぐ後で、「だが多くの人は、このような勇気がなかった。そんなことをすると、密告されて、自分が殺されるかもしれない」と怖れていたと書いている（『亀戸事件』大月書店、一九九一年一月、四一～四二頁）。

亀戸事件の真相究明の調査と抗議活動を果敢に展開した自由法曹団の弁護士・布施辰治とともに活躍し、「歪みを見抜く鋭い眼」をもつ「人権のための戦士」と高く評価されている社会主義者の弁護士である山崎今朝弥（自由法曹団編『自由法曹団物語　戦前編』参照、日本評論社、一九七六年十月）は、大震災の翌年に出版した『地震・憲兵・火事・巡査』の中で次のように書いている。

「人は到底環境の支配を免れ得ない動物である。ただでさえ気が荒《すさ》み殺気が立って困っている処へ、剣突《けんつき》鉄砲肩にしてのピカピカ軍隊に、市中を横行闊歩されたのでは溜《たま》ったものではない。戒厳令と聞けば人は皆ホントの戒厳と思う、ホントの戒厳令は当然戦時を創造する、無秩序を連想する、切り捨て御免を観念する。当時一人でも、戒厳令中人命の保証があると信じた者があったろうか。何人といえども戒厳中は、何事も止むを得ないと諦《あきらめ》たではないか。現に陛下の名においてという判決においてすら、無辜《むこ》の幼児を殺すことも、罪となるとは思えない当時の状態であった、と説明して居るではないか」（森長英三郎編、岩波文庫、一九八二年十二月、二二三頁）と当時の雰囲気を記している。このような状態のなかで山崎は、「鮮人問題解決の唯一の方法は、早く個人には充分損害を払い、民族には直ちに自治なり独立なりを許し、以て誠心誠意、低頭平心《マヽ》の慰籍謝罪の意を表するより外はない」と書き（一九一三年十二月十四日、二三五頁）、平沼騏一郎司法大臣宛の公開状の中でも、「この事件の真相を明らかにすれば、勢い支那人、朝鮮人、日本人が、自警団や軍隊などに殺傷された数、場所、方法、その死体の取扱い方、埋葬方法が明らかになります。軍隊と警察が一番悪い者になります。国威にも関し、国際問題も起こるという事になります。しかしここが一番考えてもらいたい所です」と言い切っている（同年十二月十八日、二四一頁）。

③「三大テロ事件」の歴史的背景

では、なぜこのような「三大テロ事件」が起こされたのかについて簡単にふれておきたい。

この歴史的背景の第一には、第一次世界大戦後の国際環境の変化をあげなければならない。具体的には一九一七年十月のロシア社会主義革命と一九一九年の朝鮮における三・一万歳独立運動、中国での五・四運動に象徴される東アジア世界の転換期（世界史上の最初の社会主義国家の誕生とその影響をうけた反帝・民族独立闘争の高揚）にたいする天皇制支配者の危機意識があった。

第二には、日本国内情勢の変化である。一九一八年の米騒動によって寺内正毅長州陸軍閥内閣が打倒され、日本で最初の「政党内閣」である原敬政友会内閣が誕生した。一九二〇年代は、第一次世界大戦後の戦後恐慌による不況の影響をうけて、日本の労働者・農民・その他の諸階層の階級闘争がもっとも高揚した。これに対応するために原内閣が成立をもくろんだいわゆる三悪法（過激社会運動取締法案・労働組合法案・小作争議調停法案）にたいする反対運動が盛り上がっていた。それまでの労働運動は、総同盟系のボルシェヴィキ派と反総同盟系のアナキズム派が反目し対立していた。しかし、この時期には両派が協同して三悪法反対運動にとりくむ統一戦線的志向をもった新傾向が生まれていた。またこれまで軽視していた普通選挙運動にも労働組合は取り組むようになっていた。このような新しい労働運動にもっとも精力的にとりくんだ中心的な組織者が平沢計七であった。また一九二三年九月の第一日曜日をめざし、「国際青年デー」を組織して国際的連帯をはかろうと精力的に活動していたのが川合義虎であった。川合は当時非合法政党であった日本共産党（一九二二年七月成立）の党員であり、同党の影響下にあった日本共産青年同盟の初代委員長でもあった。また当時江東区を基盤とした最も戦闘的な労働組合であった南葛労働会の中心的活動家だった。この平沢と川合が亀戸事件の犠牲者となった。天皇制支配権力にとって当時最も手ごわい相手を的確に狙って抹殺したのである。当時、アナーキズム運動の最高の理論家であった大杉栄とその内縁の妻で女性解放運動の戦闘的活動家であった伊藤野枝の場合も同様であった。

このような階級闘争の先頭に、在日朝鮮人労働者が日本人労働者と連帯して闘争していたのである。

④　亀戸という地域の特殊性

また亀戸でこのようなテロ事件がもっとも集中して起きたのは、この地域が低賃金労働者の「スラム」的街であったことである。第一次大戦後の失業者続出の中で、日本人労働者の職業を中国人や朝鮮人労働者に奪われることを反対した「労働ボス」は、政府や警察署にたいして中国人労働者を雇わないように陳情している。こうした日本人労働者と中国人労働者・朝鮮人労働者間のトラブルが起っていた。

さらにこの亀戸は、関東大震災時に第一師団［師団長・石光真臣陸軍中将麾下の東京南部警備部隊（隊長・寺田騎兵大尉）］が駐屯していた軍事的拠点であった。また、陸軍の輸送（軍隊・食糧・医療）の拠点であり、房総方面に通ずる交通（常磐線）の要衝でもあった。中国人労働者大量虐殺事件と王希天謀殺事件の起きた大島《おおじま》町には、戦前の日本陸軍の最強部隊といわれた弘前の第八師団が救護班として駐屯していた。

⑤　植民地・朝鮮での反響

朝鮮人大虐殺が残酷に展開されていた時、日本帝国主義国家の植民地統治下で発行されていた『朝鮮日報』（一九二三年九月二十四日号）には、『朝鮮人の暴行は絶無――警視庁の報告でも震災時に朝鮮人と社会主義者の暴行なしと――』という表題で、「二十日午後一時に開いた東京府会震災救済実行委員協議会で馬場刑事部長、緒方消防部長、正力官房主事は、今回の震災時に朝鮮人と社会主義者による暴行や放火は一切なかったことが広告された。これに対して委員側から、それは震災時に警視庁が『朝鮮人の暴行放火の事実があるのでこれを厳重に取り締まる』と言明したことと矛盾するとして質問があったといわれる」という報道記事が掲載され、朝鮮総督府警務局によって押収されている（コリア研究所編訳『消された言論』社会篇、未來社、一九九〇年八月、一二八頁）。また、一九二三年十二月十一日号に、『北星会の最近の活動　五箇条を決議後、実行に努力、各労働団体および日本労働団体の応援下で大活躍中』との見出しで、「社会主義思想団体で、日本東京に本部を置く無産階級解放運動の『赤報隊』である『北星会』は、会員の学術的理論および経験によって、日本の主義者と互いに手を携えて波瀾の多い前線に立って闘っているが、今回震災事務所を東京府下中野町小河二八番地に移転し、北星会で運営してきた在日本朝鮮労働者状況調査会および東京朝鮮労働同盟会とともに、日本労働総同盟の応援を受け、罹災同胞の調査、慰問に忙殺されている。また同会員李炘氏は、輿論を喚起するため先月下旬、労働同盟会員二名とともに大阪、神戸に行き、大阪、神戸朝鮮労働同盟会、その他の諸団体と連絡を取り合い、つぎのような決議をしたとのことである。一、震災当時の朝鮮人虐殺事件に対し、日本政府にその真相の発表を求めること　二、虐殺に対する抗議を提出して、被害者の遺族の生活権保証を要求すること　三、社会の輿論を喚起するため、朝鮮および日本の主要都市において演説会を開催し、檄文を頒布すること　四、震災当時、亀戸署で殺害された日本の同志九名の遺族の弔慰金を募集すること　五、機関誌『斥候隊』を年内に続刊すること」、また同紙はつづけて『大邱で会議、北星会員四、五人が厳重な警官の警戒中に会議を終え、即日出発』という見出しで、「在東京思想団体『北星会』が五箇条の決議をして猛烈に活動しだしたことは前項で述べたが、今年の夏、北星会で第一回社会問題講演団を組織して、朝鮮社会運動に一線《ママ》を投じた後、ただちに東京に行こうとしたところ震災によって東京行は不可能となり、朝鮮で種々の計画をたてているとの噂がある会員四、五名が去る六日、突然大邱で秘密裏に集合した。このことを探知した警察当局が厳重に警戒している中で、種々の決議をしたとのことである。これは、東京本部で決議した通知文を受け、その実行策を講究するために集まったというが、詳細は明らかでない。信頼すべき筋によれば、朝鮮にいる同会会員某氏を大阪と東京に派遣し、また、朝鮮にいる種々の運動方針をも取り決めたとのことであるが、彼らは去る七月にいずこかに向かって出発したという」(コリア研究所編訳『消された言論』政治篇、一九九〇年三月、一六六〜一六七頁)と書いた新聞記事も押収されている。

以上のような記事から推測して、朝鮮人活動家たちが日本労働総同盟の応援と協力で、朝鮮人虐殺事件の調査活動を行っていたことが推測されるのではないだろうか。この事実についてもっと調査研究してみる必要があるだろう。

⑥　日朝連帯の動き

当時、小牧近江、金子洋文、今野賢三、中西伊之助らプロレタリア文学者たちが発行していた『種蒔く人』は、帝都震災号外(一九二三年十月一日)の「休刊に就て　種蒔く人の立場」の中で次のように書いている。

「震害地に於ける朝鮮人の問題は、流言蜚語として政府側から取消しが出たけれども、当時の青年団その他の、朝鮮人に対する行為は、厳として存在した事実である。悲しむべき事実である。呪咀すべき事実である。憎悪すべき事実である。拭いても拭いても、消すことの出来ない事実である。震災と共に起った、かうした事実を眼のあたりに見せつけられた僕達は、出来るたけ《ママ》冷静に、批判考究、思索の上、僕達の立場からして敵味方を明確に凝視する必要を感ずる。果たしてあの、朝鮮人の生命に及ぼした大きな事実は、流言蜚語そのものが孕んだにすぎないのだろうか？　流言蜚語そのもの、発頭人はだれであったか？　如何なる原因で、その流言蜚語が一切を結果したか？

中央の大新聞は、青年団の功のみ挙げて、その過を何故に責めないか？　何故沈黙を守ろうとするか？　事実そのものは偉大な雄弁である。此の偉大なる雄弁に僕達プロレタリアは、あくまでも耳を傾けなければいけない。そして僕達は、此の口を縫はれても猶かつ、抗議すべき目標を大衆と共にあきらかに見きわめなければいけない」（九月一七日）。

このような勇気ある抗議を、公然と発表した社会主義者・共産主義者・無政府主義者たちがいたことも事実であった。だが「不逞鮮人」とみずから宣伝し、天皇制国家と徹底して闘った朴烈と共同（内妻）して闘争して、死刑の宣告をうけ（恩赦で減刑）、一九二六年七月に宇都宮刑務所でみずからの命を断った金子文子のような日本人ではなかった（山田昭次「金子文子論ノート」『歴史評論』一九九一年三月、岸野淳子「金子文子と朝鮮」『季刊三千里』一九九二年八月、秋山清一「はるかに金子文子を――『自叙伝』を再読しながら」『季刊三千里』一九七八年二月）。金子文子のような朝鮮人観をもった日本人は、当時は希有な日本人であったことはたしかである。私自身も、前掲『季刊三千里』（三六号、関東大震災の時代）で山田が述べているように、「彼らのうち少数の者は朝鮮人虐殺の真相を究明しようとする意思をもっていたが、内的・外的条件によりその意思はあまり展開できなかったと考える」（四二頁）という意見に賛成だが、もっと当時の社会主義者・無政府主義者・共産主義者の思想史研究（とくに彼らの朝鮮観を）の必要性を私は痛感している。

⑦　初期社会主義者の朝鮮観

日本の社会主義者の代表的人物であった幸徳秋水（一九〇五年十一月のアメリカ亡命を機に、一九〇七年二月五日の『平民新聞』第十六号の「余が思想の変化」で無政府主義思想へ傾斜した）の朝鮮観について、石母田正は、「秋水の場合には被圧迫民族の帝国主義にたいする民族の解放と独立の闘争の過小評価（力点が過小評価に付されていることに注意――松尾注）があること、したがって、そこからは正しい勢力の結集と統一戦線の方針が出てこないことだけは疑うことはできまい。秋水のかかる思想は、けっしてこの場合の偶然的なものでなく、いうまでもなく、民族問題にたいする正しい方針を確立し得なかった彼の無政府主義自体にその原因があったのである」と批判した（『幸徳秋水と中国――民族と愛国心の問題について」『続歴史と民族の発見』東京大学出版会、一九五三年二月、三二八頁）。しかし朝鮮史研究の先達である旗田魏は、石母田とは反対に、秋水が同上新聞の第三二号（一九〇四年六月）に書いた「敬愛なる朝鮮」を列挙して、「秋水の場合において、日本と朝鮮との連帯がはじめて可能になった」と評価した（『日本人の朝鮮観』勁草書房、一九六九年九月、四四頁）。幸徳秋水をめぐる戦後の歴史家たちのこのような相対立する評価をめぐって、近年では水野直樹「日本の社会主義者と朝鮮」（『歴史評論』一九八〇年八月）、同「弁護士・布施辰治と朝鮮」（『季刊三千里』一九八三年五月）、石坂浩一「社会主義者の朝鮮観」（同号）、西重信「幸徳秋水の朝鮮観」（同誌十七号、一九七九年二月）等がある。私自身も幸徳が『萬朝報』に書いた「如何にして今日の東洋に処すべきか」（一八九八年三月十九日）、「在野の外交論」（同、一八九八年五月十四日）、「朝鮮の動乱と日本」（同、一九〇〇年八月二十三日、無署名）、「朝鮮併呑論を評す」（週刊『平民新聞』一九〇四年七月十七日）等は、自由民権左派の大井憲太郎と同似の思想ではないかと考えている。幸徳のアイヌや北海道にたいする蔑視観がこの時期に見られることが、彼の朝鮮観とも相い通ずるのではないかと思っている。幸徳秋水の同志で、創立当初の非合法日本共産党の最高指導者となり、「社会主義運動の父」ともいわれている堺利彦の思想も、この面から検討される必要がある。

⑧　自由主義的人道主義者の朝鮮観

さらに社会主義者ではないが、「朝鮮人虐殺事件に就いて」（『中央公論』一九二三年十一月）を書き、「犠牲者に対する救恤ないし賠償」をすることが「我々の道徳的義務と信ずる」と明言した吉野作造（松尾尊兊編『中国・朝鮮編』東洋文庫一六一、平凡社、一九七〇年四月、三〇三頁。現在岩波書店から刊行中の『吉野作造選集』七・

八・九巻参照）や、亀戸事件や大杉事件に対して「ただ社会主義者を単純に国家の毒害と見なして、今回の大震災に乗じて葬ってしまえということではなかったのか」と当時の日記に書いている木佐木勝（『木佐木日記』第一巻参照、現代史出版会、一九七六年四月）などの「反帝国主義的民主主義者」や「正に日本にとっての兄弟である朝鮮は日本の奴隷であってはならぬ。それは朝鮮の不名誉であるよりも、日本にとって恥辱である」と『朝鮮の友に贈る書』に書き、「日本帝国主義の滅亡を見透し」ていた柳宗悦（鶴見俊輔著『柳宗悦』平凡社、一九七六年十月、一七五頁）などの「非社会主義的人道主義者」の思想史研究も重視すべきではないかと私は考えている。

また私は、今回の王希天生誕一〇〇周年集会に参加し、キリスト教徒であった王希天が二十七歳で軍隊に虐殺されるにいたる思想的系譜を学んだ。王希天に最も思想的影響を与えた人物が賀川豊彦であったこと、大島町で中国人労働者のため活動していた時に山室軍平の救世軍の仲間たちとも交流があったことを知った。当時のキリスト教徒の関東大震災時の役割は今後大いに研究しなければならないと思っている。また平沢計七と王希天が恐らく大島町で出会っていただろうと私は推測している。この点もさらに調査する必要があろう。

⑨　流言蜚語をめぐって

韓国・朝鮮人大虐殺の口実となった「朝鮮人が放火している」「朝鮮人が暴動をおこしている」「朝鮮人が井戸に毒をいれた」「朝鮮人が党を組んで窃盗をはじめた」などといった流言蜚語が、まったく事実無根のデマであったことは、政府・軍隊・官憲側も九月四日以降公的に発表した。しかし、I巻所収の黒龍会主幹内田良平の「震災善後ノ倫理ニ就テ」に書かれているように右翼はあくまでも事実だと主張している。

「都市住民は当時、すでに充分に近代化され合理化されていたと思われるにもかかわらず、その社会が揺るがせられた途端に、江戸の町内組織が突如出現し、日本版の『魔女狩り』が行われ、共同体維持のスケープゴートとして、朝鮮人が選ばれ、生贄《いけにえ》にされたのである」「依然として、国民のあいだに、被圧迫民族としての朝鮮人への差別意識が、危機に際して強化された事実」の良い例がこの大虐殺事件であったという説明（南博・佐藤健二編『近代庶民生活誌』第四巻、流言、三一書房、一九八五年二月）は、この時の流言蜚語が発生した事情をあますところなく分析している。

しかしながら、こうした流言蜚語が、いつ、どこで、だれが最初に流したのかは、現在もなお確実な証拠を見いだせずにさまざまな説が出されている。大別して三説ある。一説は支配権力説（警視総監・赤池濃と内閣官房主事・正力松太郎などが内務大臣・水野錬太郎を通じて枢密顧問官をへて天皇に戒厳令を裁可させた。しかし、事実は正式の手続きをへてなかったことはⅠ巻の平形解題を参照）。第二は支配権力と民衆同時説。第三は民衆自然発生説である。山田昭次は、前掲論文「関東大震災と朝鮮人虐殺」や「関東大震災期朝鮮人暴動流言をめぐる地方新聞と民衆」（『「朝鮮問題」学習・研究シリーズ』一九八二年二月）で史料を詳細に検討しながら、こうした研究をふまえての要約といえる「関東大震災——朝鮮人暴動説はどこから出たか」（歴史教育者協議会編『一〇〇問一〇〇答日本の歴史』河出書房新社、一九八八年七月）の中で、次のように書いている。

「流言の発生源については、朝鮮人差別観をもっていた民衆とする松尾尊兊氏の説と、権力が予断に基づいて流布したとみる姜徳相氏や斎藤秀夫氏の説がある。だれが最初のデマを流したか、これを確証する記録は今日まで発見されていない。だが、私は権力の臭いを強く感ずる。なぜならば、権力が権力の流言散布の責任を明らかにしようとする動きを徹底的に抑圧し、かつデマの温存に努めたからである。（中略）朝鮮人暴動説がまったくデマであることが判明したのちも、官憲はデマを維持することに努めた」（三〇六～三〇七頁）。

この山田の説に私も近い。本書に紹介した史料からも、山田説を裏づけていると思えるからである（Ⅱ巻の坂本解題を参照）。

歴史教育者協議会編『知っておきたい韓国・朝鮮』には、「大量虐殺の責任は軍隊」であると明確に述べ、戒厳令が出された時の内務大臣水野錬太郎は三・一独立運動時の朝鮮総督府政務長官であり、千葉県船橋の海軍送信所から発信連絡された後藤文夫内務省警保局長から各地方長官宛の電報の内容(「東京付近ノ震災ヲ利用シ、朝鮮人ハ各地ニ放火シ、不逞ノ目的ヲ遂行セントシ、現ニ東京市内ニ於テ爆弾ヲ所持シ、石油ヲ注ギテ放火スルモノアリ。既ニ東京府下ニハ一部戒厳令ヲ施行シタルガ故ニ、各地ニ於テ充分周密ナル視察ヲ加ヘ、鮮人ノ行動ニ対シテハ厳密ナル取締ヲ加ヘラレタシ」)をあげて、「軍隊によって『流言』は事実と断定」され、こうした流言によって朝鮮人を検束した警察の最高責任者である警視総監・赤池濃も水野と同様に三・一独立運動時の朝鮮総督府警務局長であった、と指摘している(青木書店、一九九二年五月、一〇五~一〇七頁)。

ここで指摘しておかなければならないもう一つの重要な点は流言発生の日時である。千葉県船橋の海軍送信所からの発信が、官憲側から流言がでたという有力な証拠とされているが、それは九月二日午後とされている。本『史料』I巻所収の『戒厳令の研究』には「九月一日午後一時頃以来」と書いている。

私たちが五〇周年に出版した前掲『歴史の真実　関東大震災と朝鮮人虐殺』で斎藤秀夫は、「『社会主義者と朝鮮人の放火』云々の流言が確認できるのは、一日午後三時警視庁本庁が最初である。(中略)警視庁、および神奈川県警察部が、朝鮮人全員の保護検束を指示するのは、二日午後三時のことであるが、それ以前に、東京では、さきの芝愛宕、外神田、小松川、巣鴨をはじめ、牛込神楽坂、牛込早稲田、淀橋、小石川、大塚、淀橋戸塚、本郷本富士、本郷駒込、品川、小石川富坂などの各署が、流言の捕捉と、朝鮮人の検束、迫害の事実を報告している。また王子・四谷、府中、の各署は、流言の捕捉のみを報告している。朝鮮人への保護検束が二日午後三時以前に皆無であったか否かは明らかでない。一方、神奈川県下の内、横浜市内各署は、二日午後二時以降、午後四時ごろまでに、神奈川署、戸塚署のみが、保護検束の事実を伝えているが、川崎署の例からみても、各署に保護検束の事実がなかったとはいえない」(六三~六四頁)と述べ、「大地震があろうがなかろうが、九月一日午後には、要視察人(社会主義者や朝鮮人など——松尾注）に対する検束が予定されていた」（四三頁）と注目すべき仮説を述べている。さらに「九月一日午後四時半ごろ、早くも警視庁は臨時警戒本部の編成を完了、あらゆる伝達手段を用いて、一～二時間のうちに府下全警察署に対し、『適宜適切の処置をなすよう指示』（『警視庁史・大正篇』）した」（三四頁）、「とうてい一般民衆の間に自然発生すべき性格のものではなかったことが明らか」（三六頁）と松尾尊兊説を否定し、「流言発生は権力の周辺地域」で（四〇頁）、「決定的な軍、官憲による流言流布は、三日午前二時」（四八頁）であり、「軍こそは、虐殺の主体であったといってよい」（六七頁）と明言している。

「反権力の奇人」といわれた宮武外骨は、『震災畫報』（第六冊、一九二四年一月二十五日）に「流言浮説に就て」という次のような記事を載せている。「流言浮説の本家本元であったらしい其筋から、九月六日、関東戒厳司令部の命として左の如き印刷物を廻付した」と「流言蜚語ニ迷ハサルル勿レ」を全文掲載し、次のように書いている。

「これは御尤の注意書であるが、此朝鮮人の凶暴といふ事は神奈川県警察部が本元らしいとの説がある、又陸軍大尉某の談として或人から著者への報告に『当時流言蜚語盛んに行はれ、これが取締をなすべき当局さへ狼狽した滑稽談がある、それは船橋の無線電信所が発した救護信号に『只今鮮人の一団五六百名隊を為して当所を襲撃すべく進発しつゝあり宜く救護を頼む』とあったなどは、今に物笑いの種に成って居る云々』との事、後世までの話料であろう」（『宮武外骨著作集』第三巻、河出書房新社、一九八八年八月、一〇三頁）。また次のような注目すべき記事もある。「亜砒酸を呑まされた鮮人　震災騒動中、放火、強奸、掠奪などの悪事をやった朝鮮人は四五十名あったが、其中で『九月三日朝、日本服を着た自称李王源が、毒薬亜砒酸を携へ、本所菊川町付近唯一の飲料水たる消火栓付近を彷徨中、群衆に取押へられ、食塩だと強弁した為、無理に呑まされて忽ち悶死』との一事は笑ふべき珍談であった」（一一七頁）。

この記事について編者は解題でとくに注記して、「全体の主旨は朝鮮人暴動を流言とし、日本人の朝鮮人への迫害を批判したものである」が、とくにこの記事は「すでに行われた日本人による朝鮮人虐殺を正当化するために、後になって当局が流した虚報を事実と信じての誤った記述とせざるをえない」(六〇八～六〇九頁)と書いている。徹底した「反骨・反権力の奇人」といわれた宮武にしてさえ、官憲の流言にひっかかる弱さを持っていたことを示すよい例であろう。

三・一独立運動の大弾圧で、日本人は朝鮮半島の各地で、飲料水、鮮魚、砂糖など各種の食料品に毒を投じ、朝鮮人を大量に殺害した(朴殷植著・姜徳相訳注『朝鮮独立運動の血史』1、東洋文庫二一四、平凡社、一九七二年八月、二三八頁)。このような非人道的方法をみずから行った日本の官憲は、大震災時に今度は在日朝鮮人がやったという卑劣な流言をばらまいたのではないかと推測する。当時、留学生として震災を体験した『アリランの歌』の主人公であるキム・サンは、「一九二三年以来、朝鮮人は決して日本人を信用しないし、日本人も朝鮮人を信用しない」と述べている(岩波文庫、一九八七年八月、九五頁)。

⑩　自警団の構成

私は韓国・朝鮮人への大量虐殺があのように行われた最大の要因は、軍隊が駐屯して一切の治安を掌握した戒厳令下の戦時的状況下であったことにあり、したがって第一の加害責任者は軍隊と警察であったと考えている。しかし一般民衆によって組織された自警団も加害者であったことは事実である。したがって、なぜ日本民衆があのような恐るべき虐殺を行ったかと考えるとき、まず検討されなければならないのはこの自警団の構成についてであろう。この点に関して前掲の今井・斎藤説も、「自警団の創設が『流言』におびえて、自然発生的になされた、とするのは、官憲の責任を転嫁させるための論拠」(七七頁)で軍と官憲が積極的に組織したのだと述べている。そして自警団に組織された構成は、親方・子方関係の強く残されていた半プロレタリア的な人夫・職人が主力であり、その背後に「お店(たな)」であった都市地主・家主・有力商人・管理職等の「旦那衆」の存在が大きな役割を果たしていたと説明する（七九頁）。このなかで、岩村登志夫の「旧村落共同体的秩序で実権を握ってきた『旦那衆』のふるまい酒に鼓舞されることによって、自警団にかり出された都市貧民層は、盲目的排外主義の蛮行に容易に動員された。流言の権威づけが警察、軍隊、郡役所などによってなされたかぎり、自警団の中でそれらに最も近い『旦那衆』の存在は無視できない。自警団は軍部警察に教唆煽動され、都市中間層などの『旦那衆』の督励をうけ、都市貧民層が盲目的な排外主義的残虐行為に大量に、しかも自発的行為のよそおいをおびながら動員された仕組みのものであった。それは、偽似的な自発性をおびることによってかえって厖大な蛮行を果たす力を発揮した」（『在日朝鮮人と日本労働者階級』校倉書店、一九七二年七月、九〇頁）とする見解を、妥当な指摘だと述べている（七九～八〇頁）。

しかし、官憲によって上から組織された自警団ではあったが、朝鮮人大虐殺が進行する過程で、九月四日に臨時震災救護事務局警備部は、「民衆の凶器携帯を禁止」し、翌五日午前には「人民自衛団の取締を励行」して「廃止」を決定し、さらに九日午後には治安維持の緊急勅令にもとづき、朝鮮人を虐殺した自警団検挙の方針がうち出され、十五日にも警察部長からの自警団取締が通牒が発せられた。こうして神奈川県下の流言の発生源と疑われた山口正憲ら立憲労働党救護団の検挙など各地であいつぐ検挙が始まったが、虐殺者に対する裁判は「猿芝居」に終わり、翌二四（大正十三）年一月二十六日の摂政（昭和天皇）の結婚による恩赦によって減刑となり、ほとんどが実刑を受けなかった。司法省の極秘文書である『震災後に於ける刑事事犯及之に関する事項調査書』には、朝鮮人への迫害・虐殺行為はすべて民衆（自警団）にあって、軍と警察には責任はないと記録されている。

今井・斎藤の同上論文には、自警団の中に青年団と在郷軍人会の参加が指摘されている。

関東大震災と在郷軍人会の関係については、『季刊　現代史』第九号（現代史の会、一九七八年九月二十日）に掲載されている藤井忠俊らの「関東大震災と在郷軍人会――組織と動員」は貴重な研究成果である。その冒頭に次のように指摘している。

「米騒動にはじまる大正デモクラシーの状況は、在郷軍人会の社会的評価を徐々に後退させていったのだが、一九二三年（大正十二）九月一日に起きた関東大震災がその状況を一変させた。震災時期、民衆レベルの動きのなかで、在郷軍人の行動は文字通り中堅としてあった。当初の防火活動にもその一端はあらわれたが、各町内に自警団が出来ると、青年団員とともに主力になって動き、にわかにその軍服姿が目立ちはじめた。また、会は食糧・水・衣類等の配給にたずさわり、罹災地以外の分会では救援物資の調達や見舞金の據出のほか、少なからず直接救援隊を組織して罹災地へ送りこんだ。そのいずれも緊急に必要なものであったので、在郷軍人会の活動は抜きんでて見えた。とにかく、この時、在郷軍人会は他の集団や組織に先んじて行動し、かつ大きい行動力を示し、よくもわるくも広範な機能と力量をもつことが認識された。その傾向は軍隊自身についてはなおさらだったので、震災以後、軍と在郷軍人会の後退現象には歯止めがかかり、逆に社会的役割を高唱しつつ、ファシズム的方向へ踏み出すきっかけをつくったのである」（二六〇頁）。この論文は結論として次のように言う。「この在郷軍人の動員の〝成功〟を含めて、権力側の志向と権力・民衆関係がファシズムへの方向性をのぞかせたことを見逃してはならないと思う」と述べ、その内容として次の五つをあげている。「第一は、権力と民衆との思想的合意としての朝鮮人観」「第二は、この民衆行動と意識に対して、権力側から相当に流言操作が可能だということを、何よりも権力側が知ったことの重要さ」「第三に、朝鮮人・社会主義者と筋立てをしたあと『国体破壊者』という発見をしていること、そのための思想善導の任務が在郷軍人会に与えられた」「第四に、自警団の経験は、一つの民衆動員訓練として有効に受けとめられた。そのエネルギーが相当なものであること、それからどこに官憲が接続しなければならないかの分析がなされた」「第五に、こうしたことが、治安維持法体制の確立を早急な課題として、権力内部で急ぎ立法化の準備が進められることになったのは歴史のよく示すとおりである」（二九二～二九三頁）。

この藤井らの結論は、前掲犬丸論文に書かれた私たちの結論とも一致する関東大震災の歴史的位置づけであるといえよう。

私は、関東大震災は国家総力戦体制構築への重要な転期であったと考えている。第一次世界大戦に参加した日本軍部は、日清・日露戦争までの日本軍隊の近代的再編（制度・装備・教育の全面にわたって）を痛感した。さらにこの関東大震災に直面していっそうその必要性を認識した。

これ以後、軍隊の編制はもとよりのこと、国家総力戦に対応しうる国民の軍事的再編を強力に推進した。その中核が在郷軍人会・青年団であり、さらに学生・生徒に軍事教育を教科課目として義務づけたことにもみられる。さらに重要なことは、この震災は、その後のアジア・太平洋戦争でのアジア民衆への非人道的行為の予行演習であった。

流言蜚語の発生源と自警団の関係を考える場合、私は当時の右翼（超国家主義者）の存在を無視することはできないと考えている。前述した黒龍会主幹内田良平の政府への意見書も朝鮮人の流言蜚語をまったく事実であると力説し、その背後には社会主義者がいると指摘している。また、本『史料』Ⅱ巻所収にあるように、避難民の救護に黒龍会とともに縦横倶楽部が活躍している。この縦横倶楽部とは、一九一九（大正八）年六月十五日に早稲田大学出身の森伝（森恪の長男）を中心として創立された右翼団体である。この綱領の最初に「日本国体の原理を闡明し皇道を世界に布かんことを期す」とある。この会の後援者の中に戒厳令下の第一師団長の陸軍中将石光真臣（対外同志会メンバーでもあった）と警視総監・赤池濃がいることを注目すべきである。この会は一九二三年五月十日に発団式をあげた早稲田大学軍事研究団（後の国防研究会の前身）と密接な関係をもっていた。主な行動として、同大学教授の大山郁夫・佐野学・北沢新次郎・猪俣津南雄らによって指導された「文化同盟」の解散と同上教授たちの罷免を要求し、これがその後の「第一次日本共産党事件」の発端となった。また甘粕事件にたいしては、『災後の批判』と題するパンフレットなどを発行して、甘粕助命運動で活躍した（皇宮警察部『最近ニ於ケル我国右翼運動概況』第一編・極秘警察参考資料第四輯、一九三二年四月）。

関東大震災直後の一九二四年三月、陸軍少将木田伊之助（国粋会関東本部総長）の提唱で、「在郷軍人ノ思想悪化ヲ防クト同時ニ一般国民ノ覚醒ヲ促シ総体的国防ノ充実ヲ図ラントノ趣旨」で、予後備陸軍将校によって設立された「恢弘会」という団体がある。会長は創立当時は海軍大佐八代六郎（震災時は陸軍大将柴五郎）であり、幹事の中に石光真臣が入っている。

自警団のリーダーが在郷軍人（青年団）と右翼団体であったことは容易に想像できる。Ⅱ巻所収史料にある東京南部警備部隊司令部調査によれば、麻布笄町にあった「赤羽組労働団」は「稍々危険性ヲ有スルモノニシテ警察署ニ於テモ持テ余シタ」と書かれている。

⑾　大量虐殺が行われた地域とそうでなかった地域

この点ついては前述したように、戒厳令下に置かれ、軍隊が出動し、長期駐屯していたかどうかが決定的ではなかったかと考える。次には自警団の構成のところで述べたように、右翼的在郷軍人・青年団の思想的影響とともに、都市貧民層（都市雑業層）の集中していた東京の江東地区や京浜工業地帯のような地域と、たとえば東京府下南多摩郡日野町、七生村（この地域の関東大震災の歴史については、来春刊行される『日野市史』通史編、現代に所収の拙論を参照）のように、江戸時代以来の米作農村地帯では違うのではないかと私は考えている。前者の地域には当時の日本で最底辺の労働力の担い手として朝鮮人や出稼の中国人労働者が多く生活していた地域でもあった。しかしながらこのような地域であっても、朝鮮人や中国人を庇護し生命を助けた日本人（中には警察官も）いたことも忘れてはならない。虐殺した日本人と自らの犠牲もかえりみず救助した日本人の相違がどこにあるのかを、実証的・理論的に解明することは今後の重要な課題である。いずれにしても、冒頭で述べたように、今後の地域史研究がなによりも不可欠である。この点で参考になる貴重な業績として、前掲金原左門「関東大震災と県民・県政」と梶村秀樹「在日朝鮮人の生活史」(『神奈川県史』各論編一、政治・行政、神奈川県、一九八三年三月)を挙げることができる。金原は「朝鮮人救護」の一項をさいて、「義侠心」で朝鮮人を庇った日本人と災難にあった日本人を救助した朝鮮人の「相互の助け合い」がこの異常事態のなかであったことを事例を挙げて書いている(二四七～二五一頁)。梶村はこの論文の中で、デマの発生についての官憲作為説と自然発生説、また一元発生説と同時多発説を検討して、横浜一元説には作為性が感じられ、横浜もふくむ各地に同時多発したとみるべきだとし、また官憲作為説には「状況証拠的なものはあるが、確証はまだなく、そうしたこととは無関係な、偏見による民間での自然発生の可能性も否定できない」(六五八頁)と述べている。また「なぜに現場の官民がかくまで攻撃的であったのだろうか?」との疑問にたいする答えとして、「第一に、一般的に植民地以後に強められた朝鮮蔑視・敵視の教育により、偏見と予断が形成されていたこと、第二に、これに先立つ時期の正当な朝鮮民族解放闘争の昂揚に対して、支配階級の意識にまきこまれての恐怖感が民衆にまで浸透していたことであろう。こうした素因に、デマが官憲を通じて流されたことが決定的役割を果たしたのである」(六六〇頁)と説明している。梶村は、神奈川県下の朝鮮人犠牲者数は二千余人だと推定している(六六二頁)。官憲のデマ発生の張本人としたてあげられた立憲労働党の山口正憲は、「皇室中心主義を標榜しながらも、下層労働者の要求を組織して活動してきた非論理的労働運動家」であったが、山口が九月一日ないし二日早暁に「朝鮮人が襲撃してくる」と演説したという者と、山口らの行動自体が「日鮮共謀の不逞行為」であったとする者と、相互に全く矛盾する二つの情報が同時に宣伝され、裁判の過程ではそのいずれも立証されなかった(六六四頁)。いまだに不可解な面の多い山口正憲について、岡本真希子は朝鮮史研究会例会の報告のなかで、この山口の圧倒的な影響下で「横浜の沖仕は一九二〇年三月から四月にかけて十日間賃上げ・待遇改善の争議を、沖仕の仕事を一括する人夫請負組合に対して行い、この後、請負組合が直属人夫で御用組合を組織すると、非直属組合の中間搾取を排除した横浜沖仕同盟会が結成された」と述べている。また岡本は、第一次大戦を契機として在日朝鮮人人口は急増したが、神奈川の朝鮮人の職業は、運輸業（主に沖仕）・土木建設業者だけで四割と単純肉体労働者および単身出稼ぎ者が多く、日本人との賃金格差は神奈川で沖仕が最大で、四割であった。戦後恐慌は神奈川県下にも深刻な影響を与え、労働者の賃上げ・首きりなどが行われ、横浜でも大規模なストライキ等が行われ、山口のつくった「横浜震災救護団」は、警察の指導でつくられた自警団とは性格が異なり、「災前より動もすれば警察を無視」していた山口であったと報告している（『朝鮮史研究会報告』一九九二年九月二十二日号、一五～一六頁）。

前掲梶村論文には、多摩川など河川砂利採掘・採取業に従事していた朝鮮人の役割についての調査もある（梶村秀樹著作集第一巻『朝鮮史と日本人』明石書店、一九九二年十一月は、日本人の朝鮮人観を考える上で貴重な業績である）。

こうした当時の在日朝鮮人の生活実態の調査・研究がもっと行われなければならない。そのための基礎的な史料集として、前掲の朴慶植編『在日朝鮮人関係史料集成』全五巻はきわめて貴重な業績である。この第一巻に、一九二二（大正十一）年一月現在の内務省警保局調査による「要視察朝鮮人」は、全国で甲号一三一名、乙号一〇五名、計二三六名で、そのうち警視庁甲号一〇六名、乙号五八名、計一六七名、神奈川乙号四名と報告されている。また在留朝鮮人戸数および人員表によると、大正十年六月現在、一戸を構えて居住している者は、全国で一九九三戸、その内訳で多い県は、福岡三七七戸、兵庫一八二戸、大阪一七〇戸、北海道一三三戸、東京一三〇戸、広島一一九戸で、神奈川は二八戸である。職業別で多いのは、各種職工六六二六、土方六二四九、各種人夫五六八五、鉱夫および坑夫五〇四五、無職一七六二、学生一三〇三、各種雇人一〇二八、その他六一二、船員五一六、農業四一五、漁夫二四八などとなっている（一二五～一三二頁）。大正十三年五月の朝鮮総督府警務局東京出張員による「在京朝鮮人状況（秘）」には、「十二年、六月ノ学生二千三百名同年八月労働者四千名ヲ以テ其ノ絶頂トシ而シテ客年八月末震災直前ノ見込実数ハ八千人ヲ超ヘ震災後其ノ大半帰鮮或ハ他市県転出ニ依リ十月末三千五百人内外トナリタルモ其後徐々増加シテ本年四月末約五千人（見込）トナレリ」（一三四頁）と記している。この数字からみても、朝鮮人虐殺者が六千人以上にのぼったことは驚くべきことである。

在日中国人労働者の生活については、仁木富美子が王希天研究国際学術討論会のための報告として提出した「王希天と僑日共済会」は貴重な研究である（なお前掲の『王希天研究文集』に仁木の「王希天与华士」が収録されている）。

おわりに

この小論の「はじめに」で述べたように、関東大震災ととくに朝鮮人虐殺事件に焦点をしぼって私が管見しえたかぎりの戦後の研究史をふりかえりながら、論争点をとりあげて今後の課題の若干を整理してみた。したがって私自身の研究ではない。私自身の実証的研究については、前掲『日野市史』通史編、現代に所収の拙論とすでに刊行された『取手市史』（一九九六年刊）で試みてみた。しばしば指摘されることではあるが、虐殺の事実だけを強調すると、日本人のすべてが「鬼」か「悪魔」のようになってしまい、ことに小学生などには教育的にマイナスであると言われる。今夏の中国東北旅行でしばしば「悪魔」と大書された展示を観せられた。前述したように歴史的事実としても日本人の中に朝鮮人を助けた人もいた。しかしこのような少数の事実をいくら強調してみても、朝鮮人・中国人大虐殺事件の弁解にはならない。この問題の解明は、前述したように、加害と被害の両面をどのように統一的にとらえたらよいかという問題でもあろう。天皇の戦争責任と民衆の戦争責任を、同列に論じることが正しくないのと同様ではないだろうか。このように言うと、姜徳相ら在日韓国・朝鮮人研究者諸氏から、民族的犯罪と階級的犯罪とを混同するなとお叱りをうけるかもしれない。朝鮮人差別意識、蔑視感情が民衆のレベルにまで、いつ、どのような契機で形成されていったかを、私は歴史的に解明したいと思っている。支配者の意識は、幕末・維新期まで遡ることができる（吉田松陰の思想など）。

「はじめに」で述べたように、韓国・朝鮮人と日本人の間の信頼関係を回復させるためには、歴史研究者である私自身は、まず第一に日本歴史の中での在日朝鮮人および植民地時代の朝鮮史の事実を正確に学び、それを日本史の中心にすえて教育することであろうと考えている。その上で、再びこのようないまわしい事件が絶対に起こることのないように、そのどんな小さな芽であっても取り除く努力と闘いが必要であろう。関東大震災七〇周年記念集会のあった一九九三年の夏休みに、私は勤務校である法政大学通信教育部夏期スクーリングの「歴史」の講義を『関東大震災七〇周年がよびかけるもの』というテーマで一週間毎三時間にわたって行った。最終日に行った二五八名の試験答案のほとんどの履修生が、この歴史事実を全く知らなかったことが恥ずかしかったと書いていた。また、もし地震が起きて、あのような流言蜚語が流されたら、私も虐殺を行うかも知れないと書いた学生もいた（松尾「関東大震災七〇周年が問いかけるもの」『法政通信』一九九三年十一月号）。

私たち歴史研究者・教育者がこうした研究と実践を地道に、継続的に行う以外には、口先でどんなに「過去の歴史」であったからとか、他の帝国主義国もさらに社会主義国も同じことをしているではないかなどと言いわけをしても、ぜったいに両国間の信頼を回復することはできないだろう。ましてや日本人の韓国・朝鮮人にたいする対応は、冒頭で述べたように、敗戦後から現在まで変っていないのだから（とくに一九六五年の「日韓条約」以後）。私は一九九三年九月一日に在日本大韓民国居留民団東京地方本部主催の「関東大震災殉難同胞追念式」に参列し、「経過報告」（この時だけ日本語で話された）を聞きながらそのように痛感した。また、同年九月五日に千葉県八千代市の大和田新田の空き地にある無縁仏碑での慰霊祭に参加して、いまだに虐殺されたままで地下に眠っている朝鮮人の無念さをかみしめながら、なんとかして掘り出して寺に埋葬して供養を行い、遺骨を故郷の遺族の元にもどしてあげることが私たちの責任ではないかと思った。私は父が朝鮮の銀行に在職していたため、京城（現在の韓国・ソウル）で一九三〇年に生まれた。父の転勤に従って平壌・光州・新義州の日本人小学校を経て、一九四二年に中国山東省青島市に移住し、敗戦の年に青島日本中学校三年生で母国に引き揚げた（一九八三年三月刊行の『青島日本中学校校史』第一編「青島日本中学校のあゆみ」は私が執筆した）。日本帝国主義の韓国・朝鮮・中国への「侵略者の子」としての私の生い立ちから、日本人の「宿痾」「業病」ともいえるアジア人への蔑視感は私自身にも血肉化していて、私の戦後の自分史はこの宿痾との闘いの歴史であったと言ってもけっして過言ではないであろう。この『史料』の刊行も私のささやかな実践の記録である。

私は今年（一九九六年）の夏休みにゼミ生をつれて訪韓して韓国学生と共同シンポジュームを行った。そして、また、前述した王希天生誕一〇〇周年を機に戦後はじめて中国の土をふんだ。

（付記　この小論はすでに紹介した『多摩論集』に掲載した小論に、大幅な加筆と修正を加えたものである。一九九六年十月八日稿　）

Ⅰ巻　政府・戒厳令関係史料　解題

平形千恵子
松尾　章一

一、Ⅰ巻の構成

Ⅰ巻は、国立公文書館にある関東大震災関係の史料と法政大学の松室文書によって構成した。国立公文書館にある公文類聚と公文雑纂の大正十二年の各巻の中にかなりの関東大震災関係の史料を見ることが出来る。また別に『特殊資料第七類―災害関係―大正十二年関東大震災関係書類』に関係史料がまとめられている。これは後にまとめられたもので、公文類聚大正十二年の各巻などにある原本の文書からの写しも含まれ、花押、印までまねて書き写してある。写真復刻版では、その両方を使いそれぞれ史料の出典を記載した。

写真復刻は、1の政府関係と2の「関東戒厳司令部情報」「海軍震災関係情報」がそれである。史料の紙面から当時の様子を読み取ることが出来ると考えてそのスペースを増やした。2の「関東戒厳司令部情報」「海軍震災関係情報」は、大小長短さまざまであるが出来るだけその形のまま復刻した。

陸海軍関係の史料は、Ⅱ、Ⅲ巻に詳しいが、ここでは国立公文書館と松室文書にあるものを収録した。各巻とあわせて見ていただきたい。

朝鮮総督府の関係では、『大正十二年公文雑纂巻十二』から「御下賜金ニ関スル件」と「避難民及地方民ノ感想」を収録した。

「新聞紙取締ニ関スル綴」は大正十二年九月起、新聞係となっており、電文の走り書きを含む一冊の史料で、ファイルの月日は前後しているが、月日順に整理して収録した。震災に関する新聞紙行政処分件数調査を含んでいる。当時の全国的な言論統制、情報操作、取締の状況を示している。

3に当時の状況を知ることができる実業団協議会、台湾罹災者状況、義捐金、震災救護ニ関スル行賞ノ件、功労者調、建議請願の一部の史料を収録した。実業団協議会、台湾罹災者状況、建議請願は、『大正十二年公文雑纂二十四止』からのものである。

実業団協議会は、臨時震災救護事務局副総裁である後藤新平内務大臣の協力依頼により、日本郵船副社長石井徹を座長に、主要企業の首脳十一名で発足したもので、その九月十五日より九月二十一日までの記録である。連日、救護事務局嘱託団として陸海軍との協力のもとに救護物資の陸揚げ輸送、配給、上屋建設などの実務を組織的に行っている。

建議請願のうち黒龍会内田良平の意見開陳は、防衛研究所の図書室所蔵の史料であるがその性格からここに収録した。

「東京市集団バラック収容人員調」「義捐金収支状況調」「震災救護ニ関スル行賞ノ件」「功労者調」などの史料は、『特殊資料第七類災害関係大正十二年関東大震災関係書類』にまとめられているものである。これは前半に、本巻の初めに写真復刻した関東大震災関係の主要公文書を手書きで筆写したもの、その後にガリ刷りの「東京市集団バラック収容人員」「義捐金収支状況調」「主任出納官義捐金支払一覧表」などがファイルされている。「震災救護ニ関スル行賞ノ件」「震災救護功労者調」は、写真復刻の最後にある大正十四年の「震災救護関係功労者行賞ニ関スル件」に続くものである。義捐金に関する史料は、国内国外のものを含んでいる。

4の「戒厳令の研究」は、昭和十六年の史料で、太平洋戦争の開戦直前に、戒厳令について検討したものである。「戦役及び事変」は、内閣のもので、『特殊資料第五類』として残されている。九月十六日の日付となっており、戒厳施行指針は八月一日付けで「未定稿」の記入がある。「戒厳令ニ関スル研究」は、昭和十六年七月、内務省警保局企画室となっており、「過去ニ於ケル戒厳令実施状況ニ関スル研究」の「三、戒厳令実施下ニ於ケル警察活動事例ノ概況」の「(二)関東地方大震火災ノ場合ニ於ケル状況」の部分である。昭和十六年の史料をあえて載せたのは、太平洋戦争の開戦直前に、関東大震災時の戒厳令についてどのようにとらえていたかに注目したためである。

二、関東大震災の発生と戒厳令の施行

一九二三（大正十二）年十一時五十八分、関東地方を襲った相模湾北西部を震源とするマグニチュード七・九の大地震によって、東京、横浜を中心に関東一円は大被害を受けた。大震災と続いて起こった大火災に、民衆は逃げまどう。

その混乱の中、山本権兵衛内閣が組閣中であった。加藤友三郎首相の死去で八月二十八日に組閣が命じられていた。大震災に最初に対応したのは、臨時首相代理の内田康哉であり、九月二日の震災救護事務局の設置、戒厳令施行に関する資料には内田康哉の花押がある。この内田臨時内閣の内務大臣が水野練太郎、当時の警視総監が赤池濃であった。この巻の最後の「戒厳令の研究」にもあるように警視総監が内務大臣、警保局長に戒厳令の実施を「切言スル」。

九月二日の戒厳令関係の史料は、閣甲一四一で起案、勅令三九八号で「戒厳令中必要ノ規定ヲ適用」しているが、

閣甲一四一の「起案上申ス」のあとの「追テ右ハ枢密院官制第六条第三号ニ依リ枢密院に諮詢相成可然ト認ム」には紙が貼ってあり、枢密院の諮詢をへることなく戒厳令は実施されたことを示している。勅令三九九号（九月二日）で戒厳令の区域は「東京市、荏原郡、豊多摩郡、北豊島郡、南足立郡、南葛飾郡」、戒厳司令官は「東京衛戍司令官之ヲ行フ」となっており、内閣が代わった九月三日の勅令四〇一号では、戒厳令の区域は「東京府、神奈川県」に、「東京衛戍司令官」は「神奈川県横須賀市内及三浦郡ニ在リテハ横須賀鎮守府司令官、其ノ他ノ区域ニ在リテハ関東戒厳司令官」に改められている。勅令四〇二号（九月四日）で戒厳令執行の地域に「埼玉県、千葉県」が加えられた。

震災救護事務局の設置に関する九月二日（内甲二二一）の震災救護事務局官制では、当初、総裁は内務大臣、副総裁は社会局長とされているが、内閣総理大臣、副総裁内務大臣に加筆修正されている。大震災への対応については、その事態の重大性を考えれば当然内閣総理大臣が当たるべきであろうと思われるのだが。

九月四日（閣甲一四三）の「取り敢えずの処置」を決めた閣議決定の文書では、欄外の担当部署の書き込みに「宣伝」の文字が目立つ。食料の供給、救護など被災者を安心させるための宣伝もあるが、宮城前などの宮内省用地の開放、宮内省の木材の下賜などの宣伝も見られる。

三、関東戒厳司令部・陸海軍関係

松室文書には軍関係資料「戒厳司令部情報」「海軍震災情報」ほかがまとめて保存されていた。国立公文書館所蔵の「関東戒厳司令官通牒告諭」と合わせて収録した。

「戒厳司令部情報」には、「此情報ヲ受取ラレタ方ハ見易キ所ニ貼テ下サイ」（九月八日の五号から）とあり情報の徹底と広報、宣伝を兼ねて作成されたものである。戒厳司令部内部の「戒厳司令部詳報」は東京都公文書館にあり本『史料』Ⅱ巻に収録されている。また「関東戒厳司令部情報」は二十五号（九月二十一日）からは、「陸軍情報」と改称して出されている。原本の紙形は、大小長短さまざまである。

「震災関係情報」は、横須賀戒厳司令部情報部が出していた「横鎮公報」より九月二十六日から分離したものである。「松室文書」には「震災関係情報」のみ残されている。付録の地図は不鮮明なため、編集に際して書き直した。

四、朝鮮人問題、政府の態度

九月四日（閣甲一四三）の閣議決定では、避難民の収容、食料の供給、暴利取締、テント、バラックの仮設などと合わせて、

朝鮮人について、

一、警察ノ力ニテ鮮人ヲ一段《ママ》トシテ保護使用スルコト

一、鮮人、浮浪人ハ習志野ニ之ヲ集ムルコト

一、下関ニ於テ朝鮮人入国ヲ拒絶スルコト朝鮮総督ニ此旨通報スルコト

一、朝鮮人保護ノ方法ヲ講シ一団トシテ習志野ニ安全ニ居住セシメ任意労働ニ従事セシムヘキ方法ヲ講スヘキコト

自警団については

一、軍隊ニ於テ自治団、青年団ノ凶器携帯ヲ禁シ必要ノ場合ニハ差押ノコト

としている。

流言蜚語が拡がり、各地で朝鮮人に対する軍隊と自警団による虐殺が続いていた九月五日（閣甲一四五）に出た「鮮人に対する迫害に関する告諭」には、二か所の訂正がある。それぞれの原文は、「今次ノ震災ニ乗シ一部不逞鮮人ノ妄動アリトシテ鮮人ニ暴行ヲ加エタル者アリト聞ク」「鮮人ノ所為若シ不穏ニ亘ルニ於テハ速ニ取締ノ軍隊又ハ警察官ニ通告シテ其ノ処置ニマツヘキモノナルニ民衆自ラ濫ニ鮮人ニ迫害ヲ加ヘ私刑ヲ行フカ如キ」とあるのを、傍線部分が「鮮人ニ対シ頗フル不快ノ感ヲ抱ク者アリト聞ク」「鮮人ニ迫害ヲ加フルカ如キ」と訂正されている。単なる言葉の訂正ではなく事実の隠蔽を行うための書き直しと思われる。流言に関して全く否定せず、軍隊と警察の行動を認め、ただ外国に報ぜられる事を危惧しているのみである。

「鮮人、浮浪人ハ習志野ニ之ヲ集ムルコト」とあるが、習志野とは、習志野収容所と呼ばれた千葉県の陸軍習志野演習場の高津厰舎である。習志野収容所については、本『史料』Ⅱ巻所収の「戒厳司令部詳報」でその様子を知ることができる。習志野収容所に「保護収容」したのだが、それは単なる「保護収容」ではなかった。そこで何が行われていたのか。千葉県での地域の調査で明らかになったことは、一旦収容して、選り分け、連れ出して軍隊によって虐殺し、さらに軍隊が、周辺住民の自警団に「取りにこい」と命じて、収容所の朝鮮人を地域自警団へ払い下げて虐殺させていたことである（『いわれなく殺された人びと』千葉県に於ける関東大震災と朝鮮人犠牲者追悼調査実行委員会、青木書店）。殺して埋めた場所もいくつか確認されている。まさに「保護収容」という名の裏で行われた選別と虐殺であった。軍隊が払い下げて殺させた時期は、九月七、八、九日である。戒厳司令部の「注意」が出て自警団の虐殺事件が収まってきた後である事が注目される。戒厳司令部のこの「注意」は、次のようなもので、当時船橋では、飛行機で空からまかれたものが残っていたが日付はない。『現代史資料六「関東大震災と朝鮮人」』（みすず書房）によれば、「注意」の出た日付は、九月六日である。

注　意

一、朝鮮人ニ対シ、其ノ性質ノ善悪ニ拘ラス、無法ノ待遇ヲナス事ハ絶対ニ慎メ。等シク我同胞ナルコトヲ忘レルナ。二、総テノ鮮人カ悪イ企テヲシテ居ル様ニ思フノハ大マチカイテアル。此ンナ噂ニアヤマラレテ、之ニ暴行ヲ加エタリシテ、自ラ罪人トナルナ。

一、二ノ悪者ノ謀ニ、煽動ニ乗セラレル様ナ馬鹿ナ目ニ遇フナ。

関東戒厳司令部

こうした軍隊内部の殺害、及び軍隊が朝鮮人を地域自警団に払い下げて殺させた事件に関わる公的史料は残されていない。

諸外国の救護援助に対する政府の態度についての閣議決定を見ると、「列国の同情、援助」に対しては、感謝しつつ物資の提供は受けるが人や船の派遣については辞退し、とくにソヴィエト・ロシアの船舶にたいして赤化宣伝を恐れ、思想界の取締上の必要として排除している。

五、朝鮮総督府関係

朝鮮総督府関係の文書は、既刊の史料集にも多く収録されているがここでは、『公文雑纂巻十二』にある二つを収録した。朝鮮人虐殺の事実の隠蔽に躍起になりつつ、一方で罹災朝鮮人への天皇の御下賜金の下付を考慮するよう求める朝鮮総督府の「御下賜金ニ関スル件」と朝鮮総督府斎藤実からの報告にある「避難民及地方民ノ感想」である。「避難民及地方民ノ感想」は、朝鮮総督府が釜山に派遣した事務官洪承均からの報告である。傍点など朱の書き込みがある。洪承均事務官は九月二十五日から釜山に上陸する避難民の救護事務に従事しつつ、一方で避難民の「心理ヲ看取シ率直ナル感想ヲ聞クベク不断ノ努力ヲ払イ」意識的に避難民の感想を収集している。報告は、言葉を選びながらも「大体ニ於テ相当ノ悪感ヲ抱キオルハ事実ナリ」と厳しい「避難民ノ感想」を伝えている。「民族的ナ意味ニ於テ東京付近ノ在留朝鮮人ハ、日本人ノ精神的ナ意味ニ於テハ、全部殺サレタルモノナレハナリ、生存者ノ生命ハタタ僥幸ニ過キサルノミ」という文の意味は重い。この報告から大震災による被害と日本人による虐殺、迫害からのがれてようやく故郷へたどりついた人々の人間として、民族としての激しい怒りを受け止めたい。

また、朝鮮総督府事務官として救護に当たる一方で「東京付近在留朝鮮人カ一万人内外テ帰還者ト所在判明者カホボ同数」「隠蔽ニアラスシテ調査中」などと朝鮮総督府の宣伝や弁明を行っていることが記されている。こうした弁明も酷い体験をしたうえ、さらに帰郷にあたって厳しい口止めをされた人々には通用せず、その嘘を見抜いたのではないだろうか。「朝鮮総督カ八日ニ到着、総督府カ朝鮮人ノ無辜ナルコト宣伝シタタメ九日ニ沈静シタ」という宣伝なども、前記の九月六日の戒厳司令部の「注意」により地域での自警団による虐殺はほとんど終わっていたことと照らせば、事実ではなく朝鮮総督府の宣伝であっただろうことがわかる。

六、記事取締に関する書類綴

「記事取締ニ関スル書類綴」には、内務大臣や警保局長への各府県知事にあてた文書、電報の電文、各府県知事からのもの等が収録されている。当時の全国的な言論統制、情報管理、情報操作の状況の一端を具体的にとらえることができる。断片的ではあるが新聞記事取締の通牒の伝達、地方からの問合わせ、返電、とりあえずの処置を報告し、指揮を仰ぐなど、地方とのやりとりを当時の混乱した様子と合わせて見ることができる。関東大震災はまさに関東地方だけの問題ではなかった。

新聞記事取締の対象は、「不逞鮮人暴行記事、甘粕大尉被告事件、震災ニ因ル惨死写真掲載、亀戸警察署刺殺事件、主義者ニ関スル記事、自警団暴行記事、略奪団横行記事、朴烈ナドノ陰謀事件、遷都論高唱記事、銀行取付其他経済界ノ恐慌ニ関スル記事、其他」となっている。禁止新聞紙並出版物表（九月十五日付）と発売頒布禁止並差押処分新聞件数の県別統計資料（九月一日から十一月九日）がついている。その総数は、全国で九二四件に及んでいる。東京、大阪などは取締が徹底しているのか比較的少なく、北海道六二、新潟五〇、愛知四七、長野四〇、等が目立っている。

朝鮮総督府の警務局長からの十月十九日、二十一日の電報では、記事解禁に関して連絡を受けた後もなお「鮮人経営新聞等ニ於テ鮮人虐殺事件ノ真相材料等ヲ豊富ニ準備セル」として「官庁ニ於テ発表シタルモノニ限リ其以外ハ依然掲載ヲ禁止シ」と要請し、朝鮮人による犯罪記事の発表だけでは「鮮人ノ感情激発セシムル恐アルヲ以テ」日本人の兇行事実の真相を官庁より発表するようになどと要請して、事実が明らかになることを恐れて隠蔽に躍起になっている様子がうかがえる。

埼玉県では、県からの通牒の移牒によって熊谷、本庄、神保原、寄居など県内各地で自警団による朝鮮人虐殺事件が起こり、十月二十二日から公判が行われたが、埼玉県知事は「本県ニ於ケル騒擾事件ハ来ル二十二日ヨリ継続公判開廷ナルモ九月七日付ノ震災ニ関シ内地人ト鮮人ノ間ニ著シク反感ヲ挑発スル恐レアルモノトシテ鮮人ナルコトニ付テハ当分ノ内新聞ニ掲載禁止相成度」と打電している。

新聞紙掲載差止めの解除、とくに甘粕事件の差押え解除にあたって、マスコミの連絡の速さと、役所の連絡が遅いための行き違い、マスコミへの対応、中央の一方的発表に対する地方、県の不満など、当時の状況がうかがえる。「事実隠蔽の悪結果」（『新愛知』九月二十七日）、「尾崎知事と陸軍省の公報」（『弘前新聞』九月二十五日）などの記事が添えられている。

七、戒厳令の解除の準備

九月後半になると、戒厳令の廃止に向けて準備が始まる。九月二十八日の「各兵科ノモノヲシテ憲兵ノ勤務ヲ補助セシムルノ件」もその一つである。勅令四四一号によって「兵科ノ者ニ補助憲兵ヲ命スル事ヲ得」としている。大正十二年十月二十五日の埼玉県、千葉県の戒厳令の廃止の理由は「秩序恢復民心安定シ且ツ既ニ憲兵隊ノ新配置ヲ完了セルヲ以テ」である。

戒厳令の廃止に当たっては、枢密院議長清浦奎吾は、「勅令第三百九十八号一定地域ニ戒厳令中必要ノ規定ヲ適用スルノ件廃止ノ件諮詢ノ命ヲ恪ミ本月十四日ヲ以テ審議ヲ尽シ之ヲ可決セリ」と審議の報告をしている。

戒厳令廃止の準備のために、東京警備司令部令が制定された。「勅令三九八号廃止ト同時ニ公布ヲ要ス」との貼り紙がある。戒厳司令部令の廃止によっても状況は余りかわらない。むしろ関東大震災の戒厳令とその廃止による東京警備司令部令によって、陸軍による「帝都」警備は、一段と強化され確立したと言えるのではないだろうか。

国民精神振作についての詔書案は、震災後の国民に対する統制、引き締めの強化を示している。民衆は、大震災に生活基盤を奪われ、流言蜚語に惑わされて身に付けていた差別感から虐殺に走り、手を下した者も見ていただけの者も殺人者の意識を持った。天皇制政府は、軍隊など官権の殺人は隠蔽して、公にせざるを得なかった事件は、大杉栄殺害の甘粕事件以外は、「衛戍勤務令により正当な行為」とし、朝鮮人虐殺事件の責任をすべて自警団にかぶせた。さらにこの詔書で大震災の責任まで国民の「浮華放縱ノ習」と押し付け、「国民精神振作」へと導き、追い込んでいった。この「国民精神振作」の詔書はその後、各県、市町村、学校等へ伝達され大震災で打撃を受けた国民に対する国家統制を強化していく大きな役割を果たしていった。支配層は、こうした意味で関東大震災を利用して、日本の社会を国民の抵抗を許さない社会へ、統制を強化していった。関東大震災はその変化の大きな節目として利用されたのではないだろうか。

八、建議請願

建議請願は、前記の『公文雑纂巻二十四止』に多く残されており、被災地の復興に関するもの、遷都に関するもの、保険金の支払いに関するもの、金融、補助金、援助の要請、国民の精神、思想の引き締めを進言するものなどさまざまである。ここでは建議請願の一部を収録した。

大杉栄殺害事件に関する二十三日会のものは、「大杉栄殺害事件ニ関ス」と朱書の書き込みがあり、欄外に「供覧」となっている。「今次ノ大震災ニ当面シテ善処スルタメニ起チタル二十三日会ハ大杉栄氏其他ノ殺害事件ガ社会民心ニ与フル影響ノ重大ナルベキヲ思ヒ左ノ決議ヲナシタリ」とし、「一、大杉栄氏殺害ノ真相殊ニ同氏以外ノ被害者ノ氏名年齢被害ノ場所其他一切ノ事情ヲ速ニ公表ス可シ、二、甘粕大尉ニ関スル軍法会議ハ完全ニ之ヲ公開ス可シ、三、右事件ニ関スル新聞記事差止メノ命令ハ直チニ之ヲ解除ス可シ」を求めて、十月四日に二十三日会の名で、伊藤文吉、長谷川萬次郎（如是閑）、馬場恒吾、吉野作造、中野正剛、永井柳太郎、大川周明、山川均、安部磯雄、三宅雄次郎（雪嶺）、末弘嚴太郎、鈴木文治など多彩な顔ぶれの三十二名の連名で出したものである。九月十六日に甘粕大尉が大杉栄を殺害し、九月二十日に「小泉憲兵司令官、小山東京憲兵隊長、二十日突如停職」（『東京日々』九月二十一日）になり、九月二十四日に陸軍が「甘粕事件の真相、大杉栄他二名殺害」（『東京日々』九月二十五日）と発表し、十月八日に「甘粕大尉の大杉殺害事件、道連れに殺された他二名は、大杉の妻伊藤野枝と甥の橘宗一（七才）」と新聞記事掲載を解禁し、十月八日に軍法会議が始まった。こうした事件の推移の中で、この十月四日に出された建議書がどの様な役割を果たしたのだろうか。後に吉野作造は、「労働運動及社会主義者圧迫事件」「朝鮮人虐殺事件について調査」を発表し、永井柳太郎は、議会で質問し、安部磯雄は『中央公論』に「軍隊内にみなぎる時代錯誤の思想」を、三宅雪嶺（雄次郎）は「時代おくれの軍人思想」を発表している。

日本弁護士会は、火災保険に関する被保険者の保護を建議し、憲政会本部の決議は、震災復興、都市計画、経済回復、予算編成等七項目をあげている。

基督教震災救護団の代表者は小崎弘道、山室軍平、守屋東、久布白落実の連名で、「大東京市には公娼地域を設定せざる事、芸者屋及待合業を表通に許さざる事」の二点についての意見を書いている。

黒龍会の内田良平の意見開陳は、九月十一日のものでその文面から「震災善後の経綸について」（現代史資料六、みすず書房）の前にかかれたものであると思われる。黒龍会の震災直後の馬鈴薯の炊き出しを報告し、「鮮人と社会主義者の破壊活動」「鮮人を国民が殴殺したこと」「警察官が自警団を組織させたこと」「地方からの援兵で東京の防備が整って自警団を取り締まったこと」などを「事実」として政府の隠蔽を批判している。

九、昭和十六年の戒厳令の研究

「戒厳令の研究」は、この巻の構成の所でも書いたように「戦役及び事変」が内閣（昭和十六年九月十六日）、「戒厳令ノ研究」が内務省警保局企画室（昭和十六年七月）のものである。いずれも太平洋戦争の開戦（昭和十六年十二月八日）を控えた時期のものであり、こうした時期に関東大震災の戒厳令について検討している点が注目される。「戦役及び事変」は、『特殊資料第五類』にまとめられているが、そのはじめに次のような（注）がある。

「この資料には太平洋戦争開戦前戦雲日に急を告げるに至る昭和十六年頃ことあるを予想し専ら先例を集め、また開戦に関する事務を研究したときの資料であるので同戦争に関する実地の資料は含まれていない」。この注は戦後に付けられたものである。

「過去ニ於ル戒厳令実施状況ニ関スル研究」の「戒厳令実施下に於ける警察活動事例の概況」では「関東大震災の戒厳令下の警視庁の活動状況を研究しておくことが最も適切」としている。この内容は、『大正大震火災誌』（警視庁編）によってまとめたと思われるが、太平洋戦争開戦直前の戒厳令の研究でとくに「流言蜚語」にこだわっているところが注目される。単なる関東大震災の戒厳令研究以上の何らかの理由があるのだろうか。

自警団については、「流言蜚語」による自然発生とし、「流言蜚語に遂に燐保相より自警団を組織し」を書き、「流言」については、「九月一日一時ごろより四方に伝幡驚くべき速度」としているのが注目される。

おわりに

習志野収容所（高津厰舎）の北側の地域（現、八千代市）に、現在四つの碑が建っている。無縁仏之墓（大和田新田）、至心供養塔（萱田、長福寺）、無縁供養塔（萱田、中台墓地）、慰霊の塔婆（高津、なぎの原）であり、それぞれ事件に関わるものである。無縁仏之墓は、地域で他の無縁仏とともに長く供養してきたものである。至心供養塔には、一九八三年に住宅開発によって共同墓地の移転が行われたとき、一人の老人の発言で、掘り起こされた三人の遺骨が眠っている。無縁供養塔は、関東大震災七〇周年記念集会での証言者の言葉から地域の人々によって一九九五年に建立された立派な碑である。高津なぎの原には、関東大震災から五九年目に地区で立てた角塔婆を中心に何本もの塔婆が立っている。ここには、七、八人の犠牲者の遺体が埋っているはずである。千葉県における関東大震災朝鮮人犠牲者の追悼調査実行委員会が観音寺と地域の人々の協力を得て、毎年慰霊祭を行っているが、長年の取り組みにもかかわらず遺骨を掘り起こして供養し、碑を建てたいとの願いは、まだ実現していない。

一九九五年一月十七日の阪神、淡路大震災の凄まじい被害は、七三年前の関東大震災を現代の都市で再現した。もろくも崩れ去った近代都市、消火防火設備の不十分から為す術もなく焼き尽くされていった町、そこに生活していた人々にとって、どんなにつらい厳しい体験だったかと心が痛む。大地震が報道される中で、かつての民族問題の再現を恐れる不安がよぎった。戦後五〇年、今なお在日朝鮮人、韓国人に、偏見と差別の目を向ける人達のいる日本の状況である。しかし情報の発達した現代の大震災では、被害の状況が刻々と報じられ、避難所の様子が写しだされた。その中には、朝鮮人学校が、周辺の日本人避難者を受入れ助け合う様子も報じられた。震災後には、朝鮮人学校の再建を援助する地域の日本人グループも生まれているという。

関西大震災を経験した日本の社会で、改めて関東大震災の問題に関心が寄せられている。関東大震災から七三年、改めて今、日本の現代史上、関東大震災とはなんだったのか、何が行われたのか、関東大震災を通して当時とそして今の日本の国家、社会、そして日本人の行動をとらえなおしたいと思う。関東大震災七〇周年の記念事業の続きとして取り組んだ本『史料』がその役に立てばと考える。

（平形千恵子）

「松室文書」について

本書に収録した「松室文書」について簡単にふれておきたい。この文書は、法政大学図書館（市ケ谷）に所蔵されている一部である。松室致は、一九一三（大正二）年二月、専門学校令による和仏法律学校法政大学と称していた現在の法政大学が、大学令による法政大学と改称した時に初代学長に就任し、一九三一（昭和六）年二月十六日に死去するまで在位した。この間、一九一二（大正元）年十二月に成立した第三次桂太郎内閣、一九一六年十月成立の寺内正毅内閣の司法大臣を歴任し、一九二四（大正十三）年には枢密顧問官に親補され、法曹界の頂点にあったフランス法学者であった。

この文書の存在については、今から二十年以上も前から当時の図書課長から松尾は知らされていたのを、今回の機会に松尾が整理し、大学の許可をもらって文書の大部分を公表することにした。すでに松尾が公表した小論「関東大震災の歴史研究の成果と課題」（『法政大学多摩論集』第九巻、一九九三年三月刊。この小論は『日本史学年次別論文集』近現代史3、学術文献刊行会、一九九五年刊に収録されている）に、「震災以来十月二十二日ニ至ル関東戒厳地域内警備ノ状況」（関東戒厳司令部）と「震災ト陸軍ノ行動状況」（関東戒厳司令官山梨半造）の二つの史料を脚注を付して紹介してある。

関東大震災と軍隊に関する記録は、この小論をまとめる段階で私が管見したかぎり、『東京震災録』（東京市役所、大正十五年三月）前輯が刊行されたものとしてはもっとも詳細であった。史料集としては、前掲『関東大震災と朝鮮人』（姜・琴共編）にごく一部収録されている。今回発見した松室文書の中から二つの史料を紹介したのは、軍隊と大震災の関係を一応知ってもらうためにも良い史料であると考えからである。

私はその後、防衛庁防衛研究所図書館・東京都公文書館・国立公文書館所蔵の公文書を検索したところ、史料(二)が東京都公文書館所蔵の『陸軍震災資料』第九に入っていることを確認した。同第十に「関東戒厳司令部詳報」第一巻が、史料(一)の内容と類似しているがまったく同じものではない。とくにこの史料だけには表紙に朱筆で「秘」と大きく書いてあるところを見ると、外部には発表しなかったものと考えられる。今回発表することができなかった『戒厳司令部情報』（第二六号、九月二十三日から『陸軍情報』と改称）、横須賀戒厳司令部情報部発行『海軍震災関係情報』、陸軍省工兵課印刷『救護ニ関スル陸軍ノ施設（大正十二年十月十一日）』は、上記図書館では確認できなかった。

この小論で指摘したしたように、私たちは朝鮮人虐殺事件の加害責任は、第一に軍隊にあると考えている。しかしながら、本『史料』を見ても明らかなように、軍首脳部は加害者は自警団であって、軍はそれを抑えて朝鮮人を保護したことになっている。果たしてそうであろうか。私は虐殺事件の加害責任を、軍隊一般に押しつけるつもりはない。この大災害で不眠不休の復旧作業に従事した一般兵卒たちの労苦にたいしては、同情を禁じえない。だが、これまで管見しえた史料や聞きとり調査などで確認されたところでも、軍人が朝鮮人を機関銃で射殺したり、収容者を自警団に渡して殺害させた例もある（実名で生々しい殺害状況の記録が報告されているが、プライバシーを考慮して実名は削除してある。兵卒たちもある意味では被害者だったと言える）。とくに習志野などの騎兵隊が殺害に多くかかわったことから、軍隊の中でも騎兵の果たした役割は大きい。なぜなのか。関東大震災と軍隊については、本『史料』に収録した史料の一部を利用して「朝鮮人虐殺と軍隊」（『歴史評論』一九九三年九月号）を発表した。

（松尾　章一）

1 政府関係

政府、内閣関係文書等

内甲二二一

大正十二年九月　日

内閣書記官長

内閣書記官

内閣総理大臣

法制局長官

外務大臣

大蔵大臣

海軍大臣

文部大臣

逓信大臣

内務大臣

陸軍大臣

司法大臣

農商務大臣

鉄道大臣

内務大臣請議臨時震災救護事務局官制ハ刻下不得已儀ト思考候付請議ノ通閣議決定相成可然

法制局

法制局

ルヘシト認ム

朕臨時震災救護事務局官制ヲ
裁可シ茲ニ之ヲ公布セシム

御名　御璽

摂政名

大正十二年九月二日

内閣総理大臣

内務大臣

勅令第三百九十七號

臨時震災救護事務局官制

第一條　震災被害救護

震災救護事務局ヲ置ク

第二條　臨時震災救護事務局ニ左

ノ職員ヲ置ク

總裁

副總裁

參與
委員
事務官
書記
第三條　總裁ハ~~内務~~内閣総理大臣ヲ以テ之ニ
充テ副總裁ハ~~社會局長官~~内務大臣ヲ以テ
之ニ充ツ
第四條　參與ハ内務省大藏省陸軍省海軍省

遞信省農商務省鐵道省次官、警視

社會局長官

總監、東京府知事及東京市長ヨリ

以テ之ニ充ツ

第五條　委員及事務官ハ各廳高等

官及東京市助役中ヨリ内閣總理

大臣之ヲ命ス

第六條　書記ハ各廳判任官中ヨリ

總裁之ヲ命ス

第七條　總裁ハ必要ニ應シ地方ニ臨時震災救護事務局支部ヲ置クコトヲ得

支部ノ組織ハ總裁之ヲ定ム

附則

本令ハ公布ノ日ヨリ之ヲ施行ス

一、

臨時震災救護事務局官制

組織

総裁

副総裁

参与

内閣総理大臣

内務大臣

社会局長官

内務　大蔵　陸軍　海軍　逓信

農商務　鐵道　各省次官　社会局長官

警視総監　東京府知事

委員

東京市長
内務省地方局長　警保局長　衛生局長
社會局第二部長　大藏省主計
局長　陸軍省軍務局長　經理
局長　海軍省軍務局長　經理
局長　遞信省管船局長　通信
局長　農商務省食糧局長
山林局長　鐵道省運輸局長

東京市助役等

事務官　関係各庁高等官

書記　関係各庁判任官

二、事務

一、食糧配給

二、バラック建築

三、木材其他建築材料ノ配給

四、救療
五、輸送
六、通信
七、交通
八、經費

三、位置
東京府立第一中學校内

四、支部組織

一、支部長　関係府県知事又ハ市長

二、支部委員　関係府県官吏及市吏員

三、書記　関係府県判任官及市吏員

七

閣甲一四一

大正十二年九月　日

内閣書記官長　内閣書記官

内閣總理大臣

法制局長官

外務大臣

大藏大臣

海軍大臣

文部大臣

遞信大臣

内務大臣

陸軍大臣

司法大臣

農商務大臣

帝國憲法第八條ニ依リ一定ノ地域ニ戒嚴令中必要ノ規定ヲ適用スルノ件命ニ依リ起案上申ス

七

閣甲一四一

大正十二年九月　日　内閣書記官長　内閣書記官

内閣總理大臣　法制局長官

外務大臣　大藏大臣　海軍大臣　文部大臣　遞信大臣

内務大臣　陸軍大臣　司法大臣　農商務大臣

帝國憲法第八條ニ依リ一定ノ地域ニ戒嚴令中必要ノ規定ヲ適用スルノ件命ニ依リ起案上申ス

追テ右ハ樞密院官制第六條第三號

法制局

ニ依リ枢密院ニ諮詢相成可然ト認ム

勅令案

別紙呈案ノ通

朕茲ニ緊急ノ必要アリト認メ帝國憲法第八條ニ依リ一定ノ地域ニ戒嚴令中必要ノ規定ヲ適用スルノ件ヲ裁可シ之ヲ公布セシム

御名
御璽

攝政
名

大正十二年九月二日

内閣總理大臣
各省大臣

内閣

勅令第三九八號

一定ノ地域ヲ限リ別ニ勅令ノ定ムル所ニ依リ戒嚴令中必要ノ規定ヲ適用スルコトヲ得

附　則

本令ハ公布ノ日ヨリ之ヲ施行ス

内閣

（公文類聚第四十七編　大正十二年巻二十六）

八

閣甲一四二

大正十二年九月二日　内閣書記官長　内閣書記官

内閣總理大臣　法制局長官

外務大臣　大藏大臣　海軍大臣　文部大臣　遞信大臣

内務大臣　陸軍大臣　司法大臣　農商務大臣

大正十二年勅令第三九七號ノ施行ニ關スル件勅令ニ依リ起案上申ス

勅令案

法制局

別紙呈案ノ通

朕大正十二年勅令第三百九十八號ノ施行ニ関スル件ヲ裁可シ茲ニ之ヲ公布セシム

御名 御璽

攝政名

大正十二年九月二日

内閣總理大臣

陸軍大臣

内閣

勅令第三百九十九號

大正十二年勅令第三百九十八號ニ依リ左ノ區域ニ戒嚴令第九條及第十四條ノ規定ヲ適用ス但シ同條中司令官ノ職務ハ東京衛戍司令官之ヲ行フ

東京市　荏原郡　豊多摩郡　北豊島郡

南足立郡　南葛飾郡

附　則

本令ハ公布ノ日ヨリ之ヲ施行ス

内閣

（公文類聚第四十七編　大正十二年巻二十六）

勅令第　号

朕關東戒嚴司令部條例ヲ裁可シ茲ニ之ヲ公布セシム

御名御璽

攝政名

大正十二年九月三日

内閣總理大臣

陸軍大臣

勅令第四百号

關東戒嚴司令部條例

第一條 關東戒嚴司令官ハ陸軍大将又ハ中将ヲ以テ之ニ親補シ 天皇ニ直隷シ東京府及其ノ附近ニ於ケル鎮戍警備ニ任ス

關東戒嚴司令官ハ其ノ任務達成ノ為前項ノ區域内ニ在ル陸軍軍隊ヲ指揮ス

第二條　關東戒嚴司令官ハ軍政及
人事ニ關シテハ陸軍大臣ノ區處ヲ
受ク
第三條　關東戒嚴司令部ニ左ノ職員
ヲ置ク
参謀長
参謀
副官
主計

軍醫
陸軍司法事務官
下士、判任文官
第四條 參謀長ハ関東戒嚴司令官
ヲ輔佐シ事務整理ノ責ニ任ス
第五條 參謀、副官、主計、軍醫
及陸軍司法事務官ハ參謀長ノ
指揮〔命〕ヲ承ケ各擔任ノ事務ヲ
掌ル

第六條　下士、准判任文官ハ上官ノ命
ニ從ヒ事務ニ服ス

附則

本令ハ公布ノ日ヨリ之ヲ施行ス
~~本令施行ノ期間~~當分ノ内東京衛戍司令官
ノ職務ハ之ヲ停止ス

関東戒嚴司令部條例制定ノ件

大正十二年九月三日

陸軍大臣男爵田中義一

内閣總理大臣伯爵山本權兵衛殿

關東戒嚴司令部條例別紙勅令案ノ通

制定相成度理由書ヲ具シ閣議ヲ請フ

勅令案

朕關東戒嚴司令部條例ヲ裁可シ茲ニ之ヲ公布セシム

御名御璽

攝政名

大正十二年九月　日

内閣總理大臣

陸軍大臣

勅令第　號

關東戒嚴司令部條例

第一條　關東戒嚴司令官ハ陸軍大將又ハ中將ヲ以テ之ニ親補シ天皇ニ直隷シ東京及其ノ附近ニ於ケル~~戒嚴宣告施行~~鎭戍警備ニ任ス
關東戒嚴司令官ハ其ノ任務達成ノ爲前項ノ区域内ニ在ル陸軍軍隊ヲ指揮ス

第二條　關東戒嚴司令官ハ軍政及人事ニ關シテハ陸軍大臣ノ區處ヲ受ク

第三條　關東戒嚴司令部ニ左ノ職員ヲ置ク
　　參謀長
　　參謀
　　副官

主計

軍醫

陸軍司法事務官

下士、判任文官

第四條　參謀長ハ關東戒嚴司令官ヲ補佐シ事務整理ノ責ニ任ス

第五條　參謀、副官、主計、軍醫及陸軍司法事務官ハ參謀長ノ指揮ヲ受ケ各自擔任ノ事務ヲ掌ル

第六條　下士及判任文官ハ上官ノ命ヲ承ケ事務ニ服ス

附　則

本令ハ公布ノ日ヨリ之ヲ施行ス

本令施行ノ期間東京衛戍司令官ノ職務ヲ停止ス

九

陸甲二五

勅令案

朕大正十二年勅令第三百九十九号中改正ノ件ヲ裁可シ茲ニ之ヲ公布セシム

御名御璽

摂政名

大正十五年九月三十日

内閣総理大臣

陸軍大臣

海軍大臣

勅令第四百一号

大正十三年勅令第三百九十九号ノ中左ノ通改正ス

神奈川縣

「東京衛戍司令官」ヲ「横須賀市及三浦郡ニ在リテハ横須賀鎮守府司令長官、其ノ他ノ区域ニ在リテハ関東戒厳司令官」ニ、「郡、、、、、

「東京市、荏原郡、豊多摩郡、北豊島郡、南足立郡、南葛飾郡」ヲ「東京府、神奈川縣」ニ改ム

附則

本令ハ公布ノ日ヨリ之ヲ施行ス

陸普第三五二四號

大正十二年勅令第三百九十九號中改正ノ件

大正十二年九月三日

陸軍大臣男爵田中義一

内閣總理大臣伯爵山本權兵衛殿

大正十二年勅令第三百九十九號中別紙勅令案ノ通改定相成度理由書ヲ具シ閣議ヲ請フ

勅令案

朕大正十二年勅令第三百九十九號中改正ノ件ヲ裁可シ茲ニ之ヲ公布セシム

御名御璽

攝政名

大正十二年九月　日

内閣總理大臣

陸軍大臣

軍令陸乙第　號

大正十二年勅令第三百九十九號中左ノ通改正ス

「東京衛戍司令官」ヲ「横須賀市及三浦郡ニ在リテハ横須賀鎮守府司令長官、其ノ他ノ區域ニ在リテハ関東戒嚴司令官」ニ改ム

「東京市、荏原郡、豊多摩郡、北豊島郡、南足立郡、南葛飾郡」ヲ「東京府、神奈川縣」ニ改ム

附則

本令ハ公布ノ日ヨリ之ヲ施行ス

理由書

関東戒厳司令官ヲ置カレタルト災害ノ関係上戒厳令執行ノ區域ヲ擴張スルノ必要アルニ由ル

陸甲二六

大正十二年九月四日　内閣書記官長
内閣書記官

内閣總理大臣
法制局長官　代

外務大臣
内務大臣
大藏大臣
陸軍大臣
海軍大臣
司法大臣
文部大臣
農商務大臣
遞信大臣
鐵道大臣

別紙陸軍大臣請議大正十二年勅令第三百九十九號中改正ノ件ヲ審査スルニ右ハ相當ノ儀ト思考ス

法制局

仍テ請議ノ通閣議決定相成可然ト認ム

勅令案

朕大正十二年勅令第三百九十九號中改正ノ件ヲ裁可シ茲ニ之ヲ公布セシム

御名　御璽

攝政名

大正十二年九月四日

内閣總理大臣

陸軍大臣

勅令第四百二號

大正十二年勅令第三百九十九號中左ノ通改正ス

「東京府、神奈川縣」ノ下ニ「埼玉縣、千葉縣」ヲ加フ

附　則

本令ハ公布ノ日ヨリ之ヲ施行ス

第三五四五號

大正十二年勅令第三百九十九號中改正ノ件

陸軍大臣男爵田中義一

大正十二年九月四日

内閣總理大臣伯爵山本權兵衛殿

大正十二年勅令第三百九十九號中別紙勅令案ノ通改正相成度理由書ヲ具シ閣議ヲ請フ

朕大正十二年勅令第三百九十九號中改正ノ件ヲ裁可シ茲ニ之ヲ公布セシム

勅令案

御名　御璽

攝政名

大正十二年九月　日

内閣總理大臣

陸軍大臣

勅令第　號

大正十二年勅令第三百九十九號中左ノ通改正ス

「神奈川縣」ノ下ニ「埼玉縣、千葉縣」ヲ加フ

附則

本令ハ公布ノ日ヨリ之ヲ施行ス

理由書

災害情況ノ判明ニ伴ヒ戒嚴令執行ノ區域ヲ擴張スルノ要アルニ由ル

陸軍

（公文類聚第四十七編　大正十二年巻二十六）

十一

陸甲二七

大正十二年九月六日

内閣書記官長

内閣書記官

内閣總理大臣

法制局長官

外務大臣
内務大臣
大藏大臣
陸軍大臣
海軍大臣
司法大臣
文部大臣
農商務大臣
遞信大臣
鐵道大臣

別紙陸軍海軍兩大臣請議戒嚴ニ關スル件ヲ審査スルニ右ハ相當ノ儀ト思考ス依テ請議ノ通閣議決定セラレ可然ト認ム

指令案

戒嚴ニ關スル件請議ノ通

大正十二年九月七日

法制局

陸普第三五七三號

戒嚴ニ關スル件

大正十二年九月六日

海軍大臣　財部彪

陸軍大臣男爵田中義一

内閣總理大臣伯爵　山本權兵衞殿

今回ノ震災ニ因ル戒嚴ハ事變ニ因ル戒嚴ト看做シ且其ノ戒嚴區域ハ臨戰地境ト看做シ陸、海軍ニ關スル諸條規ノ適用ヲ爲スコトニ致度

陸軍

×

内閣総理大臣秘書官

書記官

受領 西原

陸軍大臣秘書官 [illegible]

特急

内閣 陸甲 二七号

（公文類聚第四十七編　大正十二年巻二十六）

秘

済

閣甲第一四三號

進達 十二年九月四日

裁可 年 月 日

決定 年 月 日

施行 年 月 日

内閣總理大臣 權

内閣書記官長 [illegible]

内閣書記官

外務大臣 權

大藏大臣 [illegible]

海軍大臣 [illegible]

文部大臣 [illegible]

逓信大臣 [illegible]

内務大臣 [illegible]

陸軍大臣 [illegible]

司法大臣 [illegible]

農商務大臣 [illegible]

鐵道大臣 [illegible]

今回ノ震災ニ付テハ不取敢別紙ノ通

處置ヲ爲スコトニ閣議決定相成然

内閣

ルヘシト認ム

宣、

一、千葉縣習志野及下志津演習廠舎ニ一万五千人ヲ容ルヘキコト

一、陸軍テントハ戒嚴司令官ト協議ノ上取計フヘキコト

一、バラックハ工兵ニ建築ヲ托スルコト

一、材料ハ救護事務局ニ於テ徴集支給スルコト

一、米サヘアレハ炊出ヲ得ルコト

一、近傍師團ヨリ軍隊食糧パンヲ

給與スルコト
只今約三万人分到着
一、焼残米ハ見込ナキコト
糧秣廠ノ分ハ試験済
一、宮城前ハテント至急着手ノコト

農商務

一、暴利取締ハ嚴重ニ施行ノコト
農商務大臣主任

内務

一、警察ノ力ニテ鮮人ヲ一團トシテ保護使用スルコト

陸軍

一、軍隊ニ於テ自治團、青年團ノ充

器携帯ヲ禁シ必要ノ場合ニハ差
押ノコト

内務、陸軍
一、臨時燒場ヲ設置シ機宜ノ處置
トシテ軍隊ノ力ニテ、戒嚴的衛生ノ
處分ニ任スヘキコト

陸軍
一、近傍軍隊ヨリ軍醫衛生隊ヲ差
遣スルノ取計ヲ為スヘキコト

宣傳
赤十字社派出ノコト

農商務、司法
一、火災保険金ノ支出能否ヲ審議
決定スルコト

内
閣

陸軍ヽ

宣傳ヽ

外務

一、銀行ヲ開クニ就キ軍隊ノ援助ヲ求ムルコト

一、宮城前ノ外新宿御苑、深川宮内省用地等ヲ開放スヘク思召御出サレタル趣ノコト

一、土地ノ撰擇ハ戒嚴司令官ニ任スヘキコト

一、鮮人、浮浪人ハ習志野ニ之ヲ集ムルコト

一、外國人ハ大公使館負限ノパンヲ供給

宣傳

拓殖局

拓殖局

スルコト

一、宮内省ノ木材ハ一般的ニ材料トシテ御下賜相成ルコト

一、朝鮮總督、臺湾總督及関東長官ヘ實情及經過ヲ電報スルコト追テ詳報スルコト

一、下関ニ於テ朝鮮人入国ヲ拒絶スルコト朝鮮總督ニ其旨通報ノコト

一、朝鮮人保護ノ方法ヲ講シ一團トシテ習志野ニ安全ニ居住セシメ任意

大蔵、農商務

内閣

労働ニ従事セシムヘキ方法ヲ講スヘキコト

一、モラトリユーム一ケ月限支払臨時停止施行ニ付関係者ニ於テ攻究ノコト

但シ銀行預金ハ除外例トシテ一回百圓限リ支払ヲ認ムルコト

張紙（原本ノ儘）

四十五

済

閣甲第一四四號

十二年九月四日

十二　九　四

内閣総理大臣

外務大臣

内務大臣

陸軍大臣

今回ノ震災ニ付別紙案ノ通内閣総理大臣ヨリ一般ニ對シ告諭スルコト

ニ閣議決定相成然ルヘシト認ム

九月四日付

内閣告諭第一號

訓告案

東京市府及ヒ近縣ニ亘レル今次ノ震災ハ伴フニ非常ノ大火災ヲ以テシ惨害ノ甚シキ未曾有ト言語ニ絶ネ事固ヨリ未然ニ出テ日常施設ノ設備

内閣

二

都市
為ニ蕩然トシテ一空ニシ（ニ歸）随テ焦眉ノ措置最モ急ヲ要ス

政府ハ先ツ秩序ヲ保チ安定ヲ得シムルニ勉メ食糧物資ノ補給建築材料ノ準備其ノ他應急百般ノ施設

内閣

ヲ為スニ於テ日夜晝並痾卒ノ際ニ於
生当最善ノ努力ヲ竭クシツヽアリシ鼻ノ時ニ當リ
攝政殿下[redacted]深ク御宸憂慮アラセラレ
今回本大臣ノ参殿ニ際シ親シク
優渥ナル御沙汰ヲ賜ヒ[redacted]内帑ノ

内閣

四

資ヲ發セラルヽ旨ヲ傳ヘシ適宜應急ノ處置ヲ爲シ遺憾ナキヲ期セシメラル生民ノ休戚ニ就キ御軫念アラセラルルノ深キ本大臣同胞ト倶ニノ恐懼感激ニ勝ヘサル所ナリ茲ニ△

惟フニ

~~惟[illegible]今次ノ災[illegible]至[illegible][illegible]復~~

内閣

五

昔ニ難ニ當リ我盛旨ヲ奉ジ以テ偏（應急ノ處置ヲ執リ）

利ノ再建ヲ圖ルハ軍政府ノ全力（復舊）

ヲ擧ゲテ專ラ事ニ從フ所ナルモ亦専

擧國民衆ノ奮起協力ニ待ツコト（一致）（奮）

切ナリ 此異ヲクハ無[?]罔從者ハ固ヨリ（行ヲ敢テセントスル）

内閣

六

一般ノ同胞（國民）皆能ク盛旨ノ渥キヲ奉體シ衷心（官民）戮力以テ仁慈ナル御沙汰ノ御精神ヲ貫徹（ヲ期シ）不ト雖各自相激勵シテ適應ノ處置ヲ誤ラス此ノ未曾有（異常）ノ災害ニ對シテ未曾有（絶大）ノ努力ヲ致サレ

内閣

七

ムコトヲ是レ本大臣ノ切望ニ堪ヘサル所ナリ

大正十二年九月四日

内閣總理大臣

内閣

済

閣甲第一四五號

起案　十二年九月五日

決議　十二年九月五日

内閣總理大臣

内閣書記官長

内閣書記官

外務大臣

内務大臣

大藏大臣

陸軍大臣

海軍大臣

司法大臣

文部大臣

農商務大臣

遞信大臣

鮮人ニ對スル迫害ニ関シ別紙案ノ通内閣總理大臣ヨリ告諭ヲ發セラル

ノ然ヘレト退

内閣告諭第二號

今次ノ震災ニ乗シ一部不逞鮮人

ノ妄動アリトシテ鮮人~~ニ累ヲ及ホス所アル~~ニ對シ頗フル不快ノ感ヲ抱ク

者アリト聞ク鮮人ノ所為若シ不穏ニ

亘ルニ於テハ速ニ取締ノ軍隊又ハ警

察官ニ通告シテ其ノ處置ニ俟ツヘ

内閣

キモノナルニ民衆自ラ濫ニ鮮人ニ迫害ヲ加フルカ如キコトハ固ヨリ日鮮同化ノ根本主義ニ背戻スルノミナラス又諸外国ニ報セラレテ決シテ好マシキコトニ非ス

事ハ今回ノ唐突ニシテ国難ナル事態ニ際会シタルニ基因スト認メラルルモ刻下ノ非常時ニ当リ克ク平生素養ノ冷静ヲ

失ハス愼重前後ノ措置ヲ誤ラス以テ

我國民ノ節制ト平和ノ精神トヲ發

揮セムコトハ本大臣ノ此際特ニ望ム

所ニシテ民衆各自ノ切ニ自重ヲ求ム

ルハ急務ナリ

大正十二年九月十日

内閣總理大臣

内閣

濟

大乙第四號

起案 十二年九月八日

裁可 年月日 施行

決定 年月日

内閣總理大臣

内閣書記官長

外務大臣

内務大臣

大藏大臣

陸軍大臣

海軍大臣

司法大臣

文部大臣

農商務大臣

別紙在紐育勝財務官ヨリ大藏大臣宛電報回覧ニ供ス

大正十二年九月八日着電

在紐育勝財務官ヨリ大蔵大臣宛電報

一、災害程度ニ関シ東洋各地ヨリ来ル報道動モスレハ誇大ニ失シ当地財界ニ誤解ヲ来サシムル虞アリ右ノ誤解ヲ一掃シテ市場ノ沈静ヲ計リ度キニ付災害ノ範囲程度ノ大体ニテモ至急御知ラセヲ乞フ

二、前電詳報ノ通リ英貨公債相場下落ノ程度思ヒノ外少カリシコトニ対シ主要新聞財政記者ノ多クハ之レ現存在外正貨ヲ以テ右償還確実ニ保証サレ居ルモノト一般ニ信セラレ居ルニ依ルモノニシテ一面国際金融市場

ニ於ケル日本ノ信用厚キヲ語ルモノナリト論シ居レリ
三、日本ハ震災善後借款ヲ起スヘシトノ観測又一般ニ當市場ニ行ハル日本ノ信用ト今回ノ震災ニ対スル米國全般ノ深甚ナル同情トハ比較的巨額ノ発行ヲ容易ナラシム可シトノ意見多シ
四、義捐金募集ニ関スル大統領ノ布告ハ紐育州知事始ノ多数ノ州知事ノ同様ノ布告トナリ同情翕然トシテ集リ米國赤十字社ノ地方別義捐金割當額小計ハ當初見込ノ五百萬弗ヲ超ユルコト既ニ二十五萬弗ニ及ヘリ當地銀行業者中「ナシヨナル、シテイー」五萬弗、「クーン、ロエブ」二萬五千弗既ニ申込

東方閣

済「モルガン」モ亦少クトモ後者ト同額ヲ義捐スヘシト傳ヘラル

貴族院

済

大甲第一〇六號

起案 十二年九月八日

裁可 年 月 日

決定 年 月 日

施行 年 月 日

内閣總理大臣

内閣書記官長

内閣書記官

外務大臣

大藏大臣

海軍大臣

文部大臣

遞信大臣

内務大臣

陸軍大臣

司法大臣

農商務大臣

鐵道大臣

大藏大臣請議議院及諸官衙震害調査委員會設置ノ件ヲ審査スルニ右ハ相

内

閣

當ノ儀ト被認ニ付請議ノ通閣議決定相
成然ルヘシ

指令案
議院及諸官衙震害調査委員會設置
ノ件請議ノ通
大正十二年九月八日

議院及諸官衙震害調査委員會設置ノ件

今回ノ大震災ニ際シ東京市及其ノ附近諸建造物ノ震害實況ヲ調査シ將來議院及諸官衙建築ノ資料ニ供シ度候ニ付茲ニ調査委員會ヲ設置シ取片附前ニ於テ急速ニ被害ノ現況ヲ調査致度別紙調査委員會規則ヲ添ヘ茲ニ閣議ノ決定ヲ請フ

大正十二年九月六日

大藏大臣　井上準之助

内閣總理大臣　伯爵　山本權兵衛　殿

案

議院及諸官衙震害調査委員會規則

第一條　議院及諸官衙震害調査委員會ハ大藏大臣ノ管理ニ屬シ東京市及其ノ附近ノ諸建造物震害ノ状況ヲ調査シ議院及諸官衙建築ニ関スル技術上ノ事項ヲ審議ス

第二條　委員會ハ委員長一人及委員若干人ヲ以テ之ヲ組織ス

第三條　委員長ハ大藏次官ヲ以テ之ニ充ツ
委員ハ左ニ掲クル者ヲ以テ之ニ充ツ

一　大藏省部内高等官　若干人

二　各省高等官　若干人
前項ノ委員ハ大蔵大臣之ヲ命シ又ハ嘱託ス
第四條　委員長ハ會務ヲ統理シ其ノ調査ノ結果ヲ
大蔵大臣ニ具申ス
委員長事故アルトキハ大蔵大臣ノ指名スル委員其ノ
職務ヲ代理ス
第五條　委員會ニ幹事ヲ置ク大蔵省部内高等官
ノ中ヨリ大蔵大臣之ヲ命ス
幹事ハ委員長ノ指揮ヲ承ケ庶務ヲ整理ス
第六條　委員會ニ書記ヲ置ク大蔵省部内
判任官ノ中ヨリ大蔵大臣之ヲ命ス
書記ハ上司ノ指揮ヲ承ケ庶務ニ從事ス

首相　六

各大臣

権兵衛　[illegible]　毅　[illegible]

総長　[illegible]

大正十二年九月十一日

内閣書記官長

各大臣

通牒

今次ノ震災ニ就キ列国ヨリ

寄贈スル救護事項ニ對スル

帝国政府ノ態度綱領ニ関シ

閣乙一三

内閣

内閣

別紙ノ通閣議決定相成候條

此段依命通牒ス

閣議案

今次東京及附近ニ起レル震災火災ノ救護援護ニ關シ寄與シ又ハ寄贈セシコトアル列國ノ同情援助ニ對シテハ帝國政府ハ

内閣

深厚ナル感謝ヲ以テ之ヲ迎フル次第ナルモ左ノ綱領ニ依リ處理スルコトニ致度

一、食糧其ノ他必需物資ノ提供ハ喜ンテ之ヲ受ク但シ

提供國本國積出前豫メ交
附アルモノニ就テハ其ノ種類
數量ヲ表示シテ帝國政
府ノ希望ヲ問求スルコトアル
ヘシ

内閣

二　救護事業ニ関シ人ヲ派遣シテ協力セシメムトスル申込ニ對シテハ其ノ好意ハ深謝スル所ナルモ帝國政府ハ既ニ夫々各機關ノ施設ヲ

有スルヲ以テ所管（書類保管等ノ関係）上ノ錯綜
ヲ来タスノ虞アル等ノ事
情ニ鑑ミ此際ハ之ヲ移
還スルコトトス 但既ニ来リ又ハ来リツヽアル
モノニ就テハ外務当局ニ於テ適宜ノ措置ヲ執ルコトトス
運輸経路ノ提供給前

内閣

項ノ主旨ニ依リ之ヲ辞退
スルモノトス
三、食糧其ノ他必需物資
ヲ提供スル為メ護衛船
ノ入港ニ際シテハ帝国政

存シ相當官吏ヲ該汽船ニ派遣シ一應檢査ヲ遂ケタル上其ノ乘員ノ上陸及積荷ノ陸揚ヲ行フコトトス

是レ震災地方ノ秩序

安寧ヲ保持スルニ在リ
緊要ノ事ナレハナリ
因テ謂ヘ
列國殊ニ一部國内ヨリ
ノ入港船舶ニ對シテハ東
化宣傳其ノ他思想界

ノ取締上最モ必要ナ
感ズルヲ以テ其ノ点ニ関
シ特ニ注意ヲ要ス

内閣

閣甲第一四號

起案　十二年九月十日

裁可　年　月　日

決定　年　月　日

施行　年　月　日

内閣總理大臣

内閣書記官長

内閣書記官

外務大臣

大藏大臣

海軍大臣

文部大臣

遞信大臣

内務大臣

陸軍大臣

司法大臣

農商務大臣

鐵道大臣

別紙詔書案閣議ニ供ス

詔書案

朕神聖ナル祖宗ノ洪範ヲ紹キ
光輝アル國史ノ成跡ニ鑑ミ皇考
中興ノ宏謨ヲ継述シテ肯テ愆ラ
サラムコトヲ庶幾シ夙夜兢業トシテ
治ヲ圖リ幸ニ祖宗ノ神祐ト國民
ノ協力トニ頼リ世界空前ノ大戦ニ
處シ尚克ク小康ヲ保ツヲ得タリ
奚ソ圖ラム九月一日ノ激震ハ事咄

内閣

嗟ニ起リ其ノ震動極メテ峻烈ニシテ家屋ノ潰倒男女ノ惨死幾萬ナルヲ知ラス剰ヘ火災四方ニ起リテ炎燄天ニ冲リ京濱其ノ他ノ市邑一夜ニシテ焦土ト化ス其ノ間交通機関杜絶シ為ニ流言飛語盛ニ傳ハリ人心洶々トシテ倍々其ノ惨害ヲ大ナラシム之ヲ安政當時ノ震災ニ較フレハ寧ロ凄惨ナルヲ想知セシム

朕深ク自ラ戒慎シテ已マサルモ惟フニ
天災地變ハ人力ヲ以テ豫防シ難ク
只速ニ人事ヲ盡シテ民心ヲ安定スルノ
一途アルノミ凡ソ非常ノ秋ニ際シテ
ハ非常ノ果断ナカルヘカラス若シ夫レ
平時ノ條規ニ膠柱シテ活用スル
コトヲ悟ラス緩急其ノ宜ヲ失シテ
前後ヲ誤リ或ハ個人若ハ一會社ノ
利益保障ノ為ニ多衆災民ノ安
固ヲ脅スカ如キアラハ人心動揺シテ底

止スル所ヲ知ラス朕深ク之ヲ憂惕シ
既ニ在朝有司ニ命シ臨機救濟
ノ道ヲ講セシメ先ツ焦眉ノ急ヲ拯
フテ以テ恵撫慈養ノ實ヲ擧ケ
ムト欲ス
抑モ東京ハ帝國ノ首都ニシテ政
治經濟ノ樞軸トナリ國民文化ノ源
泉トナリテ民衆一般ノ瞻仰スル所ナ
リ一朝不慮ノ災害ニ罹リテ今ヤ
其ノ舊形ヲ留メスト雖依然トシテ我

國都タルノ地位ヲ失ハス是ヲ以テ其ノ
善後策ハ獨リ舊態ヲ回復スルニ止
マラス進ンテ將來ノ發展ヲ圖リ以テ
巷衢ノ面目ヲ新ニセサルヘカラス惟フニ
我忠良ナル國民ハ義勇奉公朕
ト共ニ其ノ慶ニ頼ラムコトヲ切望スヘシ
之ヲ慮リテ朕ハ宰臣ニ命シ速ニ特
殊ノ機關ヲ設定シテ帝都復興ノ
事ヲ審議調査セシメ其ノ成案ハ
或ハ之ヲ至高顧問ノ府ニ諮ヒ或ハ

之ヲ立法ノ府ニ謀リ籌畫經營
萬遺算ナキヲ期セムトス
在朝有司能ク朕カ心ヲ心トシ迅ニ
災民ノ救護ニ從事シ嚴ニ流言
ヲ禁遏シ民心ヲ安定シ一般國民
亦能ク政府ノ施設ヲ翼ケテ奉
公ノ誠悃ヲ致シ以テ興國ノ基ヲ
固ムヘシ朕前古無比ノ天殃ニ際會
シテ卹民ノ心愈切ニ寢食爲ニ安
カラス爾臣民其レ克ク朕カ意ヲ體

セヨ

御名 御璽

摂政名

大正十二年九月十二日

内閣総理大臣

各省大臣

内

閣

四十七

済

閣甲第一四九號

内閣總理大臣

起案 十二年九月十五日

裁可 年月日

決定 十二年九月十五日

施行 年月日

内閣書記官長

内閣書記官

外務大臣

内務大臣

大藏大臣

陸軍大臣

海軍大臣

司法大臣

文部大臣

農商務大臣

遞信大臣

鐵道大臣

聖詔ノ御趣旨ヲ奉戴シテ帝都復興審議會ヲ設置セルヽ件

ヒ別紙案ノ通内閣總理大臣ヨリ告
諭ヲ發セラレ然ルヘシ

内閣告諭號外

我至仁至慈ナル
天皇陛下ニハ今回震災ノ被害極メテ惨烈ナルヲ深ク軫念
アラセラレ曩ニ内帑ノ資壹千萬圓ヲ下シ賜ヒ今亦
大詔ヲ渙發シテ恵撫慈養ノ道ヲ示シ給フ不肖就任後
日尚淺ク此ノ
鳳命ヲ拜シテ恐懼措ク所ヲ知ラス敢テ帝都復興ノ計
ヲ立テ以テ上ハ
宸襟ヲ安シ奉リ下ハ数百萬罹災者ヲシテ生活ノ安定ヲ得
シメムコトヲ期ス
今回ノ震災ハ其ノ區域一府四縣ニ跨リ東京ヲ始メトシテ
横濱其ノ他湘南房總ノ地特ニ被害ノ劇シキモノアリ家
屋ヲ燒盡シ父母骨肉ヲ喪ヒタル幾百萬ノ失民ト殘壁燬

乾ノ間ニ苦ミテ食フニ糧ナク着ルニ衣ナク焦髪爛身命旦夕ニ迫ル者比々皆然リ在留外国官民ノ遭難者亦甚多シ是レ不肖ノ共ニ心痛已マサル所ナリ此ノ時ニ際シ友邦ノ元首ヲ始メ各国官民ノ今次事變ニ對シ至大ナル救援ノ厚情ヲ表セラレタルハ不肖同胞ト共ニ感謝措ク能ハス但夫レ多数罹災民ハ概ネ能ク危急ヲ冒シ艱苦ニ耐ヘ沈着ノ態度ヲ失ハサリシモ此ノ間多少ノ常軌ヲ逸シタル者アルヲ免カレス此ノ如キハ一時ノ誤解ニ外ナラサリシヲ以テ今ヤ全ク其ノ跡ヲ絶テリ

固ヨリ今次ノ變災ニ方リ政府ハ夙ニ臨機ノ措置ヲ取リ戒厳令ヲ布キ糧食ノ供給假舎ノ急築ニ着手シ極力流言飛語ヲ禁遏シ非違ヲ警メ民間亦政府ト相呼應シテ賑恤救護ノ義擧ニ出ツル者多ク為ニ焦眉ノ急ヲ拯フコト

ヲ得タリト雖一時ノ救恤ハ以テ災民持久ノ生活ヲ保障スルニ足ラス是ヲ以テ政府ハ鋭意水陸交通ノ復活ヲ圖リ財政ノ許ス限リニ於テ金融機關ノ圓滑ヲ期シ衣食住ニ關スル必需品ヲ調達シテ遭難地方ニ提供シツツアリ此ノ場合ニ際シテハ官民倶ニ平時ノ條規ニ膠柱セス公道ニ基キ人情ニ酌ミ便宜責任ヲ負ヒテ變通ノ道ヲ開カムコトヲ切望ス

憂フル所ハ此ノ稀有ノ天災ヲ奇貨トシ個人又ハ會社ノ生活必需品ヲ運用シ機ヲ見テ暴利ヲ征セムトスルニ在リ此ノ如キハ最モ戒飭セサルヘカラサル所ニシテ　聖慮ヲ洽カセ給フ所亦此ニ存ス各自能ク其ノ公德心ニ訴ヘテ私利ヲ後ニシ以テ多數同胞ト苦樂ヲ共ニスルノ覺悟アルヲ要ス

例ヘハ保險事業ノ如キハ其ノ性質上社會公衆ノ安固ヲ

目的トスルモノナルヲ以テ此ノ重大ナル事變ニ顧ミ幾十萬ノ信頼ニ負カサルヤウ犠牲ノ精神ヲ發揮シテ慎重ノ考慮ヲ盡シ當業者終局ノ利益ヲ期スヘク其ノ他米穀木材船舶等ノ當業者亦倶ニ營利ノ目的ヲ離レテ物資ノ配給ニ勉メ以テ同胞共榮ノ實ヲ擧ケサルヘカラス

政府ハ今ヤ極力物資ヲ豊富ニシテ之ヲ震災地ニ急送セシメ都鄙ノ別ナク之カ公平ナル分配ニ勉メツツアリ局ニ當ルノ所在官公吏ハ[illegible]物資供給ノ敏活ヲ期シテ之カ普及ニ努力スヘク一般官公吏亦此ノ非常ノ場合ニ處シ心身ノ許ス限リ職務ニ鞅掌スヘシ殊ニ職ニ治安ノ任ニ在ル者ニ至リテハ懇切ニ民衆ヲ勞ハルト共ニ嚴密ニ非違ヲ警メ以テ其ノ責務ヲ完ウスヘシ

顧フニ東京ハ

先帝登極ノ初特ニ　車駕東幸シテ親シク宮城ヲ定メサセ給ヒシ所爾来五十有六年ノ星霜ヲ閲シテ国都ノ規模既ニ備ハリ政治經濟ノ樞軸トナリ文教風化ノ淵叢トナリ中外ノ具ニ瞻望スル所ナリ之ヲ復興スルノ努力如何ハ世界列国ノ環視スル所我邦實力如何ヲ知ルノ試金石亦此ニ在リ是ノ故ニ帝都ノ復興ハ單ナル一市府ノ問題ニ非スシテ實ニ帝国ノ隆運ヲ進暢スル国家重要ノ事業タリ随テ其ノ方策ハ　聖旨ヲ奉戴シ啻ニ舊時ノ盛観ヲ回復スルノミニ止マラス更ニ進テ將来ノ發展ヲ豫想シ之カ計畫ヲ立テサルヘカラス之カ為政府ハ先ツ帝都復興審議會ヲ特設シ朝野ノ衆智ヲ集メテ重要ノ案件ヲ審議シ別ニ適當ノ機関ヲ設ケ緩急序ヲ逐フテ着々其ノ成案ヲ實施セシメ以テ国都タル

ノ實ヲ完ウセシメムコトヲ期ス
茲ニ恭シク大詔ヲ奉讀シテ仁慈ノ渥キニ感激シ恐懼
已ム無シ熟ヽ考フルニ昌平日久シクシテ人心漸ク浮華ニ
流レ放縦ニ走リ歴代ノ内閣累次ニ訓示策勵スレトモ
積弊ノ馴致スル所容易ニ頽風ノ一轉ヲ見ス今ヤ非常
ノ難局ニ際會シテ宸襟ヲ惱シ奉ルコト此ノ如シ是
レ朝野一般猛然トシテ大ニ覺醒スヘキノ秋ナリ顧ミレ
ハ罹災府縣數百萬ノ同胞ハ骨肉ニ別レ住家ニ離レ今
尚短褐雨露ニ暴サレ一椀ノ玄米ニ纔ニ命ヲ繋クノ情
態ニ沈淪セリ苟モ之ニ同情セハ人々相戒メテ華ヲ去リ
實ニ就キ質素勤儉依テ得ル所ノ餘力ヲ以テ罹災
同胞ノ救護ニ應シ同心協力進テ帝都復興ノ難事業
ニ參援助ヲ與ヘ興國ノ基ヲ固ウシ以テ　聖慮ニ副ヒ

奉ルハ不肖ノ切望シテ已マサル所ナリ

大正十二年九月十六日

内閣總理大臣伯爵山本權兵衛

[redacted]

内甲第二二七號

起案 十二年九月十六日

裁可 年 月 日

決定 年 月 日

施行 年 月 日

内閣書記官

内閣総理大臣

内閣書記官長

外務大臣

内務大臣

大蔵大臣

陸軍大臣

海軍大臣

司法大臣

文部大臣

農商務大臣

逓信大臣

鐵道大臣

別紙内務大臣請議義捐金處分ニ関スル件ハ相當ノ儀ト被認ニ付請議ノ通閣議

決定相成然ルヘシ

指令案

義捐金處分ノ件請議ノ通

大正十二年九月十七日

大正十二年九月十六日

内務大臣子爵後藤新平

内閣總理大臣伯爵山本權兵衛殿

義捐金處分ニ関スル件

震災ニ関スル一般ノ義捐金ハ義捐者ノ意思ニ稽フルモ罹災者ノ窮状ニ察スルモ差當リ其ノ幾分ヲ食糧衣服ノ現品給與ニ充テ次テ治療所浴場等ノ應急施設ニ充ツルヲ以テ最モ適當ト認メラレ候條左記ノ通義捐金處分方法一應決定相成度尚是等ノ費用ヲ支出シタル義捐金ノ殘

社會局

余額ノ處分方法ニ付テハ更ニ案ヲ具シ閣議ヲ請ハントス

右閣議ヲ請フ

義捐金處分方法

義捐金ハ差當リ左記費用ニ支出スルコト

一、食糧費　五百五十萬円ノ予定トス但シ必要ノ場合ハ更ニ増額スルヲ妨ケサルコト

二、被服費　五百萬円ノ予定　但書前仝

三、左記應急施設費　豫定支出額ハ更ニ案ヲ具シ経伺スルモノトス

1、罹災地ニ於ケル簡易浴場ノ経營又ハ補助

2、仝簡易治療所ノ経營又ハ補助

3、仝日用必需品ノ簡易市場建設

4、孤児迷子及扶養者ナキ老癈者ノ仮收容所ノ経營

六、死亡者遺族ニ對スル葬祭料ノ給与及追悼會施行
七、細民住宅ノ建設
八、罹災民旅費ノ補助トシテ一円乃至五円ヲ支付スルコト
備考 十五日迄ノ一般義捐金受付高二千七百万四千七百五十八円八十五銭

[redacted]

九

内甲第二二八號

起案	十二年九月十二日
裁可	年月日
決定	年月日
施行	年月日

内閣總理大臣

内閣書記官長

内閣書記官

長谷川

船田

外務大臣

内務大臣

大藏大臣

陸軍大臣

海軍大臣

司法大臣

文部大臣

農商務大臣

遞信大臣

鐵道大臣

別紙内務大臣請議御下賜金處分ノ件ハ

相當ノ儀ト被認ニ付請議ノ通閣議決定

相成然ルヘシ

指令案

御下賜金處分ノ件請議ノ通

大正十二年九月二十日

大正十二年九月十六日

内務大臣子爵後藤新平

内閣総理大臣伯爵山本権兵衛殿

御下賜金處分方法閣議請議之件

御下賜金ノ處分方法ニ関シテハ（一）罹災者ニ對シ現金ヲ以テ分配スルコト（二）物資ヲ購入シテ罹災者ニ配給スルコト（三）扶助者ナキ幼老婦女ヲ収容スル等ノ應急的社會施設ヲ行フコト等ノ如キ其方法トシテ考ヘ得ヘキモノナルモ（二）及（三）ハ其ノ聖恩ニ浴スヘキ範囲限定セラルヽ嫌アルノミナラス在京罹災者ニ對スル差當リ不足ノ物資ノ如キハ既ニ國費ヲ以

社會局

テ配給シツヽアル所ニシテ此際御救恤ノ聖旨ヲ最遍ク罹災者ニ傳達スルコトヲ得且又最適切ニ各人共通ノ缺乏ヲ救フ所以ハ現金ヲ以テ分配スルノ方法ヲ選フヲ最可ナリト信セラル尤モ罹災者ノ決定ニハ相當困難ヲ感スヘキモ結局罹災者ヲ知ルコトハ必スシモ不可能事ニハ非ス

右ノ理由ニ依リ御下賜金壹千萬圓ハ左記標準ニ依リ罹災府縣ニ分配シ府縣知事ヲシテ現金ヲ以テ罹災者ニ分配セシムルコトニ決定致度

右閣議ヲ請フ

分配標準

一、死者一人ヲ一口ノ割合トス

二、全焼、全潰、流失ニ會ヒタル戸数一ヲ一口ノ割合トス

三、半焼、半潰ニ會ヒタル戸数一ヲ五ノ割合トス

四、負傷者一人ヲ五ノ割合トス

一金壹千萬圓

右

天皇陛下震災ニ付被害惨状ヲ極ムル趣被聞召賑恤ノ思召ヲ以テ下賜相成候事

大正十二年九月三日

宮内省

［上段は封書の表書き、下段はその中身を縮小したもの］

攝政殿下御沙汰

今回稀有ノ大地震東京及ヒ近縣ヲ襲ヒ之ニ加フルニ大火ヲ以テシテ其ノ慘害甚タ大ナルハ實ニ國家生民ノ不幸ナリ予ハ其ノ實狀ヲ見聞シテ日夜憂戚シ殊ニ罹災者ノ境遇ニ對シテ心深ク之ヲ傷ム茲ニ内帑ヲ頒チテ其ノ苦痛ノ情ヲ慰メント欲ス官民其レ

協力シテ適宜應急ノ處置ヲ為シ
以テ遺憾ナキヲ期セヨ

済

閣甲第一五一號

内閣總理大臣 権

起案 十二年九月二十日

内閣書記官長 樺

裁可 年月日

決定 年月日

施行 年月日

内閣書記官 下條 長谷川 船田

別紙震災地ニ於ケル生活必需品等ノ供給ニ関スル件

帝都復興審議會ニ諮詢相成然ルヘシ

大正十二年九月二十一日

内閣總理大臣

帝都復興審議會總裁宛

諮詢第一號

一 震災地ニ於ケル生活必需品等ノ供給ニ關スル件

右貴會ニ諮詢ス

大臣

震災地ニ於ケル生活必需品等ノ供給ニ関スル件

一、政府ハ震災地ニ於ケル生活必需品並土木又ハ建築ノ用ニ供スル器具機械及材料ノ供給ヲ円滑ナラシムル為此等物資ノ買入、売渡等ヲ為スコト

一、政府ハ不取敢建築用材料即チ木材、鉄材等ヲ取扱フ豫定ニシテ尚ホ必要ニ應シ取扱品目ヲ被服、薪炭等ノ生活必需品ニ及スコト尤モ米穀ニ付テハ別ニ米穀法ノ運用ニ依ルコト

一、政府ハ此等ノ物資ニ付必要アリト認ムルトキハ其ノ輸出ヲ制限又ハ禁止スルコト

一、政府ハ本事業ヲ行フ為特別會計ヲ立テ必要ニ應シ壹億円限度ノ借入ヲ為シ得ルコト

一、本特別會計ハ大正十四年三月三十一日迄ノ期間ヲ
通シ一會計年度トシテ整理シ當該會計年度
限リ之ヲ廢止スルコト

帝都復興ニ關スル根本方針

帝都復興ノ計畫ヲ遂行スルニ就キ政府ノ根本方針トスル所ハ全般ノ施設ヲ通シテ實質ヲ主トシ外觀ヲ従トシ學理ト經驗トヲ應用シ且歐米諸都市ノ現狀ヲ參酌シテ帝都ノ復興ニ資シ更ニ都市ノ面目ヲ一新シテ威容アルモノタラシメ以テ國民ノ實際生活ニ對シ便宜ト慰安トヲ與フルヲ其ノ基準ト爲スニ在リ

事業ヲ進行スルニ方テハ國力ト民度トニ顧ミ

其ノ負擔シ得ルノ範圍ヲ以テ序ニ從ヒ漸ヲ追フテ進ミ以テ國家經濟ノ調節ヲ失ハサラシメムコトヲ期ス

公共ノ營造物道路橋梁其ノ他國費ニ待チ若ハ之カ補助ヲ要スヘキモノハ固ヨリ此ノ方針ニ率由スヘシ各個人ノ建築ニ關スル援助ニ就テハ從來民間ノ金融機關ニ依リ又ハ新ニ設立セラルヘキ金融機關ニ依ルコトトシ亦能ク此ノ方針ニ從ハムコトヲ期待ス

帝都復興事業ノ順序

一、先ツ罹災跡ノ整理ヲ為ス

一、帝都復興事業施行區域ヲ決定ス

一、帝都計劃案ヲ作製ス

一、東京カ政治都市タルト共ニ商業並工業地タラサルヘカラサルニ顧ミ東京市ヲ官衙區域、商業區域、工業區域及住居區域ニ分チ各區域每ニ適當ノ設備ヲ為ス

一、交通系統ヲ定メテ道路及廣場、河川港灣及運河、軌道及鐵道等ノ計劃ヲ立ツ

内閣

一、上下水道、瓦斯電氣等ノ施設竝地下埋藏物ノ整理ノ計劃ヲ立ツ

一、通信機關完備ノ計劃ヲ立ツ

一、建築物ノ制限ヲ設クルモ民間ノ建築物ハ民間各自ヲシテ之ヲ建築セシム

一、經濟復興ノ為金融機關ノ復活改善ヲ圖リ商工業ノ復興ニ關スル諸般ノ施設ヲ講ス

一、其ノ他警備及教育各種社會政策的施設ヲ為ス

三十九

大正十二年九月二十八日　内閣書記官長（印）　内閣書記官（印）（印）

内閣総理大臣（花押）　法制局長官（印）

外務大臣（花押）　内務大臣（花押）
大蔵大臣（花押）　陸軍大臣（花押）
海軍大臣（花押）　司法大臣（花押）
文部大臣（花押）　農商務大臣（花押）
遞信大臣（花押）　鐵道大臣（花押）

別紙内務、陸軍、海軍、司法四大臣請議各兵科ノ者ヲシテ憲兵ノ勤務ヲ補助セシムルノ件ヲ審査スルニ右ハ相當ノ儀ト思考ス依テ請議ノ通閣議決定セラレ可然ト認ム

法制局

法制局

勅令案

呈按附箋ノ通

参照

乗馬兵科ノ者ヲシテ憲兵ノ勤務ヲ補助セシムルノ件（明治三十八年九月勅令第二百八号）

第一條　衛戍總督又ハ衛戍司令官ハ各兵科（憲兵科ノ者ヲ除ク）ノ者ヲ憲兵司令官、憲兵隊司令官、憲兵隊長若ハ憲兵分隊長ノ指揮ニ属シ憲兵ノ勤務ヲ補助セシムルコトヲ得

第二條　憲兵ノ勤務ヲ補助スル者ニ付テハ憲兵條例又ハ朝鮮駐箚憲兵條例ヲ準用ス

第三條　憲兵ノ勤務ヲ補助スル者ノ服装ハ當該兵科ノ者ニ異ルコトナシ但シ左腕ニ赤布ヲ纏フ

陸普第三九七三號

各兵科ノ者ヲシテ憲兵ノ勤務ヲ補助セシムルノ件

大正十二年九月二十六日

司法大臣　平沼騏一郎

陸軍大臣　男爵田中義一

海軍大臣　財部彪

陸甲　二八

陸　官

内務大臣 子爵 後藤新平

内閣総理大臣伯爵 山本権兵衛 殿

各兵科ノ者ヲシテ憲兵ノ勤務ヲ補助セシムルノ件別紙勅令案ノ通制定致度理由書相添ヘ閣議ヲ請フ

朕各兵科ノ者ヲシテ憲兵ノ勤務ヲ補助セシムルノ件ヲ裁可シ茲ニ之ヲ公布セシム

御名御璽

攝政名

大正十二年十月十日

内閣總理大臣

内務大臣

陸軍大臣

海軍大臣

司法大臣

勅令第四百四十一號

第一條　陸軍大臣又ハ軍司令官ハ各兵科ノ者（憲兵科ノ者ヲ除ク）ニ補助憲兵ヲ命スルコトヲ得

師團長交通斷絶等ノ為已ムヲ得サル場合ニ在リテハ最寄團隊長ハ憲兵司令官、朝鮮憲兵隊司令官、憲兵隊長交通斷絶等ノ為已ムヲ得サル場合ニ在リテハ憲兵分隊長ヨリ請求ヲ受ケ之ヲ必要ト認ムルトキ亦前項ニ同シ

前項ノ場合ニ在リテハ直ニ陸軍大臣ニ報告スヘシ

第二條 補助憲兵ハ憲兵司令官、朝鮮憲兵隊司令官、憲兵隊長又ハ憲兵分隊長ノ指揮ニ屬シ憲兵ノ勤務ヲ補助スルモノトス

腕章ヲ左腕ニ纏フ必要ニ應シ憲兵ノ携帯スル兵器ニ準スルモノヲ携帯セシムルコトヲ得

附則

本令ハ公布ノ日ヨリ之ヲ施行ス

八分隊長ノ指揮ニ屬シ補助憲兵トシテ憲兵ノ勤
師團長交通斷絶等ノ爲已ムヲ得サル場合ニ在リテハ最寄團隊長ハ憲兵司令官、朝鮮憲
、、、補助憲兵ニ付テハ憲兵條例ヲ準用ス

第三條　補助憲兵ノ服裝ハ當該兵科ノモノニ異ルコトナシ但シ白地ニ赤色ヲ以テ「憲兵」ノ二字ヲ記シタル腕章ヲ左腕ニ纏フ必要ニ應シ憲兵ノ携帶スル兵器ニ準スルモノヲ携帶セシムルコトヲ得

附則

本令ハ公布ノ日ヨリ之ヲ施行ス

ハ分隊長ノ指揮ニ屬シ補助憲兵トシテ憲兵ノ勤

師團長交通斷絶等ノ爲已ムヲ得サル場合ニ在リテハ最寄團隊長ハ憲兵司令官、朝鮮憲

第二條　補助憲兵ニ付テハ憲兵條例ヲ準用ス

第三條　補助憲兵ノ服裝ハ當該兵科ノモノニ異ルコトナシ但シ白地ニ赤色ヲ以テ「憲兵」ノ二字ヲ記シタル腕章ヲ左腕ニ纏フ必要ニ應シ憲兵ノ携帶スル兵器ニ準スルモノヲ携帶セシムルコトヲ得

附　則

本令ハ公布ノ日ヨリ之ヲ施行ス

明治三十八年勅令第二百八號ハ之ヲ廢止ス

理由書

明治三十八年勅令第二百八號ヲ以テ乘馬兵科ノ者ヲシテ憲兵ノ勤務ヲ補助セシムルノ件制定セラレアルモ各兵科ノ者ヲ以テ之ニ充ツルヲ便トシ且之ヲ設クルハ通常師團長以上ニ於テスルヲ適當ト認ムルニ由ル

十二

陸甲三三

大正十二年十月二十日　内閣書記官長　内閣書記官

大正十二年十月二十二日

内閣總理大臣

法制局長官

外務大臣　大藏大臣　海軍大臣　文部大臣　遞信大臣

内務大臣　陸軍大臣　司法大臣　農商務大臣　鐵道大臣

別紙陸軍大臣請議大正十二年勅令第三百九十九號（大正十二年勅令第三百九十八號ノ施行ニ關スル件）中改正ノ件ヲ審査スルニ右ハ相當ノ儀ト思考ス依テ請議ノ通閣議決定セラレ可然ト認ム

法制局

勅令案

呈案附箋ノ通

參照

大正十二年勅令第三百九十八號ノ施行ニ關スル件

大正十二年九月勅令第三百九十九號

大正十二年勅令第三百九十八號ニ依リ左ノ區域ニ戒嚴令第九條及第十四條ノ規定ヲ適用ス但シ同條中司令官ノ職務ハ神奈川縣横須賀市及三浦郡ニ在リテハ横須賀鎭守府司令長官、其ノ他ノ區域ニ在リテハ關東戒嚴司令官之ヲ行フ

東京府、神奈川縣　埼玉縣　千葉縣

附　則

本令ハ公布ノ日ヨリ之ヲ施行ス

陸普第四三八三號

大正十二年勅令第三百九十九號中改正ノ件

大正十二年十月廿日　陸軍大臣男爵　田中義一

内閣總理大臣伯爵　山本權兵衛殿

大正十二年勅令第三百九十九號中別紙勅令案ノ通改定相成度理由書ヲ具シ閣議ヲ請フ

朕大正十二年勅令第三百九十九號中改正ノ件ヲ裁可シ茲ニ之ヲ公布セシム

御名御璽

攝政名

大正十二年十月二十三日

内閣總理大臣

陸軍大臣

陸軍

勅令案

朕大正十二年勅令第三百九十九號中改正ノ件ヲ裁可シ玆ニ之ヲ公布セシム

御名御璽

攝政名

大正十二年十月二十三日

内閣總理大臣

海軍大臣

陸軍大臣

陸軍

勅令第四百五十二號

大正十二年勅令第三百九十九號中左ノ通改正ス

「埼玉縣千葉縣」ヲ削ル

附則

本令ハ大正十二年十月二十五日ヨリ之ヲ施行ス

陸軍

理由書

埼玉縣千葉縣ハ秩序恢復民心安定シ且既ニ憲兵隊ノ新配置ヲ完了セルヲ以テ當該地域ニハ戒嚴ノ施行ヲ繼續スルノ要ナキニ由ル

十四

陸甲 三五

十二 十二 十四

十二 十二 十五

大正十二年勅令第三百九十八號一定ノ地域ニ戒嚴令中必要ノ規定ヲ適用スルノ件廢止ノ件

右樞密院ノ御諮詢ヲ經テ御下付ニ
付同院上奏ノ通裁可シ奏請セラレ
可然ト認ム

臣等大正十二年勅令第三百九十八號一
定ノ地域ニ戒嚴令中必要ノ規定ヲ適用
スルノ件廢止ノ件諮詢ノ命ヲ恪ミ本月
十四日ヲ以テ審議ヲ盡シ之ヲ可決セリ
乃チ謹テ上奏シ更ニ
聖明ノ採擇ヲ仰ク
大正十二年十一月十四日
樞密院議長子爵臣清浦奎吾

樞密院

朕茲ニ緊急ノ必要アリト認メ樞密顧問ノ諮詢ヲ經テ帝國憲法第八條第一項ニ依リ大正十二年勅令第三百九十八號一定ノ地域ニ戒嚴令中必要ノ規定ヲ適用スルノ件廢止ノ件ヲ裁可シ之ヲ公布セ

シム

御名御璽

攝政名

大正十二年十二月十五日

内閣總理大臣

各省大臣

勅令第四百七十八號

大正十二年勅令第三百九十八號ハ之ヲ廢止ス

附則

本令ハ公布ノ日ノ翌日ヨリ之ヲ施行ス

陸甲 三五

御覧済内閣ヘ御下付

月九日御下付

大正十二年十一月九日 内閣書記官長 内閣書記官

内閣総理大臣 法制局長官

外務大臣 大蔵大臣 海軍大臣 文部大臣 逓信大臣

内務大臣 陸軍大臣 司法大臣 農商務大臣 鐵道大臣

別紙陸軍海軍両大臣請議大正十二年
勅令第三百九十八號（一定ノ地域ニ戒厳令
中必要ノ規定ヲ適用スルノ件）及同年勅令
第三百九十九號（大正十二年勅令第三百九十八號

法制局

ノ施行ニ関スル件）廃止ノ件ヲ審査スルニ
右ハ相當ノ儀ト思考ス依テ請議ノ通
閣議決定セラレ可然ト認ム
追テ大正十二年勅令第三百九十八號廃止
ノ件ハ帝國憲法第八條ノ勅令ナルヲ以
テ樞密院官制第六條ニ依リ樞密院ニ
御諮詢相成可然ト認ム

勅令案

呈案附箋ノ通

参照

帝國憲法第八條ニ依リ一定ノ地域ニ（大正十二年九月）戒嚴令中必要ノ規定ヲ適用スルノ件（勅令第三百九十八號）

一定ノ地域ヲ限リ別ニ勅令ノ定ムル所ニ依リ戒嚴令中必要ノ規定ヲ適用スルコトヲ得

附　則

本令ハ公布ノ日ヨリ之ヲ施行ス

陸甲 三五

参照

大正十二年勅令第三百九十八號ノ（大正十二年九月勅令第三百九十九號）
施行ニ關スル件

大正十二年勅令第三百九十八號ニ依リ左ノ區域ニ戒嚴令第九條及第十四條ノ規定ヲ適用ス但シ同條中司令官ノ職務ハ東京衛戍司令官之ヲ行フ

東京市、荏原郡、豊多摩郡、北豊島郡、
南足立郡、南葛飾郡

附則

本令ハ公布ノ日ヨリ之ヲ施行ス

法制局

閣甲第四六八一號

大正十二年勅令第三百九十八號及同第三百九十九號廢止ノ件

大正拾貳年十二月七日

陸軍大臣男爵　田中義一

海軍大臣　財部彪

内閣總理大臣伯爵　山本權兵衛殿

大正十二年勅令第三百九十八號及同第三百九十九號廢止ノ件別紙勅令案ノ通制定
相成度理由書ヲ具シ閣議ヲ請フ

陸軍三五

陸軍

朕茲ニ緊急ノ必要アリト認メ樞密顧問ノ諮詢ヲ經テ帝國憲法第八條ニ依リ大正十二年勅令第三百九十八號一定ノ地域ニ戒嚴令中必要ノ規定ヲ適用スルノ件廢止ノ件ヲ裁可シ之ヲ公布セシム

御名御璽

攝政名

大正十二年十一月　日

内閣總理大臣

各省大臣

勅令第　號

大正十二年勅令第三百九十八號ハ之ヲ廢止ス

附則

本令ハ公布ノ日ヨリ之ヲ施行ス

ノ翌日

朕大正十二年勅令第三百九十九號大正十二年勅令
第三百九十八號ノ施行ニ關スル件廢止ノ件ヲ裁
可シ茲ニ之ヲ公布セシム

御名御璽

攝政名

大正十二年十一月十五日

内閣總理大臣

海軍大臣

陸軍大臣

勅令第四百七十九號

大正十二年勅令第三百九十九號ハ之ヲ廢止ス

附　則

本令ハ公布ノ日ヨリ之ヲ施行ス

日ノ翌日

勅令第三百九十八號廢止理由書

一定ノ地域ヲ限リ戒嚴令中必要ノ規定ヲ適用スルノ件ハ震災ノ影響ヲ顧慮シ治安維持ノ爲緊急ノ必要アリタルニ因リタル所ナルモ既ニ民心安定シ秩序恢復セルヲ以テ之カ施行ヲ繼續スルノ必要ナキニ由ル

陸軍

勅令第三百九十九號廢止理由書

大正十二年勅令第三百九十八號ヲ廢止スルコトト爲リタルニ由ル

陸軍

供覽

陸軍次官・海軍次官及法制局長官へ通牒 十月一二日

一 大正十二年勅令第三百九十八號ニ定ノ地域ニ戒嚴令中必要ノ規定ヲ適用スルノ件廢止ノ件

右來ル十四日（水曜日）午前十時會議被相開候間説明員出席候樣御取計相成度依命此段及照會候也

大正十二年十一月十日

樞密院書記官

權

内閣書記官 御中

一大正十二年勅令第三百九十八號ニ定地域ニ戒嚴令中必要ノ規定ヲ適用スル件廢止件

右別紙ノ通本院ニ於テ決議上奏候條此段

及通牒候也

大正十二年十一月十四日

樞密院議長子爵清浦奎吾

内閣總理大臣伯爵山本權兵衛殿

樞密院

臣等大正十二年勅令第三百九十八號一定地域ニ戒嚴令中必要ノ規定ヲ適用スルノ件廢止ノ件

諮詢ノ命ヲ恪ミ本月十四日ヲ以テ審議ヲ
盡シ之ヲ可決セリ乃チ謹テ上奏シ更ニ
聖明ノ採擇ヲ仰ク

大正十二年十一月十四日

樞密院議長子爵臣清浦奎吾

戒一

朕茲ニ緊急ノ必要アリト認メ樞密顧問ノ諮詢ヲ經テ帝國憲法第八條第一項ニ依リ大正十二年勅令第三百九十八號一定ノ地域ニ戒嚴令中必要ノ規定ヲ適用スルノ件廢止ノ件ヲ裁可シ之ヲ公布セシム

御名 御璽

攝政名

年月　日

内閣總理大臣

各省大臣

勅令第　　號

大正十二年勅令第三百九十八號ハ之ヲ廢止ス

附　則

本令ハ公布ノ日ノ翌日ヨリ之ヲ施行ス

（公文類聚第四十七編　大正十二年巻二十六）

閣甲第二〇五號

起案 十二年十一月　日

内閣總理大臣 （花押）

内閣書記官長 （花押）

内閣書記官 （印）

裁可 十二年十二月十日

決定 年　月　日

施行 年　月　日

外務大臣 （花押）　大蔵大臣 （花押）　海軍大臣 （花押）　文部大臣 （花押）　逓信大臣 （花押）

内務大臣 （花押）　陸軍大臣 （花押）　司法大臣 （花押）　農商務大臣 （花押）　鐵道大臣 （花押）

別紙詔書案閣議ニ供ス

詔書案

朕惟フニ國家興隆ノ本ハ國民精神ノ剛健ニ在リ之ヲ涵養シ之ヲ振作シテ以テ國本ヲ固クセサルヘカラス是ヲ以テ　先帝意ヲ教育ニ留メサセラレ國體ニ基キ淵源ニ遡リ　皇祖　皇宗ノ遺訓ヲ掲ケテ其ノ大綱ヲ昭示シタマヒ後又臣民ニ詔シテ忠實勤儉ヲ勸メ信義ノ訓ヲ申ネテ荒怠ノ誡ヲ垂レタマヘリ是レ皆道徳ヲ尊重シテ國民精神ヲ涵養振作スル所以ノ洪謨ニ非サルナシ爾來趨向一定

内閣

シテ效果大ニ著レ以テ國家ノ興隆ヲ致セリ
朕即位以來夙夜兢兢トシテ常ニ紹述ヲ思ヒ
シニ俄ニ災變ニ遭ヒテ憂悚交〻至レリ
輓近學術益〻開ケ人智日ニ進ム然レトモ浮華
放縱ノ習漸ク萠シ輕佻詭激ノ風モ亦生ス今
ニ及ヒテ時弊ヲ革メスムハ或ハ前緒ヲ失墜
セムコトヲ恐ル況ムヤ今次ノ災禍甚タ大ニ
シテ文化ノ紹復國力ノ振興ハ皆國民ノ精神
ニ待ツヲヤ是レ實ニ上下協戮振作更張ノ時
ナリ振作更張ノ道ハ他ナシ　先帝ノ　聖訓

ニ恪遵シテ其ノ實效ヲ擧クルニ在ルノミ宜ク教育ノ淵源ヲ崇ヒテ智德ノ竝進ヲ努メ綱紀ヲ粛正シ風俗ヲ匡勵シ浮華放縦ヲ斥ケテ質實剛健ニ趨キ輕佻詭激ヲ矯メテ醇厚中正ニ歸シ人倫ヲ明ニシテ親和ヲ致シ公德ヲ守リテ秩序ヲ保チ責任ヲ重ンシ節制ヲ尚ヒ忠孝義勇ノ美ヲ揚ケ博愛共存ノ誼ヲ篤クシ入リテハ恭儉勤敏業ニ服シ産ヲ治メ出テテハ一己ノ利害ニ偏セスシテ力ヲ公益世務ニ竭シ以テ國家ノ興隆ト民族ノ安榮社會ノ福祉ト

ヲ圖ルヘシ朕ハ臣民ノ協翼ニ頼リテ彌〻國本ヲ
固クシ以テ大業ヲ恢弘セムコトヲ冀フ爾臣
民其レ之ヲ勉メヨ

御名 御璽

攝政名

大正十二年十一月十日

内閣總理大臣

各 省 大臣

告諭

大正十二年十一月十一日官報號外

○内閣告諭號外

曩ニ帝都ノ復興ニ關スル　聖詔ヲ拜セシニ今又精神振作ノ大詔ヲ下シテ國家興隆ノ道ヲ示シタマヒ國民ヲシテ其ノ向フ所ヲ知ラシメタマフ叡慮深遠誠ニ感激ノ至ニ堪ヘス」謹ミテ案スルニ　明治天皇夙ニ開國進取ノ國是ヲ定メ積弊ヲ一新シテ庶政ノ釐革ヲ斷行シタマヘリ是ニ於テ民心一時ニ作興シ質實剛健ノ氣風ヲ以テ文化ヲ開發シ國運ノ隆隆タル前古其ノ比ヲ見ス後教育ニ關スル　勅語ヲ下シテ其ノ大綱ヲ諭シ國體ノ尊フヘク淵源ノ重スヘキヲ知ラシメタマヘリ日清日露ノ兩戰役ニ偉績ヲ奏セシハ實ニ教育勅語ノ明效ナリ然ルニ國威ノ宣揚セラレタルト共ハニ國民ノ意漸ク驕リ動モスレハ輕佻浮華ニ失セ

ムトスルモノアリ先帝更ニ大詔ヲ煥發セラレ勤儉ヲ勸メ荒怠ヲ誡メタマヘリ然レトモ積年ノ宿弊ハ容易ニ之ヲ改ムルヲ得ス殊ニ歐洲大戰ノ齎セル經濟界ノ變調ニ促サレテ人心放縱ニ流レ節制ヲ失ヒ國情ト相容レサル外來思潮ト相待チテ思想詭激ニ趨カムトスルノ風アリ今ニシテ反省自覺以テ中正ニ歸スルニ非スムハ社會ノ頽敗ハ遂ニ之ヲ濟フニ由ナカラムトス今未曾有ノ天災ニ際シテ此ノ　聖詔ヲ拜スルニ至リタル所以ヲ思ヒ恐懼益々深シ

顧フニ　聖旨ヲ奉體シテ之カ實行ヲ期シ文物ヲ災後ニ恢復シテ更ニ國運ノ振張ヲ圖ルニハ其ノ努力從來ニ幾倍スルモノナカルヘカラス是レ國民精神ノ振作更張特ニ急切ヲ告クル所以ナリ之カ為ニ先ツ教育ノ振興

ヲ圖リ特ニ德育ヲ根柢トシテ重ヲ人格ノ養成ニ置キ弛緩セル風紀ノ振肅ニ勉メ浮華ヲ去リ輕佻ヲ斥ケ我邦道德ノ大本タル忠君愛國ノ思想ヲ基礎トシテ益〻協力一致義勇奉公ノ精神ヲ旺ニシ官民齊シク奢侈ヲ戒メ冗費ヲ節シ生活ノ安固ヲ圖リ經濟上ノ實力ヲ養ヒ進ンテ力ヲ產業ノ進暢ニ盡シ以テ國家ノ興隆ヲ致サヽルヘカラス

今此ノ災厄ノ後ニ於テ人人ノ自覺ヲ促シ現下ノ弊風ヲ一掃シテ維新當初ノ元氣ニ復シ國民ノ精神ヲシテ愈〻剛健ナラシメ相率ヰテ文物ノ恢復ト國力ノ振興トニ盡瘁シ以テ聖慮ニ副ヒ奉ラムコトハ本大臣ノ切望シテ止マサル所ナリ

大正十二年十一月十二日

内閣總理大臣伯爵山本權兵衛

四十一

大正十二年十一月十三日　内閣書記官長（印）　内閣書記官（印）

内閣總理大臣（花押）　法制局長官（印）

外務大臣（花押）　大藏大臣（花押）　海軍大臣（花押）　文部大臣（花押）　遞信大臣（花押）

内務大臣（花押）　陸軍大臣（花押）　司法大臣（花押）　農商務大臣（花押）　鐵道大臣（花押）

別紙陸軍大臣請議東京警備司令部令制定ノ件

ヲ審査スルニ右ハ相當ノ儀ト思考ス依テ請議ノ

通閣議決定セラレ可然ト認ム

法制局

勅令案

呈案附箋ノ通

参照

朕関東戒厳司令部条例ヲ裁可シ茲ニ之ヲ公布セシム

御名御璽

摂政名

大正十二年九月三日

内閣総理大臣 伯爵山本権兵衛

陸軍大臣 男爵田中義一

勅令第四百号

関東戒厳司令部条例

第一条 関東戒厳司令官ハ陸軍大将又ハ中将ヲ以テ之ニ親補シ 天皇ニ直隷シ東京府及其ノ附近ニ於ケル鎮戍警備ニ任ス

関東戒厳司令官ハ其ノ任務達成ノ為前項ノ区内ニ在ル陸軍軍隊ヲ指揮ス

第二条 関東戒厳司令官ハ軍政及人事ニ関シテハ陸軍大臣ノ区処ヲ受ク

第三条 関東戒厳司令部ニ左ノ職員ヲ置ク

参謀長
参謀
副官
主計
軍医
陸軍司法事務官
下士、判任文官

第四条 参謀長ハ関東戒厳司令官ヲ輔佐シ事務整理ノ責ニ任ス

第五条 参謀、副官、主計、軍医及陸軍司法事務官ハ参謀長ノ命ヲ受ケ各担任ノ事務ヲ掌ル

第六条 下士、判任文官ハ上官ノ命ヲ受ケ事務ニ服ス

附則

本令ハ公布ノ日ヨリ之ヲ施行ス

当分ノ内東京衛戍司令官ノ職務ハ之ヲ停止ス

東京警備司令部令制定ノ件

大正拾貳年十二月拾貳日

陸軍大臣男爵田中義一

内閣總理大臣伯爵山本權兵衛殿

東京警備司令部令別紙勅令案ノ通制定相成度理由書ヲ具シ閣議ヲ請フ

本令ハ大正十二年勅令第三百九十八號廢止勅令ト同時ニ公布ヲ要ス

法制局

陸軍

朕東京警備司令部令ヲ裁可シ茲ニ之ヲ公布セシム

御名　御璽

攝政名

大正十二年十二月十五日

内閣總理大臣

陸軍大臣

陸甲　三六

陸軍

勅令第四百八十號

東京警備司令部令

第一條　東京警備司令官ハ陸軍大將又ハ中將ヲ以テ之ニ親補シ、天皇ニ直隷シ帝都及其ノ附近ノ警備ニ任ス

前項警備ノ區域ハ東京市、荏原郡、豊多摩郡、北豊島郡、南足立郡、南葛飾郡、横濱市及橘樹郡トス

東京警備司令官ハ第一項ニ規定タルモノノ外東京衛戍司令官ノ職務ヲ行フ

第二條　東京警備司令官ハ軍政及人事ニ關シテハ陸軍大臣ノ區處ヲ承ク

第三條　東京警備司令部ニ左ノ職員ヲ置ク

參謀長
參謀
副官
下士、判任文官
第四條 參謀長ハ東京警備司令官ヲ輔佐シ事務整理ニ任ス
第五條 參謀及副官ハ參謀長ノ命ヲ承ケ各擔任ノ事務ヲ掌ル
第六條 下士、判任文官ハ上官ノ命ヲ承ケ事務ニ服ス

附則

本令ハ公布ノ日ノ翌日ヨリ之ヲ施行ス
關東戒嚴司令部條例ハ之ヲ廢止ス

東京衛戍司令官ノ職務ハ之ヲ停止ス

陸軍

理由書

關東戒嚴司令部ノ廢止後帝都及其ノ附近ノ警備ニ任セシムル爲當分ノ内特設ノ機關ヲ置クノ必要アルニ由ル

陸軍

内甲第一三九號

起案　十四年六月廿五日

裁可　年　月　日施行
決定　年　月　日
　年　月　日

内閣總理大臣

内閣書記官長

内閣書記官

外務大臣　陸軍大臣　文部大臣　遞信大臣
内務大臣　海軍大臣　農林大臣　鐵道大臣
大藏大臣　司法大臣　商工大臣

別紙内務大臣請議震災救護關係功勞者行賞ニ關スル件ハ相當ノ儀ト被認ニ付請

議ノ通閣議決定相成然ルヘシ

指令案

震災救護関係功労者行賞ニ関スル件請議ノ通

社發庚第一〇七號

震災救護關係功勞者行賞ニ關スル件

大正十二年九月大震火災ノ突發スルヤ戒嚴令施行セラレ帝都ヲ中心トスル一府六縣ハ恰モ戰時ノ狀態ニ置カレタリ此ノ秋ニ當リ政府ハ臨時震災救護事務局ヲ設置シ各省ノ官吏並關係地方ノ官公吏ヲ以テ夫々其ノ部署ニ就カシメ物情騷然タル間ニ救護事務ヲ開始シタリ爾來職員ハ何レモ自家ノ安否ヲ顧ミルノ暇ナク或ハ食ヲ廢シ夜ヲ徹シ具サニ

艱苦ヲ嘗メ渾身ノ精力ヲ傾倒シテ各方面ニ献身的活動ヲ續ケ以テ臨機救濟ノ途ヲ講シテ焦眉ノ急ニ應シ罹災民救護ニ遺憾ナキヲ得タリ更ニ今次ノ大震火災ハ其ノ波及セル所實ニ全國的ニシテ罹災民救護ニ献身的努力ヲ致セルハ唯リ臨時震災救護事務局職員又ハ震災地ノ官公吏ニ止ラス震災地以外ノ道府縣郡市町村ノ官公吏及一般篤志者等ニ在リテモ義捐金品ノ募集又ハ應募救護物品ノ調達輸送避難民ノ保護慰安等ニ東奔

西走シ或ハ生命ノ危險ヲ冒シ或ハ資財ヲ投シテ羅災民ノ救護ニ盡瘁セル等其ノ功勞ハ枚擧ニ遑ナシ

惟フニ救護事務ノ成績ハ一ニ　聖旨ヲ奉戴シテ擧國一致獻身奉公ノ誠ヲ致セルノ賜ナリト雖亦前記官公吏篤志者等ノ特別ナル功勞ニ俟ツモノ決シテ尠シトセスサレハ其ノ顯著ナル者ニ對シテハ之ヲ國家ニ對スル功勞ノ實績ニ徵シ且ツ既往ニ於ケル各種行賞ノ實例ニ稽ヘ嚴ニ其ノ功績ヲ調査シテ相當ノ範圍ニ於テ行賞ヲ行フ

ハ官公吏ノ服務ヲ振肅シ且ツ民間ノ篤行ヲ奬ムル
上ニ於テ最モ必要ノコトニ屬ス今既往ニ於ケル行
賞ノ實況ヲ看ルニ

一、明治三十七八年及大正三四年、大正九年ノ事變
ニ関スル功勞者ニ對シテハ

(一)褒賞條例ニ依リ賞賜セラレタル者

(二)特旨叙勲賜金賜杯ノ恩命ニ浴シタル者

(三)(日露戰爭當時ノミ)畏クモ　天皇陛下ヨリ
國民奉公ノ義務ヲ竭シシ段御滿足ニ思召
サルル旨御沙汰ヲ發セラレ内務大臣ヨリ道

府縣ニ對シ訓令ヲ發シ聖旨周知方取計

ハシメタリ

二、大正九年國勢調査功勞者ニ對シテハ

(一)特旨叙勲、賜金、賜杯ノ恩命ニ浴シタル者ト

(二)大正十年六月勅令第二七二號ヲ以テ第一回國勢調査記念章制定ノ件公布セラレ記念章

ヲ交付セラレタル者トアリ

今回ノ震災救護ニ関シテハ

(一)褒賞條例ニ依リ賞賜セラルル者ニ付テハ條例ノ定ムル所ニ從ヒ夫々手續中ニ属シ

(二)又震災救護ニ盡瘁シタル各種團體及篤志者ニ對シテハ大正十三年六月六日各府縣知事、北海道、樺太、關東、南洋各長官及朝鮮、臺灣各總督ヲ經テ大要別紙(第一號)ノ如キ謝狀ヲ發セシメ更ニ同年六月十二日官報ニ別紙(第二號)ノ如ク掲載シタリ
ト雖震災救護ニ關シ特ニ功勞顯著ナル官公吏民間篤志者ニ對スル臨時行賞方ニ關シテハ未タ特ニ詮議ノ運ニ至ラサリシモノナルヲ以テ今回行賞ニ關シ調査ヲ進メントス

右閣議ヲ請フ

大正十四年六月十九日

内務大臣若槻禮次郎

内閣總理大臣子爵加藤高明殿

大正十三年六月　日　内閣總理大臣ヨリ客年
九月一日關東地方ニ於ケル大震災ニ際シ地方
ノ各種團体及篤志者カ所在同胞相愛ノ
至情ヲ發揮シ救護ニ貢獻セラレ官公ノ施設
ト相俟チテ克ク災後ノ措置ヲ誤ラス今ヤ着
々トシテ罹災地方復興ノ促進ヲ見ルニ至リタルハ
衷心感謝ニ堪ヘサル旨通牒有之候ニ付茲
ニ右趣旨及傳達候也

年　月　日

各府縣知事
北海道廳長官
樺太廳長官
朝鮮總督
台灣總督
關東廳長官
南洋廳長官

殿

官報

彙報

官廳事項

本月六日内閣總理大臣ハ各府縣知事、北海道廳長官、樺太廳長官、朝鮮總督、台灣總督、關東廳長官及南洋廳長官ニ對シ客年九月一日關東地方ニ於ケル大震災ニ際シ地方ノ個人及各種ノ團体カ所在同胞相愛ノ至情ヲ發揮シ救護ニ貢献サレタルヲ深ク感謝スル旨ヲ各管下一般ニ洩レナク周知ス

ル様通牒ヲ發シタリ

社會局

大正十二年九月起

記事取締ニ関スル書類綴

新　聞　係

特秘閲第八二三六号
大正十二年九月三日

内務大臣後藤新平殿　　大阪府知事　土岐嘉平　㊞

新聞紙、出版物取締ニ関スル件

震災地方ニ於ケル報導(ママ)等ニシテ人心ヲ惑乱セシメ治安ヲ紊リ其ノ他不穏過激ノ記事ヲ掲載シタル新聞紙、出版物ニ対シ新聞紙法並出版法ニ依ル禁止差押処分ヲ大臣名ニテ通信機関ノ復旧ヲ見ル迄本官限リ処理致度特ニ機宜ヲ失スルノ惧アルニ付御詮議ノ上何分ノ御指揮相仰度

次葉以下の資料1枚には、公開によりその者の人権（プライバシー）が侵害されるおそれのある人名等が記載されていますので、当該資料を取りはずして別置し、これに換えて、これらの人名（必要に応じて住所の一部等も）を抹消した複写物を挿入してあります。

昭和51年6月18日

国立公文書館

特高第一七四〇号
大正十二年九月三日

内務大臣水野錬太郎殿
各庁府県長官殿

京都府知事　池松時和　㊞

発売頒布禁止印刷物郵送ノ件

在阪無政府主義者団体ノ機関紙ニシテ七月廿七日発売頒布禁止ニ係ル大阪市ニ於テ発行ノ「黒」創刊号（大正十二年七月十五日付）一部ヲ差出人不明管下京都市下京区三宮町七条上ル京都印刷工組合幹事思想要注意人——ニ宛テ同廿一日郵送シ越シタルヲ発見シタルガ接受者ヲ任定《ママ》之ヲ所轄七条警察署ニ提出シタルヲ以テ之ヲ領置セリ

右及申（通）報候也

次葉以下の資料2枚には、公開によりその者の人権（プライバシー）が侵害されるおそれのある人名等が記載されていますので、当該資料を取りはずして別置し、これに換えて、これらの人名（必要に応じて住所の一部等も）を抹消した複写物を挿入してあります。

昭和51年6月18日

国立公文書館

高第三三三九号

大正十二年九月三日

内務大臣水野錬太郎殿　京都府知事　池松時和 ㊞

新聞紙差押ヘニ関スル件

客月二十一日付訓第八〇〇号御電訓ニ係ル発売頒布禁止新聞紙左記ノ通リ差押ヘ執行セリ

右御報告候也

左　記

一、東京府下発行

農民運動八月十五日付　第十二号

（農民運動付録青年版）二十五部

追而右ハ当府思想要視察人——方ニ於テ二十部同——方ニ於テ五部ヲ差押ヘタルモノニ有之候

特秘閲第八二六〇号

大正十二年九月五日

内務大臣後藤新平殿　　大阪府知事　土岐嘉平 ㊞

新聞紙出版物取締ニ関スル件

曩ニ無電及ヒ飛行機便ヲ以テ標記ノ件ニ付及稟伺候処其ノ後震災地方ニ於ケル不逞ノ徒ハ各所ニ蜂起シ掠奪、殺傷、強姦、放火等暴動ノ挙ニ出テ人心ヲシテ益不安ノ念ヲ深カラシムルカ如キ報導（ママ）頻々トシテ至リ之等ノ事項ハ仮令事実ト雖モ新聞紙ニ掲載セサル様事変発生ト同時ニ管下各新聞社ニ対シ及懇談タル結果記事ノ傾向幾分緩和シタルカ如キモ今尚時ニ同種ノ事項ヲ掲載報導スルモノナキヲ保セス之等ノモノニ対シテハ其ノ都度戒飾ヲ加ヘツツアルモ何等強制ノ処分方法ヲ講スル能ハス〇（ママ）テ管下ニ於ケル状勢ハ主義者、各種要視察人、鮮人等同志ト連絡ヲ保チ何等カ画策スルモノノ如ク入京ヲ企ツルモノアルヲ以テ必要ニ応シ検束其他ノ方法ニ依リ之ヲ阻止シ間断ナク注意ヲ怠ラザルモ新聞紙記事ニシテ震災地方ノ暴動行為ニ関スル事項ヲ掲載スルハ一ニ人心ヲ惑乱不安ニ導クノミナラス彼等不逞ノ徒ヲシテ乗セシムルノ機会ヲ与ヘ悪勢ヲ助長シ以テ事変ヲ広大ナラシムルカ如キ素

本件ニ関シテハ関西各府県知事ニ於テモ同一意見ニ有之就テハ前便稟伺ニ対スル何分ノ御指揮相仰度尚他ニ適切ノ取締方法ニ付至急何分ノ御指示相成度

追テ不逞鮮人ノ暴挙ニ関スル事項ヲ当地方ヨリ鮮地ヘ電報通信スルモノアルヲ以テ当逓信局ヘ交渉ノ結果之等一切ノ事項ノ通信ハ発信セサルコトノ了承ヲ得タリ為念

九月五日付報分一六、七三五号　　警視庁電話済

府下大島付近ニ多数ノ朝鮮人ト支那人入リ込ミ空家ニ侵入シ夜盛ニ強奪強姦ヲ為シ又社会主義者ハ市郡ニ居ル大多数ノ鮮人ヤ支那人ヲ扇動シテ内地人ト争闘ヲ為サシメ而シテ官憲ト地方人ト乱闘シ内乱ヲ起サセ様ト努メテ居ル斗リデナク多数ノ罹災民ノ泣キ叫ブヲ聞ヒテ彼等ハ革命歌ヲ高唱シテ居ルノデ市民ノ激昂其ノ極ニ達シテ居ル

［欄外に　局長了　禁止　即日午後五時半施行神奈川埼玉千葉県知事へ電報東京市(ハ)報知新聞九月五日付第一六七三五号及同日付都新聞号外ハ安寧ニテ禁止セラル訓令後　局長　とあり］

大正十二年九月六日

サセホ局発
午後八時三〇分東京海軍局着

受信者　内務大臣　　発信者　愛知県知事

電報訳

一、本県ハ震災ノ被害ナシ目下極力寄付金品ノ募集救護物品ノ調達ニ努メツヽアルニ付至急船舶ノ御配意アリ度

二、不逞鮮人ノ横暴ナル行動報ゼラレ人心ノ動揺甚シキニ付之ニ関スル新聞ノ記事ハ此際治安ノ維持上特ニ全部差止メノ上——（ママ）予ジメ御指揮ヲ乞フ

三、東京ノ震害ニ起因シ銀行ノ取付ケヲ行ハントスル徴アリ銀行取付ニ関スル記事ハ現下ノ場合ハ特ニ経財界（ママ）ニ影響スル所甚大ト認ムルニ付予ジメ全部差止メ差押ヘノ御指揮ヲ乞フ

四、入京希望者夥シキニ付取締上入京ヲ許可セラルヽ者ノ資格及其手続御回示ヲ乞フ

特秘閲第八二八八号

大正十二年九月六日

内務省警保局長殿　　大阪府知事　土岐嘉平　印

新聞紙取締ニ関スル件

本日午前八時接受ノ貴電ニ依レハ標記ノ件ニ関シ前数回以電報御通牒相成タル趣ナルモ本月三日付書面ニ依リ『出版検閲並ニ印刷所ニ関スル件』ノ御通牒昨六日落手シタルノミニシテ前電全部未着ニ有之御通牒ノ趣旨ヲ知ルコト能ハサルモ事変発生ノ当初新聞紙記事ニシテ人心ヲ恐惑シ或ハ経済界ヲ攪乱セシムルカ如キ等ノ事項ヲ掲載センカ其ノ影響スル所広大ニシテ当地方ニモ不祥ノ事象ヲ惹起センヤモ難計ニ就テハ直ニ係員ヲシテ各社ヲ訪問セシメ右事項ニ関シ十分注意スヘキ旨及懇談尚責任者ヲ登庁セシメテ懇諭シ一面無電及飛行機便ヲ以テ此際著シク安寧秩序ヲ紊ス事項ヲ新聞紙ニ掲載シタルモノアルトキハ大臣名ヲ以テ本官限リ特ニ処理致度旨及稟伺置タル次第ニ有之管下発行ノ各紙ハ地方新聞紙（新愛知、静岡新報、神戸又新等）掲載事項ノ夫ニ比較セハ稍穏健ト認メラレ尚電牒ノ趣旨直ニ各社ニ対シ及警告置タリ

右為念

大正十二年九月六日

サセホ局発
午後八時三〇分東京海軍局着

受信者　内務大臣　　発信者　愛知県知事

電報訳

［二〇八頁に同文あり。ただし欄外に　警備部
食糧部　警備部関係ハ既ニ執行済　とあり］

愛知県知事無線電信　　九月七日海軍無線電信所受

内務大臣宛

本県ハ震災ノ被害ナシ目下極力寄付金品ノ募収《ママ》救護物品ノ徴奪《ママ》ニ勉メツツアルニ付至急船舶ノ御配慮アリタシ　二、不逞鮮人ノ横暴ナル行動セラレ人心ノ動揺甚タ敷《ママ》ニ付之等ニ関スル新聞ノ記事ハ此際治安ノ維持上特ニ全部差止ノ上違反ノ場合差押方アラカジメ御指揮ヲ乞フ　三、東京震害ニ起因シ銀行ノ取付行ナハントス輩アリ銀行取付ニ関スル記事ハ現下ノ場合ハ特ニ経済界ニ影響スル処甚大ト認ルニ付予シメ全部差止差押ノ御指揮ヲ乞フ　四、入京希望者果多《ママ》敷ニ付取締上入京ヲ許可セラルル者ノ資格及ヒ其手続御高示ヲ乞フ

青森県知事

内務大臣宛

新潟県知事ヨリ貴大臣宛大港要港部無電ニ依リ左ノ事項掲示取計方依頼越サレタルモ無電所不能ニ付為念便宜当地ノ有線ニ依リ発信ス

新聞紙ガ鮮人暴挙ノ事実又ハ他ノ風評等ヲ報導スルハ民心昂奮ナラシムルノミナラス鮮人ヲ動揺セシムルコト甚シキヲ以テ右記事ヲ掲載シタルモノヲ差押ナスノ必要アリト認メラルヽニ依リ此際是等新聞紙ニ対スル差押処分ヲ地方長官ノ見込ニ委ネラレタシ（了）

奈良県知事

九月七日午後九時十分受

警保局長宛

鮮人不穏行動ニ関スル記事ハ県下新聞ニハ掲載セラレタルコトナシ至テ平穏ナリ

朝鮮警務局長電報　　九月七日午後十一時四十五分受

（警保局長）

新聞記事ニ関シ左ノ通リ朝鮮内ニ於テ掲載禁止ヲナシタリ管下各新聞社ニ警告方御配慮ヲ乞フ震災ノ前後ニ於テ内鮮人間ノ衝突ニ因リ鮮人カ内地人ノ為メ暴行凌辱ヲ加ヘラレタル旨ノ風説ハ目下ノ処真偽全ク不名《ママ》ニ付キ官庁ニ於テ発表スルモノヲ除ク他此ノ種ノ記事ハ一切新聞紙ニ掲載スルコトヲ禁ス

高秘第一八三二〇号

大正十二年九月七日

内務大臣後藤新平殿　広島県知事　阿部亀彦　印

新聞記事取締ニ関スル件

関東地方ノ震災ニ依リ通信機関杜絶シ震害ノ真相尚判明セサルニ不拘各新聞紙ハ単ナル風評モ之ニ想象（ママ）ヲ加ヘテ殊更ニ誇大ニシ又ハ震害地ニ於テハ鮮人其ノ他不逞ノ徒其ノ虚ニ乗シ暴動其ノ他不穏事変発生云々ノ記事ヲ掲オシ（ママ）地方一般民心ヲシテ益々不安タラシメムトスル虞アリタルヲ以テ頃日在広島市日刊新聞其ノ他主ナル新聞社ノ責任者ヲ直接当庁ニ召致シテ懇談的警告ヲ試ミ一方他ノ新聞社ニ対シテハ各所轄警察署長ヲシテ警告セシメ取締上相当効果ヲ納メタルモ素ヨリ本県ハ大阪地方ノ新聞紙多数輸入セラレツヽアルヲ以テ之ニ対スル取締ニ就テハ尚腐心中ノ処偶本月五日九州各県ノ発起ニヨリ新聞記事取締ニ関シ新聞紙法第二十三條ニ因ル内務大臣ノ権限ヲ此際地方長官ニ委任ヲ受クヘク愛知県以西ノ各府県ハ逓伝ノ方法ニ依リ其ノ意見ヲ取纏メ愛知県ヨリ稟請セム事ニ運ヒ成リ尓来之ニ対スル訓令ノミ只管期待致シ居リ候処夫カアラヌカ昨夕警保局長ヨリ其ノ電報通牒ニ接シタルヲ以テ直ニ各新聞社ニ対シ前記ノ方法ニ依リ懇談的警告ヲ為シタルト一面通信機関ノ幾部開通シタル為メ漸次事ノ真相モ判明スルニ連（ママ）レ各新聞紙ノ論調漸ク平穏トナリテ人心軈テ安定ニ向ヒツヽアリ

尚震災後ニ於ケル各新聞紙ノ論調ハ追テ詳報可致モ不取敢右状況及報告候也

福島県知事電報　九月八日午後五時卅分着

警保局長宛

右訳文

震災ニ付キ新聞差押ニ関スル勅令発布月日番号御知セ乞フ

［欄外に　右返電　御電照ノ新聞差押ニ関スル件ハ九月六日付警保局長通牒ニ付念ノ為メ　とあり］

八ノ八六号　大正十二年九月八日

電報案

京都府知事宛　警保局長

六日付差押ニ係ル京都日々新聞所載（暴徒三百名大挙シ）云々ノ記事ハ事実無根ニテ避難民ノ上陸シタルコトノ訛伝ナリ為念

課　長

大正十二年九月八日

一、やまと新聞　九月八日付号外

（屍体十万横浜の惨状）ト題シ

（前略）加ふるに不逞鮮人の井に毒をそゝぐもの避難者を襲ふもの暫くもやます鮮人の殺されたもの数百に達した

［欄外に　禁止　局長了后一時執行　とあり］

大正十二年九月八日

警保局長

各地方長官宛

出版物ニ鮮人ノ死体若クハ虐待ノ状況ヲ撮影セリト称スル写真掲載ニ関シテハ五日付電報内鮮人ノ反感ヲ挑発スル記事ノ差止依命通牒ニ依リ検閲上特ニ注意相成度

大正十二年九月九日

後藤警保局長

知事殿

外国人ノ取扱ニ関スル件

今般ノ大震災及鮮人問題ニ関シ外国及外国人ニ好印象ヲ与フルト否トハ国際上極メテ重要ナル関係有之此際外国人ノ取扱ニ付テハ特ニ慎重ナルヲ要スルト被存候ニ付テハ避難外国人ノ給与医療等ニ付出来得ル限便益ヲ与フルノミナラス進ムテ好感ヲ与フヘキ宣伝ヲ為シ外国通信ニ付テハ逓信当局ト協力シ其ノ他悪影響ヲ与フルモノニ付テハ厳重取締相成様致度

大正十二年九月九日

内務省警保局長名

富山県知事殿宛

本日付電照ニ係ル新聞記事差止事項ニ関スル件ハ電文不明ニ付更ニ通牒写前紙及送付候也

九月九日午前十一時受

富山県知事発電報

内務省警保局長宛

七日貴官通牒セラレタル新聞記事差止事項第一項中

（鮮人カ内地人ニ対シ暴動暴逆ヲ加ヘ依テ内地人カ鮮人ニ対シテ反感ヲ挑（ママ）発スル恐レアル事項）ハ及バザルヤニ認メラル指揮ヲ乞フ

［欄外に　返電　電文不明　通牒写送ル
九月九日午後五時半施行　とあり］

九月九日午前十一時十五分受

警保局長宛　　大坂府知事

当府下発行ノ新聞紙ヲ本日以后大宮駅止ニテ発送ス同駅ニテ受取ヲ乞フ

案

新聞紙ハ臨時震災救護事務局警備部（内務大臣官邸）ニ送付セラシタレ

茨城県高等課長発電報　　大正十二年九月九日受

警保局図書課長宛

新聞掲載記事ニ関スル六日付電報未着

特秘閲第八八一一号　　大正十二年九月九日

内務大臣後藤新平殿　　大阪府知事　土岐嘉平　㊞

禁止新聞紙送付ノ件

付録

一、大阪毎日新聞　大正十二年九月十四日（ママ）付　第一四四六号

東京震災画報（グラヴユアセクション第一巻）

但し本所区兵器支廠に避難した人々の無惨の最後

ト題シ写真ヲ掲クルモノ　二部

右新聞紙ハ本日新聞紙法第二十三条ニ依リ発売頒布禁止並差押処分ニ付シタルモノニ有之候条及送付候也

追テ同画報摺替版一部添付致置候

電報訳　　大正十二年九月十日午後四時五分受信

内務大臣　　愛媛県知事

朝鮮ニ暴動蜂起セリトノ報管下ニ達シタリ新聞紙ニ掲才（ママ）セラル、トセバ著シク人心ヲ不安ナラシムル虞アルヲ以テ一応記事ノ差止メヲナシ居レリ若シ記事掲才ノ場合ハ大臣ノ命令アリタルモノトシテ之レカ発売頒布ヲ禁止スルノ見込ナリ

大正十二年九月十一日

大坂、福岡、兵庫、広島、愛知

日　内務大臣

右電報案
東京市（ハ）労働組合
九月一日付第一巻第四号
（アサ）

大正十二年九月十一日

電報　前一一、〇一　后〇、〇五

岡山県知事

岡山市株式会社岸本銀行岡山支店（資本金一百万円全部払込済）ハ本日ヨリ二週間臨時休業ヲ発表セシニ依リ新聞記事ノ差止ヲナシ情況視察中ナルガ目下ノ処予（ママ）金者中不穏ノ行動ニ出ツルモノナシ

大正十二年九月十二日

高第一六七四〇号

静岡県知事　道岡秀彦

内務省警保局長殿

出版物検閲其他ニ関スル件

今回ノ震害ニ際シ出版物ノ検閲並ニ印刷所ノ監視ヲ厳重ニスベク御通牒ニ基キ当分ノ内各警察官署長ニ命シ左記ノ方法ニ依リ厳重取締ヲ致シ居候條此段及申報候也

左記

一、新聞社ニ関スル事項

其署管内ニ於テ発行ノ新聞各社責任者（月刊日刊週刊其他ノ小新聞全部ヲ含ム）日時ヲ定メ召集シ左ノ協定ヲ遂クルコト

（一）初刷一枚ヲ其署ニ提出セシメテ直ニ検閲シ本文該当ノ不穏記事ニ対シテハ指揮ヲ受ケ削除更改ヲ命シ然ル後印刷発送セシムルコト（注意検閲終了迄印刷中止ノコト）

（二）発行所ト印刷所ヲ異ニスル新聞紙ニ対シテハ印刷所所在地ノ警察官署ニ於テ検閲ヲ行フコト

（三）差押執行ヲ受ケタル新聞社ニ於テ読者ニ対シ差押事実ノ広告又ハ記事ヲ掲載スルニ当リ差押ノ理由トシテ「安寧秩序ヲ紊スノ廉ニ依リ」又ハ「当局ノ忌諱ニ触レ」等ノ文字以外ニ差押処分ノ原因タル当該記事ノ内容ハ勿論其見出ノ文字ヲモ記載セサルコト

（四）不穏ト認ムル記事ノ内容ハ不逞鮮人ノ暴虐掠奪

ニ関スル事項爆弾破壊ニ関スル事項銀行ノ取付等経済界ヲ動揺セシムルノ虞レアル事項流言蜚語人心ヲ惑乱スルノ虞レアル事項ノ記事一切ヲ含ム

二、印刷所ニ関スル事項

活判《ママ》印刷所ニ対シテハ左ノ取締ヲ行フコト

（一）活判印刷所ニ対シ不穏文書ノ印刷申込アリタルトキハ直ニ所轄警察官署ニ届出ヲナサシムルコト

（二）前項文書ノ印刷依頼者ノ住所氏名等ハ遺漏ナク聞取リ置キ同時ニ届出シムルコト

（三）印刷依頼者ノ住所氏名身分明カニシテ容疑ノ点ナク全ク不用意ニ出ツル文書ナルコト判明シタル場合ニ於テハ指揮ヲ受ケ不穏文字ヲ削除更改セシメテ印刷セシムルコト

（四）印刷依頼者ノ住所氏名信ヲ措キ難キ者ニ対シテハ厳重取調ヲ行フコト

（五）前各項ヲ印刷業者ニ於テ格守スルヤ否ヤ厳重看視スルコト

大正十二年九月十三日

大阪府知事　土岐嘉平　㊞

特秘閲第八九一八号

内務大臣後藤新平殿

新聞紙出版物取締ニ関スル一般状況報告

今次ノ震災ニ帝都全ク廃墟ニ帰シ刻々ニ臻ル惨報ハ人心ヲシテ著シク不安ニ陥ラシメ加之流言蜚語ハ各所ニ流布セラレ事態容易ナラサルモノアリ一般通信機関ノ杜絶セルヤ民衆ハ震災地ノ情報ヲ新聞紙ニ待ツコト最モ厚ク従テ之カ掲載報導《ママ》ノ事項ニシテ不穏ニ亘リ徒ニ公秩ヲ紊ルモノアランカ社会人心ニ及ホス影響甚大ニシテ殊ニ事ヲ好ム左傾分子ノ輩ニ対シ機ニ乗セシムルノ虞アリ事変発生ノ当初先直ニ係員ヲ派シ重立チタル各新聞社ヲ訪問セシメ仮令事実ニ基クモノト雖此際人心ノ安定ヲ欠クカ如キ事項例ヘハ暴徒ノ蜂起、掠奪、不穏ニ亘ル事項、銀行ノ取付、閉鎖、又ハ経済会《ママ》ヲ攪乱スル虞アル事項其他苟モ人心ヲ惑乱セシムル惧アルノ事項等ハ之ヲ新聞紙ニ掲載セサル様及懇談次テ本月三日午后九時各社責任者ヲ召集シ右ニ関シ協議打合セタルニ孰レモ意ノ存スル処ヲ了トセシカ一方要注意新聞紙、出版物ノ発行所、印刷所、主義者ニシテ常ニ不穏文書ノ頒布ヲ企ツル者等ニ対シテハ特ニ専務員ヲシテ監視査察ヲ行ハシメ又逓信当局ニ交渉ノ結果人心ヲシテ恐惑セシムルカ如キ事項ヲ電報、書面ニ依リ海外其ノ他ヘ通信ヲ為シ又ハ其ノ疑アルモノハ之ヲ抑留検閲シ適切ナル措置ヲ講シ一面無電及書面ヲ以テ（九月三日特秘閲第八二三六号同五日同第八二六〇号）通信機関ノ復旧ヲ見ルマデ新聞紙、出版物ニ対スル行政処分ヲ本官限リ処理致度旨及稟伺タルカ漸クニシテ本月六日午後二時接受ノ御通牒（大正十二年九月三日付出版物検閲並印刷所ニ関スル件）並翌七日午前八時接受ノ電報（同件及記事掲載禁止事項）御指揮ニ依リ重ネテ各社ニ対シ警告ヲ発シ爾後御指揮ノ趣旨範囲内ニ於テ新聞紙出版物ニ対スル行政処分其ノ他ノ取締ニ従事セルガ処分ニ付御指揮ノアルマテ即本月一日ヨリ六日ニ至ル間禁止差押処分ノ必要アルモノト認メタルハ大阪朝日新聞（大正十二年九月四日付『三日夕刊』発行第一四九九二号警保局カラ各所ヘ無電ト題シ掲載シタルモノ）ニシテ同日無電及書面ヲ以テ（大正十二年九月三日付特秘閲第八二三七号）及報告尚大阪時事新報（大正十二年九月四日付発行第六七四八号）ニ各官署ニ長官ナク横浜ニ掠奪行ハルト題スル事項ヲ掲載シタルガ如キ其ノ他ノ之ニ類スル事項ニシテ掲載禁止ノ事項ニ抵触スルモノ逐日増加シ憂フヘキ現象ヲ呈シタルカ之等ニ関シテハ即刻発行人ニ対シ厳重戒飭ヲ加ヘ次版ニ掲載スル事ヲ差止メ掲載事項ノ撰択ニ付自重ヲ促シタル結果記事ノ傾向稍緩和セシモ動モスレハ徳義ヲ無視シ治安ヲ紊ス惧アル事項ヲ掲載シ以テ人気ニ投セン為各社功名ヲ争ヒ自制ヲ喪フノ状況ニアリシガ一度掲載事項ニ付禁止ノ公表アルヤ頓ニ平静ニ帰シ記事ニ付テハ前日ノ比ニアラザリシモ本日マデ行政処分ニ付シタルモノハ（大正十二年九月十一日特秘閲第八八六七号ヲ以テ各現品及送付）大阪毎日新聞付録（大正十二年九月十四日付同月九日発行ノ東京震災画報第一巻本所区兵器支廠ニ避難シタ無惨ノ最後ト題シ掲載シタル写真）絵葉書二種二枚（両国付近ノ累々タル死体並吉原遊廓付近ノ死体ト記載アルモノ）写真三種三枚（震災地ニ於ケル惨死状態ヲ撮影セルモノ）ハ孰レモ災害地ニ於ケル死体ヲ撮影シタルモノニシテ其ノ光景転（ママ）人心ヲシテ危惧ノ念ヲ抱カシメ徒ニ恐惑セシムルモノト認メラレ又英文毎日（大正十二年九月十一日付発行第四四二号不逞鮮人ノ暴動云々ト題スル記事アルモノ）ニ掲載シタル事項ハ禁止事項ニ抵触スルモノト認メ曩ニ注意ヲ促シタルニモ不拘尚之ヲ掲載シタルハ禁止処分ノ必要アルモノト認メ孰レモ行政処分ニ付シ此ノ外不穏印刷物ヲ発見シタルハ本月七日特秘閲第八二九一号ヲ以テ及報告置タル名刺形謄写版摺不穏印刷物一枚（号外反救社ト題シ見ヨ東京ハ大火災　見ヨ、宮城ハ炎上ス……革命夕戦ヒタ云々トアルモノ）ニシテ同シク禁止処分ニ付シタルカ労《ママ》要或ハ特要視察人ノ出版シタルモノト思料セラレ引続キ其ノ出所ニ付厳探中ニ有之叙上比較的軽微ナル事故ニ止リ重大ナル事相ヲ惹起セサリシハ望外ノ幸ニシテ各社克ク当局ノ意アル処ヲ諒トシ穏健ナル態度ニ出テタルニ因ル殊ニ今日東都ノ大新聞社ノ多クハ壊滅ニ帰シ為ニ当地新聞紙ハ代ツテ中枢ノ地位ヲ占ムルニ至レリ就中朝日、毎日両紙ノ如キ発行部数ニ於テ全国的ニ一頭地ヲ抜キ其ノ頒布区域広大ニシテ論説報導《ママ》ノ内外民心ニ及ホス影響侮ルヘカラザルモノアリ此両社ハ何レモ事局救援ニ努ムルノ誠意ヲ示シ一般記事ニ留意シ著シク平静穏健ノ態度ヲ持シ其他各社ニアリテモ亦其ノ風ニ倣フノ観ヲ呈セリ此ノ儘推移セハ今後民心ヲ動揺セシムルカ如キ事項ヲ掲載スルコトナク従テ行政処分ニ出ツルノ要ナカルヘキヲ信スルモ尚一層ノ注意ヲ払ヒ検閲ヲ厳ニシ以テ取締ノ完璧ヲ期シツツアリ

右一般状況及報告候也

追テ未タ交通機関復旧セサルノ故ヲ以テ郵便官署ニ於テハ一私人ヨリ関東地方ヘ差立ツル郵便物ハ一切之ヲ受理セス当庁ヨリハ辛シテ本月一日以来朝日、毎日、其ノ他主タル新聞紙七八種ヲ飛行及鉄道便ニ依リ送付シ居ルモ一般発行人ヨリ為ス納本ハ不可能ニ有之就テハ交通機関復旧後ハ直ニ取纏メ納本ヲナスコト並出版届出ニ関シテハ便宜当庁ニ於テ進達スヘキ等各発行人ニ対シ注意ヲ与ヘ置候條為念申添候

［欄外に　九月十七日了　特秘　震　の印あり］

九月十三日午後十時受

広島県知事電報訳

局長宛

本月二日付出版検閲並ニ印刷所ニ対スル件トシテ出版物取締上ニ関シ必要ノ場合適宜ノ措置ヲ講ズベキ様近県ニ対シテハ御通牒アリタル趣キナルモ本県ニハ未ダ其ノ通牒ニ接ズ然ル処昨日電報稟申ノ通リ震災ニ際スル惨死体等ヲ絵葉書トシテ出版セルモノ多ク公安保持上差支ヲ生ズベキモノ少ナカラザルニ付至急本県ニ於テモ臨機ノ

処分出来ル様御訓令相成ル様致シタシ

十四ノ二二号　　大正十二年九月十四日

電報案

広島県知事宛　　局　長

昨日御電照ニ係ル出版検閲並ニ印刷所ニ関スル件ハ曩ニ近県ニ対シ通牒ノ通リ貴官ニ於テ臨機ノ措置相成度、後書面

（九月三日、五日付通牒写送付ス）九月十四日

高親発第一九三号　　大正十二年九月十四日

内務大臣後藤新平殿　茨城県知事　守屋源次郎 印

新聞紙出版物取締ノ件

今回京浜地方ニ於ケル震災ニ伴フ新聞紙出版物取締方電報通牒ニ接シ其ノ後ノ事故左記ノ通ニ有之候条比段及申報候也

記

一、九月十一日付新聞いはらき第一〇四三九号ニ掲載ノ「残骸空シク立ツ正金銀行ト取巻ク惨死体」ト付記シ累々タル遭難者屍体ヲ撮影シタル写真判ニ対シ将来ヲ警告シタリ

二、九月十一日付常総新聞第七四三二号ニ掲載ノ「大東京惨劇記」ト題スル記事中（彼の不逞鮮人はまだ燃えない家屋を燃き尽して東京全市を一軒も残らず焦土として了ふ計画をしたらしい此の憎むへき鮮人に就ては撲殺されるのは当然であると思ひました云々」トノ一節ニ対シテハ厳重将来ヲ警告シ置キタルニ翌十二日付同新聞「大東京惨劇記」中ニ（棍棒を持った者焼けた鉄棒を持った者が此あとを追撃して警官の叱咤の功なく脳天を一撃しましたサット迸った血が警官の白い服を汚しました）トノ記事ヲ連載シタルヲ以テ直ニ発売頒布禁止処分ニ付シタリ

三、九月十日付茨城二六新報第四八号ニ「諸君！」ト題シ遷都問題ニ関シ（後藤内相は断してそんな事無いと云って居るが果して其れが何の辺まで信じ得られやうか）ト論シ更ニ（這は全く杞憂に過きないが若しも比の遷都問題が本當に問題となったらそれこそ大変関東、関西の喧嘩である或は流血の惨事を惹起せぬとも限らぬ若しも血を見るやうだったら夫れこそ今度の惨害に幾倍する大惨事を見るに至るやも知れぬ云々）等ノ記

事掲載アリタルヲ以テ発行人ニ対シ将来ヲ戒告スルト共ニ其ノ他ノ新聞紙発行人ニ対シテモ同様注意方警告シ置キタリ

四、新治郡石岡町島田芳之助ハ来ル九月二十五日施行ノ県会議員候補者トシテ同郡第三区ヨリ起立シタル者ナルガ各有権者ニ配付スヘキ依頼状ニ「剰ヘ大陰謀者ノ暴動ヲ逞フスルアリ国家国民ノ惨害ヲ蒙リシ事意料ノ外ニ有之云々」ノ辞句ヲ使用シアリテ目下印刷中ニ属スルヲ以テ同部分ノ削除ヲ命シタリ

五、九月十日付新聞いはらき第一〇四三八号ニ（憲政会所属県会議員）小田部藤一郎ノ投稿ニ係ル「時局対策」ト題シ（政友会の横暴を極免《ママ》てより以来上大臣より下巡査輩に至るまで腐敗、堕落、収賄、瀆職官吏を以て一の営利的営業と心得たるもの丶如し天神赫怒今回の天災を下して官民に善心に立ち返る様に戒められたる深遠なる御神慮と恐察仕候従って彼の政友会なるものは大いに謹慎の意を表し日夜懺悔然るへき事と存候
㈠速かに□□□□以下国民の怨みの的たる人物を懲戒すへき事云々《ママ》」ノ記事アリ不隠ノ嫌ナキニアラザルモ禁止ノ程度ニ達セザルモノト認メタルヲ以テ同新聞紙ニ対シテハ不問ニ付シタルモ投稿者小田部ノ言動ニ対シテ真壁郡下館町玉水常治ハ非常ニ憤慨シ治安維持ニ関スル緊急勅令ニ依リ告発スヘシト敦圉《ママ》キツヽアリ

大正十二年九月十七日
大阪府警察部

号外

各新聞紙発行人宛

新聞紙記事ニ関スル件

震災地ニ於ケル火災保険問題ハ現下財界ノ救済産業ノ復興ニ最モ緊要ナル関係ヲ有シ居リ候ヘハ之ガ報導《ママ》論議ヲ為スニ当リテモ相当御留意ノ事ト存セラレ候得共今般二三新聞紙ニ於テ（日本震災ノ結果生スヘキ保険金支払義務ニ関シ英国火災保険業者会議事項『震害責任免除ノ条件固執等』及我当業者ノ本決議ニ力ヲ得支払要請ニ応セザル）等ノ記事掲載有之如斯ハ事実ノ有無ニ不拘目下ノ時局ニ鑑ミ人心ノ不安ヲ深カラシメ惹而財界ニ及ホス影響不少ト認メラレ候条爾今此種問題ニ関シテハ特ニ慎重ナル態度ヲ以テ之ニ臨ミ其ノ掲載記事ニ対シ一層ノ御留意相成度為念中進候也

以上

朝鮮警務局長発電　　十八日午後六時着

九月二日震災当時朝鮮人兇行並ニ虐殺事件ノ内容ハ本月二十日頃検事総長ヨリ発表スベシトノ聞込アリ果シテ事実トセバ其ノ内容如何ニヨリテハ朝鮮ノ治安並ニ新聞取締上重大ノ関係アルニ付其ノ内容折返シ御回報ヲ乞フ

発第二十二ノ四〇号　　大正十二年九月十九日

警保局長了　　図書課長

案

年　月　日　　局長名

各庁府県長官宛（除東京府知事）

警視総監宛

新聞紙出版物行政処分ニ干（ママ）スル件通牒

標記ノ件ニ関シ大正十二年九月十五日付警保局発第一号ヲ以テ及通牒置候処其后禁止処分ニ付セラレタルモ別表ノ通リニ候条此段及通牒候也

禁止新聞紙並出版物表

発行地	題名	発行月日号数	禁止月日	摘要
山形	鶴岡タイムス	九、四 八四	九、一三	無政府主義者活躍ト題スル記事
新潟	高田新聞	九、三 一三〇二七	九、一三	不逞鮮人山本伯暗殺ノ記事
福島	磐城日日新聞	九、四 一一	九、一三	不逞鮮人ニ干（ママ）スル記事
同	いわき新報	九、八 二二六	同	同上
新潟	新潟日曜新聞	九、九 三一八	九、九	同上
北海道	函館日日新聞	九、二 二、〇一五	九、一三	同上

取鳥(ママ)	山陰民報	九、一二 二九	九、一二	呼鳴(ママ)此惨状兵器廠ノ空地ニ横ハル三万二千ノ死体」ト題スル画面アルモノ
大阪	大阪毎日新聞付録 東京震災画報	九、一四 一四、四六八 グラヴユアセクション 第一巻	九、九	本所区兵器支廠ニ避難シタ人々ノ無惨ノ最后ト題スル写真
新潟	越後新聞	九、一三（一二夕刊） 三、六二〇	九、一二	鮮人捕縛収容ノ記事
同	佐渡日報	九、一三 二六五六	同	天理教ト大本教ノ予言ト題スル記事
宮城	仙南日日新聞	九、一三 四一一	同	帝都惨状視察其夜ノ光景」ト題スル記事
兵庫	中国日日新聞	九、一三（一二夕刊） 九三〇四	同	俄ニ緊張シタ姫路師団、鉄道輸送ノ打合セ当局デハ打消ス」ト題スル記事
同	但馬日日新聞	九、一三（一二夕刊） 七五九	同	同上
同	ゼ、ジャパンクロニクル	九、一三 九、九〇六	九、一三	暴徒虐殺ニ干スル記事
島根	山陰新聞	九、一〇 一二五〇一	九、九	鮮人暴行ニ干スル記事
北海道	釧路日日新聞	九、一一 一三一二	九、一一	東京ヨリ帰来セル避難民談話中「強盗凌辱ノ声竹槍ピストル」云々ト記才(ママ)セルモノ
茨城	常総新聞	九、一二 七四二三	九、一二	鮮人殴打ニ干スル記事
富山	富山日報	九、一二 一三二四三	九、一一	被服廠内ニ避難シタ二万二千余ノ人々ハ逃ケ場ヲ失ヒ終ニ焼死セル惨状」ト題シ死屍累々タル写真アルモノ
愛知	新愛知	九、一二 一一五二一	九、一二	目モ当テラレヌ惨状、被服工廠跡」ト題スル写真

新潟	北越新報	九、一四 一四〇四	九、一三	帝都治マル迄ト題スル記事
三重	伊勢新報	九、一三 五四三九	同	焦土ノ町、血ト火ト灰ヲ潜リテ」ト題スル記事
新潟	高田日報	九、一二 五、七三八	同	川中ノ死体八〇八個修羅ノ東京」ト題スル記事
東京	都新聞	九、五 号外	九、五	付近ニ鮮人百五十名火中ヲ〇〇〇〇〇み逃ケマドヘル人々ヲ片端カラ云々
茨城	いばらぎ	九、四 一〇四三二	九、四	鮮人掠奪ニ干スル記事
東京	中央新聞	九、一四 一三九一八	九、一四	不逞鮮人並ニ横浜ニ於ケル不頼漢暴行ニ干スル記事
新潟	高田日報	九、六 五七三二	九、八	鮮人ハ全然無力」ト題スル記事
同	長岡日報	九、九 二、三六一	同	宇都宮部隊前橋ヘ出動スト題スル記事
同	新佐渡	九、七 二、〇七一	同	東京ノ災害地カラ命カラ〴〵親子五人」ト題スル記事
新潟	越後タイムス	九、九 六一四	九、八	震害地ノ実況ト題スル記事
山口	馬関毎日新聞	九、一五 一〇五七四	九、一五	日本赤化ノ使命ヲ帯ビタ露艦退去命令」ト題スル記事
長野	南信実業新聞	九、一五 五六一	同	一千名団結シテ不穏形勢ト題スル記事
愛媛	南予時事新聞	九、一四 五七五五	九、一四	遷都ノ風説デ人心動揺云々ト題スル記事
山梨	エハガキ一枚	甲府市秦野誠之印刷ノモノ	九、一五	東京大震災吉原公園池中ノ惨状死者六百余人」ト題スルモノ
山口	馬関毎日新聞	九、一五(一四夕刊) 一〇五七四	九、一四	数名ノ人夫ヲ指揮シテ巡査強盗ヲ働ク云々ノ記事其他
同	防長新聞	九、一五 一一、九三三	九、一五	暴行団捕ハル」ト題スル記事其他

山形	酒田新聞	九、六 九○一九	九、一六	不逞鮮人爆弾密送ノ記事及同暴行ノ記事
同	両羽朝日新聞	九、六 二五九	同	鮮人ニ火薬盗まる《ママ》」及「酒田にも《ママ》手ヲ延ば《ママ》シタ不逞鮮人」ト題スル記事
同	酒田新聞	九、九 九、○二二	同	諸所ニ見る不逞鮮人ノ暴状ト題スル記事
北海道	北海タイムス	九、五 一一、七一四	九、一六	不逞鮮人ノ暴動ニ干《ママ》スル記事数題
同	同	九、六 一一、七一五	同	不逞鮮人ノ陰謀其他暴動ニ干スル記事
岩手	岩手日報	九、四 八三○八	九、一七	鮮人暴動記事
宮城	夕刊河北新報	九、五(四夕刊) 九五三五	同	不逞鮮人放火其他ノ暴行記事
北海道	室蘭毎日新聞	九、四 五、三○二	同	不逞鮮人暴行記事
同	富良野日報	九、五 五一	同	不逞鮮人暴動ニ干スル記事
岩手	岩手毎日新聞	九、四 七、七三一	同	同上
北海道	室蘭新聞	九、一五 六四	九、一五	○○○社会主義者秘密ヲ講ジテ暴動ノ疑ヒ及○○○○暴挙ノ為メ在郷軍人抜刀警戒」ト題アルモノ
静岡	静岡夕刊	九、一五 六八	同	はかなき青春」ト題スル風俗記事
同	新世界	八、二五 六巻六号	不詳	添ハレヌ恋」及「エス事私ノ恋ノ芽生」ト題スル風俗記事
高知	南国日報	九、一六 三七三	九、一六	鮮人ノ暴行並ニ主義者ノ放火ニ干スル記事
静岡	エハガキ一枚	―	九、一七	本所区被服廠ニ避難シタ人々ノ無惨ノ最後」ト題セリ

広島	同	―	九、一三	本所被服廠付近ニ於ケル死体ヲ撮影セルモノ
愛知	尾北新聞	九、一六 一二六	九、一七	コチラカラ東京行ノ人夫」ト題シ内地人カ朝鮮人ト誤ラレ暴行セラレシ記事
同	俺等	九、一五 四号	九、一二	全体ニ亘リ禁止
大阪	不穏印刷物一枚	号外	九、七	号外（反救社）ト題シ「見ヨ東京ハ大火災云々ト題シ革命煽動ノ記事アルモノ
東京	エハガキ一枚	（麹町憲兵分隊ヨリ送付ノモノ）	九、一四	呼鳴《ママ》悲惨の極!!」ト題セリ
同	同一枚	同	同	吉原公園ニ於ケル焼死体ト題セリ
同	同一枚	同	同	同題号ナルモ別紙ノ写真
同	同一枚	同	同	（東京大地震大火ノ惨状）吉原公園ニ収容シタル焼死体」ト題セリ

（以上）

第二案

年　月　日　局長名

司法省刑事局長
逓信省通信局長
鉄道省運輸局長
文部省普通学務局長
拓殖事務局長
朝鮮総督府警務局長
台湾総督府警務局長
樺太庁長官
関東庁警務局長
憲兵司令官

新聞紙出版物行政処分ノ件通牒

最近安寧秩序ヲ紊シ又ハ風俗ヲ害スルモノト認メ新聞紙法又ハ出版法ニ拠リ内務大臣ニ於テ発売頒布禁止並ニ差押処分ニ付セラレタルモノ別表ノ通リ有之候条此段及通牒候也

（別表第一案に同じ）

特秘閲第九〇一五号

大正十二年九月二十日

大阪府知事　土岐嘉平　印

内務大臣後藤新平殿

新聞紙記事ニ関スル件

本月十八日付大阪市ニ於テ発行ノ大阪毎日新聞合財嚢欄ニ火災保険問題ハ云々及戒厳司令部ノ発表ヲ云々ト記載シ当府警察部ノ態度ヲ批難セルカ如キ記事アルモ事実左記ノ通リニ有之候条御参考迄ニ及報告候也

左　記

一、戒厳司令部ノ発表云々ノ記事ニ関スル件

本月十日付大阪市ニ於テ発行ノ大阪毎日新聞第一四四六四号無頼漢ノ暴行ハ誇張多クハ過激主義者ノ煽動関東戒厳司令部ノ発表ト題スル記事ハ其ノ内容朝鮮人ノ不逞事実ヲ挙ケ事変発生後不逞鮮人其ノ他ニ取締ヲ厳重ニシ徹底ヲ期シタル折柄且ツ其ノ出所モ事実戒厳司令部ヨリ発表シタルモノナルヤ明確ナラザルヲ以テ安寧秩序ヲ害スルモノト認メ発行人ヲ厳重戒飾シ置キタルニモ拘ハラス（本件ハ十一日付特秘閲第八八三三号ヲ以テ報告済）更ニ本月十一日付大阪毎日英字新聞第四四二号ニ同一記事ヲ掲載シタルヲ以テ禁止処分ニ付シタリ（本件ハ即日電報ニテ通報済）次テ本月十二日付発行大阪毎日英字新聞第四四三号（第一版）ニ十一日禁止処分ニ付シタル同一記事ヲ復タ掲載シタルヲ以テ同様禁止処分ニ付シタルモノナリ（本件ハ即日電報ニテ通報済）

二、火災保険問題ハ云云ノ記事ニ関スル件

震災事変ニ際シ新聞記事ニシテ人心ヲ惑乱シ財界ヲ不安ニ陥レシメ又ハ煽動的ノモノハ検閲ヲ厳ニシ取締ノ完全ヲ期シタル折柄本月十六日付大阪朝日新聞第一五〇四号及大阪毎日新聞第一四四七〇号及大阪都新聞第一二四〇八号各紙ニ震災地ノ火災保険ヲ支払ハザル旨ノ英国保険業者ノ決議ニ関スル記事掲載セラレ其ノ出所頗ル怪シク或ハ捏造ニアラスヤノ疑アルヲ以テ各発行人ニ対シ将

来此ノ種ノ記事報導ハ相当慎重ニス

特秘閲第九〇四四号

大正十二年九月二十一日

内務省警保局長殿

大阪府知事　土岐嘉平　㊞

大阪地方裁判所検事正殿

禁止新聞送付ノ件

一、大阪朝日新聞第二号外　三部

大正十二年九月二十日付発行但シ『甘粕憲兵分隊長留置中ノ大杉栄ヲ刺殺ス』ト題スルモノ

一、大阪時事新報号外　三部

大正十二年九月二十日付発行但シ『甘粕大尉ハ大杉榮一家ヲ〇〇』ト題スルモノ

一、大阪毎日新聞(三、四、五、六、七版)各三部

大正十二年九月二十一日付発行第一四四七五号但シ『主義者検挙ニ関スル手違ヒカト思ハレル』(三版)『職務上専恣ノ所為』(四版)『激越ナ社会主義ヲ主張シテ来タ甘粕大尉』(五版)『一部ノ社会主義者ニアツテハ無政府主義者ヲ仇敵視シテ居ル』(六版)ト題スル記事アルモノ

一、大正日日新聞　三部

大正十二年九月二十一日付発行第一二〇六号

但シ甘粕大尉大杉ヲ刺殺シタル意味ノ記事ヲ抹消シタル部分アルモノ

以　上

右ハ孰レモ安寧秩序ヲ紊スモノト認メラレ新聞紙法第二十三条ニ依リ発売頒布禁止並ニ差押処分(号外及大毎三版ハ九月二十日其ノ他ハ同二十一日)ニ付セラレタルモノニ有之頭書ノ通リ現品及送付候也

追テ前記大阪毎日新聞第三版ハ目下差押タルモノ無之又同紙第七版ニ『甘粕憲兵大尉事件ノ云々』ト題シ掲載シタルモノハ第六版ニ掲載シタルモノト其内容聊異ナレルヲ以テ差押処分ニ付セサリシモ既ニ印刷セシモノ約五千部ハ任意提出セシメタリ

為念申添候

関東庁警務局長電報

九月二十二日、前受信

警保局長宛

甲一九〇前電「甘粕憲兵分隊長カ大杉栄ト一族ヲ殺害シタル事件ヲ詳細ニ報道セルカ公安ヲ害スルモノト認メ

管内新聞掲載ヲ禁止シタリ御参考迄

警保局発第九号

大正拾二年九月廿二日

警保局長　後藤文夫

知事殿

新聞紙掲載事項ニ関スル件

九月五日付通牒ニ依リ鮮人ニ関スル流言浮説ニ関スル記事及ビ不穏行動ノ煽動並ニ経済界ノ撹乱ニ関スル記事ハ其ノ掲載ヲ差止メラレ候処震災直後ノ状況ニ比シ昨今其ノ周囲ノ事情畧々安定ヲ得タルノミナラズ其ノ取締ニ付キ新聞界ニ物議ヲ生ジタル地方モ有之旁々此ノ際差止記事ノ検閲ニ付テハ多少寛假ヲ加ヘラレ可然ト被存尤モ其ノ叙述ニシテ著シク社会公共ノ安寧ヲ害スルモノハ従前通リ厳重取締相成様致度

各府県知事宛（電報、暗号）　局長

（東京府〃警視総監）

左記事項ハ当分ノ間新聞紙ニ掲載ヲ禁止セラレタルニ付此ノ趣各新聞社ニ対シテ御示達相成度尚之ニ違反スルモノハ頒布ヲ禁止セラレタルモノトシテ差押ヘ相成度

記

一、朝鮮人ガ東京付近ニ於テ不穏行動ヲ為シタリ等其ノ他之ニ類スル記事ニシテ著シク一般人ノ朝鮮人ニ対スル反感ヲ挑発スルモノ

二、東京付近ニ於テ民衆ガ朝鮮人ニ対シ凌虐ヲ加ヘタリ等其ノ他之ニ類スル記事ニシテ（著シク）朝鮮人ノ内地人ニ対スル反感ヲ挑発スルモノ

電報訳

九月二十六日午後七時受

警保局長宛

福岡県知事発

新聞記事差止解除ニ関スル件

甘糟《(ママ)》大尉事件ニ関スル陸軍当局ノ発表ハ管下新聞社ニ対シテハ通信社ヨリ直ニ通信アルニ拘ラズ貴官ヨリノ通報ハ著シク遅延シ取締上支障尠カラザルニ付キ将来ハ其発表前ニ予メ通報セラレタシ（以上）

高第八一四七号

大正十二年九月二十六日

警保局長後藤文夫殿　青森県知事　尾﨑勇次郎　㊞

新聞紙記事掲載差止問題ニ関スル件

憲兵隊司令官憲兵隊長及甘粕憲兵大尉ノ停職並ニ同大尉ノ軍法会議ニ付セラレタル事項ニ関スル記事ニシテ陸軍当局発表以外ニ亘ルモノハ掲載差止方ニ関シ本月廿一日付電報御通牒相成直チニ管下各新聞社ニ警告シ記事差止方示達致置候処其ノ後同月二十四日青森市所在帝国通信社支局ニ陸軍省発表「甘粕大尉ノ休職ト同時ニ軍法会議ニ付セラレタル関係並ニ罪跡ニ付山田検察官ノ発表ニ係ルモノ」トシテ概要電話通信アリ同社ハ即時各新聞社ニ通信セルカ関係各社ニ於テハ陸軍省公表事項ナルヲ以テ掲載差問ナカルヘシトノ見解ノ下ニ二十五日付新聞紙ニ掲載セムトシテ所轄署ヲ経テ当庁ニ伺出ノ次第モ有之候ニ付直チニ貴官ニ対シ電報照会スルト共ニ一面曩ニ御通牒ノ趣旨ニ基キ陸軍省発表ノ事項ハ其ノ都度貴省ヨリ即報可有之モノト思惟シ其ノ通報無之以前ハ差止事項ニ違反スルモノトシテ取扱フヘキ旨懇談掲載差止方取計置キタリ然ルニ二十五日付中央諸新聞ヲ始メ本県ニ於テ差止中ノ該当記事掲載シタルモノ多数アリシ為メ在青森及弘前各日刊新聞社ニ於テハ他府県ニ於ケル取扱ト本県ニ於ケル取扱上不統一ナルコト中央各新聞社ニ於テ解禁セラレシ事項ハ何故差止スルヤトノ意味ヲ以テ抗議ヲ申込ムモノアル等新聞社対県当局者間面白カラサル状況アリシモ同日午後二時三十分貴職ヨリ公表ノ旨通牒ニ接シタルヲ以テ各新聞社ニ対シ一部ノ解禁ヲ示達スルト共ニ其ノ経緯ヲ諒解セシムルニ努メタルカ各社ハ之ヲ諒トセルモ弘前市ニ於テ発行スル弘前新聞ハ九月十九日及ヒ九月廿三日ノ両回ニ渉リ差押処分ニ付セラレタルヲ以テ同社員ハ怨謗的ニ別紙添付新聞紙ニ掲記シ鬱憤ヲ晴サムトセルニ外ナラスト思惟セラレ候

以上ノ通新聞紙掲載事項差止問題ニ付テハ兎角新聞社ト当局トノ間ニ面白カラサル関係ヲ差起《（ママ）》シ易ク公表事項等ハ新聞電報ニ後レサル様御通牒相成様致度九月十日電報御通牒ノ次第モ有之事情ヲ具シ比段及報告候

（別紙同封）

（『弘前新聞』大正十二年九月二十五日）

◇尾崎知事と　陸軍省の公報

別項○○を以て抹消した記事は陸軍省より発表された公報であるとて昨日通信社から電話で報道して来たものである、而して尾崎知事は此の間の禁止命令て陸軍省若くは軍法会議より発表されたもの以外は掲載すべからずといふのであつた、然るに別項○○は明かに陸軍省の発表としてあるにも拘らず知事は『当方へは未だ公報ないから掲載罷り成らぬ、若掲載せば発売禁止をする』といふて陸軍省の公報を迄も掲載を禁止して来た、陸軍省と県庁と何ういふ打合せになつて居るか知らないが県知事が政府の公報を新聞に掲載せしめないといふ事は恐らく之れを以て嚆矢とするてあらう噫

（弘前新聞　大正十二年九月二十五日）

［原文は総ルビ付きだが省略した］

特秘閲第九一二六号

大正十二年九月二十七日

大阪府知事　土岐嘉平　印

内務省警保局長殿

新聞紙記事掲載差止並ニ同解除ニ関スル件

新聞紙ノ報導（ママ）ハ敏速ヲ以テ生命トシ各社ノ最モ意ヲ払フ処ニ有之首題ノ件ニ関シテハ御通牒ノ都度即時手配致居候処往々ニシテ齟齬ヲ生シ各社ト当庁トノ間ニ於テ物議ヲ醸シタルコト一再ニ止マラス往年東宮殿下御婚儀ニ関スル事項並年少犯人松山某ニ関スル事項ノ記事差止解除ニ際シ何レモ其ノ当日東京ニ於テ発表セラレ当地各社ニアリテハ之ヲ周知セルニモ拘ワラス当府ニ対シテハ何等ノ通牒ナク却テ新聞社側ヨリ解除ノ事実ヲ聞知スルカ如キコト有之候処這般大杉栄ノ殺害事件ニ対スル記事差止解除ノ際ニアリテモ既ニ当日（本月二十四日）午後三時ニハ各社共ニ陸軍当局ノ発表セル事項ヲ周知シ或社ノ如キハ曩ニ当府ヨリノ示達ニ基キ陸軍当局発表ナルヲ以テ之ヲ掲載スルモ行政処分ニ付セラル丶ノ理由ナキモノトノ見解ヲ持シ同日夕刊ニ組立テ或社ハ掲載ノ適否ヲ問合セ来レルモ未タ公報ナキヲ以テ責任アル応答ヲ為ス能ハザリシカ同午後五時（石橋発村主受）ニ至リ以電話解除事項御通牒相成即時其ノ旨各社へ通シタルモ之カ為解除事項ヲ同日夕刊ニ掲載セザリシ社ニ於テハ地方庁ニ於ケル取締ヲ非難スルモノ多ク吾等ハ比較的穏健ナル態度ヲ持シ仮令解除ノ事実ヲ他ヨリ知ルモ形式上差止メタル官憲ノ解除発表ナキ以上之ヲ掲載スルハ違反ナリトシ自重シタルニモ拘ハラス一部ノ社ニアリテハ官憲ノ命ヲ無

視シ自社ノ利益ヲ計レリ之等ニ対シテハ相当処置スヘキハ勿論将来本事項ニ関シテハ適当ナル取締方法ヲ講スヘシト主張スル向アルハ相当理由ナシトセス本月二十四日発行ノ大阪新日報『頓珍漢ナ記事差止』及同二十六日発行ノ新愛知『事実隠蔽ノ悪結果』ト題シ論議シタル事項ハ何レモ本件ニ関スル当局ノ不徹底ヲ攻撃シタルモノニ有之目下殊ニ通信機関ノ復旧ヲ見サル場合ニ於テ遠近ニ依リ著シク御通牒ノ到達遅速ヲ免レザルコトト相信候得共将来本事項ヲ発表セラルル場合ハ一般発表ニ先チ特ニ御通牒相成以テ本問題ニ付再物議ノ醸成スルカ如キコトナキ様相当御考慮相煩度御参考迄及通報候也

事実隠蔽の悪結果（『新愛知』）

新愛知　大正十二年九月廿七日

事實隱蔽の悪結果

愛知縣警察の大なる反省を望む

□

今回の大災害に於て、震災地及び各地方の人々は、單に、地震さ火災さに惱まさるゝのみならず、更に一層多く惱まされたものゝ一つがあつた。それはもとより現實的に、襲ひ來つたものではなくて唯想像的に、人々を脅かした流言蜚語に過ぎなかつた。しかも、この流言蜚語は普く一般の人心をして慄々たらしめ、その狼狽、その恐怖の状態は、識者をして嘆息せしめねばやまなかつた。畢竟、我國民が大國民たるの資格なき事實を暴露したのであつて、今後大に反省しなければならないは勿論であるが、震災の為、一切の交通機關さ通信機關が杜絶したる結果、根もなき流言蜚語が、いよ〳〵出で、いよ〳〵甚しかつたとも、この際、さうした恥しい狼狽さ恐怖の一大原因であつたことを見遁してはならない。さ同時に、政府當局もまた狼狽し、恐怖するの結果、事實を公表せず、蔽隱しにこれを隱し、國民をして一切これを知らしめず、甚しきに至つては當局すら、尚憎むべき惡宣傳を煽動するの跡あつたが如く感ぜられるのは、私だちの大に遺憾さするところである。

□

時代の趨勢を知らざる軍人が内閣の首班であり、その下に集められたる閣僚も、旧式なる政治の意味に於て、人材さいふを妨げないにも拘らず、多くは老人であり、これまた現代の人心さ殆ご没交渉なるが為、彼等は今も尚民は頼らしむべくして、知らしむ可らずさいふモツトーを以て、唯一の政治的手段さしてゐるのであらう。さもなければ、彼等はしかく人心慄々たる状態を見ながら、これが鎭定しやうともせず、却つてこれを煽るべく、唯いたづらに事實を隱蔽するが如き、愚に出なかつたであらう。

何か恐ろしいさいつても、無智より恐ろしいものはない。無智あればこそ、余計な心配もし、無鉄砲なるともし、事實に應じて、適當なる措置を取ることができないのである。無智であればこそ、非合理的なる流言蜚語が、事實さして受取らい、その結果さして非合理的なる國民の行動が實現するのである。この場合國民の行動を正道に復歸せしむるには、事實を公示して、その無智を除くにあるを論を待たない。そして、その無智を除くには、交通機關さ通信機關を利用して、普く一般國民に事實を周知せしむるより急なるはない。

□

震災當時は、これ等の機關が一切破壊されてゐた為、これを利用するとは不可能であつたけれど、交通機關や、通信機關が不十分ながらも復旧した今日、政府當局が今尚震災當時の如く、これを利用せず、却つてその機能を束縛し、依然さして、事實を隱蔽し、民をして全く知らしめず、一に政府の措置に頼らしめんさしてゐるのは不都合千萬さいはなければならない。

新聞紙はこれが為に、いくたびさなく発賣を禁止された。この場合、忠實に事實を讀者に報道し、民をして知らしむるさ共に、其方向を誤らしめざるやう注意し、警告せんさする論説を載せたる新聞紙すら、またその筋の忌むところさなつて、発賣を禁止された。かうした体たらくであるから新聞紙が事實の報道を阻止されてゐるその筋の禁止事項は、十数項の多きに上つてゐる。かくして、國民は政府の為に耳を蔽はれ、耳を隱されて、何が何やらサツパリさ分らない不定の状態に、その日を送つてゐるのである。かくして、立憲的なる行動を國民に望むのは、餅の中に庭石を発見せんさするの愚に類する。

勿論中央當局は、さうした恥しい恐怖状態、狼狽状態に陷つてゐないかも知れないけれど、その旨を受けたる地方當局が、この際何でもかでも、掲載を禁止して置きさへすれば、中央當局のお小言を頂戴する気づかひがないさいふ、官僚的な、そして研究を怠る怠惰な心事から、かくは頻々さして新聞紙の記事を禁止し、またこれが発賣を禁止するとも、恐らくは決して少くないさ思ふ。親の心子知らずであつて、地方當局たるものは、今少しくその高等警察たるものに研究の歩を進むるさ同時に、時代の趨勢に通じたるものを任用しなければならない。否、愛知縣知事警察部長たるものは、全然旧來の陋習から排脱しなければならない。

□

戒嚴司令官の更迭さ、その部下なる甘粕大尉の免官事件の如き、陸軍省が業に既にその内容を公表してゐるに拘らず、愛知縣警察は何時迄にも、これが報道を禁止した。陋さいふべきである。尤もこの場合、責むべきは中央當局の態度であつて、地方當局は唯其命令を奉じたのみであるけれ共さうした無條件なる命令の服從は、屈伸性に富むべき警察をして硬化せしむるの嫌がある。看よ、大阪の新聞は、一斉にこれを掲載してゐるではないか。そしてこれを掲載した新聞紙は、白晝公々然さして愛知縣内に入つて來るではないか。かくの如きは、警察の信用さ威儀を傷つくるの甚しきものであつて、新聞紙側から見れば愛知縣の警察は以後信ずるに足らないものさ、斷定しなければならない。

□

都會の警察の下に発行する新聞紙は幸ひであり、都會の警察の下に生活する國民は幸ひである。何故なら、彼等は理解ある警察によつて、一刻も早く事實を知り、無智の状態から救はれ、その向ふところを知り得るからである。けれども田舎の警察の下に発行する新聞は禍であり、田舎の警察の下に生活する國民の禍である。何故なら、彼等は無理解なる警察によつて、事實を隱蔽され、依然さして無智の状態に置かれ、少くさも、一日遲く事實を知り、そして一日だけヨリ多くその向ふところに迷はなければならないからである。その縣警察にして、大局を達觀し、そして時代の趨勢を知らんさするの心がけがあるならば、この機會に於て、大に反省しなければならない。否、私だちはその反省を望むこさ、頗る切なるものがある。愛知縣なる大縣の警察、昔ながらの田舎警察であつてはならない。

［上の新愛知、大正十二年九月二十七日は、史料に記入のあったものである］

特秘閲第九一三二号

大正十二年九月廿七日

内務省警保局長殿

大阪府知事　土岐嘉平

大阪地方裁判所検事正殿

禁止新聞送付ノ件

本日発行ノ大阪毎日新聞（二十八日付夕刊）第一四四八二号ニ『大杉栄ノ柩』ト題シ掲載シタル写真ハ嚢ニ差押処分ニ付セラレタル（本日電訓）東京報知同朝日新聞ニ掲載セシモノト同一程度ト思料シ安寧秩序ヲ紊スモノト認メ新聞紙法第二十三條ニ依リ本日其ノ発売頒布禁止並差押処分ヲ執行致候條不取敢現品三部送付候也

特秘閲第九一五九号

大正十二年九月卅日

内務省警保局長殿

大阪府知事　土岐嘉平

大阪地方裁判所検事正殿

禁止新聞送付ノ件

一、大阪時事新報（大正十二年九月三十日付同二十九日夕刊）

但シ甘粕大尉ノ公判ハ愈ヨ来月六日ト題スル記事アルモノ

右新聞紙ハ安寧秩序を紊スモノト認メ新聞紙法第二十三条ニ依リ其ノ発売頒布禁止並差押処分ニ付セラレタルモノニ有之現品参部及送付候也

電報訳

十月一日前一〇、五二
后　〇、二二

大坂府知事

本日ヨリ諸新聞ハ赤羽駅留ニテ発送ス御了知相成度

電報訳

大正十二年十月一日午後九時五分受

警保局長

大阪府知事

甘粕大尉事件ノ公判来ル八日ニ開廷ノコトニ決定シ新聞通信記者並ニ一般傍聴者ノ便宜ヲ計ル旨当地新聞紙ニ掲載セリ右事実トセハ差止事項ニ抵触スル事項ヲ掲才（ママ）スルヤモ計リ難クニ付テハ嚢ニ書面ヲ以テ通報ニ及ヒ置キタル如ク掲才ノ範囲支障ノ有無等予メ承知願シ度折返シ御回答ヲ乞フ

返電案　二日午後三時十分前施行

電照ノ甘粕大尉ノ公判ニ関シテハ陸軍当局ノ公表ヲ当局ヨリ電報スル迄ハ従来ノ方針ニテ取締ラレタシ追テ嚢

ノ書面通報未着

> 次葉以下の資料1枚には、公開によりその者の人権（プライバシー）が侵害されるおそれのある人名等が記載されていますので、当該資料を取りはずして別置し、これに換えて、これらの人名（必要に応じて住所の一部等も）を抹消した複写物を挿入してあります。
> 昭51年6月18日
> 国立公文書館

第二回被告人調書　　十月八日

——ノ陳述

「隊内ニテ主義者ヲヤツケタ方カイヽト云フ様ナ話ハ毎日ノ様ニ皆雑談シテ居リマシタ又亀戸警察署テハ主義者ヲ八名バカリヤツケタソウテアル」

東京朝日新聞号外十月八日小泉司令官ノ談話中甘粕ノ宣揚セル部分及「大杉捕縛の動機」ト題スル記事

当時ノ憲兵隊長小山大佐の陳述中鮮人迫害ノ部分

［欄外に　報知新聞号外八日　とあり］

大正十二年十月八日

（午後五時半受）署

大阪府警察部電話

大阪都新聞九日付八日夕刊ニ記載セルモノ

期日はよく覚へませぬが震災後東京横浜等に一日夜盛んに朝鮮人は日本人より迫害を加へられましたのを二三日後承知しまして警察官権は東京横浜方面の連絡がまだ出来て居らぬのに朝鮮人迫害の盛んに行はれて居る状況に鑑み何か社会主義者が陰謀を企て居るにちがいないと推定致しました其後社会主義が二百十日を期して東京横浜各地の町を放火して焼払ふ企あることを聞いた云々

電報訳

十月十日午后二時五五分受信

内務大臣

大分県知事

本月九日付大分市ニ於テ発行ノ日向日日新聞第三九号第一夕刊裏面有田音松投稿ノ大杉栄殺害事件ニ関シ甘粕大尉ヲ賞恤シタル記事ハ新聞法第二十一条ニ抵触スルモノト認メラル取締ノ要否指揮ヲ乞フ

大分県知事宛

大正十二年十月十一日

警保局長

電報案

電照ノ有田音松広告文ハ本月三日特秘閲第九二四四号大阪府知事申報ニ係ル新聞広告ニ関スル件ト同文ナルニ於テハ禁止命令アリタルモノトシテ差押処置相成度尚新聞紙法第二一条ニ依ル司法処分ニ付キテハ検事局ト打合セラレ度又同文ナラサルトキハ広告文ヲ添ヘ上申指揮ヲ待タレタシ

親第一七三八号

大正十二年拾月十二日

岸和田警察署長

大阪府警察署長殿

差押ニ係ル新聞紙送付ノ件

本月十一日電話御通達ニ係ル差押新聞大阪毎日新聞同日付夕刊及朝刊各一部宛依命此段及送付候也

以上

秘第八四二四号

大正十二年十月十二日

内務大臣子爵後藤新平殿　大分県知事　田中千里 ㊞

新聞記事ニ関スル件

管下大分市ニ於ケル発行ノ本月十二日付大分新聞、豊州新聞、大分日日ノ各新聞紙ニ在リテハ「大惨劇整列サセテ刺殺、足踏ミ鳴シテ殺スナラ殺セト猛リ立ツ片端カラ銃剣テ刺殺又ハ殺サレタ十四名ノ労働者之レニ《(ママ)》等ノ題下ニ東京亀戸署ノ労働者虐殺ニ関スル記事ヲ何レモ掲載シテ正ニ発行セントシ居タリ然ルニ右記事ハ安寧ニ害スル虞アルモノト認メラル丶ヲ以テ直チニ各社ニ対シテハ任意同部分ハ抹消ヲ為サシメタル上発行セシメ候条此段及申報候也

特秘閲第九三九七号

大正十二年十月十五日

内務大臣後藤新平殿

大阪府知事　中川望

大阪地方裁判所検事正殿

禁止新聞紙送付ノ件

一、大阪毎日新聞　大正十二年十月十一日付(十日夕刊)

第一四四九五号

(東京亀戸署カ二十余名ヲ虐殺シタ事実遂ニ曝露シテ

発表サル）

一、大阪毎日新聞　十月十一日付朝刊第一四四九五号

（内相ノミ）

（殺サレタ廿四名中ノ筆頭ハ純労働者組合ノ設立者）

一、大阪朝報　十月十一日付第四五六七号

（亀戸署デ大虐殺続々発見スル怪事件）

一、関西日報　十月十一日付第三二五三号

（警察ノ面目モ怪シクナル）

一、大正日日新聞　十月十一日付第一二二三号

（東京亀戸署ヲ《ママ》殺戮）

一、英文大阪毎日　十月十一日付第四六八号

（東京ノ警官二十四名ノ労働者ヲ刺殺ス）

一、国粋日日新聞　十月十一日付第五〇五四号

（東京亀戸署カ二十余名ヲ虐殺シタ）

右新聞紙ハ安寧秩序ヲ紊スモノト認メ新聞紙法第二十三条ニ依リ其ノ発売頒布禁止並差押処分ニ付セラレタルモノニ有之現品各二部及送付候也

追テ本月十二日禁止並差押処分ニ付セラレタル大阪万朝報（十月十日付第二五六三号）関西日報（十月十日付第三二五一号）大阪電報通信（十月九日付第四八〇一号）ハ孰レモ発見スルニ至ラス候條申添候

［知事名の右に 現品添付 とあり］

大正十二年十月十七日　図書課長

群馬県知事（埼玉県経由）

警保局長

内務大臣宛電話

新聞記事ニ関スル件

群馬県藤岡警察署ニ於ケル暴動事件ニ関シ前橋地方才《ママ》判所ニ於テ群馬県下ハ勿論全国ノ各新聞社ニ対シ掲載禁止ノ申請致シ置キタルニ拘ラズ昨日夕刊ノ報知（東京）及大阪朝日ノ各新聞ニ右記事ノ掲載アリシヲ以テ他ノ新聞社ヨリ該記事ハ差支ナキヤ否ヤノ抗議ヲ当庁ニ申込来リ取調上差支有之候ニ付何分ノ御指揮相仰度候及報告候也

以上

［局長　課長　欄外に　該新聞紙ハ禁止処分ト成居ラザルモ哉此ノ種ノ記事ニシテ被害者カ朝鮮人ナルコトヲ記スルモノハ禁止セラレタキ旨返電　とあり］

朝鮮警務局長電報（暗号）

十月十九日午後七時一分発

〃二十一日午前九時三十二分着

（七六）震災ニ依ル内鮮人ノ兇行虐殺事件ノ内容発表ノ件ニ関シテハ昨電ノ如ク朝鮮ノ治安並ニ新聞取締上極メテ甚大ノ関係アルニツキ少クトモ発表時期二日迄ニ其ノ内容詳細回電煩ハシ度ク尚若シ昨電ノ如ク司法官憲ニ於テ発表セラルルモノトセバ発表ノ時期並ニ内容事前ニ漏洩スルコトナキ様特ニ御配慮ヲ乞フ

大正十二年十月十九日
大阪府知事　中川望

特秘閲第九四五二号
内務省警保局長殿
大阪地方裁判所検事正殿

禁止新聞送付ノ件

管下ニ於テ発行ノ
一、関西日報　大正十二年十月十六日付　第三二五七号
但シ共産党事件以上ノ戦慄スヘキ大陰謀一味ノ徒党十九名就縛ト題スル記事アルモノ
右ハ安寧秩序ヲ紊スモノト認メラレ本月十六日新聞紙法第二十三條ニ依リ発売頒布禁止及差押処分ニ付セラレタルモノニ有之現品各二部及送付候也
追テ同日付禁止並差押処分ニ付セラレタル帝国通信（十月十五日付第四六七七号）ハ現品発見スルニ至ラス候条申添候

大正十二年十月十九日
山梨県知事
十八日后　三、一八
〃　五、三〇

電　報

内務大臣訓第五九号読売新聞差押同第六一号二六新報差押、同第五八号報知新聞差押同第六八号報知新聞差押ノ電報ハ何レモ新聞紙発行日付ノ翌日甲府局ニテ配達アリタルモノニテ差押処分執行上遺憾アリタル付（ママ）念ノ為

千葉　茨城県知事宛　局長名

大正十二年十月二十日

電報按

東京日々新聞十月二十一日付第一版（常総版）ハ禁止セラル

埼玉県知事電報
警保局長宛
本県ニ於ケル騒擾事件ハ来ル二十二日ヨリ継続公判開

廷ナルモ九月七日付訓令ノ震災ニ関シ内地人ト鮮人ノ間ニ著シク反感ヲ挑発スル恐レアルモノトシテ鮮人ナルコトニ付テハ当分ノ内新聞ニ掲載禁止相成度

特秘閲第九四六〇号
大正十二年十月廿日
大阪府知事　中川望
内務省警保局長殿

新聞紙出版物納本取扱ニ関スル件

震災以来第三種郵便ハ輸送力不足ノ為メ納本不能ノ折柄客月廿日付内務省警発第二〇ノ一号通牒ニ基キ爾来当庁ニ於テ取纏メ進達シ居リ候処今回郵便官署ニ於テ之カ取扱輸送開始セラレタルニ就テハ従前ノ通リ各発行人ヨリ直接納本スヘキ様示達致シ置キ候條

此段及通報候也

朝鮮警務局長電報

十月二十一日午前九時八分着

内鮮人兇行虐殺事件記事解禁ノ貴電ニ接シタルモ朝鮮ニ於テハ官庁ノ発表以外ニ渉リ一般的ニ解禁スルトキハ鮮人経営新聞等ニ於テ鮮人虐殺事件ノ真相材料等ヲ豊富ニ準備セル此ノ際如何ナル記事ヲ掲載スルニ至ルヤモ保シ難キ事情アルヲ以テ本件ニ関シテハ単ニ官庁ニ於テ発表シタルモノニ限リ其以外ハ依然掲載ヲ禁止シ取締リツヽアリ其御含ニテ解禁後ノ記事ニ関シテモ相当御取締相成度尚今回ノ発表ニシテ御来電ノ如ク司法当局ヨリ朝鮮人犯罪ノ一部概要ノミノ公表ニ止マル時ハ鮮内ニ於テハ自然鮮人ノ感情ヲ激発セシムル虞アルヲ以テ鮮人ノ犯罪ヲ発表シタル以上ハ遅滞ナク日本人ノ兇行事実ノ真相ヲ官庁ヨリ公表セラルル様特ニ御配慮相煩度

朝鮮総督府警ム《(ママ)》局長宛

電報案

局長

鮮人ノ犯罪ニ関スル新聞記事ノ差止ハ本日午後一時ヲ期シテ司法省ヨリ之ヲ解除スルト共ニ鮮人ノ犯罪行為ヲ具体的ニ発表スル筈ナリ（先ヅ差当リ警視庁管内ノモノノミ）尚昨日朴烈等四名ノ者及其ノ他十数人ノ行為ニ係ル事件ニ付テハ更ニ新聞記事差止命令ヲ出シタリ

秘高第一五〇九七号
大正十二年十月二十三日
群馬県知事　山岡國利　印
内務省警保局長殿

新聞記事ニ関スル件

今回ノ大震災ニ伴フ各地自警団員ノ行動ニ関スル新聞記事解禁セラルヤ各種新聞ハ競フテ自警団員ノ凡ユル行動ヲ登載シ全紙ハ殆ト該記事ヲ以テ余ス処ナキノ状ヲ呈シ中ニハ発売頒布ヲ禁止セラレタルモノナキニ非サルモ昨今新聞紙ノ論潮漸ク自警団員ニ同情シ其責寧ロ官憲当局ニアリトノ記事ヲ散見セリ現ニ県下ニ於テハ自警団員ノ暴行ハ県当局ノ通牒《(ママ)》ニ基因ストノ記事（本月二十一日付報知新聞）アリタルヲ以テ該記事ノ全然無根ナル旨申報シ置キタルカ新聞記事ハ昨今漸ク民心ヲ煽動シ官憲ヲ怨嗟ノ府タラシメントノ傾向ヲ示シツツアリテ厳重取締ノ要ヲ認ムルモ此種取締ハ独リ本県ノミノ業ニアラサルヲ以テ相当御配慮相煩シ度候

大正十二年十月二十四日

各庁府県長官宛

局長名

出版物納本ニ関スル件

本月十八日ヨリ第三種郵便物輸送開始セラレ候ニ付テハ客月二十日付出版物取締ニ関スル件依命通牒追書ハ自然消滅ノ義ト御承知相成度尚納本ヲ懈ラザル様此際特ニ御注意相成度

高第二〇五七四号

大正十二年十月廿四日

山口県知事　橋本正治　㊞

内務省警保局長岡田忠彦殿

出版物納本送付方ノ件

客月廿日付内務省警発第二〇ノ一号御通牒ニ依リ新聞紙及出版物ノ納本ヲ当庁ニ於テ取纒送付致シ居リ候処本月十九日ヨリ第三種郵便物輸送開始セラレタルニ付テハ爾今発行人ヨリ直接貴省ヘ送付スベキ様示達致シ置候右及通報候也

十一月八日　午後二時三十五分発信　同　六時三十分着信

朝鮮総督府警務局長

警保局長宛

電　文

本日京城府内ニ於テ発生セル火災ニ関シ時節柄放火其他種々ノ流節《(ママ)》ヲ為ス者アリ管下新聞発行者ニ対シ左記警

告ヲ発セリ為念

本朝京城府内本町二丁目、三十戸、桜井町、四十五戸、岡崎町、四戸、ノ三箇所ニ於テ発生セル火災ニ関シテハ其原因二箇所ハ既ニ失火ナルコト判明、他ノ一箇所ハ目下取調中ナリ、本火災ニ関シ放火又ハ其ノ疑アリ等時節柄徒ラニ人心ノ不安動揺ヲ招クガ如キ記事ハ此際新聞紙ニ掲載セザル様管下新聞発行責任者ニ警告アリタシ

大正十二年十一月八日

電報　七日后一時受　茨城県知事

本日差押訓令ニ依ル十一月七日付読売新聞第一六七四九号九百九十三部差押フ

次葉以下の資料1枚には、公開によりその者の人権（プライバシー）が侵害されるおそれのある人名等が記載されていますので、当該資料を取りはずして別置し、これに換えて、これらの人名(必要に応じて住所の一部等も)を抹消した複写物を挿入してあります。

昭和51年6月18日　国立公文書館

大正十二年十二月十八日

電報　后三時着　朝鮮総督府警務局長

鮮人――逮捕云々ニ関スル新聞記事ハ治安ニ妨害アルヲ以テ取締ヲ為シツヽアリ貴管下新聞紙ニ対シテモ特ニ御配慮ヲ乞フ

（自大正十二年九月一日
至　同　年十一月九日）

新聞紙行政処分件数調

（但シ震災ニ関スル事項ニ依ルモノ）

秘

警保局図書課

震災ニ関スル記事ニ依リ発売頒布禁止並ニ差押処分ニ付セラレタル新聞紙件数調（自大正十二年九月一日 至同年十一月九日）

一、総件数　九二四件

右件数ヲ掲載事項ノ内容ニ依ツテ分類スレバ左ノ如シ

禁止事項別	件数
一、不逞鮮人暴行記事其他鮮人ニ関スル記事ニ依リ禁止セラレシモノ	五五四
二、甘糟憲兵大尉被告事件ニ関スル記事ニ依リ禁止セラレシモノ	一三三
三、震災ニ因ル惨死写真掲載ノ為禁止セラレシモノ	四三
四、亀戸警察署刺殺事件ニ関スル記事（王希天行エ《ママ》不明記事ヲ含ム）ニ依リ禁止セラレシモノ	三〇
五、「日本人タル甘糟大尉ニ同情セヨ」ト題スル有田音松ノ広告文掲載ニヨリ禁止セラレシモノ	三九
六、主義者ノ行動其他主義者ニ関スル記事（行エ不明銃殺ノ噂等）ニ依リ禁止セラレシモノ	一四

七、自警団暴行記事ニ依リ禁止セラレシモノ　二三
八、掠奪団横行ノ記事ニ依リ禁止セラレシモノ　一六
九、鮮人朴烈等ノ陰謀事件記事ニ依リ禁止セラレシモノ　三〇
一〇、遷都論高唱記事ニ依リ禁止セラレシモノ　四
一一、銀行取付其他経済界ノ恐慌ニ関スル記事ニ依リ禁止セラレシモノ　三
一二、其他（宮城炎上記事、大本教天理教予言記事、露艦レーニン号退去命令ニ干スル記事、避難民ノ惨哀話等ヲ含ム）　二五
計　九二四

(一)不逞鮮人暴行記事其他鮮人ニ干（ママ）スル記事ニヨル禁止新聞紙件数府県別調

北海道	六二	静岡	一六	岡山	一
東京	一二	山梨	三	広島	七
京都	七	滋賀	｜	山口	一〇
大阪	四	岐阜	一二	和歌山	三
神奈川	｜	長野	四〇	徳島	三
兵庫	一四	宮城	一七	香川	｜
長崎	五	福島	一〇	愛媛	一五
新潟	五〇	岩手	四	高知	九
埼玉	一	青森	一	福岡	二一
群馬	七	山形	一八	大分	二八
千葉	二	秋田	一	佐賀	八
茨城	一三	福井	八	熊本	一六
栃木	五	石川	一〇	宮崎	七
奈良	一	富山	一五	鹿児島	一五
三重	一九	鳥取	二	沖縄	二
愛知	四七	島根	三	計	五五四

(二)甘糟（ママ）憲兵大尉被告事件ニ関スル記事ニヨル禁止新聞紙件数府県別調

北海道	一	大阪	一一	長崎	二
東京	一一	神奈川	｜	新潟	四
京都	｜	兵庫	二	埼玉	｜

群馬	一
千葉	|
茨城	一
栃木	|
奈良	一
三重	二
愛知	四
静岡	一
山梨	|
滋賀	|
岐阜	一
長野	五
宮城	二
福島	一
岩手	|
青森	一
山形	二
秋田	一
福井	二
石川	二
富山	二
鳥取	二
島根	五
岡山	二
広島	七
山口	二
和歌山	二
徳島	一
香川	五
愛媛	六
高知	二
福岡	一六
大分	一二
佐賀	三
熊本	三
宮崎	一
鹿児島	三
沖縄	一
計	一三三

(三)惨死写真掲載ニヨル禁止新聞紙件数府県別調

北海道	一
東京	一
京都	一
大阪	八
神奈川	|
兵庫	一
長崎	一
新潟	|
埼玉	|
群馬	一
千葉	|
茨城	|
栃木	一
奈良	|
三重	|
愛知	五
静岡	|
山梨	|
滋賀	|
岐阜	一
長野	一
宮城	一
福島	一
岩手	|
青森	一
山形	|
秋田	|
福井	|
石川	|
富山	二
鳥取	一
島根	一
岡山	|
広島	一
山口	|
和歌山	|
徳島	二
香川	|
愛媛	|
高知	二
福岡	一
大分	四
佐賀	|
熊本	|
宮崎	|
鹿児島	四
沖縄	|
計	四三

(四)亀戸警察署刺殺事件記事ニヨル禁止新聞紙件数府県別調

北海道	|
東京	七
京都	|
大阪	一五
神奈川	|
兵庫	一
長崎	|
新潟	|
埼玉	|
群馬	|
千葉	|
茨城	|
栃木	|
奈良	|
愛知	一
静岡	|
山梨	|
滋賀	|
岐阜	|
長野	|
宮城	|
福島	|
岩手	|
青森	|
山形	|
秋田	|
三重	|
福井	|
石川	一
富山	二
鳥取	|
島根	一
岡山	|
広島	|
山口	|
和歌山	|
徳島	|
香川	|
愛媛	|
高知	二
福岡	|
大分	|
佐賀	|
熊本	|
宮崎	|

鹿児島	|
沖縄	|
計	三〇

(五)「日本人タル甘粕大尉ニ同情セヨ」ト題スル広告掲載ニヨル禁止新聞紙件数府県別調

北海道	二	静岡	二	岡山	一
東京	一	山梨	|	広島	三
京都	|	滋賀	|	山口	一
大阪	|	岐阜	二	和歌山	|
神奈川	|	長野	一	徳島	|
兵庫	|	宮城	一	香川	|
長崎	|	福島	一	愛媛	一
新潟	|	岩手	二	高知	二
埼玉	|	青森	一	福岡	|
群馬	一	山形	|	大分	一
千葉	一	秋田	一	佐賀	一
茨城	二	福井	|	佐賀（ママ）	一
栃木	|	石川	一	熊本	一
奈良	|	富山	三	宮崎	一
三重	一	鳥取	一	鹿児島	一
愛知	一	島根	|	沖縄	一
				計	三九

(六)主義者ノ行動其他主義者ニ関スル記事ニヨル禁止新聞紙件数府県別調

北海道	|				
東京	一				
京都	|				
大阪	|	滋賀	|	広島	二
神奈川	|	岐阜	|	山口	一
兵庫	|	長野	一	和歌山	|
長崎	|	宮城	|	徳島	|
新潟	|	福島	|	香川	|
埼玉	|	岩手	|	愛媛	|
群馬	|	青森	一	高知	一
千葉	|	山形	三	福岡	|
茨城	|	秋田	|	大分	|
栃木	|	福井	一	佐賀	|
奈良	|	石川	|	熊本	一
三重	|	富山	|	宮崎	一
愛知	|	鳥取	|	鹿児島	|
静岡	|	島根	|	沖縄	|
山梨	一	岡山	|	計	一四

(七)自警団暴行記事ニヨル禁止新聞紙件数府県別調

北海道	三	新潟	|	三重	|
東京	五	埼玉	|	愛知	|
京都	一	群馬	|	静岡	|
大阪	一	千葉	|	山梨	|
神奈川	|	茨城	|	滋賀	|
兵庫	|	栃木	|	岐阜	|
長崎	一	奈良	|	長野	一

府県	件数	府県	件数	府県	件数
宮城	一	島根	—	高知	—
福島	—	岡山	三	福岡	二
岩手	一	広島	二	大分	—
青森	一	山口	—	佐賀	—
山形	—	和歌山	—	熊本	一
秋田	—	福井	—	宮崎	—
石川	—	徳島	—	鹿児島	—
富山	—	香川	—	沖縄	—
鳥取	—	愛媛	—	計	二三

(八)掠奪団横行記事ニヨル禁止新聞紙件数府県別調

府県	件数	府県	件数	府県	件数
北海道	一	奈良	—	秋田	—
東京	一	三重	一	福井	一
京都	一	愛知	一	石川	—
大阪	—	静岡	—	富山	二
神奈川	—	山梨	—	鳥取	一
兵庫	三	滋賀	—	島根	—
長崎	—	岐阜	—	岡山	三
新潟	—	長野	一	広島	四
埼玉	—	宮城	—	山口	二
群馬	一	福島	—	和歌山	—
千葉	—	岩手	—	徳島	一
茨城	—	青森	—	香川	—
栃木	—	山形	—	愛媛	—
高知	—	佐賀	—	鹿児島	一
福岡	一	熊本	—	沖縄	—
大分	—	宮崎	—	計	二六

(九)鮮人朴烈等ノ陰謀事件記事ニヨル禁止新聞紙件数府県別調

府県	件数	府県	件数	府県	件数
北海道	一	静岡	—	岡山	—
東京	二	山梨	—	広島	三
京都	—	滋賀	—	山口	—
大阪	四	岐阜	—	和歌山	一
神奈川	—	長野	—	徳島	二
兵庫	二	宮城	—	香川	—
長崎	—	福島	一	愛媛	四
新潟	—	岩手	—	高知	—
埼玉	—	青森	—	福岡	—
群馬	—	山形	—	大分	三
千葉	一	秋田	—	佐賀	一
茨城	一	福井	—	熊本	—
栃木	—	石川	一	宮崎	—
奈良	—	富山	三	鹿児島	—
三重	—	鳥取	—	沖縄	—
愛知	—	島根	—	計	三〇

(一〇)遷都論高唱ニ依ル禁止新聞紙件数府県別調

北海道	—	静岡	—	岡山	—
東京	—	山梨	—	広島	—
京都	三	滋賀	—	山口	—
大阪	—	岐阜	—	和歌山	—
神奈川	—	長野	—	徳島	—
兵庫	—	宮城	—	香川	—
長崎	—	福島	—	愛媛	一
新潟	—	岩手	—	高知	—
埼玉	—	青森	—	福岡	—
群馬	—	山形	—	大分	—
千葉	—	秋田	—	佐賀	—
茨城	—	福井	—	熊本	—
栃木	—	石川	—	宮崎	—
奈良	—	富山	—	鹿児島	—
三重	—	鳥取	—	沖縄	—
愛知	—	島根	—	計	四

(十一)銀行取付其他経済界恐慌ニ関スル記事ニヨル禁止新聞紙件数府県別調

北海道	—	神奈川	—	埼玉	—
東京	—	兵庫	一	群馬	—
京都	一	長崎	—	千葉	—
大阪	—	新潟	—	茨城	—

栃木	—	青森	—	徳島	—
奈良	—	山形	—	香川	—
三重	一	秋田	—	愛媛	—
愛知	—	福井	—	高知	—
静岡	—	石川	—	福岡	—
山梨	—	富山	—	大分	—
滋賀	—	鳥取	—	佐賀	—
岐阜	—	島根	—	熊本	—
長野	—	岡山	—	宮崎	—
宮城	—	広島	—	鹿児島	—
福島	—	山口	—	沖縄	—
岩手	—	和歌山	—	計	三

(十二)其他ノ記事ニ関スル禁止新聞紙件数府県別調

北海道	—	千葉	—	長野	一
東京	一	茨城	—	宮城	—
京都	—	栃木	—	福島	—
大阪	—	奈良	—	岩手	—
神奈川	—	三重	—	青森	—
兵庫	四	愛知	—	山形	—
長崎	一	静岡	—	秋田	—
新潟	六	山梨	—	福井	—
埼玉	—	滋賀	—	石川	—
群馬	—	岐阜	一	富山	—

鳥取	—	徳島	—	佐賀	一
島根	—	香川	—	熊本	二
岡山	—	愛媛	—	宮崎	—
広島	—	高知	—	鹿児島	—
山口	五	福岡	二	沖縄	—
和歌山	—	大分	一	計	二五

内閲、注意、削除等直接発行人ニ対シ為シタル事項ノ控

記載シ置クヘキ事項

一、簡単ナルモノノ内閲ノ結果

二、簡単ナルモノニシテ記事写真等ノ削除抹殺其他ノ指示ヲ為シタルモノ

三、其他新聞出版物内容ニ関シ直接当警備部ニ於テ発行人ニ対シ指示命令シタル事項

題号	摘要	警視庁トノ交渉
関東大震災画報 写真時報	第四枚「両国橋付近に浮べる死体」ト題スル写真面ニ表ハレ居ル死体ハ抹殺セシム	九月三十日警視庁へ通知スミ
帝都大震災写真帖	東京三成社発行(四三) 焼残りたる新大橋（四五）吾妻橋付近ノ混乱 右二個ノ写真ニ現ハレ居ル死体ヲ写セルモノハ削除	九月三十日警視庁へ通知スミ
東京日々新聞	社会主義者平沢新七（ママ）小松川ニ於テ殺害及同人ニ干（ママ）スル記事削除セシム	十月一日午後七時前警視庁へ通知スミ
報知新聞	遺骨ヲ護リテ郷里ニ帰ル大杉ノ遺児ト題スル写真	掲才（ママ）許可 右警視庁へ相談アリタルモノ（十月二日）
文化パンフレット27 被服廠跡遭難実記	内容差支ナシ	警視庁通知スミ（十月五日）

（記事取締ニ関スル書類綴）

朝鮮総督府関係

内務省へ移牒

大正十二年九月二十三日

朝鮮総督府政務総監　有吉忠一㊞

内閣書記官長樺山資美殿

御下賜金ニ関スル件

今次震災罹災者ニ対スル御下賜金御処分方廟議御決定之趣仄聞致候処震害地居住朝鮮人ニシテ罹災シ憐ムヘキ境遇ニ在ル者約八千名ニ達シ居候ニ就テハ彼等ニモ均シク賜金御下付ノ恩命ニ浴セシメ聖恩ノ優渥ナルニ感激スル様致度候條特ニ御考慮相煩度茲ニ得貴意候也

［欄外に　内閣書記官長の花押および内閣書記官の印あり］

朝乙第五号　起案十二年十二月二十日

齋藤朝鮮総督送付避難民及地方民ノ感想報告

右供高覧

大正十二年十二月十一日

㊙　朝鮮総督男爵　齋藤實　㊞

内閣総理大臣殿

本府事務官洪承均ハ震災ノ為帰鮮セル避難民救護ノ為長期間釜山ニ出張セシメ置候処同人カ出張中見聞セル避難民及地方民ノ感想ヲ蒐集シタルモノ別冊ノ通報告有之候ニ就テハ御参考ノ為一部及送付候

[欄外に、内閣総理大臣、内閣書記官長、内閣書記官の印あり]

大正十二年十月三十日

於釜山事務官　洪承均

朝鮮総督男爵齋藤實殿

避難民及地方民ノ感想ニ関スル報告

釜山出張中避難民及地方民ヨリ探聞シタル感想等別紙ノ通ニ有之候條及報告候也

一、東京朝鮮人問題ニ対スル避難民ノ感想

九月廿五日ヨリ救護事務ニ従事シテ以来六千ノ避難民殊ニ千余ノ学生ニ接シテ彼等ノ心理ヲ看取シ且ツ率直ナル感想ヲ聞クヘク不断ノ努力ヲ払ヒタル処彼等カ遭難当時ニ於テ体験シタル経過如何ニ依リ観察ト判断ヲ異ニシ居ルモ大体ニ於テ相当ノ悪感ヲ抱キ居ルハ事実ナリ而シテ彼等ノ感想並ニ態度ヲ概別スレハ

一、漠然タル恐怖ト単純ナル反感ヲ抱クモノ（労働者ノ殆ント全部ト学生ノ年少者一部）

二、深刻ナル研究ヲ加ヘタル組織的反感ヲ抱クモノ（学生ノ中堅トモ認ムヘキ中等学校以上ノ学生ノ多数）

三、民衆的反感ハ別問題トシテ官憲ノ保護ヲ感謝スルモノ（労働者学生共ニ多数）

四、秩序破壊ノ混乱中ニ乗シタル無識階級ノ所為ニシテ民族的反感ヲ以テ迎フルハ不可ナリトスルモノ（学生ノ一部）

五、単ニ無識階級ノ所為ニアラスシテ官憲ト或ル程度迄ノ交渉連絡アルモノト信スルモノ（労働者及学生ノ一

部）

六、当局及知識階級ニ於テ之カ事実ヲ隠蔽スルトテ反感ヲ増長スルモノ（学生ノ多数）

七、混乱中ノ出来事ニシテ或ル時期ヲ待タサレハ語ルヘキコトナシト軽ク受流シテ多ク語ルヲ欲セス然シ救護ニ従事スル官憲ノ言動ニ対シテハ深刻ノ注意ヲ払ヒ居ルモノ（学生ノ一部）

而シテ彼等ヨリ聴取シタル感想談ハ数百人ヨリノ多数ニシテ甚タ煩雑又ハ重複ナルヲ以テ其中最モ注意ヲ要スヘキモノヲ総合列挙セムトス

○著シキ悪感ヲ以テ解釈スルモノノ談トシテハ

朝鮮人暴行ノ風説カ民衆ヲ興奮セシメタル結果ナリト云ハル然リ朝鮮人ノ暴行モ事実ナルヘシ然レトモ其ノ暴行タルヤ高々知レタルモノナルヘク其数又ハ程度ニ於テ日本人ニ及ハサルヘキヲ想像シ得ラルルニモ不拘斯ノ如キ無分別ノ虐殺カ行ハレタリ然ラハ其ノ原因ト裏面ヲ考究セサルヘカラス即チ朝鮮人ト云フ三字カ其ノ因ヲ為シタルモノニシテ何ント云フモ個人的ニアラスシテ民族対民族ノ行為ナリ朝鮮人タルモノ之ニ着眼セサルヘカラス

正当防衛ナリト弁護スルモノアルモ之ハ全ク世人ヲ瞞着シ殊ニ朝鮮人ヲ馬鹿ニスル言ナリ譬ヘ朝鮮人ノ草賊的暴行者アリタリトスルモ之カ討伐ハ十数名ノ警察官ニテ足ルヘキモノニシテ何カ民衆挙ツテノ直接活動ヲ要スル理由アリヤ況ンヤ朝鮮人カ対抗シタル事実アルヲ聞カサルニ於テオヤ当時朝鮮人ノ生命ハ蠅ヨリモ尚軽カリシコトヲ回顧スレハ事自ラ明カナルモノアリ

少数無頼漢ノ所為ニシテ民族的行為ニアラスト弁スルモノ多シ然リ下手人ノ多クハ無頼漢ナリシヤモ知ラス然レトモ自警団ヲ認メ殺伐ノ気風ヲ助成少クモ放任シタルハ何人ナリヤ無頼漢ノ偶然ノ寄集リニアラサルコトヲ知ルヘシ

平常朝鮮人ニ対スル民族的優越感ト日本人固有ノ排他的残忍性カ節制ヲ失シタル不用意ノ機会ニ発露シタルモノナリ朝鮮タルモノ其ノ優越感ニ対スル闘ヒヲ覚悟セサルヘカラス

内鮮一家トカ共存共栄トカノ言辞ハ全ク一片ノ粉飾辞ニ過キサルヲ立証シタリ将来モ尚何カ機会アル毎ニ民族的流血事ノ演セラルヘキヲ覚悟セサルヘカラス

官憲及知識階級ニ於テハ朝鮮人ノ惨殺セラレタルモ

ノ少数ナリト弁スルモノ多シ然レトモ我々ハ被害者ノ多募ヲ問ハントスルモノニアラス何故ナレハ民族的意味ニ於テ少クモ東京付近在留朝鮮人ハ日本人ノ精神的ニ於テハ更ニ全部殺サレタルモノナレハナリ生存者ノ生命ハ只タ僥倖ニ過キサルノミ

官憲及知識階級者ヨリ我々ノ感想ヲ叩キ悪感ヲ持ツテハナラヌトカ感情ヲ害スルニ足ラストカ朝鮮人ノ感情ヲ緩和セシムヘク種々ト努力ノ積リナルカ如シ我々ノ感想ヲ叩ク前ニ試ミニ考ヘテ見ヨ神様カ高イ処ヨリ見ルトキ罪モナク抵抗力モナキ幾千ノ人生カ猫ニ逐ハレル鼠ノ如ク瞬間ノ生命ヲ争フ光景ヲ如何ニ見ラル丶ヘキカヲ神様ハ口ナシ結局世界的第三者ノ批判ニ竢ツヨリ外ナシ

官憲ノ保護ヲ受ケテ漸ク一命ヲ拾ヒタルハ生存者全部ノ事ナルヲ以テ官憲ニ対シテハ大ニ感謝セサルヘカラスト雖モ之ハ要スルニ官憲タル責任観念ノ働キニシテ人類愛ヨリ出発シタル同情タリトハ信シ難シ何故ナレハ亀戸寺島警察署ノ如キ組織的ニ虐殺シタル事実幾ラモアレハナリ（亀戸署ニ於テ収容朝鮮人七名寺島署ニ於テ六名ヲ夜中惨殺スルコトヲ同シク収容中ノモノカ目撃セリト其ノ光景ヲ談ルモノアリ）従ツテ此ノ感謝ハ個人的感謝ニシテ民族的感謝ハ表シ難シ

此ノ事件ハ速ニ真相ヲ明ニシ政府自ラ其ノ責ヲ引キ天下ニ謝スヘキナリ然ルニ政府ハ只菅《ママ》日本人ノ惨虐ヲ庇フ為ニ事実ノ隠蔽ヲ事トシ東京ノ言論機関ハ殆ント回復スルニモ拘ハラス一言ヲモ之ニ触レサルノミナラス我々帰鮮ノ際ハ必ス警察官ヨリ「帰鮮後鮮人殺害ノ事実ヲ語ツテハナラヌ其ンナ事ヲ云フタラ即座ニ朝鮮ノ警察ニ引張ラレルゾ」ト高圧的説諭ヲ受ケタリ之レ人権ノ無視モ甚シキモノナルモ朝鮮人タル弱者ノ境遇ヲ怨ム外ナシ鄭仁承君ノ自殺ニ同情セラレヨ「河東郡正水面鄭仁承ナルモノハ怨憤ノ余リ九月廿七日東京ニ於テ自殺セリト」

○次ニ頗ル冷静ナル解釈ヲ為スモノ丶談トシテハ是非曲直ヲ部分的ニ論スルヨリ最モ判断シ易キモノアリ成程多数ノ朝鮮人カ日本人ニ殺サレタリ然レトモ幾千ノ生存者ハ誰ニ救ハレタリシヤ朝鮮人テモナク外国人テモナシ矢張リ日本人ノ手ニ救ハレタルニアラスヤ

咄嗟ノ大変災ニ遭ヒ絶望ト自暴トニ度ヲ失シ何物ニ

カ咬付カムトスル変態心理者而カモ中流以下タル群衆ノ狂乱的行為ナリ彼等ヲ日本人ノ代表的人物ト見ルヲ至当トスルカ何人モ然ラスト云フヘシ従ツテ之ヲ民族的感情ヲ以テ迎フルハ余リニ大人気ナキコトナラスヤ今我々ノ取ルヘキ途ハ当局カ之ヲ処スル態度又ハ日本民衆ノ良心ノ自覚ヲ静ニ監視スルコトアルノミ我々ノ説ヲ無神経者ナリト罵ル人アルモ無神経ニアラス竹鎗鳶口等ヲ以テ野犬撲殺同様ノ光景ヲ目ノ前ニ見セラレタル以上苟モ人心ヲ具備セルモノナレハ悪感ノ起ルヲ禁シ得サルハ勿論ナリト雖モ我カ日鮮人ノ関係何レニスルモ共同生活ヲ避クヘカラサル運命ヲ有スル以上徒ラニ悪感ヲ包蔵スルハ相互ノ不利益ヲ増スノミナルヲ以テ可成ハ善意的解釈ヲ欲スルモノナリ彼ノ混乱中ニ朝鮮人ヲ救ハムトシテ警官カ生命ヲ賭シテ有識者カ住宅ヲ破壊セラレタルカ如キ幾多ノ美談アルコトヲ忘レテハナラヌト信ス（東京駅前ニ於テボロ〳〵ノ正服《ママ》ヲ着タル一巡査カ惨殺セラレツツアル二名ノ朝鮮人ヲ奪ハムトシテ「御用々々」ノ声ヲ挙ケツツ群衆ノ中ニ飛込ミ忽チ斃レル光景ヲ目撃シタルコト高田町ノ金森ト云フ資産家カ五、六人ノ避難朝鮮人ヲ隠匿シ群衆ノ為ニ住宅ヲ破壊シ数千円ノ家財ヲ掠奪セラレタルモ之ヲ顧ミスシテ隠匿シ置キタル朝鮮人ヲ巣鴨警察署迄安全ニ護送シタルコト等ヲ談ルモノアリ）従来民族的疎隔無理解タリシコトカ今度ノ大惨事ヲ演出シタル主因ヲ為スハ容疑ナキコトナルヲ以テ斯様ノ機会ニ於テ相互一層ノ反省ト努力ヲ要スヘキナリ

日本人ノ性質ハ短気ノ代リニ淡白ノ長所アルヲ以テ今後我朝鮮人ニ対スル同情ハ洽然トシテ集注スヘキヲ予期セラル東京ニ於テハ既ニ事実ニ現ハレツヽアリ此ノ意味ニ於テ今後ノ結果カ果シテ相互ノ利益ヲ齎セハ数百ノ被害者ハ気ノ毒ナレトモ決シテ無価値ノ犠牲タラサルヘク之ヲ以テ霊魂ヲ慰メ度シ

当局ハ一日モ早ク事実通ノ真相ヲ闡明ニスルト同時ニ被害者ノ遺族ニ対シ特別ノ慰籍方法ヲ講シ公正ナル誠意ヲ尽サレ度シ

右談話者中主ナルモノハ馬山府鄭某外五、六名ニシテ就中金某ノ如キハ最モ熱心ニ力説シ顔色ヲ変ヘテ同席セル反感論者ノ説ヲ反駁シタリ尚彼等カ上陸後全方面ニ発送スル葉書ヲ係員ニ於テ取纏投函ノ労ヲ取リタリシカ東京付近ノ警察署員ニ宛テタルモノ多ク中ニハ感謝ノ情言

外ニ溢ル、モノアリタリ

小官ハ彼等ノ感情ヲ調和スヘク努メテ談話ヲ交換シ反感論者ニ対シテモ短《ママ》刀直入ノ反駁ヲ避ケテ婉曲ニ小官ノ知ル範囲ニ於ケル震害当時ノ真相又ハ感情ヲ超越スル理性的解釈並ニ当局トシテ取ルヘキ方針殊ニ事実ヲ隠蔽スルニアラスシテ或ル時期迄竣《ママ》タサルヘカラサル所以或ハ官庁ハ官庁トシテノ事情、救護上ノ誠意ハ売恩的ニアラサルコト等ヲ反復説明シ多クノ者ヲ納得セシメタルモ（面前ノミナリトモ）中ニハ不満ヲ抱キ駅頭見送ノ際態ト挨拶ヲ避ケムトスルモノアルヲ見受ケタリシハ遺憾ナリキ

要之本事件ノ民心ニ及ホス悪影響ハ表面ニ現レストモ万歳騒動ヨリ以上ノモノナキカヲ憂慮セラル即チ之カ胚胎トナリ将来何カノ機会ニ不幸ニシテ事変起レハ万歳騒動ノ比ニアラサルヘキヲ予想セサルヘカラス故ニ其胚胎ヲ朝鮮人ノ胸中ヨリ早ク消散セシムル方法ヲ講スルコトカ今後ノ喫緊問題ナルハ勿論ナルモ之ハ垢ヲ洗落スカ如クニ短時日ヲ以テ期シ得ヘキ問題ニアラサルヲ以テ何カ一定ノ方針ヲ立テ不断ノ努力ヲ要スヘキコトナリトス

二　東京ニ於ケル救護ニ対シ避難民ノ感想

彼等各自ノ経験即チ救護ヲ受ケタル時期又ハ場所ニ依リ多少ノ相異アルハ勿論ナルモ概シテ感謝ノ意ヲ表シ居レリ習志野、目黒競馬場等ノ如キ多数収容セラレタル処ニ居リシ学生ノ談ヲ聞クニ

始メハ拘禁ナリヤ保護ナリヤヲモ知レス自分ノ生死ヲモ判断ノ途ナク只ダ恐怖ト不安トニ含マレ而カモ粗悪極マル動物同様ノ起居ヲ継続シツツアルノ際九月十一、二日頃突然朝鮮総督ノ使者ノ訪問ヲ受ケタリシガ朝鮮総督ノ声ヲ聞ク其瞬間幾百ノ朝鮮人ハ期セスシテ涙ヲ浮ハセ何トナク生キ心地ヲ覚エタリ今考ヘレバ当時ノ精神的救護ハ之レヨリ大ナルモノナカリシヲ信ス

九月二日以来ノ朝鮮人殺ノ騒動ハ九日ニ至リ漸ク鎮静スルニ至レリ然ルニ其後朝鮮総督ガ八日東京ニ到着セラレテ即ニ大活動ヲ開始シ多数ノ自動車ニテ東京市内外ヲ残ラス駆廻リ朝鮮人ノ無辜ナルコトヲ宣伝セラレタル結果ナリト聞キ収容中ノ朝鮮人ハ大ニ感激シ中ニハ男泣ニ泣キ崩レルモノ尠カラサリキ

収容中寝食其他待遇ノ租《ママ》悪ニ憤懣シタリシガ放還後焼跡ニバラツク又ハ露天生活ヲ為ス幾万ノ罹災者ノ状

況ヲ見テ始メテ釈然タルノミナラス反ツテ幸福タリシコトヲ悟リタリ

当九月下旬頃ヨリ本府斡旋ノ収容所ニ於テ救護ヲ受ケタル労働者ハ特ニ感激シ総督府官吏ガ食料品ヲ肩ニシテ自ラ分配スルヲ見タリト語リツヽ涙ヲ流ス婦人ヲ見受ケタリ

右ノ外ニ頗ル皮肉ノ感想ヲ述ベル学生アリ

其ノ談ニ曰ク救護ハ物質モ大切ナリト雖モ精神ヲ込メタルモノタラサルベカラス然ルニ総督府ハ此ノ精神的方面ニ欠如タルモノ多シ朝鮮総督トノ声ニ泣キ東亜日報社李相協氏ノ訪問ニ泣キタル我々ノ果可（ママ）ナキ心理状態ヲ果シテ察シ呉レタルヤ朝鮮人官吏ヲ多数派遣スル必要ナカリシヤ総督府出張所ニ於テ鉄道証明下付ノ如キ其ノ施設ハ感謝スルモ其ノ取扱振リ余リニ規則張リテ人情味ヲ欠ケリ

官庁側ノ尽力ハ勿論民間ニ於テモ何々同盟会トカヲ組織シテ朝鮮人ノ救護ニ声援シツヽアルモ我々ハ恰モ自分ガ放火シテ之ヲ消止メ恩ヲ売ラムトスルモノヽ如クニ感セラレテ仕方ガナシ云々

三、釜山ニ於ケル救護ニ対シ避難民ノ感想

避難民殊ニ学生ノ動静ヲ見ルニ船ヨリ上陸ノ際桟橋ニ於テ集合又ハ人員整理ヲ為スニ当リ多クハ不安、不平、或ハ反抗ノ表情ヲ現ハスルモ救護員ヨリ乗車船ニ関スル世話ノ必要等ヲ説明シ休憩所ニ案内シテ温キ慰問ノ辞又ハ救護上ノ組織、手続等ノ説明ヲ聞キ始メテ釈然トシテ快活ノ談話ヲ為スニ至ルヲ常トス

上陸ノ際他ノ乗客ニ紛レテ停車場ニ走リ発車間際ニ乗車ヲ拒マレテ（鉄道証明書ハ内地ニ於テハ「パス」同様ニ取扱フモ釜山駅ニ於テハ之ト引換テ氏名及下車駅ヲ記入シタル乗車券ヲ発行シ救護事務所ヨリノ紹介ニ依リ交付シツヽアリ）始メテ驚キ救護事務所ニ駆込ムモノ毎日三四名乃至十数名ニ達ス彼等ノ多クハ救護上ノ要領ヲ知ラサリシガ為ナリト陳謝スルモ中ニハ偽リナク我等ハ震災後少クモ二三ノ警察署又ハ何々収容所、総督府出張所（証明書受領ノ為）下関水上警察署、連絡船内トノ順序ニテ幾回ト知ラス取調ヲ受ケタリ何等ノ罪モナク而カモ此ノ様ナ憐ムベキ罹災者ガ斯ル不愉快ノ進路ヲ辿リタルガ故ニ我等ノ心理ハ幾ラカ変態ヲ来シタルヤモ知ラス然ルニ朝鮮帰着ノ第一歩ノ釜山桟橋ニ於テ又何カ取調ヘラ

ル、様子ナルヲ以テ「パス」ノ所持ヲ幸ニ乗車ヲ急キタルナリ若シモ斯ノ如キ親切ノ世話ナルコトヲ知リタルナレバ態ト避ケル筈ナキニアラスヤ此ノ心情ヲ諒セヨト率直ニ告白スルモノアリ

　彼等ノ第一着眼スル処ハ警察官ナルガ如クナルヲ以テ小官ハ挨拶ノ際必ス救護ニ従事スル警官ハ普通警察事務ノ為ニアラスシテ腕章ニ示セルガ如ク救護員ノ一員トシテ斡旋ノ労ヲ取ルコトヲ説明シ之ニ依リ漸ク疑念ヲ去リ感謝ヲ表シツヽアリ而シテ小官ハ救護ニ従事スル各係員ニ対シテ今回釜山ニ於ケル救護振リノ如何ニ依リ少クモ向後十年間ノ民心ニ大影響ヲ遺スベキ所以ヲ屡々《(ママ)》注進シツヽアル処各係員モ言語態度ニ注意ヲ払ヒ彼等ノ誤解ヲ招クコトナク尚発車ノ際ハ係員全部必ス駅頭ニ見送リツヽアルガ彼等ハ何レモ感謝満足シ居ルガ如シ

四、東京朝鮮人問題ニ対スル地方民ノ感想

　滞釜中釜山付近ノ人士ト会シテ其感想ヲ叩キシハ勿論今月十日以来ハ水産共進会開会中ニシテ各地ヨリ来釜スルモノ多ク殊ニ慶尚南道ハ小官十数年間ノ奉職地ナルガ故ニ知人多クシテ道内各地多数者ノ忌憚ナキ感想ヲ聞キ得タリシハ予期以外ノ幸ナリトス然ルニ彼等ノ感想ハ予想外不良ノモノ多クシテ其ノ誤解ノ程度東京帰還者ヨリ反ツテ甚シキモノアルヲ認メタリ其ノ主ナルモノヲ挙クレバ

　東京付近ノ在留朝鮮人四万内外ナリト聞ケリ目下ノ生存者ハ何人ナリヤト質問スルモノ

　今度ノ大虐殺ハ警視庁及軍隊ノ秘密命令ニ依リ組織的ニ行ハレタルモノナリト信スルモノ

　日本人ノ残虐ヲ悪罵シ大杉親子三人殺ノ事件ヲ対証ニ挙ケルモノ

　善後策ニ窮シテ事実ノ隠蔽ヲ事トシ東京ヨリノ帰還者ニ対シテ事実談ヲ厳禁スルノミカ反ツテ事実ニ反スル虚言ヲ強要スルガ如キ幾ラ相手ガ朝鮮人ナリトテ余リニ無視スルモノナリト憤慨スルモノ

　斯ノ如クニ多数ノ無辜ナル人生ヲ虐殺シテ此ノ儘無事ニ済マスル天道アルベキ筈ナシ必ス何カ果報アルベシト呪フモノ

　内鮮一家トカ共存共栄トノ辞令ハ全ク偽善ノ套語ナルコトガ立証セラレタリトスルモノ

　等ニシテ小官ハ之ヲ理解セシムヘク東京付近在留朝鮮

人ガ一万内外タリシコト事変後ノ帰還者及所在判明セル者ガ略同数ナルコト又ハ事変同時ノ総括的真相及当局ノ方針ガ隠蔽ニアラスシテ調査中ナルコト等ヲ其都度説明ヲ与ヘタルモ中ニハ容易ニ信セサルモノアルガ如ク要スルニ最初ノ声ガ先入主トナリテ事ノ真相ヲヨリ以上過大ニ像《(ママ)》想シ居ルモノ多シ

〔原資料はガリ版刷りであるが、表題の「右供高覧」および文中の傍点、力点と衆議院書記官長　中村藤兵衛は墨書である〕

（大正十二年公文雑纂　巻十二）

2

関東戒厳司令部・陸海軍関係

大正十二年九月

関東戒厳司令官命令通牒告諭

官房記録係編纂

関東戒厳司令官命令通牒告諭目次

件名

戒副第三号

関東戒厳司令部編成完結ノ件通牒

大正十二年九月三日　関東戒厳司令官　福田雅太郎

内務大臣子爵後藤新平殿

関東戒厳司令部編成完結致候ニ付職員表相添及通牒候也

関東戒厳司令部職員表

司令官	大将 福田雅太郎							
参謀長	少将 阿部信行							
参謀	歩兵大佐 武田額三	歩兵中佐 森五六	騎兵少佐 坂本健吉					
副官	歩兵中佐 中井武三	歩兵大尉 徳永乾堂						
部付	歩兵大佐 三宅光治	工兵大佐 岩越恒一	歩兵中佐 松田巻平	同 岡村寧次	同 板垣征四郎	砲兵少佐 下村定	工兵少佐 安井栄三郎	歩兵大尉 堀又幸
主計軍医司法事務官	三等主計正 岡本信三	二等主計 木村陽治郎	三等軍医正 久我亀					
下士判任文官	下士 四							

歩兵大尉 田辺 盛武	歩兵大尉 栗飯原 秀		
歩兵大尉 竹下幾太郎			
同 佐伯 文郎	砲兵大尉 磯田 三郎	同 田中 久	輜重兵大尉 奥村 恭平
一等軍医 野添 道彦	司法事務官 湯原 綱		
判任文官 二			

戒命第一号

関東戒厳司令官命令

九月三日午後二時三十分
於 参謀本部構内

一、勅令第四〇〇号施行地域ヲ左ノ配備地区ニ区分シ各下書ノ師団長又ハ司令官ヲシテ其ノ警備ニ任セシム

(要図参照)

名称	地域	司令官
東京北	東京市北半部(要図参照)甲武線及青梅線(含)以北ノ東京府	近衛師団長
東京南	東京市南半部(要図参照)甲武線青梅線(含マス)以南ノ東京府	第一師団長
神奈川相模川以東	神奈川県一円但シ横須賀市及三浦郡ヲ除ク	神奈川警備司令官
小田原相模川以西	神奈川県	小田原警備司令官

二、警備隊ノ為メ軍隊区分左ノ如シ

東京北警備司令官　近衛師団長

近衛師団（交通兵諸隊並航空隊ヲ除ク）

歩兵学校教導連隊

歩兵第六十六連隊

東京南警備司令官　第一師団長

第一師団（横浜派遣歩兵第一連隊ノ一中隊、騎兵第十五連隊、歩兵第四十九、同五十七連隊自動車隊ヲ除ク）

歩兵第二十八旅団司令部及歩兵第十五連隊

騎兵学校教導隊

野戦砲兵学校教導連隊

神奈川警備司令官　歩兵第二旅団長奥平俊蔵

司令部（第一師団ニ於テ編成ス、憲兵、経理、衛生機関ヲ付ス）

歩兵第一連隊ノ一中隊

歩兵第五十七連隊
騎兵第十五連隊
工兵第十四大隊
通信部及輸送機関
小田原警備隊
野戦重砲兵第一旅団ノ一連隊
爾余ノ諸部隊ハ戒厳司令官ノ直轄トス
三、各警備司令官ハ担任地区内ニ於ケル治安維持ノ責ニ任シ地方官憲ト協力シテ罹災民ノ救恤保護ニ任スヘシ
四、予ハ参謀本部構内ニ在リ

関東戒厳司令官陸軍大将　福田雅太郎

別紙要図（略ス）ノ要旨
東京市内ニ於ケル近衛第一師団ノ境界
亀戸以東総武鉄道線―緑町―両国橋―本石町―東京駅―日比谷公園北端―宮城―麹町通―塩町―新宿駅―中央線
線上ハ近衛師団ニ属ス

第一号
関東戒厳司令官命令
本年勅令第四〇一号施行ニ関シ警視総監、関係地方長官及警察官並郵便局長及電信局長ハ勅令第四〇一号施行地域内ニ於テ本司令官ノ管掌ノ下ニ左ノ諸勤務ヲ施行スヘシ但シ之カ施行ハ罹災者ノ救護ヲ容易ニシ不逞ノ挙ニ対シ之ヲ保護スルヲ目的トスルヲ以テヨク時勢ノ緩急ニ応シ寛厳宜シキニ適スルヲ要ス
一、警視総監及関係地方長官並警察官ハ時勢ニ妨害アリト認ムル集会若クハ新聞紙雑誌広告ヲ停止スルコト
二、警視総監及関係地方長官並警察官ハ兵器弾薬等其ノ他危険ニ亘ル諸物品ハ時宜ニ依リ之ヲ検査シ押収スルコト
三、警視総監関係地方長官並警察官ハ時宜ニ依リ出入ノ船舶及諸物品ヲ検査スルコト
四、警視総監及関係地方長官並警察官ハ各要所ニ検問所ヲ設ケ通行人ノ時勢ニ妨害アリト認ムルモノヽ出入ヲ禁止シ又ハ時機ニ依リ水陸ノ通路ヲ停止スルコト
五、警視総監及関係地方長官並警察官ハ昼夜ノ別ナク

人民ノ家屋建造物船舶中ニ立入検察スルコト

六、警視総監及関係地方長官並警察官ハ本令施行地域内ニ寄宿スル者ニ対シ時機ニ依リ地境外ニ退去ヲ命スルコト

七、関係郵便局及電信局長ハ時勢ニ妨害アリト認ムル郵便電信ハ開緘スルコト

大正十二年九月三日

関東戒厳司令官　福田雅太郎

第二号

関東戒厳司令官命令

軍隊ノ増加ニ伴ヒ警備完備スルニ至レリ依テ左ノ事ヲ命令ス

一、自警ノ為メ団体若クハ個人毎ニ所要ノ警戒法ヲ執リアルモノハ予メ最寄警備部隊、憲兵又ハ警察官ニ届出テ其ノ指示ヲ受クヘシ

二、戒厳地域内ニ於ケル通行人ニ対スル誰何検問ハ軍隊憲兵及警察官ニ限リ之ヲ行フモノトス

三、軍隊憲兵又ハ警察官憲ヨリ許可アルニ非サレハ地方自警団及一般人民ハ武器又ハ凶器ノ携帯ヲ許サス

大正十二年九月四日

関東戒厳司令官　福田雅太郎

第三号

本年勅令第四〇二号ヲ以テ戒厳施行地域ヲ千葉埼玉両県下ニ拡張セラレタルニ依リ関係地方長官及警察官並郵便局長及電信局長ハ勅令第四〇二号施行地域内ニ於テ本司令官ノ管掌ノ下ニ左ノ諸勤務ヲ施行スヘシ但シ之カ施行ハ罹災者ノ救護並地方民心ノ安静ヲ目的トスルヲ以テ能ク時勢ノ緩急ニ応シ寛厳宜シキニ適スルヲ要ス

一、関係地方長官並警察官ハ時勢ニ妨害アリト認ムル集会若ハ新聞紙雑誌広告ヲ停止スルコト

二、関係地方長官並警察官ハ兵器弾薬等其他危険ニ亘ル諸物品ハ時宜ニ依リ之ヲ検査シ押収スルコト

関係地方長官並警察官ハ時宜ニ依リ出入ノ船舶及諸物品ヲ検査スルコト

三、関係地方長官並警察官ハ各要所ニ検問所ヲ設ケ通行人ノ時勢ニ妨害アリト認ムルモノノ出入ヲ禁止シ又ハ時機ニ依リ水陸ノ通路ヲ停止スルコト

四、関係地方官並警察官ハ昼夜ノ別ナク人民ノ家屋建造物船中ニ立入リ検察スルコト
五、関係地方長官並警察官ハ本令施行地域内ニ寄宿スルモノニ対シ時機ニ依リ地境外ニ退去ヲ命スルコト
六、関係郵便局長及電信局長ハ時勢ニ妨害アリト認ムル郵便電信ハ開緘スルコト
大正十二年九月五日
関東戒厳司令官　福田雅太郎

関東戒厳司令官告諭

今般勅令第四〇一号戒厳令ヲ以テ本職ニ関東地方ノ治安ヲ維持スルノ権ヲ委セラレタリ本職隷下ノ軍隊及諸機関（在京部隊ノ外各地方ヨリ招致セラレタルモノ）ハ全力ヲ尽シテ警備、救護、救恤ニ従事シツヽアルモ此際地方諸団隊及一般人士モ亦極力自衛協同ノ実ヲ発揮シテ災害ノ防止ニ務メラレンコトヲ望ム
現在ノ状況ニ鑑ミ特ニ左ノ諸件ニ注意スルヲ要ス
一、不逞団体蜂起ノ事実ヲ誇大流言シ却テ紛乱ヲ増加スルノ不利ヲ招カサルコト
帝都ノ警備ハ軍隊及各自衛団ニ依リ既ニ安泰ニ近ツキツヽアリ
二、糧水欠乏ノ為不穏破廉恥ノ行動ニ出テ若ハ其分配等ニ依リ秩序ヲ紊乱スル等ノコトナカルヘキコト
右告諭ス
大正十二年九月三日
関東戒厳司令官　福田雅太郎

通　牒

大正十二年九月六日
関東戒厳司令部
警視庁御中
別紙ノ通命令有之候間参考ノ為及通牒候也

写

第四号

関東戒厳司令官命令

大正十二年勅令第四〇二号施行地域内ニ於ケル地方検察官ハ軍事ニ関係アル事件ニ就テハ迅速厳正ノ措置ヲ為

シ速ニ之ニ関スル必要ノ報告ヲ為スヘシ

大正十二年九月五日

関東戒厳司令官　福田雅太郎

東京控訴院検事長豊島直通殿

第五号

関東戒厳司令官命令（写）

関東戒厳司令官命令第二号中左ノ通リ改ム

一ノ内「最寄警備部隊及憲兵又ハ」

三ノ内「軍隊憲兵又ハ」

ヲ削ル

大正十二年九月廿日

関東戒厳司令官　山梨半造

本令ハ九月廿二日ヨリ実施ス

戒厳特号（写）

検問所ニ関スル命令

九月二十六日午後六時
於戒厳司令部

警視庁管内検問所ニ対スル兵力ノ配置ハ明廿七日以後東京南北警備部隊司令官（近衛師団長及第一師団長）ニ於テ関係警察官憲ノ要求ト管内ノ情勢トニ鑑ミ適宜之ヲ決定スヘシ

但シ之カ処置ハ其都度報告スルヲ要ス

関東戒厳司令官　山梨半造

将来ノ警備要領ニ関スル件通報

大正十二年九月十三日

関東戒厳司令官　福田雅太郎

警視総監湯浅倉平殿

戒厳地域内ノ人心鎮静シ各地ノ秩序モ漸次復旧シ来リ候ニ就テハ従来臨機ノ処置トシテ持続致居候兵力ニ依ル直接警護ヲ逐次地方固有ノ機関ニ移シ以テ戒厳令撤廃ノ時ニ於ケル紛乱ノ再発ヲ予防致度両三日前ヨリ夫々関係ノ向ニ右方針ヲ内報ノ上本十三日隷下軍隊ニ概ネ別紙ノ趣旨ヲ命令致候間及通報ニ候也

但軍隊ハ当分ノ内依然現警備管区内ニ位置シ各地ノ情勢ニ応スル適当ノ手段ヲ以テ警備ヲ継続可致候間地区内ニ於ケル兵力ノ集結ヲ以テ直ニ撤兵ト誤解無之様為

念関係ノ向ヘ御指示相成度

（別紙）

大正十二年九月十三日

関東戒厳司令部

今後ニ於ケル警備継続要領

漸次的手段ニ依リ逐次警備ノ実行ヲ地方機関ニ移シ以テ戒厳令撤廃ノ際ニ於ケル紛乱ノ再発ヲ予防スルニアリ

実施要領

第一、各警備部隊ハ民心鎮静秩序恢復ノ状態ニ順応シ地方諸機関ト緊密ナル連繋ノ下ニ逐次現在ノ分散配置ヲ緊縮シ兵力ニ依ル個々物件直接ノ警護ヲ減シテ小地区毎ニ兵力ヲ集結シ頻繁ナル巡察ニ依リテ警備ヲ持続ス。保健防疫ニ対シ十分ノ注意ヲ加ヘ特別ノ施設ヲ要スルモノハ之ヲ戒厳司令部ニ要請ス

第二、直接兵力警護撤去ノ順序概ネ左ノ如シ

1、個人ノ所有ニ属シ震災後社会公益上特ニ必要ヲ認ムル物件

2、官公署及官有、公有若クハ之ニ準スル重要物件公《（ママ）》族邸及戒厳地域内、外国公館及之ニ準スルモノ

3、交通、通信機関及国家生存上及時局救済上特ニ警護ヲ要スル物件構築物若クハ集積場爆発物其他危険ノ虞アル物品ヲ格納セル場所ニシテ特ニ警護ヲ要スルモノ

避難外国人集合場鮮人収容所等ハ別命アル迄之ヲ警護ス

銀行ハ開業当日ハ直接警護ヲ与フルヲ原則トシ其他ノ日及焼跡金庫ハ銀行自ラ之ヲ警護シ所在軍隊ハ其請求ニ依リ巡察ヲ以テ之ヲ援助ス

第三、前条個々物件ニ対スル警護撤去ノ時期ハ各地方ノ情勢ヲ顧慮シ各警備部隊司令官ニ於テ之ヲ決定スルモノトス、但シ(3)所載ノモノニ関シテハ別命ニ依ル

前条ニ記上セサル物件ノ警護ニ関シテハ別ニ命令スルモノノ外各警備部隊司令官其要度ニ応シ適当ト認ムル処置ヲ執ル

（関東戒厳司令官命令通牒告諭）

戒厳司令部情報

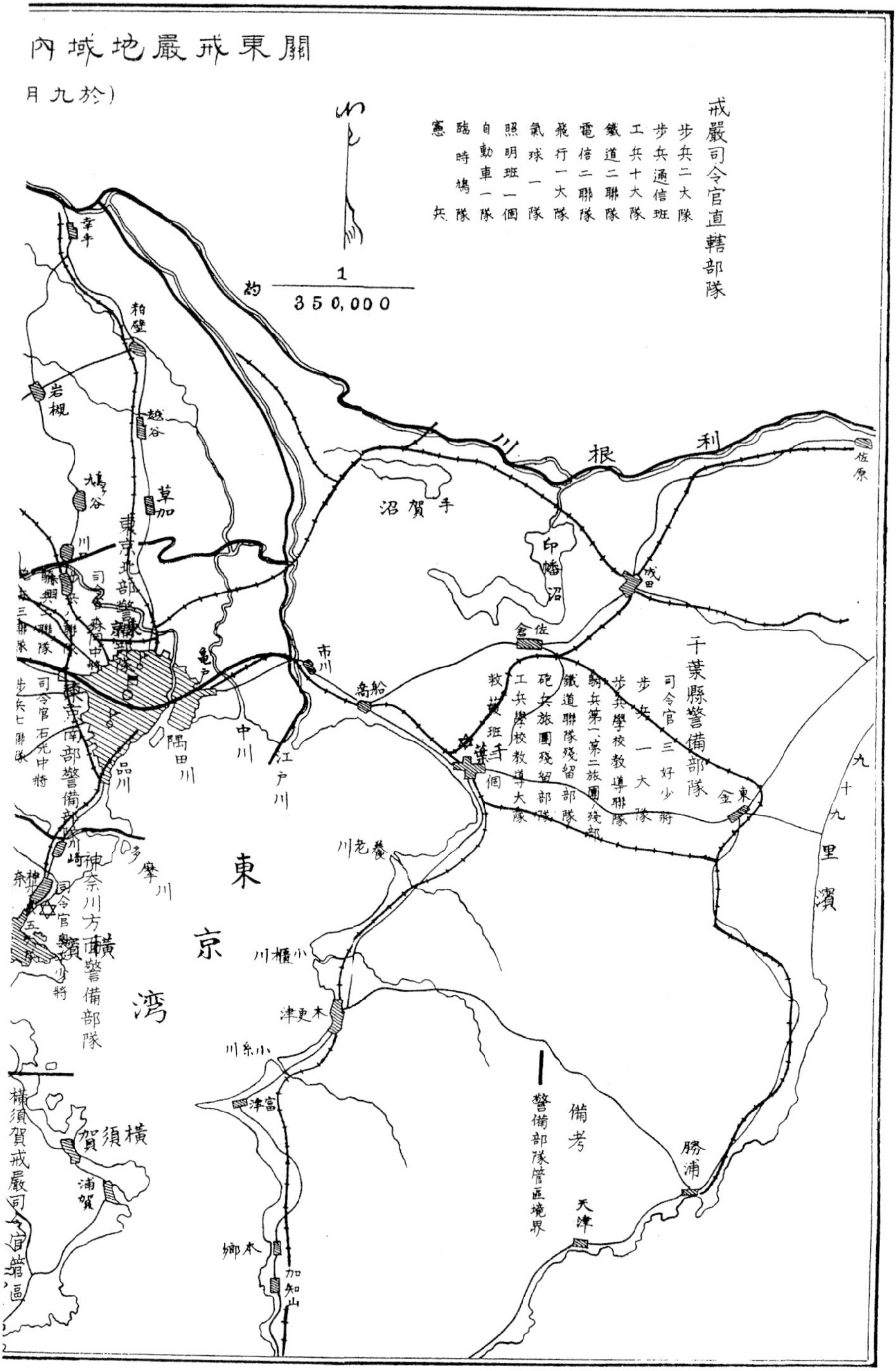
關東戒嚴地域內
(於九月
戒嚴司令官直轄部隊
歩兵二大隊
歩兵通信班
工兵十大隊
鐵道二聯隊
電信二聯隊
飛行一大隊
氣球一隊
照明班一個
自動車一隊
臨時鳩隊
憲兵
約 1/350,000
利根川
手賀沼
印旛沼
佐原
成田
佐倉
幸手
粕壁
岩槻
越谷
草加
鳩ヶ谷
川口
東京北部警備部隊
東京南部警備部隊
司令官 石光中將
亀戸
市川
船橋
中川
江戸川
隅田川
品川
多摩川
川崎
神奈川
横濱
神奈川方面警備部隊
千葉縣警備部隊
司令官 三好少將
歩兵一大隊
歩兵學校教導聯隊
騎兵第一第二旅團殘部
鐵道聯隊殘留部隊
砲兵旅團殘留部隊
工兵學校教導大隊
千葉
東金
九十九里濱
東京灣
養老川
小櫃川
木更津
小糸川
富津
本郷
加知山
天津
勝浦
備考
警備部隊管區境界
横須賀
浦賀
横須賀戒嚴司令官管區

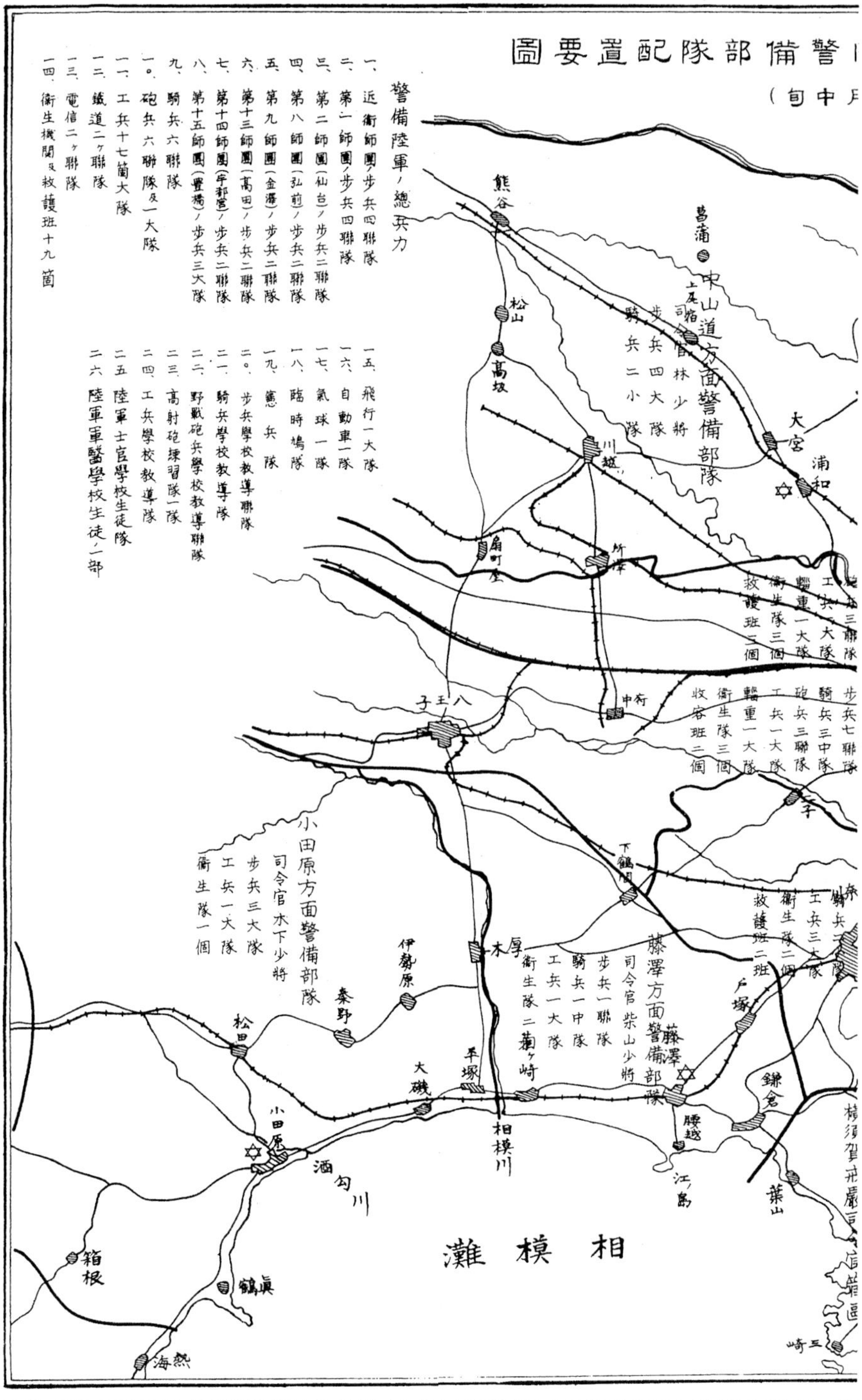

警備部隊配置要圖
月中旬）
警備陸軍ノ總兵力
一、近衛師團ノ歩兵四聯隊
二、第一師團ノ歩兵四聯隊
三、第二師團（仙台）ノ歩兵二聯隊
四、第八師團（弘前）ノ歩兵二聯隊
五、第九師團（金澤）ノ歩兵二聯隊
六、第十三師團（高田）ノ歩兵二聯隊
七、第十四師團（宇都宮）ノ歩兵二聯隊
八、第十五師團（豊橋）ノ歩兵三大隊
九、騎兵六聯隊
一〇、砲兵六聯隊及一大隊
一一、工兵十七箇大隊
一二、鐵道二ヶ聯隊
一三、電信二ヶ聯隊
一四、衛生機關及救護班十九箇
一五、飛行一大隊
一六、自動車一隊
一七、氣球一隊
一八、臨時鳩隊
一九、憲兵隊
二〇、歩兵學校教導聯隊
二一、騎兵學校教導隊
二二、野戰砲兵學校教導聯隊
二三、高射砲練習隊一隊
二四、工兵學校教導隊
二五、陸軍士官學校生徒隊
二六、陸軍軍醫學校生徒ノ一部
中山道方面警備部隊
司令官林少將
歩兵四大隊
騎兵二小隊
小田原方面警備部隊
司令官木下少將
歩兵三大隊
工兵一大隊
衛生隊一個
藤澤方面警備部隊
司令官柴山少將
歩兵一聯隊
騎兵一中隊
工兵一大隊
衛生隊二個
工兵三聯隊
輜重一大隊
衛生隊三個
救護班二個
歩兵七聯隊
騎兵三中隊
砲兵三聯隊
工兵一大隊
輜重一大隊
衛生隊三個
收容班二個
騎兵
工兵三大隊
衛生隊二個
救護班二班
熊谷
菖蒲
上尾宿
松山
高坂
大宮
浦和
川越
所澤
扇町屋
八王子
中河
下鶴間
厚木
伊勢原
秦野
松田
大磯
平塚
茅ヶ崎
藤澤
戸塚
鎌倉
腰越
江ノ島
葉山
三崎
小田原
酒匂川
相模川
箱根
眞鶴
熱海
相模灘

關東戒嚴司令部

戒嚴司令部情報第一號

九月七日

関東戒嚴司令部情報部

◎夜間交通禁止ハ虚報

戒嚴司令官ノ命令ニテ九月五日ヨリ午後九時以後一般ニ夜間ノ交通ヲ禁止セラレタリトノ報導ハ誤リナリ誤解ナキコト但シ用事ナキ者ハ相互ノ間違ヲ避ケル爲夜間ノ出歩キヲ差控ユルヲ可トス

◎夜間通行者身分證明

公務或ハ已ムヲ得サル私用ノ爲夜間通行ヲナス者ニシテ特ニ官憲ノ身分證明書ヲ希望スル者ハ最寄軍隊、憲兵及警察官ニ申シ出ツヘシ

◎九月六日ニ於ケル救護ノ状況

一　五日夕ヨリ兩師團救護班ハ更ニ主力ヲ移動シ最モ慘狀ヲ極メタル隅田川以東

殊ニ東京東端附近ニ配置收療ニ努メ其ノ成績大ニ見ルヘキモノアルニ至レリ

二　隅田川以東救護位置左ノ如シ

隅田村、寺島村中學校、亀戸町小學校、砂村小學校、兩國々技館

◎海路避難ノ便アリ

一　大阪商船會社ニテ關西方面ニ、避難者ヲ無賃ニテ便乘セシムル由

詳細ハ芝浦汽船發著所附近ニ在ル大阪商船出張所ニ就テ聞合ハサレタシ

二　海軍ニ於テモ芝浦、横須賀間ニ便乘船ヲ航行セシメアリ

詳細ハ海軍省ニ就テ聞合サレタシ

關東戒嚴司令部情報 第二號

九月七日

關東戒嚴司令部情報部

●各地交通狀況（九月六日夕迄ノ報告）

一 横濱方面

三軒茶屋——溝ノ口——千年——橋場——六角橋ヲ經テ横濱ニ向ヒ自動車ヲ通ス

自動車ヲ以テ東海道方面ニ出ツルニハ八王子——下鶴間——藤澤道ニ依ルヲ要ス但シ多少ノ破壊箇所アルカ如シ

二 箱根附近

三　島——箱根町間　人馬ノ通行ヲ許ス

箱根町——小田原間　道路崩潰シ單獨者ノ通過シ得ルノミ

熱　海——小田原間　崩壊ス

三 千葉方面

千葉方面ニ對シテハ千住大橋ヲ經テ自動車ヲ通ス

市川ノ橋梁ハ損害ナク行徳ノ橋梁ハ破損シテ自動車ヲ通セス

●房總半島狀況（九月六日飛行偵察）

一 九十九里濱方面

銚子、一ノ宮ハ被害少ナク一ノ宮以南ハ南方ニ至ルニ従ヒ比較的大ナリ

藤澤方面

第一師團ノ歩兵一聯隊、騎兵一中隊、工兵第十六大隊等

小田原方面

第十五師團ノ派遣部隊、三島重砲兵旅團ノ一部、工兵第十五大隊、第十五師團救護班等

中山道方面（浦和方面）

第二師團ノ歩兵一聯隊、近衛騎兵一中隊等

外ニ市川、船橋、千葉、佐倉方面ハ各地殘留部隊ヲ以テ警備ニ任ス

以上歩兵十四箇聯隊、騎兵六箇聯隊、砲兵七箇聯隊、工兵八箇大隊、輜重兵二箇大隊、衛生隊若クハ師團救護班七隊及鐵道二箇聯隊、電信二箇聯隊（一聯隊未著）等ニシテ兵力概算三萬五千ニ達スヘシ

●飛行隊ノ狀況

一 氣球隊ハ昨六日午前九時以後近衛歩兵第一聯隊構内ニ於テ昇騰シ主トシテ未罹災地方面ノ監視特ニ宮城、離宮及重要構築物ノ監視ニ任シアリ

二 飛行第五大隊ハ六日午前七時以後主力ヲ以テ東京及相模平地上ヲ飛行シアリシカ同日午後三時迄ニ次ノ情報ヲ得タリ

1 中央線ハ甲府方面ヨリハ上野原迄、新宿方面

東京灣方面

木　更　津　家屋約半數倒壞

富津、佐貫、湊町　相當倒壞家屋アルモ火災ノ跡ヲ認メス

那古、船形町　殆ト全壞、大部分火災ノ為燒失

館山、北條　殆ト全壞一部火災

布　良　海嘯ノ形跡アリ

外房州方面

長者町、大原町　若干ノ崩壞ヲ見ル

勝浦町、天津町　被害少ク燈台現存ス

●戒嚴軍隊ノ新配置

各師團派遣部隊ハ六日中ニ殆ト全部東京及神奈川附近ニ著シタルヲ以テ戒嚴司令官ハ隷下軍隊ノ新配置ヲ大要左ノ如ク定メ各部隊ハ七日ヨリ新配置ニ就ケリ

東京北半部

近衛師團ノ大部、第十三、第十四師團ノ步兵三聯隊、工兵第二、第八大隊、第二、第三、第十三師團ノ衛生隊等

東京南半部

第一師團ノ大部、第二、第十四師團ノ步兵三聯隊、工兵第十三大隊、第八、第九、第十四師團ノ衛生隊等

神奈川方面

第一師團ノ步兵一聯隊、騎兵一聯隊、工兵第十四大隊等

ヨリハ與瀨東方第二「トンネル」迄開通シ一兩日中ニハ東西兩方面ヨリ横道隧道ニ達スル豫定ナリ

2 甲府、上野原間ハ本六日五列車往復セリ

3 横濱線ハ大破セリ

4 甲州街道ハ大「ダルミ」附近以西ハ道路大破セリ

5 中央線ニ沿フ鐵道電線ハ新宿以西ハ通信シ得

6 郵便局電信ハ立川以東不通同地以西ハ全通セリ

三 四ツ街道、陸軍省間ノ連絡ニ任シアル陸軍航空學校下志津分校ノ無線通信所ハ遞信省ノ依賴ニ應シ四ツ街道局ト麴町局トノ中繼事務ヲ實施シアリ

四 代々木、所澤間及所澤、各務原間ノ定期連絡ハ豫定ノ如ク實施シアリ

●米國ノ援助

一 米國赤十字社ハ今回ノ震災救恤金トシテ第一回分貳拾萬圓ヲ本日日本赤十字社ニ交附セリ

二 比律賓總督「ウツド」將軍ハ、「マコイ」少將ヲ代理トシ日本ニ差遣シ慰問セシムルコトトナリ「マコイ」少將ハ既ニ「マニラ」ヲ出發セリ

三 「ウツド」將軍ハ救護用トシテ食糧品、建築材料、天幕材料、衛生材料ヲ輸送シ既ニ其ノ驅逐艦ハ昨六日芝浦ニ著シ米國運送船ハ八日頃ヨリ續々入港ノ豫定總督ハ更ニ第二回追送準備ニ著手中ナリ

關東戒嚴司令部情報

九月七日

◎東京發無賃便船出帆時刻

左記船舶ハ一般ニ無賃乘船ノ便宜ヲ圖リツツアリ

一 毎日芝浦埋立地海軍棧橋出帆

清水港行　午前十時乃至正午

横濱行　午前八時、午後一時

横須賀行　午前八時、午後一時

以上ハ何レモ海軍ノ定期船ニシテ取扱ハ在芝浦海軍棧橋司令部トス

二 右ノ外大阪商船會社ニテ芝浦埋立地ヨリ大阪方面ニ向ヒ不定期船ヲ運行シ同様無賃乘船ヲ許ス在芝浦大阪商船會社出張所ニ就テ問合サレタシ

但シ第一回ハ九月八日午前九時出帆ノ筈

◎毒物混入ノ噂ハ無根

近衛師團警備區域内ニ於テ毒物混入ノ疑アリトシテ陸軍軍醫學校ニ送リ檢査セル井水、水飴、蒸麵麭（毒パント呼フモノ）ハ檢査ノ結果毫モ毒物混入ノ痕跡ヲ認メス

第三號

關東戒嚴司令部情報部

本所國技館内

寺島村府立第七中學校内

墨田村小學校内

吾嬬村小學校内

砂町小學校内

深川糧秣廠内

芝公園内

三 目下地方病院ノ收容力欠乏ニ鑑ミ牛込府立第四中學校内ニ臨時陸軍病院ヲ開設ス又横濱及横須賀地方ノ惨害ニ對シ救護班派遣中ナルモ狀況ニ依リテハ更ニ有力ナル救護班ヲ增加セムトス

四 陸軍衞生材料廠ハ殆ント全燒シタルカ僅カニ燒失ヲ免レタル一倉庫及地方師團ヨリ回收シ得タル材料ヲ以テ地方官憲ノ請求ニ應シ左記救護材料ヲ交付セリ

警視廳へ	傷病者約二萬五千人	一日分ノ藥物消耗品
神奈川縣廳へ	同	二萬千人	同
東京府へ	同	三萬七千人	同

◎陸軍救護ノ情況

一　陸軍救護所ニ於テ本日迄ニ收容竝處置セル傷病者ハ一萬五千名ナリ

二　目下主ナル救護所ノ位置左ノ如シ

九段陸軍々醫學校內
三宅坂東京第一衞戍病院內
世田ヶ谷東京第二衞戍病院內
赤坂步兵第一聯隊內
麻布步兵第三聯隊內
淺草傳法院內
江戸川小學校內
深川岩崎邸內
淺草公園內

衞生材料ハ各師團ヨリ續々送付シ來リ陸軍部隊ニ補給スル外地方官衞公共團體ノ希望ニ依リ之ヲ配給シツツアリ

◎鐵道聯隊ノ工事進捗

一　鐵道第一聯隊ハ其大部ヲ以テ東海道線品川――橫濱間復舊工事ヲ實施中ニシテ五日夕品川――神奈川間ノ單線ヲ開通シ引續キ品川――橫濱間ノ複線ノ復舊工事ニ任シ一部ヲ以テ龜井戸――千葉間ノ運轉竝ニ江東橋ノ修理ニ任シアリ尙他ノ聯隊ハ赤羽鐵道橋ノ修理リ完了シ主力ヲ以テ橫濱――大船間ノ復舊工事ニ任シ一部ヲ以テ北條線ノ復舊ニ努メツツアリ北條線五井――大貫間ハ六日中ニ修理完了ノ豫定

關東戒嚴司令部情報部　第四號

九月八日

關東戒嚴司令部情報部

◎內地全師團救護班ノ東京集合

內地全師團ノ救護班ハ其大部既ニ東京方面震災地ニ到着シ救護事業ヲ補助シツツアリ殘部ノ救護班モ亦近ク來着同一業務ニ任スル筈ナリ

◎全國工兵隊ノ東京附近ノ集合

內地各師團工兵隊ノ大部ハ現ニ東京方面震害地復舊業務等ノ諸作業ニ從事シツツアリ殘餘ノ諸工兵隊ハ目下有ラユル交通機關ヲ利用シ東京ニ向ヒ到著中ナリ
戒嚴司令官ハ此等諸隊ヲシテ復舊作業就中橋梁鐵道道路ノ補修、整理竝ニ電信電話線ノ施設連絡ノ補助ニ任セシメントシ到著毎ニ新任務ヲ課シツツアリ

◎傳染病ヲ恐レヨ

災害ニ次テ人命ヲ脅サントスルモノハ傳染病ナリ
兩三日來腸チブス、赤痢等ノ疑アル患者發生シ漸次增加ノ兆アルヲ以テ一般ニ衞生ニ關シテハ最善ノ注意ヲ拂ヒ疑ハシキ患者ハ速ニ最寄ノ救護所ニ屆出ツルコト最モ必要ナリ

◎米國亞細亞艦隊司令長官ノ厚意

旅順口ニ碇泊中ノ米國亞細亞艦隊司令長官「アンダソン」大將ハ關東廳長官ヲ通シ日本政府ニ「同艦隊ハ日本政府ノ指示ニ從ヒ成シ得ル限リ救助勤務ニ從事スヘキ」旨申出タリト

◎市民諸君へ

電信電話線ノ保護ニ關シテ

電信電話線ハ有ユル機關活動ノ爲最モ必要ナリ秩序ノ維持、食料分配ノ圓滑等皆之ニ俟タサルヘカラス
諸君特ニ此ノ通信線ニ注意シ保護ニ任セラレタシ又電線破壞ノ個所ヲ發見セラレシ時ハ最寄當局ニ申出テラレタシ

◎罹災者ニ被服ノ寄贈ヲ望ム

埼玉縣入間郡豐岡村在鄕軍人分會ニ於テハ罹災者ノ被服ノ缺乏ヲ醫スル目的ヲ以テ被服五千着ヲ蒐集シ其寄附方ヲ陸軍省ニ依賴シ來リ該被服ノ一部ハ七日既ニ同省ニ到着シ逐次分配ノ途ニ就キツツアリ糧食ノ配給ハ漸次圓滑ナラントシツツアリ目下ノ急務ハ被服ノ補給ナルヲ以テ各方面ニ於テモ同樣ノ寄附方ニ斡旋セラルルヲ得ハ罹災者ノ幸福之ニ過クルモノナカルヘシ

關東戒嚴司令部情報　第五號

九月八日　　戒嚴司令部情報部

◉戒嚴令トハ

今回布告サレタル戒嚴令ト云フノハ災害ニ基ク安寧秩序ヲ保ツ爲地方ノ行政司法事務中安寧秩序維持ニ關係アル事件ヲ限リ戒嚴司令官ニ指揮權ヲ委任セラレ一定ノ土地兵力ヲ以テ警戒セシムルト共ニ市民ノ慘害ヲ軍隊ノ實力ヲ以テ救護救恤セシメラルル緊急勅令テアル

◉各地狀況

一　鎌倉、藤澤、大船、茅ヶ崎附近ハ漸次人心鎭靜シ藤澤附近ハ物資相當ニ豐富ナリ同地警察署長ハ附近鮮人ヲ一ヶ所ニ集メ食ヲ給シ保護ヲ加ヘアル爲流言少ク地方自衞團モ單ニ火災ヲ戒ムル程度ニシテ武器ヲ携帶スル等ノモノナシ

甲府聯隊ノ主力(二大隊)ハ六日夕鎌倉附近ノ警備ニ就ケリ　(七日)神奈川警備隊司令官報告

二　第十五師團通信隊ハ二日以來沼津以東ノ電話線架設中ノ處七日夕東京マテ作業ヲ完成シ八日以後横濱

原宿方面　一貨車(米)
惠比須方面　一貨車(米)
大崎方面　一貨車(米)
品川方面　二車貨(米)
計　米約一七、五〇〇俵

二　新宿配給部

主トシテ田端配給部ヨリ山手線ニヨリ廻送シタル糧食ヲ左ノ如ク配給ス

牛込區　四〇〇俵(米)　副食物若干
四谷區　五〇〇俵(米)　副食物若干
新宿・高田馬場・新大久保　一、四五〇俵(米)
麻布區　二貨車(米)
世田ヶ谷村　二〇〇俵(米)
計　米約三、〇〇〇俵

三　龜戸配給部

南葛飾郡・本所區　二、五〇〇俵　副食物若干

以西ハ二條トナル筈ナリ

三　靜岡縣下各地損害ノ概要左ノ如シ

（靜岡憲兵隊報）

	家屋倒壞	死者
三島	五〇	二
熱海	五五〇	約五〇
伊東	一、六〇〇	約六〇
小山	二、八〇〇	約五〇〇
御殿場	一、三〇〇	一一

●補給部業務實施狀況

九月七日各配給部（司令部）ニ於ケル配給概況左ノ如シ

一　田端配給部

主トシテ山手線ヲ利用シ郡部及小石川方面並澁谷方面ニ左ノ如ク輸送配給セリ

巣鴨方面　二一貨車（内米一五貨車）
池袋方面　四三貨車（内米二〇貨車）
目白方面　二貨車（米）
新宿方面　六五貨車（内米三七貨車）
澁谷方面　四四貨車（内米二九貨車）

深川區）

四　芝浦配給司令部

晝夜兼行揚陸中ニシテ其效程明ナラサルモ在郷軍人ノ協力ヲ得テ作業大ニ進捗中ナリ

米約六〇〇俵　副食物若干配給セリ

之ヲ要スルニ昨七日配給總量ハ米約二萬俵及副食物ニシテ概ネ所要量ヲ配給スルヲ得タリ

●名古屋地方ニ於ケル其後ノ狀況

一　四日來名古屋市在住鮮人約（二千名）不穩ノ形勢アリトノ流言浮説盛ンナリシ爲人心甚タシク動搖シアリシカ第三師團司令部及愛知縣警察部ニ於テハ流言蜚語ノ出所ヲ確メ其ノ虚妄ナルコトヲ發表シ或ハ新聞紙ヲ通シテ市民ノ自重ヲ促ス等人心ノ鎭靜ニ努メタル結果五日ニ至リ漸次鎭靜ニ向ヘリ

二　岐阜縣ニ於テモ四日來關ケ原附近在住ノ鮮人（約百名）不穩ナリトノ流言アリシモ其後何等ノ異常ヲ認メス

●此情報ヲ受取ラレタ方ハ見易キ所ニ貼テ下サイ

關東戒嚴司令部情報　第六號

九月八日

關東戒嚴司令部情報部

●伊豆大島ノ狀況

本八日伊豆大島ヨリ歸還セル歩兵第五十八聯隊附將校ノ言ニ依レハ大島ハ九月一日靜穩ニシテ東海岸ハ少シク被害アリ又輕度ノ海嘯アリシノミト

尙該地住民ノ言ニ依レハ三原山「ヤマヤケ」ノ間ハ大丈夫ナリト安心シ居タリ過日飛行機ノ偵知シタルハ此ノ「ヤマヤケ」ノ噴煙ナラン

●支那留學生ノ奮起

市內神田方面ニ在リシ支那留學生ノ大部ハ殆ト避難シ生死不明ノ者モ尠カラス、然ルニ留學生中ノ有志ハ此ノ非常ノ秋ニ際シ晏如タルニ忍ヒス支那國民ノ同情ヲ喚起シ日本ノ慘狀救濟ニ力ヲ效スヘク蹶起シ就中房州ニ避暑中ナリシ馬伯援ハ急遽歸京シテ活動ヲ開始シ支那各地ノ有力者、商會、學生聯合會、省議會等ニ對シ「今次日本ノ地震ハ千古罕ナル所ニシテ之カ救濟恢復ハ人類ノ責任ナリ我國人ハ一致團結シテ援助ノ方法ヲ盡サレ度シ」トノ意ヲ電報セリト

●千葉縣下ノ警備狀況

戒嚴令施行區域擴張ニ伴ヒ千葉縣下ニ於ケル軍隊ノ警備ハ左ノ如ク實施セラルル筈ナリ

一　騎兵第二旅團長三好少將ハ千葉縣警備部隊司令官トナリ千葉市ニ位置シテ現ニ千葉縣下ニアル軍

二　普通警察勤務ハ主トシテ所在警察官及憲兵之ニ任スルモ其力及ハサル場合ニハ軍隊ハ直ニ其援助ヲナス筈ナリ

●警備陸軍ノ兵力

福田戒嚴司令官ノ隷下ニアリテ目下警戒中ノ全軍隊ハ左ノ如クニシテ昨七日夜ニ於テハ市內外及近縣ノ狀況ハ大ニ沈靜セリ

一　近衞師團
二　第一師團（東京）
三　第二師團（仙臺）ノ歩兵二聯隊
四　第八師團（弘前）ノ歩兵二聯隊
五　第九師團（金澤）ノ歩兵二聯隊
六　第十三師團（高田）ノ歩兵二聯隊
七　第十四師團（宇都宮）ノ歩兵二聯隊
八　第十五師團（豊橋）ノ歩兵四大隊
九　騎兵六箇聯隊
十　野砲兵及野戰重砲兵ヲ合シ七箇聯隊
十一　工兵十八箇大隊
十二　鐵道二箇聯隊
十三　電信二箇聯隊
十四　衞生機關及救護班十九箇
十五　航空學校及航空一大隊

隊、各學校教導隊ヲ指揮シテ地方官憲ト協力治安ノ維持ニ任ス
騎兵學校砲兵學校等ノ教導隊ニシテ東京方面ニ出動シアルモノハ東京方面ノ軍隊配置完了ニ伴ヒ逐次歸還スル筈

十六　自動車一隊
十七　氣球一隊
十八　陸軍大學校（約三百名）
陸軍士官學校生徒隊
其他陸軍各學校教導隊五箇

●在郷軍人救援隊一覧表

（大正一二、九、七午前陸軍省調）

支部	分會	使用方面	人員 豫定	人員 到着人員
飯田	飯田町		三〇	
宇都宮		芝浦	三八三	一八〇
仙臺	玉造聯合分會	芝浦	一八九	一八九
盛岡	水澤町	本郷	七六	七六
佐倉	佐倉聯合分會	芝浦	一四〇	一四〇
麻布	三宅島（伊豆）	本郷	三〇	三〇
桑名	淺井町分會	（膏藥一萬枚分配ノ爲）	二一	二一
宇都宮	鹽谷聯合分會	芝浦	五二	五二
水戸	玉川村分會	芝浦	二〇	二〇
宇都宮	河内聯合分會	芝浦	四一	四一
宇都宮	堀米分會	芝浦	三三	三三
仙臺	大河原分會	芝浦	七二	七二
宇都宮	足利聯合分會	芝浦	二七	二七
計			一、一一四	八八一

備考　右ハ在郷軍人會本部ニ屆出テ關東戒嚴司令官ノ區處ヲ受ケ救援業務ニ從事スルモノナリ

●此情報ヲ受取ラレタ方ハ見易キ所ニ貼テ下サイ

關東戒嚴司令部情報　第七號

九月九日　　關東戒嚴司令部情報部

◎東京市及附近道路ノ整理

市内道路ハ市當局ニ於テ極力整理中ナルカ軍隊側ニ於テモ警備隊司令官タル近衛、第一兩師團長ハ隷下工兵部隊ヲ督シテ修繕、整理ニ努メ八日迄ニ左ノ如キ進捗ヲ見タリ

(1) 枕橋、自動車通過程度ニ新設　近衛工兵大隊

(2) 廐橋、橋床ヲ輕車輛通過ニ修理　工兵第一大隊

(3) 神田橋、吾妻橋、業平橋、千歳橋、一ツ橋、御茶水橋、小石川橋、組板橋ノ諸橋梁ハ近衛第二、第八、教導隊ノ各工兵隊ニテ修理中一部ハ八日開通ノ見込

(4) 永代橋ハ徒歩者、サイドカー通過程度ニ修理

(5) 日本橋、京橋、本所、深川方面ノ交通整理　工兵第一大隊

(6) 鐵橋ハ七日完了

(7) 六郷川本道上ノ諸橋梁ノ修理ハ九日午前中ニ半永久的ニ完成スル豫定　工兵第十三大隊

(8) 江東橋ハ鐵道第二聯隊ニ依リ十一日迄ニ半永久補給セリ

◎近縣各地ノ状況

横濱　人心動搖ノ兆アリシモ八日夜歩兵第三十六聯隊ノ一大隊到著セリ

八王子　損害少ク安靜ナリ

厚木　震災ニ次クニ火災ヲ以テシ損害大ナリ

伊勢原　殆ト潰滅

高崎、前橋　一時人心動搖ノ兆アリシモ平靜ニ復シツツアリ

水戸地方　被害大ナラス流言ノ爲一時人心動搖セシモ漸次平穩ニ赴キツツアリ

◎帝國在郷軍人會ノ活動

今回ノ大震災ニ際シ、帝國在郷軍人會本部ニ於テハ罹災民ノ救濟、訛傳ノ防止、安寧秩序ノ維持ノ爲ニ當局ノ施設ト相俟ツテ最善ノ努力ヲナスコトトシ報效會、義濟會、愛國婦人會、軍人後援會等ノ熱烈ナル援助ヲ得テ、大ニ活動シツツアリ而シテ其第一次計畫ニ屬スルモノ次ノ如シ

一　震災地域ノ支部ニ對シテ、救濟及活動資金トシ

的ニ修理中ナルモ一時通過ノ爲工兵第一大隊ニテ舟橋ヲ架設シ六日完成セリ

(9) 抗力不十分ナル橋梁ニハ維持ニ必要ナル諸件ヲ標示シアリ通行者ハ標示ノ規定ニ遵フヲ要ス

◉衛生機關活動ノ狀況

一 九月七日東京市及附近ノ陸軍救護所ニテ處置セル傷病者約三千名收容患者約四百名ナリ

一 目下市内ノ救護業務ハ漸ク整備セラレタルモ市郊外殊ニ東部地方ハ未タ救護ノ緒ニツカサル狀況ニアリシヲ以テ陸軍救護班ハ主力ヲ該方面ニ移動セシメタリ

新ニ開設セル主ナル救護所左ノ如シ

大島町小學校

中根岸小學校

一 牛込第四中學校ノ臨時陸軍病院ハ八日ヨリ收容シ得ル豫定ナリ

一 目下横濱ニ二箇、小田原ニ一箇ノ陸軍救護班活動シアリ尙八日中ニ藤澤、横濱ニ各一箇九日朝迄ニ神奈川ニ二箇到著スル筈ナリ

一 補給用衛生材料トシテ第三師團ヨリ三十梱包第九師團ヨリ二百四十梱包到著ス引續キ地方公共團體ニテ數萬圓ヲ分配シ、本部事務所ヲ陸軍省構内ニ移シ本部ノ建物竝ニ戸山學校ノ建物ヲ借受ケ之ヲ開放シテ罹災者ノ避難所ニ充テ、尙別ニ大避難所ノ建設ヲ設計シツツアリ

二 罹災者竝活動シツツアル罹災地會員ニ對シテ既ニ第一回ニ於テ重燒パン約千貫目罐詰肉約數千貫目ヲ第二回ニ於テ米數十石ヲ頒チ尙大々的ニ糧食ヲ集積シテ之ヲ配給スヘキ計畫中ナリ

三 全國會員ニ檄シテ、金品ノ寄贈ヲ求メ、又救護用被服ノ購買ヲ開始シ、全國ニ互リテ分會ノ勞力提供ヲ求メ、既ニ糧食其ノ他諸材料ヲ携行上京シテ救恤事業ニ從事スル者、宇都宮、飯田、仙臺、盛岡、佐倉、桑名、水戸、德島、岐阜支部ヲ合シテ數千人ニ上リ尙陸續來援ヲ申込ミツツアリ

四 一般民ニシテ軍服ヲ著用シ在鄕軍人ヲ裝ヒテ自己ノ行動ヲ瞞著スルノミナラス、虛說ヲ揑造流布シ、殊ニ此等ノ中ニ社會主義者ノ惡思想宣傳ヲハカルアリテ、在鄕軍人ニ累ヲ及ホスコト甚タシキヲ以テ本部ハ分會ニ通知シテ一層ノ取締ヲ嚴ニシ人心ノ安定ニ努力シツツアリ

◉此情報ヲ受取ラレタ方ハ見易キ所ニ貼テ下サイ

關東戒嚴司令部情報　第八號

九月九日

關東戒嚴司令部情報部

◎連絡ニ任セル飛行機事故

各務ヶ原、東京間連絡飛行ニ任セル飛行第一大隊工兵曹長小沼淺次郎ハ甲式三型一〇四二號ヲ操縦シ九月八日午後三時三方ヶ原ヨリ三島練兵場ニ著陸ノ際重傷ヲ受ケ生命危篤ナリ

但シ搭載セル托送物ハ四ノ宮大尉之ヲ中繼飛行機ニ轉載シ午後二時十五分出發東京ニ到著セリ

◎永代橋開通

永代橋ハ八日乘用空自動車ノ通過ニ支障ナキ如ク修理ヲ了レリ

尚兩國——柳島——五之橋ヲ經テ小松川ニ至ル道路ハ自動車ノ通過自在ナリ

又小名木川航路開通作業ハ工兵第十三大隊ノ手ニ依リ八日午後五時完成セリ（第一師團報告）

◎九月六日以後八日午後三時迄ニ到著シタル部隊

仙臺師團ノ歩兵二聯隊
名古屋師團工兵大隊及衞生隊
北海道師團ノ衞生隊

一、東京市内ノ整理

隅田川其他ノ河川ニ架セル諸橋梁ノ墜落ハ市民交通ノ杜絶ヲ來セルヲ以テ全軍工兵ノ主力ヲ以テ之レカ補修ニ努力シアリ

(1) 近衞、第一、第八師團工兵隊ハ既ニ吾妻橋及枕橋ノ補修ヲ完成シ引續キ今明日中ニハ厩橋、業平橋ノ完成ヲ見ントス

(2) 第一、第七、第十三師團ノ工兵隊ハ永代橋、相生橋及六郷川ノ橋梁ヲ補修シツツアリ近ク完成ヲ見ントス

又永代橋、月島ノ渡船ニ從事スルノ外北十間川、竪川、小名木川ノ墜落橋梁ヲ整理排除シ舟行ノ便ヲ開クニ營々タリ

(3) 市内交通路ノ清掃

道路上ニ倒壞セル大建物電線及電車ノ殘骸ヲ掃除シ主要ナル交通路ハ概ネ自動車ノ往復ニ支障ナカラシメタリ

尚引續キ其他ノ道路ニ向ヒ作業ヲ進メツツアリ

二、横濱、藤澤、小田原方面ハ第十四、第十五師團ノ工兵隊ヲシテ前記同樣活動ニ從事セシメツツアリ尚今後工兵隊ヲ增加セントス

三、鐵道復舊作業

弘前師團ノ歩兵二聯隊
金澤師團ノ歩兵二聯隊
姫路師團ノ衛生隊ノ一部
高田師團ノ衛生隊
豊橋師團ノ衛生隊(小田原方面)
京都師團ノ工兵大隊ノ一部

◎陸軍自動車二箇中隊ノ增設

罹災民ノ救護搬送ニ盡瘁シアル陸軍自動車隊ノ不足ヲ補ハンタメ陸軍ニテハ新タニ市中ノ自動車ヲ借リ上ケ臨時自動車二中隊ヲ增設セリ

◎陸軍造兵廠ノ作業開始

板橋十條方面ニ於ケル陸軍造兵廠ノ諸工場ハ震災後速カニ整理ヲ完了シ來ル十日ヨリ作業ヲ開始シ得ルニ至レリ

又小石川東京工廠ニテモ八日既ニ一部ノ手作業ヲ開始セリ

◎災害ニ對スル工兵及交通兵ノ活動

災害救濟ノ緊急條件ハ交通整理ト糧秣補給ヲ先決問題トシ之ニ全力ヲ傾注シアルカ交通整理ニ關シテハ昨八日迄ニ完成セル主要ナル作業左ノ如シ

鐵道幹線ノ不通ハ市民ノ死活ニ關スルヲ以テ鐵道第一、第二聯隊(國軍ノ全力)ヲ出動作業ニ從事セシメ荒川ノ鐵橋ヲ補修シ東北本線及信越線ト日暮里間ヲ既ニ去ル六日開通セシメ東海道線亦昨日大船ニ至ル迄開通ヲ見ルニ至リ引續キ横須賀線及東海道本線ノ補修ニ全力ヲ傾注シツツアリ

四、電信電話ノ復舊作業

活動ノ神經系タルヘキ通信線復舊ノ爲電信第一、第二聯隊(國軍ノ全力)ヲ出動セシメ先ツ東京市內ニ於ケル破壞紛糾セル通信線ヲ縫ヒツツ戒嚴司令部ヲ基點トシテ先ツ各官廳公共團體ニ向ヒ統一セル電話回線ヲ整備シ更ニ昨七日横濱東京間ノ鐵道電線ヲ完成セリ

又工兵第三大隊ノ手ニヨリ沼津――東京間ノ電話モ本八日開通スルニ至レリ

尚東京ヲ基點トシテ横濱、清水港、立川等ニ無線電信ヲ配置シ災害地域內ノ通信ヲ擔任スルノミナラス中野、石狩(北海道)及金澤ノ固定六無線電信所ヲ運用シ廣ク隔地トノ連絡ヲ實施シ公衆ノ便ヲ計リツツアリ

五、鳩通信

遠隔ノ地ニ於ケル災害ノ狀況ニ關シ敏速ナル報告ヲ齎シ地方救援ノ爲功ヲ奏シツツアリ今ヤ東京市ノ上空ニ活動シアル軍用鳩ハ四百ニ達ス

◉此情報ヲ受取ラレタ方ハ見易キ所ニ貼テ下サイ

關東戒嚴司令部情報　第九號

九月九日

關東戒嚴司令部情報部

◎糧食集積狀況（九月九日陸軍省公報）

今回ノ震災ニ際シ陸軍ハ直ニ大阪及宇品ノ兩陸軍糧秣支廠、宇都宮、仙臺、高田、豐橋、名古屋、旭川、小倉ノ各師團竝朝鮮軍及關東軍ニ糧食品ノ調辨發送ヲ命シ其結果九月九日迄ニ東京附近（芝浦及田端附近）ニ到著スル糧食品ノ概數左ノ如シ

米	約三萬六千六百石
精白不明ノモノ	五千五百石
精米	一萬九千七百石
玄米	一萬一千四百石
乾麵麭	約十九萬六千百貫
罐詰肉	約五萬四千五百貫
漬物（梅干、福神漬、澤庵）	二萬五千四百貫
其他（鹽、乾魚、干野菜、調味品）	二萬貫

◎自九月三日至九月七日被服貸與狀況（九月九日陸軍省公報）

九月三日

患者用トシテ陸軍被服本廠ヨリ毛布二千個ヲ赤十字社ニ貸與セリ

九月四日

患者用トシテ陸軍被服本廠ヨリ毛布五百個ヲ警視廳ニ貸與セリ

九月六日

陸軍被服本廠ヨリ毛布二千病衣千帶八百ヲ提供シ罹災患者ノ收療ニ努メタリ

九月七日

陸軍被服本廠ヨリ毛布二千病衣五百ヲ提供シ罹災患者ノ收療ニ努メタリ

◎糧秣配給ノ手續

一、震災地外ヨリ陸海兩路ヲ經テ到著スル糧食ハ關東戒嚴司令部ニ屬スル配給部ニ於テ之ヲ卸下又ハ揚陸（岸壁迄ハ海軍ニ於テ行フ）シ之レヲ各名宛（例ヘハ東京府宛東京市宛等ノ如シ）ノ者ニ配當ス

二、右ニ依リ卸下（揚陸）シタル糧食等ハ其受領者ノ希望スル場所迄前項配給部ニ於テ運搬ス

三、前二項ノ爲ニ要スル人馬材料等ハ戒嚴司令部ノ要求ニ依リ地方廳ニ於テ之ヲ差出シ陸軍ハ之ヲ統制シテ卸下揚陸運搬等ニ任ス

四、以上各項ニ依リ所望ノ地點ニ運搬セラレタル糧食等ハ該地ニ於テ市府吏員ニ配給部ヨリ交付シ市府吏員ハ適當ノ方法ヲ以テ之ヲ各人ニ分配ス

◎鮮人進テ勞働ニ服ス

九日夕迄ニ鮮人三、七〇〇名支那人一、五〇〇名ヲ習志野陸軍廠舍ニ收容セシカ明十日ヨリ希望ニヨリ鮮人約百名ヲ東京市役所ニ於テ道路整理ノ爲使用スル筈

◎此情報ヲ受取ラレタ方ハ見易キ所ニ貼テ下サイ

關東戒嚴司令部情報　第十號

九月九日

關東戒嚴司令部情報部

◎横濱ヘ兵力增加

横濱方面ノ警備及救護ノ爲戒嚴司令官ハ歩兵一個聯隊及救護班二個ヲ神奈川警備隊ヘ增加セリ

右部隊ハ九日中ニ横濱ニ到著ノ筈

◎埼玉ノ警備

一　第九師團派遣ノ歩兵第七聯隊ハ八日埼玉縣下警備ノ任ニ就ケリ

二　浦和附近ハ一時流言ノ爲騷擾セシカ如キモ軍隊ノ到著ト共ニ鎭靜ニ歸セリ

◎陸軍自動車隊ノ行動

陸軍自動車隊ハ九月二日以來全力ヲ擧ケテ救護業務ニ從ヒ今ヤ民間雇傭自動車ヲ合シ百十餘輛ヲ有シ其大部ヲ芝浦、龜戸、南千住、新宿ノ各配給所ニ分屬シ極力罹災民ノ爲糧水、被服等ノ配給ニ任シ一部ヲ以テ電信電話、鐵道、架橋材料等ヲ輸送シ交通諸機關ノ整頓ニ努メツツアルヲ以テ之カ行動ニ對シ十分援助セラレンコトヲ望ム

近衛師團第三救護所	兩國國技館
同　第四救護所	府下寺島第七中學校
同　第五救護所	府下吾嬬町第一小學校
第一師團第一救護所	兩國國技館
同　第二救護所	芝公園
同　第三救護所 同　第四救護所 同　第五救護所	府下砂町小學校
同　第六救護所	深川糧秣廠跡
同　第七救護所 同　第八救護所	府下砂町小學校
第二師團救護所	下谷金杉小學校
第三師團救護所	牛込第四中學校
第四師團救護所	横濱
第六師團救護所	藤澤及鎌倉
第七師團救護所	藤澤及鎌倉
第八師團救護所	府下大島町小學校
第九師團救護所	府下砂町小學校
第十師團救護所	横濱

◎陸軍經理學校ノ開放

牛込區河田町ノ陸軍經理學校ニテハ震災當日以來學校ヲ開放シ一般罹災者ヲ收容シ又九月八日ヨリ至誠病院モ同校内ニ施療所ヲ設ケ學校職員ト協力シ傷病者ノ救護ニ努メツツアリテ陸軍ヨリハ之ニ醫療材料藥品等ヲ供給シツツアリ

尚同校ニハ若干ノ收容餘力アルヲ以テ希望ノ者ハ申出ツヘシト

◎陸軍救護所ノ位置

一 陸軍救護所ノ位置左ノ如シ

近衞師團第一救護所	東京府下隅田小學校
同 第二救護所	淺草公園
第十一師團救護所	千葉縣習志野
第十二師團救護所	千葉縣國府臺
第十四師團救護所	府下龜戸町小學校
第十五師團救護所	小田原
第十六師團救護所	横濱
陸軍經理學校	牛込河田町學校内

二 九月七日夕迄ニ於ケル救護人員左ノ如シ

北部警備管區	七、二七二
南部警備管區	八、七八三
千葉方面警備管區	七〇〇
軍醫學校	一七八（收容人員ノミ）
計	一六、九三三
横濱及小田原方面	不明

◎此情報ヲ受取ラレタ方ハ見易キ所ヘ貼テ下サイ

關東戒嚴司令部情報　第十一號

九月十日　　關東戒嚴司令部情報部

◎中華民國ノ同情

震災ニ關シ支那各界一致シテ同情救濟ヲ叫ヒツツアリテ今日迄醵金ノ主ナルモノ左ノ如シ

攝政内閣	二十萬元
宣統帝	一萬元及骨董品時價數十萬元
張作霖	五十萬元
曹錕	一萬元
王承斌	五千元
曹鋭	五千元
段祺瑞	三萬元
黎元洪	一萬元

又段祺瑞邸會合ノ結果直チニ十二萬元ヲ得、内二萬元ハ天津總領事ニ交付シ十萬元ハ段祺瑞ノ名ヲ以テ山本總理大臣宛正金爲替ニテ九月七日振出同時ニ段祺瑞ヨリ見舞ノ電報ヲ發シタリ

◎「ガソリン」補給

「ガソリン」ハ從來一般ニ陸軍ニテ補給シ來リシカ十日ヨリ芝浦埋立地ノ臨時救護事務局出張所ニ於テ交付スルコトトナレリ但シ陸軍所要ノモノハ從前ノ通リ

◎軍用鳩ノ行動

軍用鳩ハ今回ノ事變ニ際シ臨時鳩隊ヲ編成シテ九月一日ヨリ活動ヲ開始シ目下左記ノ地點ト東京間ノ連絡ニ任シツツアリ而テ七日マテニ取扱ヒタル通信數五百通ニ達ス

日光御用邸	各務ケ原
浦和	大阪
宇都宮	小田原
千葉	清水港
所澤	横濱
立川	鎌倉
御殿場	横須賀

◎軍用「パン」ノ支給額

九日迄ニ罹災民ニ交付シタル軍用「パン」ノ支給額左ノ如シ

近衛師團	百萬食
第一師團	百萬食
憲兵隊	五萬食
在鄕軍人會	十萬食

◎補給部實施狀況

配給部	揚陸（卸下）	配給 要求額	配給 實施額	豫備糧秣
芝浦	約八、〇〇〇俵	七、二五〇俵	約六、〇〇〇俵	約三、〇〇〇俵
田端	約一〇、〇〇〇俵	七、〇〇〇俵	約一〇、〇〇〇俵	約一六、〇〇〇俵

新宿	約一〇、〇〇〇俵	七、三〇〇俵	約一〇、〇〇〇約	約四、五〇〇俵
龜戸	約六、七〇〇俵	五、八〇〇俵	約六、六一〇俵	約九、〇〇〇俵
計	三四、七〇〇俵	二七、三五〇俵	三二、六一〇俵	三二、五〇〇俵

◎傳染病發生

一　深川區ニ於テハ九月七日迄ニ眞症及疑似赤痢患者七名ヲ生シ尚流行ノ兆アリ

二　南葛飾郡砂町ニ於テ赤痢患者一名發生ス

◎牛込區陸軍經理學校收容人名

牛込區河田町陸軍經理學校救護所ニ收容シアル人名左ノ如シ

住所	氏名
本所小梅業平	磯貝末松
芝南佐久間町	豊原うら
深川西六軒堀	師岡倉吉
本所向島中ノ郷	北川繁太郎
富山縣西殿岐郡北磐若村	北村謙次郎
府下東大久保	海野ます
淺草田中町	尾身藤一郎
本所龜澤町	上原梅五郎
京橋岡崎町	崎山孝太郎
神田三崎町	福本新三郎
同　表猿樂町	青柳重造
日本橋本町	杉谷理作
深川黑江町	中村久松
本所横川町	平井純三
深川西町	受川彌四郎
京橋松屋町	受川よし
下谷東黑門町	關德三郎
同	關ハナ
同	同　繁
同	同　初枝
深川東森下町	大高サト
同	同　チヨ
麴町飯田町	大川恭武
淺草御藏前片町	葛原齊
本郷元町	直江憲清
同　田町	金井一治
麴町飯田町	齋藤秀盛
同	同　濱子
赤坂溜池町	三好寛
京橋築地小田原町	中野萬吉
同　南飯田町	須山貞三
同　靈岸町	飯田忠雄
深川西六間堀町	師岡與十吉
本所菊川町	磯貝秀一
京橋越前堀	猪飼イク
同　南飯田町	三宅磯樹
同　入舟町	佐野久吉
淺草千束町	中澤信一
本郷湯島三組町	松田爲藏
日本橋北蠣殼町	古田キヌ
深川河田町	後藤郁哉
同　御舟藏前	田中寅吉
同　八名川町	淺川富藏
日本橋吹矢町	荻原なほ
埼玉北葛飾郡松戸	荒井惣助
深川富川町	中川茂三郎
神奈川縣都築郡新品村	小原はな
長野縣南佐久郡大品内村	山口藤吉

猶同校ニハ若干收容ノ餘地アリ

●此情報ヲ受取ラレタ方ハ見易キ所ニ貼テ下サイ

關東戒嚴司令部情報　第十二號

關東戒嚴司令部情報部

九月十日

◎陸軍自動車隊ノ行動

軍隊ノ自動車ハ震災生起以來全力ヲ擧ケテ罹災民ノ救護糧食飲料水ノ運搬其ノ他各種ノ救濟事業ニ從事シアリ然ルニ動モスレハ軍隊ノ自動車ハ單ニ軍隊其ノモノノ爲ニ働ケルカノ如キ感ヲ懷キ時トシテ自動車ノ行動ヲ妨碍スルモノアルヲ耳ニセルカ軍隊ノ自動車ハ絶エス專ラ罹災民ノ爲ニ行動シツツアルナリ

尚軍隊ノ自動車ノミテハ不足ナルヲ以テ市中ノ自動車ヲ借上ケテ臨時ニ自動車二中隊ヲ編成シ「自動車隊」ト張リ札ヲ附シテ極力罹災民ノ爲ニ活動シアリ故ニ萬一此等ノ自動車ノ行動ヲ妨碍セハ一般市民ノ救濟ニ少ナカラサル不利ヲ來スヲ以テ此點ハ特ニ一般ノ注意ヲ望ム

◎鐵道聯隊ノ行動

鐵道第一、第二ノ兩聯隊ハ品川横濱間ノ鐵道修理完成後第二聯隊ハ品川横濱間複線工事ニ從ヒ九日中ニ了ル豫定、其ノ一部ハ東武線北千住、龜戸間ノ修理ヲ完了シ一部ノ運轉ヲ開始セリ

又鐵道第一聯隊ハ主力ヲ以テ横濱大船間複線工事ニ、一部ハ房總線江見大貫間ノ復舊工事ニ從事シアリ

◎各地ノ狀況

横濱市附近

七日迄ノ調査ニ依レハ死者二萬三千傷者三萬七千ニ達シ電燈ハ當分望ミナク上水ハ工兵小隊ヲ以テ改修

號ハ必要ナル救護品ヲ積載シ七日「マニラ」發日本ニ向ケ出動ノ豫定ニシテ同艦ニハ「ヒリツピン」島軍司令官「リード」陸軍少將ノ引率スル陸海軍軍醫、看護婦其他ノ救援隊乘艦ス

三 「マニラ」陸海軍倉庫ニアル寢臺五五〇臺其他輕便寢臺天幕、毛布、衣服、醫療品、食糧、麥粉等ノ物資ハ續々日本ニ向ケ急送ノ筈ナリ

◎陸軍衛生部ノ行動

一 九月八日中ニ陸軍ニ於テ救護セラレタル傷病者約五千名收容セラレタルモノ約五百名ナリ

一 本日善通寺、小倉兩師團救護班人員、材料共ニ到著シ直ニ千葉縣ニ向ヒ出發セリ取敢ヘス國府臺及津田沼ニ於テ業務ヲ開始スルノ豫定ナリ

一 陸軍救護班ハ狀況ニ應シ逐次移動シツツアルモ目下業務開設中ノ東京市附近ノ救護所及陸軍病院ノ位置左ノ如シ

三宅坂	東京第一衛戍病院
世田ヶ谷	東京第二衛戍病院
九段	陸軍軍醫學校
牛込加賀町	府立第四中學校
牛込市ヶ谷谷町	陸軍士官學校
芝園橋	
下ゝ谷	中根岸小學校
飛鳥山	
田端	
南千住	

中ナルカ兩三日中ニ完成ノ見込立チタリ罹災者ニシテ他地方ニ避難セルモノ七、八萬バラック若クハ學校ニ收容シアルモノ約十萬アリ、鮮人ニ關スル風評モ軍隊ノ警備ト共ニ漸次沈靜シ、糧食ニモ大ナル支障ヲ來サス人心稍安定セリ

工兵隊ハ全力ヲ擧ケテ市内交通ノ復舊ニ從事シツツアルモ自動車等ヲ通スルハ海岸通及羽衣町通ニ過キス但シ一兩日中ニハ乘馬ノ行動ヲ許スニ至ルヘシ

特ニ增加セラレタル歩兵第五聯隊ノ二大隊ハ九日到着セリ

尙解放セシ囚人總員約八百五十名中歸來セルモノ約六百名、歸來セサルモノ約二百名、死亡セルモノ約五十名ナリ

小田原地方

被害甚大ナリシニ加ヘ横濱方面ヨリノ避難者ニ依リテ流言行ハレ一時人心不安ニ陷リシカ靜岡及東京兩方面ヨリスル警備隊ノ到着ト共ニ漸次沈靜ニ歸シツツアリ

埼玉、千葉、栃木、群馬ノ各縣ニ於テモ一時流言ノ爲心動搖シタルモ警備軍隊ノ配置ト共ニ漸次鎭靜セリ然レ共流言ハ逐次ニ擴カリ行キ軍隊ノ派遣ヲ請求シ來ル地方多シ

◎在比島米國陸軍ノ震害救援

一 「マニラ」ノ米國海軍主計總監ハ晝夜不眠不休ノ大努力ヲ以テ部下ヲ指揮シ數隻ノ米國御用船ニ食料品其他ヲ積込中ナリ右御用船ハ五日午後「マニラ」出發ノ豫定

二 五日「マニラ」入港ノ豫定ナル米國軍艦「メリツト」

墨田村小學校
寺島村第七中學校
吾嬬村小學校
龜戸町小學校
兩國國技館
深川八幡社
月　島
大島町小學校
砂町小學校

一 昨八日ヨリ衞生材料廠假事務所ハ自動車ニ材料ヲ積載全救護班ヲ巡回シ材料ノ補給ヲ圓滑ニ實施セリ

一 衞生材料ハ各師團ヨリ續々送致シ來リ又材料廠ノ購買モ豫定ノ如ク進捗シ材料概ネ豐富ナリ

一 昨八日東京帝國大學醫學部附屬醫院ヘ昇汞ガーゼ五百反ヲ衞生材料廠ヲシテ交付セシメタリ

一 本日日本赤十字社ヘ傷者約二萬六千人一日分オレーフ油百オンス外十二點及東京帝國大學醫學部附屬醫院ヘ患者二萬三千人一日分クレゾール石鹼液一〇〇オンス外十三點ヲ又傳染病研究所ヘ患者約三千人分一日分「イチオール」二オンス外二十點ヲ衞生材料廠ヘ交付セシメタリ

市民諸君ヘ

各師團ヨリ派遣セラレシ救護班ハ夫々所命ノ位置ニ就キ罹災傷病者ノ救護ニ努力シツツアルモ土地不案内等ノ爲業務遂行上不自由ヲ感シツツアリ在郷軍人靑年會及附近住民諸君ハ夫々業務繁忙ナランモ此ノ人命ニ關スル尊キ奉仕的業務ニ關シ努メテ便宜ト勞力トヲ供給センコトヲ切望ス

●此情報ヲ受取ラレタ方ハ見易キ所ニ貼テ下サイ

關東戒嚴司令部情報　第十三號

九月十一日

關東戒嚴司令部情報部

◎六郷橋開通

工兵第一大隊ニ於テ改修工事中ナリシ六郷橋ハ九日午前工事完成シ自動車ヲ通シ得ルニ至リ之ニテ東京横濱間ノ自動車交通自由トナレリ

尚横濱市内ノ道路モ工兵第十五大隊ニ於テ極力整理中ニシテ九日迄ニ海岸通、羽衣町通ハ自動車ヲ通シ得ルニ至レリ

◎房總近況

房總方面ノ震害ハ木更津以南房州南部ニ至ル間最大ニシテ就中那古、船形、館山、北條ハ殆ント全滅ノ狀態ニアルコト既報ノ如クナルカ該方面其ノ後ノ狀況左ノ如シ

糧食ノ供給ハ木更津、館山間ノ便船ニ依リ千葉方面ヨリ行ヒ罹災者ノ救護ハ略遺憾ナシ

汽車ハ九日大貫迄開通シ自動車ハ佐貫迄通ス海上交通ハ小湊——館山間ニ定期汽船アリ館山、大貫間ハ海軍船舶ヲ以テ連絡ス

館山灣ニハ軍艦驅逐艦十七隻碇泊シアリテ東京及大

◎交通路ノ復舊著々進捗

鐵道聯隊ノ従事セル鐵道改修工事以外各工兵隊ニ於テ實施セル市内外交通路復舊工事進捗ノ概況左ノ如シ

一　東京横濱間ノ東海道ハ九日以後貨物自動車ヲ通シ得ルニ至レリ

二　横濱以西ノ東海道ハ復舊工事完成セサルモ横濱ヨリ馬入川ニ至ル間ハ乗用自動車ニテ所々下車セハ通過スルヲ得

三　枕橋ハ近衛工兵大隊ニテ完成、業平橋モ近ク開通スヘシ

四　神田橋及小石川橋ハ工兵第八大隊ニテ修理中ニシテ神田橋ハ歩道ヲ完成セリ

五　厩橋ハ工兵第二大隊ニテ歩道ヲ完成シ目下自動車道ノ完成ヲ急キツツアリ

六　永代橋ヨリ龜澤町ニ至ル各橋竝ニ同所ヨリ洲崎ニ至ル交通路整理ハ工兵第十三大隊ニヨリ近ク完成スヘシ

七　淺草停車場ヨリ深川木場ニ至ル河ハ工兵第十三大隊ニ於テ清掃ヲ終リ同河主要橋梁モ亦該隊ニ依

貫方面ノ連絡ヲ行ヒツツアリ
尚千葉警備隊ハ歩兵學校教導聯隊ヨリ勝山、北條、舘山附近ニ一中隊木更津、佐貫附近ニ一小隊勝浦、鴨川方面ニ一中隊ヲ派遣シ警備及罹災民ノ救護ニ任セシメアリ

◎日本赤十字社病院ノ罹災者救護狀況

日本赤十字社病院ハ一日午後ヨリ直ニ救護事務ヲ開始シ罹災傷病者ノ収容ニ著手シ本所、深川、上野、淺草、芝ノ各方面ノ避難所及救護所等ヨリ患者ヲ收容シツツアリテ十日迄ノ収容總員ハ五三五名ニシテ現在患者六一七名ニ達シ病院狹隘ヲ告クルニ至リシヲ以テ天幕病舎數個所ヲ建設シ更ニ十日ヨリ隣接福田會ノ建物ノ一部ヲ借リテ分院ヲ開設シ尚院内擔架練習場ニ「バラック」數棟ヲ新築シ將來二千以上ノ病床ヲ準備スル計畫ナリ

◎米國ヨリ救助船來ル

米國運送船「ソンメ」號ハ救助ノ為メ衛生材料三千三百噸天幕、建築材料五百噸其他ノ糧食品ヲ積ミ六日桑港出帆二十一日横濱入港ノ豫定

リ修理中ナリ

八　工兵第七大隊ハ芝口以西ノ交通路整理ヲ行ヒツツアリ

右ノ外廣島電信第二聯隊ハ九日正午到著シ直ニ横濱及千葉方面ノ電線架設ニ著手セリ

◎糧秣配給ノ手續

一　震災地外ヨリ陸海兩路ヲ經テ到著スル糧食ハ關東戒嚴司令部ニ屬スル配給部ニ於テ之ヲ卸下又ハ揚陸（岸壁迄ハ海軍ニ於テ行フ）シ之レヲ市府吏員等ニ配當ス

二　之カ為卸下又ハ揚陸シタル糧食等ハ其受領者ノ希望スル場所迄配給部ニ於テ運搬ス

三　前二項ノ為ニ要スル人馬材料等ハ戒嚴司令部ノ要求ニ依リ地方廳ニ於テ之ヲ差出シ陸軍ハ之ヲ統制シテ卸下揚陸、運搬等ニ任ス

四　以上各項ニ依リ所望ノ地點ニ運搬セラレタル糧食等ハ該地ニ於テ市府吏員ニ配給部ヨリ交付シ市府吏員ハ適當ノ方法ヲ以テ之ヲ各人ニ分配ス

配給手續以上ノ如クナルカ直接輸送中軍隊ヨリ分配ヲ受ケントシ自動車ノ運行ヲ妨碍セラルルコト尠ナカラス斯ノ如キ誤解ナキ様特ニ注意ヲ望ム

◉此情報ヲ受取ラレタ方ハ見易キ所ニ貼テ下サイ

關東戒嚴司令部情報　第十四號

九月十二日

關東戒嚴司令部情報部

◎傷病者救護ノ狀況

一　九月九日中ニ陸軍ニ於テ救護シタル傷病者ハ約四千名ニシテ初日以來ノ累計約二萬五千名ナリ尚傷病者避難者中ニハ傳染病發生ノ徵候アリ且一般ニ井水ヲ飲用シアルニ鑑ミ陸軍々醫學校ニ於テ巡回水質檢查班ヲ編成シ隨所水質檢查ヲ實行シツヽアリ

二　九日夜迄ニ姫路、廣島、久留米ノ三箇師團救護班及豐橋師團第二救護班（第一班ハ既ニ小田原ニ於テ勤務中）到著シ各〻救護勤務ニ就ケリ之ヲ以テ內地十七箇師團ノ救護班全部到著セリ

豐橋師團ノ第三救護班ハ十日橫濱方面救護作業增援トシテ出發セリ

◎糧食配給狀況

陸軍各補給部ハ十日左ノ如ク糧食ノ配給ヲ實施セリ

芝浦	六、五〇〇俵
龜戶	四、八〇〇俵
新宿	一一、〇〇〇俵
田端	八、二〇〇俵
計	三〇、五〇〇俵

外ニ副食物約一萬貫

十一日以後ハ更ニ揚陸場ノ擴張、人夫ノ增加及甲武線、市內電車ノ利用等ニ依リ一層配給業務ヲ順調ナラシムル筈ナリ

◎佛國陸軍大臣ヨリ陸軍大臣

須田町—神保町—春日町間

◎陸軍大臣橫濱視察

田中陸軍大臣ハ本十一日午前十一時芝浦發驅逐艦ニ搭乘シテ橫濱ヲ視察セラレタリ

◎勤務演習召集及簡閱點呼取止メノ件

陸軍省令第二十二號

大正十二年九月一日ヨリ同年九月三十日迄ノ間ニ於ケル勤務演習召集及簡閱點呼取止メニ關スル件左ノ通定ム

大正十二年九月十一日

陸軍大臣　男爵　田中義一

第一條　近衞、第一師團ノ部隊ニ召集ヲ令セラレタル者ニシテ未タ應召セサルモノノ召集ハ之ヲ取止ム

第二條　左ノ各號ノ一ニ該當スル者ニシテ前條以外ノ部隊ニ召集ヲ令セラレ未タ應召セサルモノ又ハ簡閱點呼ヲ令セラレ未タ參會セサルモノノ召集又ハ簡閱點呼ハ之ヲ取止ム

一　東京府、神奈川縣、千葉縣、埼玉縣及靜岡縣駿東、田方、賀茂郡ニ本籍ヲ有シ現ニ其ノ地ニ居住スル者

二　前號ニ規定スル府、縣、郡ニ寄留スル者

第三條　前二條ニ依リ召集又ハ簡閱點呼ヲ取止メラレタル者ニ對シテハ聯隊區司令官ヨリノ通知ヲ待タス

ヘ電報

九月七日陸軍省ニ到著セル電文左ノ如シ

日本ニ災害ヲ與ヘタル大震災ノ詳報ヲ知リ一同驚愕ス此ノ事變ニ際シ本官ハ日本國民ニ對シ謹テ弔意ヲ表シ且佛全軍ヲ代表シテ深厚ナル同情ヲ表スルモノナリ本官ハ日本陸軍ノ損害ノ著大ナラサランコトヲ切望ス

◎比律賓總督ウード將軍ヨリ陸軍大臣ヘ電報

九月八日午後十時十五分到著セル電文左ノ如シ

貴電ニ接シ深ク奉謝候貴國民ノ大兇變ニ對シ深厚ノ誠意ヲ披歴シテ御同情申上候（下略）

◎交通情態

一　江東橋ハ昨十日午後九時修理完成爾今千葉方面ハ交通容易トナレリ（鐵道第二聯隊擔任）

二　海邊橋（工兵第十三大隊擔任）黒龜橋（工兵第一大隊擔任）ハ昨十日徒歩道完成、本日中ニ自動車道完成ノ筈ナリ

業平橋ノ自動車道ハ昨十日完成セリ（近衛工兵大隊擔任）

三　新大橋ヨリ北ノ橋、伊豫橋ヲ經テ菊川橋ニ至ル間ハ自動車ヲ通シ得

四　十日電車殘骸ノ除去箇所左ノ通リ（工兵第九大隊擔任）

須田町―神田橋―呉服橋間

市區町村長又ハ之ニ準スル者ヨリ其ノ旨直ニ本人ニ通知スヘシ

第四條　第一條又ハ第二條ニ依リ召集ヲ取止メラレタル者ノ中陸軍補充令第三十七條ニ該當スルモノニシテ召集ヲ取止メラレタル爲陸軍補充令施行規則ニ依リ將來召集セラルルコトナキニ至リタルモノニ在リテハ大正十三年度ニ限リ之ヲ召集スルコトヲ得

第五條　第一條又ハ第二條ニ依リ召集又ハ點呼ヲ取止メラレタル者ノ令狀ハ速ニ之ヲ聯隊區司令官ニ返付スヘシ

附　則

本令ハ公布ノ日ヨリ之ヲ施行ス

◎陸軍ノ救護事業ハ陸軍省ノ手ニ移ル

糧食ノ配給、道路橋梁、鐵道電信電話ノ修繕罹災傷病者ノ收容治療其ノ他ノ震災救護事業中陸軍擔任ノモノハ從來主トシテ戒嚴司令部ニテ取扱ヒシカ應急ノ處置概ネ其ノ緒ニ就キシヲ以テ九月十一日以後是等ノ業務ハ總テ之ヲ陸軍省ニ移シ戒嚴司令部ハ專ラ警備治安ノ維持ニ任スルコトトナレリ之カ爲陸軍省ニ於テハ新ニ陸軍震災救護委員ヲ設ケ陸軍次官ヲ委員長トシ補給部、芝浦配給司令部、品川輸送部及新宿、龜戸、田端、横濱等ノ各配給部ハ陸軍ノ救護班ノ業務等ヲ此ノ委員ノ手ニ移セリ尚兵力ヲ使用シテ道路鐵道電信等ノ修理ヲ實施スル爲ニ委員中ニ技術部ヲモ設置セリ要スルニ今後救護事業中陸軍ニ關係スル事項ハ總テ陸軍省ニ交渉スルヲ要ス

●此情報ヲ受取ラレタ方ハ見易キ所ニ貼テ下サイ

關東戒嚴司令部情報　第十五號

九月十二日

關東戒嚴司令部情報部

◎小田原方面ノ情況

小田原町ハ五千戸中三千三百戸燒失シ千七百戸倒潰、死者二百三十、負傷者五百ヲ出シ官公署ノ殆全部ヲ燒失セリ（區裁判所、警察署ハ倒壞ノミ）御用邸及閑院宮別邸モ全部倒壞ス

足柄下郡（小田原ヲ除ク）ノ倒潰家屋一萬二千、死者千二百、負傷千五百ニ達ス

一般人心ハ一時大ニ不安ニ陷リシカ糧食ノ配給ト警備軍隊ノ配置ニ依リ今日ニテハ靜穩ニ歸セリ

此地方警備軍隊ハ靜岡及濱松ノ歩兵二箇聯隊、豐橋師團ノ工兵隊及救護班ニシテ小田原ニ司令部ヲ置キ大磯、厚木、秦野、松田方面ヨリ箱根山中ニ至ル迄各地ニ配置シテ警備竝救護ニ任セリ

眞鶴、熱海方面ノ被害モ甚大ニシテ道路及船舶破壞ノ爲交通困難ナリ

神奈川、國府津間ノ鐵道ハ十二日頃開通ノ見込ナルモ馬入川ハ當分徒歩連絡ヲ要スヘシ

大磯以西ノ東海道及秦野――二宮道ハ目下駄馬ヲ通シ得ルモ車輛通過ノ爲ニハ沿道諸橋梁ノ大修理ヲ要スヘシ

國府津――松田道ハ未タ人ノ通過スラ困難ナリ

◎薩哈嗹派遣軍ヨリ糧食來ル

薩哈嗹派遣軍ヨリ救助用トシテ左記患者用糧食ヲ東京ヘ向ケ送附セリ

粉末鷄卵　九六八貫

毒藥ヲ各部隊ニ配給セリ

◎身元引受人不明者

陸軍病院及救護班ニ收容中ノ傷病者中身元引受人不明ノモノ左ノ如シ（第一回）

麴町區九段陸軍々醫學校收容ノ分

病名	氏名	住所
右大腿挫創兼破傷風	渡邊　植次	西巣鴨町宮中二七九一
腰椎骨折兼頭部及兩足挫創	小野　新一	牛込區市ヶ谷藥王寺町七一
火傷（顏面背部臀部上下肢）	宇田川孔二	本所區綠町三ノ二七
兩大腿挫創	澤田　わい	麴町區飯田町一ノ三
腰部挫創	增子　仁平	神田區今川小路二ノ一
足及頭部挫傷	松岡　靜	麴町區一番町一ノ二
胸部挫傷兼頭部挫創	石井　小七	千葉縣山武郡山邊村
萎縮腎	深山　粂吉	神田區三崎町三ノ一
慢性胃炎	野上　博輝	神田區今川小路二ノ一七
腰部挫傷	中村松五郎	府下千駄ヶ谷四二五
左大腿挫傷	星野　鐵藏	神田區西小川町一ノ五
左下腿骨折兼右胸部挫傷	加藤喜三郎	神田區北神保町七
腦貧血	染谷　藤一	茨城縣結城郡三ッ街道
內科未定	松岡　俊章	麴町區一番町一ノ二

葛粉　三六九貫
干ウドン　九〇貫

◎九月九、十兩日ニ於ケル衛生部ノ狀況

九日ノ狀況

一　陸軍々醫學校ニ於テ引續キ送附セラレタル蒸ぱん、水飴、井水ニ付キ毒物有無ノ検査ヲ行フニ何レモ前回同様無毒ナリ

一　本日陸軍ヨリ地方ニ補給セル衛生材料左ノ如シ

硼酸軟膏、重曹、硫苦、アルコール、沃度丁幾、苦味丁幾、ガーゼ等　六、五〇〇人ニ對スル一日分日本醫學専門學校附屬病院

本日迄ニ陸軍ヨリ地方ニ補給セル衛生材料ハ約百點ニシテ約二十九萬人ニ對スル一日分ナリ

十日ノ狀況

一　九月十日中ニ陸軍ニ於テ救護シタル傷病者約三千五百人收容シタルモノ約二百名ニシテ漸ク減少ノ傾向ニアリ本日迄ニ救護セルモノ累計二萬八千餘名ナリ

一　横濱ニ於テ救護作業ニ從事シツツアル三個ノ陸軍救護所ノ位置左ノ如クニシテ九日迄ニ救護セル傷病者二千名ナリ

第十師團救護所　横濱市青木町小學校
第十六師團救護所　同　本牧小學校
第四師團救護所　程ケ谷町本仙寺

一　千葉縣北條方面ノ救護作業ハ未タ進捗セサル狀況ニアルヲ知リシヲ以テ新ニ國府臺ニアル第十二師團救護班ノ半部ヲ該地ニ急行セシメタリ

一　警備部隊防疫ノ為メ浄水劑、クレオソート丸、消

麴町區九段東京第一衛戍病院收容ノ分

孤兒

氏名	年齢	住所
不明	男一二才位	啞ニツキ不明
鈴木スゞエ	一才	本所區南二葉町七
川崎　春江	八才	同　區二葉町二ノ四
安達　トキ	六才	不明
柏原　喜内	一二才	本所區横網町二ノ一五
前川忠一郎	一四才	同　區同　町二ノ一一
向　静一	一四才	同　區表町五八
後藤　マサ	八才	同　區松坂町二ノ一七　後藤平兵衛
廣岡　政夫	九才	同　區若宮町三廣岡政吉
堤　イネ	七才	本所小學校横丁堤榮助
矢部　マサ	一三才	本所區横網町二ノ八　矢部マサ
川口　泰次	一三才	同　區長岡町二五
中村　シナ	九才	同　區横網町二ノ七
久保　義雄	八才	同　區緑町五丁目

身元引受人ナキモノ

氏名	年齢	住所
市村市太郎	十九才	本所區若宮町一二
林　トメ	四〇才	神田區表神保町一二ノ二　倶樂部杉内和十方
金井シヅキ	三四才	本所區三笠町一八
山崎　芳吉	五二才	深川區富川町三
中村　利正	三四才	本所區長岡町四三
佐久間竹治郎	四〇才	深川區東六間堀七
簗瀬　吉次	五〇才	本所區龜澤町二ノ六
長井長一郎	五〇才	同　區萬葉町一六
田中房次郎	五五才	同　區林町二ノ五〇

●此情報ヲ受取ラレタ方ハ見易キ所ヘ貼ツテ下サイ

關東戒嚴司令部情報　第十六號

九月十三日

關東戒嚴司令部情報部

◎陸軍救濟業務ノ擴張

東京市救濟ノ業務今ヤ前途ノ光明ヲ認ムルニ至リタルヲ以テ陸軍ニ於テハ今回更ニ小田原、横須賀、千葉等遠隔ノ地ニ向ヒ救急業務ヲ擴張スル筈ナリ

◎通信網ノ擴張

廣島ヨリ新來ノ陸軍電信第二聯隊ハ災害當初ヨリ鳩通信ノ外通信聯絡ノ途全然杜絶セル小田原、横須賀、千葉方面ニ向ヒ去十日ヨリ急速ナル作業ヲ開始シタルヲ以テ右區間ニ於ケル情況モ亦近ク判明スルニ至ルヘシ

◎横濱ニ於ケル照明

東京市内ノ交通要點及避難民群集ノ場所ノ照明ニ任シアリタル陸軍照明隊ハ更ニ横濱ニ其ノ一部ヲ派遣セリ

◎在郷軍人會活動ノ現況

帝國在郷軍人會ニ於テハ當初決議ノ大方針ニ從ヒ各種團體ノ熱誠ナル協力ヲ得當局ノ施設ト策應シ資產ト人力ノ一切ヲ擧ケテ罹災民ノ救濟、訛傳ノ防止、安寧秩序ノ維持ヲ著々實行セリ即チ

一　罹災地域中麻布、本郷兩聯隊區司令部、上野自治館、深川岩崎公園、九段坂上、日々谷公園等ノ諸所ニ取敢エス人事相談所ヲ設置シ各種職業紹介所、身上相談所ト密ニ連絡シ就職、救恤、罹災會員ノ兵事關係、身分證明其他ニツキ會員ハ勿論一般ノ依賴ニ應シ日々數千人ノ多數ヲ懇切叮嚀ニ取扱ヒツツアリ此事業ハ啻ニ東京市ノミナラス漸次罹災地域ノ全般ニ擴張スル計畫ナリ

二　罹災者ニ對スル糧食ハ主ニ重燒麵麭、罐詰等ニシテ既ニ第四回ノ配給ヲ終リ今後モ引續キ配給スル豫定ナリ

三　震災ノ報一度傳ハルヤ全國ノ會員ハ蹶然トシテ起チ罹災者救濟ノ爲金品ノ醵出ニ努メタルノミナ

五　寢具其他ノ準備充分ナリ

六　治療ハ無料トス

◎身元引受人不明者

陸軍病院及救護班ニ收容中ノ傷病者中通信不能ノ爲身元引受人不明ノモノ左ノ如シ（第二回）

麴町區三宅坂東京第一衞戍病院收容ノ分

氏名	住所
松島　清吉	本所區大平町一ノ一片岡長谷一方
柿沼　若七	同　區若宮町六二町田方
五十嵐　又藏	同　區林町二ノ六六
堀井　源藏	同　區石原町一九
清水　大作	同　區相生町三ノ一六
久保田德次郎	同　區綠町三ノ二二
横山　恒市	同　區同町一ノ三四
芦川　さや	同　區同町一ノ三八母つや
村田　フジ	同　區林町三ノ七四榮治郎
大澤　よみ	同　區石原町一四
後藤　ワサ	同　區松枝町二ノ一七半兵衞
小泉　粂吉	同　區松江町三ノ一二
佐久間　作造	同　區横川町四一
鈴木　ナカ	同　區吉岡町二五松五郎
吉村　宗次郎	深川區富川町三九
時崎　トク	同　區東大工町六二初太郎
谷垣　トメ	同　區靈岸町一二二直松
野口　直次郎	京橋區築地小田原町二ノ三
山田　ウメ	本所區相生町五ノ三六
板本　泉	同　區綠町五ノ三三
山田　キク	同　區相生町五ノ三六
近江　リン	同　區綠町四ノ二九
竹田　一雄	同　區若宮町三

ラス勞力救援ヲ申出テ來ルモノ多ク本日迄ニ到著セル人員既ニ三千ニ上リ猶陸續來援シツツアリ此等ノ救援隊ハ戒嚴司令部ノ區處ニ從ヒ凡ユル方面ニ活動シツツアルカ其ノ範圍ハ廣ク全國ニ亙リ就中長崎市聯合分會ニ於テハ二十日間ノ糧食ヲ携行シテ來レルカ如キ義俠心ノ旺盛ナル實ニ驚嘆ニ値スルモノアリ

四　寄贈品ノ如キモ至急取纒メタルハ勿論會員自身萬難ヲ排シテ携帶上京シ熊谷支部下豐岡町分會ノ衣類約五千點外ニ雜品數十梱、水戶支部下玉川村分會長ヨリ鷄卵四百個、餠二斗ヲ始メトシ現ニ續々到著シツツアリ

五　救濟ノ爲メ本部ニ於テ購入セル被服ノ商談モ迅速ニ進捗シ既ニ豫定ノ數量ヲ纒メ得タルヲ以テ今ヤ進ンテ陸軍古被服ノ拂下ニツキ當局ヘ交渉シツツアリ

六　流言蜚語ノ流布ニ關シ火急終熄ノ必要ヲ認メ廣範圍ニ亙リ徹底的ノ手段ヲ講セリ

右ハ第一次計畫遂行ノ實況ナルカ第二次ノ計畫トシテ更ニ範圍ヲ擴張シ橫濱市ニ本部出張所ヲ設ケ罹災地全般ニ亙リ活動セントシ支部分會ヲ激勵シツツ其準備ニ汲々タリ

◎陸海軍將校婦人會本部ニテ罹災患者ノ治療開始

陸海軍將校婦人會本部ニテハ九月十一日ヨリ牛込區若松町十一番地同會本部內ニ「罹災患者收容所」ヲ開設シ十一日ヨリ救護ニ從事ス其要領左ノ通リ

一　患者ハ老幼男女又ハ內外科何レニテモ可ナリ
二　入院又ハ外來共ニ隨意ナリ
三　重症患者ニハ附添人ヲ希望ス
四　當所ニハ至誠病院ノ特派醫員及看護婦懇切ニ治療ス

古山　モト　淺草區淺草町六三
田中　ユウ　神田區三崎町三ノ一
小林　リン　京橋區木挽町三ノ二一
野村　カヨ　本所區柳原梅町一五五
川島　保次　同　區綠町三ノ二五
柴田　恒　府下瀧ノ川中里四六二
茂木　セキ　本所區北二葉町二加藤郡治方
上野　德次郎　同　區石原町八八
松原　熊次郎　同　區南二葉町四三
下村　猛雄　同　區綠町二ノ二三高橋方
磯谷　みつ　同　區石原町一三
井戶田治郎吉　同　區同　町四五
島田　仁一郎　深川區大隅町八
草間　嘉一　本所區北新町三一
吉川　キク　同　區橫網町二ノ一八
鈴木　七五郎　深川區千田町一五二
神谷　かつ　同　區西野町一
渡邊　幸次郎　淺草區龍泉寺町七二
金澤　コト　本所區吉岡町一九金澤健次郎方
永田　かね　同　區綠町四ノ三〇永田角太郎方
萩原　ハツエ　同　區林町二ノ八三萩原兼之助方
內田　源治　同　區南二葉町三七內田源治方
坂爪　マチ　本籍(鄕里)群馬縣碓氷郡里見村土里村 山崎才一郎
松井　友雄　吳服町一藤本ビルブロカー銀行
太田　繼治　大和新聞社
土井　桑雄　大阪市東區空堀町三ノ二一八
光林　幸作　本所區林町二ノ二〇後藤勝藏方
石井　コウ　深川區元賀町一八石井幸之助
副田　治一郎　(鄕里)兵庫縣武庫郡大廐村內越木岩村新田
田中　彌兵工　大阪府下北河內郡九ケ村字大里
高野　辰雄　大分縣東國東郡竹田津町九

●此情報ヲ受取ラレタ方ハ見易キ所ニ貼テ下サイ

關東戒嚴司令部情報　第十七號

九月十四日

◎特別大演習及師團對抗演習取止メ

本年秋季三重縣下ニ於テ御擧行可被爲在特別大演習及群馬縣下ニ於テ施行セラルヘキ師團對抗演習ハ共ニ之ヲ取止ムルコトトナレリ蓋シ今回ノ大震災ニ際シ陸軍トシテハ全力ヲ擧ケテ之カ救濟ニ從事スヘキ時期ナリトノ有難キ思召ニ依ルモノト恐察ス

◎爾後ニ於ケル軍隊警備繼續要領

一　戒嚴司令官ハ兵力ニ依ル直接警備ハ震災直後ノ混亂狀態ニ對シ臨機實施セルモノニシテ永續スヘキモノニアラサルヲ以テ民心ノ鎭靜秩序ノ恢復ニ伴ヒ警備ノ實行ヲ逐次地方機關ニ移シ現在ノ警戒部隊ノ分散配置ヲ緊縮セントス

之カ爲將來撤去ノ際ニ於ケル紛亂ノ再發ヲ豫防スル爲地方復興ノ狀態ニ順應シ地方諸機關ト緊密ナル連繫ノ下ニ逐次配備ヲ緊縮シ兵力ニヨル個々物件直接ノ警戒ヲ減シ小地區毎ニ兵力ヲ集結シ主トシテ巡察ニ依リ警備ヲ持續ス

以上ノ如クナルヲ以テ將來一部軍隊ハ交互ニ休憩狀態ヲ採ルコトアルヘキヲ以テ豫メ誤解無キヲ望ム

二　東京南部、同北部警備部隊間ノ境界ヲ左ノ如ク改正ス

總武鐵道線—本所緑町—兩國橋—淺草區—神田區—麹町區—牛込區—大久保町—大久保停車場—同

關東戒嚴司令部情報部

東京—小田原間十三日午後二時電信通信開通ス（電信第二聯隊作業）軍用電報ノ外一般官報ヲモ取扱フ

◎交通情報

九月十一、十二日兩日間ニ於ケル東京市內交通整理、橋梁架設作業ノ進捗狀況左ノ如シ

一　交通整理

兩國橋—江東橋間
龜澤町—永代橋間
黒龜橋—舟木橋間　｝工兵第一大隊擔任
芝方面主要道路　工兵第七大隊擔任
洲崎—日本橋間
小傳馬町—茅場町—櫻橋間
築地本願寺前—櫻町停留場間　｝工兵第十三大隊擔任

二　橋梁

黒龜橋、舟木橋ハ自動車ヲ通ス　工兵第一大隊擔任
海邊橋ハ假橋完成ス　工兵第十三大隊擔任
深川區黒江橋海邊橋洲崎町（東京市擔任）ハ十四五日頃自動車開通ノ見込
本所區旅所橋彌勒橋ハ十二日完成自動車ヲ通ス
日本橋區湊橋ハ辛ウシテ自動車ヲ通ス
小川橋ハ自動車ノ通過ヲ許サス

◎身元引受人不明者

陸軍病院及救護班ニ收容中ノ傷病者中身元引受人不明

停車場以西ノ甲武（中央）青梅兩鐵道線
前記線上及各區ハ東京北部警備部隊ニ屬ス

◎在亞港露支鮮人ノ同情

在亞港露人總代ハ軍司令官ニ甚大ノ同情ヲ表シ又該地露、支、鮮人ハ義捐金ヲ醵出中ナリ

◎小田原方面ノ交通狀況（十二日）

ノ狀況

小田原方面ヘノ交通ハ
品川―茅ケ崎間　汽車
茅ケ崎―小田原　自動車
ニ依ルヲ便トス馬入川以西ニハ乘合自動車アリ但シ馬入川及酒匂川ハ未タ自動車ヲ通スルニ至ラサルヲ以テ徒歩連絡ヲ要ス

東京ヨリノ自動車ハ東海道ハ戸塚迄、八王子經由ナレハ藤澤迄達スルコトヲ得ルモ戸塚茅ケ崎間ノ開通ハ尚兩三日ヲ要スヘシ

因ニ馬入川ハ十二日假橋完成シ輕キ車ヲ通ス

右ノ如ク小田原方面ヘノ交通ハ漸次開ケツツアルモ同地方ハ東京横濱ニ劣ラサル震害ヲ被リ食糧不十分ナルヲ以テナルヘク同地方ニ赴カサルヲ可トス殊ニ箱根越ヘハ當分困難ナルヲ以テ沼津靜岡方面ヘノ旅客ハ海路清水港ヘ向フヲ便トス

◎通信情報

ノモノ左ノ如シ（第四回）

大島町第一小學校救護所收容ノ分
（第八師團衛生隊）

氏名	住所
川尻五一郎	本所區東大工町

龜井戸町香取小學校救護所收容ノ分
（近衛師團第六救護班）

小倉豊吉	本所區大平町一ノ一〇一
井上又次郎	同　區柳島梅森町四七

◎九月十三日ニ於ケル衛生部ノ狀況

一　九月十二日中陸軍ニ於テ救護シタル傷病者約五千名ニシテ收容セラレタルモノ約二百名ナリ本日迄ニ救護セルモノ約五萬人（報告漏ヲ加入ス）ナリ

一　中川以東地區ノ避難民中ニハ尚多數ノ傷病者アリ依テ在砂町第九師團救護班ノ一部ヲ小岩ニ在大島町第八師團救護班ノ一部ヲ一之江ニ前進セシメ救護ニ任セリ

一　目下陸軍ニ於テ傷病救護ニ從事セル衛生部員二千三百餘名本科將校以下千餘名計三千二百餘名ナリ

一　本日陸軍ヨリ地方ニ補給セル衛生材料左ノ如シ
東京帝國大學醫學部附屬醫院ニ石炭酸三九三オンス防疫用トシテ衛生材料廠ヲシテ交付セシメタリ

◉此情報ヲ受取ラレタ方ハ見易キ所ヘ貼ツテ下サイ

關東戒嚴司令部情報　第十八號

關東戒嚴司令部情報部

九月十五日

◎交通兵諸隊ノ現況

直轄通信部隊

電信第一聯隊　東京市内ニ於ケル諸官廳、直轄部隊相互間ノ通信連絡ニ任ス延長四百五十吉米、開設セル通信所（電信二、電話一五八箇）交換加入五十七個ニ達ス

東京、横濱、立川、清水ニ移動無線ヲ配置シ中野、金澤、石狩固定無線ヲ運用ス

電信第二聯隊　九月十日ヨリ作業開始十二日迄ニ東京、千葉、横濱、藤澤間ニ電信又ハ電話連絡ヲ開始シ軍用電報ノ外一般官報ノ取扱ヲ開始ス更ニ横須賀、小田原ニ向ヒ延線中

臨時鳩隊　司令部ヲ中心トシテ災害地域内十四箇所ニ通信所開設目下一日約三十通ノ通信アリ

直轄鐵道隊

鐵道第一聯隊　主力（聯隊本部、第一、第二大隊、材料廠及通信班）ハ横濱―大船―横須賀線ノ復舊工事ニ従事中（十三日ヨリ在郷軍人百名之ヲ援助スル筈）一部（長以下百十一名）ハ北條線大貫―江見間ノ復舊工事ニ従事中

鐵道第二聯隊　主力（編成第一聯隊ニ同シ）ハ工兵第十八大隊ノ援助ヲ得全力ヲ以テ八王子、東神奈川間ノ復舊工事従事中一部ハ龜戸―千葉間及龜戸―

一部遞信省ノ工事援助

工兵第五大隊

補給部（横濱）

工兵第十八大隊

鐵道聯隊ノ作業援助

工兵第十一大隊

洲崎埋立ヲ經テ洲崎附近ノ橋梁補修

備考　工兵第十二、第十四乃至第十七大隊ハ神奈川、小田原、藤澤ノ各警備隊ニ配屬主トシテ當該地區ノ交通作業ニ従事シ在リ

◎支那代理公使ノ禮狀

支那代理公使張元節ハ過日來東京、横濱ニ於ケル在留支那人被害ノ狀況ニ就キ陸軍、外務、内務當局ト共ニ視察中ナリシカ過日戒嚴司令官ヲ訪ヒ我官民ノ好意ニ依リ保護周到ナルヲ感謝シ且左ノ如キ禮狀ヲ送附シ來レリ

禮狀譯文

敬啓

此次貴國中部ノ震災ハ亙古未曾有ノコトナリ弊國政府及國民ハ極メテ同情ヲ表ス弊國居留民カ貴國政府ヨリ救護ヲ受ケ糧食ヲ供給セラレ安全ヲ保衛セラルルハ深ク感謝スル所ナリ貴國救護事務ノ秩序整然ト

北千住間ノ運轉ヲ關係者ト協力シテ實施シツツアリ

◎工兵諸隊作業一覽

東京北警備地區
　近衛工兵大隊
　　吾妻橋　輕車輛、歩道六日完成
　　枕　橋　自動車八日完成
　　業平橋　自動車十日完成
　　吾妻橋　自動車十六日完成豫定
　此十間川ノ淸掃
　淺草及本所交通整理
　工兵第二大隊
　　厩　橋　輕車輛、歩道八日完成
　　同　　　自動車十二日完成
　　淺草主要道路ノ整理
　工兵第八大隊
　　御茶水橋　輕車七日完成
　　神田橋　歩道七日完成
　　同　　　自動車修理中
　　小石川橋　輕車輛十一日完成
　　俎　橋　同　　九日完成
東京南警備地區
　工兵第一大隊
　　江東橋　軍橋六日完成
　　永代橋
　　六鄕橋　自動車十日完成

シテ周到完備セルハ欽佩ノ至リナリ

本代理公使曩ニ佛國ニ派遣セラレ適〻歐洲大戰ニ遭遇セリ當時各國ノ避難民救護ニハ準備時間ヲ有セシモ今回貴國ニ於テハ變倉猝ニ起リシニ拘ラス能ク從容布置シ且人民ノ安靜ナル常ノ如ク其ニ法治國ノ精神ヲ見ルヲ得タリ貴國軍隊ノ整齊嚴肅ナルニ至リテハ一ニ敎育ノ結果ニシテ歐洲大戰ノ經驗ニ比シ實ニ優勝ナルハ應ニ世界各國ノ稱讃スル所ナリ此ニ感謝ノ意ヲ述ヘ且貴總司令ニ對シ特ニ敬意ヲ表ス　謹言

　中華民國十二年九月十日
　　中華民國代理公使　張　元　節㊞

關東戒嚴司令官
　陸軍大將　福田雅太郞閣下

◎橫濱ノ補給及交通狀況

一　橫濱ニ於テハ十二日野菜及鑵詰約三、八五〇梱ノ揚陸ヲ行ヒ十三日ヨリ橫濱倉庫、船渠倉庫、稅關倉庫、南吉田公設市場及新山下町海岸ノ五配給所ニ於テ食糧品ヲ配給セリ

二　工兵第五大隊ハ交通整理ヲ擔任シ十二日稅關棧橋倉庫附近ノ整理ヲ完成シ十三日船渠倉庫揚陸場（小棧橋ノ完成）ノ設備ヲ實施シ其他ノ施設ハ著々進捗シツツアリ

◎露船「レーニン」號退去顚末

豫テ今次ノ震災ニ際シ在浦潮露國人ハ舊露國義勇艦隊汽船「シンビリスク」號ヲ日本ニ派遣スル計畫アル旨聞知セシカ去ル十一日戒嚴司令部ハ救恤品ヲ齎ラセリト

日本橋方面交通整理

工兵第七大隊

小名木堅川ノ清掃　九日完成

芝口附近交通整理

築地橋　自動車十三日完成

工兵第十三大隊

海邊橋　自動車十五六日完成

汐見橋　同

黒船橋　同

築地附近交通整理

直屬

工兵第九大隊

須田橋ヲ中心トスル主要路ノ電車殘骸除去　十日、十一日完成

日本橋―新橋除去　十二日完成

工兵第三大隊

赤坂離宮ノ補修工事

新辻橋　自動車通過十三日完成

業平橋ヨリ洲崎河川清掃

南辻橋　自動車通過十五日完成豫定

横濱ニ至ル通信線架設

工兵第十大隊

主力芝浦配給部

稱スル露船「レーニン」號（舊稱「シンビリスク」）ヨリ日本東北地方ニ於ケル炭水補給港ノ所在ヲ尋ヌル無線電信ヲ接受セル旨ノ情報ニ接シ關係各方面ト協議ノ上不取敢監視ニ便ナル横濱ニ來ラシムルヲ適當ト認メ所要ノ囘答ヲナサシメ同船ハ十二日午後一時横濱ニ入港セリ

然ルニ十三日午前中ニ得タル諸情報殊ニ同船乘組員カ神奈川外事課長ニ語レル所ヲ綜合スルニ同船ハ救恤ヲ名トシ革命委員會及共產主義者ノ惡宣傳ヲ行フノ使命ヲ有シ且ツ其ノ救恤品ハ限定セル範圍ニ提供スヘキコトヲ揚言シ或ハ本震災ハ日本ニ於ケル革命達成上ノ天ノ使命ナリ等不穩ノ言ヲ弄セルノ事實アリシコトヲ聞知セルヲ以テ戒嚴司令官ハ同船員ノ上陸及提供貨物ノ受領ハ漸ク安定ニ趣キツツアル戒嚴令施行地域ノ治安ヲ攪亂スルノ危險アルモノト認メ斷乎トシテ救恤品ノ受領ヲ拒絶シ且戒嚴施行地域外ニ退去スヘキコトヲ命令セリ

右ニ依リ「レーニン」號ハ嚴重ナル監視ノ許ニ我カ海軍ヨリ浦潮歸還迄ニ要スル炭水ヲ補給シ本十四日午前十時迄ニ退去スル筈ナリ退去命令傳達ノ爲露船ニ赴キタル戒嚴參謀ノ視察セル所ニ依レハ搭載貨物ノ大部ハ古自動車、古煉瓦等ニシテ其ノ他ノ貨物ハ之ヲ閲覽ニ供スルヲ避クルノ風アリタリト謂フ

●此情報ヲ受取ラレタ方ハ見易キ所ヘ貼ツテ下サイ

關東戒嚴司令部情報　第十九號

九月十五日

關東戒嚴司令部情報部

◎陸軍飛行機連絡ニ依リ知リ得タル山陽、山陰、北陸、四國方面情勢

山陽道

岡山師管

一　住民ハ平穩、罹災者ニ對スル同情旺ニシテ日日通過スル罹災者ニ對スル接待救護等至ラサルナシ就中在鄕軍人、青年團、愛國婦人會、寺院、宗敎團等ハ團體的ニ活動シアリ

二　目下募集中ノ義捐金、救恤品ハ應募旺ニシテ豫定額ヲ超過セントスルノ盛況ニアリ縣、各新聞社、南部地方富豪會社等ノ主宰ニテ募集シ得タルモノ七日朝迄ニ五十二萬圓ニ達シ其他各種ノ團體皆擧ツテ夫々金品ノ募集中ナリ

三　四日乃至七日ニ出發セル救護團體ハ醫大、醫師會、縣衞生課、赤十字支部、私立病院等ヨリ編成セラレタルモノニシテ人員合計約八十名ナリ

四　五、六兩日ニ約八萬圓ニ相當スル食料品、日用品、醫療品、器具類ヲ東京ニ向ケ發送セリ

姫路師管

一　住民ハ平靜ニシテ老幼貧富ノ別ナク救恤義金ニ應募中ナリ

七日朝迄ニ神戶及姫路附近ニ到著セル避難民ハ日本人二、〇八八名、外國人二、六〇三名ニシテ外國人ハ海外及京阪地方ニ移動シツツアリ又日本人ハ約千人ヲ收容所ニ收容シ其他ハ親戚知己ニ落付キツツアリ

二　姫路市及關東罹災民救濟委員會ハ六日迄ニ約八萬圓ヲ又各種婦人會、女學校、軍隊等ニシテ荷七貨車分ハ八日發送ヲ終レリ

三　赤十字支部縣救護班（計醫六、看護婦二〇）ニ約六千圓ノ材料ヲ携帶セシメ五、六ノ兩日出發セリ

四　民心ハ平靜ニシテ救護ニ大奔走シアリ歸鄕學生ハ一團トナリ荷造發送ヲ助勢シツツアリ

北陸道

新潟縣西部

一　住民ハ一般ニ平靜ナルモ東京地方ニ出稼者ノ家族緣者ハ日々停車場ニ來リ安否ヲ氣遣ヒ一日モ早ク東京トノ通信ノ復活ヲ希望シツツアリ

二　赤倉御滯在中ノ久邇宮、東伏見宮兩殿下ノ御警衞ノ爲歩兵二小隊ヲ派遣シアリ

三　第十三師團ヨリ精米五千六百石、乾麪麭、罐詰肉等約一萬八千二百三十貫ヲ七日迄ニ發送セリ新潟縣トシテノ救恤情況ハ未タ明ナラサルモ高田市ニテハ精米、日用品、被服類ヲ醵出中ナリ

四國

香川縣

一　臨時縣參事會ハ四日慰問金三萬二千二百四十一圓ヲ議決シ尙米一千俵、素麪、小麥、醬油、釜、竈、衞生材料等多數ヲ發送スルニ決ス

二　目下地方物資調達ヲ了セルモノ丸盆一萬五千枚、藥品一萬個、塵紙一萬帖、食鹽一千叺ニシテ尙供給能力調査中ナリ

三　縣廳ハ關東地方震災事務部ヲ設置シ慰問、物資調達、義捐金募集ニ活動中ナリ

四　赤十字社支部、愛國婦人會支部及香川縣ニ於テ救護班四班ヲ編成シ約十五日分ノ糧食及衞生材料ヲ準備シ七日出發ノ準備ヲ完了セリ

隊ノ出動ヲ命セラル此等ノ部隊ハ直ニ出發東京及其附近ニ到著スルニ從ヒ戒嚴司令官ノ指揮下ニ入レリ越エテ九月五日更ニ戒嚴地域ヲ千葉、埼玉ノ兩縣ニ擴張セラルルト共ニ戒嚴司令官隷下部隊モ亦著シク增加セラレ九月八日迄ニ戒嚴地域內ニ到著シテ司令官ノ隷下ニ入リシ總兵力ハ約歩兵二十一聯隊、騎兵六聯隊、工兵十七大隊、鐵道、電信各二聯隊、航空機、衞生機關及救護班等ニシテ其總員約三萬五千ニ達セリ司令官ハ是等部隊ヲ千葉方面、埼玉方面、東京北部、同南部、神奈川方面、藤澤方面、小田原方面ノ各警備部隊ニ區分シ所要ノ兵力ヲ配置シテ警察官、憲兵ト協力一致シテ專ラ警備ニ任スルト共ニ一面鐵道、電信及工兵諸隊ハ鐵道、電線、道路、橋梁等ノ修理整頓ニ全力ヲ傾注シ糧秣ハ配給所員ノ奮勵ニ由リ市、府吏員ノ分配ヲ容易ナラシムル如ク搬送ヲ實行シ衞生救護機關亦其ノ全力ヲ擧ケテ傷病者ノ手當ニ任スル等何レモ不眠不休罹災民ノ救護救恤ニ努力シツツアリ此間海軍、地方官公吏、警察官等カ陸軍諸部隊ト密接ニ連繫シテ彼此相扶ケ警備、救護ニ隔意ナク協心戮力ノ實ヲ示サレシコトハ特ニ感謝ニ堪ヘサル處ナリ之カ爲當初ニ於ケル流言蜚語モ民心ノ安定ト共ニ消失シ且糧秣配給ノ潤澤、交通整理ノ進捗ト相待テ旬日ヲ出テスシテ一般平穩ニ歸シツツアルハ誠ニ慶喜スル所ナリ唯兵力ニ比シ震災區域膨大ナルヲ以テ一見人ヲシテ事實以上ニ警備ノ十分ナラサルヤノ感ヲ抱カシムルハ遺憾トセル所ナルモ今ヤ配兵モ略希望ニ達シ民心ノ歸嚮亦前記ノ如クナルヲ以テ九月十一日以後補給、救護及技術的作業等ハ擧ケテ之ヲ陸軍次官ヲ長トスル陸軍震災救護委員ノ管掌ニ委シ戒嚴司令官ノ隷下部隊ヲ以テ主トシテ警備ヲ擔當スルコトニ改メラレ著々其ノ成果ヲ擧ケツツアリ

慰問袋、衣類等ヲ募集中ナリ
三 神戸港ヨリ六、七、八日ニ米約十萬俵其他糧食八〇〇噸(政府買上)ヲ發送ス
四 在神戸外人團體ノ同情
萬國救濟會ノ義捐金七日迄ニ四萬二千圓ニ達シ尚二萬一千圓ノ食料ヲ横濱ニ向ケ發送ス
印度人 四千五百圓ヲ支出シ其半額ヲ罹災民救濟ニ充ツ
支那人 現金一萬圓其他日用品ヲ募集中

山陰道

島根縣
一 官民ノ同情旺ニシテ義捐金ノ募集、物資ノ蒐集等ハ頗ル好況ナリ民心ハ全ク平穩ナリ
二 義捐金ハ十萬圓ニ達スル見込ナリ九日迄ニ東京ニ向ケ發送セル物資ハ米約一千三百石、罐詰約一千三百箱及衛生材料等ナリ爾餘ノ物資ハ續續蒐集中ナリ
三 赤十字救護班、縣病院救護班上京セリ

鳥取縣
一 縣參事會ハ救護費六萬圓ヲ支出スルニ決ス其他郡市長、有志、教育會、在郷軍人會、青年團、婦人會、宗教團、新聞社等夫々義捐金品ノ募集中ニシテ十萬圓以上ニ達スル見込ナリ
二 米麥其他食糧品竝建築材料、衛生材料等ノ調査ヲ爲シ何時ニテモ發送シ得ル準備ヲ爲シアリ

高知縣
一 住民ハ頗ル平靜ニシテ深キ同情心ヲ以テ盛ニ救恤品ノ蒐集ニ努力シツツアリ
二 縣廳内ニ特ニ事務所ヲ設ケ委員ヲ囑托シ救恤業務ヲ取扱ヒ居レリ縣ノ支出額十萬圓ナリ縣民ノ寄贈金品ハ目下取纒中ナリ
三 九日發送セル救恤物品ハ土佐紙一千梱、干魚四千五百貫、澤庵二千樽、米三百四十五俵、衣類百〇五梱及木炭四百餘俵、其他雜品二百噸ナリ

備考 山陽、山陰、北陸道ニハ相當數ノ朝鮮人アルモ一般ニ平穩ニシテ官憲ハ萬一ヲ慮リ鮮人ノ内地旅行ヲ禁止シ保護ニ任シアリ

◎關東戒嚴司令部ノ採リタル處置ノ大要(九月十一日迄)

今次ノ震災ニ際シ陸軍ハ不取敢東京衛戍司令官指揮ノ下ニ在京近衛、第一師團ノ諸部隊ヲシテ直ニ震災地ノ警備ニ當ラシメ兼テ陸軍所有ノ糧秣諸材料ヲ提供シテ應急救濟ノ處置ヲ講シタルカ災害地域廣大ニシテ到底微弱ナル兵力ヲ以テシテハ其ノ目的ヲ達シ能ハサル爲九月三日東京府、神奈川縣下ニ戒嚴令ヲ布告セラレ陸軍大將福田雅太郎關東戒嚴司令官ニ勅命セラレタリ而シテ兵力ノ不足ヲ補フ爲更ニ第二、第十三、第十四師團ヨリ歩兵各二聯隊概シテ名古屋以東ノ師團ヨリ工兵

◉此情報ヲ受取ラレタ方ハ見易キ所ニ貼テ下サイ

◎東京及近郊火災燒失面積

陸地測量部測定東京及近郊火災燒失面積左ノ如シ

區分	全面積	燒失面積	不燒失面積	燒失歩合
麹町區	〇、五二九〇	一、一一七四	〇、〇四一六	〇・二二
神田區	〇、一九九三	〇、一八七一	〇、〇一二二	〇・九四
日本橋區	〇、一九二三	〇、一九二三	—	一・〇〇
京橋區	〇、二九四七	〇、二五三二	〇、〇四一五	〇・八六
芝區	〇、六〇八八	〇、一四五〇	〇、四六三八	〇・二四
赤坂區	〇、二七四〇	〇、〇一九八	〇、二五四二	〇・〇七
麻布區	〇、二五七五	〇、〇〇〇一	〇、二五七四	〇・〇〇
四谷區	〇、一七九七	〇、〇〇三九	〇、一七五八	〇・〇二
牛込區	〇、三三七九	〇、〇〇〇二	〇、三三七七	〇・〇〇
小石川區	〇、四二一一	〇、〇一七二	〇、四〇三九	〇・〇四
本郷區	〇、三一三〇	〇、〇五五二	〇、二五七八	〇・一八
下谷區	〇、三三七一	〇、一五六〇	〇、一七一一	〇・四八
淺草區	〇、三一一七	〇、二九九一	〇、〇一二六	〇・九六
本所區	〇、三九四〇	〇、三七三四	〇、〇二〇六	〇・九五
深川區	〇、五〇五八	〇、四二七七	〇、〇七八一	〇・八五
計	五、一四五八	二、二四七五	二、八九八三	〇・四四
近郊				
荏原郡		〇、〇〇一二		
豊多摩郡		〇、〇〇〇六		
北豊島郡		〇、〇三三九		
南葛飾郡		〇、〇五一三		
計		〇、〇八七〇		

關東戒嚴司令部情報 第二十號

九月十五日

關東戒嚴司令部情報部

◎身元引受人不明者

陸軍病院及救護班ニ收容中ノ傷病者中身元引受人不明ノモノ左ノ如シ（第三回）

麹町區三宅坂東京第一衛戍病院收容ノ分

引受人ナキ者

氏名	住所
上原チヨ	深川區靈岸町九〇
長岡ヒサ	神田區三崎町三ノ一
島村わか	朝鮮人　不明
關根ひさ	盲啞ニテ調査不能

孤兒

男（不明）	外傷性腦出血ニテ意識不明ニ付不明
男（同　）	年少ニシテ調査不能
男（同　）	同

通信不能ノモノ

江倉ツネ	東京會館庶務課
桑原なほ	深川區鍛冶屋横町八百政
渡邊さき	牛込區市ケ谷富久町一一三八

府下龜戸香取小學校內近衛師團第六救護班（第三師團第一救護班擔任收容ノ分）

附添人ナキ者

氏名	住所
山田忠次郎	淺草區猿若町一ノ一七
巻本りう	本所區中ノ鄉一五
佐渡つな	府下龜戸町

孤兒

溝口久雄	本所區南二葉町三

牛込區市ケ谷加賀町府立第四中學校內市ケ谷陸軍臨時病院收容ノ分

孤兒ニテ引受人ナキ者

氏名	住所
鈴木ミツ	深川區西大工町
中村廣春	本所區長岡町四四

加工鐵及釘二百噸

「タムペイソン」丸　九月十七日

加工鐵及釘百五十噸

伊豫丸　九月二十日

麥粉五十噸、魚罐詰百噸、乾乳百五十噸

「プレジデント、ゼファーソン」　九月二十三日

加工鐵及釘百五十噸

「ウエスト、ヘンショー」　九月二十五日

木材四百五十萬呎、屋根板五百萬枚

桑港出帆

「プレジデント、タフト」　九月六日　米三百噸

「ソンム」　九月七日　米二百噸

「ツイーガ」　九月十六日

米五千噸、鮭罐詰千噸、乾乳千噸、下ズボン二十萬著、下衣十五萬著、鐵百噸、麥粉千噸、毛布十萬枚

「デユウエー」　九月二十五日　木材四百五十萬呎

「マニラ」出帆

「メイグ」　九月十日

野戰病院設備二組（六百十人收容）、自動車、搬水車、下衣三萬四千著、「レーンコート」一萬著、羅紗「カーキーシャツ」三萬五千著、毛布一萬一千枚、木材六萬五千呎、病院用具及建築材料全重要一萬三百噸ニ上リ其ノ中ニ米國海軍、比律賓政府、米國赤十字「マニラ」支部ヨリノ寄贈品ヲ含ム

◎攝政宮災害地御巡閲

攝政宮殿下ニハ十五日午前六時赤坂離宮御出門、神田、本郷、日本橋方面ノ災害地ヲ親シク御巡視遊ハサレタル後戒嚴司令部ニ御立寄リアリ、福田司令官ヨリ戒嚴令施行ノ狀況ヲ聞召サレ尙司令部內各部服務ノ狀態ヲ御視察ノ上八時半頃還啓遊ハサレタリ

◎皇后宮御使

三條事務官ハ　皇后陛下御慰問ノ思召ヲ奉シ十三日三宅坂第一衛戍病院ニ、十四日市ケ谷臨時病院、士官學

後 一、五五	四、〇六	五、二〇	名古屋
同 三、〇五	五、〇三	六、三八	甲府
同 四、〇〇	六、二三	七、四〇	長野
同 五、〇五	八王子止リ		
同 六、〇〇	七、五七	一〇、〇〇	名古屋

新宿、八王子間ハ「吉祥寺、國分寺、立川」ノ外停車セス

山手線（品川、田端間）（新宿、池袋停車）

品川發	新宿發	田端發	新宿發
前 四、四五	五、二四	前 五、一八	五、五五
同 五、三〇	六、〇九	同 六、〇三	六、四〇
同 六、一五	六、五四	同 六、四八	七、二五
同 七、〇〇	七、三九	同 七、三三	八、一〇
同 七、四五	八、二四	同 八、一八	八、五五
同 八、三〇	九、〇九	同 九、〇三	九、四〇
同 九、一五	九、五四	同 九、四八	一〇、二五
同 一〇、〇〇	一〇、三九	同 一〇、三三	一一、一〇
同 一〇、四五	一一、二四	同 一一、一八	一一、五五
同 一一、三〇	一二、〇九	後 一二、〇三	一二、四〇
後 一二、一五	一二、五四	同 一二、四八	一、二五
同 一、〇〇	一、三九	同 一、三三	二、一〇
同 一、四五	二、二四	同 二、一八	二、五五
同 二、三〇	三、〇九	同 二、四八	三、四〇
同 三、一五	三、五四	同 三、三三	四、二五
同 四、〇〇	四、三九	同 四、〇三	五、一〇
同 四、四五	五、二四	同 四、四八	五、五五
同 五、三〇	六、〇九	同 五、一七	六、四〇
同 六、一五	六、五四	同 六、四八	七、二五

東北、信越線（大宮乘換）

日暮里發	田端發	停車驛
前 四、二〇…………		
	五、〇〇…………	各驛
同 六、〇〇…………		

鈴　木　本所區相生町四丁目鈴木小三郎孫?
　引受人ナキ者
逬沼　マサヲ　本所區横網町一ノ一二
久保田濟太郎　本所區相生町四ノ一七
伊藤　兼吉　本所區三笠町五七
彥部　卯兵衛　本所區若宮町一一七
　京橋區月島第六班救護班收容ノ分(第五回)
　附添人ナキモノ
氏　名　　住　所
須藤　清一　月島西川岸通三ノ二七
平野　與七　京橋區小田原町二ノ二六

◎藤澤方面ノ交通救護ノ状況

一　左記道路ハ自動車ヲ通スルニ至レリ
　横濱—藤澤—中島道(東海道)
　藤澤—鎌倉道
　藤澤—櫻株—下鶴間—山野—橋本新開—八王子道
二　藤澤警備隊救護班ハ左ノ位置ニ救護所ヲ開設シ各所共昨十四日患者百名内外ヲ加療セリ
　藤澤、鎌倉、戸塚、大船、櫻株、茅ヶ崎、腰越

◎震災救助米國船舶出發豫定表

(米國大使館附武官通報)

「シャトル」港出帆
「チンダレーアス」　九月六日
防水布千枚、麥粉二百噸、煉固乳千箱、鮭罐詰五百箱、金具六噸、藥品五噸
金剛山丸　九月九日
鹽鮭三百「バーレル」、米二十五噸、毛布千組、羅紗衣服五百著、鐵釘及鐵線二十八噸
「プレジデントヂヤクソン」　九月十一日
麥粉百噸、乾乳三千箱
富山丸　九月十三日頃
米五十噸、麥粉五十噸、鮭一萬箱、金具二十噸、乾乳五百箱、防水布百枚
豫前丸(?)　九月十四日

校内東京第一衞戍病院分院ニ差遣ハサレ收療罹災傷病者ノ状況ヲ視察セラレタリ

◎汽車發車時刻表

(九月十五日)　東京鐵道局情報部

東海道線(品川發)
前　三、五〇　田浦行
同　四、五〇　横濱行
同　五、五〇　田浦行
同　六、四〇　横濱行
同　七、三〇　田浦行
同　八、〇〇　横濱行
同　八、四〇　同
同　九、三〇　田浦行
同　一〇、二〇　横濱行
同　一一、二〇　田浦行
後　一二、〇〇　横濱行
同　一二、三〇　同
同　一、三〇　田浦行
同　二、三〇　横濱行
同　三、二〇　田浦行
同　四、〇〇　横濱行
同　四、四〇　同
同　五、二〇　大船行
同　六、〇〇　横濱行
川崎、横濱、程ヶ谷、大船、鎌倉、逗子、ニ停車其他通過

(大船發)鳥井戸川假驛行
前　四、〇〇　藤澤、辻堂通過
同　五、五六　辻堂通過
同　七、五四　藤澤、辻堂通過
同　九、五〇　同
同　一一、三六　辻堂通過
後　一、四五　藤澤、辻堂通過
同　三、四〇　同
同　五、四〇　辻堂通過

(平塚發)國府津行
前　八、〇〇
同　一〇、三〇
後　一、〇〇
同　三、三〇
平塚國府津間各驛停車

中央線(與瀨、上野原間徒歩連絡國道約十五丁廿五分ヲ要ス)
新宿發　與瀨著　假驛(現場)發　行先
前　四、四五　六、四四……七、一五　甲府
同　五、四一　七、三六　八、五五　名古屋
同　六、五五　九、一〇　一〇、三五　甲府
同　八、一五　一〇、三〇　一一、四〇　名古屋
同　九、一五　八王子止リ
同　一〇、一二　一二、一一　一、二二　甲府
同　一一、三〇　一、三一　二、二五　鹽尻
後　一二、四二　二、三九　三、四〇　甲府

同　七、四六……各驛
六、四三
八、二八……各驛
同　九、三二……
一〇、一八……浦和
同　一一、二五……
後　一二、一〇……赤羽、浦和
同　一、一〇……各驛
一、五五
同　三、〇〇……
三、四五
同　四、四〇……赤羽、浦和
五、三〇……各驛
同　六、二五……
七、一〇……赤羽、浦和
同　八、一〇……各驛
九、二四……各驛

常磐線
日暮里發　三河島發　行先
前　六、二七……青森
同　八、〇七……水戸
前　九、一九……一ノ關
同　一〇、五七……水戸
後　一二、三三……原ノ町
同　三、一二……富岡
同　四、四二……水戸
後　六、〇一……平
同　七、五七……水戸
同　九、〇七……土浦

總武線(龜戸發)
前　五、〇〇　千葉行
前　六、〇〇　佐倉行
以後一時間毎ニ佐倉行運轉但終發午後十一時
(銚子、成田、勝浦方面行ハ佐倉乘換
北條線方面行ハ……千葉乘換)

●此情報ヲ受取ラレタ方ハ見易キ所ニハッテ下サイ

關東戒嚴司令部情報　第二十一號

九月十七日

關東戒嚴司令部情報部

◎侍從武官御差遣

今回ノ事變ニ出動中ノ軍隊御慰問ノ御思召ヲ以テ左ノ如ク侍從武官ヲ御差遣遊ハサルル趣ナリ

東京附近　九月十八日及十九日　桑田武官
中山道方面　同十八日　濱田武官
千葉方面　同十九日　服部武官
小田原、藤澤方面　同二十日二十一日　桑田武官
横濱方面　同二十一日　大島武官

◎士官學校生徒歸校

事變發生以來皇族邸及在京外國大公使館ノ警護ニ任シ居タル士官學校生徒隊ハ十四日第一師團長隷下部隊ト交代シ同夜七時三十分全部歸校セリ

◎米國救濟品ノ分配

米國汽船「ブラックホーク」號ノ搭載シ來レル救濟品米二十八萬封度、調味品、肉類、野菜類等多數ヲ陸軍配給部ニ於テ受領シ其一部ハ外交團、在留外人ニ一部ハ一般罹災者ニ分配セリ

◎交通情報

一　厩橋ハ十四日工兵第二大隊ノ作業ニ依リ又海邊橋ハ十五日工兵第十三大隊ノ作業ニ依リテ補修完成シ共ニ自動車ヲ通スルニ至リ淺草、本所、深川、永代橋、日本橋ヲ通スル環狀道路完成セリ

二　藤澤、鎌倉附近ハ自動車路トシテノ補修完成シ東京―鎌倉間ノ自動車連絡自由トナレリ

ニハ大阪市ニ東京、横濱兩市共地震後大火災ノ起レル無線電信到著セルモ狀況全ク不明ナリキ此時陸軍大臣ノ重要命令ヲ第四師團長ニ送達シ且ツ東京、横濱ノ狀況ヲ報知セルハ乙式二一六號ノ飛行機（操縦者波多野中尉同乘者東中村上等兵）ニシテ二日午前九時東京出發午後三時大阪ニ著陸セリ之ニヨリ初メテ東京方面ノ震災狀況關西地方ニ更ニ同地ヨリ世界各國ニ傳達セラレタリ

二　帝都ヨリ各方面ヘノ通信線切斷セラレ連絡杜絶ニ際シ左記飛行機ハ軍隊ノ出動命令ヲ迅速ニ各方面ニ傳達セリ

乙式二五二號　操縦者　秀島中尉同乘者山田上等兵　高崎歩兵第十五聯隊ヘ
乙式二二二號　同　正木曹長同　柴田中尉宇都宮師團ヘ
乙式二五三號　同　小川中尉同　鈴木一等卒　佐倉歩兵第五十七聯隊ヘ

此等飛行機ハ二日午後六時乃至六時五十分ノ間ニ東京ヲ出發シ夜暗ヲ衝イテ目的地ニ飛來シ其重要使命ヲ果セリ

其他ノ飛行機ハ東京、横濱、相模平地或ハ遠ク伊豆七島ノ偵察ニ從事シ又ハ情報ノ宣傳ニ或ハ大阪東京間ノ連絡飛行ニ從事セリ殊ニ今回ノ飛行ハ突發事變ナルヲ以テ何等ノ準備ナク天候觀測ナク全ク決死的飛行ニシテ幾多ノ危險ニ遭遇シ又任務ノ急ヲ要スル爲メ一時間

◎馬入川ノ架橋著手

十三日漸ク竣成シタル馬入川假橋ハ十四日ノ豪雨ノ爲流失シタルカ會〻藤澤警備隊ニ屬スル工兵第十六大隊ハ道路ノ修理工事ヲ殆ト完了シタルヲ以テ十五日ヨリ半永久橋ノ架橋ニ著手セリ本架橋工事ハ可成リノ大作業ニシテ竣成迄ニハ約二週間ヲ要スルナラン

尚横濱市内重要橋梁ハ殆ト完成シ交通ノ整理大ニ進捗セリ又程ケ谷ノ水道ハ十四日夕完成セリ

◎在習志野支、鮮人トノ交渉手續

千葉縣警備隊司令部又ハ戒嚴司令部ノ手ヲ經ルコトナク習志野廠舍ニ收容保護シアル支、鮮人ニ對シ直接交渉スル事ハ禁セラレアルニ就キ自今必ス戒嚴司令部―千葉警備隊司令部ノ順序ヲ經ルヲ要ス但シ之カ爲特ニ上京ヲ不便トスル向キハ直接千葉縣警備隊司令部ニ申出ツルモ妨ナシ

◎陸軍飛行隊ノ活動

軍用飛行機ハ震災後最モ速ニ日光田母澤ニ飛行シテ天機ヲ奉伺セシ外震災直後交通杜絕ニ際シ左ノ如キ重要任務ヲ遂行セリ

一 九月一日ノ大震災ニ當リ僅々二分間ノ震動ニテ帝都ヨリ各方面ヘノ通信網ハ悉ク切斷セラレ一日夜迄二百吉米以上ノ速度ヲ出セルモノアリシモ天佑ト志氣ノ緊張ノ爲幸ヒ何等ノ故障ナク任務ヲ達成セリ

◎飛行記錄

九月二日ヨリ九月九日ニ至ル八日間震災事件ニ關シ偵察、連絡及宣傳等ノ要務ヲ以テ飛行セル關東戒嚴司令官隷下部隊及航空部本部長ノ區處ヲ受ケ居ル飛行隊(下志津分校ヲ除ク)ノ飛行記錄ノ概要左ノ如シ

部隊	飛行回數	飛行時間
陸軍航空學校	一〇一	一三九時、三九
飛行第二大隊	三一	五八、二二
飛行第四大隊	七	一二、二二
飛行第五大隊	六二	四五、五四
合計	二〇一	二五六、一七

右飛行ハ概シテ速度ノ急速ヲ要セシ爲一時間平均一七〇吉米ヲ飛行シタルモノトセハ其飛行距離ハ四三、〇一〇吉米(約一一七、〇〇〇哩)ニシテ地球ノ周圍(二一、六〇〇哩)ヲ一週シ猶餘リアリ此間事故ノ錄スヘキモノナシ

右記錄ハ第三師團長ノ區處ヲ以テ飛行セシ飛行第一大隊、第十六師團長ノ區署ヲ以テ飛行セシ飛行第三大隊竝主トシテ戒嚴地域ノ寫眞偵察ニ任セシ陸軍航空學校下志津分校ハ之ヲ計上セス

●此情報ヲ受取ラレタ方ハ見易キ所ニ貼テ下サイ

關東戒嚴司令部情報

九月十八日

◎列車脱線

鴻巣─桶川間　死傷約百名

一　九月十七日午前八時三十分發浦和警備隊司令官林少將鳩通信ニ依レハ十七日午前七時熊谷發上リ列車ハ鴻巣─桶川間（熊谷ヲ距ル南方十哩ノ地點）ニテ脱線シ死傷者約百名ヲ生シ警備隊ヨリ醫官及隊兵ヲ赴援セシメタリ

二　神名川、利根川ノ増水ハ猶減退ニ至ラス

◎震災地在住者ノ恩給、扶助料等繰上ケ支給セラル

一　十月渡分ノ恩給、扶助料ハ九月二十日ヨリ繰上ケ支給セラルルコトトナレリ

イ　恩給、扶助料證書ヲ所持スル者ハ該證書及印章ヲ携ヘ東京丸之内内閣恩給局ヘ出頭セラルヘシ（日曜、祭日ヲ除キ毎日午前十時ヨリ午後二時迄）

ロ　陸軍關係者ニシテ恩給、扶助料ノ證書ヲ燒失セシ者ハ麹町三宅坂陸軍省人事局恩賞課ヘ出頭セラルヘシ同課ニ於テ假證書發行ノ手續ヲナス

一　陸軍關係者ニシテ既ニ恩給、扶助料ノ請求書ヲ出シ未タ證書ヲ受領セサル者ハ陸軍省人事局恩賞課ヘ出頭セラルヘシ

第二十二號

關東戒嚴司令部情報部

東神奈川停車場附近　第十五師團救護第二半部

右四箇救護所ヨリ市内外ニ八箇ノ支部ヲ設ケ尙擔架隊ヲシテ附近罹災民集合所ヲ捜索セシメ傷病者ヲ收容セシメツツアリ其數累計約二千五百名ナリ

一　陸軍軍醫學校ニ於テ引續キ主トシテ江東方面三十箇所ノ水質檢査ヲ行ヒシニ飲用ニ適スルモノ僅ニ三箇所ニ過キサリキ

◎九月十六日

一　九月十五日中陸軍ニ於テ救護シタル傷病者五千餘名ニシテ收容シタルモノ約七十名ナリ本日迄ニ救護シタルモノ約六萬六千名ナリ

一　本日ニ於ケル救護所ノ位置竝其狀況左ノ如シ

九段陸軍軍醫學校　目下約五十名ヲ收容ス外來每日約五十名アリ

三宅坂東京第一衞戍病院、牛込市谷陸軍士官學校（東京第一衞戍病院分室）　目下約三百五十名ヲ收容ス外來漸次減少シテ七十名内外ナリ

世田ケ谷東京第二衞戍病院（第十八師團救護第一半部ヲ加フ）　目下收容數約百名外來概ネ亦百名アリ

牛込加賀町第四中學校市谷臨時病院（軍醫學校職員第三師團救護一半部）現在收容患者二百餘名、外來百三十名アリ

寺島町第七中學校寺島臨時病院（第五師團救護班）　患者收容患

一　陸軍關係者ニシテ恩給、扶助料ヲ至急請求セントスル者ハ印章携帶陸軍省人事局恩賞課ヘ出頭セラルヘシ

右ノ外恩給、扶助料ニ就テハ陸軍省人事局恩賞課ニ於テ相談ニ應ス

◎帝國在郷軍人會ノ人事相談ニ關スル事業

帝國在郷軍人會本部及麻布、本郷兩支部ニ於テ罹災在郷軍人ノ救護及人事相談其他ニ關スル業務ヲ開始セシカ相當ニ其效果ヲ收メツツアリ求職及求人希望者ハ左記ヘ申込マルヘシ

求人ノ方ハ

在郷軍人會本部（麴町三宅坂陸軍省內）
本　郷　支　部（本郷區眞砂町）
麻　布　支　部（青山一丁目停留所側）

求職ノ方ハ

帝國在郷軍人會本部（牛込區原町三ノ八）
本郷聯隊區司令部（本郷區眞砂町）
同　出張所（深川區岩崎公園內）
同　（上野公園自治館內）
麻布聯隊區司令部（青山一丁目停留所南側）
同　出張所（日比谷公園正門前）
同　（九段坂上）

◎伊豆半島慘害續報

第十五師團ヨリ伊豆半島ニ特派シタル情報蒐集班ノ調者約三百名、外來五百名アリ外傷患者著シク減少セリ

隅田小學校近衛第一救護所（第十七師團救護一半部）　毎日外來四百餘名アリ

兩國國技館近衛第三救護所　著シク患者減少シ僅ニ數名ノミ

吾嬬小學校近衛第五救護所（第十四、第十七師團救護班）　外來毎日約百五十名現在收容約三十名

龜戶香取小學校近衛第六救護所（第三師團救護一半部）　外來患者約百名アリ

中根岸金杉小學校近衛第七救護所（第二師團衛生隊）　目下毎日外來約二百五十名ヲ算ス

王子王子救護所（第十三師團村松救護班）、田端田端救護所（第十三師團松本救護班）

南千住南千住救護所（第十三師團高田救護班）　目下外來患者約二百名ヲ處置シツツアリ

芝增上寺芝公園救護所（第十四師團救護班二班）　外來患者約二百名アリ

深川糧秣廠第一師團第二救護班　外來毎日百二十名アリ

砂町砂町小學校砂町救護所（第一師團第八救護班並第九師團救護班）　目下外來毎日約三百名アリ

大島町大島町小學校大島救護所（第八師團衛生隊）　目下毎日外來患者約五百名ヲ算ス

佃島佃島救護所（第十八師團救護班一班）　目下毎日百名內外ノ患者ヲ救療ス

橫濱方面

青木小學校第十師團救護班　目下毎日約七十名ノ外來

査シタル情況左ノ如シ
下田町ハ大ナル損害ナシ
伊東町ノ損害ハ豫想以上ニシテ倒壊家屋千六百ニ上ル
網代町ハ家屋倒壊二百七十三、死者三
眞鶴町ハ倒壊七百、死者百
門川、伊豆山、吉濱、根府川等ノ諸村殆ント全滅セリ
尚熱海線根府川驛ハ九月一日ノ強震ニ於テ折柄停車中ノ列車ト共ニ崩壊セル土砂ニ埋沒セラレ列車乘客百五十名、驛員六名、附近村民三百名ノ死者ヲ出シタルカ交通杜絶シ全ク土砂ニ埋沒セル爲今尚恢復ノ見込立タサルカ如シ

◎九月十五、十六兩日ニ於ケル衛生ノ狀況

一 九月十四日中ニ陸軍ニ於テ救護シタル傷病者四千五百餘名、收容シタルモノ百餘名ニシテ本日迄ニ救護セルモノ約六萬人ナリ

一 橫濱方面ニ於ケル目下ノ救護所位置左ノ如シ
青木小學校　第十師團救護班
淺間濟生會病院　第四師團救護班
本牧小學校　第十六師團衛生隊

患者ト四十名ノ入院患者ヲ存セリ
淺間濟生會病院第四師團救護班　目下毎日約三百五十名ノ外來患者アリ入院患者七十名アリ
本牧小學校第十六師團衛生隊　毎日約三百五十名ノ外來患者ト收容患者二十名ヲ存ス
神奈川停車場附近第十五師團救護第二半部　毎日約百七十名內外ノ外來患者アリ
鎌倉鎌倉救護所（第六、第七師團救護班）　現在患者三百餘名ヲ有ス
小田原第十五師團救護第一半部
橫須賀橫須賀衛戍病院　約七百名內外ノ外來患者ト約四十名ノ收容患者アリ

千葉方面
國府臺國府臺衛戍病院　約二百五十名內外ノ患者アリ
同　第十二師團救護班第一半部　市川、新宿、本田ニ三箇ノ救護場ヲ設ケ毎日約二百名ノ外來患者ヲ處置ス
習志野習志野衛戍病院　約二百名內外ノ患者アリ
同　第十一師團救護班　現在六百四十名ノ患者ヲ有ス
北條保田救護所（第十二師團救護班第二半部）　千葉縣佐貫、湊、館山ノ巡回救護ニ任シ目下保田ニ救護所ヲ開ク毎日約五十名ノ患者アリ

一 本日陸軍ヨリ地方ニ補給セル衛生材料左ノ如シ
「グリセリン」外八點　二〇、〇〇〇人ニ對スル一日分　東京帝國大學醫學部附屬醫院

●此情報ヲ受取ラレタ方ハ見易キ所ニ貼テ下サイ

關東戒嚴司令部情報　第二十三號

關東戒嚴司令部情報部

九月十九日

◎九月十七日ニ於ケル衞生ノ情況

一　九月十六日中陸軍ニ於テ救護シタル傷病者約四千名ニシテ收容セルモノ六十餘名ナリ本日迄ニ救護シタルモノ六萬九千餘名ナリ
目下各地共外傷患者ハ著シク減少シテ胃腸病患者増加シツヽアリ

一　曩ニ藤澤方面ニ派遣シアリシ第六師團救護班ハ腰越、藤澤、茅ヶ崎ニ三救護所ヲ開設シテ十四日迄ニ累計約千名ノ救護ニ任セリ
又鎌倉ノ救護ニ任セシ第七師團救護班ハ一部ヲ國府津、小田原方面ニ分派シ十四日迄ニ累計約六百名ヲ救護セリ

一　小田原方面ハ尚救療普及セサルヲ以テ神奈川停車場附近ニアル第十五師團救護第二半部ヲ本日小田原ニ向ケ増派セリ

一　陸軍軍醫學校防疫部ニ於テ本日迄ニ陸軍ニ於テ收容セル羅災民患者ニツキ菌檢索ヲ行ヒシカ四十八件中赤痢八、窒扶斯二病原菌ヲ檢索シ得タリ

◎八王子線ノ補修

横濱八王子線ハ鐵道第二聯隊補修作業中ノ所十三日以來新ニ久留米ヨリ來著シタル工兵第十八大隊ヲ之ニ増

倒壞面積　○方里二六八

備考　面積ハ一萬分ノ一地形圖ニ於テ計算ス

◎三浦半島ノ隆起

陸軍陸地測量部カ三浦半島三崎附近油壺灣內ニ設備シアル同部ノ驗潮儀（潮汐ノ干滿ヲ自記スル器械）ニ就キ實測セル所ニ依レハ震災後ノ平均潮位即チ干滿潮ノ平均位置ハ震災前ヨリモ一米四四四（四尺七寸六分）低下セリ換言スレハ此地方ハ一米四四四丈ケ土地ノ隆起ヲ來セルモノト認メラル

◎陸軍電信、鐵道諸隊ノ活動

震災ニ伴ヒ破壞セラレタル幾多交通、通信機關中特ニ其主要タル電信、電話、鐵道ノ災害ハ絶大ノ苦痛ヲ感スル所タリ之カ爲陸軍ハ直ニ飛行機及鳩隊ヲ利用シテ通信及郵便物輸送ニ其ノ能力ヲ發揮セシムルト同時ニ在中野電信第一聯隊及引續キ廣島ヨリ招致シタル電信第二聯隊ヲシテ專ラ重要ナル電信電話線ノ修繕復舊作業ニ又千葉及其ノ附近ニ屯在ノ鐵道第一、第二聯隊ヲシテ主トシテ主要鐵道ノ復舊ニ任セシメタリ此等諸隊ハ何レモ關東戒嚴司令官福田大將ノ隷下ニ屬シ關係諸省ト相協力シテ連日連夜殆ント不眠不休任務ノ遂行ニ從事シ災害後二週日ヲ出テスシテ大要左ノ如キ工事ヲ

援セシメ同大隊ハ専ラ崩壊土ノ排除、築堤作業等ニ従事シ晝夜兼行工事ヲ急キ二十日前後ニハ全線完成ノ豫定トナレリ同線開通ノ上ハ横濱方面ニ對スル物資輸送ハ多大ノ便益ヲ得ルニ至ルヘシ

◎貨物揚陸地ノ増加

陸軍震災救護委員補給部ニ於テ從來海路輸送シ來ル貨物ハ全部芝浦ニテ揚陸セシメ居リシモ十七日ヨリハ其一部ヲ海神奈川ニテ揚陸セシメ品川迄鐵路輸送スルコトトナリ其ノ第一回ハ午後一時ニ到著續テ第二列車ハ午後五時到著セリ

本十八日ヨリハ約六百噸ノ貨物ヲ二乃至三列車ニテ輸送ヲ實施スル筈ニ付キ將來ハ貨物ノ揚陸及輸送ハ大ニ緩和スルノ見込ミナリ

◎陸軍側ニテ行ヒタル外人援助

行動概要

在留外國人ノ罹災者ニ對シテハ特ニ深ク同情ヲ表スルトコロニシテ之カ爲外務省ヲ援助シ震災勃發以來九月十七日迄ノ間ニ陸軍ノ執リタル處置概ネ左ノ如シ但シ各隊等ニ於テ臨機應援セル事項ハ未調査ニ屬ス

一　大公使館ニ陸軍士官學校生徒三乃至五ヲ配置シテ警備ニ任セシム

一　帝國「ホテル」及大公使館ニ外務省情報部發行ノ印刷物ト共ニ戒嚴司令部發行ノ各種情報要圖類ヲ配布シ又要所ニ掲示シテ情況知悉ニ便ニス

一　九月三日ヨリ八日ニ亙リ外國通信員電報ハ飛行完了若ハ繼續中ナリ

電信第一聯隊　東京市内ニ於ケル諸官廳、戒嚴司令官直轄部隊相互間ノ通信連絡ニ任ス延長四百五十吉米、開設セル通信所(電信二一、電話一五八箇)交換加入五十七箇ニ達ス

東京、横濱、立川、清水ニ移動無線ヲ配置シ中野、金澤、石狩固定無線ヲ運用ス

電信第二聯隊　九月十日ヨリ作業開始十二日迄ニ東京、千葉、横濱、藤澤間ニ電信又ハ電話連絡ヲ開始シ軍用電報ノ外一般官報ノ取扱ヲ開始ス更ニ横須賀、小田原ニ向ヒ延線中

鐵道第一聯隊　主力ハ横濱―大船―横須賀線ノ復舊工事ニ(十三日ヨリ在郷軍人百名之ヲ援助スル筈)一部(長以下百十一名)ハ北條線大貫―江見間ノ復舊工事ニ從事中

鐵道第二聯隊　主力ハ工兵第十八大隊ノ援助ヲ得全力ヲ以テ八王子、東神奈川間ノ復舊工事從事中一部ハ龜戸―千葉間及龜戸―北千住間ノ運轉ヲ關係者ト協力シテ實施シツツアリ

◎交通情況

一　九月十六日工兵隊ニ依リ補修ヲ完了セル諸橋梁左ノ如シ

三ノ橋　　黒船橋

尚目下補修中ノ橋梁左ノ如シ

竪川橋　　釆女橋　　神田橋

二　永代橋下ノ水路ハ工兵隊ニ依リ流下物除去中ニシ

機ニ托シ名古屋ヨリ發電シ得ル如ク取計フ

一　陸軍大臣ヨリ見舞ノ意味ニテ各國大公使館ニ約一週間分ノ糧食ヲ分配ス

一　各國大公使館用トシテ陸軍省ヨリ外務省ニ毛布二百枚ヲ貸與セリ

一　四日ヨリ十日ニ亙リ陸軍省ヨリ外國大公使館用自動車「ガソリン」及蠟燭等ヲ補給ス（十一日以後ハ震災救護事務所ノ手ニ移ル）

◎陸軍救護班一部ノ歸還

陸軍ニ於ケル救護業務ハ曩ニ戒嚴司令官ノ手ヲ離レテ陸軍震災救護委員ノ手ニ移リシカ第二、第十三、第十四師團ノ救護班及第三師團救護班ノ半部（何レモ少數ノ人員）ハ來ル十九日出發各〻其衛戍地ニ歸還セシムルコトトナレリ

右ハ應急救護業務ノ漸ク終了ニ近ツキシト各方面救護機關ノ整備ニ伴ヒ不十分ナル編成ヲ以テ急遽出動セル師團救護班ヲ永ク留ムルノ必要ヲ認メサルニ因ルモノニシテ戒嚴軍隊ノ一部撤退トハ全然無關係ナリ

◎陸地測量部調査横濱被害面積

横濱市全面積　　二方里一四三

燒失面積　　○方里六八五

●此情報ヲ受取ラレタ方ハ見易キ所ニ貼テ下サイ

テ尚當分引續キ實施スル豫定ナリ

三　新宿車庫内ハ目下工兵隊ノ協力ニ依リ整理中ニシテ今後約十日間ヲ要スル見込ナリ該工事完成セハ山手方面ノ電車開通區域大ニ擴張スルニ至ルヘシ

◎市内整理

一　九月十七日ヨリ市内諸建築物ノ殘骸ニシテ器具ニ依リ除去困難ナルモノヲ排除スル爲工兵五箇大隊ヲ各地區ニ配當シ爆破ヲ實施スルコトトセリ

此爆破ハ概シテ晝間實施スル豫定ニシテ一時某街路ノ通行ヲ禁止スルノ已ムヲ得サル場合アルヘク又一般市民ハ豫メ爆音ヲ覺悟スルト共ニ自ラ危險ヲ戒メラレタシ

二　横濱ニ於テハ工兵第十二、第十四、第十七大隊ヲ以テ各水路ノ開設、橋梁ノ修理ニ任シ現在工事ノ主ナルモノハ大岡川、吉田川、中村川ノ水路開設、月見橋ノ修理等ナリ

◎憲政會ノ戒嚴部隊慰問

九月十七日午後二時憲政會總務下岡忠治氏ハ總裁加藤子爵事故ノ爲黨ヲ代表シテ福田戒嚴司令官ヲ訪ヒ親シク戒嚴部隊ノ勞苦ヲ感謝慰問セリ

關東戒嚴司令部情報　第二十四號

關東戒嚴司令部情報部

九月二十日

◎侍從武官ノ御差遣

戒嚴軍隊御慰問ノ御思召ヲ以テ御差遣ノ桑田侍從武官ハ十八日午前九時ヨリ戒嚴司令部及東京北部警備隊ヲ巡視セラレ司令官以下ニ對シ左ノ御沙汰ヲ傳達セラレタリ

　天皇陛下ニ於カセラレテハ今回ノ大震災ニ當リ戒嚴ノ勤務ニ服スル司令官始メ一同ニ對シ深ク苦勞ニ被思召其ノ狀況實視トシテ本職ヲ被差遣旨御沙汰被爲在

右ニ對シ戒嚴司令官福田大將奉答文左ノ如シ

　優渥ナル叡旨ヲ拜シ一同感激ノ至リニ堪ヘス謹テ御禮申上クルト共ニ臣等益〻奮勵死力ヲ竭シ聖旨ニ副ヒ奉ランコトヲ期ス

尚同日濱田侍從武官ハ在浦和中山道方面警備隊ノ狀況ヲ實視セラレ司令官林少將以下ニ對シ同樣ノ聖旨ヲ傳達セラレ十九日ハ引キ續キ東京南部警備隊及千葉方面ニ、二十日、二十一日ハ小田原、藤澤、横濱方面ニ武官御差遣ノ筈ナリ

◎閑院宮御視察

目黒川河口ヨリ各臺場外側ヲ經テ洲崎埋立地西南端ヲ連ヌル線以内ノ海面

追テ本件ハ海軍ニ於テモ既ニ施行中ナリ

◎横濱概況

一　一般ノ情況

横濱ハ東京ト異ナリ全市悉ク災禍ヲ被リタル爲災害直後ニ於ケル混亂ハ一層甚シカリシカ今ヤ漸ク秩序恢復シ人心モ安定ノ域ニ達セリ、避難民モ遠ク他地方ニ赴クモノハ今日迄ニ概ネ移動ヲ終リ現在ハ餘リ多クノ移動ヲ見ス

一　復舊工事

水道ハ十四日保土ケ谷附近ノ一部ニ配水セシヲ始メトシ工兵隊ノ努力ニ依リ漸次其配水範圍ヲ擴大シ最近戸部町及淺間附近ニ配水スルニ至レリ

電燈ハ本牧及根岸方面ハ十六日其他ハ大體ノ點燈ヲ終リ逐次局部的ニ其ノ完全ヲ急キツツアリ、尚工兵隊ハ橋梁ノ修理、架設、道路ノ整理、水路ノ開設等ニ全力ヲ傾注シツツアリシカ今ヤ市内主要交通路ハ概ネ自動車ヲ通スルニ支障ナキニ至レリ

閑院宮殿下ニハ十七日日本赤十字社總裁ノ御資格ヲ以テ寺島臨時病院ニ御成リ患者竝職員ニ對シ有難キ御諚ヲ賜フタカ今十九日ハ早朝ヨリ陸軍省及戒嚴司令部ヲ御視察救護業務及戒嚴勤務ノ狀況ヲ御實視次テ芝浦、日本橋、深川、淺草各方面ヲ視察被遊タリ

◎九月十八日ニ於ケル衛生ノ情況

一　九月十七日中陸軍ニ於テ救護セル傷病者五千餘名ニシテ收容セルモノ五十餘名ナリ本日迄ニ救護セルモノ累計七萬七千餘名（報告漏ヲ加入ス）ナリ

一　本十八日芝增上寺ノ宇都宮師團救護班ハ愛媛赤十字救護班ト、中根岸仙臺師團救護班ハ福岡赤十字救護班ト又龜戸名古屋師團救護班ハ愛知赤十字救護班ト其ノ業務ヲ交代セリ

一　小田原方面ニ派遣セラレシ豐橋師團救護第一半部ハ厚木、國府津、大磯、眞鶴方面ニ行動シ罹災傷病者ノ救護ニ任シ負傷者ハ概ネ其ノ處置ヲ終レリ

一　陸軍ヨリ地方ニ補給セル衛生材料左ノ如シ

石炭酸　三九二オンス　外二十一點　日本赤十字社

◎治安維持ノ爲芝浦附近夜間海面交通禁止ノ件

治安維持ノ爲メ九月十九日以後芝浦附近左記區間ハ關東戒嚴司令官ニ於テ官憲ノ許可セルモノノ外夜間ノ交通ヲ禁止セラレタリ

左記

◎横濱市ノ電話

横濱方面ノ電信線建築補修ヲ完了セシ電信第二聯隊ハ其ノ餘力ヲ以テ横濱市內ニ於ケル軍隊、官衙、公署、學校、公共團體間ノ電話ヲ架設シ更ニ其ノ一部分ヲ民間ニ開放セリ

◎交通情況

御茶水橋上流水路ノ閉塞ハ該地點ヨリ上流ニ氾濫ヲ來スノミナラス造兵廠附近飯田河岸ニ通スル主要ノ水路ナルヲ以テ本十九日ヨリ直ニ工兵第二大隊ノ主力ヲ以テ開鑿工事ヲ實施スルコトトセリ而シテ該工事ハ凡ソ二十五六日間ヲ要スル見込ナリ

◎鮮人ノ保護

目下習志野ニ收容保護中ノ朝鮮人ハ三千七十五名ニ達セシカ朝鮮總督府ヨリ收容鮮人ニ對シ大要左ノ諭告ヲ與ヘタリ而シテ此等鮮人ハ我官憲ノ保護ニ依リ安心シ居レリ

今回ノ大震災ニ當ツテ最モ遺憾ナ事ハ同胞ノ大困惑ニ乘シテ不逞ノ企ヲ爲シタ者カアリ之カ爲ニ種々ノ風說ヲ生ミ民衆ノ激昂ヲ買ツタコトテアル然シ流言モ漸次終熄シ平靜ノ狀態テアル、萬一ヲ慮ツテ收容保護シテ居ル者ニハ漸次職業ヲ世話スル考テアルカラ安心シテ將來益〻內鮮人融和ノ實ヲ擧クル決心ヲシテ貰ヒタイ朝鮮內ハ極メテ平靜テアルカ、諸子ノ安否ヲ氣遣ツテ居ルノテ總督府出張所テ通報ノ便宜ヲ圖ツテ居ル

陸軍情報 第二十五號（從來ノ關東戒嚴司令部情報ヲ陸軍情報ト改ム） 九月二十一日

◎九月十九日ノ衛生情況

（陸軍省發表）

一 九月十八日中陸軍ニ於テ救護セル傷病者四千餘名ニシテ收容セルモノハ二十五名ナリ本日迄ニ救護セルモノ累計八萬餘名ナリ

一 鎌倉方面ニ派遣セシ旭川師團救護班ハ七日以來主ニ鎌倉、戸塚方面ノ罹災者救護ニ任シ今日迄ニ累計八百餘名ニ達シ目下三十餘名ヲ收容治療シツツアリ

一 陸軍軍醫學校防疫部ニ於テ本日迄ニ陸軍ニ於テ收容セル罹災民患者ニツキ引續キ赤痢、窒扶私ノ菌檢索ヲ行フコト八十八件中赤痢一三、窒扶私五病原菌ヲ檢索シ得タリ

◎陸軍大臣訓示　陸軍一般

（關東戒嚴司令部發表）

軍大臣ハ陸軍一般ニ對シ九月十八日附左ノ訓示ヲ下シタリ

今次ノ大震災ニ當リ我陸軍諸部隊ハ速ニ出動シテ警備救護ノ任ニ就キ克ク困苦缺乏ニ堪ヘ日夜寢食ヲ忘レテ劇務ニ奮勵シアルハ官民ノ齊シク認メテ感謝スル所ナリ若シ夫レ家ヲ燒キ父母骨肉ヲ喪フモ一意倘

午後一時ヨリ四時マテ　日本橋區信友會社　同右

午後　本所電話交換局　工兵第二大隊

午前十時―十一時神田郵便局　午後二時―三時神田電話分局　工兵第三大隊

午後一時ヨリ三時マテ　下谷仲御徒歩町郵便局　工兵第八大隊

午前十時―正午、午後三時―五時　遞信省　工兵第十三大隊

九月二十三日

午前八時―十時、午後一時―四時　中央電信局　工兵第七大隊

午後　本所電話交換局　工兵第二大隊

午後一時―三時　淺草十二階　工兵第八大隊

午前十時―正午、午後三時―五時　遞信省　工兵第十三大隊

備考　本表ハ爆破器材其ノ他ノ關係上多少變更スルコトアリ

◎九月二十日頃横須賀恢復ノ情況

（關東戒嚴司令部發表）

横須賀市ハ殆ト全滅ノ悲運ニ陷リタルモ比較的人心ノ動搖ナク能ク秩序ヲ維持シ今ヤ著々復興ノ機運ニ嚮ヒ

ホ其ノ本務ニ服セシモノニ至リテハ眞ニ惻怛ニ堪ヘス

顧ニ戰陣ノ事固ヨリ吾人ノ本務ナリト雖平時變災危急ニ際シ進テ警防救護ニ任スルハ軍民一體ノ要義ナリ各部隊能ク此ノ趣旨ヲ體シテ其ノ本分ヲ盡シ國民ノ信頼ニ應フルヲ得タルハ本職ノ滿足スル所ナリ

今ヤ應急ノ施爲漸ク其ノ緒ニ就キ上下共ニ軍隊ニ頼ルノ秋出テテ戒嚴ニ任スルト駐テ衛戍ニ服スルトヲ問ハス各自相戒メ謙讓ヲ持シ懇切人ニ接シ規律ヲ重ンシ節制ヲ守リ以テ益〻國軍ノ威望ヲ宣揚センコトヲ努ムヘシ

大正十二年九月十八日

陸軍大臣　男爵　田中義一

◎工兵隊ノ建築物爆破

（陸軍省發表）

九月二十日以降燒跡整理ノ爲工兵隊ニ於テ行フ爆破ノ豫定ハ左ノ如クテアル之カ爲一時附近道路ノ通行ヲ禁止スルコトアルヘク又一般市民ハ豫メ爆音ヲ覺悟スルト共ニ自ラ危險ヲ戒メラレタイ

諸建物爆破豫定表

九月二十日

午後　本所電話交換局　工兵第二大隊

午後二時ヨリ三時マテ　大藏省　工兵第三大隊

ツツアリ

罹災者ノ救護、糧食ノ配給モ概ネ遺憾ナク行ハレ倒潰家屋ノ補修、「バラック」ノ建築ニ從事スルモノ逐日增加ス

鐵道ハ九月十三日田浦驛迄開通シ田浦横須賀間ハ海軍及鐵道第一聯隊協力シテ復舊作業中ナルモ難工事多ク開通迄ニハ尚數日ヲ要スル見込ナリ

市内ノ道路ハ地方團體及陸海軍ノ努力ニ依リ主要道路ハ自動車ヲ通スル迄整理セラレタルモ港町ニ於ケル斷崖ノ大崩落ハ至難ノ大工事ニシテ海軍側ニ於テ大規模ノ復舊工事ヲ計畫中ナリ

暴利取締ニ就テハ憲兵及警察カ協力勵行シタル結果不當販賣者ニハ陳謝ノ上暴利金額ヲ返戻シタル如キ商人二、三アリ

横須賀、浦賀方面ノ海岸ニハ今尚京濱地方ニ於ケル罹災者ノ屍體漂著シアルヲ以テ假埋葬ニ附シ居レリ

◎照明隊ノ行動

（關東戒嚴司令部發表）

東京ニ於ケル電燈ノ一齊消滅スルヤ電信第一聯隊ヨリ野戰電燈二臺及照空燈一基竝ニ作業燈四十個ヲ出動セシメテ市内交通ノ要衝及避難民集合場所ヲ照明シタリ

市内配電アルニ及ンテ其ノ大部ハ横濱市ノ照明ニ任シ十一日更ニ電燈動力機二基ヲ增加シ神奈川縣廳、横濱市役所ヲ始メトシ各所ノ避難民集合場ニ於ケル屋内電

午後一時ヨリ三時迄ノ間　淺草雷門郵便局　工兵第八大隊
午前十時―正午、午後三時―五時　遞信省內　工兵第十三大隊

九月二十一日
午前五時ヨリ十時マテ　日本橋區丸善株式會社　工兵第七大隊
午前八時ヨリ十時マテ、午後一時ヨリ四時マテ　中央電信局　同右
午後　本所電話交換局　工兵第二大隊
午前十時―十一時神田郵便局、午後二時―三時神田電話分局　工兵第三大隊
午前十時―正午、午後三時―五時　遞信省內　工兵第十三大隊

九月二十二日
午前八時ヨリ十時マテ、午後一時ヨリ四時マテ　中央電信局　工兵第七大隊

燈ノ電力ヲ供給シツツアリ

◎閑院宮殿下ノ恤民御精勵
（陸軍情報）

十九日帝國在鄕軍人會總裁閑院宮殿下ニハ芝浦ニテ貨物揚陸ニ懸命ノ働キヲシテ居ル地方在鄕軍人ノ動作ヲ御覽遊ハサレ日本橋、深川、淺草ニテハ同地居住ノ會員等カ自己ノ罹災ヲモ打捨テテ救護事業ニ立チ働クヲ御視察遊ハサレ何レヘモ一々慰藉激勵ノ御言葉ヲ賜ハツタ又深川岩崎公園ノ罹災民ハ殿下ノ御見舞ヲ賜ハリタル餘リノ畏サニ己レ等カ慘苦ノ境遇ニ在ルヲモ忘レテ目ニ一杯ノ涙ヲ湛ヘテ御見送申上ケタ麴町區分會長松平子ハ其ノ家族ト共ニ小屋ニ移リ本邸ヲ擧ケテ罹災者ニ開放シ極力救護ニ努メテ居ルノヲ聞シ召サレ特ニ御立寄リアラセラレタ申スモ畏キコトテアルカ殿下ハ今回ノ震災テ第二ノ姫宮ヲ喪ハセ給フ御悲シミヲツツミテ斯クモ恤民ニ御辛勞遊ハサルルノテアル

陸軍情報　第二十六號　九月二十三日

◎米國野戰病院ノ開設　（陸軍省發表）

米國野戰病院其ノ他ヲ搭載シ來航セル「メリット」號ハ十八日横濱ニ揚陸ヲ開始セリ

右病院敷地ハ山下橋外埋立地ニシテ神奈川縣廳ヨリ一萬二千坪ヲ貸與シ其ノ收容力ハ二千ト稱セラル

病院ハ日米親善ノ意ヲ表ヘスク日米國旗ヲ揭揚スト

◎補給情況　（陸軍省發表）

十九日府市ノ要求米一六、一三〇俵ニ對シ一六、五八五俵ヲ配給シ輸送力ノ餘力ヲ以テ副食物、雜品、慰問品等ノ輸送ニ轉用シ市民ノ要望ニ副フコトニ努メタリ又海神奈川ヨリ日々六十輛内外ノ糧秣ヲ揚陸シテ之ヲ品川ニ移送シ十九日ニハ約八千俵到著シ爲ニ龜戸ノ急ヲ十二分ニ醫セリ

◎自警團ニ關スル命令ノ件　（關東戒嚴司令部發表）

關東戒嚴司令官ハ九月二十日命令第五號ヲ以テ九月四日ノ命令第二號中第一、第三項ヲ左記改訂本文通リトセリ

左　記

一　自警ノ爲團體若クハ個人毎ニ所要ノ警戒法ヲ執リアルモノハ豫メ警察官ニ届出テ其指示ヲ受クヘシ

三　警察官憲ヨリ許可アルニ非サレハ地方自警團及一般人民ハ武器又ハ兇器ノ携帶ヲ許サス

右ハ從來自警團編成ノ届出及武器携帶ノ許可ハ軍隊、憲兵、警察官ニ於テ取扱ヒアリシヲ今後ハ警察官ノミ

横濱税關倉庫補給部及横濱間ノ自動車道（工兵第五大隊）

龜之橋及千歳橋ノ完成ヲ顧慮シ之ニ連繫スル道路約千五百米ノ整理（工兵第十二大隊）

神奈川驛ヨリ横濱驛ニ至ル道路補修（工兵第十七大隊）

十九日

山下橋自動車通道ニ適スルモノ完了（工兵第五大隊）

大船、横須賀間電線復舊完了（鐵道第一聯隊）

市内横濱驛ヨリ高島驛ニ至ル電車線路補修完了（鐵道第一聯隊）

二十日

横須賀停車場構内線路復舊作業完了（鐵道第一聯隊）

◎横濱ニ於ケル給水工事　（陸軍省發表）

西谷村濾過池ヨリ横濱市ニ至ル間水道幹線ノ修理ハ兩三日前ニ完成シ淺間町及南太田町方面ニ給水ヲ爲シ得ルニ至レリ（工兵第十七大隊）

◎横濱ニ於ケル其ノ他ノ情況　（陸軍省發表）

十七日　税關跡ノ爆破（工兵第五大隊）

十七日　横濱倉庫倒壞物ノ除去（同右）

十八日　横濱倉庫海岸棧橋ノ補修（同右）

◎藤澤、小田原、鎌倉方面交通整理ノ情況　（陸軍省發表）

一　馬入川橋梁　工兵第十六大隊及第十五大隊ノ一中隊ヲ以テ馬入川ニ永久橋梁架設作業中ニシテ本月末

(3)　房州南岸ハ野島岬燈臺及布良附近若干破壞セルモ損失大ナラサルカ如シ

(4)　電話ハ大部分開通セルカ如シ

二　習志野收容ノ邦人避難民ノ數ハ九百十五名ニシテ收容所生活ノ永引クニ從ヒ所員ノ手ヲ煩スコトナク各〻自治的ニ行動スルニ至リ兒童ノ如キハ附近ノ小學校ニ通學スル如ク配屬セラレアリ

又同所ノ支鮮人ハ幸福ナル保護ヲ與ヘラレツツアリ其ノ數三千餘人ニシテ一日一人分米麥四合、廿諸百六十匁、副食物十五錢又勞役ニ服シアルモノハ一日一人分精米八合、廿諸百六十匁、副食物二十錢ノ支給ヲ受ケアリ

◎在鄉軍人會情況　（陸軍情報）

一　閑院宮殿下ハ十九日在鄉軍人會總裁トシテ芝浦配給所及東京市内ノ主ナル罹災地ヲ御視察アラセラレ會員活動ノ情況ヲ御覧遊ハサレ懇ロナル御慰問ノ御言葉ヲ賜ハタリ

二　應援ノ爲上京セル地方分會員引率者ハ九月十七日陸軍省内臨時本部ニ集合シ田中陸軍大臣及川村會長ヨリ慰謝及激勵ノ辭ヲ受ケタリ

三　今ヤ上京會員七千五百名ニ達シ宮内省、靖國神社、各配給所、東京、横濱兩市役所等ニ分屬シ各〻獻身的ニ行動シ又各地殘留ノ會員ハ何レモ其ノ地ニ於テ奉仕的ノ活動ヲ續行シアリ

尙人事相談所ノ成績ハ良好ナリ

四　地方分會又ハ會員ヨリノ分ニシテ本部取扱分ノ義捐金ハ累計二十萬圓ニ達シ物品ハ約十萬點ナリ

カ關係スルコトニ改メタルモノニシテ本改正命令ハ九月二十二日ヨリ實施ス

追テ戒嚴地域内ニ於ケル通行人ニ對スル誰何、檢問ハ軍隊警護ノ下ニ憲兵及警察官ニ限リ之ヲ行フモノナルコト從前ト異ナルナキモノトス

◎九月二十日ノ衛生情況

（陸軍省發表）

一 九月十九日中陸軍ニ於テ救護セシ傷病者三千七百名新收容者ハ漸次減少シテ二十五名トナレリ本日迄ニ救護セルモノ累計八萬六千餘名ナリ

一 習志野演習廠舍ニ作業セル第十一師團救護班ハ開設以來支鮮人及本邦避難民ノ救療ヲ行ヒ其ノ實數千餘名ヲ算シ目下收療中ノ者七五六名アリ

一 國府臺衛戍病院ハ目下羅災民患者六十餘名ヲ收療シ同地ニ在ル第十二師團救護班ハ同地方ニ醫療機關ノ活動スルモノナキ爲連日數十名ノ地方患者ヲ施療シツツアリ

◎交通情況

（陸軍省發表）

北辻橋燒跡ニ　徒　橋

新辻橋燒跡ニ　自動車ヲ通シ得ル橋

南辻橋燒跡ニ　同　右

（工兵第三大隊）

三ノ橋燒跡ニ　補修完了

采女橋補修完了（工兵第七大隊）

芝浦揚陸場内自動車道完了（工兵第十八大隊）

業平橋ヨリ洲崎ニ至ル河川ノ清掃完了（工兵第三大隊）

◎横濱ニ於ケル交通情況

（陸軍省發表）

十八日完成セル道路及諸橋梁左ノ如シ

横濱倉庫内千鳥橋及村雨橋ノ改築（工兵第五大隊）

頃ニハ完成ノ豫定ナリ同橋ハ延長實ニ五百米ニ亙リ日々七、八千以上ノ交通者アルヲ以テ完成ノ曉ハ東海道ノ交通整理上大ナル便宜ヲ得ヘシ

二 厚木橋　目下工兵第十八大隊ノ一半ヲ以テ補修作業中ニシテ二十六日頃完成ノ豫定ナリ

三 酒匂川橋梁　工兵第十八大隊ノ主力ヲ以テ耐重橋ノ架橋作業中ナレハ完成ノ上ハ小田原、熱海方面ニ對スル救護上至大ノ便宜ヲ受クルナラン

四 箱根山道ノ補修　三島重砲隊及工兵第十五大隊ノ一半ヲ以テ震災以來全ク交通杜絶セル箱根山道ヲ開設補修中ニシテ目下駄馬ノ通過支障ナキニ至レリ

五 鎌倉方面　工兵第十六大隊ノ一中隊ヲ以テ應急交通整理實施中ニシテ二十日ヨリ更ニ工兵第十一大隊ヲ同方面ニ増加セラルル筈

六 通信　電信第二聯隊ハ十七日横濱市内ノ回線ヲ完成シ震災當初ヨリ全ク通信機關ヲ喪失セル横濱官民ハ多大ノ便宜ヲ得ツツアリ次テ横濱—藤澤—小田原間ノ神奈川警察用線ノ補修ニ從事ス又箱根、馬入川ノ東海道本線ノ改築ヲ實行スヘク目下計畫準備中ナリ電信第一聯隊　依然從來ノ通リ東京市内ノ電話連絡及無線通信ニ任シツツアリ

◎千葉方面ノ情況

（關東戒嚴司令部發表）

一 交　通

(1) 房總鐵道ハ千葉—湊町間ハ既ニ開通セシモ其ノ以南ハ十月中旬頃ニ完成スヘシ但シ船形北方ノ隧道ハ破壞甚シキ爲數箇月ヲ要スルナラン

(2) 沿岸ノ船舶ニ依ル定期航路ハ平常ノ如ク復舊セリ

右ノ外本部購買ノ衣類ハ約三萬點ナリ

五 川村會長ハ十六日横濱市ヘ安藤副會長ヲ、土屋（海軍）村田（陸軍）兩中將及其ノ他ノ將校ヲ會長代理トシテ十三日ヨリ二十日迄ノ間ニ震災各地ヲ慰問セリ

◎陸海軍將校婦人會情況

（陸軍情報）

同會本部ニテ收療セル罹災患者ハ既ニ其ノ定數ニ達シ外來患者ハ日々治療ヲ受ケツツアリ又役員ハ日々菓子ヲ自動車ニ滿載シ各病院及陸軍救護班ノ罹災者ヲ慰問シツツアリ

◎横濱配給部情況

（陸軍省發表）

(1) 陸軍省震災救護委員補給部横濱配給所ニテ九月十一日ヨリ九月十九日ニ亙ル間ニ於テ配給セル數量左ノ如シ

神奈川縣ヘ	内米	九〇〇石	四、四〇〇石	總量　一二、二〇〇石
	外米	三、五〇〇石		
横濱市ヘ	内米	三、〇〇〇石	七、八〇〇石	
	外米	四、八〇〇石		

右ヲ一日分平均配給量ニ換算スレハ縣ニ對シ内外米五〇〇石、市ヘ八六〇石ニ相當ス又横濱市民十八萬人ニ對スル同期間ノ平均一日一人分トシテ五合弱ナリ

(2) 九月十七日ヨリ九月二十日ニ亙ル間ニ於テ横濱配給部ヨリ東京方面ヘ輸送セル米ノ總量一萬一千六百石ナリ而シテ大岡川口ヨリ東神奈川ニ出テ東京ニ通スル鐵道ハ已ニ修理完全ニシテ大岡川口ニ於テハ同時ニ貨車數十輛ニ水上ヨリ積込ヲ爲シ得ル情況ナリ

(3) 九月二十日警備隊ヨリ乾麵麭三千五百箱ヲ受領シ横濱市救護用トシテ交付同市在郷軍人ハ直接配給ニ吏員ヲ援助シアリ

陸軍情報　第二十七號

九月二十五日

◎戒嚴軍隊ノ任務ニ就テ

（關東戒嚴司令部）

戒嚴ニ關スル勅令發布以來既ニ二旬此間戒嚴司令官隷下各機關並ニ軍隊ノ諸般ノ行動ハ世人周知ノ事實ナルカ今尙ホ往々ニシテ戒嚴部隊ノ任務ニ就キ種々誤解ヲ抱クモノアルハ頗ル遺憾トスル所テアル

抑關東戒嚴軍隊ノ任務ハ東京及其附近ニ於ケル鎭戍警備ニ任スルノニ在ルコトハ關東戒嚴司令部條例ノ示ス處テアツテ此任務ヲ達成スルタメ地方ノ行政、司法ノ事務中軍事ニ關係アル事項ニ限リ戒嚴司令官ニ管掌ノ權ヲ委セラレタ次第テアルカ畢竟非常ノ際速ニ市民ノ危急ヲ救フト共ニ斯如キ場合ニ於テ動モスレハ秩序ヲ紊シ公安ヲ害スル者ヲ生スヘキヲ慮リ之ヲ未然ニ防遏センカ爲ニ外ナラヌノテアル

當時ノ慘狀ハ今玆ニ喋々ヲ要シナイカ幾百萬ノ市民立トコロニ其住居ヲ燒盡シ父母骨肉ヲ喪ヒ加フルニ交通、通信、照明ノ途全ク絕エ不逞ノ徒此際ニ乘シ犯行ヲ恣ニシ流言蜚語各所ニ起リ人心ノ不安激昂其極ニ達シ事態頗ル重大眞ニ一刻ノ猶豫ヲ許サナカツタノテアル玆ニ於テ戒嚴部隊ハ一方ニ於テ警備ヲ嚴ニシ秩序ノ維持、安寧ノ恢復ニ努力スルト共ニ他方ニ於テ官民各機關ト協力シテ或ハ糧秣ノ補給ニ或ハ傷病者ノ救護ニ又或ハ交通、通信ノ整理ニ有ユル應急諸施設ニ對シ毫モ餘力ヲ貽サナカツタノテアル而シテ此等補給、救療、交通、通信諸設備ノ如キハ一見戒嚴軍隊本來ノ任務外ノ樣テアルカ當時此種ノ業務ノ成否如何ハ一般ノ治安ニ直接重大ナル關係ヲ有セシコトハ識者ノ周知セル所テアツテ非常ノ時非常ノ任務ヲ擔當シテ全力ヲ傾注シテ始メテヨク此ノ振古未曾有ノ危機ヲ救ヒ得タノテアル

爾後時日ノ經過ト共ニ人心漸ク安靜ニ歸シ諸般ノ應急施設著々其緒ニ就キ今ヤ復興ノ氣運勃然トシテ起リ政

右ハ配給部ノ業務カ著シキ進捗ヲ見テ日々ノ糧食配給ニ支障ナキノミナラス相當ノ豫備糧食ヲ貯藏シ得ルニ至ルヲ以テ此際補給系統ノ整理ヲ行ハントスルモノニシテ各配給部ノ事務引繼ハ左ノ日割テ行フ筈ナリ

芝浦配給部及兩國支部　九月二十二日、二十三日
龜戶配給部　九月二十六日
田端配給部及隅田川支部　九月二十七日
新宿配給部及品川輸送部　九月二十八日
橫濱配給部　九月二十七日、二十八日

◎交通新情報

（陸軍省發表）

○東京市交通情況

九月十九日　長崎橋　西南側橋梁架設完了（近衞工兵大隊）
九月二十一日　本所竪川橋　自動車ヲ通シ得ル如ク架設完了（工兵第三大隊）
同　神田橋　自動車ヲ通シ得ル如ク架設完了（工兵第八大隊）
同　新宿車庫內臺車ノ整理完了（工兵第九大隊）
同　和泉橋、美倉橋間　電車道補修工事完了（工兵第九大隊）
同　永代橋下　漂著材ノ除去完了　（工兵第十三大隊）

○飛行場ノ整備

九月二十一日　代々木練兵場內伐木ヲ行ヒ飛行場トシテ整備ヲ終ル（工兵第十三大隊）

○橫濱交通情況

九月二十一日　「ドック」會社引込線ノ復舊完了（鐵道第一聯隊）
同　市電軌道ノ修理ハ既ニ一部完成シ二十六七日頃運轉ヲ開始スル見込（鐵道第一聯隊）
同　龜ノ橋　自動車ヲ通シ得ル如ク完了　（工兵第十二大隊）
同　米吉橋　自動車ヲ通シ得ル如ク完了　（工兵第十四

ニ本シ下億兆ノ信望ニ背クナカランコトヲ期スヘシ

右訓示ス

大正十二年九月二十三日

憲兵司令官　柴山重一

◎救護情況

（陸軍省發表）

一　九月二十一日中陸軍ニ於テ救護シタル患者四、六〇〇餘名ニシテ新收療十七名而シテ本日迄ノ救療患者累計十一萬三千五百餘人ナリ

二　豐橋師團第一救護班ハ九月五日以來主力ヲ小田原ニ置キ箱根、根府川、大磯、平塚、厚木、松田惣領、曾屋ノ各地ニ亙リ九月二十日迄ニ罹災患者一千八百餘名ニ加療シ尙當該地平病患者ノ救療ニ努力シ目下日々救療中ノモノ百五十名ナリ

三　熊本、旭川兩師團救護班ハ依然藤澤、茅ケ崎、腰越、鎌倉、戶塚ノ各地ニ救護所ヲ開設シ日々約六百餘名ノ患者ヲ救療中ナリ

◎神奈川方面交通情況

（陸軍省發表）

九月二十日　橫須賀線第七號隧道ヨリ橫須賀驛（構內ヲ含ム）間單線復舊作業ヲ完了（鐵道第一聯隊）
九月二十二日　原町田—長津田間試運轉終了、長津田以東神奈川迄路盤補修作業完了（鐵道第二聯隊）

◎徵發令利用詐欺ノ眞相

（陸軍當局談）

本日ノ新聞ニ「經理學校學生カ自動車テ徵發米三千俵ヲ詐取シタ」ト言フ記事ニ就キ陸軍當局ハ語ル「二日午前九時頃市內ニ黑煙漲リ市民混亂ノ眞最中ニ市當局ニ於テハ早クモ罹災民ノ食糧ニ付キ憂慮スル處アリ陸軍省トノ間ニ話カ纏マツテ經理學校ノ將校學生二十餘名ニ急遽出頭ヲ命シタ彼等ハ取ル物モ取リ敢ヘス陸軍省ニ參集シタカアラユル交通機關カ杜絕シテ居ルノテ數臺ノ陸軍貨物自動車ニ分乘シ各自市長ノ購買委託書

府又其機關ヲ設置シ特ニ應急ノ時期ヨリ復舊ノ時期ニ進マントシツツアルノテアル從テ戒嚴軍隊ハ補給救護交通等ノ業務ヲ行政機關タル陸軍省ノ手ニ移シ本然ノ任務タル警備ニ專任スルコトニナツタノテアル而シテ目下軍隊ノ配置ハ民心ノ安定竝地方警察力ノ充實ニ順應シテ漸次分散セル兵力ヲ集結シツツアルケレトモ其ノ至嚴ナル警備力ノ實質ニ於テハ何等ノ差異ナク若シ必要アレハ命令一下何時テモ出動セシムルコトカ出來ルノテアル之ヲ要スルニ糧食ノ配給トカ傷病者ノ救護トカ乃至ハ諸種ノ復舊工事ノ如キモ政府竝府縣市各機關ニ於テ一定ノ方針ノ下ニ既ニ着々實施セラレツツアル以上ハ最早當初ノ如キ戒嚴軍隊ノ應急的行動ノ必要ヲ認メナイ從テ戒嚴軍隊ハ本然ノ任務ニ立チ歸リ警備ニ專念スヘキテアル但シ軍民一體ノ要義ニ基テ直接間接ニ陸軍全體トシテ成シ得ル限リ努力ヲ惜マナイコトハ勿論テアルカ非常ノ場合ノ非常ノ處置ハ永續セシムヘキモノテナイカラ秩序恢復ト共ニ平時狀態ニ復スヘキテ官民共ニ能ク此ノ間ノ事理消息ヲ辨ヘテ今後ノ施設ニ努メネハナラヌ尙ホ此際一語附加シテ置キタイノハ今次ニ於ケル戒嚴令適用ノ範圍ハ所謂臨戰地境ノ場合ヲ適用シタルモノテアツテ前ニ述ヘアル如ク行政司法上軍事ニ關スルコト換言スレハ軍政ヲ以テスル治安維持ニ關スルコトヲ主トスルノテアツテ彼ノ合圍地境ノ場合ノ如ク一切ノ行政司法上ノ事項ヲ管掌シ盡ス次第テハナイ然ルニ此ノ區別ヲ充分了解セサル結果一切ノ事ヲ戒嚴司令部ノ管掌ニ任セラレアル如ク信スルモノカナイテモナイ戒嚴令適用ノ勅令下レル以上ハ關係地方官其ノ他ノ諸官ハ當然戒嚴司令官ノ下ニ所定ノ管掌事項ニ就キ進テ命ヲ受クヘク又地境內ノ一般地方民ハ其ノ規定スル所ニ從ハネハナラヌカ如何ナルコトモ軍隊萬能テ一般地方行政モ司法モ戒嚴司令官ノ管掌下ニ軍隊カ處理スル樣ニ思フノハ誤リテアル軍隊ハ固ヨリ一般公益ノ爲喜ンテ努力ヲ吝マナイカ何事モ軍隊ノ責任トセラレテハ時ニ迷惑ヲ感スル場合カナイテモナイ之等ノ點ニ關シテモ又相當ノ了解ヲ得タイモノテア

大隊）

同　蓬萊橋（永久橋）ノ修理完了（工兵第十四大隊）

右ノ外小名木川及其ノ附近ノ水路開通作業ハ工兵隊ヲ要セスシテ實施シ得ル見込立チタリ又六鄉橋ハ工兵第十三大隊ノ一部ヲシテ之ヲ實施シ其ノ材料ハ神奈川縣ノ依賴ヲ受ケ技術部ニテ調辨ス

◎英國代理大使ヨリ陸軍大臣ヘ謝狀（陸軍情報）

英國代理大使ハ外務大臣ヲ通シ日本陸軍當局カ英國大使館ニ自動貨車及揮發油補給其ノ他大使館員ニ糧食ヲ供給セラレタル厚情ニ就キ感謝ノ意ヲ表スル旨九日附通報シ來レリ

◎新任憲兵司令官柴山少將ハ隷下憲兵隊ニ對シ二十三日左ノ訓示ヲ與ヘタ

訓　示（關東戒嚴司令部發表）

帝國非常ノ變災ノ秋ニ際シ本職卒爾憲兵司令官ノ任ヲ拜シ各官ト共ニ此重責ニ當ルコトヲ得タルハ本職ノ洵ニ光榮トスル所ナリ茲ニ就任ニ際シ聊カ示ス所アラントス

一　變災以來戒嚴地境內ニ在ルト否ラサルトヲ問ハス各官以下奮勵努力夙夜黽勉治安ノ維持災害ノ救護秩序ノ恢復ニ努メ其ノ勞苦洵ニ甚大ナルモノアルヲ認メ殊ニ妻子骨肉ヲ失ヒ家ヲ燒キ而モ專念尙ホ其ノ任ニ臨ム者アルヲ見テ大ニ其ノ勞ヲ多トスル所ナリ

一　熟〻按スルニ這回ノ大震災ハ洵ニ我帝國ノ運命ニ關スル異常ノ重大事件タリ此時ニ方リ治安維持ノ大任ヲ有スル我憲兵ノ其ノ職務ヲ執行スルニ方リテハ須ラク其ノ重責ノ存スル所ヲ稽ヘ大局ニ著意シテ小事ニ拘泥スルコトナク且帝國ノ統治ハ立憲法治ニ存シ斷シテ不法行爲ヲ許ササルコトヲ辨ヘ又徒ニ感情ニ趨ルヲ避ケ專心一意關係各部就中警備軍隊及地方警察官憲ト其ノ協調ヲ保持シ以テ

ヲ持參シテ一手ハ大宮方面ニ一手ハ川越、八王子方面ニ活動シ突差ノ間ニ二千數百俵ノ米ヲ中野、板橋ノ兩地ニ集積シテ逸早ク罹災民ノ救助ニ充當シタノテ決シテ詐取シタノテハナイ右樣ノ次第テアルカラ該學生ニ引渡シタ糧食品ノ代金ハ町村役場カラ市役所ニ請求セラルレハ直チニ支拂ハレルノテ已ニ數日前カラ市ニ於テモ夫々支拂ツテ居ル樣テアルカラ未受領ノ分ハ早速其手續ヲ取ラレタイ」ト

◎比島總督「ウッド」將軍ヨリ陸軍大臣宛來函（陸軍省發表）

拜呈陳者貴電ニ接シ個人的友情ト御好意ノ程忝ク感謝措ク能ハサル次第ニ有之早速左ノ如ク閣下宛電報致置候

貴電ニ接シ深ク奉謝候貴國民ノ大兇變ニ對シ深厚ノ誠意ヲ披瀝シテ御同情申上候成シ得ル限リ萬事御援助申上度ト存候閣下ニ於テハ此度陸軍大臣ニ御就任被遊慶賀ニ不堪候閣下ノ御友情ト御厚志ニ對シ深ク感謝ノ意ヲ表シ以テ小官微意ノアル所ヲ御諒察願上候貴國民這回ノ御災難ニ對シ皆々大ニ心痛罷在候當地在留米人及比島人相與ニ深甚ノ誠意ヲ披瀝シテ同情致居リ候此悲慘ノ際成シ得ル限リ御援助申上度皆々一致協力罷在候閣下ノ陸軍大臣御就任ニ就テハ日本國民ノ爲慶賀ノ至リニ存申候終リニ臨ミ友情ト尊敬ノ念ヲ披瀝シ最高ノ敬意ヲ表シ申候　敬具

◎集積物件警戒ニ關スル件（陸軍情報）

九月二十二日集積物件ノ警戒ニ關シ陸軍省關東戒嚴司令部ノ間ニ左ノ覺書成立セリ

一　陸軍、臨時震災救護事局各省及府市ニ於テ集積スル物件ノ保管、管理ハ集積者自ラ之ヲ擔任シ之ニ必要ナル監視者ヲ配置スルモノトス

二　關東戒嚴司令部ハ暴力ヲ以テ前項ノ物件ニ損害ヲ加ヘントスルモノニ對シ當該監視者ヲ援助スル爲所要ノ警戒ヲ行フ

ル

◎陸軍ノ配給業務ハ救護協議會ニ移ル（陸軍省發表）

從來陸軍震災委員管理ノ下ニ芝浦配給司令部其他各配給部輸送部ニ於テ實施シアリシ救護糧食ノ輸送配給業務ハ今回陸軍ノ手ヲ離レ臨時震災救護事務局ノ管理スル救護協會ニ引繼クコトヽナレリ

此重任ヲ盡サンコトニ努ムヘシ
想フニ今ヤ帝國ハ前古未曾有ノ災害ニ際シ之カ復興ト將來ノ發展ニ對シテハ列強ノ均シク環視スル所ナリ我國官民ハ宜シク戮力協心以テ我建國ノ基礎極メテ堅確鞏固ニシテ確乎動カスヘカラサルモノアルヲ中外ニ宣示スヘキノ秋ナリ各官以下須ラク思索ヲ玆ニ回ラシ自重猶聞警察機關トシテ中外ニ重ヲ爲シ上 聖恩ノ萬一

警戒ノ方法及之ニ要スル兵力ハ關東嚴戒司令官之ヲ定ム
三 新タニ軍隊ヲ以テ警戒ヲ要スト認ムル地點（集積物件）發生シタルトキハ保管、管理ノ責任者ヨリ陸軍補給部出張員ヲ經テ陸軍省ニ通牒シ陸軍省ハ之ヲ關東戒嚴司令部ニ移牒スルノ手續ヲ執ルモノトス

陸軍情報第二十八號　九月二十五日

(三)衞生機關引繼（陸軍省發表）

一、岡山師團救護班ノ作業セル隅田町及吾嬬町救護所ノ警視廳ノ衞生機關ニ引繼キ交代シ從來收容中ノ左記患者ハ各頭書ノ病院ニ移送ヲ了セリ

九月二十一日隅田町救護班患者

轉送先	患者氏名	住所
市ヶ谷臨時病院	湯川　菊枝	隅田町四一九
同	田島　かね	本所緑町五丁目
同	大石　セツ	東之町一番地
同	永井　市藏	本所外島町六二
同	小林　久藏	隅田町四四二
同	竹中國太郎	同　一六五
同	坂口　こま	本所石原町三五
同	安田　はる	本所錦糸町一九四
同	堤　はる	隅田町一三五一
同	堤　みつ子	同
同	古川　いせ	本所若宮町一九八
同	高橋源太郎	本所南二葉町一二
同	川井左傳次	本所區松井町三ノ一〇
同	川井　きく	同
同	藤島皆五郎	下谷龍泉寺町二一六
同	管野　さと	新吉原三好樓
同	山岡　清眞	本所龜澤町二丁目
同	瀧島　良平	淺草橋場一一二
同	吉田　まつ	淺草千束町二ノ三七一
同	管井　せん	吾嬬町大畑
同	中澤鎌三郎	隅田町一〇五七
同	矢部　ふよ	同　一〇八二
寺島臨時病院	坪井　ゆい	南千住地方八
同	森村　せん	同
同	安藤　つふ	新吉原第四川之樓
同	石塚　清男	淺草町二ノ一六
同	町田　ヨシ	向島中ノ郷一二三
同	同　シズ	同
同	林　ヤス	同　元町一二
同	菊地　フサ	本所緑町一ノ二七
同	平　イヱ	同　龜澤町二ノ一〇
同	長井勝之助	中ノ郷業平町二八
同	長島　當二	押上町四四
同	町口大次郎	原庭町三九
同	青木　チヨ	深川西大吉町二〇
同	針谷　イセ	同　千駄町二三
同	名畑　倉吉	本所區泉町六九五
同	湯上　ヨネ	中ノ郷業平四三
同	大川　タカ	本所北二葉町四四
同	大川　弘	本所區二葉町四四
同	渡邊　イヱ	吾嬬町請地八〇五
同	沼波　チク	同　大畑二九五
寺島臨時病院	新田キミチ	柳島元町二二九
同	伊藤　キク	小村井一六四〇
同	菊地　アキ	大畑七五二
同	石坂久次郎	吾嬬町小村井九五七
同	青木孝重郎	同　請地三七六
同	橋本ミチコ	同　一一七
同	中村　作八	本所三笠町七一
同	村越金之助	同　石原町四五
同	布施　傳吉	同　松倉町二ノ八四

二　東京第一衞戍病院收容患者中孤兒竝身元引受人ナキ者ノ中左記患者ハ各頭書ノ病院ニ傳送セリ

一　濟生會病院ニ轉送セル者

本所區南二葉町七　鈴木　スズヱ　十歲

本所區松坂町二ノ一七（後藤平兵衞方）　後藤　マサ　八歲

二　上野外國館內病院ニ轉送セル者

本所區橫網町二ノ一五　柏原　喜內　十二歲

救護班ハ更ニ眞鶴方面ニ支部ヲ差遣シ日々百數十名ノ救護ヲ行ヒツヽアリ

五　九月二十二日中處置セル患者數四千百名新ニ收容セル患者十四名ヲ算シ患者累計十二萬二千餘名ナリ

六　本日臨時震災事務局、東京府、東京市及東大醫科醫院ニ對シ總額五萬八千八百餘圓ノ衞生材料ヲ交付セリ其ノ主要ナルモノ次ノ如シ

硼酸軟膏四百磅、ゴム絆創膏六百枚、スルフオナール三百七十二オンス、リチネ油七百磅、脫脂ガーセ八千反卷軸帶二萬六千卷、脫脂綿五千五百磅外七十三點

◎九月二十四日ノ衞生情況（陸軍省發表）

一　横濱ニ作業セル大阪師團救護班、大島町ニアル弘前師團救護班ハ共ニ罹災患者ノ初療普及ヲ終リ傷病者ノ狀況安定セルヲ以テ同一地ニ開設セル濟生會病院及赤十字社支部救護班ト業務ノ引繼ヲ了リ交代セリ

二　九月二十三日中處置セル患者數千二百七十六名新ニ收容セル患者十七名ニシテ救療患者累計十二萬三千五百二十八名ヲ算ス

三　陸軍衞生機關ニ收容セル患者ハ地方病院ノ整備ト共ニ逐次之レニ轉送シタリ

◎通信被害情況（關東戒嚴司令部發表）

昨二十四日夜ノ暴風ノ爲通信線ニ被ツタ損害ハ軍用線テハ東京橫濱間ハ二重機囘線ノ外不通トナリ遞信省線テハ東京、橫濱間三線共不通トナッタ目下ノ連絡方法トシテハ軍用無線ニ依リ橫濱又ハ清水ヘ或ハ軍用有線ニ依リ橫濱ヘノ通信ヲナシ得ルノミテアル千葉方面ハ軍用線、遞信省線共完全ニ開通シテ居ル又

同　石塚　きく　本所材町三ノ一四
同　佐藤　さだ　隅田町九六三
同　田邊　もと　同　　三八五
同　金谷　よし　本所北二葉町
同　金谷　しづ　同
同　片山世之吉　本所石原町四一一
同　會田德次郎　深川東平野町四六六
同　足立仁之助　本所綠町一ノ四二
同　井上八重子　本所南二葉町一一
同　鵜田　武　本所北二葉町三三
同　高橋　習之　本所南二葉町一五
同　安永　よし　隅田町二四四
同　寺田榮太郎　淺草田牛町三
同　宮澤　富造　隅田町三八五
同　安達　留吉　南綾瀨村字堀切
同　井澤　房吉　隅田町五三五
同　股野由次郎　本所綠町四ノ五八

吾嬬町救護班患者

市ヶ谷臨時病院　福田　サク　本所押上番地不明

本所區表町五八　向　靜　一十四歳
神田區表神保町三ノ二（俱樂部杉内和十方）　林　トメ　四十歳
本所區三笠町一八　金井　シズキ　三十四歳
本所區長岡町四三　中村　利正　三十四歳
深川區東六間堀七　佐久間竹治郎　四十歳

三　廣尾避病院ニ轉送セル者

本所區若宮町一二　市村　市太郎　十九歳

四　日比谷市制調査會ニ轉送セル者

深川區靈岸町九〇　上原　チヨ　二十四歳
朝鮮人　不明　島村　わか　五十二歳

五　養老院ニ轉送セル者

盲啞ニテ調査不能　關根　いさ　七十二歳

三　久留米師團救護班中佃島ニ作業セルモノハ本日其ノ業務ヲ警視廳救護班ニ引繼キ交代ヲ了セリ

四　豐橋師團ノ第二救護班ハ神奈川ノ救護事務ヲ終リ小田原地方ノ救護作業ニ從事スル爲九月十九日以後主力ヲ以テ厚木ニ一部ヲ以テ平塚ニ救護所ヲ開設シ連日百餘名ノ罹災患者ヲ收療シツツアリ同師團第一

横濱以西ノ軍用線ハ損害不明テ調査中

◎鐵道隊ノ工事概況（陸軍省發表）

事變發生以來第一、第二ノ兩鐵道聯隊カ從事シタル鐵道復舊工事ノ主ナルモノハ左ノ通テアル

自九月三日至同五日　赤羽鐵道復舊工事
自九月七日至十六日　横濱大船間復線工事
自十一日至二十三日　横須賀線復舊工事
自十五日至十八日　馬入川鐵橋橋臺爆破
自六　日　房總線復舊工事（工事中）
自十八日　横濱市電軌道復舊工事（工事中）

以上鐵道第一聯隊擔任

自二日至十日　江東橋應急工事
自四日至九日　品川横濱間復舊工事
自九日至二十三日　横濱八王子間復舊工事

以上鐵道第二聯隊擔任

右ノ外鐵道第二聯隊ノ殘留隊ハ鐵道省ト協同シテ龜戸千葉間ノ連絡運轉ニ從事シツツアル

因ニ八王子線ハ二十三日全線開通シタ

陸軍情報第二十九號　九月二十六日

◎陸軍救護班一部ノ交代　（陸軍情報）

陸軍各師團救護班ノ一部ハ罹災患者ノ初療普及ヲ終リ傷病者ノ情況安定セルト地方救療機關ノ整備ニ伴ヒ逐次之ニ業務ヲ引繼クコトトナリ最近橫濱ニ作業セル大阪師團ノ救護班、大島町ニアリシ弘前師團ノ救護班、隅田川ニアリシ岡山師團ノ救護班等ハ警視廳、濟生會、赤十字社等ノ救療機關ト交代ヲ了シ從來收容シアリシ患者ハ各地方病院ニ轉送セリ從來陸軍ノ救護所ニ於テ收容セル患者中身元引受人ノ無キ者ノ氏名ハ陸軍情報ヲ以テ發表スルト同時ニ帝大ノ震災情報局ニ通知シ身元ノ判明ヲ圖リタルカ今囘ノ轉送ニ方リテモ其氏名轉送先ヲ同局ニ通知シアルヲ以テ心當リノ向ハ帝大ノ震災情報局ヘ問合セラレタシ因ニ帝大ノ震災情報局ハ末弘博士以下學生ノ非常ナル努力ニ依リ罹災者ノ消息ヲ明カニスル上ニ多大ノ成績ヲ擧ケ其事業モ廣ク一般ニ認メラレ地方ヨリノ問合セハ逐日增加シ二十四日迄ノ累計問合セ二萬四千餘、回答一萬三千七百餘ニ達シタリト

◎九月二十六日ノ衞生情況　（陸軍省發表）

タル淺草十二階ノ如キヲモ引キ受ケテ市民ヲシテ其崩壞ヨリ生スル第二ノ危險カラ離脱セシメ得タノテアルソコテ今爆破ノ實施ニツキ少シク說明シテ置カウナラハ此作業ハ一見單簡ノ樣テアルカ實ハ大ニ然ラスシテ建築材料ヤ其構造等ニ基キ其倒壞方向ヲ考ヘ重點ノ移動ヲ利用シテ最少藥量ヲ以テ最大利益ヲ收メ樣トスルノテアルカラ既往ノ實驗ニ鑑ミネハナラヌ又學理ニ照合シテ細密ノ計畫ヲ立テ初メテ實施スルノテアル而シテ危險豫防ニ付キテハ最モ注意シ萬全ノ策ヲ講シ其區域內ニハ人ヲ入レナイ樣ニスルノテアル若シ之ヲ單ニ木ツ葉微塵ニ飛ハセヤウト云フ丈テアレハモツト容易ナノテアルカ斯クスレハ其破片ハ徒ニ遠ク飛ンテ益〻危險トナルハカリテナク其結果モ思ツタ程ニナラナイソコテ前記ノ樣ナ苦心カ生レルノテアル

二　重傷者ノ收容　無慮幾十萬ノ罹災傷者ノ加療ハ實ニ此際人命救助ノ尊イ業務テアル之カ爲各方面幾多ノ團體カ此崇高ナル救護ニ活動シタルノテアル而シテ其負傷ニハ輕重ニ關シ非常ノ差異カアル陸軍ニ於ケル衞生勤務ハ其本來ノ目的カラ第一著ニ收療シ處置スヘキハ最重傷者テアルト共ニ其外科的醫療器械モ完備シテアツタ爲今囘ノ大震大火ニ當リ進テ幾多

一 左記各救護班ハ罹災患者救療ノ普及ヲ終リ一方地方衛生機關ハ逐次整備ノ途ニ就キ地方患者ノ救療ハ之ニ委スヘキノ時期ニ到達セルヲ以テ次ノ如ク其業務ヲ引繼キ交代セリ

1 藤澤、腰越、茅ヶ崎ニ作業セル熊本師團救護班ハ同地方醫師團及縣廳診療班ニ

2 習志野廠舍ニアリテ日、支、鮮人避難患者ヲ救護セル善通寺師團救護班ハ山梨日本赤十字社支部救護班ニ

3 房總半島、市川ノ兩方面ニ作業セル小倉師團救護班ハ同地方醫師團ニ

二 二十五日中ニ處置セル患者總數二、五六三名、新ニ收容セル患者數二〇名、總救護患者累計一二九、九八〇名ヲ算ス

三 陸軍衛生材料廠ヲシテ震災救護用衛生材料石炭酸百二十外二十六點價格千五十九圓餘ヲ遞信省ニ交付セシメタリ

◎爆破ト重傷者收容トノ二業務ニ就テ（陸軍情報）

一 爆破 焦土ニ横ハル建築物殘骸ノ清掃ハ帝都復興ノ第一歩ナルヲ以テ陸軍ニ於テハ可及的之ニ援助ヲ與ヘ各工兵隊ヲシテ諸官廳始メ各所ノ殘骸ヲ爆破シツツアルノテ去ル二十三日ノ如キハ江戸名物ノ隨一ノ重傷者ヲ直ニ陸軍各病院ニ收容シ速ニ大手術ヲ施シテ其人ヲシテ致命的傷害ヨリ免レ得シメタノテアル之ハ啻ニ陸軍衛生史上ノ記錄ニ止ムルノミナラス廣ク一般人士カ人道ノ上ヨリ其喜ヒヲ共ニシテ貰ヒタイノテアル

◎工兵諸隊歸還ニ關スル件（陸軍省發表）

各師團ヨリ召致セル工兵諸隊ハ今ヤ震災救護ノ爲ノ應急作業ハ逐次進捗シ目下遞信省、大藏省、警視廳等ヨリ申込メル燒殘坊堵構築物ノ爆破其他モ日ナラス完了シ傍ラ民間ノ勞力モ十分ナル見込ナルヲ以テ今後ハ新タニ作業ヲ引受クルコトナク現在ノ作業完了次第來月初旬ヨリ逐次歸還セシムル豫定ナリ

◎飲料水情況（陸軍省發表）

一 東京市 永代橋ノ水道導管ハ未タ通水スルニ至ラサルモ厩橋ノ導管ハ既ニ送水ヲ開始シ又月島ニハ鉛管二條ヲ通シタルヲ以テ給水全般ノ情況ハ茲ニ一小康ヲ見タルモノト認メ給水實行上陸軍ノ援助ハ九月二十五日限リ打切ルコトトセリ

二 横濱市 淨水場ヨリノ送水ハ前途尙混沌タル情況ニアリテ縣知事ヨリノ懇請モアリ陸軍トシテハ本月盡日迄市內搬水業務ヲ援助スルコトトセリ

陸軍情報第三十號　九月二十七日

◎関東戒嚴費ノ件　（陸軍省發表）

震災後治安維持ノ爲戒嚴令一部ノ執行ニ伴ヒ九月二十五日迄ニ陸軍ノ使用セル關東戒嚴費ハ大約二百十餘萬圓テ其ノ内譯ハ左ノ通リテアル

軍隊招致ノ旅費	四五萬圓
人馬ノ糧秣	一二〇
「ガソリン」	一〇
軍需品ノ運搬	一六
傭人給、事務費、患者ニ係ル費用等	二三

右ノ内人馬ノ糧秣ハ戒嚴カナクトモ入用ノモノテアルカラ其ノ大部分ハ經常豫算ニ不用額ヲ生シテ來ルワケテアル尤モ今回ノ戒嚴ニハ陸軍戰時給與規則ヲ適用シテ人馬ノ糧秣ハ野戰定量ヲ基準トシテ現品ヲ給シテ居ル之ハ平時ノ如ク副食物代トシテ一定ノ金額ヲ各隊ニ交付シ委任經理ヲ行ハシムル如キコトハ部隊ノ行動及糧秣補給ノ情況ヨリ到底不可能テアルカラテアル而シテ物價ノ關係モアリ軍隊以外ノモノニ糧食官給ノ必要モアリ交通、通信設備ヤ術工物ノ修理爆破又ハ徹夜作業ニ從事スル劇動者ニ增給ノ必要モアルノテ旁々平時ノ費用ヨリ若干多クヲ要スルコトハ免レナイ尚戰時ノ

◎横須賀方面陸軍行動ノ概要　（關東戒嚴司令部發表）

横須賀衛戍地ノ陸軍各部隊竝ニ重砲兵學校ノ各建物ハ幸ニシテ火災ノ厄ニ遇ハサリシタメ震災ト共ニ全力ヲ擧ケテ地方ノ治安、消防、救護、交通業務ニ從事シタリ今其大要ヲ摘記スレハ左ノ如シ

一　震災ノ發生ト共ニ救護隊ヲ編成シ横須賀市字堀之内ヲ境トシ其以東（浦賀町ヲ含ム）ノ地區ハ重砲兵學校、以西ノ地區ハ重砲兵聯隊擔當シテ防火救護ニ任シ罹災民五千ハ陸軍建物内ニ收容シ約二千ノ死傷者ニ手當ヲ施セリ

又該地陸軍衛戍病院ハ海軍病院患者千五百名ヲ初メ地方罹災傷者ヲ收容シテ之カ加療ニ遺憾ナカラシメタリ

貯藏ノ陸軍糧秣ハ重砲兵隊ニテ之ヲ炊出シ罹災者ノ飢餓ヲ救ヒタリ

爾後鐵道及道路ノ復舊、倒壞家屋ノ補整、水道工事ノ援助業務ニ從事シ別ニ通信班ヲ編成シテ地方要所ニ通信網ヲ設置シ且ツ鳩ヲ以テ東京ト連絡ス又電燈學生ヲ横須賀市電燈會社ニ派遣シテ電燈整理ニ協力シ自動車班ヲ以テ市ノ糧食運搬ヲ輔佐セ

給與ニ移ルトキハ増俸ヲ給シテモ宜イノテアルカ一般市民カ罹災ノ厄ニ遭ツテ困難ヲ甞メテ居ル情況ニ鑑ミ今尚之カ給與ハ差控ヘテ居ル有様テアル又前掲ノ經費モ戒嚴警備上特ニ要シタルモノテ俸給、被服等ハ勿論兵器、器材等モ總テ平時ノ豫算ヲ平時通リニ措辦シテ居ルノテアル

◎横濱在留外國人ノ現在數調査ノ件

（關東戒嚴司令部發表）

神奈川警備隊司令部調査ニ依レハ左表ノ如シ

横濱市在留外國人國籍人員表　（九月二十五日現在）

國籍	永住見込ノ者	一時滯在ノ者	合計
英	二〇	五	二五
米	二一	八	二九
獨	一三	八	二一
佛	一	一	二
露	一	二	三
伊	三	〇	三
葡	二	〇	二
蘭	一	一	二
瑞西	三	一	四
瑞典	一	〇	一
諾威	一	一	二

リ

二　人心ノ不安殊ニ海嘯ト鮮人トノ襲來ニ對スル恐怖高潮セルニ際シ各所ニ衞兵ヲ配シ自警團ニ指導ヲ與ヘ鮮人ハ之ヲ不入斗練兵場ニ集結シテ保護ヲ加ヘタリ

斯クテ震災ノ實相ヲ適時地方官民ニ告知シテ人心ノ動搖ヲ防止セリ

◎横濱市情況

（陸軍省發表）

一　横濱市水道工事復舊ニ任シアリタル工兵第十七大隊ノ作業ハ九月二十三日大體完了セリ

二　横濱市内「バラック」建築ニ工兵第五大隊、工兵第十二大隊、工兵第十七大隊ハ九月二十三日ヨリ從事シ工兵第十四大隊ハ二十五日ヨリ之ニ參加シ目下其完成ヲ急キツツアリ

◎建築物殘骸ノ爆破情況

（陸軍省發表）

東京市内諸建築物殘骸ノ爆破ハ九月二十日以來概ネ豫定ノ如ク進捗シ二十六日迄ニ完了シタルモノ十七箇所現ニ實施中ノモノ八箇所尚實施セントスルモノ十數箇所ニシテ概ネ十月中旬ヲ以テ完了ノ見込ミナリ

横濱市ニ於テモ爆破ヲ必要トスルモノアリテ近ク著手ノ豫定ナリ

希	一	一	二
丁	一	〇	一
西班牙	〇	一	一
「アルメニヤ」	一	〇	一
支那	四三	一三	五六
總計	一一三	四二	一五五

備考　出入甚シキ時ナルヲ以テ多少ノ増減アリ

◎米國御用船「ソンム」號横濱入港ノ件

（陸軍情報）

米國御用船「ソンム」號ハ救護用品殊ニ多量ノ病院材料ヲ積載シ二十六日午後四時横濱ニ入港セリ翌日埠頭ニ繋留二十七日午後若クハ二十八日ヨリ主トシテ米國陸軍病院用ノ材料ヲ揚陸シ同病院ハ二十九日頃日本赤十字社ニ引渡シ該職員ハ東京ニ移轉スル筈

◎英國代理大使ヨリノ謝狀

（陸軍省發表）

在京英國代理大使「ミカエル、パインツト」氏ハ九月九日左ノ要旨ノ書簡ヲ日本外務大臣ニ宛テタリ

拜啓貴國海軍省ハ驅逐艦ヲ以テ京濱間ニ於ケル輸送及通信ニ關シ弊國大使館ヲ援助セラレ又日本人ノ爲メ艦隊ノ活動ヲ要スル際退京希望ノ多數英人ヲ避難セシメラレタルハ一ニ其ノ御蔭ト感謝ニ不堪候

貴國陸軍省ヨリハ避難英人ノ撤退ニ自動貨車並揮發油ヲ供給セラレ又大使館邸內警戒ノ爲メ速ニ護衞兵ヲ差遣セラレ殊ニ陸軍大臣閣下ヨリハ甚タ結構ナル食糧品ヲ給與セラレ御仁慈ノ程深ク感謝申候

這回ノ變災ニ際シ貴外務省不變ノ御厚情ニ對シ御禮申上クルト共ニ右感謝ノ意ヲ兩省方面ヘ御傳達被下度奉願候　敬具

陸軍情報第三十一號　十月一日

◎九月二十八日ノ衞生狀況

（陸軍省發表）

一　九月四日以來逐次到著セル內地全師團ノ救護班ハ震災後交通全ク杜絕シ餘震頻々トシテ到リ至ル所焦土黃塵餘燼尚堪ヘサル騷亂ノ巷ニ東奔西馳シ具ニ辛慘ヲ嘗メ寢食ヲ忘レテ至難ナル罹災傷病者ノ初療普及ニ努メ今ヤ此ノ重要任務ヲ完了シ一面地方救療諸機關ニ對シ漸ク軍部救療ノ患者ヲ轉送シ得ルノ狀況ヲ呈セルト各師團衞生勤務ノ現況ハ尙長ク救護班ノ滯留ヲ許サザルモノアルヲ以テ收容外來兩患者ノ救療ヲ確實ニ引繼キ得ル後繼機關ノ整備ニ伴ヒ逐次其ノ業務ヲ交代シ獨リ姬路師團救護班ハ依然神奈川ニ作業中ナリ

二　九月二十七日中處置セル患者數三五二名新ニ收容セルモノ一名救護總患者累計一三一、四七二名ナリ

三　衞生材料廠ヲシテ左記ノ通リ震災救護用衞生材料ヲ交付セシメタリ

（一）東京帝國大學醫學部ヘ「フォルマリン」四〇九一點（價格七十九圓）

（二）日本赤十字社ヘ食鹽水注射器八具他三十四點

◎九月二十九日ノ衞生狀況

（陸軍省發表）

◎兵營ニ遺シタ學生ノ手紙

（陸軍情報）

「ノート」ノ三片ノ紙ニ名モ知レス書キ遺シタ次ノ貼紙ソレハ震災當時竹橋兵營內ニ避難シタ學生君カ十七日、其ノ隊ヲ去ルニ臨ンテ認メタモノラシイ

幸ニシテ生殘リタル兄弟達ヨ、吾等ハ、此ノ忘ルル事ノ出來得ナイ、近步ノ二ノ兵營ヲ出ルヤウニナッタ、吾等ノ忘ルル事ノ出來ナイ頭ヨリ去ル事ノナイ或ル何物トハ何？如何ナル形ヲシテ居ルカ、ソレハ星ノ形ヲシタ帽章ノアル帽子ヲ冠リ土色ノ洋服ヲ着テ、ゴツ〳〵シタ靴ヲ穿キ、劍ヲ下ゲ、活々トシタ、勇シイ、軍人テアル、吾等カ斯カル災害ニアッテ先ツ第一ニ吾等ノ身ヲ救護シテクレタノハ他ニ誰カアリマセウカ、吾等ノ念頭ヨリ去ル事ノナイ或ル何物、ソレハ軍人ニ感謝スルト云フ心ノミテアル、私ハ今土間ノ上テ考ヘテ居ル、兄弟ヨ、吾等ハ今迄非軍的ト云フ事ヲヨク云ヒマシタ、兄弟ヨ、吾等ハ今迄軍人ニ好感ヲ持ッテ居ナカッタノテス、唯戰爭ノ武器トシカ思ハナカッタノテス、アノ人ノ好イ、善良ナ勇マシイ軍人ヲハテモスヨ、吾等ハ今其ノ非ナルヲ悟ッタ而シテ今ハ愛ノ心トナリ感謝ノ念トナッテ表ハレタノテス、有リ難フヨ、軍人諸君ヨ、吾等ハ今迄君等ノ暖キ懷中ニ宿ッテ居タノテス、有難フヨ、吾等ハ今君等ノ懷ヲ出テ行カネハナリマセン

一　九月二十八日中處置セル患者數三〇一名總救護患者累計一三一、七〇二名ナリ

◎横濱方面狀況

（關東戒嚴司令部發表）

一　民心大イニ沈靜シ燒跡ニ於ケル假小屋ノ構築、竝ニ小賣店ノ開業等逐次復興シツツアルモ之ヲ東京ニ比スレハ旬餘日遲レアリ縣市營ノ「バラック」約二千名内外ヲ收容シ得ルモノヲ作成シツツアリ、市外郡部方面ハ尚流言絶無ナリト云フヲ得ス、是等ニ對シ騎兵ノ巡察ヲ派シアリ
一般對軍隊感情ハ圓滿ナリ

二　九月二十四日正午ヲ以テ守備隊ノ交代ヲ終ルト共ニ情況ノ推移ニ伴ヒ逐次兵力ヲ集結シ巡察ヲ以テ是レニ換ヘ且ツ海軍側及警察官竝ニ地方官憲ト連絡ヲ益〻密ニシ警備上遺漏ナキヲ期シアリ

三　道路ハ漸ク補修整理シ其ノ主要ナルモノハ交通全ク支障ナキモ電話網及電車ノ完成ハ目下ノ急務ナリ但シ横濱郵便局長ノ言ニ依レハ十月初旬ニハ市内ニ電話機百乃至百五十ハ通話シ得ル見込ナリト

四　水道ハ水源地ヨリ保土ケ谷ニ至ル二千六百米ノ幹線ヲ工兵第十七隊ニテ補修ヲ終リ且ツ市内ニ於ケル支線、水道ノ橋梁ヲ修築シ市内三分ノ一ニ給水スルコトヲ得タリ、然レトモ特種技術ニ關シテハ市專門者之ニ任シツツアリ

五　「パラチブス」等ノ傳染病若干アルヲ以テ隔離、消

愛ラシキ者ヨ、熱烈ナルモノヨ、勇敢ナルモノヨ、汝ノ名ハ軍人テアル、軍人!!軍人!!ソレハ吾等ノ頭ヨリ去ル事ノナイ、軍人ト云フ二ツノ文字テアル、サラハ愛ラシキ軍人ヨ

大正十二年九月十七日月曜日

軍人ヲ愛スル學生

軍人ト兄弟達へ

終リニ食糧分配者諸君ニ謝ス

評ニ曰ク、

求メテノ心モナク、純ノ親シミト愛ニ滿テル我軍隊兵士ノ尊キ行ハ、多感ナル學生ノ此ノ一文トナッタ、言ハヌ桃梨ノ下ニコソ徑カ出來ヨウ、武强ノ半面ニ、コウシタ、挿話ノアルノカ、日本軍隊ノ特色テアル陸軍大臣ハ訓示シタ「謙讓ヲ持シ懇切人ニ接セヨ」ト此ノ言ハ決シテ空シクナカッタ。

◎習志野高津廠舍避難民狀況

（陸軍情報）

收容所長古賀騎兵少佐最近ノ報告要旨左ノ如シ
收容人員ハ漸次減少シ現在ハ男子二百五十二名、女子三百四十二名合計五百九十四名ニシテ其多クハ着ノミ着ノママナリシカ同情ノ下ニ集マリタル寄贈衣服ヲ配與シ各人少クモ二枚ヲ有スルニ至レリ又收容罹災兒童八十五名ニ對シ四隣町村ニテハ町村會ヲ開キ滿場一致ヲ以テ多額ノ修學資金ヲ可決シ、教科書、文房具ヲ初メトシテ辨當箱、履物、雨傘類ニ至ル迄新ニ購入給與シ學校職員生徒ハコレ等登校兒童ノタ

毒、菌保有者ノ検査等ヲ励行シ極力病源ノ絶滅ヲ期シツツアリ

◎戒嚴軍隊ノ動靜

（關東戒嚴司令部發表）

一 九月三十日迄ニ戒嚴司令官ノ隷下ヲ脱シテ原所屬ニ復歸セシメラレタル部隊左ノ如シ

歩兵第二十八旅團司令部　（宇都宮）

歩兵第十五聯隊　（高崎）

歩兵第六十六聯隊　（宇都宮）

近衛、第一師團以外ノ各師團衛生機關

歩、騎、砲、工、各兵學校ノ敎導隊

二 横濱警備ノ任ニアリシ歩兵第二旅團司令部（長奥平少將）及歩兵第五十七聯隊（佐倉）ハ九月二十五日歩兵第四旅團（長齊藤少將）ノ部隊（歩兵第五、第三十一聯隊ノ各二大隊）ト交代シテ各ゝ其衛戍地ニ復歸シ歩兵第二旅團司令部ハ東京南部警備隊司令官、歩兵第五十七聯隊ハ千葉縣警備隊司令官ノ指揮下ニ入リ依然警備任務ニ服シツツアリ

三 前二項ニ伴ヒ各警備部隊ニ所要ノ兵力移動ヲ行ヒタル外、東京南北警備隊ニ屬セル砲兵部隊ハ歩騎兵ト交代各其ノ屯營ニ歸還シテ待命ノ姿勢ニアラシメ、歩騎兵ニアリテモ警備地區ノ狀況ニ應シテ適宜其兵力ヲ集結セシメツツアリ又工兵諸隊ハ現在從事シアル諸作業完了次第各原所屬ニ復歸セシメラルル筈ナルコト既報ノ如シ

メ懇切ヲ盡シ中ニハ己レノ衣ヲ脱ヒテ可憐ノ友ニ與フルモノアリ尚孤兒トナレル者ニ對シ同所ニテハ特別ノ保護ヲ加ヘ其ノ近親者トノ再會ヲ得セシメタルモ既ニ多數ニ上レリ、給養ハ平均毎食一人白米一合ヲ標準トシ副食物若干ヲ分配シ特ニ病人ニハ粥食、卵菜ヲ與ヘ罹災者一般ノ入浴ハ三日ニ一度行ヒ得ラルル如クシ娯樂ニ關シテハ目下考究中ナリト

◎習志野支鮮人第二收容班ノ狀況

（陸軍情報）

習志野支鮮人第二收容班ハ九月十日編成セラレ十一日以後逐次支鮮人ヲ收容シ現在收容人員ハ支那人八三九名（全部男子）鮮人一五〇九名（內女六一名ナリ）收容支鮮人ノ大部ハ相當ノ衣服寢具ヲ有スルモ鮮人ハ夏物衣服一、二枚ヲ所持スルノミノ者多ク寄贈衣服約一、六〇〇枚ハ主トシテ鮮人ニ配與セリ

寢具トシテハ廠舍備付ノ藁蒲團及各人毛布二枚ヲ貸與シタリ

食料ハ一日一人米麥四合トシ勞務ニ服スルモノハ米麥四合宛ヲ增給ス、副食物モ相當潤澤ニシテ尚間食トシテ芋百六十匁ヲ給ス

衞生狀態一般ニ良好ニシテ今日迄傳染病ノ發生ヲ見ス六日ニ一回宛入浴セシム

鮮人ハ當初恐怖心ヲ抱キアリシモ現在ニテハ全ク安心シ懇切ナル待遇ヲ感謝シアリ、九月二十五日ハ朝鮮ノ盂羅盆ニ相當セシカ高聲快活ニ俚謠ヲ歌ヒ自ラノ安全ヲ喜ヒツツアリ

病氣のお方は次の救護所へ!!!

近衛師團第一救護所　東京府下隅田小學校
同　第二救護所　浅草公園
同　第三救護所　両國國技館
同　第四救護所　府下寺島第七中學校
同　第五救護所　府下吾嬬町第一小學校
第一師團第一救護所　両國國技館
同　第二救護所　芝公園
同　第三救護所
同　第四救護所　府下砂町小學校

同	第五救護所	深川糧秣廠跡
同	第六救護所	府下砂町小學校
同	第七救護所	
同	第八救護所	
第二師團	救護所	下谷金杉小學校
第三師團	救護所	牛込第四中學校
第四師團	救護所	横濱
第六師團	救護所	藤澤及鎌倉
第七師團	救護所	藤澤及鎌倉
第八師團	救護所	府下大島町小學校
第九師團	救護所	府下砂町小學校
第十師團	救護所	横濱
第十一師團	救護所	千葉縣習志野
第十二師團	救護所	千葉縣國府臺
第十四師團	救護所	府下亀戸町小學校

第十五師團	救護所	小田原
第十六師團	救護所	横濱
陸軍經理學校	救護所	牛込河田町學校内

救護人員（九月七日夕迄ニ於ケル）

北部警備管區	七、二七二
南部警備管區	八、七八三
千葉方面警備管區	七〇〇
軍醫學校	一七八（收容人員ノミ）
計	一六、九三三
横濱及小田原方面	不明

關東戒嚴司令部

自動車の仕事を
邪魔しない様に!!!
自動車は全力を挙げて罹災民の救護、食糧、飲用水等の運搬の為に働いてゐるのだから其仕事を邪魔しないやうに
関東戒嚴司令部

九月八日
関東戒嚴司令部
◎爆音ニ関スル注意
本所業平橋ハ修理ノ爲残骸ヲ破壊爆破スルノ必要カアルノテ九日午前ニ時乃至四時ノ間ニ工兵隊ニ於テ爆破ヲ行ヒマス大音響ヲ發スルモ驚カナイ様之レカラモ同様ノ爆破ヲ度度行フコトカアリマス

九月二十二日　關東戒嚴司令部發表

自警團ニ關スル命令ノ件

關東戒嚴司令官ハ九月二十日命令第五號ヲ以テ九月四日ノ命令第二號中第一、第三項ノ左記改訂本文通リトセリ

左記

一、自警ノ爲團体若クハ個人毎ニ所要ノ警戒法ヲ執リアルモノハ豫メ警察官ニ屆出テ其指示ヲ受クヘシ

三、警察官憲ヨリ許可アルニ非サレハ地方自警團
及一般人民ハ武器又ハ兇器ノ携帯ヲ許サス

右ハ從來自警團編成ノ屆出及武器携帯ノ許可ハ軍隊、憲兵、警察官ニ於テ取扱アリシヲ今後ハ警察官ノミカ關係スルコトニ改メタルモノニシテ本改正命令ハ九月二十二日ヨリ實施ス

追テ戒嚴地域内ニ於ケル通行人ニ對スル誰何檢問ハ軍隊警護ノ下ニ憲兵及警察官ニ限リ之ヲ行フモノナルコト從前ト異ナルナキモノトス

九月八日関東戒嚴司令部情報部

市民諸君へ

電信電話線ノ保護ニ関シテ

電信電話線ハ有ユル機関活動ノ爲最モ必要ナリ秩序ノ維持食料分配ノ圓滑等皆之ニ俟タサルヘカラス

諸君特ニ此通信線ニ注意シ保護ニ任セラレタシ又電線破壊ノ個所ヲ發見セラレシ時ハ最寄當局ニ申出テラレタシ

（松室文書）

横須賀戒厳司令部情報

大正十二年九月二十六日

震災關係情報　其ノ十九

横須賀戒嚴司令部情報部

（註）本情報ハ二十五日限リ横鎮公報ヨリ分離シ引續キ本情報部ニ於テ發刊ス

◉風紀取締

二十五日横須賀戒嚴司令部ハ左ノ告示ヲ布達セリ

酩酊又ハ異様ノ風体ヲ爲シテ横須賀市内街路ヲ徘徊スル者ハ警衛隊憲兵分隊又ハ警察署ニ檢束セラルヘシ

◉食糧管理

米麥ノ輸移入ニ關シ二十五日横須賀戒嚴司令部ハ市郡當局及公共團体代表者ニ宛次ノ如キ通知ヲ發シタリ

今後横須賀市及三浦郡内ニ市町村若ハ個人ノ名義等ニテ他ヨリ米麥ヲ輸移入セントスル場合ハ豫メ當司令部ノ了解ヲ得ルコトニ取計フヘシ

◉金融概況

震災以來當地方各銀行ハ全部營業ヲ停止シタルヲ以テ全然金融機關ヲ失ヒ容易ニ復舊ノ見込立タサル狀況ニアリシカ横須賀海軍經理部ニ於テハ關係中央機關ト協定シ臨機ノ處置トシテ日本銀行ヨリ現金二百萬圓ヲ取リ寄セ急速當地ノ支拂ヲ決行シ其ノ額九月二十五日迄ニ約百十萬圓ヲ算スルニ至リ爲ニ當地一般ノ金融ヲ緩和スル處アリシカ其ノ後安田銀行先ツ開業シ二十二三日頃ヨリハ第二銀行、關東銀行、上總銀行、鎌倉銀行等各假營業所ヲ設置シ相次テ其ノ營業ヲ開始シ益々金ユウノ緩和ヲ見ルニ至レリ

ロ、陸上運搬　一坪五合　累計一三九坪五

二、舊本通ノ内（新十二間道路松竹館跡共信銀行跡燒止リ地點整理

從業職工　三三七名

三、新間道路一號、魚勝及博善社、跡海光座喜樂跡整理

從業職工　一一三名

四、港町崩土運搬用輕軌增設作業從業職工　二〇名

◉郵便事務

郵便事務及取扱ニ關シ横須賀郵便局長ヨリ次ノ如キ通知アリタリ

一、事務復舊　左ノ事務ヲ復舊ス

イ、無封書狀ノ受付（官公署差出ノモノニ限ル）

ロ、第一種書狀及第二種（葉書）書留取扱

ハ、今回切手別納郵便制度改正ノ結果種別及料金ノ同一ナル通常郵便物ヲ同時ニ五十通以上差出ス場合ハ其ノ全部ニ對スル料金ヲ現金ニテ納付シ得

二、集配回數增加

イ、取集二回　九月十九日ヨリ午前十一時及午後四時本局ヲ出發市内郵便函開函ス

◉入港艦船

去二十三日ノ入港艦船及其ノ搭載物件左ノ如シ

野島　米　一〇〇俵　樽物　二五個

常磐　揮發油　一、〇〇〇箱　白米　三、五〇〇俵

　木炭　一、〇〇〇俵　薪　一、〇〇〇把

　其ノ他味噌、醬油、砂糖、煙草等

大榮丸　米　一、三〇〇俵

五十鈴　職工三八名（建築部行）

三驅逐艦　鮮人二二五名（横濱ヨリ）

◉艦船便

清水行　軍艦日進ハ左記ニ依リ來二十九日午後五時横須賀發清水ニ回港同地ニ滯在約二日ノ後横須賀ニ歸港ノ豫定ナリ

往航　一般避難者ノ便乘差支ナシ希望者ハ鎮守府ニ申出スルコト

當日午後三時小海（港務部汽艇）及長浦（防備隊汽艇）棧橋發便アリ

復航　清水ヨリ横須賀ニ輸送スヘキ部外一般ノ依頼物件ニ對シテハ出來得ル丈便宜ヲ與フ但シ積込陸揚ハ各自ニ於テ行フヲ要ス要望ノ向ハ直接日進艦長ニ申出ルコト

◉道路整理（二十三日）

一、港町崩土運搬作業

去ル十五日以來之ガ搬出作業ヲ開始シ輸送運貨船ニ依ル海上輸送及軌道ニ依ル陸上輸送ニ依リ作業中ニシテ二十三日ニ於ケル概況次ノ如シ

イ、海上運搬　百二十七坪　累計四一〇坪四

ロ、配達二回　九月二十六日ヨリ午前八時及午後一時本局ヲ出發シ郵便物ノ配達ヲナス

◉市内概況（二十五日）

一、避難者ノ狀況

震災後各所ニ群居セシ避難者ハ漸次減少シ目下ノ概數次ノ如シ

避難所	避難者戶數	同上人數
諏訪神社及同學校	三七	二五〇
良長院	三〇	一七〇
大瀧町埋立地	七四	四〇〇
不入斗砲廠	二六	九二

二、不入斗鮮人収容所

先ニ同所ニハ震災當時収容サレタル鮮人三十六名アリ當局ノ措置ニ滿足シ相當ノ賃銀ヲ得テ市ノ勞務ニ服シツツアリ次テ去ル二十三日更ニ横濱ヨリ二百二十五名（内女七名子供三名）ヲ加ヘシカ其ノ中ニハ病疾者約四十名ニ及ヒ當局ハ夫々其ノ救療ヲ加ヘシカ内一名ハ脚氣ノ爲遂ニ二十四日死亡スルニ至レリ尚ホ鮮人ノ大部分ハ本府容所ノ好遇ヲ感謝シ大ニ安堵セル模樣ナリ

三、道路崩壞

不入斗陸軍重砲兵聯隊裏道路ハ昨夜來ノ風雨ノ爲再ヒ崩壞閉塞目下重砲兵聯隊ヨリ下士以下二十名ニテ復舊作業ニ從事中明日中ニハ開通ノ見込ナリ

但シ風波強クシテ港外運搬不可能

◉救護狀況

震災以來橫須賀鎭守府麾下艦船及陸上部隊ノ救護班竝ニ各鎭守府及要港部ノ救護班新潟縣派遣救護班等ヲ以テ極力一般ノ救療スル所アリ二十三日ニハ新潟救護班ハ撤去セラレ白濱海軍救護所ヲ海軍病院（機關學校內）ニ併合シタル處依然其救療ヲ續行シ其ノ概況次ノ如シ

自 九月十九日
至 九月廿四日 罹災者救療患者延表

救護所屬			震災、火災ニ因ル負傷	內科的疾病	外科的疾病	傳染病	計
海軍側救療	海軍救護所	白濱	三八	三三	二五		九五
		汐入	九六	一二二	一九七		四一五
		深田	五八	八四	一四二		二八四
		山王	五三	八〇	三九		一七二
		逗子方面	二七九	一一五	一二一	二	五三六
		田浦	〇	五	一一		一六
		浦賀	一三〇	四八	八一		二五九
	陸上各部	橫航隊	六	六	一		一三
		砲術學校	一二				一二
	計		六七二	四九二	六一七	二	一、八〇二
	累計		四、三二五	一、五七五	一、四八七	二	七、四〇八
新潟縣救護班及市救護所	小川町		九八	一四八	一八八		四三四
	不入斗		一〇七	五〇	六五		二二二
	計		一〇五	一九八	二五三		六五六
	累計		三九四	五四〇	五九三		一、五二七
總累計			四、七一九	二、一一五	二、〇八〇	二	八、九三五

大正十二年九月二十七日

震災關係情報　其ノ二十

横須賀戒嚴司令部情報部

◎陸軍活動概況

震災以來當地方所在陸軍部隊ハ各其ノ衞戍地ノ警備救援ニ從事中ニシテ九月二十日以降二十六日ニ至ル迄ノ概況次ノ如シ

◉陸軍重砲兵學校

一、警備狀況

山崎、堀ノ內、走水方面ヲ分擔シ下士以下約五十名ヲ以テ晝夜警備中ニシテ管內引續キ靜穩ニシテ異狀ナシ

二、交通整理

將校以下四十名ハ十八日以來走水青年團約七十名（土工具ヲ貸與ス）ヲ指導シ馬堀―走水軍道及走水―花立軍道ノ崩壞三箇所ノ復舊工事ニ任シ二十二日之ヲ完成シ伊勢町、走水、三軒屋方面ニ對スル交通路ヲ開キシカ二十五日ニハ山崎ノ崩壞箇所ノ整理ヲナシ交通ニ便セリ

三、救援作業

イ、糧食運搬　十三日以來隨時貨物自働車ヲ以テ堀ノ內、山崎方面ノ糧食運搬ヲナセリ

傳染病ヲ發生シ之ガ警戒豫防ニ任シツツアレ共今猶增加ノ傾向ヲ示シツツアリ警察署ノ調査ニ依レハ初發以來ノ傳染病患者總數ハ五十一名ニシテ其ノ病別人員次ノ如シ

腸チブス	二七名
パラチブス	一名
赤痢	二二名
流行性腦脊髓膜炎	一名
計	五一名

◎道路整理　（二十五日）

一、舊本通ノ內（新十二間道路）松竹館跡、郵便局跡及燒止マリ地點整理　從業職工　三三七人

二、（新八間道路一號）魚勝及博善社跡、海光座、喜樂跡、整理　從業職工　一二一人

三、崩土運搬用輕軌布設工事　從業職工　一二人

四、港町崩土運搬狀況

イ、海上運搬　一〇〇坪　累計　五〇一坪四

ロ、陸上運搬　二五坪五　累計　一六六坪

◎職業紹介　（横須賀海軍人事部通知）

ロ、家屋整理　二十日以後ニ於テハ春日神社、山崎小學校、大津小學校、大津郵便局其ノ他必要ナル管内一般ノ家屋整理ニ任シ來リシカ昨二十六日ニハ堀ノ内、大津、浦賀方面ノ整理ノ爲四十名ヲ派遣セリ

ハ、其ノ他　横須賀郵便局ニ交換器ヲ貸與シ、田戸小學校ニ天幕ヲ貸與シテ之ヲ植立スル等救援ニ從事セリ

◉横須賀重砲兵聯隊

一、警備狀況

概ネ長源寺、平坂、田戸ヲ通スル線以南ノ横須賀市内ヲ分擔シ目下左ノ箇所ニ警戒箇所ヲ設ケ下士以下約五十名ヲ以テ晝夜警備中ニシテ管内引續キ平穩ニシテ異狀ナシ

寶塔、佐野、田戸、平坂、長源寺、坂本、不入斗、柏木田

二、交通整理

震災後毎日將校以下約五十名ヲ派出シ連日交通整理ニ當リシカ重砲兵聯隊、要塞司令部間ノ道路ハ二十日、米ヶ濱方面土砂崩壞防止作業ハ二十二日、横須賀衞戍病院附近ノ除土作業ハ十九日作業ヲ開始シ二十三日田戸及中里崩壞道路ハ二十三日作業開始二十四日何レモ其ノ整理ヲ完了シ二十五日以來ハ聯隊北側道路開通ノ爲人員ヲ派遣シ工事ニ從事中ナリ

三、救援作業

○人ヲ求メラルル方ヘ

今回ノ震災ニヨル失業者ヲ救濟スルハ目下ノ急務ト認メ今後人ヲ求メラルル方ハ要員ノ多少ニ不拘横須賀海軍人事部ヘ申込メハ出來得ル丈ケ在郷海軍々人ヲ幹旋ス

○海軍在郷軍人ニ告ク

今回ノ震災ニ依リ在郷海軍々人ニシテ失業ノ結果就職ニ苦シミ居ルモノアラハ希望條件明記ノ上横須賀海軍人事部ヘ申出ツレハ出來得ル丈周旋ス

◎海面流木

震災以來東京横濱方面ノモノト思ワルル木材盛ニ東京灣内ニ浮流シ小艦船ノ行動ニ危險ヲ感スル程ナリシカ二十四、二十五兩日ノ暴風ノ爲多數横須賀軍港沖ニ漂着セルヲ以テ二十六日軍艦山城ハ其ノ汽艇短舟兵員ヲ以テ約五〇〇本拾集シ二十七日中ニ松ケ濱ニ揚陸目下建築部ニテ保管中ナリ

◎倉庫整理

軍需部及港務部ノ諸倉庫ハ今回ノ災害ニ依リ大部分倒壞セシモ爾來糧食ノ配給及陸揚作業ニ全力ヲ盡シ其ノ整理ニ著手スルヲ得サル狀況ニアリシカ去ル二十三日糧食陸揚作業ニ小康ヲ得ルニ至リ二十五日ヨリ各約三〇〇名ノ兵員ヲ以テ之カ整理ヲ開始セリ

イ、水道工事　去ル十九日以來引續キ將校以下約三十名ヲ派遣シ市水道工事ノ援助ヲナシツツアリ

ロ、假校舍　地方諸學校ニ貸與ノ爲二十一日以後七八十名ノ兵員ハ連日同聯隊兵舍ノ一部ノ應急修理ヲナシ二十五日ニハ略假校舍ヲ概成シ目下敎授材料ノ運搬其ノ他ノ整理ニ從事中ナリ

ハ、其ノ他　避難民ノ保護、糧食ノ運搬其ノ他隨時ノ救援ニ從事ス

◎警察事務概況（二十五日）

一、警戒

外勤員ヲ甲乙二部ニ編成シテ隔日勤務トナシ主要管區ニ派出シ以テ警邏、査察ヲ勵行シ各種取締ニ任シ尚ホ刑事風俗高等係ヲシテ各主管事務ヲ分任シ各種ノ豫防警戒ヲナサシム

二、司法事件ノ概況

十月二十三日暴利取締令違反及傷害犯各一件アリ何レモ送致ス

◎衛生狀況

戒嚴司令部ニ於テ先ニ防疫部ヲ設ケ爾來市當局警察署等ト協力シ鋭意防疫施設ノ完備ヲ計リシカ災害後ニ於ケル四圍環境ノ激變飲料水ノ粗惡加フルニ氣候ノ不順ハ非衞生的生活ヲナスノ止ムナキニ至ラシメ本月初旬以來遂ニ

◎市内救恤員數

施米人員　四、一一二人（二十五日現在）

被服配給人員　一一、七五〇人（二十四日現在）

◎軍用電報

陸軍軍用通信網

イ、通信系略圖

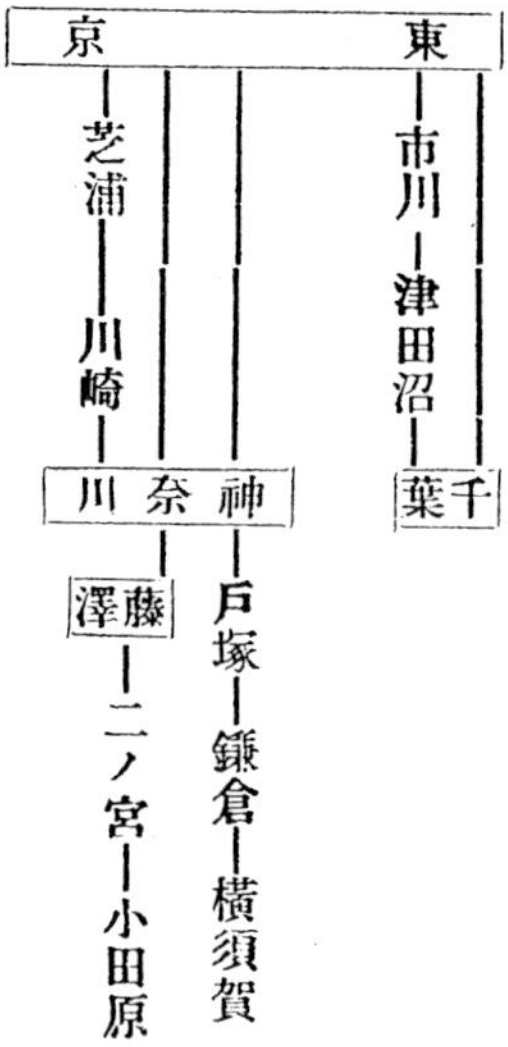

ロ、注意事項

一、軍用官報ハ通信網外ニ於テモ各府縣下ニ達スルモノモ取扱フ

二、通信網外ニ出ルモノハ遞信省線ヲ經由スルヲ以テ遞信省規程ノ料金ヲ要ス

三、料金ハ一定ノ期間取纏メ後納スルコト

四、發信ノ際ハ部隊號官氏名明記ノ事

大正十二年九月二十七日
震災関係情報　其ノ二〇付録
横須賀戒厳司令部情報部

列車運転状況図

九月二十六日午前八時現在
東京鉄道局情報部調

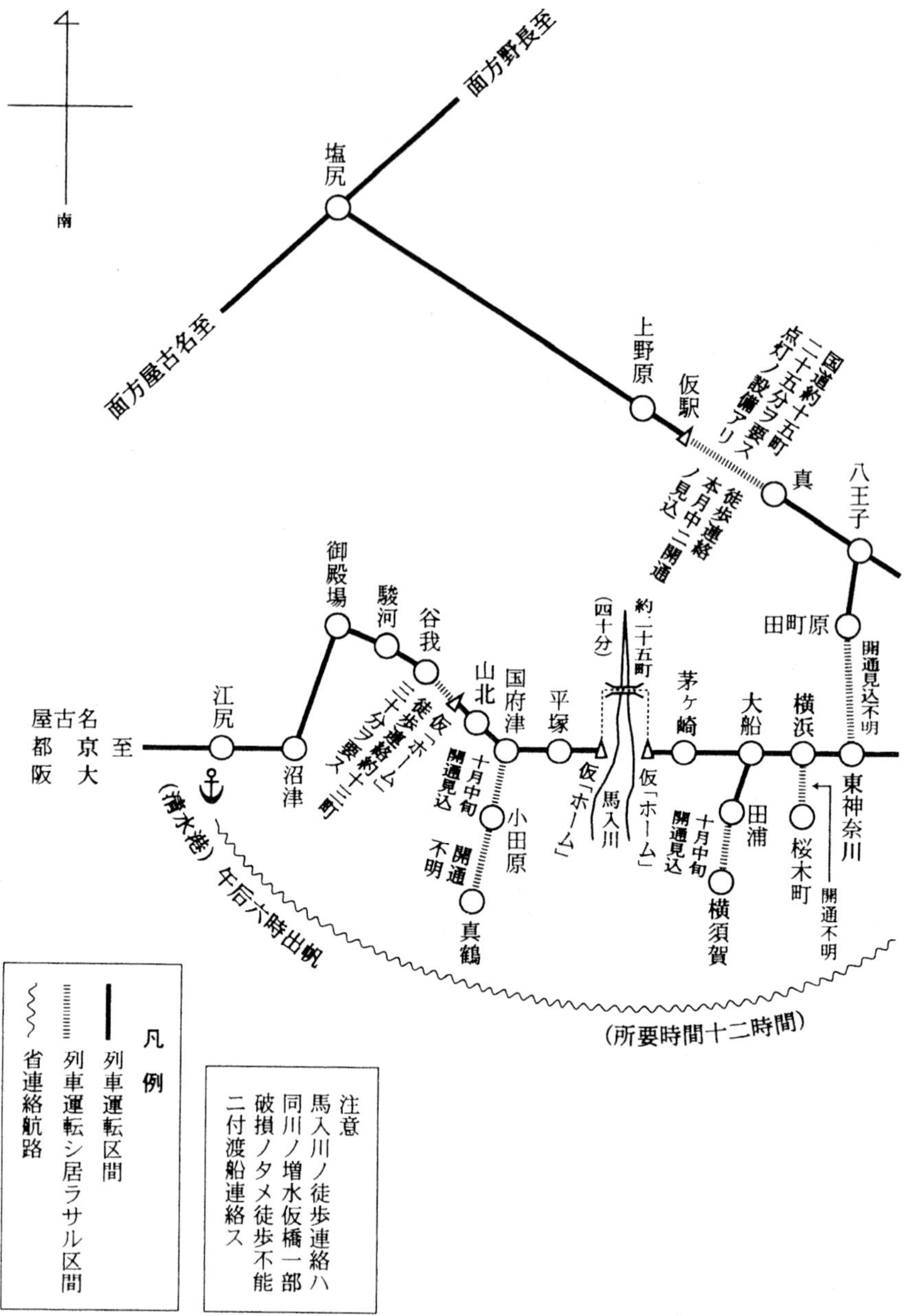

凡例

列車運転区間

列車運転シ居ラサル区間

省連絡航路

注意

馬入川ノ徒歩連絡ハ同川ノ増水仮橋一部破損ノタメ徒歩不能ニ付渡船連絡ス

震災關係情報

◉海軍大臣訓示

九月二十五日海軍大臣ハ部內一般ニ對シ次ノ如キ訓示ヲナセリ

今次ノ災厄ニ方リ帝國海軍ハ機ヲ誤ラス急遽其ノ全機關ヲ擧ケテ救護ノ配備ニ就キ震災直後先ツ大艦隊ヲ以テスル食糧輸送計畫ヲ樹テ週日ヲ出テスシテ既ニ東京灣頭物資ノ聚積ヲ見タルカ如キハ人心ノ鎭靜、秩序ノ維持ニ寄與シタル所幾何ナルヤヲ知ラス爾來陸軍其ノ他當事諸機關ト力ヲ戮セテ諸般ノ救護作業ヲ續ケ日ヲ閲スルコト既ニ二旬餘其ノ間災地ニ於テ直接救護ニ從フ者ト地方ニ在ツテ之ヲ助クル者トヲ問ハス上下一致具ニ辛慘ヲ嘗メ全能ヲ竭シテ激務ニ勤勞シ爲ニ實績頗ル擧リ救護施設ノ主要機關トシテ朝野ノ期待ニ對フルヲ得タルハ誠ニ欣幸トスル所ニシテ諸員ノ勞苦ニ對シ滿腔ノ感謝ヲ表ス若夫レ居ヲ震災地方ニ有スル者ニシテ近親ヲ喪ヒ家產ヲ破リ尚且私事顧ミルニ暇アラスシテ其ノ職ニ盡瘁セル者又ハ不幸救護ノ公職ニ殉シタル者等ニ至リテハ眞ニ側隱哀悼ノ情ニ禁ヘス

今ヤ救護應急ノ施設ハ朝野各所掌ニ從ツテ著々其ノ步ヲ進メ海軍諸部隊ハ戒嚴令下ニ在ル一部ノモノヲ除キ漸次其ノ固有任務ニ復歸スルヲ得ントス然リト雖當面ノ情勢ハ國力ヲ擧ケテ震災地復興ノ施設ニ急ナルノ秋帝國海軍亦直接間接之ニ寄與シ軍民一致以テ此ノ國家的大業ノ遂行ニ努力セサルヘカラス這般本年度施行豫定ノ海軍大演習ヲ

ロ、浦賀船渠株式會社船渠側並久比里坂ノ崖崩レ復舊工事ハ從前ノ如ク續行シツヽアルモ開通期日未定

ハ、蛇島崖崩レニ於テ今日迄ニ發掘シタル死体ハ三十餘ニシテ尚二十以上アル見込近親及町民援助ノ下ニ開鑿工事ヲ續ケ居ケリ

二、衛生

傳染病新患者ノ發生ナク下水ノ清掃モ畧完了セリ

三、浦賀船渠會社ノ狀況

本月二十六日ヨリ應急作業員約五十名ノ外一般休業中ナリシカ十月一日ヨリハ約五百名ヲ出勤セシメテ復舊作業ヲ行フコトトシ且右ノ職工及社員共給金ヲ低下シタリコレ主トシテ資金調達ノ不能ニ由ル應急ノ所置ニシテ金融機關整頓次第成ルヘク從前通リ作業ヲ復興スル豫定ナリト云フ

◉八丈島及小笠原島情報

小森松江特務艦長ノ報告ニヨレハ

一、八丈島ハ九月一日ヨリ二日ニ亘リ稍强キ地震ヲ三回感シタルモ家屋及ヒ人員ノ損害全クナシ糧食ハ先ツ充分ニテ今ノ所心配ナシ

二、小笠原島ハ食糧輸送ノ途絶エ一時其ノ窮乏ヲ告ケシカ二十一日同島ニ寄港セル松江ヨリ約糧食一ケ月分ノ交付ヲ受ケ猶同島二見ヘ糧食運送中ノ小檜丸ハ二十三日來ノ颶風ニテ一時八丈島附近ヘ避難セルモ二十六日正午出港二十八日同港著ノ豫定ナルヲ以テ當分糧食ノ心配ナシ

◉横須賀市內民間海上輸送ノ概況

一、東京灣汽船株式會社

航路　東京(靈岸島)館山間

寄港地　横濱、横須賀、浦賀、金谷、勝山、北條

別ニ東京三崎間ノ航路アレトモ浦賀ニ寄ルノミニシテ横須賀ニハ寄港セス

發著時刻　東京館山ヲ夫々毎日午前八時出港シ夕刻終點ニ到著ス

横須賀小川町海岸ニ於テハ館山行ハ正午頃東京行ハ午後一時頃出港トナル

地名	着	發
横須賀		十月一日(月)
船川	十月五日(金)	九日(土)
大舟渡	十月十一日(木)	十四日(月)
横須賀	十月十六日(火)	

備考　木材搭載並ニ天候ノ情況等ニ依リ多少變更スルコトアルヘシ

横須賀戒嚴司令部情報部

◎市內點燈狀況

震災ニ依ル照明機關ノ破壞ハ原始的暗黑世界ヲ現出シ當時市內十八部會ノ各商家ニ就キ實地調査シタル處ニ依レハ蠟燭現品(七日調査)ノ如キモ僅ニ大三百七十四本、中二千七百三十三本、小二千八百二十六箱ニ過キス須臾ニシテ其ノ窮乏ヲ告クルニ至レリ、戒嚴司令部ニ於テハ急速之カ復舊ノ切要ナルヲ認メ市內照明調査研究ニ著手シ先ツ電力點燈裝置ニ就キ當時海軍部內ノ一部並東京電燈株式會社横須賀出張所ヲ調査シタルニ海軍部內ニ於ケル發電機ハ一〇〇「ボルト」一五「キロワット」三臺及八〇「ボルト」八「キロワット」二臺ニシテ僅ニ部內ノ一部ニ點燈スルヲ得ルニ止マリ電燈會社所有ノ水力電氣ハ塔ノ澤發電所ハ水路破壞シテ使用ニ堪ヘス猪苗代及信州梓川發電所ハ共ニ異狀ナカリシモ其ノ他各地ノ變壓所送電線等ノ損害ノ爲危急ニ速應スルノ道ナカリシヲ以テ唯數日ヲ以テ應急的復舊ノ見込アル横須賀發電所(火力)ノ應急修理ヲナスノ最捷路ナルヲ認メタリ依テ電燈會社ノ要望ヲ容レ海軍機關學校ヨリ毎日兵員數十名ヲ派遣シ之カ作業ヲ援助セシムルト共ニ一方京濱電力信州梓川水力ノ送電有望ナルヲ確メ東京電燈會社ヲシテ交渉セシメソノ送電線ノ故障ヲ急速ニ修理シ之カ送電方法ヲ攻究促進セシメタリ然ルニ京濱電力ハ實地調査ノ結果戸塚變電所ト東京間ニ鐵塔ノ故障アリテ復舊數日ヲ要スルヲ確メ得タルヲ以テ一面ニ於テハ極力火力發電ノ作業ヲ進メ十日ニ至リテ始メテ一〇〇「キロワット」ヲ送電シ街燈ノミヲ點シ得タリ其ノ間使用汽罐ノ破裂之カ修理等其ノ作業ノ困難ナルモノアリシカ十三日午後八時水力電氣ノ到來マテ火力ニ依リ點燈ヲ續行セリ然カモ猶送電線ハ完備ノ狀態ニ在ラサルヲ以テ局部的故障ノ發生ヲ免レス專ラ之カ完備ニ努力シ十五日ニハ修理不可能ナル一部ヲ除ク外殆ト常態ニ復シ停電ノ懸念ナキニ至レリ爾來二十日迄引續キ追日

中止セシメラルルニ至リタルモ畢竟上述ノ如キ聖慮ニ出テタルニ外ナラスト奉察ス
今次ノ震災ニ因リ帝國海軍ノ蒙リタル損害ハ決シテ少々ナリトセサルモ海軍全般ヨリ之ヲ見レハ幸ニ一部ノ機關ヲ喪失シタルニ止マリ暫ク之ヲ補フニ應急ノ施設ヲ以テセハ因ヨリ海軍本來ノ職能ヲ盡スニ足ラサル所ナキハ吾人ノ意ヲ强フスル所ナリ抑々國防充實ノ意義ハ日ヲ異ニシテ渝ル所ナシト雖特ニ此ノ國家大事ノ機ニ際シ內國民ノ倚望ヲ擔ヒ外帝國ノ國威ヲ發揚スルモノ帝國海軍ノ威武ニ俟ツ所多ク其ノ責務頗ル重大ナリト謂ツヘシ然レトモ飜ツテ當面ノ國情ニ鑑レハ事業多端多ク力ヲ海軍ニノミ注クヲ許ササルヘク窮極スル所內容ノ充實、無形術力ノ向上進展ニ依ツテ武備ヲ整フルノ外ナシ是ヲ以テ部內一般大ニ軍紀ヲ振興シ練武ニ奮勵努力スルト共ニ各部指揮ノ任ニ膺ル者ハ其ノ實力擴充ノ手段ニ格段ノ工夫アランコトヲ望ム
右訓示ス

●殿下御慰問

山階宮武彥王殿下ニハ皇族御代表トシテ震災情況御視察及傷病者御慰問等ノ爲二十八日第一八驅逐艦ニ召サレ左ノ御順路ニ依リ非公式ヲ以テ房總地方ヘ成ラセラル御豫定ナリ

二十八日午前七時三十分品川發同十時館山着　御上陸ノ上船川若クハ那古ヨリ御乘艦午後四時品川着

●大廟ヘ勅使御差遣

伊勢大廟ヘ勅使御差遣ノ爲乘艦トシテ軍艦木曾ハ二十九日午後橫濱發三十日午前鳥羽着ノ豫定

●橫須賀方面震災狀況視察

海軍省軍需局長同人事局長及大藏省主計局長等一行十八名當地方震災情況視察ノ爲昨二十七日午前來橫市內視察ノ上卽日午後出發歸京セリ

使用汽船　たいふさ丸、愉快丸、天城丸、天龍丸、洲崎丸、羽田丸、廿五號逆運丸
　前四隻ハ約三百噸ノ同型汽船ニシテ後三隻ハソレヨリ少シク小型ナリ

賃　金　橫須賀ヨリ東京マテ　六十錢
　橫濱マテ　三十錢
　館山マテ　一圓六十二錢

橫須賀ニ於ケル乘降客數　館山間ハ乘降共概ネ二十名內外ニシテ東京間ハ極メテ少シ

二、其ノ他
　白玉屋回漕店　御子丸
　宇野回漕店　金斗丸
　其ノ外　貞喜丸（橫須賀橫濱間往復）
　　總喜丸（橫須賀大貫間往復）

●道路整理（二十六日）

港町崩土運搬作業
　イ、海上運搬　一〇七坪　累計　六〇八坪四
　ロ、陸上運搬　一〇坪五　累計　一八六坪五

●假設電話線撤去

逗子鎌倉間水雷學校特設ノ電話線ハ二十七日限リ撤去シタリ

●地區指揮官部移轉

浦賀地區指揮官部ハ二十七日艤裝員事務所ニ移レリ

●築城部移轉

築城部橫須賀支部ハ假廳舍ヲ市內不入斗橫須賀重砲兵聯隊內ニ移シ二十六日ヨリ同所ニ於テ執務セリ

●警察事務槪況

○暴利商
　暴利取締令違反トシテ市內公鄉二五二雜貨商川谷愛太郞及若松町四五材木商下平元次郞ヲ檢擧送致ス

○酩酊
　戒嚴司令部ニ於テハ先ニ風紀取締ニ關シ告示スル所アリシカ二十五日以來酩酊ノ秩序ヲ亂シタル廉ヲ以テ檢束サレタルモノ六名ニ及ヒタリ

○竊盜未遂
　昨二十七日慰問品運搬中「ミルク」箱ヲ破リ之ヲ竊盜セントシテ檢擧サレタルモノ一件アリ

●關東行動豫定

修復增設ヲ行ヒ槪ネ左表ノ如キ點燈數ヲ得タリ

月　日	變壓器ノ二次總電流「アンペア」	電燈數（十六燭換算）
九、一四	八三	一三、六九五
一五	一二五	二〇、六二五
一六	一三五	二二、二七五
一七	一四五	二三、五九五
一八	一八一	二九、八六五
一九	一八三	三〇、一九五
二〇	一八七	三〇、八五五

備　考
一、點燈數ハ子ノ神山變壓器ノ二次側總電流ニ依ツテ換算シタルモノニシテ變壓器ノ能率ヲ一ト假定ス
二、點燈範圍ハ橫須賀市內全般及豊島、衣笠、浦賀町方面ナリ
又街路照明ニ關シテハ市內大瀧町燒跡海友社集會所附近ニ百燭光十數燈及港町ヨリ逸見ヘノ山越通路ヘ十六燭光十五燈ヲ新設セリ

㊙浦賀地區ノ狀況摘錄

一、崖崩レ及道路ノ狀況

イ、二十四日ノ暴風雨ニ際シテハ別ニ新ニ被害ノ認ムヘキモナシ

特務艦關東ハ去ル二十二日淸水ヨリ木材其ノ他ヲ積載橫須賀ニ入港セシカ近日中搭載物件ノ陸揚及石炭ノ移載ヲ了シ左ノ日程ヲ以テ船川(秋田縣)及大舟渡(岩手縣)ニ回航木材七千石ヲ搭載スル爲行動スル豫定ナリ

大正十二年九月二十九日

震災關係情報　其ノ二十二

横須賀戒嚴司令部情報部

◉収容保護中ノ鮮人ノ使役竝監督

横須賀重砲兵聯隊ニ収容保護中ノ鮮人ノ使役竝其ノ監督ニ關シ九月廿八日附左ノ通命令發布セラレタリ

一、横須賀重砲兵聯隊ニ収容保護中ノ鮮人ノ使役竝其ノ監督ニ關シ掛員左ノ通指定ス

（主任）海軍少佐　渥美龜太郎
海軍警査　小笠原武臣
守衛長　江波戸伊之助
守衛　大木子之助
同　右　齊藤光一
造兵工場職工　李柄海

二、鮮人掛主任ハ鮮人ノ給與及救護ニ關シテハ横須賀重砲兵聯隊當事者ト協議スヘシ使役中工事ノ監督ニ關シテハ要求元ニ於テ擔任スルモノトス

三、事務所ヲ工廠内ニ置ク

四、鮮人使役要求ノ向ハ左記要領ニ依リ書類若ハ口頭ヲ以テ前日正午迄ニ事務所ニ申出ツヘシ

イ、使用場所
ロ、員　數
ハ、作業ノ種類

◉横濱方面揚陸作業

從來海軍ノ手ニテ行ヒ來リシ横濱ニ於ケル部外船舶ノ震災救護材料陸揚作業ハ二十七日正午救護事務局協議會横濱現業部ニ引渡セリ（第三戰隊司令官通報）

◉郵便事務

横須賀郵便局ハ電信電話ハ逸見波止場内分室ニ於テ取扱向アリ警察署ノ調査ニ依レバ本日ノ新患者左ノ如シ

パラチブス　一名　田浦町船越
同　二名　市内中里

◉不入斗収容鮮人ノ状況

一般ノ動靜極メテ順良靜穏ニシテ官憲ヲ信頼スル事敦ク殊ニ民衆ト融和セリ去ル二十二日横濱ヨリ收容セル二百二十五名ノ内傷病者八十五名及婦女ヲ除ギ二十八日ヨリ戒嚴司令官命令ニ據リ勞役ニ從事セシムルコトニナレリ

◉燈臺

二十八日午後九時大島風早崎燈臺点燈シアラス（尻矢特務艦長報告）

◉陸軍大臣要塞參謀總長來横

明三十日陸軍大臣參謀總長一行要塞視察ノ為驅逐艦便乘來横海堡要塞等視察ノ上午後三時半頃當地發歸京ノ豫定

◉鐵道狀況（九月二十八日東京鐵道局情報）

一、東海道線ノ狀況

イ、茅ケ崎平塚間

本日ヨリ鳥井戸川假乘降場ヲ馬入川東岸三十八哩四十鎖ノ個所ニ移轉シタル為徒歩區間約八丁ニ短縮セリ尤モ假橋出來迄ハ從來通リ渡船ヲ要スルモ本月中ニハ落成ノ豫定ナリ

ロ、山北谷峩間

從來ノ通リ約十三丁徒歩ヲ要ス

二、横濱清水間連絡船

本日ヨリ發著地ヲ横濱清水ニ變更シ東京横濱間連絡

來リタル處二十八日ヨリ同分室ヲ廢シ軍港南門郵便局ノ隣地ニ在ル假局舍ニ於テ取扱フコトトナレリ

◉入港艦船

二十七日入港艦船及搭載物件竝陸揚左ノ如シ

石　廊　揮發油　七一六箱

矢矧ニテ呉ヨリ東京灣ニ輸送シ來リタル衞生材料ヲ運貨船ニテ運搬海軍病院ニ陸揚セリ

◉道路整理

一、大勝利山崖崩壞土砂運搬

二、經理部前ヨリ機關學校前ニ通スル八間道路面及電燈會社前二號八間道路面一部竝雜賀屋呉服店前十五間道路ニ直角ナル四間道路清掃整頓

三、十二間道路面一部及松竹館角ヨリ稻岡町ニ通スル八間道路竝一號八間道路面清掃整理

四、港町崩土運搬作業

イ、海上運搬　一五三坪三四　累計　七六一坪七四

ロ、陸上運搬　二六坪五　累計　一六六坪

◉特務艦尻矢行動豫定

特務艦尻矢ハ便乘者部內關係者十名部外者三十八名ヲ載セ廿八日大阪ニ向ケ出港同地ニ於テ清水及救難品托送品搭載ノ上左ノ如ク行動歸著ノ豫定

三十日　正午　大阪著

十月一日　大阪泊

二日　正午　大阪發

四日　午前　橫須賀歸著

◉金融竝ニ民心一般狀況

銀行業者一般營業開始ト共ニ引續キ支拂ノ圓滑ヲ持シ曾テ紛議ヲ見ス尙貸借其ノ他ノ金融狀態ハ良好ニ向ヒツツアリ

列車ヲ運轉ス

イ、列車汽船發著時間

下リ

東京	發	午後	一、〇五
品川		同	一、二二
東橫濱	著	同	二、二五
橫濱棧橋	發	同	五、〇〇
清水港	著	翌日午前	五、〇〇

上リ

清水港	發	前日午後	八、〇〇
橫濱棧橋	著	午前	八、〇〇
東橫濱	發	同	一〇、四〇
品川	著	同	一一、四四
東京	著	正午	一二、〇〇

ロ、取扱驛ハ東京品川橫濱ノ三驛トシ江尻以西各驛行連絡乘車船劵及手荷物ノ取扱ヲ爲ス

ハ、運賃ハ發著地間ノ鐵道賃ニ依ル但シ船內食費ヲ含マス汽船二等寢臺料金一箇壹圓

ニ、船車連絡ノ場合ニ於ケル旅客運賃ハ全區間ヲ通シテ汽船ノ等級ニ依ル

ホ、橫濱港繫船ハ舊棧橋トス

ヘ、東橫濱驛ト繫船棧橋間約二十丁徒歩四十分ヲ要ス

ト、手廻品ノ運搬料一個十錢　人力車ノ便アリ

三、中央線ノ狀況

昨日ヨリ二等客ノ區別ヲ爲シ又手荷物ノ直通輸送ヲ開始シ稍々平調ニ近キ輸送ヲ爲スヲ得タリ徒歩區間狀況變リナシ

手荷物ハ徒歩區間困難ニシテ旅客ト同一列車ニテ輸送スル能ハザルニ付受托ノ際ハ右說明ヲ爲シ遲延承知ノモノニ限リ受托ノコト

四、小荷物取扱開始

民心一般正業ニ就カントシ尚前記ノ如ク當地銀行業者ノ支拂ノ圓滑ト共ニ漸次金融良好從テ民心順調ニ赴クモ唯天候ノ不良ナルニ一般傳染病發生ヲ憂慮シツツアリ

◉警察事務概況（二十七日）

一、警戒

特ニ暴利取締令ニ依ル奸商ノ摘發檢擧並同種ノ豫防警戒風俗保持ヲ勵行セリ

二、司法事件

市内若松町八十五番地材木商近藤辰之助及汐留四十三番地材木商磯崎三之助兩名暴利取締令違反トシテ取調中

◉衛生狀況（二十七日）

傳染病豫防ニ就テハ蠅ノ驅除並ニ糞便ノ不始末及飲食物ノ取締等極力之ヲ豫防ニ努メツヽアルモ尚逐日增加ノ傾

震災地各驛發小荷物取扱中止中ノ處二十八日ヨリ左記ノ通取扱ヲ開始スルコトトナレリ

取扱驛	取扱區間
東京、品川	大井町茅ヶ崎間（横濱ヲ除ク）及横濱清水港間航路經由江尻以西各驛行
大井町、茅ヶ崎間各驛（除横濱）	同區ノ間東北本線赤羽以北常磐線龜有以東各驛行
平塚、山北間各驛	平塚山北間各驛行
原町田、相原間各驛	原町田、相原間、中央線大久保、與瀬間各驛行
山手線各驛	大井町茅ヶ崎間（除横濱）
東北本線赤羽以北、常磐線龜有以東各驛行	
日暮里、王子間及三河島、北千住間各驛	東北本線赤羽以北、常磐線龜有以東各驛行
錦糸町、龜戸、	平井以東各驛行

五、谷峩以西運轉列車竝編成左ノ如シ

發驛	發時刻	行先	編成
沼津	午前一二・〇四	下關	二三等食堂
濱松	午前五・三〇	下關	二三等寢臺
靜岡	午前四・一一	糸崎	二三等
靜岡	午前五・五〇	姫路	二三等
沼津	午前六・〇〇	明石	二三等
御殿場	午前六・三〇	京都	二三等
谷峩	午前六・四五	下關	二三等
谷峩	午前九・三五	神戸	二三等
沼津	正午一二・〇〇	下關	三等食堂（江尻停車）
靜岡	午後一・二〇	下關	一二等寢臺食堂
沼津	午後一・二一	米原	二三等
谷峩	午後一二・五〇	神戸	二三等
谷峩	午後二・三〇	明石	二三等
御殿場	午後四・五〇	沼津	二三等
谷峩	午後四・四〇	明石	二三等
谷峩	午後七・二〇	靜岡	二三等
御殿場	午後九・二〇	沼津	二三等
沼津	午後一〇・四九	神戸	二三等
靜岡	午後九・四八	濱松	二三等

震災關係情報 其ノ二十三

横須賀戒嚴司令部情報部

◉警衛隊編制變更（二十九日）

横須賀戒嚴地區警衛隊編制左ノ通變更セラレタリ

部隊		職名	官階兵種	員數	所轄
警衛隊本部		指揮官	大佐	一	海兵團
		同附	少佐	一	
銃隊	第一（二）小隊	中隊長	大尉	一	
		同附	兵曹長	一	
			兵曹	一	
		小隊長	特務少尉（兵曹長）	一	
		同附	兵曹	六	
		分隊下士官	同	四	
		列兵	水兵	三二	
	第三（四）小隊	小隊長	兵曹長	一	
		分隊下士官	兵曹	四	
		列兵	水兵	三二	
附屬隊		衛生隊長	軍醫少尉	一	
		隊員	看護兵	一	

三二九 海軍病院
一一 機關學校
二六六 港務部
四七〇 軍法會議
四一一 海兵團
二六一 憲兵分隊
四 要塞司令部
五 重砲兵聯隊
四七三 衛戍病院
八 市役所
一〇七 警察署
二一六 税務署
二二〇 停車場
六一二 三浦郡役所
二六一 區裁判所

◉道路整理（二十八日）

一、大勝利山崩壞土砂搬出

搬出作業中女及其ノ子兒ト見ルヘキ白骨ヲ發掘ス

二、經理部前ヨリ機關學校前ニ通スル八間道路面及二號八間道路面一部清掃整理、從業職工二四二名

三、郵便局跡整理、及一號八間道路一部清掃整理　從業職工二五〇名

四、港町崩土運搬

陸上二五坪五　累計二三七坪五

海上五一坪七　累計八一三坪四四

隊 其ノ他	必要ニ應シ之ヲ定ム
軍港衛兵	固有編制ノ通
備考	一、奇數偶數小隊交互ニ隔日警衛任務ニ服ス 二、指揮官附少佐一ハ軍港衛兵司令ヲシテ兼ネシム

◉艦船

一、夕張及第十六驅逐隊ハ本月二十九日以後震災救護任務ニ關スル行動ニ關シテハ横須賀鎮守府司令長官ノ指揮ヲ受クルコトトナレリ

二、迅鯨ハ二十八日機關學校生徒ノ江田島輸送ヲ終了セリ

三、遼東丸ハ寄贈品ヲ積ミ二十八日入港セリ

四、韓崎ハ救護用物品陸揚ノ爲二十九日入港搭載物件左ノ如シ

枕木　百本（工廠宛）

治療品　二十二箱（病院宛）

五、第八驅逐隊ハ二十七日左ノ通小田原ニ建築材料ヲ輸送セリ

イ、木材（角材、圓材、木板等）約一〇〇噸（約五〇〇石）

ロ、薄鐵鈑　約八〇噸

ハ、釘　三〇樽

外ニ蠟燭　二〇〇箱

◉市内電話開通

二十九日迄ニ開通セル市内電話ハ官廳方面ノミニシテ電話番號及官廳名左ノ如シ

電話番號	官廳名
三	鎮守府
一二	經理部
一三	工廠
一四	軍需部

◉建築材料陸揚並輸送

一、本月廿一日ヨリ二十六日迄ニ陸揚セル建築材料左ノ如シ

丸太　約一、〇〇〇本　（高崎積）

鉄鈑　約五一、〇〇〇枚　（高崎、尻矢積）

木材　約五、六六〇石　（關東、千早積）

◉軍艦便

軍艦千早ハ來十月一日午後五時横須賀發清水ニ回航同地ニ在泊一日ノ後横須賀ニ歸港スルコトトナレリ

往航　一般避難民ノ便乘差支ナシ希望者ハ本府ニ申出ツルコト

復航　當日午後三時小海（港務部汽艇）長浦（防備隊汽艇）棧橋發便船アリ

清水ヨリ横須賀ニ輸送スヘキ部外一般ノ依賴物件ノ托送ハ出來得ル限リ便宜ヲ與フ

但シ積込陸揚ハ各自ニ於テナスヲ要ス要望者ハ直接千早艦長ニ申出ツルコト

◉衛生狀況

追日傳染病發生ノ傾向アルモ概シテ之ヲ屆出ツル者少キヲ以テ警察ニ於テハ檢病的ニ該患者ノ發見ニ努メツツアリ本日ノ新患者左ノ如シ

赤痢　一　市内中里

◉警察事務（二十八日）

一、暴利取締令違反　四件

竊盜未遂　一件

右何レモ取調中

二、警察署人事相談部ノ受理セルモノ左ノ如シ

家屋ノ賃貸借ニ關スル件　一

就職ニ關スル件　一

震災關係情報　其ノ二十四

横須賀戒嚴司令部情報部

◉最近横須賀戒嚴管下狀況概要

一、一般狀況

糧食ニ對スル憂慮ハ殆ント無クナリ各自ニテ建設セル假小屋ノ數モ漸次增加シ罹災者收容小屋ノ工事モ漸ク捗リ衣服類モ亦各方面ヨリノ寄贈ヲ受ケ從テ衣食住ニ對スル當面ノ心配ハ漸次輕減セルノ狀況ナリ其ノ上物資ノ缺乏ニ基ク物價ノ騰貴モ一般ニハ免レ難キトコロナルモ災害地外ヨリスル日用必需品ノ輸入ニ努ムルト共ニ暴利取締令ノ勵行ニ依リ目下ノ處平時ト大差ナク又災害後ニ於ケル犯罪モ特ニ增加ノ傾向ヲ認メス一方銀行モ追ヒ〳〵開店シ人心益々安靜ニ歸シ復興ノ氣愈々漲ルノ有樣ナリ

二、交通通信

管下交通通信狀況ノ概要ハ漸次復舊シツツアリ尙ホ横須賀線ハ田浦大船間ハ一日八回ノ列車運轉ヲ見タルモ二十五日ノ大暴風雨ニテ鎌倉逗子間隧道ニ崩潰個所ヲ生シ一時不通トナリシカ間モ無ク開通セリ田浦横須賀ハ隧道大崩壞箇所ノ修復大略成リ本月三十日ニハ試運轉ヲ行ヒ本日開通セリ本府無線電信所モ二十五日ヨリ舊態ニ復シ平常通信ヲ開始セリ

三、補給救護

糧食補給ニ關シテハ今ヤ全ク心配ナク災害後去ル二十一日迄ニ當軍需部ニ於テ配給セル糧食品ノ概量ハ米約十九萬八千貫、麥五千貫、乾麵麭二萬四千七百貫罐詰一萬七千六百貫ニ達ス尙ホ二十五日調施米ヲ受ク居ル人員ハ四千百十二人各地ヨリノ寄贈衣服ヲ配給セル延員數(二十四日調)一萬千七百五十八ニ上レ

◉艦船

一、驅逐艦夕凪ハ昨二日午前九時迄ニ芝浦ニ回航帝國在鄕軍人會本部ヨリ三浦半島各地在鄕軍人分會ニ送付ノ救護品ヲ搭載シ三崎町ニ回航同地揚ケ物件陸揚ノ上横須賀ニ歸港ノ筈

二、驅逐艦時雨ハ特務艦神威搭載中ノ三重縣ヨリ横濱救護事務局支所宛送付蒲團地二八、〇〇〇反(二百五十七行李)ヲ積載ノ上本日午前九時迄ニ横濱ニ回航シ右搭載物件ヲ横濱救護事務局支所ニ引渡シ横須賀ニ歸港ノ筈

三、既報ノ如ク特務艦關東ハ木材積載ノ爲本日午前九時横須賀發部內者及同家族ノ便乘者ヲ載セ秋田縣船川ニ回航セリ

四、阿蘇ハ材木九〇〇石ヲ搭載シ昨日午前五時横須賀ニ向ケ塩釜ヲ出港セリ

五、驅逐艦栂ハ呉建築部ヨリ釘一五二樽、亞鉛鈑一、〇〇〇枚搭載昨日入港セリ

六、特務艦神威昨日午前八時入港搭載物件左ノ如シ

木材	四、二〇〇石	牛肉	六〇頭分
砂糖	三〇〇俵	清水	三〇〇噸
購買用品	若干	白米	五〇〇俵
市役所用品	若干	陸軍用品	一二噸
味噌醬油類	五〇樽	其ノ他	若干

三重縣ヨリ寄贈ノ慰問品　一、四二個
三重縣ヨリ横濱行ノ蒲團地　二八、〇〇〇反(二五七行李)

リ

四、衛生

傳染病發生ニ關シテハ當初ヨリ大ニ警戒セル處ナリシカ腸「チブス」「パラチフス」赤痢等ハ初發以來約五十五名(二十八日調)猶增加ノ傾向ヲ示シツツアリ防疫部ハ全力ヲ盡シテ之カ防遏ニ努力中ナリ

五、建築材料蒐集狀況

震災以後二十二日迄ニ部內及地方官廳ヲ經テ蒐集セル建築材料ハ情報第一七號記載ノ如シ

尙ホ引續キ建築材料ノ蒐集ニ全力ヲ盡シツツアリ

六、給水ノ狀況

二十一日ニハ軍港水道配水管ト走水ヲ水源トスル市水道配水管トノ連絡工事竣工シ二十二日ニハ走水水源水道工事完成一日四百噸以內ヲ限リ時間制限ニ依リ差當リ市ノ一部ニ對シ消火栓及共用栓ヲ以テ給水ヲ開始ス送水鐵管ハ半原水源ヨリ馬橋ニ至ル長二十四町二十間應急修理ノ上二十六日通水試驗ヲ終了セリ

七、被害地ノ清掃

市內ニ軌條ヲ敷設シ引續キ港町、山王町崩壞土砂搬出並燒跡清淨ニ努力中ナリ燒跡ノ方ハ日々著シク整頓サレツツアルモ港町ノ崩壞土砂ハ頗ル多量ナル爲道路開通迄ニハ猶長時日ヲ要スル見込ナリ

八、鮮人ノ收容

九月三日以來當地不入斗ノ陸軍砲廠內ニ鮮人ヲ收容保護シ其ノ結果良好ナリシヲ以テ二十三日ニハ震サイ當時横濱碇泊中ノ華山丸ニ收容サレタル鮮人中二百二十五名(內女七名小供三名)ヲモ引受ケ收容シ當地復興作業ニ使役スル事トセリ

九、點燈

横須賀市內ヲ始メ逗子葉山三崎浦賀共漸次點燈ヲ見

◉汽車開通

本日ヨリ田浦横須賀間ノ汽車開通セリ發車時間左ノ如シ

横須賀驛發著時刻

横須賀發大船行

午前五時十七分
同　七時十五分
同　九時四分
同　十一時
午後十二時五十六分
同　二時五十分
同　四時四十六分
同　六時三十八分

大船ヨリ横須賀著

午前五時七分
同　七時五分
同　八時五十五分
同　十時五十分
午後十二時四十五分
同　二時四十分
同　四時三十五分
同　六時二十五分

尙二日ヨリ時間變更ノ豫定ナリ

◉田浦横須賀鐵道開通工事ニ關スル努力

田浦横須賀間ノ鐵道ハ本日始メテ開通ノ運ヒニ至リシカ震サイ當初横須賀戒嚴司令部ニ於テハ本開通工事ニ就キ機關學校長ヲシテ其ノ實施方面案ヲ定メ鐵道省側ト協力ノ上之ニ當ラシメタリ破損ノ個所ハ五號「トンネル」入口及出口六號「トンネル」入口並七號、八號「トンネル」間ノ四ケ所ニシテ九月八日以來將校以下下士官兵一千餘名其ノ他職工人夫總計二千名之ニ從事シ鋭意開通ニ努メシカ

ルニ至レリ

●第一艦隊行動

十月四日ヨリ十一月三十日ニ至ル第一艦隊行動及主要作業ハ左ノ如ク豫定セラレタリ

第一艦隊行動及主要作業豫定表

月	日	曜	行動及所在	主要作業
一〇、	四	木	東京灣發	諸教練
	五	金		
	六	土	佐伯灣著	單獨訓練
	七	日	佐伯灣	
	八	月		恒例檢閲
	九	火		
	一〇	水	佐伯灣發呉著	單獨訓練
	一一	木	呉	補給
	一二	金		
	一三	土		
	一四	日		
	一五	月	所屬軍港歸投	單獨訓練 手入、修理、入渠等
自一〇、一六 至一一、三〇		火 金		

●震災救護任務

日進及第十六驅逐隊ハ來ル十月二日迄ニ品川方面ニ五十鈴、夕張及ヒ第五驅逐隊ハ同日迄ニ横濱方面ニ於ケル震災救護事務ヲ聯合艦隊ヨリ引繼キ同地ニ於ケル臨時震サイ救護事務局ト囑托團トノ協定ニ基ク港務監督並海上警備ニ任シ尚聯合艦隊ハ第五戰隊ヲ殘シ横須賀鎮守府司令長官ノ協議ニ應シ震サイ救護任務ヲ補佐スル事トナレリ

●横須賀市復興會

横須賀市ニ於テハ同市復興會ヲ設ケ復興ニ關スル施設ヲ調査研究シ之カ實行ヲ期スヘキ計畫中ナリ

陸軍工兵隊ノ來ルニ及ヒ十三日其ノ任務ヲ引キ繼キ爾後同隊ニ於テ工事ヲ續行今日ノ開通ヲ見ルニ至レリ

●羅災者汽車無賃廢止

本日ヨリ羅サイ者ノ汽車無賃扱廢止セラレタリ

●陸軍活動概況

横須賀陸軍部隊ニ於ケル各衛戍地ノ警備交通整理及救護作業等九月二十六日概報以後續行重砲兵聯隊及重砲兵學校共各方面ニ亘リ進渉ヲ見ツツアリ

●警察事務

一、市内佐野三八〇番地自轉車業藤崎孝暴利取締令ニ依リ罰金二十五圓ニ處セラル

二、酩酊ニ依リ警衛隊ニ檢擧セラレタルモノ二名アリ

●死体發見

震災以來發見セル死体左ノ如シ

死体數	同上發見場所	男女別	死傷ノ概略	發見月日
七	市内港町	男	崖崩レニ依リ埋沒	自九月一日 至同三十日
一	港町軍港正門	男	横濱ヨリ漂著	九月十四日
一	山崎海岸	女	同右	同十三日
二	堀ノ内海岸	女	同右	同十七日
五	田浦海岸	男	同右	自九月一日 至同十五日

●東京灣附近燈臺狀況正誤

横須賀鎮守府公報附錄九月十七日震災關係情報其ノ十中劒崎燈臺ノ白色トアルハ綠色、城ケ嶋燈臺ノ綠色トアルハ白色ノ誤ニ付訂正ス

大正十二年十月一日

横須賀下士官兵家族共勵會

各艦船部隊准士官以上
各廳各部文官 御中

冬服裁縫料ニ關スル件

當共勵會ニ洋服部ヲ設置シ海軍准士官以上ノ制服及脊廣服等ノ新調又ハ修理等極メテ廉價ニテ御要望ニ可應旨又裁縫料ハ夏服ノ分ノミ本年八月二日附御通知申上置候處今般冬服裁縫料（裏地其ノ他附屬品代全部ヲ含ム）別記ノ通査定致候間御註文被下度候

追テ震災ノ關係上目下服地缺乏ニ付急速調辨ノ儀ハ品種ニ依リ間ニ合ヒ兼ネル場合モ可有之ニ付豫メ御承知被下度候

裁縫料定價表（（）內ハ水交社特約店ノ裁縫料ナリ）

品名	軍服上下	脊廣服三ツ組	短引廻	長引廻	防水外套	外套	オーバーコート	禮衣
裁縫料	二五、〇〇〇（三四、〇〇〇）	三一、〇〇〇（四〇、〇〇〇）	一八、〇〇〇（二六、〇〇〇）	二二、〇〇〇	三八、〇〇〇（五三、〇〇〇）	二八、〇〇〇（三五、〇〇〇）	二八、〇〇〇（四〇、〇〇〇）	六二、〇〇〇（七三、五〇〇）

尙ホ服地入尺代價ヲ豫定シ之ニ裁縫料ヲ合算スルトキハ一着左表ノ金額ニテ出來上ルコトニ相成候間御參考迄ニ附記致候

品名	服地代 地質	入尺	豫定單價	豫定代價	裁縫料代共	合計（一着代價）
軍服上下	紺サージ	二碼七分	一碼ニ付 六、〇〇〇	一六、二〇〇	二五、〇〇〇	四一、二〇〇
脊廣三ツ組	紺サージ	三碼	同 六、〇〇〇	一八、〇〇〇	三一、〇〇〇	四九、〇〇〇
短引廻	羅紗	二同八分	同 八、〇〇〇	二二、四〇〇	一八、〇〇〇	四〇、四〇〇
長引廻	羅紗	三同七分	同 八、〇〇〇	二九、六〇〇	二二、〇〇〇	五一、六〇〇
防水外套	防水セル	五同六分	同 五、五〇〇	三〇、八〇〇	三八、〇〇〇	六八、八〇〇
外套	羅紗	二同七分	同 八、〇〇〇	二一、六〇〇	二八、〇〇〇	四九、六〇〇
オーバーコート	羅紗	二同七分	同 八、〇〇〇	二一、六〇〇	二八、〇〇〇	四九、六〇〇
禮衣	羅紗	三同七分	同 一三、〇〇〇	四八、一〇〇	六二、〇〇〇	一一〇、一〇〇
備考	以上ノ裁縫料ニハ裏地及附屬品代一切ヲ含ム					

大正十二年十月二日（火曜日）

震災關係情報 其ノ二十五

横須賀戒嚴司令部情報部

●震災ニ關スル横須賀海軍航空隊ノ活動

一、大震當日ノ狀況

大震災ニ會シテ横須賀海軍航空隊亦其ノ厄ヲ被リ格納庫扉及庫壁ノ倒壞ニ伴ヒ所藏セル飛行機飛行艇ノ破損多大ナルノミナラス滑走臺運搬路及陸上飛行場モ甚シク龜列斷層ヲ生シ直チニ使用シ得ルモノ僅ニ一個ニ過キサル窮狀ヲ呈スルニ至リシヲ以テ急速殘存飛行機ノ整備完成ニ力メタリ而シテ當日午後ヨリ翌朝ニ亘リテハ震火災ニ對スル警戒及附近村落ノ救援ニ當ラサルヘカラサル急迫セル實情ニ在リシヲ以テ到底飛行作業ニ餘力ヲ割ク能ハスシテ大震ノ第一日ヲ送レリ

二、大震第二日以後ノ狀況

イ、第一次偵察撮影飛行

九月二日午前八時操縱者横井中尉偵察同乘者大西大尉ハ殘存セル飛行機ニ依リ飛行偵察ヲ敢行ス同機ハ帝都及近郊竝横濱市ノ上空ヲ飛翔スルコト一時二十分具ニ震火災ノ狀況ヲ瞰望シテ歸來シ直チニ報告ヲ鎭守府長官ニ致セリ本飛行ノ結果ハ東京横濱ノ實況ヲ横須賀ニ齎セル第一信ナリトス

爾來九月七日ニ至ル期間大震後整備セル飛行艇ヲ以テ偵察及機上撮影ヲ行フコト六回其ノ區域京濱、三浦半島及東京灣沿岸ニ亘リ克ク所期ノ目的ヲ達シ横須賀官民ヲシテ震害ノ狀況範圍ヲ確知セシメ由テ以テ爾後各地ノ連絡及前後處置ニ貢獻スル所アリ

ロ、横須賀芝浦間定期飛行

建築材料九〇〇石

輕便機關車二臺（一臺重量一〇噸）

亞鉛鈑四、〇〇〇枚

三號鑛油 九、〇〇〇リツトル

糸屑一〇、〇〇〇キロ

コークス
木炭 二噸

釘 一六〇樽

明石 二日午前九時

二、出港艦船

概報ノ如ク特務艦關東ハ建築材料運搬ノ爲午前九時秋田縣船川ニ向ケ出港千早ハ昨日淸水ニ向ケ出港便乘六十五名外ニ郵便物若干アリタリ

三、補助無電艦

昨日午前九時ヨリ品川方面ニ於ケル補助無電艦ハ金剛トナレリ

●道路整理

一、大勝利山崩壞土砂運搬作業及經理部前ヨリ機關學校前ニ至ル八間道路面淸掃整理（從業職工二十九日二二一名三十日一一七名）

二、市役所前ヨリ十五間道路ニ通スル八間道路淸掃整理及郵便局跡整理竝機關學校前ヨリ楠ケ浦ニ通スル十二間道路淸掃整理（從業職工二十九日二五六名三十日二二二名）

三、港町崩土運搬作業

イ、海上運搬 二十九日二〇一坪 三十日二一九坪 累計一、二三三坪五

ロ、陸上運搬 二十九日一三坪 三十日二五坪 累計二七六坪五

鐵道不通、無線通信輻湊ノ狀況ニ鑑ミ東京、横須賀間飛行機連絡ノ急務ナルヲ認メ九月四日命ニ依リ大西大尉ハ海軍省ニ至リ協議ノ結果芝浦一號埋立地ニ假滑走臺ヲ設置シ海軍省、鎭守府間相互書類ノ送達及人員ノ急送ニ當レリ五日基地設備完成翌六日以降定期飛行ヲ繼續シテ多數ノ公文書、郵便物及若干ノ人員物資ヲ輸送シ霞ケ浦航空隊ノ連絡飛行ト相俟チ以テ無線通信ノ混亂ヲ緩和シ震災當初ノ救濟作業ニ助成スル處アリ既ニシテ救濟作業進捗シ東京、横須賀間通信艦ヲ以テ連絡スルニ至リシヲ以テ十二日本飛行ヲ止ム其ノ間飛行回數總數七回ニ及ヘリ

八、第二次偵察撮影飛行

九月八日震災地帶ノ狀況ヲ偵察撮影スヘキ旨横鎭長官ノ訓令ニ依リ九日ヨリ十三日ニ亘リ毎日京濱方面相模灣沿岸、伊豆半島、大島及房總半島ヲ飛行撮影シ總數百十七葉ノ寫眞ヲ鎭守府長官及大臣ニ提出セリ

二、以上ノ外霞ケ浦連絡飛行等ヲ加算シ總飛行回數二十二回總飛行時數三十時四十分總航程一千八百三十浬ニ達ス

大震ノ殃ニ遭ヒ飛行機及飛行設備全カラス隊外ノ災務繁激ニシテ飛行班員亦日夜心身ヲ過勞ス此ノ秋ニ當リ以上三飛行ヲ遂行シ得タルモノ一ニ班員ノ獻身的精神ニ因ルト雖又整備班員大努力ニ負フ所尠カラサル結果ナリトス

◉艦船部隊ノ勞務ニ關スル努力

各艦船部隊ハ震災ニ關スル繁劇ナル固有任務ノ外更ニ多數ノ人員ヲ陸上ニ派遣シ建築材料糧食其ノ他物品ノ陸揚構內倉庫慰問品等ノ整理、水道、電線鐵道ノ復舊工事竝市內片付等各般ノ勞務ニ從事セシメ救護復舊ニ對シ全力ヲ擧ケツツアルカ震災以來九月中ニ從事セル右人員ハ實ニ左ノ如キ多數ニ及ヘリ

二萬六千八百七十一人

◉艦船

◉横須賀附近ヨリ伊豆下田ニ至ル陸岸調査ノ概況（水路部員調査）

（潮汐ノ改正ハ大略ニ止メ詳細ノ點ニ至ラス）

横須賀附近	二呎內外隆起
浦賀附近	二呎內外隆起
金田灣	三呎內外隆起
劍埼附近	四呎內外隆起
三崎附近	五呎乃至六呎隆起
小田和方面	四呎內外隆起
逗子鎌倉附近	一呎乃至二呎隆起
江ノ島	二呎內外隆起
眞鶴	二呎內外隆起
眞鶴崎	七呎內外隆起
熱海網代附近	一呎內外低下
初島	七呎內外隆起
伊東川奈附近	少シク低下ノ氣味
富戸沿岸	少シク低下ノ氣味
稲取沿岸	一呎內外低下
見高沿岸	一呎內外低下
下田灣內	一呎乃至二呎低下

◉市內救恤員數

施米人員	五一、五〇〇人（九月三十日現在）
被服配給人員	三五、二五〇人（同　右）

◉住宅斡旋

曩ニ靜岡縣田方郡三島町名望家花島兵右衞門氏（機關少佐花島孝一ノ父）ヨリ此際部內者ニ對シ沼津地方ノ住宅周旋ニ關シ熱心ナル好意的申出アリタル處更ニ極力便宜ヲ圖ル旨申出アリタリ

◉汽車發著時刻（十月二日改正）

東京横須賀間汽車發著時間表

上リ

	横須賀發	品川著	東京著
午前	五―五〇	八―〇四	八―一〇

七―二〇	九―三五	九―五一
九―〇〇	一一―二二	一一―三八
一〇―五〇	午後一―一二	一―二八
午後〇―四〇	三―〇二	三―一八
二―三四	四―五六	五―一二
四―二〇	六―四二	六―五八
六―一四（大船行）		

下リ

東京發	品川發	横須賀著
	（大船ヨリ）	六―四六
午前五―三〇	五―四六	七―五八
七―一〇	七―二六	九―三八
八―五二	九―〇八	一一―二八
一〇―四二	一〇―五八	午後一―一八
午後〇―三六	〇―五一	三―一二
二―二二	二―三八	四―五八
四―一五	四―三一	六―五二

（備考）本表ハ本月下旬變更ノ筈

一、入港艦船及搭載物左ノ如シ

艦船名	入港日時	搭載物件其ノ他
球摩	二十九日午前九時	港務部所屬水船一隻 單心海底電纜四、八浬搭載ノ運貨船二隻曳航
滿州	卅日午前六時卅分	清水ヨリ入港 火薬廠行建築材料六車分
寳鈴丸	卅日午後三時卅分	德山ヨリ入港 軍需部宛輕油一〇〇瓩 二號石油六七〇箱 揮發油一一二箱
日進	一日午前八時卅分	清水ヨリ入港 米、麥類八三〇俵、木炭一、五〇〇俵、亞鉛鈑三五〇〇枚、味噌一三〇樽、其ノ他三〇〇、
阿蘇	一日午前十一時卅分	塩釜ヨリ入港

㊆逗子戒嚴地區々分其ノ他ノ變更

逗子戒嚴地區々分、地區司令部、方面本部、警衞隊ノ編成ハ命令ニ依リ左ノ通定メラレ九月二十八日ヨリ實施セラレタリ

區分	方面區域	方面本部所在	方面指揮官	以下派出擔任	指揮官附 軍醫官	指揮官附 中小尉特務小尉兵曹長	指揮官附 傳令	指揮官附 掌經理兵	指揮官附 主計科員	指揮官附 看護科員	指揮官附 掌信號兵	警備隊
司令部	全般	水校		水校	必要ニ應シテ水校ヨリ派遣ス		二	一				
田浦方面	田浦町	防備隊	防備隊 松田大尉	水校		〇	〇	〇				一〇
				防備隊		一	三	一				一五
逗子方面	逗子町	逗子停車場	水校 杉本大尉	航空隊		一（水）	三	一	一	一	二	二五
葉山方面	葉山村	御用邸内	水校 佐々木大尉	防備隊		一（水）	三	一	一	一	一	一五

大正十二年十月三日（水曜日）

震災關係情報　其ノ二十六

横須賀戒嚴司令部情報部

◉横須賀戒嚴管下狀況概要其ノ一

大正十二年九月一日午前十一時五十五分突如トシテ激震當地方ヲ襲フ破壞ノ一瞬去リ阿鼻ノ巷叫喚ノ聲未タ収マラサルニ市內諸所ハ已ニ火災ノ起ルヲ見ル一度身ヲ以テ免レシ市民モ再ヒ火ノ爲逃路ヲ絕タレ徒ニ右往左往スルノミ此クシテ祝融ハ風伯ノ威ヲ借リサシモ繁榮ノ當市目抜キノ場所モ公衙トイハス民屋トイハス一朝ニシテ烏有ニ歸シ焦土ト化シ了ハンヌ一方軍港內ニ在リテハ箱崎重油槽ノ破壞ニ次ク發火ハ濛々タル黑煙天ニ漲リ流出重油マタ二區外港ヲ火ノ海ト化シ碇泊艦船マタ危殆ニ頻セシ事當時ヲ追想シテ萬人等シク慄然トシテ悽慘ノ感ヲ禁スル能ハサル處ナリ加フルニ爾後頻々トシテ傳ハル風說ハ或ハ餘震海嘯ノ襲來不逞鮮人ノ暴擧ヲ報シ食料居住ニ對スル不安ト相加ハリ人心恟々トシテ停止スル所ヲ知ラス此ノ間ニシテ當司令部救濟事業ニ當リシ其ノ概要ヲ摘記スレハ次ノ如シ

一、災害直後ニ於ケル處置

震災ニ依リ鎭守府廳舍ハ大崩壞執務ニ堪ヘス職員ハ纔ニ身ヲ以テ免ルヲ得タリ而カモ當面ノ救濟作業竝復興作業ノ寸時ヲ曠フスル可ラサルヲ思フヤ直チニ廳舍前庭ニ司令部ヲ移シ時ヲ移サス緊急命令ヲ發セラル

即チ震災ニ續キ市內數ケ所ニ火ノ發スルヲ見ルヤ部下艦船部隊ニ命シ即刻防火隊ヲ派遣セシメ諸官衙竝市街ノ防火ニ全力ヲ盡サシメタルモ地震ニ依ル水道斷水ノ爲注水ノ途ナク倒壞家屋ハ道路ヲ閉塞シテ防

◉道路整理

一、大勝利山崩壞土砂運搬作業及經理部前ヨリ機關學校前ニ至ル八間道路面一號二號八間道路面（港旅館下）清掃整理竝不動銀行金庫破壞作業從業職工二五八名

二、市役所前ヨリ十五間道路ニ通スル八間道路面及一號六間道路面（舊山王町）竝機關學校前ヨリ楠ケ浦ニ通スル十二間道路清掃整理從業職工二四五名

三、港町崩土運搬作業

イ、海上運搬　二〇六坪　累計一、四三九坪五

ロ、陸上運搬　二四坪　三〇五坪

◉軍事輸送

既報ノ通リ本月一日ヨリ罹災民ノ汽車無賃取扱ハ廢止セラレタルモ戒嚴地區內ニ於ケル軍事輸送無賃取扱（九月二十三日横鎭公報附錄關係情報參照）ハ當適用セラレ居ルヲ以テ右該當者アル所ハ所轄長ハ證明書交付セラレ差支ナキ由

◉軍樂兵復歸

震災以來軍樂兵ハ海軍省副官依命服務シル處震災事務モ漸ク緩和セルヲ以テ九月卅日復歸セリ

◉通信（横須賀郵便局通報）

市內電話九月卅日震災關係情報其ノ二十三所報ノ通各官公署間ノミ開通セル處尙ホ左記各地トノ市外交換ヲモ取扱フコト、ナレリ

火隊ノ行動ヲ阻害シ加フルニ烈風火焔ヲ煽リ防火意ノ如クナラズ辛フシテ人命ノ收助ニ器具ノ搬出ニ全力ヲ傾注スルヲ得タルノミ然ルニ一方軍港內箱崎ノ重油槽ハ地震ニ依リ大破セラレ重油ハ火ヲ發シ須臾ニシテ濛々タル黑煙滿天ニ漲リ剩ヘ海上ニ流出セシ重油ハ之又黑煙猛騰火焔沖天ノ勢ヲ以テ燃エツツ軍港二區內港ヲ浮游シ若シ內港內ニ流入セムカ所在艦船亦危殆ニ瀕スルヤ必ナリ是ニ於テカ直チニ全艦船ニ至急出港港外安全ノ地ニ避難ヲ命セラレ浮游重油ノ火ハ約四時間ニシテ消滅セシモ重油槽ノ火ハ幾度カ險ヲ冒シテ消火ニ努メシモ期月ヲ閱セシ本日尙ホ餘煙徵カニ昇ルノ狀況ナリ

災害後ニ於ケル食糧問題ハ一刻ヲ爭フ緊急事ナリ即チ一日夜半無電ヲ以テ呉佐世保鎭守府長官宛糧食治療品治療機械藥品等ノ至急供給方ヲ打電シ二日午前ニハ恰モ南洋ヨリ歸來セル特務艦神威ヲ即刻出港セシメ伊勢灣方面ノ食糧聚集ヲ命シタリ而シテ同時ニ一方二日午後一時所在陸軍官憲竝市當局ノ參集ヲ求メ食糧問題ニ就キ協議米穀類ノ徵收ヲ即決シテ陸軍ノ援助ノ下ニ市ヲシテ同日夜半迄ニ之カ實行ヲ完了セシメ翌三日ニハ市內二十數ケ所ニ配給所ヲ設置シテ海軍ヨリ給セル食糧ト共ニ配米ヲ實施シ以テ差シ當リ一人トシテ飢餓ニ瀕スル者無カラシメタリ

激震ハ右ノ慘害ニ止マラス陸上ノ無線有線ノ通信及交通機關ヲ全部破壞シ去リ他地方ノ狀況ヲ一切不明ナラシメ只東京橫濱ノ空ニ黑煙ノ漲ルヲ望見スルノミ又當地ノ狀況ヲ他ニ報スルニ由ナク依テ一日夜直チニ特務艦膠州ヲ品川沖ニ派遣シ警備ノ任ニ當ラシムルト同時ニ當地狀況ヲ海軍大臣ニ報告セシメタリ

◉艦船

對手地名	取扱制限	取扱時間
東京	東京ヨリ當地加入ヘノ通話及東京ヨリ當地加入者以外ノ官公署ヘノ呼出電話ノミニ限ル	呼出電話ハ午前八時ヨリ午後四時迄交換ハ制限ナシ
鎌倉、一色、浦賀、三崎、田浦	當局ト上記各局相互間呼出電話及當局加入者トノ通話ノミニ限ル	同
葉山	ナシ	同

◉警察事務概況

一、警戒

警戒ノ編制ハ既報ノ通ニシテ就中不正者ノ摘發檢擧竝盜難豫防警戒風俗保持及崖潰其ノ他危險地帶ノ精査ヲ遂ケ之カ豫防警戒ヲ勵行シツヽアリ

二、司法事件

イ、文書僞造行使犯一、暴利取締令違反四（九月廿九日）

盜竊市內深田一四七朝日奈吉太郎（五十年）同犯若松町六〇山田重太郎（三十六年）同犯橫濱市神奈川一八石井幸太郎暴利取締令違反、汐入五八小崎喜代藏（四十五年）同犯汐留四三磯崎巳之助（三十二年）同犯三浦郡三崎町八五渡邊吉藏（十九年）同犯深田三四長橋傳（二十年）何レモ取調決了送局（十月一日）

ロ、警衛隊ノ爲檢擧サレタル者左ノ如シ（十月一日）

酩酊　檢擧　八

其ノ他　同　一

尙ホ午後七時十分頃汐入一二番地吉岡利七下駄塲ヨリ出火セルモ直ニ附近ノ者ニテ消止ム

◉衛生狀況

一、寶鈴丸　荷役ヲ終ヘ二日午前十一時半出港

二、神威　來六日午前八時部內及同家族ノ便乘者ヲ載セ出港大阪(在泊十五時間)ヲ經テ呉ニ回港(在泊二日)シ呉建築部ヨリ横須賀建築部ニ送付ノ亞鉛鈑五千枚、釘約三千貫、杉丸太五千本(約百二、三十噸)其ノ他積載ノ上大阪寄港(在泊約一日)横須賀ニ歸港ノ筈尚ホ呉大阪ヨリ部內及部外者ヨリ當軍港揚物件ニ限リ搭載ノ依賴アラハ出來得ル限リ便宜ヲ與フル由

三、山　城　來六日午前九時横須賀發呉ニ回航ス部內及同家族ノ便乘差支ナキ由

四、特務艦佐多　左ノ通行動横須賀著ノ筈

十月二日午前佐世保發

五日午前清　水著
八日午後右　　發 } 清水港ニテ靜岡縣ヨリ神奈川縣送リ建築材料ノ一部搭載

九日午前横　濱著
十一日午後右　發
横須賀著 } 搭載建築材料荷卸

五、通信艦廢止
品川横須賀間ノ鎭守府通信艦ハ來五日限リ取止メラルルコトトナレリ

◉陸揚物件

一、白米及雜品　市及郡ヘ寄贈品(遼東丸積)
工廠軍需部海軍病院揚物品(明石、神威積)
下士官兵集會所及水交社揚物品(日進積) } (十月一日)

二、建築材料(自九月廿七日至同廿九日)
釘　約五〇〇樽　(尻矢積)
板　約二〇、八〇〇枚　(同　右)
平鐵鈑　一五、三〇〇枚　(三國丸、尻矢積)

傳染病ハ追日發生シ增加ノ傾向アリ故ニ井水、下水ノ不潔個所淸掃蠅ノ驅除淸凉飮料水、牛、山羊乳各種飮食物ノ取締ヲ勵行ス

新患者　九月二十九日　傷チフス　九 / 疫痢　一 } 各市內
十月二日　傷チフス　七 / 疑似赤痢　三 } 各市內

◉市內避難者ノ狀況

避難者ハ漸次減少シ目下ノ概數左ノ如シ

避難所	避難者戶數	同上人員數
良長院	一四	四五
大瀧町埋立地	九四	五四七
不入斗砲廠	二六	九〇

◉不入斗鮮人收容所ノ狀況

不入斗鮮人ハ既報ノ通靜穩ニシテ能ク勞務ニ努メツヽアルガ去一日二十二名歸國シ目下二〇七名トナレリ

◉逗子戒嚴地區情況(十月一日)

交通、糧食並警備ニ異狀ナシ海軍病院派遣ノ逗子方面救護班ハ撤退セリ
尚漂着死体左表ノ如シ

漂着月日	死体性別 男	死体性別 女	計	記事
九月廿九日		二	二	航空隊海岸漂着仮埋葬
累計	不名二 一〇	一五	二七	內不名二ヲ含ム

大正十二年十月四日（木曜日）　震災關係情報　其ノ二十七　横須賀戒嚴司令部情報部

(四)横須賀戒嚴管下狀況概要　其ノ二

一、[illegible]
九月二日追濱航空隊ヨリ派遣セル飛行機ノ偵察ニ依リ午前九時前後ニ於ケル東京横濱ノ災害實情ヲ微知スルト同時ニ宮城及海軍省ノ状況ヲモ知ルヲ得タリ續テ陸路横濱、小田原、平塚、鎌倉、逗子、葉山、三崎並浦賀地方ニ關シ頻々タル状況報告ヲ得タリシカ孰レモ其ノ災害ノ慘状食料ノ逼迫等ヲ訴ヘ海軍當局ノ救助ヲ請ヒ横濱ヨリ來リシ一團ノ如キハ不逞鮮人ノ跳梁ヲ具シテ兵力ニヨル援助ヲ切望シテ止マス限リアル食糧ヲ以テ限リ無キ地方ノ窮状ヲ救ハントスル當事者ノ苦心言語ニ絶ス然カモ脚下ヲ顧レハ横須賀市ノ慘状亦之ヲ如何ニセン食糧ノ公平ナル配給安寧秩序ノ維持ハ是ニ於テカ正ニ熟慮時ヲ失セス斷行機ヲ逸ス可カラサル當面ノ緊急問題タリシナリ
九月二日夜海軍大臣ノ訓電ニ依リ五十鈴並驅逐艦二隻ヲ横濱ニ急派シ以テ同地ノ秩序維持ニ任セシム更ニ山城ヲ横濱ニ富士ヲ品川沖ニ増派シ別ニ驅逐艦ヲ定メテ東京横濱トノ通信連絡ニ當ラシム當市ニ於テモ一犬虚ニ吠ヘ百犬之ニ和スルノ例ニ洩レス或ハ鮮人ノ航空隊襲撃ヲ報シ或ハ長井村ニ上陸ヲ傳ヘ或ハ亦市内佐野方面ニ蜂起セルノ風説ヲ生セシモ之皆其ノ虚構ナルヲ確ムルヤ直チニ極力其ノ實情ヲ宣傳シテ以テ人心ノ安靜ヲ圖リ一方鮮人ヲ不入斗陸軍砲廠ニ收容保護スルノ策ニ出テタリ而シテ爾後數日間漸次地方状況ノ判明ト海陸軍並市當局止暇斷眠ノ努力ニ依リ食糧問題並安寧秩序ノ維持ニ其ノ曙光ヲ認メ以テ人心次第ニ安靜ニ向ヘリ

二、[illegible]
宿泊不能ニシテ當分見込ナシ
三、販賣部ノ現状
普通物品販賣シツヽアリ
四、料理部ノ現況
假食堂ハ十一月初旬頃出來得ル豫定目下不能
五、浴場ノ現況
水道出來次第

横須賀海友社震災後ノ状況並現狀

海友社今回ノ震災被害ハ大弓場、同浴室附屬脱衣場及裏煉瓦塀全潰本屋並附屬建物ノ屋根瓦全部墜落戸障子硝子戸大破食堂室天井一部離脱、本屋建物幾分左方ニ傾斜シ尚ホ打續ケル暴風雨ノ爲疊類若干腐爛セルアルモ災後直ニ此等ノ應急修理ニ着手シ九月二十三日大体風雨ヲ凌ク程度トナリタルニ依リ不取敢罹災社員家族ノ收容並家具類保管預ヲ開始シ同時ニ一般社員及水交社員ノ宿泊ヲモ始メ尚ホ罹災社員ニ對シテハ毛布及米穀類ヲ水交支社ヨリ便宜購入方同社ト協定實施セリ
目下大食堂ノ半部ハ當地警衛隊屯所ニ提供殘半部ヲ食堂並休憩室ニ玉突場及物置ヲ前記罹災社員ノ家具保管所ニ充當セリ（今日ノ處ニテハ尚ホ餘有アリ）
前記以外ノ現状左ノ如シ

宿泊　八疊三間、六疊七間、宿泊差支ナシ
入浴　目下堀井戸改穿中ニ付茲一週日後ヨリ小風呂ヲ仕立一般社員並宿泊者ノ入浴開始ノ豫定
食事　最モ簡粗ナル日本食ノ準備アリ、尚ホ來五日

斯クシテ九月五日戒嚴令發布ノ公報ヲ接受スルニ至レリ

◉震災救護任務ニ服セル艦船

震災以來海軍ハ殆ト其ノ全艦船ヲ擧ケテ救護任務ニ服セルカ其ノ内横須賀鎮守府ノ命ニ依リ九月中之ニ服シタル艦船ヲ擧クレハ左ノ如シ

一、輸送任務ニ服シタル艦船

軍艦　阿蘇、千歳、五十鈴、日進、迅鯨

特務艦　神威、富士、關東、高崎、尻矢、大泊

驅逐艦　夕凪、神風、樫、初霜、吹雪、如月、時雨、有明、第三驅逐艦、第五驅逐艦

水雷艇　雉、鷗、鴻

二、通信任務ニ服セル艦船

驅逐艦　藤、薄、萩、蔦、三驅逐艦、五驅逐艦

一掃海艇、二掃海艇、三掃海艇

三、警戒ノ任務ニ服セル艦船

軍艦　五十鈴、山城、千早、春日

驅逐艦　時雨、初霜

四、其ノ他臨時ノ任務ニ服シタル艦船

特務艦　武藏

驅逐艦　時雨、如月、響、初霜、三驅逐艦、五驅逐艦

◉艦船

一、入港艦船

艦名	日時	搭載物件
千早	四日午前九時	白米　四五〇俵(集會所共濟) ビール三五〇箱(組合ヘ) 松板一〇〇束 釘　二一箱(火藥廠行)

ヨリ宿泊者ニ對シテハ特ニ朝食ノ需要ニ應スル豫定ナリ

◉横賀須電燈料金

一、市内家屋配電ニ對シ大正十二年十月一日ヨリ料金ヲ要スルコト、ナレリ同價格ハ從前ノ通ニシテ尙假建築物ニ要スル室内電氣設備工事費ハ一燈ニ付二圓七十錢

官廳側並市内街燈モ前同樣ニシテ唯臨時警急設備ノ街燈ノミハ當分無料ナリ

◉米ノ小賣者販賣手數料(戒嚴司令官告達)

九月十三日以後米ノ小賣者販賣手數料ハ三分ト定メラレタル處十月三日ヨリ五分ニ改メラレタリ

◉海軍陸上作業状況

月日	作業場所	作業種類	派出兵員數
十月一日	港務部	物品陸揚及構内整理	二三〇
	軍需部	衣糧需品整理	二三一
	建築部	水道、電線復舊 崩壊箇所片附	一六八
	市内	市内道路片附	一八
	其ノ他	雜	九
十月二日	港務部	物品陸揚構内整理	二〇九
	軍需部	衣糧需品整理	三二七
	建築部	水道鐵管工事	五〇
	其ノ他	雜	九
十月三日	港務部	構内整理	一五〇
	軍需部	衣糧需品整理	三九二
	其ノ他	雜	三九
計			一、八九二

亞鉛鈑二、〇〇〇枚（要塞司
釘　二二箱（令部行）
其ノ他郵便物及個人託送品若干

二、出港艦船

滿州

イ、本日午前九時迄ニ横濱ニ回航同所ヨリ小田原方面ニ輸送スヘキ鐵道修理材料ヲ搭載シ小田原沖ニ回航右材料陸揚ノ上同六日迄ニ横須賀歸著ノ豫定

ロ、右作務終了後來七日午後二時一般避難者便乘出港四日市ニ回航シ三重縣知事ヨリ在横濱救護事務局支所宛蒲團地及綿（約四百噸）搭載ノ上横濱ニ回航陸揚ケ横須賀ニ歸港ノ豫定尚ホ四日市ヨリ歸港ノ際部内及部外者ヨリ當軍港陸揚搭載物件ノ依頼アラハ出來得ル丈便宜ヲ與フル筈

◉三大臣三浦半島視察

海軍大臣、内務大臣、鐵道大臣本日午前十時横須賀著汽艇ニテ田浦ニ上陸同地視察同十一時二十三分田浦發汽車ニテ來府晝食ノ上横須賀、浦賀、三崎、葉山、逗子、鎌倉視察ノ上歸京セラル

◉臺灣總督來横

内田臺灣總督昨三日横須賀戒嚴司令官竝市長來訪

◉關東戒嚴司令官來横

山梨關東戒嚴司令官來横即日歸京

◉清水派遣員引揚ケ

來十日限リ清水派遣員ハ全部引揚クルコトトナレリ

◉横須賀海軍下士官兵集會所現況

一、一般ノ現狀

備品整理及傭人大工鳶職及人夫等總計二十七名ヲ以

◉避難民便乘概數

第一掃海隊ニ於テ品川横濱及横須賀間自九月二十五日至同三十日ノ便乘者

總計　三七七名ナリ

◉道路整理

一、路面整理作業　（從業職工　四二名）

二、道路標識立テ方　（從業職工　三〇名）

三、港町崩土運搬作業

一、海上運搬　一九五坪五　累計一、六二五坪

二、陸上運搬　二五坪五　累計三二六坪

◉送水鐵管一部復舊

半原水源構場ヨリ逸見浄水構場ニ至ル鐵管約十三里中一里九町ノ通水ヲ了セリ

◉衛生狀況

傳染病ハ追日増加ノ傾向ニシテ之カ豫防警戒ニ務メツヽアリ本日新患者ナシ

◉金融狀況竝民心ノ傾向

金融狀況ハ良好ニシテ民心ハ追日順調平靜ニ赴キ殊ニ一般ニ正業ニ就カントスルモノ多ク就中商店ノ開業日ニ増加シ従テ小取引ハ極メテ圓滑ニ行ハレツヽアリ

◉司法事件

公文書僞造一、　暴利取締令違反二、　何レモ取調中酩酊檢擧五、

◉人事相談

警察署ニ於テ取扱ヒタル人事相談左ノ如クナルモ何レモ圓滿ニ解決セリ

家屋ノ貸借二、　雇傭一、　親族爭議一

（其ノ二十七は、防衛庁防衛研究所図書館所蔵）

大正十二年十月五日（金曜日）

震災關係情報　其ノ二十八

横須賀戒嚴司令部情報部

●横須賀戒嚴管下狀況概要　其ノ三

三、戒嚴令實施後ノ概況

一、一般情況

九月五日戒嚴令發布ノ公報ヲ接受シ横須賀市並三浦郡ニ戒嚴令ヲ施行シ司令部ヲ鎮守府内ニ置キ地區ヲ分チ職ヲ定メ先ツ管下住民ニ生活ノ安定人心ノ安靜ヲ圖リ次テ通信交通機關ノ復舊閉塞道路ノ開掘燒跡ノ清掃其ノ他水道電燈ノ修復作業等ニ歩ヲ進メ以テ復興事業ノ基礎ヲ確立セントセリ爾來官民一致ノ大努力ハ著々トシテ其ノ効ヲ収メ市民面上ノ憂色ハ日ヲ逐フテ去リ或ハ燒跡トタン張リノ小屋ニ居ヲ定メ周圍ノ取リ片付ケニ營々タルアリ或ハ人馬輻輳ノ街路ニ小店ヲ開キ物資ヲヒサクアリ斯クシテ市況又活氣ヲ呈シ今ヤ復興ノ氣愈漲ルノ狀況ナリ

管下郡部ニ於ケル狀況又之ニ類ス只憂フル所ハ傾日來「チブス」赤痢等惡疫增發ノ恐レアルニ有ルモ之又防疫部ノ奮勵ニヨリ極力之カ撲滅ヲ期シツツアリ尚ホ以下項ヲ別チ詳說セムトス

二、管下地區分並指揮官以下職員ノ編制

管下ヲ左ノ地區ニ區分ス

イ、横須賀戒嚴地區（横須賀市、衣笠村、武山村西浦村）

ロ、逗子戒嚴地區（逗子町、田浦町、葉山村）

ハ、浦賀戒嚴地區（浦賀町、久里濱村、北下浦村）

ニ、三崎戒嚴地區（初聲村、長井村、三崎町、南下浦村）

各戒嚴地區指揮官以下指揮官部編制左ノ如シ

地區制　指揮官　同上附　下士官兵

●海軍陸上作業（十月四日）

作業場所	作業種類	人員數
港務部	構内整理	一五〇
軍需部	衣糧需品整理	二六九
其ノ他	雜	三九
總計		四五八

●衛生狀況

追日傳染病發生シ尚ホ增加ノ傾向ナルヲ以テ井水、下水、蠅ノ驅除不潔物ノ除去清潔飲料水、牛乳、山羊乳其ノ他露店飲食店ノ取締ヲ勵行ス

傳染病患者ノ總數

腸チブス	一二四	市内
パラチブス	二五	市内
赤痢	六三	市内
猩紅熱	三	市内

新患者ノ數（十月二日）

腸チブス	一	市内
疑似赤痢	一	市内

●警察事務概況

一、司法事件

イ、暴利取締令違反、横須賀市不入斗材木商三堀一喜（三十七年）取調決定送局

ロ、一定ノ生業ナク諸方ヲ徘徊スルノ廉ニ依リ拘留七日、横須賀市公郷一八七八無職根本勝太郎（四十年）

泥醉徘徊ノ廉ニヨリ拘留七日住所不定無職磯部善作（四十二年）

横須賀戒嚴地區　戒嚴司令官直接之ヲ指揮ス

逗子戒嚴地區　海軍少將　大谷幸四郎
- 少佐大尉　八
- 中少尉　四
- 軍醫中少尉　一
- 特務士官兵　四
- 曹長　四
- 兵曹　四
- 水兵五〇（掌信號兵四）
- 主計兵曹　二
- 主計兵又ハ割烹　二
- 傭人（主トシテ自轉車乘）看護兵曹又ハ看護兵二

浦賀戒嚴地區　海軍少將　樺山可也
三崎戒嚴地區　海軍大佐　森　初次
- 少佐大尉　二
- 中少尉　一
- 軍醫中少尉　一
- 特務士官　一
- 兵曹長　一
- 兵曹　三
- 水兵一四（掌信號兵二）
- 主計兵曹　一
- 主計兵又ハ割烹　一
- 看護兵曹又ハ看護兵（二）

各地區指揮官ハ司令官ノ意ヲ承ケ擔當地區ニ於ケル治安維持ニ任シ地方官憲ト協力鋭意罹災民ノ救恤保護ニ努力セリ

當地陸軍官憲亦多大ノ好意ヲ以テ當部ノ協議ニ應シ横須賀地區内一部ノ警備竝諸般ノ作業ヲ擔當セリ

右編制中爾後若干ノ變更ヲ見シモ主トシテ狀況ノ安定ニ伴フ兵力微少ノ減勢ニ過キス

㊈震災以來救護任務ニ服セル在泊艦船及部隊

一、警戒救援

海兵團、水雷學校、防備隊、航空隊、砲術學校、機關學校

二、傷病者收容

朝日、榛名、砲術學校

三、救助用糧食格納

安藝、青島

四、囚徒收容

三笠

五、機關學校及經理學校生徒練習生全部收容

薩摩

以上ノ諸艦其ノ他當時在泊セシ艦船ハ乘員ノ多數ヲ陸上救援作業等ニ從事セシメタリ

㊈恩給操上ケ支拂

震災ノ際同地ニ現住セル受恩者ニ限リ大正十二年十月ニ支給スヘキ恩給、退隱料及遺族扶助料等ハ同九月二十日以後支給シ得ルコト、ナレルカ横須賀海軍人事部ニ於テハ右操上ケ支拂ヲ九月二十二日ヨリ開始シ本月三日迄ニ恩給七五二件扶助料一一〇件退隱料五件合計金九三、九九一、五〇錢ノ支拂ヲ行ヘリ尚ホ亡失又ハ毀損ノ恩給證書及謄本ノ特別謄本交付モ前同期間ニ恩給十七件扶助料五件ヲ取扱ヒタリ

㊈東京市内電車無賃乘車

震災以來軍人ハ無賃乘車ノ處來十月五日以後ハ下士官兵ニ限リ無賃乘車ノコト、ナレリ

㊈一般通行人竝鐵道貨物港内輸送

一、鐵道開通ニ伴ヒ横須賀驛ニ於テハ一般貨物輻輳ノ結果横須賀運送業組合ハ許可ヲ得テ毎日左記時間内運貨船二隻ヲ以テ逸見棧橋、小海間一般鐵道貨物ノ運送ヲ行フコト、ナレリ

自午前十時　至午後一時

自午後七時　至同　八時

二、横須賀市山王町三八三友組田丸慶松ハ港町道路復舊工事完成迄毎日午前七時ヨリ午後七時迄汽車發著毎ニ逸見棧橋、小海間一般通行人ノ無賃輸送ヲ行フコト、ナレリ

㊈海軍救護所患者統計表（自九月廿五日 至同　三十日）

場所＼病類	震災火災ニ因ル外傷	内科的疾病	外科的疾病	收容患者	計
海軍病院	三一	二三	四六震	三六	一三六
汐入	八二	九六	一四〇震	一	二九九
深田	八四	五二	九七同	二	二三五

◉艦船

尻矢行動豫定

當軍港陸揚物件陸揚終了後横濱ニ廻航同地揚ケ物件陸揚終了ノ後當地ニ歸港來八日午後五時部内者及同家族便乘者ヲ載セ宮古港ニ回航シ在同所建築部材料（約二千石）積載ノ上横須賀ニ歸港ノ豫定

◉道路整理

一、港町崩土運搬作業（十月三日）

イ、海上運搬　一八五坪　累計　一、八二〇坪

ロ、陸上運搬　二六坪　累計　二五二坪

二、市内道路ノ清掃整理作業ハ海軍ニ於テ之ヲ行ヒ來リシ處十月三日限リ打切リ市ニ引渡セリ

山王	田浦	逗子	浦賀	不入斗	計	累計
一〇七	二	二六六	五五	〇	六二七	五、三四六
九二	五	一四〇	四三	五	四五一	二、五七二
八〇	九	一七一	四三	六	五八六	二、六七三
〇	〇	傳 三九	震 八二 内 八	震 二〇 外 二	震 一二〇 内 八 外 四〇	震 一四〇 内 八 外 二 傳 六一
二七九	一六	六一六		三三	一、七三二	一〇、八〇〇

◉海軍武文官震災被害調

被害種類＼科別	現役士官 兵	機	醫藥	主	技	合計	高等文官	豫後備士官	總計	記事
一、本人死亡	三(二)	〇	〇	〇(一)	〇	三(三)	〇	二	五(三)	（　）内ノ數字ハ芝浦沖ニ於ケル死亡者ヲ示ス
二、父母妻子死亡	三〇	五	五	二	一	四三	二	二	四七	
三、本人重傷	一	〇	〇	〇	〇	一	〇	〇	一	
四、本人ハ輕傷又ハ父母妻子負傷	二七	五	〇	四	一	三七	二	四	四三	
五、類燒（人無事）	八〇	一八	三八	一九	一〇	一六五	六	三九	二一〇	
六、家倒壞又ハ大破（人無事）	八六	一九	一一	七	〇	一二三	八	八	一三九	
合計	二二七(二)	四七	五四	三二(一)	一二	三七二(三)	一八	五五	四四五(三)	

大正十二年十月六日（土曜日）　震災關係情報　其ノ二十九　横須賀戒嚴司令部情報部

◉横須賀戒嚴管下狀況概要　其ノ四

四、交通通信

災害當初陸上ニ於ケル有線並無線電信其ノ他交通通信機關ノ破壞杜絶サルルヤ公文急ヲ要スト雖トモ通スルニ途ナク市民亦骨肉ノ安否ニ焦慮スト雖トモ之ヲ知ルニ由ナシ乃チ直チニ軍艦阿蘇ヲ横須賀鎭守府副無線電信所ニ指定シ極力東京方面トノ通信ニ任セシメ船橋ヲ介シテ刻々知リ得シ當地ノ狀況ヲ海軍大臣ニ報告セリ然レトモ尚ホ其ノ不確ヲ恐レテ前記特務艦膠州ヲ品川ニ派シ爾後一日二回驅逐艦及掃海艇ヲ交互ニ出シ以テ横須賀東京横濱間ノ公務連絡ニ充ツ然ルニ市民ニシテ東京横濱方面ニ親戚知己ヲ有スルモノ涙ト共ニ悲慘ノ狀ヲ具陳シテ便乘ヲ願フ者引キモ切ラスサリトテ之カ全部ノ許可ハ大局ノ進展ヲ阻碍スル事大ナリ乃チ冷心鐵腸私用ハ悉ク之ヲ謝絶ス當局ノ思ヤ正ニ斷腸然レトモ一面狀況ノ稍々鎭定スルヲ待チ四日ヨリ之等罹災者ノ爲特ニ軍艦驅逐艦特務艦ヲ仕立テ一般公衆ノ爲品川横濱方面ヘノ交通ニ便シ或ハ清水方面ヘノ罹災者ノ避難ヲ圖ル爾來當市人口ノ減少ヲ目的トシ清水以西ニハ機會アル毎ニ避難民ノ輸送ニ任シ品川横濱方面又極力一般公衆ノ爲ニ交通不便ノ缺ヲ補フニ努力スルト雖トモ尚ホ其ノ全部ノ要求ヲ滿タスニ足ラス之ヲ見テ市内杉山回漕店ヲ始メトシ私利ヲ犧牲ニ供シ避難民ノ東京横濱

◉鮮人ノ動靜

傷病者婦女及若干ノ怠惰者ヲ除キ强壯ナル者ハ人夫勞役ニ從事シ而モ勞金ノ確實ナルヲ以テ一般ニ官憲及民衆ニ歸服シ些ノ紛擾ヲ見ス既報ノ傷病者モ追日經過良好ナリ

鮮人ノ總數左ノ如シ

市内	二七七名
田浦町	八一名
計	三五八名

◉警察事務概況

一、警戒

警戒ノ編制ハ既報ノ如クニシテ追日盜難火災ノ豫防警戒不正商摘發檢擧其ノ他危險行爲ノ除去及風俗保持ヲ勵行ス

二、司法事件

文書僞造行使犯窃盜事件ハ目下取調中

暴利取締令違反横須賀市逸見五〇五材木商山本太郎吉（四十一年）罰金六百圓

暴行取締令違反横須賀市汐入四六五魚商伊之吉事長倉吉次（三十二年）ヲ檢擧取調送局ノ結果罰金三百圓ニ處セラル

三、人事相談

家屋ノ賃借　一

親權ニ關スル親族ノ紛爭　一

ヘノ無賃輸送ヲ願出スル者陸續トシテ現レ交通混雜ヲ緩和スル事又多大ナリ天下有事ニ際シ人情美至極ノ發露世ハ未タ堯季ト謂フ可ラス

鐵道ハ震災ニ依リ線路ノ諸所飴ノ如ク屈曲スルアリ或ハ横須賀田浦間八號隧道北側入口ノ大崩潰ヲ始メトシ田浦大船間隧道亦諸所崩壞スルアリ其ノ他小損害ニ至ツテハ擧クルニ勝ヘス而カモ之又逸早ク鐵道當局ノ苦心海陸軍ノ協力ニヨリ晝夜兼行之カ復舊ニ努メ特ニ八號隧道ノ復舊ハ海軍機關學校竝海軍工廠當事者ノ在港艦船ノ點セル探照燈下ノ日夜ヲ別タヌ努力ニ依リ先ツ開通ノ基礎ヲ作リ爾後陸軍工兵大隊ノ來援交代ヲ見其ノ專門的技能ニ待チ開通作業ノ進捗ヲ早メシ事多大ナリ而シテ其ノ結果品川鎌倉間ハ九月十日ニ早クモ開通シ翌十一日ニハ逗子迄延ヒ十二日ニハ田浦品川間開通シ十月一日ニハ横須賀東京間一日八回ノ列車運轉ヲ見ルニ至レリ

◉市内狀況

一般ニ靜穩ニ向ヒ假建築物ノ增加及露店ノ多數ヲ見受クルハ復興氣分ノ横溢スルヲ認識証左スルモノニシテ當市調査ニ依レハ「バラック」建築進涉狀況及當市人口概數左ノ如シ

一、「バラック」建築

總數　四十九棟ノ内（一棟六戸）完成二十三棟

二十六棟　（建方完了セシモ雜作取付中）

全部完成ハ十月九日頃ノ豫定

違警罪處分　（拘留執行中）　九

◉横須賀烈震概況

（大正十二年十月一日　横須賀鎭守府氣象觀測所調）

大正十二年九月一日午前十一時五十分頃突然關東地方ニ破壞的烈震アリ續テ各地ニ火災起リ東京横濱及近縣各地ニ亘リ數萬ノ生靈ヲ奪ヒ空前ノ惨事ヲ惹起セリ横須賀ニ於テハ主要動ノ發現ト同時ニ地震計室及唯一ノ普通地震計破損セシタメ機械的調査ハ不能ニ了リシモ概況左ノ如シ

發震時九月一日午前十一時五十八分四十秒

但經線儀破損セシタメ該器ニヨラス感震器ノ電鈴鳴リ初メタル時卓上ニ在ル懷中時計示時ヲ讀取リタルモノニシテ時計原差ヲ補正シタルコトナリ

初期微動繼續時間　約四秒

但シ感震器ニヨル發震時及人体感覺ニヨル主要動發現時ヲ懷中時計ニテ讀取リタルモノニシテ稍精確ナラズ

震度　烈震　性質急　地鳴無シ

最大動ノ全振幅週期初動方向其ノ他不明

但シ人体感覺ニヨレハ主要動發現時ニ於テハ水平動ノ激甚ト共ニ上下動亦頗ル大ニシテ屋根瓦ハ一尺以上モ跳ネ上ルヲ見タリ

海嘯ノ有無横須賀海軍工廠備付自記驗潮儀ノ記錄ニヨレバ發震後海水面ハ一旦約一呎上昇セルモ忽チ低落シ一日午後一時頃ハ約四呎ノ急落ヲ示シ其ノ後モ震前ニ比シ低クシテ海嘯ノ現象ハ現ハレザリシモノトス

地面ノ龜裂觀測所構内ニ於テハ南西ー北東ニシテ幅八糎

二、横須賀市人口概數

震災前　約八萬人

同　後　約七萬七千人

◉艦船

一、出港艦船

艦船	日時	出港地	經由地	目的地	記事
特務艦野島	七日午前十一時	品川		呉	
	同日午後六時		横須賀　神戸		
木曾	七日午後三時	横須賀		四日市	四日市ニ於テ綿約二千個搭載清水横須賀ヲ經テ横濱ニ廻航豫定
阿蘇	十日午前九時	横須賀		大阪	

備考　以上何レモ部內者及同家族便乘者収容ス

二、入港艦船

特務艦高崎五日午前七時入港搭載物件宮古ニテ積載ノ分材木一四八〇石、青森ノ分五千石

三、尻矢ノ入港ハ前號所載ノ如クナルカ其ノ搭載物件左ノ如シ

下士官兵集會所及共濟組合宛小麥粉各一千俵砂糖二四〇俵、建築部宛腕木八一點集會所宛「トタン」板三二〇枚、當市役所宛硝子板外八八四點同所宛藥品一一五個、下足柄土肥村役場宛「トタン」板一〇三七把其ノ他個人又ハ會社ヨリノ托送品石油混爐外四〇一

ナルモ市內ニ於テハ概シテ道路溝渠ニ並行ニシテ眞相明ナラズ

建築物倒潰方向概シテ南方ニ向ヒタルモノ多キモ石燈籠ハ東方ニ轉倒セルモノアリ

餘震回數地震計ノ破損死傷者ノ手當其ノ他ノ爲メ精測シ缺キタルモ一日ヨリ三日マデハ殆ト間斷ナク其ノ後漸次減少セリ

一般ノ狀況

先ツ初期微動約四秒ノ後突然烈震ヲ感シ約四十秒間ハ振動激烈ヲ極メ此ノ間懸崖切通ノ崩壞及建築物ノ倒壞無數ニ起リ石塀石造鳥居石燈籠ハ轉倒セサルモノナク古キ煉瓦造及石造建築物亦倒潰セルモノ多ク木造平家及二階建家屋ノ倒潰算ナク續テ市內各所ニ火災起リ殷賑地帶及海軍病院海軍機關學校海兵團等ノ大建築物烏有ニ歸シ横須賀市及田浦町ヲ併セ死者ノ判明セルモノ六百數十名ニ達セリ尚ホ九月十一日横須賀市役所調査ニ係ル被害狀況左ノ如シ

横須賀市

燒失戸數　四〇〇〇（棟數三五〇〇）

倒壞戸數　一四三〇〇　半潰戸數　二五〇〇

破損戸數　一〇〇〇〇　完全家屋無シ

死者　五二〇　傷者　一〇〇〇

倒潰戸數內ニハ燒失戸數ヲ含ム

然レトモ市內ノ谿谷ニ位セル木造家屋ハ被害極メテ輕微ニシテ横須賀市ノ南端ニ在ル横須賀中學校附近ニ於テハ木造家屋ノ屋根瓦一枚モ落チサルモノアリ要スルニ小區域內ニ於テ被害ノ輕重著シキ差異アルヲ認ム

第二種線線外約一四噸精米機外六三個綿類五〇三〇
其ノ他若干
尙ホ千早ノ搭載シ來リシモノハ集會所共濟組合要塞司令部宛貨物約五〇噸

◉道路整理

港町崩土運搬作業
イ、海上運搬　一三一坪　累計一、九五一坪
ロ、海上運搬　九坪　累計三六一坪
但シ運搬車九臺修理中ノ爲午前九時三十分土砂運搬方中止セリ

◉衛生狀況

追日傳染病ハ發生シ尙增加ノ傾向ナリ之レカ原因ヲ精査スルニ井水ノ粗惡天候ノ不良其ノ他還境ノ激變ニ歸因スル不攝生ノ結果ナリ故ニ之レカ豫防警戒ニ關シ檢病的患者ノ發見消毒ノ勵行ニ努メ尙常ニ井水下水不潔個所ノ淸淨蠅ノ驅除及淸涼飮料水牛乳山羊乳其ノ他飮食物ノ取締ヲ勵行シアリ本日所患者左ノ如シ
疑似赤痢　二市內

◉金融狀況竝民心ノ傾向

一般銀行業ハ圓滑ニ行ハレ從テ未タ豫金者トノ紛議ヲ見ス漸次金融ハ順調ニ向ヒ殊ニ各勞働者ハ勞金ヲ得生活上ノ保証確實ナル結果商家ノ小取引ハ次第ニ良好ナリ民心ノ傾向ハ一般假家屋ノ建設ニ努メ前記ノ如ク小取引順調物質ノ豊富ナルト暴利取締令ノ勵行等ニヨリ順次靜穩ニ向ヒ殊ニ一般無資產者階級ニ對スル生活ノ安定ハ曳テ其ノ靜穩ヲ來セル一原因ナリトス

◉逸見波止場小海棧橋間渡船

三友組ニ於テ一般通行人ノ爲左表ニヨリ無賃輸送開始

時間		汽車連絡
	逸見波止場發	
午前	七、二〇	六、四六驛著
	八、一〇	七、五八同
	九、四五	九、三八同
	一一、三五	一一、二八同
午後	一、二五	一、一八同
	三、二〇	三、一二同
	五、〇五	四、五八同
	小海棧橋發	
午前	七、〇〇	七、二〇驛發ニ
	七、四〇	
	八、三〇	九、〇〇驛發ニ
	一〇、〇五	一〇、五〇同
	一一、五五	一二、四〇同
午後	一、四五	二、三四同
	三、四〇	四、二〇同
	五、二五	六、一四同

◉横須賀戒嚴管下狀況概要 其ノ五

鐵路ノ狀況右ノ如ク交通ハ一時蒙昧ノ昔時ニ立チ返リ天與ノ健脚須ク用フヘシト雖モ道路又其ノ被害少ナカラス即チ横須賀市內ニ在リテモ港町ノ懸崖ノ大崩壞幾多ノ生靈ヲ埋沒セルヲ始メトシ山王町田戶之ニ次キ其ノ他小崩壞個所數多アリ横須賀ヨリ逗子鎌倉ニ至ル道路又諸所崩壞車馬通セス辛フシテ步スルヲ得逗子ヨリ葉山ヲ經テ三崎ニ至ルモノモ亦諸所橋梁落チ彼ノ大崩ノ如キハ道路缺潰海中ニ崩落シ海岸ノ峻崖道ヲ通スルニ難シ浦賀方面山間ノ道路ニ至リテハ港町ニ劣ラサル崩壞一、二ニ止マラス小崩壞數ケ所車馬通スルニ由ナク人亦步行ニ苦ムカ如キ狀況ナリシモ之亦海陸軍ノ努力地方青年團等ノ協力ニ俟チ人道先ツ通シ次テ車馬自働車ハ逗子沼間間横須賀浦賀横須賀三崎間ニ開通シ幾許モナリ浦賀三崎間田浦沼間間ヲ除キテ之カ開通ヲ見ルニ至レリ

（一）

◉横須賀海軍病院救援作業概況

救護狀況

九月一日震災以來海軍各部ニ在リテハ幾多ノ被害アリシニ拘ラス出來得ル限リ速ニ市內罹災者ノ救護ニ從事シ九月四日以降ハ呉、佐世保、舞鶴、大湊等ヨリ救護隊ノ到著スルヲ俟テ市內適當ノ場所ヲ選ミ海軍救護所ヲ配備シ其ノ他九月十日新潟縣救護班ノ來著セルアリ白濱、山王、汐入、深田、小川町、不入斗等ニ於テ救護事業ニ從事シ市內ノ救護ハ略々完キヲ得ルニ至リ海軍病院ニ在リテハ全燒ノ災厄ニ逢ヒタルモ

（三）

チフスパラチフス及同疑似症　二七名
流行性腦脊髓膜炎　一名

傳染病發生狀況

傳染病發生ノ狀況ヲ觀察スルニ其初期ニアリテハ赤痢及同疑似症ノ發生多キ傾向ヲ示シタルモ漸ク其ノ數ヲ減セルニ反シ漸次「チフス」「パラチフス」屬ノ擡頭ヲ來タセル傾向ヲ認メ防疫部ヨリ注意スルニ拘ラス屆出ノ比較的遲延スルモノアルハ遺憾トスル處ニシテ爲ニ漸次家族傳染ト認ムヘキモノヲ生スルニ至リ一家數名ノ罹患者ヲ出シ市傳染病院ニ收容セラレタル當時已ニ悉ク重態ニ陷リ入院後間モナク死亡スルモノヲ生スルニ至レルカ如キハ實ニ寒心ニ堪ヘス是其ノ初期ニ於テ速ニ隔離スルノ方法ヲ採ラサリシ結果切角此ノ大震災ノ厄ヲ免レタルニ拘ラス病魔ノ爲死ニ至ル悲慘事ヲ招來スルニ至レルモノト云フヘク斯クテ傳染病ハ汚物ノ散亂セラルルコトニヨリテ周圍ニ蔓延シ或ハ井水ヲ介シテ爆發的ノ發生ヲ來タスモノナルヲ以テ各自一層此ノ點ニ留意シ傳染病ノ防遏ヲ期スルハ自他ノ爲此ノ際特ニ緊要ノコトナリトス

◉艦船

一、出港艦船

鳳翔　來九日午後一時横須賀發四日市ニ回航十七日頃四日市發歸港ノ豫定ニテ部內者及同家族三十名以內便乘差支ナシ尚四日市ヨリ横須賀ヘ輸送スヘキ部內及部外者一般ノ依賴物件ハ約

（二）

尙救護事業ハ焦眉ノ急ヲ告クルモノアリ殊ニ鎌倉乃至逗子方面ハ災害ノ極メテ著大ナルモノアルモ醫療未タ及ハサルヲ聞キ九月七日練習艦隊救護隊ヲ送リ次テ海軍病院ヨリ多數ノ軍醫科士官ヲ派遣シテ巡回救護ニ從事シ鎌倉方面ニ在リテハ戒嚴地域外ナルト陸軍救護部隊ノ到著セルモノアリシヲ以テ之カ引繼ヲ終リ九月十四日歸院セシメタルモ逗子葉山方面ハ尙ホ引續キ救護作業ヲ持續シ九月三十日ニ及ヘリ横須賀市内ニ在リテモ漸次秩序回復シ九月廿三日新潟縣救護班歸縣シ同廿七日各鎭守府要港部ヨリ派遣セラレシ救護隊モ全部歸任スルニ至レルヲ以テ同日以降海軍病院ヨリ一定ノ時間ヲ限リ左ノ場所ニ於テ尙ホ救護作業ヲ繼續中ナリ

海軍病院　白濱海軍機關學校燒跡　自午前九時至同十一時自午後一時至同三時
深田海軍救護所　海軍病院燒跡　自午後一時至同三時
山王海軍救護所　山王良長院内　自午前九時至同十一時
汐入海軍救護所　汐入小學校内　自午前九時至同十一時

其ノ他浦賀方面ニ在リテハ浦賀船渠會社倶樂部内ニ救護所ヲ置キ軍醫科士官一名之カ作業ニ從事ス

九月一日以降各救護所ニ於テ處置セル救護患者數ハ左表ノ如ク實ニ一一、八〇四名ニ達シ尙ホ罹災患者中頭初陸軍衞戍病院ニ收容セラレ次テ不入斗砲廠内市救護所ニ移リタル患者中重傷者九名ヲ機關學校燒跡ニ急設セル海軍病院天幕内ニ收容治療中ナリ

衞生狀況

大震災以來市民ハ居住ヲ失ヒ食糧品並飲料水ノ缺乏ヲ來タシ一般ニ非衞生的牛活ヲ持續スルノ余儀ナキ

木曾　百噸ヲ限リ便宜ヲ與フル筈
昨日所報ノ處行動豫定左ノ如シ

地名	著	發
横須賀		十月七日午後三時
四日市	十月八日	十月九日
清水	十月十日	十月十一日
横須賀	十月十一日	

明石　來十日午後三時横須賀發呉ニ直航部内者及同家族便乘差支ナシ

◉警察事務概況

一、司法事務（六日）

イ、暴利取締令違反　二　目下取調中

ロ、警衞隊ニ檢束セラレタルモノ　酩酊　一（五日）　二（六日）

ハ、人事相談

家屋ノ賃貸借　二（五日）
同　二（六日）
雇傭ニ關スルモノ　二（五日）
就職ニ關スルモノ　二（六日）

◉衞牛狀況

傳染病發生左ノ如シ

五日　腸チブス　二　市内若松町及逸見
六日　ナシ

◉海軍陸上作業

月日	作業場所	作業種類	員數
十月五日	港務部	構内整理	一五六
	軍需部	衣糧需品整理	三一八
	其ノ他	雜	四四

ニ至リ加フルニ殆ント總テノ醫療的施設ハ破壞セラレ醫藥ノ缺乏ヲ來セルニ際シ傳染病ノ蔓延ハ層一層悲慘ナル狀況ヲ誘致スヘキハ明ナル事實ナルヲ以テ官民協心同力可及的衞生ニ留意シ健康ノ保持ニ努ムルノ急務ナルモノアリ

九月七日戒嚴司令官ヨリ食物飲料水糞便ノ處置蠅ノ驅除等ニ關シ告諭ヲ發セラレ一般衞生ニ留意スヘキヲ命セラレタル處アルモ秩序未タ恢復スルニ至ラス告諭ノ主旨ヲ徹底セシムル必要ヲ感シ九月十一日更ニ傳染病豫防ニ關スル命令ヲ發シ之カ勵行ヲ期スル必要上九月十三日更ニ防疫部ヲ置キ市並警察當局者ト協力シテ傳染病ノ防遏其ノ他一般衞生ニ關スル事項ニ當ラシムルコトトシ委員トシテ軍醫科士官一名市役所吏員一名警官一名憲兵一名ヲ以テ一班トシ三班ヲ編制シ市內ヲ三分シテ日々巡回セシメ食糧、飲料水ニ關スル注意糞便塵芥ノ處分其他一般衞生上ノ注意ニ關シ指導セシメ一方傳染病ノ發見ニ努メ傳染病患者及同疑似症ハ速ニ市傳染病院ニ收容隔離スルノ方針ヲ以テ日々之カ實行ニ從事セシメ成績大ニ見ルヘキモノアリ從テ傳染病患者數ニ於テハ漸次其ノ數ノ增加スル傾向ヲ來タセルモ未タ是等惡疫ハ流行狀態ヲ呈スルノ傾向ナキハ幸トスル處ニシテ尙ホ益々奮勵一層努力シテ傳染病ノ防遏ヲ期シツツアリ

今防疫部設置以來發見乃至屆出ニヨリ市傳染病院ニ收容セラレタル患者數ハ九十四名ニシテ其ノ內譯左ノ如シ

赤痢及同疑似症　四八名
チフス屬及同疑似症　四五名
流行性腦脊髓膜炎　一名

而シテ入院後全治退院乃至死亡セルモノヲ控除シ十月五日午前ニ於ケル現在在院患者數ハ四九名ニシテ

十月六日		
軍需部	衣糧需品整理	二一八
其ノ他	雜	二一
累計		三、〇六七

◉道路整理

港町崩土運搬作業
イ、海上運搬　一九三坪　累計　二、一四四坪
ロ、陸上運搬　二〇坪　累計　三八一坪

◉大震災善後會一行視察

大震災善後會長德川公爵以下十八名ハ軍艦鬼怒ニ便乘八日午前九時品川發橫須賀、浦賀、北條、小田原、眞鶴及伊東方面視察九日午後三時橫須賀著ノ豫定

◉劍崎燈光位置變更

震災ノ際劍崎燈臺基礎石工事崩壞シタルモ其ノ儘点燈シ來リシカ危險ノ爲燈臺基礎ノ外側ＳＳＥ一三米ノ位置ニ仮燈臺ヲ設ケ七日ヨリ点燈ス燈光ハ艦船用舷燈（綠色油燈）ヲ使用シ光達巨離二浬強燈高基礎上十四呎四分ノ一（舊燈高二十五呎）

◉橫須賀水交支社浴場

震災ノ爲雨漏リ甚タシキ結果雨天ノ際ハ使用不可能ニ付休浴

◉訂正

震災情報其ノ二十八中本文三行目一、一般情況ハ（一）一般情況又二十行目二、管下地區トアルハ（二）管下地區ノ誤

同情報其ノ二十九中本文二行目四、交通通信トアルハ

内譯左ノ如シ

赤痢及同疑似症　二一名

（三）交通通信ノ誤ニ付訂正ス

自九月一日至十月三日 罹災者救療患者延數

	救護所	震災火災ニ因ル外傷	内科的疾病	外科的疾病	傳染病	計
海軍救護所	海軍病院（白濱）	三一四	二一七	一九〇		七二一
	汐入	六一三	四六四	六二九	一	一、七〇七
	深田	三八五	三九六	四三四		一、二一五
	山王	三六四	三四八	二二七		九三九
	逗子方面	一、三五〇	五三五	五七四	八一	二、五四〇
	田浦	五	一五	二〇		四〇
	浦賀	一、二七二	二八〇	二一九		一、七七一
陸上各部及艦船	海兵團	三八	一五			五三
	工廠	二五				二五
	港務部	二七〇	一三九			四〇九
	防備隊	一二				一二
	横航隊	一九四	三二	一〇		二三六
	砲術學校	一二〇	一三			一三三
	水雷學校	六四	六	五		七五
	機關學校	六〇				六〇
	武藏	三〇〇				三〇〇
海軍	計	五、三八六	二、四六〇	二、三〇八	八二	一〇、二三六
新潟縣救護班及當市救護所	小川町	二四九	三四四	四三四		一、〇二七
	不入斗	一八三	一九六	一六二		五四一
	計	四三二	五四〇	五九六		一、五六八
總計		五、八一八	三、〇〇〇	二、九〇四	八二	一一、八〇四

震災情報其ノ三〇附錄

◎海軍武文官震災被害調

（現役士官、高等文官罹災者ヲ勤務所ニヨリ分類ス）

方面	勤務所	（一）本人死亡	（二）父母妻子死亡	（三）本人重傷	（四）本人輕傷又ハ父母妻子負傷	（五）類燒（人無事）	（六）家倒壞又ハ大破（人無事）	計	合計
東京	省內		二		二	一〇	五	一九	
	技術研究所					三		三	
	水路部		一			二		三	
	大學校		一		二	一七	二	二二	
	經理學校	（一）				二		二（一）	
	軍醫學校					二七		二七	
	其ノ他		一			二		三	
	計	（一）	五		四	六三	七		七九（一）
橫須賀	鎮守府	一	二		四	四		一一	
	工廠		五		八	一二	一三	三八	
	病院		二			一	八	一一	
	海兵團		一			一	一	三	
	防備隊					二	一	三	
	航空隊					一	四	五	
	港務部				一		二	三	
	軍需部						一	一	
	機關學校		一			三	九	一三	
	砲術學校		二			二	六	一〇	
	水雷學校	二	四		六	五	一二	二九	
	其ノ他						一	一	
	計	三	一七		一九	三一	五八		一二八
地方	吳				一	六	一	八	
	佐世保		一			二	一	四	
	鎮海						二	二	
	大湊					一	一	二	
	在外		一		一	六	一	九	
	待命、休職		一			六	二	九	
	其ノ他					一		一	
	計		三		二	二二	八		三五
艦船	第一第二艦隊	（二）	八		七	二八	三〇	七三（二）	
	其ノ他		一二	一	七	二一	二八	六九	
	計	（二）	二〇	一	一四	四九	五八		一四二（二）
總計		三（三）	四五	一	三九	一六五	一三一		三八四（三）

備考

一、括弧內ノ數字ハ芝浦沖ニ於ケル死亡者ヲ示ス

二、一人ニテ重復セル被害アルモノハ其ノ種類中ノ上段ノモノ一件ニ計算セリ　（大正十二年九月二十五日調）

震災關係情報　其ノ三十一

横須賀戒嚴司令部情報部

◉横須賀戒嚴管下狀況概要　其ノ六

陸上通信機關ハ全然破壞シ去ラレ軍艦阿蘇ヲ副無線電信艦ニ指定セラレシコト前段ノ如シ阿蘇ニ於テハ德田艦長ノ下ニ水雷學校ヨリ特派セラレタル敎官學生及伎倆優秀ナル敎員、遞信省派遣員、鎭守府電信員等ノ協同奮勵ニヨリ二重通信及三重受信等ノ方法ヲ講シ一日平均約二百通ノ通信文ヲ發受セシカ然カモ各方面ヨリ殺倒スル緊急通信文山積シ加フルニ空間ノ混亂其ノ極ニ達ス當事者ハ四六時中電鑰ヨリ其ノ手ヲ放ナサスト雖モ長門及東京トノ通信ハ時ニ三時間乃至九時間ヲ要シタルコトアリタルカ如キハ以テ這般ノ狀況ヲ察スルニ足ルヘシ此ノ間ニ處シ幹部以下當事者ノ奮勵其ノ職ニ當ルノ狀正ニ斃レテ尙ホ止マサルノ慨アリト云フヘシ

陸上電話ハ災害後數日ニシテ建築部竝海軍水雷學校ノ手ニ依リ鎭守府ヨリ海軍砲術學校（當時假病院アリ）港務部軍需部海軍水雷學校等各主要部ニ至ルモノ早クモ開通シ事務ノ進捗ニ便シ次テ陸軍ノ多大ノ援助ハ建築部及三埼指揮官ノ努力ト相俟テ警察要塞司令部重砲兵聯隊浦賀竝三崎戒嚴地區指揮官部ニ通シ一方海軍水雷學校ヲ介シテ逗子鎌倉葉山方面トノ電話連絡可能トナレリ

是ニ於テ横須賀戒嚴管下ノ統一ヲ完成セリ九月下旬ニハ陸軍軍用通信ハ關東戒嚴司令部トノ電信連絡ヲ可能ナラシメ郵便局亦九月十九日ニハ公衆電報ノ取扱ヲ開始シ同二十九日ニハ市内電話ノ海軍主要公衙ニ適スルアリ漸次

ノ取引先ヲ確定スルコト、ナレリ

三、其ノ他

震災當日當地ニハ小ナル海嘯ノ狀況アリ約十二分間隔ヲ以テ海岸ノ潮汐高低シ其ノ滿干差約四尺ニ及ヘリ今尙ホ多少其狀況ヲ呈シツヽアルモ漸次減少ス但シ水準面ハ從來ヨリ約一尺高シ

◉鎭守府司令部移轉

來十一日ヨリ横須賀鎭守府司令部ヲ横須賀經理部廳舍内ニ移轉サルルコトトナレリ

◉艦船

一、出港艦船

滿州　四日所報ノ通七日午後二時四日市方面ニ向ケ出港セリ便乘者百十名

野島　六日所報ノ通七日午後五時四十五分吳ニ向ケ品川ヲ出港セリ便乘者五名

明石　來ル十日午後三時横須賀發吳ニ回航ノ豫定部内者及同家族ノ便乘差支ナシ

◉衞生狀況

一、飲食物檢査

市街復興ノ前驅者タル感ヲ有スル飲食店ハ逐日增加シ舊來ノ職業ヲ捨テ、飲食店ヲ開クモノ一種ノ奇觀ヲ程スルト同時ニ如何ハシキ飲食品ヲ販賣スルモノアルヲ認ムルヲ以テ之カ取締ノ必要ヲ認メ警察ヲシ

通信ノ復舊ヲ見ルニ至レリ而レトモ一般ノ市電話ノ復舊ニ至リテハ今ノ處殆ント見込立タサルノ有樣ナリ

◉品川橫濱方面救護事務概況

一、品川方面

十月二日聯合艦隊ヨリ品川方面ニ於ケル救護事務ヲ引繼キ港務監督竝海上警戒ニ任スルコトトナレル日進竝第十六驅逐隊ハ同日正午任務ヲ引繼キ日進ハ羽田燈臺地方ニ碇泊シ艦內、陸上及舟艇ニ准士官以上竝下士官ヲ配シ各々分擔ヲ定メテ其ノ任ニ當リ第十六驅逐隊ハ其ノ一艦ヲ以テ待機ノ狀態ニ在ラシメ以テ入港商船ノ監督指導ニ任シ他ノ一艦ハ日進附近ニ在リテ隨時臨時ノ用務ニ應スル如クシ聯合艦隊ノ採リタル方針ニ基キ該任務ニ從事シツツアリ尙ホ本月八日以後從來ノ芝浦棧橋ニ於ケル事務所ヲ出張所ニ改メ同所ニ連絡將校一名竝同屬員二十數名ヲ置キ以テ救護事務局及救護協議會ト海軍トノ連絡ニ任スルト共ニ港務關係ノ一部ヲ分擔セシメ尙ホ海軍省自働車ダンベイ船（徵發船）及燃料ノ保管ニ任セシメツツアリ

二、橫濱方面

イ、橫濱方面

橫濱方面ノ港務監督竝警備ノ任ヲ命セラレタル五十鈴、夕張及第五驅逐隊ハ本月二日橫濱入港防波堤內ニ分泊シ第五驅逐隊ノ一艦ハ常ニ急速出動準備ヲ整ヘ五十鈴ハ補助無電艦トナリ關係各部ト協力該任務ニ從事シツツアリ尙ホ通信連絡ノ爲陸上ニ假設信號所ヲ設ケ四日ヨリ各艦（隊）交代其ノ任ニ當リ夜間ハ各艦隊探照燈ヲ點シ警戒ヲ嚴ニシツツアルカ交通機關ノ漸次復舊ト共ニ人心安定シ海上方面モ亦目下不安ノ狀況ナシ

テ之ニ當ラシムルト同時ニ海軍病院ニ於テ之カ檢査ヲナシツツ、アルカ未タ著シク不良ナルモノヲ認メ得サルモ一層取締ヲ勵行スルノ要アルヲ認メツツ、アリ

飲食物ノ檢査成績ヲ擧クレハ左ノ如シ

種類	營業場所	氏名	成績摘要	判定
稻荷すし	市內汐留	天野千代	異常ナシ	食用差支ナシ
今川燒	逸見空地	森崎江伊	異常ナシ	同
餅菓子	逸見六〇	清水勇太郎	同	同
櫻餅	逸見一四〇	大村操	同	同
燒饅頭	汐入一〇	今井秀吉	餡ニ酸敗氣味アリ	食用不適
餅菓子	逸見空地	佐久間倉之助	異常ナシ	食用差支ナシ
アン卷	同	野畑錦次郎	同	同
牛飯	汐留大通	澤田鶴松	同	同
牛乳	同	坂本傳一	同	同
同	港町山上	橫山健一	同	同
纓餅	逸見三〇	中村治助	同	同
餅菓子	汐留大通	宮本德太郎	同	同
燒饅頭	逸見空地	飯塚タマ	アンニ酸敗氣味アリ	食用不適
今川燒	港町山上	淸宮玉次郎	異常ナシ	食用差支ナシ
ソーダ水	公鄉石川屋	都築小三郎	同	同
ラムネ五二四本 サイダー二八四本	汐入三六	軍港サイダー會社	井水ヲ使用シ溷濁ヲ呈ス	飲用不適ニ付廢棄セシム

二、傳染病發生（十八日）

防疫部及警察ノ取締勵行ノ結果傳染病ノ發生傳播次第ニ減少シ現狀ニ止マルヲ得ハ衞生上良好ノ狀態ナ

ロ、横濱港浮標第十四番ハ海軍專用トセリ尚ホ同港ノ荷役ハ午後四時迄ナリ

◉小笠原島情況（十月一日父島無線電信所長報告）

一、通信

イ、父島無線電信所ハ横須賀方面ノ被害ヲ知ルヤ通信ノ停滯ヲ憂ヘ震災後直チニ「トラック」「サイパン」ニ打電シ普通信ハ他ノ系路ニ傳送セシメ對本土連絡ヲ銚子ニ求メテ當地ノ官報及南洋ノ中繼信ヲ傳送シツツアリ對銚子交信每日六時間ニシテ通信極メテ圓滑ナリ

ロ、海底線ハ不通ニシテ目下復舊中ナリ

二、食糧

本島食糧及生活必需品全部ノ供給ヲ京濱地方ニ仰クヲ以テ震災ヲ被レル該地ノ狀況到底本島ニ供給ノ餘裕ナキヲ知リ島司ヨリ府知事ニ右供給方ニ關シ出願セシモ自給自足ノ途ヲ講セヨトノ返電アリ島民大ニ憂色アリシカ偶々松江寄港セシヲ以テ島司ニ注言シ同艦ヨリ食糧ノ分讓ヲ得食糧問題著シク緩和セラレ多大ノ好感ヲ與ヘタリ

小幡丸ノ食糧品ハ全島民ニ對シ平分大人八升小人四升ノ割合ニ配給アル筈ナリ

本所ハ逸早ク糧食ノ購入ヲ行ヒシ爲メ何等ノ不安ナク右配給ヲ受クレハ所員及家族ノ分約二ヶ月分ヲ有スルヲ以テ島司及村役塲ヨリ海軍ニ對シテハ特ニ配給ノ意向アリシモ辭退シテ島民ト同樣ノ配給ヲ受ケタリ

尚ホ今後ノ糧食ニ關シ當地ニハ不安アリ近ク右ニ關シ島司上京シ又商業會ハ協議ノ上代表者ヲ派シ今後

リ本日ノ新患者左ノ如シ

腸チフス　一　　市內深田

◉道路整理（八日）

港町崩土運搬作業

イ、海上運搬　四二坪　累計　二、一八六坪

ロ、陸上運搬　四坪五　累計　三八五坪五

但シ陸上運搬ハ本日ヲ以テ打切リ市ニ引渡ス

◉警察事務

一、司令事件

暴利取締令違反　二件　取調中（七日）

警衞隊ハ檢束　酩酊　一（七日）二（八日）

二、人事相談（八日）

就職ニ關スル件　三

違警罪　六　拘留執行中

◉市內バラック建築完成

市內田戸及大龍町埋立地ニ建築中ノバラック四九棟ハ豫定ノ如ク本日完成シ明十日ヨリ使用シ得ルニ至レリ

◉赤十字救護班

日本赤十字臨時震災救護部神奈川縣支部ヨリ市立横須賀病院ヘ十月五日ヨリ左ノ通リ救護班ヲ派遣セラレタリ

日本赤十字社和歌山支部救護班

醫員　二名
書記　一名
看護婦　八名
計　十一名

震災情報其ノ三一附録 ◉横須賀方面寄贈品

當方面ヘ各地ヨリ寄贈品左ノ各數ニ上レリ（自九月一日 至十月三一日）

月日	寄贈者	品名	輸送艦船名	宛	摘要
九月十日	臺灣官民	外米七五〇俵及食料品壹、四貳四個	銀山丸	臨時震災救護事務局	即日市郡ニ分配濟
同	廣島市	精米一〇〇石外澤庵、梅干二十樽宛	不明	横須賀市	即日市ニ引渡濟
十一日	愛知時計電機株式會社	玄米一〇〇俵罐詰四〇〇個	工廠直接受	工廠	即日海軍各廳炊出場ニ分配濟
十二日	右同第二回分	野菜類外八品	右同	右同	即日工廠ニ分配濟
同	釜山府尹	精米一〇〇石	韓崎	臨時震災救護事務局	即日市郡ニ分配濟
同	海軍兵學校	衣類及雜品	蔦	横須賀方面	九月十四日市郡ニ引渡濟
同	三重縣 震災救護會 在郷軍人會 青年會 處女會 婦人會 消防組及阿山醫師會	白米外五種	滿州	右同	即日市郡ニ分配濟
同	佐世保市	白米八袋衣類六箱慰問袋六箱外一品	若宮	横須賀市	即日市ニ引渡濟
十三日	京都府各團体	慰問品三、三四二個	大榮丸	臨時震災救護事務局	九月十四日市郡ニ分配濟
十四日	呉鎭守府副官經由 呉婦人文化講座及呉水交婦人會、呉嬌風婦人會、阿賀町婦人會、呉質德婦人會、呉龍華婦人會	慰問袋及衣類七十六個	石廊	横須賀市方面	即日市郡ニ分配濟
十五日	大阪府、市 同朝日新聞社	慰問袋、罐詰、タオル、丸干、衣類	神威	臨時震災救護事務局	丸干、衣類ハ即日市郡ニ分配濟 慰問袋外二種ハ海軍官廳及艦船部隊ニ分配濟

二十日	臺灣官民義捐救恤會（第二回分）	食料品ミルク外十三種並外米三、七五〇俵	銀山丸	同	ミルクヲ除キ即日市郡ニ分配濟 ミルクハ各艦船部隊ニ分配濟
廿一日	靜岡縣震災救濟會主任 同縣理事官 松村光磨	衣類大小 三十九個	筑摩	横須賀方面	即日市、郡ニ分配濟
同	海軍兵學校 婦人會	慰問品 四箱（腰卷、雜巾等二九九枚）	高崎通知ノ分	鎮守府參謀長宛	九月二十九日全燒、全潰者ニ分配濟
同	海軍兵學校 呉精華女學校 呉鎮守府副官	慰問袋六十一箱及毛布入八個	蔦	鎮守府副官宛	慰問袋ハ九月二十六日各艦船ニ分配濟 毛布ハ全燒者ニ分配
同	呉市	被服糧食等 四四個	攝津	横須賀市	即日市ニ引渡濟
同	大阪市	慰問品 六一九個	同	右同	同
同	住友伸銅所 同製鋼所 同電線製造所	慰問品十四箱梅干一樽自轉車一臺	同	鎮守府副官	九月二十九日全燒全潰ヘ一同ヘ分配濟但シ自轉車ヲ除ク
廿三日	長崎市	パン、ビスケット罐詰干魚 三種	第一掃海艇	横須賀市	即日市ニ引渡濟
同	靜岡縣榛原郡有志者數名代表金谷町商業銀行	木炭 五〇〇俵	磐手	横須賀方面	即日市郡ニ分配濟
廿四日	東京丸善株式會社	インキ黑赤 三〇〇個	蔦	海軍經理部	即日經理部ニ引渡濟
廿六日	呉鎮守府副官	慰問袋 四箱 古着 十二箱 ビスケット 二箱	不明	鎮守府副官	慰問袋ハ九月廿六日各艦船ニ分配古着類ハ廿九日全燒全潰者ニ分配ビスケットハ各廳ニ分配
廿六日	佐世保鎮守府參謀長（佐世保慈善音樂會 同所軍港新聞主催）	箱物 五個（ネル襦袢 四九六枚）	龍田	横須賀市	九月三十日市ニ引渡スミ
廿六日	佐世保菓子商 吉熊次郎 青年會 佐世保 外三名 市	菓子袋、米、梅干、割麥、茶、罐詰、衣類、イ問袋、及雜品	菫	横須賀市	即日市ニ引渡スミ
同	呉市	精米 百俵 漬物 二十五樽	野島	同	同
廿九日	關西方面（愛媛、鳥取、福井、京都 岡山、德山縣等）	食糧品及雜品 一萬五千三百十七個	遼東丸	横須賀方面	即日市郡ニ分配スミ
十月二日	三重縣震災救護會	米、陶器、衣類、漬物及雜品	神威	横須賀市	即日市ニ引ワタシスミ

震災關係情報

其ノ三十二

横須賀戒嚴司令部情報部

●攝政殿下横須賀御巡啓

皇室ノ御仁德ニ就テハ今更申スモ畏レ多キコトナルカ大震以來我皇室ノ臣民ヲ愛撫救護シ給フヤ實ニ御懇篤ヲ極ムルアリ即チ各所ノ御苑、離宮ヲ避難所トシテ開放シ給ヒシアリ　國母陛下ノ御思召ニヨル巡回病院救護班ノ活動アリ　各宮殿下、王女殿下ノ御手ツカラ縫ハセ給ヒシ衣服ノ御下賜アリ或ハ罹災民ヘ　兩陛下ノ御内帑金一千萬圓御下賜アリ殊ニ　國母陛下ノ帝都ニ御還啓アラセラルルヤ直チニ罹災地ヲ御巡視被遊親シク避難民ヲ御慰撫シ給ヒシ如キ又攝政殿下ノ夙夜御心ヲ安マセ給ハス各地ヲ御巡視御慰問被遊過般風雨ノ夜ニハ罹災民ノ困苦ヲ偲ハセ給ヒ寢御在ラセラレス午前三時頃風雨止ムヲ俟チ始メテ御寢ニ就カセ給ヒタル或ハ　兩陛下朝夕ノ供御ヲ一汁一菜ニセヨトノ畏レ多キ御仰セノ如キ一ツトシテ洩レ承ルタニ御仁慈ノ現レサルナク誠ニ感涙ノ滂沱タルヲ禁スル能ハサルナリ然ルニ今又　攝政殿下ニハ政務御多端寸暇モ在ラセラレサルニ遠ク當市ニ御巡啓親シク罹災狀況ヲ御巡視被遊ルルニ至リテハ誠ニ皇恩ノ洪大言フ所ヲ知ラス義ハ君臣ニシテ

罐詰　七〇、三六八同

●逗子戒嚴地區最近概況

交通、警備及衛生等其ノ後特記スヘキコトナシ糧食ハ葉山村ニ於テ左記ノ如ク十月六日陸揚ヲ終レリ

一、靜岡縣ヨリ寄贈米　五〇〇俵
二、郡役所ヨリ外米　八七俵
三、沼澤ヨリ購入ノモノ　一六〇俵

其ノ後ノ漂著死体ハ左ノ如シ

月日	死体性別 男	女	計	漂著位置	處分
十月三日	二（内一小供）	〇	二	航空隊沿岸港内笹山下	假埋葬
累計	一四 不明二	一五	二九 不明二		

●艦船

特務艦能登呂　七日午前十一時呉發横須賀ニ廻航
搭載物件軍需品及建築材料五〇〇噸
便乘者一八名

特務艦佐多　十一月二日頃北米ニ向ケ佐世保發ノ豫定ニシテ横濱ニ於ケル荷役終了後遲クモ十四日中横須賀ニ廻航重油陸揚後佐世保ニ歸港ノ筈

●浦賀船渠及工場震災概況

震災ノ為建築物船渠等ハ多クノ損害ヲ蒙リ加之火災ノ結果建築物、工場、機械器具、官給兵器、官給品及艤裝品等ノ損失莫大ニシテ工場能力復舊豫定期日ノ如キハ未タ決定セサル狀態ナルモ建造中ノ各艦ノ保安ニハ異狀ナク諸船渠中第一船渠「ポンプ」所内ニ漏水滿水故障（原因未調査）アルモ其ノ他ハ異狀ナシ船臺ハ第一船臺外二共輕微

其ノ情ヤ正ニ親子是レ實ニ日本君臣道ノ萬國ニ超絶セル所以ナリ吾人ハ益々奮ツテ質實剛健以テ奉公ノ至誠ヲ致シ現在ノ困苦ヲ突破シ光輝アル將來ヲ開拓シ以テ皇謨ヲ扶翼シ奉ラサルヘカラサルナリ

本日　攝政殿下御巡視ノ御模樣左ノ如シ

午前十時四十分　横濱稅關棧橋ヨリ軍艦夕張ニ御乘艦直チニ御出港　東京灣内（第二海堡）御視察

午後零時十分　御召艦横須賀入港

同　零時三十分　水ケ浦棧橋御上陸軍需部附近御視察ノ後

同　零時四十五分　自働車ニテ鎭守府ニ被成暫時御休憩

同　一時五分　御發自働車ニテ市内元町、大瀧町、平坂ヲ經テ舊海軍病院下ヨリ

同　一時十五分　要塞司令部ニ御立寄リ被遊

同　一時二十五分　同部御發田戸埋立地「バラック」、機關學校跡（假病院）附近御通過ノ後

同　一時五十分　工廠舊官廳前ヨリ御乘艇御召艦ニ被成御出港

同　三時十分　御召艦横濱入港御上陸汽車ニテ御歸還被遊タリ

御巡視中鎭守府司令長官常ニ御先導申上ケ慘害狀況詳サニ御視察相成タリ

ノ龜裂箇所各數個所アルモ艦船建造上差支ナキ程度ナリ（但シ水中ハ未調査）尙建築材料ニ至テハ類燒ノ爲在庫品全部燒失セリ然レトモ船体用鋼材ハ全部損害ナシ

港内ノ水深ハ平常記錄ナキ爲正確ナル變動ヲ知リ難キモ二呎及至三呎土地隆起セルカ如シ

會社内從業者重傷以上左ノ如シ

即　死　一一名
行衛不明　二名
重　傷　三名（内二名死亡）

◉城ケ島南方氣泡放出

大正十二年十月四日二町谷ノ漁夫震災後始メテ城ケ島南方ニ出漁中海底ヨリ氣泡ノ浮上スルヲ認メタリ其ノ後ノ調査ニ依レハ位置ハ城ケ島南岸ヲ距ル約三百米ノ海中（水深約七尋）ニシテ其ノ幅約二十米長サ約百六十米海底岩石間ノ砂中ヨリ瓦斯噴出ス同瓦斯ハ午前ヨリモ午後ニ至リ增加スト云フ目下瓦斯試驗中

◉道路整理（八日）

港町崩土運搬作業
イ、海上運搬　一五〇坪　累計　二、三三六坪

◉衛生狀況

衛生狀況竝傳染病取締ノ概況ハ既報ノ通ニシテ別ニ變化ナシ本日新患者左ノ如シ

「パラチブス」　一（市内）

◉警察事務

一、司法事件
暴利取締令違反横須賀市深田五一番地硝子類及建具販賣商吉井忠二郎（四九年）及同犯横須賀市佐野四九九番地材木商高山芳五郎（五十三年）
囚徒逃走罪住所定大工職菱沼廣吉（二十五年）何レモ取調終了送局

二、人事相談
家屋ノ貸借　三　就職　二

（四）補給

◉横須賀戒嚴管下狀況概要 其ノ六

災害直後ニ於ケル糧食補給ニ付キ腐心セシハ前掲ノ如シ而シテ其ノ結果九月四日大湊ヨリ急遽入港セル軍艦春日ヲ始メトシ各地ヨリノ救援艦船相次テ到リ港務部ノ連日連夜ニ亘ル不眠ノ奮勵ト在港艦船部隊ヨリ派出セル兵員ノ献身的努力ト相俟テ之カ揚陸ヲ了シ遂ニ當地方ヲシテ餓フノ野タルヲ免レシメリ九月十一日迄ニ當港ニ揚陸シ得タル米高八万五千餘俵當時管下一日ノ施米高約五百八十石當市内ノミニテ施米人員約八万人ニ達セリ九月十四日ヨリハ一般商賈ニ米穀販賣ヲ許可シ尚ホ罹災困窮者ニハ施米ヲ續行セリ

イ、災害以來九月三十日ニ至ル迄部外ニ配給シタル糧食左ノ如シ（單位、貫）

配給先＼品名	米	乾麵麭	罐詰
横須賀	七三、六〇〇	七、八四八	九九七
逗子	二一、六〇〇	一、六〇〇	三〇〇
鎌倉	一三、六〇〇	八〇〇	一、九六八
葉山	二、四〇〇	四〇〇	〇
衣笠	二、九六〇	〇	〇
三崎	〇	三、一二〇	一、一七〇
田浦	二八、八〇〇	二、四六四	六、四八五
浦賀	〇	〇	四〇〇
其ノ他	五九、二〇〇	七二二	一、一九四
合計	二〇二、一六〇	一六、九五四	一二、五一四

ロ、災害以來九月三十日迄ニ輸送シ來リタル糧食左ノ如シ

米　部内艦船　四四六、六〇一貫
同　部外船泊　一、三三九、二八〇同
乾麵麭　五三、七三七同

婚姻事件　一
違警罪拘留　七

◉ビアード博士一行來横

十一日ビアード博士同夫人外二名及岡博士一行午前八時芝浦發驅逐艦ニ便乘横須賀及鎌倉方面視察

◉電話番號變更

電話番號左記ノ如ク十月九日ヨリ變更（横須賀郵便局通牒）

新番號	舊番號	官公署名
零番	一、〇〇一	横須賀郵便局（通話事務用）
一	一	同（一般局務用）
二	三	横須賀鎮守府
三	四	東京灣要塞司令部
四	五	横須賀重砲兵聯隊
五	八	横須賀市役所
六	一一	海軍機關學校
七	一二	横須賀海軍經理部
八	一三	横須賀海軍工廠
九	一四	横須賀海軍々需部
一〇	一〇七	横須賀警察署
一一	二一六	横須賀税務署
一二	二二〇	横須賀停車場
一三	二六一	横須賀區裁判所
一四	二六五	横須賀憲兵分隊
一五	二六六	横須賀海軍港務部
一六	三二九	横須賀海軍病院
一七	四一一	横須賀海兵團
一八	四七〇	軍法會議
一九	六一二	三浦郡役所
二〇	七四三	横須賀衛戍病院
六〇	六〇	横須賀郵便局（工事用並電話機、電話線不良障碍ニ關スル事務用）

大正十二年十月十一日（木曜日）

震災関係情報

其ノ三十三

横須賀戒厳司令部情報部

㊙横須賀戒厳管下状況概要 其ノ七

（五）被服

震災ニ次クノ火災ハ一物ヲ搬出スルニ遑ナク秋冷漸ク迫ラントスルニ單衣僅ニ身ニ纒フノミ罹災者ノ窮狀察スルニ余リアリ然レトモ他地方ノ同情ハ翕然トシテ聚リ寄贈衣類ノ配給三萬余人ニ及ヒ尚ホ日々鎭守府內配給所ニ殺到スルノ有樣ナリ軍需部亦古毛布四千枚ノ拂下ヲ行ヒ先ツ當座ノ寒サヲ凌クニ堪フヘシ

（六）救護

海軍病院ヲ始メ醫師藥種商ノ全燒ハ災害ノ狀況ヲ一層慘ナラシムルモノアリタリ即チ治療品治療機械藥品等ノ燒失ノ爲燒出サレタル幾多患者ノ傷痍ニ惱ミ病痾ニ苦ミ軍醫官亦私事ヲ抛チテ治療ニ焦慮スト雖施スニ藥石無ク治スルニ器具ナキヲ如何ニセム治療品治療機械藥品等ハ一日夜半糧食ト同時ニ早クモ呉佐世保長官宛給與方ヲ打電セシ處ナルカ糧食ト相伴ヒ數日後ニハ續々到來シ各方面ヨリノ救護隊又相次テ來援スルアリ當地海陸軍當局ト協力一般診療救護ニ任ス即チ九月十日迄ニ來援セルモノ次ノ如シ

九月四日　呉鎭守府ヨリ
六日　佐世保鎭守府ヨリ
同日　練習艦隊ヨリ
同日　舞鶴要港部ヨリ

回ノ測量ニ當リ此附近ノ水深竝ニ地形ノ變化ハ沿岸小舟艇ノ通路等ヲ除キ從來ノ海圖ヲ以テスルモ一般航海ニ差支ナキ程度ナルヲ知ルヲ得タリ

㊙三崎方面概況（十月四日）

一、一般狀況

安寧秩序ハ良好ニ維持サレ九月二十九日三崎復興會成立シ町內各職業ノ首能者ヲ綱羅シ漸次應急時期ヨリ復舊時機ニ轉進シ其ノ曙光ヲ認ムルニ至レリ

二、警戒配備

九月二十九日ヨリ兵力ヲ減少シ町內ハ夜間二回長井初聲村方面、南下浦方面ハ夫々隔日巡察シ城ヶ島、油壺、劍崎方面ハ隨時巡察スルコトトセリ

三、交通

海上交通ハ毎日東京ヘ汽船ヲ出ス豫定ニテ夜航ヲ必要トセシモ危險ニ付毎日便ヲ取止メ依然隔日便トセリ

四、糧食

寄贈米拂下ヘ漁獲物及農村ノ收護等漸ク增加シ來リ糧食ニ付テハ不安ナシ

五、漁業

漸次活氣ヲ帶ヒ最近三崎魚市場魚類扱高中重ナルモノ左ノ如シ（九月二十九日ヨリ十月三日迄）

品名	數量（貫）	金高（圓）
目鉢	一五〇、二〇〇	四二三、四五〇

七日　大湊要港部ヨリ
十日　新潟縣ヨリ
而シテ之ニヨリ先ツ設置セル救護所ハ次ノ如シ
沙入救護所（沙入小學校内）
山王救護所（良長院内）
小川町救護所（小川町埋立地）
深田救護所（病院燒跡）
白濱救護所（機關學校燒跡）
不入斗救護所（陸軍砲廠内）

陸軍衛戍病院ハ夙早ク罹災傷病者ヲ極力収容診療ニ努メ逗子葉山浦賀方面ハ其ノ後救護隊ヲ派シ一般ノ診療救護ニ任セシメタリ尚ホ災害後ニ於ケル惡疫ノ流行ハ當司令部ニ於テモ最モ憂慮セシ處ニシテ之カ根本的豫防ハ各自ノ攝生ニアルヲ思ヒ百方手段ヲ盡シテ之カ宣傳ニ努メ一方防疫部ヲ特設シテ戸別調査ヲ勵行シ極力患者ノ發見隔離ニ任セシメタリ此ノ結果惡疫流行ノ徴ヲ見ス爲ニ市民亦大ニ意ヲ安スルニ至レリ

◎震災地附近沿岸及沖合水深測量狀況（水路部調査）

去九月一日ノ地震ニ伴フ地形及水深ノ變化ヲ知ル爲當部ハ十月中旬ヨリ來春ニカケ、東京灣及相模灘ノ沿岸及沖合ノ精測ヲナス豫定ナルモ、速ニ其ノ大体ヲ知ルノ急要ナルヲ認メ、去九月十九日ヨリ二十八日ニ互リ測量艦武藏、大和及測量班ヲシテ同沿岸地形ノ變狀及沖合ノ水深ノ略測ヲ實施セシメタリ其成果大体左ノ如シ

一、沿岸地形ノ變化
沿岸ノ地形其ノモノハ大ナル變化ナキモ土地ノ隆起及沈下ト之ニ伴フ海岸線ノ變化ハ其主ナルモノナリ

キワダ	六四、九〇〇	二〇七、三九〇
鰹	二、九六〇、七〇〇	五、五五三、七四〇
アジ	一八八、九〇〇	三九二、〇七〇
鮪	一〇九、六〇〇	二一七、五九〇
雜魚		一二六、三二〇
計	三、四七四、三〇〇	六、九二〇、五六〇

六、救護竝一般健康狀態
小學校ノ假病室ノ施察ハ十月一日限リ廢止ス町内一般ノ健康狀態ハ良好ナリ

七、建築材料
建築材料ハ著シク缺乏セリ

八、勞銀及理髮料
十月三日ヨリ手傳一圓八〇錢ヨリ二圓〇〇〇迄手傳人夫一圓七〇錢トセリ
理髮料ハ十月一日ヨリ
大人二五錢（鋏苅ハ二一八錢）　小人　一三錢　顏剃一三錢トセリ

九、油壺ニ避難中瑞西國汽船アヅマ丸ハ九月三十日横濱ニ向ケ飯港セリ

◎艦船

一、出港艦船
阿蘇　豫定ノ通リ昨十日大阪ニ向テ出港セリ便乘者七名
明石　同　吳ニ向テ出港セリ便乘者十三名
青島　積載中ノ米三〇、〇〇〇俵ヲ農商務省食糧局ヘ引渡ノ爲メ本日午前十一時品川ヘ向テ出港

◎港町崩土運搬作業（九日）

イ、海上運搬　一〇九坪　累計　二、四四五坪

海岸線ノ變化ハ精測ノ結果ヲ待ツニ非ラサレハ明ナラサルモ土地ノ隆起及沈下ハ、大体別圖ニ示スカ如シ即チ横濱ヨリ木更津ヲ連ヌル一線以北ノ東京灣北部ニ於テハ大体ニ於テ變化ナク同以南ハ土地隆起シ南ニ進ムニ從ヒ其ノ量ヲ増加セリ

先房總半島ニ就イテハ半島ノ西側即チ東京灣口ノ東側ニ於テ約二尺隆起シ、南ニ進ミ舘山灣附近ノ四五尺ヨリ洲ノ埼附近ハ約六尺ニ達セリ半島ノ外側ニ於テハ野島埼附近迄ハ約五尺、鴨川附近ハ約三尺ニ減シ、漸減シテ小湊附近迄ハ多少ノ隆起ヲ認ムルモ、ソレヨリ北方勝浦附近ニ至ツテハ全ク變化ヲ認メス

又東京灣ノ西側ニ於テハ横濱ハ海岸岸壁、防波堤等ノ沈下ニ依ツテ、幾分土地沈下セルカ如ク見ユルモ、實際ニ於テハ變化ハナキカ如シ、ソレヨリ南方ニ進ムニ從ヒ土地隆起シ横須賀、浦賀附近ノ二尺乃至三尺ヨリ三浦半島南角ノ劍埼、三埼附近ニ至リテハ四尺及至五尺餘ニ達セリ

相模灣ニ於テハ三埼ヨリ北ニ進ムニ從ヒ土地隆起ノ程度小トナリ、逗子、鎌倉、江ノ島附近ニ於テハ約二尺ニシテ相模灣ノ北岸ニ至ルニ從ヒ其ノ量一層減少シテ明瞭ナラス

伊豆東岸ニ於テハ眞鶴沿岸ハ約二尺ナルモ熱海、網代附近ニ於テハ却テ多少沈下ノ傾向ヲ示シ伊東附近ニ於テ再ヒ約一尺餘ノ沈下ヲナセリ、稲取、下田附近ニ至ツテハ約一尺内外ノ沈下トナレリ

右ノ如ク伊豆ノ東岸ハ或ハ沈下シ、或ハ隆起シテ其ノ量ハ僅ニ一、二尺ニ過キサルカ、眞鶴埼ニ接セル笠島ノ約八尺、熱海沖ノ初島ノ約七尺隆起セルハ著シキ現象ニシテ伊豆大島ニ於テハ何等ノ變化ヲ認メ得

●送水管一部復舊（九日）

半原水原槽場ヨリ延長一里貳拾四町（送水宮至長約十三里）ノ通水ヲ了セリ

●海軍陸上作業狀況

月日	作業場所	作業種類	員数
十月八日	港務部	構内整理	二〇
	軍需部	兵器、衣糧需品整理	二九七
	其ノ他	雜	三七
同九日	同右	同右	八〇
			一六七
			二五
同十日	同右	同右	五〇
			一五七
			四六
十月以降累計			三、九四六

●警察事務（九日）

一、暴利取締令違反　二件　取調中
　　違警罪　拘留　五
二、人事相談
　　家屋ノ賃貸借　三　法令解釋　一

●汽車不通

昨夜ノ風雨ノ爲メ田浦横須賀間汽車不通トナレリ開通ニハ約十日ヲ要スル見込

●暴風雨ノ爲市内被害狀況

ス
土地ノ隆起、沈下ノ量ト陸上被害ノ程度ヲ比較スルニ必スシモ一致セス、即チ陸上被害ノ最大ナリシ相模灘北部ノ片瀬、小田原附近等ノ土地隆起ハ余リ大ナラサルカ如キ或ハ土地隆起ノ相當ナリシ洲ノ埼、野島埼間ニ於テ陸上被害ノ程度小ナリシ等ハ其ノ例ナリ然シテ土地ノ隆起ハ特ニ三浦半島、房総半島ノ突端ニ於テ著大ニシテ尚ホ眞鶴埼ニ接在セル笠島熱海沖ノ初島其ノ他沿岸ニ近キ岩礁島嶼等ニシテ附近ノ陸地ヨリ尚ホ隆起ノ程度一般ニ大ナルカ如キハ注意スヘキ點ナリト認メラル

二、

水深ノ變化

今回ノ略測ノ結果ニ依レハ陸岸ニ近キ海ノ深サハ、槪シテ沿岸陸地ノ隆起低下ニ伴フテ増減セリ、即チ東京灣内ノ大部分ハ水深ニ變化ナク東京灣口ヨリ相模及房総半島ノ東側小湊附近ニ至ル間ノ沿海ハ約一尋淺クナレリ

相模灘ニ於テハ、海底ノ一部ニ著シキ變化アルヲ發見セリ即チ圖ニ示ス如ク大島乳ケ埼ノ北西方約六浬ヨリ江ノ島南西方約八浬ニ至ル間ニ於テ舊水深ヨリ約五十尋深キ數箇ノ水深ヲ測得シ、該陷沒部ノ北部兩側ニ於テ東側ニアリテハ約六十尋西側ニアリテハ七十乃至百尋淺キ水深ヲ測得セリ、元來相模灘ノ海底ハ比較的凹凸アリ今回ノ略測ハ測深數少ナク、從シテ海底ノ隆起、低下ノ範圍及程度ヲ明確ニシ難シ

要スルニ今回施行セシ測量ハ引續キ行フヘキ精測ノ豫備資料ヲ得ル目的ヲ以テ實施セルモノシテ精確ナルモノハ第二次測量ノ結果ヲ俟ツノ外ナシ、尚ホ今

昨夜ノ暴風雨ノ爲メ軍需部構内及停車場前崖崩アリ其ノ他市内浸水家屋四〇〇戸ニ及ビ内床上迄浸水セルモノ約一〇〇戸アリ佐野逸見方面最モ多シ

◎市役所郡役所及陸軍電信隊事務所移轉

戒嚴司令部ヲ經理部階上ニ移轉ノ結果十日ヨリ市役所、郡役所及陸軍電信隊ハ元戒嚴司令部假廳舍内ニ移轉シ事務ヲ開始ス

◎ビアート博士一行來横取止

本日ビアート博士同夫人外二名及岡博士一行來横豫定ノ處昨夜ノ風雨ノ爲取止メトナレリ

◎海軍ニ對スル部外ノ感謝

右ノ一文ハ文章中能ク其ノ眞情ヲ吐露シ海軍ニ對スル感謝ノ一端ヲ知ルヲ得ヘク原文ノ儘之ヲ掲ク

神奈川縣三浦郡田浦町長浦一、二九三

船越又三郎

謹申上マス此度(九月一日)大變日々御深情誠ニ難有ク厚ク御禮申上マス

皆様方ノ御情デ安心致シテ日一日ト送レマス其レモ皆様方ノ御心配ノ給モノテアリマス

其レニハ何トカ致シテ酬イタイト考ヘ居リマストオシテモ不許然シ幸ニ私宅(物置同様)無事殘リ居リマス(セメテ)御上陸ノ節ハ一夜ノ御休足ニモト心得居リマス(員數十五名樣ヅツ)ガ何申シマスモ貧者故ニ夜具手廻リ兼マス誠ニ申兼マスカ夜具御持參ノ方樣ナレハ(十五名樣)無價御宿御奉公致度存マス

横須賀兵員御掛御中ヘ

(終)

震災関係情報付録其ノ三十三　大正十二年十月十二日
横須賀戒厳司令部情報部

震災地付近地形及水深変化調査図

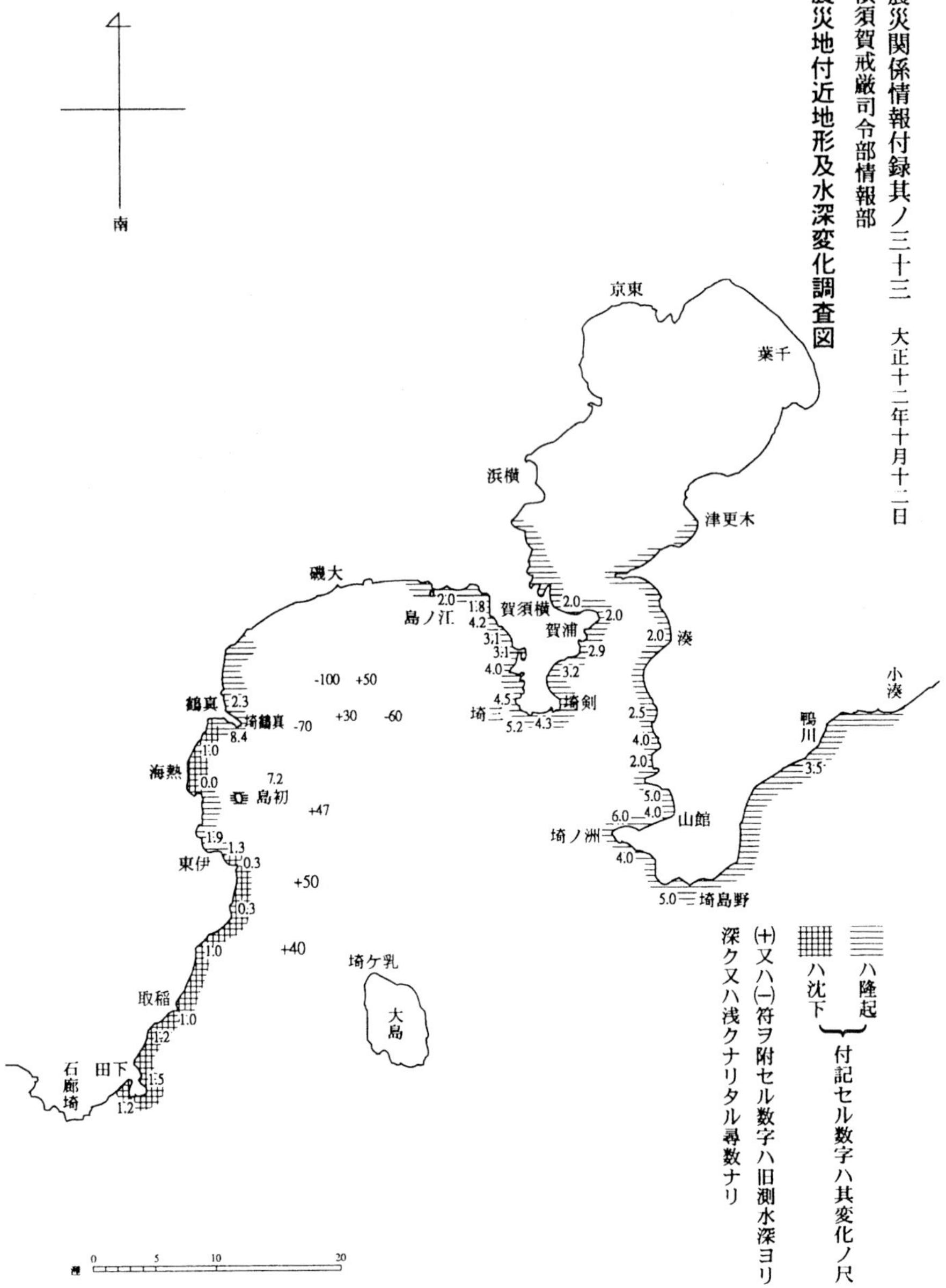

震災關係情報　其ノ三十四

◎博恭王殿下横須賀御視察

去ル十日ニハ　攝政殿下ノ當地御巡啓アリ今又續ヒテ博恭王殿下ノ御巡視アリ震災ニ對スル皇室ノ御深憂誠ニ恐懼ニ堪ヘサル所ナリ本日殿下御巡視ノ御模様左ノ如シ

午前　九時三十二分　田浦驛御著汽艇ニテ長浦棧橋御發
同　十時十分　水ヶ浦棧橋御著軍需部等御視察
同　十時二十五分　鎭守府御著御休憩二十分ノ後御發自働車ニテ市内元町、大瀧町、平坂ヲ經海軍病院下ヨリ
同　十時五十五分　要塞司令部ヘ御立寄御休憩十分ノ後同部御發田戸埋立地「バラツク」側御通過
同　十一時二十五分　機關學校跡假病院御著御視察ノ上
同　十一時四十五分　鎭守府ヘ御著御晝食
午後　零時四十五分　鎭守府御發
同　一時　工廠第四船渠側ヨリ御乗艇長浦被成
同　一時二十五分　航空隊御著同隊御視察ノ上
同　一時三十五分　御發自働車ニテ陸路造兵部ヘ被向
同　三時〇分　同部御著
同　二時十分　共濟會田浦分院御著
同　二時二十分　分院御發
同　二時四十分　田浦驛ヨリ御發車被在タリ

御視察中鎭守府參謀常ニ御説明申上慘害狀況詳サニ御視察相成タリ

◎横賀須戒嚴管下狀況概要　其ノ八

横須賀戒嚴司令部情報部

流出セル重油ハ炎々タル猛火トナリ龍卷ヲ生シ時々刻々艦ニ近寄リ來リ至急點火ヲナシアリシモ未タ汽醸充分ナラヌ近接セル膠州ニ曳航ヲ依頼スルト同時ニ港務部ニ曳船ヲ請求セリ時ニ曳船ハ全部出動準備完成シアリシヲ以テ直チニ榛名救援ニ赴カシム斯クテ曳船配置ニ就クヤ榛名ハ捨錨出港セリ重油ノ龍卷ハ辛フシテ榛名ニ觸レス防波堤方面ニ流レ去リタルモ榛名艦上ハ火炎ノ爲炎熱ヲ感シタリ然レトモ重油ハ尚ホ續々流出シ來ルヲ以テ榛名ヲ防波堤東端燈臺ノ東約一〇〇〇米突ノ位置迄曳航セリ榛名ノ沖出ヲ終ルヤ巡邏艇ハ「洲埼重油滿載中ニテ危險ナルニ付直チニ沖出スルヲ要ス」トノ鎭守府命令ヲ傳達シ來レリ依テ直チニ洲埼（吾妻山下特設浮標ニ繋留中）ニ配船シ汽蒸ヲ待チ浮標ヲ放チ揚錨出港ス（捨錨出港セントシタル目的ヲ達セス）時ニ日既ニ暮レ偏南風力三―四曳航作業ニ危險ヲ感セシモ重油ノ襲來ニ會セハ事態容易ナラサルヘキヲ思ヒ決行セシニ幸ニシテ何等故障ナク沖四番ノ東ニ曳航投錨セリ

ハ、停車場前火災ノ防火

停車場前飲食店ヨリ火災起リ大事ニ至ラントスルヲ見テ直チニ防火艇二隻ヲ派遣防火ニ從事ス該防火艇ノ奏効顯著ニシテ爲ニ延燒ヲ免レタルモノニシテ之ナカリセハ豫備艦倉庫横須賀停車場逸見方面一圓ハ類燒ヲ免レサレリシナラン

ニ、清水配給停止

水道破壞シ清水ヲ得ルコト能ハサル苦境ニ

（七）居住

災害ニ過羅災民ハ身ヲ容ル、ニ處ナリ譏ニ骨肉相擁シテ露天ニ臥ス而カモ或ハ餘震ノ襲來ニ夜半假睡ノ夢ヲ破ラレ或ハ鮮人蜂起ノ流言ニ其ノ席暖ナル能ハズカクシテ過ス事兩三夜漸ク市內各所ノ神社拂閣陸軍諸建設物竝ニ小川町埋立地等ニ避難所ヲ設ケコレニ附近避難民ヲ収容セシト雖モ尙ホ纔ニ雨露ヲ凌クニ足ルノミナリキ然レトモ各避難所ニ於ケル羅災民ノ善ク協力一致シテ此苦境ニ直面シ自他相警メテコヘヲ切リ拔ケ風紀ニ衛生ハ遂ニ大過無カリシハ正ニ推賞ニ價スヘシ爾來狀況ノ安定ニ伴ヒ成ハ燒跡ニトタン張假小屋ヲ建設スルアリ或ハ親戚知巳ニ寄隅スルアリ避難所ニ於ケル羅災民ノ數漸次減少スト雖モ尙ホ資力ニ乏シク假小屋建設困難ノ者等相當アリ依ツテ田戸竝小川町埋立地ニ公設假小屋ノ建設ヲ計畫シコレニ困難者約三百家族ヲ収容セリ

郡內所在ノ建築材料ハ火災ト共ニ大部烏有ニ歸シ市民復興ニ急ナリト雖モ假小屋ノ建設ナホ意ノ如クナラス乃チ當部ニ於テコレカ蒐集ニ努力セシ所概畧末表ノ如シ

（八）横須賀海軍港務部救援作業概況

（港務部報告摘要）

一、震災當日横須賀海軍港務部ノ狀況

横須賀海軍港務部ハ震災ニ當リ構內背面ノ山岳塀壁悉ク崩壞シ海面ノ護岸殆ト何レモ瓦解陷落シ建築物ノ大半ハ山崖崩落ノ岩塊土砂ニ埋沒壓潰セラルルモノ倒壞全滅セルモノ地盤ニ大龜裂ヲ生シテ家體傾斜セルモノ屋根瓦全部移動崩落破損セルモノ等ニシテ各見張所亦破壞シ長浦ニ通スル堀割水道ノ崖壁崩落水路閉塞其ノ他繋船柱ノ倒壞脫出土地ニ龜裂斷層ヲ出シタル等土地營造物ヲ擧ケテ完全ナルモノ殆ト一モナク港用品ノ海底ニ埋沒或ハ破損セルモノ物品需品ノ毀損セルモノ其ノ被害甚大ニシテ慘憺タル狀況ナルモ獨リ海上ニ在リシ艀船類ハ橋船傳馬船數隻破碎セラレタル外被家輕徵ナルヲ得タリ

陥リシヲ以テ午後四時二十分頃一般艦船ニ對シ左記ノ信號ヲナシ淸水ノ配給ヲ停止ス

「水道吐絕ニ付當分水配給ノ見込ナシ節約セラレ度」

當時水船ニ殘存セシ淸水現在量約六〇〇噸

ホ、逸見方面死傷者ノ収容

強震後間モナク通用門方面ヨリ續々死傷者ヲ搬入シテ治療ヲ依賴シ來レリ幸ニ殘存セル假設廢棄艦倉庫ヲ開放シテ此等ヲ収容シ軍醫科總員ニテ治療ニ從事ズ震災ニヨル治療患者一二四収容患者三九名

ヘ、夜間ニ於ケル應變準備

三百噸曳船一隻六十噸曳船二隻終夜出動準備ヲナシ置キ部員二名港務部內ニテ當直シ急ニ備ヘタリ

三、自力出港セル艦艇左ノ通

第十五驅逐隊	午後三時二十五分
時雨	四時五十分
夕凪	五時五分
第五驅逐艦	同
夕張、神威、武藏（午後二時入港）	五時十分
第三驅逐艦	五時四十五分
五十鈴	六時十五分
鳳翔	六時二十分
日進	七時二十分
響	七時三十分

二、震災第二日以後ノ狀況

震災第二日ニ於テハ港內作業トシテ加賀及鳴戸ノ繫留、上陸棧橋直シ方、雜船繫留塲整頓流出浮標探收、大津監獄ヨリ囚人ヲ三笠ニ輸送雜役船由良川ヲ小海ヨリ沖出停車場前ニ防火隊派遣、其ノ他海陸通信連絡或ハ震火災ニヨル新患者七五名收容新患者十二名ヲ算シタルカ如キ震災當初以來不眠不休ノ努力ヲ拂ヒ三日後引キ續キ東京市ニ水船ヲ貸與シ或ハ糧食便乘者輸送港內構內諸作業等日モ之足ラサルカ如キ現況ナリ

一、震災當初ノ應急處置

大震ノ殃ニ遭ヒテ陸上方面ノ惨状言語ニ絶スルモ海上方面ニ於テモ箱埼重油槽ノ炎上スルアリ此際富士繋留中ノ八番艉浮標鐵環切斷セルアリ此際港內ニ如何ナル災厄ノ出現スルモノニヤ寸前尙ホ不明ナルモ事態容易ナラサル刻々ノ状況ニ鑑ミ人員ノ點呼、當面ニ對スル訓示及曳船ノ至急點火等ヲ行ヒ通信連絡ハ各見張所本府間ノ電話線一切破斷シ海上トノ通信連絡ハ一ニ手旗信號ニ依ルノ外ナク港務部屋上見張所ヲ廳舍前ノ高地ニ移シ一般通信ニ任セシメ傳令ヲ配置シテ海上ノ模樣ヲ刻々鎭守府ニ報告セシムルコトトセリ軍艦富士（八番浮標）ハ艦尾繋留浮標鐵環強震ノ爲切斷折柄偏南風力三以上ナリシヲ以テ忽チニシテ九番浮標ニ繋留ノ阿蘇ト觸接スルニ至レリ依テ至急百五十噸曳船ヲ派遣シ阿蘇ノ艦尾ヲ廻シ富士ヨリ引離セリ是ヨリ先鳳翔ハ艦尾索ヲ放シタルヲ以テ觸接ヲ免レタリ尙ホ大震災後間モナク箱埼重油タンク火災ニ罹リ黑煙蒙々トシテ天ヲ覆フ不取敢防火應援トシテ防火船二隻ヲ準備シ零時四十分猪股少佐ヲ指揮官トシ現場ニ派遣セルモ到底近寄ル能ハサルヲ以テ状況視察ヲ遂ケタル上歸部セリ當時黑煙ノ爲正確ニ視察スルヲ得サリシモ海上ヨリ一瞥セルニ南端ノ二槽及北端外側ノ一槽未タ類燒スルニ至ラサリシヲ認ム前記ノ如ク處置シタル後港內ヲ巡邏シ一般状況ノ視察ヲ遂ケ此ノ間兵員及雇傭人等ニ對シ短時間ニテ自宅ト往復シ得ル者ニハ交代ニテ歸宅ヲ許シ直ニ歸部スヘキ樣命シタリ何レモ皆命令通實行シ配置ニ復セリ家庭ニ死傷者アル者ニハ更ニ歸宅ヲ許可ス是カ爲一同大ニ安心シ爾後作業ニ努力セシムルヲ得タリ

二、其ノ後ニ於ケル重要ナル作業

イ、大瀧町海岸ニ避難民救助艇派遣

午後三時頃鎭守府ヨリ大瀧町海岸ニ多數ノ

◉戒嚴地區ニ關スル事務分擔廢止

震災後特ニ食糧、建築、衞生、被服、燃料運搬交通、勞務及其ノ他ニ分チ横須賀戒嚴地區ニ關スル事務分擔ヲ定メラレタル處昨十一日限リ之ヲ廢シ鎭守府各固有職務ニ準據シ管掌セシメラル、コト、ナレリ

◉衞生狀況（十日）

衞生狀況竝取締ノ概況ハ既報ノ通ニシテ本日ノ新患者左ノ如シ

赤痢　一（市內）

◉警察事務（十日）

一、司法事件
暴利取締令違反　一　取調中

二、人事相談
家屋ノ賃借事件　二　違警罪拘留　五

◉避難民便乘概數

第一掃海隊ニ於テハ品川、横濱及横須賀間十月一日以降便乘者左ノ如シ（十日）

總計　一九四名

◉制規上陸許可

十二日ヨリ艦船團部隊ノ制規ノ外出ヲ許可サル

◉道路整理

港町崩土海上運搬作業（十一日）
七五坪　累計二、六五五坪

◉白米及外米ノ販賣割合竝外米販賣價格改正

一、販賣割合
本日ヨリ横須賀戒嚴地區ニ於ケル內地米及白米ノ販賣割合ヲ左ノ通改正セラレタリ
內地白米（朝鮮白米ヲ含ム）一斗ニ對シ外米三升

二、販賣價格
イ、外米販賣　單價　一升　十八錢

避難民アリ直チニ救助艇ヲ派遣スヘシノ命ニヨリ三百噸曳船ニ「シャラン」船ヲ六〇噸曳船ニ傳馬船ヲ曳航出發セシム時ニ榛名重油ノ猛火ニ包圍セラレントシ直チニ沖出繋留換ヲ要スルトノ信號ニ接シ三百噸曳船ノ派遣ヲ取止メタルモ爾餘ノ救助艇モ亦避難民ヲ収容シ來ラス

ロ、榛名及洲埼ノ沖出

榛名沖一番浮標ニ繋留中午後三時頃海面ニ

ロ、外米拂下　單價　一升　十七錢

◉横須賀田浦間臨時定期

本日ヨリ當分ノ間左ノ通リ工廠ノ臨時定期アリ

横須賀發	田浦發（舊兵器庫棧橋）
午前七時三十分	△午前八時十分
同　九時〇分	△同　九時四十五分
午後三時三十分	午後四時十分
同　五時三十分	同　六時十分

△印ハ下リ停車田浦著ヲ待合ノ上發ノコト

建築材料蒐集狀況（九月一日ヨリ三十日ニ至ル）

品名	數量	輸送艦船	發送地	揚陸場	揚陸者	記事
杉丸太	二、〇〇〇本	大和	大湊	工廠構内鳶ヶ鼻	兵員	大湊無線電信所工事用殘材十日入港同日陸揚濟
木材、繩	一、八〇〇石 五〇個	多喜丸	青森	同	同	青森木材會社ヨリ買収十三日入港十七日陸揚濟
電氣材料		石廊	呉	工廠構内	同	呉鎮守府ヨリ送附十四日入港同日陸揚濟
木材	二、四〇〇石	三國丸	青森	機關學校構内	杉山重	震災救護事務所ヨリ回送十七日入港二十一日陸揚濟
亞鉛引波形鐵板 杉丸太 釘 繩	二、〇〇〇枚 二、〇〇〇本 三樽 二三把	高崎	呉	工廠構内鳶ヶ鼻	同	呉建築部ヨリ送附十八日入港二十六日陸揚濟
電話電燈材料		攝津	呉	工廠構内	同	呉建築部ヨリ送附二十一日入港同日陸揚濟
亞鉛引波形鐵板 釘 亞鉛引平鐵板	二〇、〇〇〇枚 一〇、〇〇〇貫 五〇、〇〇〇枚	尻矢	大阪	機關學校構内	同	波形鐵板及釘ハ大阪府知事ヘ依賴ノ分平鐵板ハ横須賀市自警團ニテ集聚二十一日入港二十三日船卸濟
木材	五、〇〇〇石	關東	江尻	工廠内鳶ヶ鼻	同	靜岡縣知事ヘ依賴ノ分二十一日入港二十八日陸揚濟
木材	六〇〇石	千早	名古屋	機關學校構内	同	愛知縣知事ヘ依賴ノ一部二十六日入港二十九日陸揚濟
木材	四、二〇〇石	神威	同	同	同	同三十日入港陸揚中
亞鉛引鐵板 釘	一、〇〇〇枚 一五二樽	栂、栗	呉	工廠内鳶ヶ鼻	同	呉建築部ヨリ送付三十日入港同日陸揚濟

震災關係情報　其ノ三十五

橫須賀戒嚴司令部情報部

◉橫賀須戒嚴管下狀況概要　其ノ八

（八）燒跡淸掃竝崩壞土砂搬出作業

燒跡ノ一角ニ立チテ四顧スレハ瓦石壘々トシテ疇昔殷盛ノ巷一朝ニシテ廢墟ト化ス市民其ノ間ニ彷徨シ或ハ燒殘リ什器ノ掘出シニ余念ナク或ハ骨肉ノ遺骸ノ搜索ニ一ツトシテ悲慘ノ極ミナラサルハナシ而カモ之カ復興ノ大策ニ至リテハ何處ニ先ツ手ヲ染ム可キヤ只忙然嗟嘆スルノミ亦一方港町崩壞個所モ其ノ山ナス土塊ノ搬出ハコレ客易ノ事業ニ非ス是ニ於テカ先ツ別圖ノ位置ニ軌條ヲ敷設シ極力燒跡淸掃土砂搬出ニ當リ以テ復興作業ノ基礎確立ニ努メタリ市民亦之ニ力ヲ得ココニ市況亦活氣ヲ呈スルニ至レリ

◉逗子戒嚴地區狀況概要

一、戒嚴令施行前狀況

九月一日震災直後阿鼻叫喚ノ聲附近ニ喧シク其ノ慘狀言語ニ絶セシヲ以テ直チニ水雷學校及橫須賀防備隊ハ造兵部及田浦方面ニ救護班ヲ急派シ主トシテ負傷者ノ治療竝埋沒者ノ發掘作業ヲ行ヒ又水雷學校ヨリハ不取敢逗子鎌倉方面ニ約五十名ノ兵ヲ急派シ以テ警衛及救援作業ニ從事セリ一方橫須賀防備隊航空隊ハ該方面ニ各兵員ヲ急派シ以テ同樣ノ作業ヲナセシカ殊ニ航空隊派遣員ハ鎌倉御滯在中ナル山階宮兩殿下賀陽宮大妃殿下ノ御警衛ニ全力ヲ注キ又鎌倉逗子方面ニ於テ海軍士官ノ住家多ク殊ニ留守宅多キヲ以テ遭難家族ノ困窮著シキ狀況ナリシヲ以テ是等ノ救助ニ從事スルト同時ニ一般ノ警衛ニ任シ以テ安寧秩序ヲ維持スルヲ得タリ

右ノ如ク各種救助作業ニ忙殺サレ居ル一方水雷學校ハ防火隊一隊ヲ橫須賀方面ニ派遣シ又一隊ヲ重油槽

ヒ羅災者ノ治療竝ニ傳染病患者發生防止ニ就テハ全力ヲ擧テ努力ヲ拂ヒ爲ニ漸次良好ニ赴キ今日ニ及ベリ要之爾後戒嚴司令官以下ノ不眠不休ノ努力ハ一般狀況ヲシテ益々靜穩ニ歸セリ復興氣分亦橫溢シ益々良好ノ狀態ヲ呈スルニ至レリ

◉艦船

一、入港艦船

能登呂　豫定ノ如ク軍需品竝建築材料搭載十日午後入港

青　島　昨十一日午後一時入港搭載物件左ノ如シ

市役所關係積荷　一一〇噸

軍需部揚積荷　八〇噸

二、出港艦船

能登呂　來十五日午前八時橫須賀發品川ヲ經テ呉ニ回航ノ豫定部內者同家族三十名以內差支ナシ尙ホ此ノ際引越荷物等ノ輸送ニ付出來ル限リ便宜ヲ與フル筈

◉海軍省鎭守府間電話開通

震災以來不通トナレル海軍省鎭守府間電話線ハ建築部ニ於テ海軍省ト協力應急修理ニ努メタル處昨十三日開通ヲ見ルニ至レリ但シ目下尙ホ東京方面ニ於テ多少地氣アリ海軍省ニ於テ修理中ナリ

◉海軍陸上作業狀況

月日	作業場所	作業種類	員數
十月十一日	港務部	構內整理	六〇
	軍需部	兵器、衣糧需品整理	一三五

火災ニ依ル火藥庫ノ延燒防止ヲ行ヒタリ
翌二日ニ至リ水雷學校長ハ鎌倉方面ノ被害意外ニ甚大ナリトノ報告ヲ得タルヲ以テ更ニ人員ヲ増派シ屍体ノ發掘及處分急造小屋ノ建設倒壞家屋内ヨリノ貴重品取出等ニ當ラシムルト共ニ他方御用邸内ノ警衞ハ航空隊一般治安維持ハ水雷學校ニ於テ擔當スルコトトセリ逗子、葉山、田浦方面ニハ横須賀防備隊ヨリ更ニ警衞隊ヲ出シ水雷學校警衞隊ト協同警備ニ從事セリ
九月三日ニ至リ水雷學校横須賀防備隊及航空隊協議ノ上次ノ如ク警衞擔任區域ヲ決定セリ

鎌倉方面
逗子方面｝水雷學校
田浦方面　横須賀防備隊、水雷學校
葉山方面　航空隊
鎌倉御用邸　航空隊

猶警衞隊ノ外ニ鎌倉逗子方面ニハ水雷學校ハ救援隊ヲ連日派遣シ以テ一般地方民ノ救援作業ヲ續行セリ
九月四日逗子、鎌倉方面ニ於ケル食糧缺乏著シク一刻ノ猶豫ヲモ許容シ難キ狀況ヲ以テ水雷學校長ハ鎭守府司令長官許下ノ下ニ不取敢同校倉庫在米ヲ分與スルコトニ決シ米麥併セテ約百二十俵ヲ搬出配給セリ
叙上ノ外通信施設ヲ應急的ニ完備セシムルハ最モ緊急事項ナルヲ以テ水雷學校長ハ同校兵員ノ手ヲ以テ五日ニハ鎭守府長浦方面海軍諸官衙間又七日水雷學校逗子間更ニ八日鎌倉停車場迄ノ通話ヲ可能ナラシメ爲ニ戒嚴任務實施上竝地方官憲等トノ連絡上至大ノ便益ヲ得タリ

二、戒嚴令施行後狀況

九月五日午後戒嚴令發布六日水雷學校長海軍少將大幸四郎逗子戒嚴地區司令官ヲ命セラレ左記ニヨリ戒嚴配備ヲ實施ス

警戒方面	受持隊、校	出スヘキ下士官兵

	十月十二日			計	累計
其ノ他	港務部	軍需部	其ノ他		
雜	同				
三五	五〇	一七七	三五	四八二	四、四二八

◉市内自働車通行許可

震災後ハ特許ヲ得タルモノ外自働車ノ市内通行ヲ禁セラレタル處昨十二日ヨリ解禁セラレタリ

◉水道一部通水

十月十日半原水源構塲ヨリ延長參里十九丁（全長約十三里）ノ通水ヲ了セリ尚ホ右水道至急復舊ノ爲メ神戸市技手一名職工九名來校十日午後著ニ付工事益々進捗スヘシ

◉警察事務（十一日）

一、司法事件
　横領
　度量衡器取締規則違反　一｝取調中
　人事相談家屋ノ賃借事件　二
二、法規ノ解釋　一
三、其ノ他違警罪拘留　五（執行中）
　泥酔徘徊者　一（說諭處分ニ止メ釋放ス）
　警衞隊ニ檢擧セラレシモノ　三

◉暴風雨被害狀況（逗子戒嚴地區）

一、去ル十日風雨ノ結果左ノ通交通路ニ異狀ヲ來セリ
　イ、沼間トンネル東口上方土砂崩壞　約百坪　車馬通行不能
　ロ、船越トンネル（新）　西口土砂少シク崩壞車馬通行困難危險通

田浦町	横須賀防備隊	三十名
	水雷學校	四十名外信號員二名
逗子町	水雷學校	九十名外信號員一名
葉山村	水雷學校	十名
	航空隊	三十名外信號員二名

猶鎌倉方面ハ陸軍ノ所管トナリシヲ以テ陸軍部隊來著迄以前ノ警備ヲ續行シ九日其ノ大部ヲ撤退シ次テ全警備隊ヲ引キ揚ケタリ然レトモ救援隊ノミハ約五十名ヲ殘留セシメ以テ從來ノ事業ヲ繼續セシカ十八日ニ至リ事業大体終了ヲ俟チ之ガ撤退ヲ了セリ

戒嚴地區內ノ作業ハ交通路ノ整理ヲ第一眼目トシ六日ニ至リ震災以來各方面ニ設置セシ自警團ハ夜警ヲ撤去シ專ラ道路ノ修繕ニ力ヲ注キシ結果八日逗子、鎌倉間逗子沼間隧道間自働車交通可能トナリ次テ十日逗子葉山間モ亦自働車通行シ得ルニ至レリ猶田浦町方面ニハ造兵部職工出動シ道路隧道修築工事ヲ援助セシガ崩壊量大ナル爲沼間隧道ノ未ダニ完成セサル狀態ナリキ然ドモ全般ヲ通ジ九月十日頃ヨリ畧道路ノ應急修繕完成シ一方汽車モ亦開通セシ關係上民心平穩ニ復シ軍隊ヲ以テスル警衛モ近ク不要トナルベシ

又補給關係ニ於テハ逗子田浦町共切符購買制度ヲ採用シ爲ニ配給ハ順當ニ行ハレタリ

葉山村ハ被害比較的少ナク少數ノ別莊生活者ヲ除キ食糧ノ蓄積割合ニ多ク且ツ五十石ノ補給アリシ結果別莊生活者モ亦危機ヨリ脫シ何等憂ヘヘキ點ヲ認メザルヱ至レリ

尙衛生狀況ハ震災以來一般良好ニシテ小坪方面ニ熱病患者三名ノ發生アリシガ震災ニ依リ一般住民ノ患者ニ對スル施療狀况ハ田浦方面震災ニ依ルモノ每日約三十名位逗子鎌倉方面ニテハ震災ニ依ルモノ每日約百名位內疾每日四十名位ナリキ此ノ內震災ヱ依ルモノハ著シク減少シ來リシガ尙戶口檢病調査ヲモ行

同　（新）　東口少シク崩壊十一日ノ朝ヨリ人夫工事中ヤカテ車馬通行自由トナルヘシ

ハ、軍需部前崩壊車以下通ス（自動車通行不能）

ニ、停車場南方水道道少崩壊其ノ北側ニ沿ハヾ馬力ヲ通スルコトヲ得

◎汽車時刻一部變更並增設

左ノ通汽車時刻一部變更竝增設セラレタリ

午後四時十五分東京發同六時五十二分橫須賀著列車ヲ左ノ通改正

東京	午後四、二五
品川	四、四一
橫濱	五、三七
大船	六、二三
鎌倉	六、三五
逗子	六、四五
田浦	六、五七
橫須賀△	七、〇二

午後六時五十二分橫須賀發同六時五十四分大船著列車ヲ左ノ通改正

橫須賀	△午後六、二四
田浦	六、三〇
逗子	六、四四
鎌倉	六、五四
大船	七、〇四

列車時刻增設

大船	午前五、一〇	午後七、一〇
鎌倉	五、二一	七、二三
逗子	五、三〇	七、三二
田浦	五、四一	七、四二
橫須賀	｜	｜

田浦橫須賀間開通ト同時ニ增設列車ハ廢止セラレ橫須賀著發ノ時刻ハ△內ノ時刻ノ通トナル

震災関係情報付録其ノ三十五　大正十二年十月十三日

横須賀戒厳司令部情報部

土砂搬出軌道図

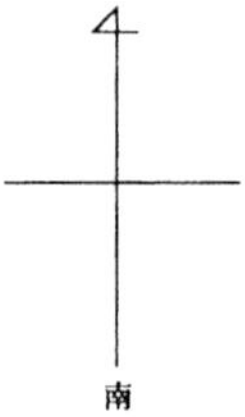

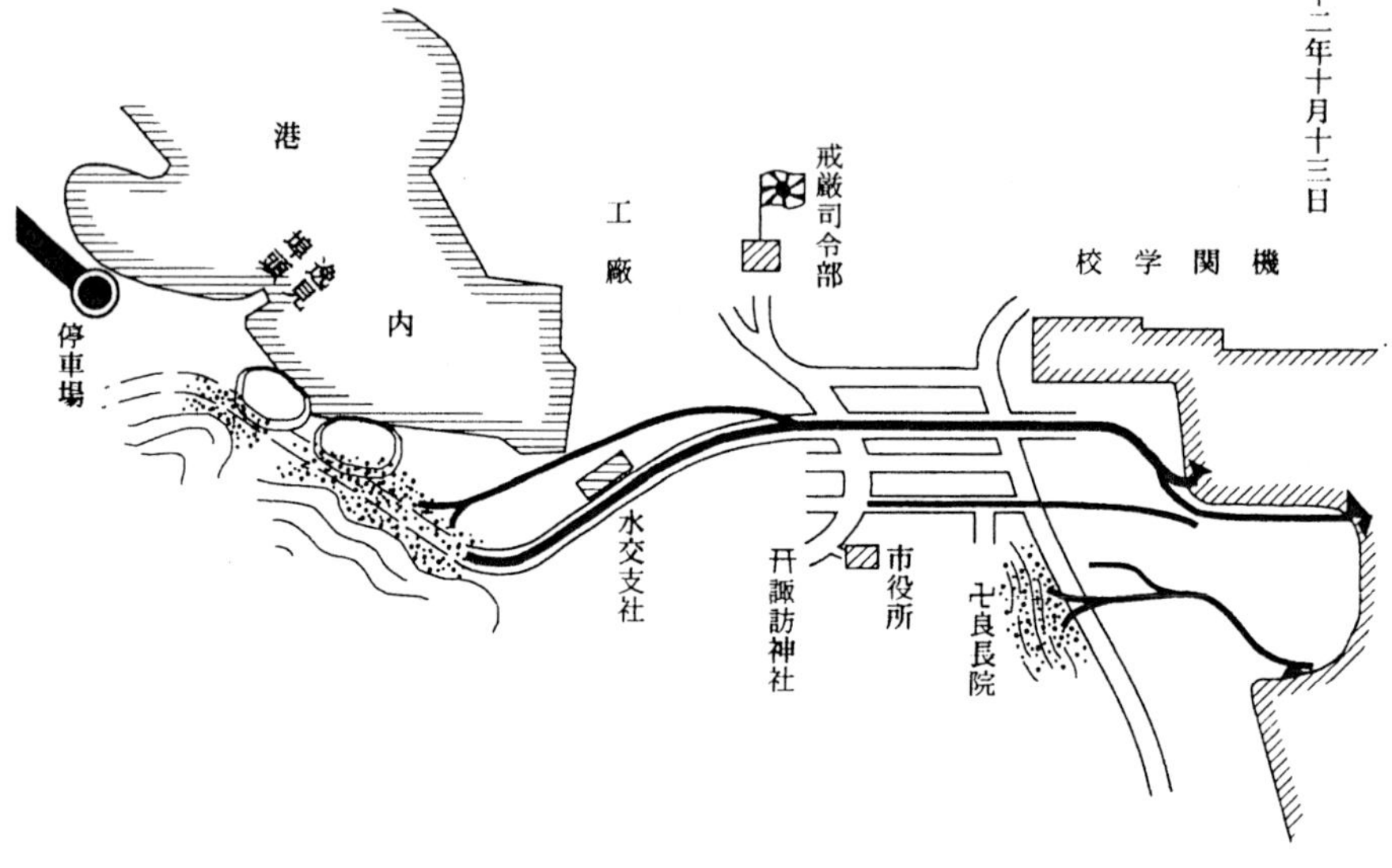

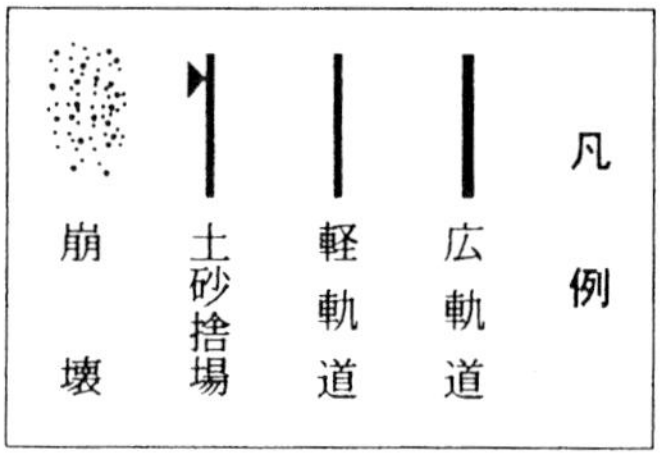

震災關係情報　其ノ三十六

横須賀戒嚴司令部情報部

◉高松宮殿下横須賀御視察

高松宮殿下ニハ明十六日軍艦長門ニテ御來横親シク横須賀市震災狀況ヲ御視察遊ハサル筈

◉横須賀戒嚴管下狀況概要　其ノ九

四、結文

以上記スル所九月一日震災ヨリ九月末日ニ至ル迄ノ管下概要ヲ摘記シテ以テ當戒嚴司令部（初期ハ鎭守府）ノ取リシ方針竝之カ實施ノ要綱ヲ示セリ此他或ハ給水ニ點燈ニ金融ニ或ハ部下各部活動ノ狀況ニ或ハ各戒嚴地區ノ狀況ニ之ヲ詳記セントスレハ限リナシ且ツ此内一部ハ既ニ時々詳細記載スル處アリ事務繁忙ノ際筆ヲ執リ文體ヲ成サス意亦盡サス杜選拙文讀者之ヲ諒セヨ十月一日以後ハ專ラ復興ノ基礎作業ニ努力シ一面安寧秩序及良好ナル衛生狀態ノ維持ニ極力努メツツアリ

惟フニ今次ハ震災ニ次クニ火災ヲ以テシ爲ニ都市荒廢ニ歸シ庶民溝壑ニ塡ス其ノ慘狀言語ニ絶ス不幸骨肉ヲ失ヒ產ヲ失ヒシ者ニ至リテハ誠ニ哀惜ノ情ニ堪ヘサルナリ然レトモ見ヨ市井已ニ紛黛ノ婦女ヲ絶チ青年又遊惰ノ狀ヲ見ス剛建質實ノ氣風允然トシテ擡頭シ來ルサハ言ヘ咽元過クレハ暑サヲ忘ル之人情ノ然ラシムル所天譴カ神意カ吾レ之ヲ知ラス吾人ハ宜シク此天災ヲ變シテ永久ノ福タラシムルニ努メサル可カラサルナリ

◉震災ニ依ル糧食被服物品ノ配給狀況

（軍需部報告）

漬物	同	一、五八四	拾八貫
鹽	俵	六〇〇	八貫
乾饂飩	箱	三七七	五貫
野菜	俵	四、〇六七	拾五貫
鷄卵	箱	一、三一六	四貫
乾物	同	六八七	五貫
豆	叺	四三	拾六貫
罐詰牛乳	箱	五〇	貳貫八百八拾匁
治療品	同	一九九	
寄贈品		八、八九四	
雜品入箱		一、五四〇	

合計拾貳萬七千七百六拾貳個

鮮人ニ對スル配給狀況

鮮人ハ京濱地方ノ迫害ヲ恐レ當市ニ逃レ來リシモノハ全部陸軍ノ手ニテ不入斗練兵場ニ收容シ保護ヲ加ヘ居リシカ海軍ノ土工事業開始スルニ當リテ之ニ使役シ工廠之カ監督ノ責ニ任シ居リシモ之ニ對スル衣食住全部ノ配給ハ軍需部ニ於テ之ヲナセリ今左ニ之カ概算數ヲ擧ケン

鮮人救助ノ爲支出高

品名	稱呼	數量
外米	袋	五七
味噌	樽	七
漬物	同	九
醬油	同	一九
鹽	俵	四
魚肉罐詰	函	二〇
野菜	俵	二〇

一、被服ノ配給狀況

一、糧食品ノ配給狀況

イ、戒嚴令實施以前ノ配給狀況

九月一日震災劈頭横須賀市民ヲ不安ナラシメタルハ實ニ食糧問題ナリキコレ横須賀市戸數ノ約三分ノ二ハ灰燼ニ歸シ其ノ他ノ大部分ハ埋沒又ハ倒壞シ食糧品ノ多量ハ燒失若ハ埋沒シ横須賀市全部ノ米ヲ徵發スルモ僅カニ四、五日ヲ支フルノ運命ニアリシカ爲メナリキ

茲ニ於テ海軍ニテハ此ノ不安ヲ鎭靜シ人心ノ惡化ヲ防止センカ爲ニ先ツ呉、佐世保、舞鶴各鎭守府ニ向ツテ至急糧食ノ回送保轉ヲ電請スルト共ニ九月二日横須賀市ニ對シテ「ビスケット」二千貫鮭罐詰八百四十貫ヲ救難用トシテ支出シ更ニ九月四日ニハ横須賀田浦逗子鎌倉浦賀等ノ各市町村ニ對シテ白米四千貫割麥四百貫ヲ配給セリ

ロ、戒嚴令實施後ノ糧食配給狀況

各鎭守府ニ電請シ又ハ清水港以西ニ於テ直接購買セシ糧食品ハ續々到着シ横須賀海軍軍需部棧橋ハ米麥罐詰野菜其ノ他ノ糧食品及各地ヨリノ寄贈品ヲ積載セル運貨船ヲ以テ滿タサレ一方陸上ニハ之等陸上ケセル糧食品山積シ市民ノ食糧ニ付テノ不安ヲ全ク一掃シタリ九月一日ヨリ九月二十日頃マテノ期間ハ軍需部ノ多忙ハ實ニ想像以上ニシテ一方ニハ早朝ヨリ深夜マテ陸上ケ作業ニ忙殺サレ他方ニハ三浦半島全部横須賀、鎌倉、葉山、逗子、田浦三崎、浦賀、西浦等ノ各市町村ニ向ツテノ配給ニ從事シ殆ント寸暇ナシトノ形容ハ過言ニ非ラサリキ

今各市町村ニ配給セシ糧食品ノ數量品種ノ概算ヲ擧クレハ左ノ如シ

震災當初ハ氣候温暖ニシテ比較的被服ニ對シテハ各地方民ハ考慮ヲ拂ハサリシカ如クナリシモ漸次冷氣ヲ加フルト同時ニ罹災民ノ被服ニ對スル慾求ハ頓ミニ盛ントナリ毛布拂下ケノ懇望各市町村ニ起レリ今之カ爲ニ拂出セル毛布ノ數量及町村名ヲ擧クレハ左記ノ通

毛布拂下數量調（十月十二日調）

數量	渡先
九、二五八	横須賀市内
六〇〇	田浦町
八〇〇	逗子町
參、參〇〇	鎌倉町
參貳四	衣笠村
八壹〇	浦賀町
壹六〇〇	南下浦村
九〇〇	西浦村
六〇	初聲村
合計　壹六、貳壹貳	

◎艦船

一、入港艦船

滿州　十三日正午入港搭載物件左ノ如シ
名古屋ヨリ鎌倉行慰問品、建築材料、副糧食約四〇噸

膠州　十三日午後一時三十分入港

元山丸　十三日午前七時三十分入港

◎海軍陸上作業日報

月日	作業場所	作業種類	員數
十月十三日	港務部	構內整理	五〇
	軍需部	兵器、衣糧需品整理	一一一

自九月二日至九月卅日間各市町村ニ配給シタル糧食品左記ノ通

品名	稱呼	數量
乾麵麭	貫	一八、八五八、〇〇〇
牛肉罐詰	同	六、八三二、四六〇
魚肉罐詰	同	九、四七五、四八〇
罐詰野菜	同	七九、五〇〇
白米	四斗俵	二、九八八
割麥	同	一六〇
玄米	同	三、二九七
外米	六斗袋	五、八七五
味噌	貫	一、〇四四、〇〇〇
鹽	同	七二、〇〇〇
漬物	同	一四〇、〇〇〇
醬油	升	一九八、〇〇〇
野菜	同	九、七六〇、〇〇〇

次キニ各地ヨリ購買又ハ回送セシ數量品種ノ概算ヲ擧クレハ左ノ如シ

自九月一日至九月卅日間軍需部内ニ陸上品表

品名	稱呼	個數	一個容量
乾麵麭	箱	八、二四八	四貫匁
罐詰	同	三一、八七七	二貫八百八拾匁
白米	俵	二一、四三八	四斗
平麥	同	二、五三〇	同
玄米	同	六九、二九三	同
半搗米	同	四五〇	同
外米	袋	八、〇〇〇	六斗
砂糖	俵	三三二	拾六貫
醬油	樽	三、六七八	八升五合
味噌	同	八三四	二拾貫

其ノ他	雑	三五
計		一九六
十月以降累計		四、六二四

◉警察事務

一、司法事件

度量衡違反　市内深田三十九金物竝度量衡販賣商鈴木齊次郎取調ノ結果送局（十二日）

刑事被告人　留置　一（十三日）

違警罪　拘留　六（同右）

行政檢束　一（同右）

警衛隊ニ檢束　四（同右）

二、人事相談

家屋賃貸借　一（十二日）　二（十三日）

說諭願　一（十三日）

◉衛生狀況

衛生狀況ハ稍々良好ニシテ傳染病發生ハ漸次緩慢ノ狀況ニアルモ尙該罹病者ノ屆出ヲ怠ル者多キハ甚タ遺憾トスル所ナリ新患者左ノ如シ

腸チフス　市內　七
同右　田浦　一
同右　衣笠村　一　（十二日）

赤痢　市內　三
同右　同右　一　（十三日）

◉自治團体ヘノ白米販賣割合

市郡町村團体ヘ交付セル內地米及外米ヲ販賣スル割合ハ十五日ヨリ任意トシテ差支ナキ旨戒嚴司令部ヨリ告達アリタリ

大正十二年十月十六日（火曜日）

震災關係情報　其ノ三十七

横須賀戒嚴司令部情報部

◉三崎戒嚴地區状況概要

一、被害状況

三崎方面ハ震源地ニ近ク震動甚大ニシテ道路ノ損害大ナリシモ其ノ他ノ損害比較的少ナク倒壞家屋（全壞、半壞）一、三七八戸（全戸數四、五〇〇）死傷者五八五名ナリ、地盤ハ著シク隆起シ平常二尋ノ深サヲ有スル城ケ嶋水道ヲ徒渉シ得ルニ至リ海嘯ノ襲來ニ對スル恐怖ト鮮人ニ對スル流言蜚語及食糧ニ對スル不安トハ一時相當ニ人心ノ動搖ヲ來セリ

二、戒嚴状況

(1)、一般状況

九月五日戒嚴令施行セラルルヤ海軍大佐森初次三崎戒嚴地區指揮官ニ任セラレ同六日三崎町本念寺ヲ基本部トシ戒嚴ニ關スル事務ヲ開始セリ同部ハ指揮官以下二十六名ヲ以テ組織セラレ管區内ノ安寧秩序ノ維持災害ニ對スル復舊作業、糧食ノ配給、醫療救護竝其ノ他ニ對シ地方當局ト協力能ク現下ノ状況ニ適應スルノ處置ヲ盡セリ

(2)、警戒配備

指揮官部當地ニ到ルヤ直チニ該方面ヲ三崎町方面、初聲村長井村方面及南下浦村方面ノ三區ニ分チ各方面特務士官以下數名ヲ以テ晝夜巡察警

干

下士官兵共勵會用　カタン糸

松江　相模灣測量ニ從事中ノ處十五日午前入港

武藏　同　右十五日午後二時入港

尻矢　本日午前七時入港搭載物件建築部材料約二、〇〇〇石

神威　明十七日入港ノ豫定

二、出港

佐多　本日大阪ニ向ケ出港

木曾　明十七日午前八時出港横濱神戸ヲ經テ二十日午後呉ニ歸港ノ豫定

◉衛生状況

傳染病豫防及其ノ概況ハ既報ノ通ニシテ就中檢病的患者ノ發見ニ努メツツアリ

本日ノ新患者左ノ如シ

腸チブス	一	各市内
疫痢	一	各市内
腸チブス	二	田浦

◉陸軍軍用電信所撤去

鎮守府構内陸軍々用電信所ハ十四日午前十一時撤所セリ

尚ホ電線ハ憲兵隊ニ於テ引繼キ使用ス

◉警察事務

戒ニ任シ在郷軍人、青年團、消防隊等又之ニ協力シ人心大ニ安靜ニ趣ケリ爾來食糧其ノ他ノ問題漸次解結スルト共ニ人心益々安定セシヲ以テ各種ノ自治團隊ハ漸次自發的ニ警戒ヲ撤回シ指揮官部ニ於テハ九月二十九日ヨリ兵力ヲ減スルト共ニ各方面ノ巡察回數ヲモ亦減少セリ

(3)、食糧

當方面ノ住民ハ漁民其ノ多數ヲ占メ日常食糧ノ貯藏ニ乏シク震災當初ニ於テハ大ニ不安ヲ感シタルヲ以テ最モ困難ヲ極メタル長井村及三崎町合計一万三千人ニ對シ海軍ヨリ糧食ヲ配給シ次テ前後二回ニ亘リ外米ヲ分配セルカ漁業組合等ノ千葉縣方面ヨリ米ノ買出シニ努ムルアリ九月二十日迄ハ持續シ得ル狀態ニ達シ且ツ近郊ニ於ケル豊富ナル野菜ト漁獲ト相俟チテ糧食缺乏ハ漸次緩和セラレタルヲ以テ九月十七日以後ハ價格ヲ限定シテ一般米商ヲシテ米ノ賣出ヲナサシメ同十九日以後ハ窮困者ニシテ町村役場ノ證明アルモノヲ除キ施米ヲ廢止スルニ至リ現今ニ於テハ食糧問題ニ對シテハ全ク懸念ナキニ至レリ

(4)、交通通信

イ、交通

主要道路ハ橋梁ノ破壞、山崖ノ崩壞其ノ他ニ依リ殆ト交通杜絶スルニ至レルカ各自治團体ノ協力ニ依リ九月二十七日頃ニ至リテハ大略復舊シ今日ニ於テハ殆ト震災前ノ狀態ニ復セリ海上ノ交通ハ震災當時石炭ノ缺乏ニ依リ船舶ノ運航不可能ノ狀態ニ陷リシ

一、司法事件

違警罪　拘留　五

刑事被告人　一

二、人事相談

家屋ノ賃貸借　二

就職　一

法令ノ解釋　一

占有權ニ干スル件　一

◎港町崩土運搬

海上運搬　一二五坪(十二日)

同　一三六坪(十三日)

累計　二、九一六坪

◎暴利取締令違反者掲示

暴利取締令違反者ニ就テハ警察ニ於テ極力檢擧ニ努メツヽアルモ商人中ニハ戒嚴令撤廢ト共ニ暴利取締令モ亦効力ヲ失フモノヽ如ク誤解スル者アルヤモ難計ニ付警察署ニ於テハ十三日左ノ如キ告知ヲ掲示セリ

暴利取締令ハ戒嚴令ト何等關係ナシ從テ後日戒嚴令撤廢セラルヽコトアルモ暴利取締令ハ今後一層勵行セラルヘク違反者ハ發見次第嚴重處罰セラルヘシ

◎臨時憲兵隊増置

震災ノ影響アル間臨時關東地方ニ左記ノ通憲兵隊ヲ増置セラルヽ由

臨時増置憲兵隊配置表

憲兵隊名	憲兵分隊名	憲兵分遣所名
		須田町

ヲ以テ不取敢横須賀ヨリ石炭十五噸ヲ取寄セ海上ノ交通ヲ開キ以テ糧食補給ノ途ヲ講セシカ爾來海上ノ交通漸次圓滑トナリ九月二十七日頃ニ至リテハ隔日東京灣方面ニ定期ヲ出スニ至リ爾後毎日東京通定期ヲ企圖セシモ夜航ヲ必要トスルヲ以テ東京灣ノ夜間入港禁止ト浮流物ノ危險ヲ認メ依然隔日便トナセル狀態ニ在リ

ロ、通信

電話ハ震災ト同時ニ全部切斷セラレタルモ九月十七日迄ニ郵便局ト協力シ管區全部之ヲ修理シ目下通信自由ノ狀態ニ在リ

(5)、漁業

當方面ニ於ケル最モ重要ナル漁業ハ震災ニ依リ一大打撃ヲ蒙レルモ復舊作業ノ進捗ニ伴ヒ漸次出漁ノ氣運ニ向ヒシカ震災當初ニ於テハ石油糧食ノ缺乏ト本夏以來ノ一般的不漁トニ依リ震災前ノ漁獲ヲ得ル能ハス且ツ魚介類ノ低廉ト取引先少ナキトニ依リ甚タシク困却シ舊來ノ職ヲ捨テ、震災復舊ノ勞働方面ニ轉職セントスル狀況ニ在リシモ奬勵ノ結果ト當業者ノ努力ニ依リ漸次復舊活氣ヲ呈シ九月下旬頃ニ至リテハ復活ノ曙光ヲ認ムルニ至リ同廿九日ヨリ十月三日迄五日間ニ於ケル三崎魚市場扱高中其ノ主ナルモノ、漁獲數量合計三、四七四貫三〇〇匁其ノ價格六、九二〇圓五六錢ニ上ルニ至レリ

(6)、救護竝一般衞生狀況

三崎町小學校ニ仮病室ヲ設ケ重傷者五十餘名ヲ

東京憲兵隊	麴町	九段、半藏門
	日本橋	水天宮、靈岸島
	築地	月島、尾張町
	芝	虎ノ門、薩摩原
	北條	
江東憲兵隊	押上	寺島、曳船
	龜戸	吾嬬町、小松川、大島
	江東	兩國、扇橋
	黑江町	州崎
上野憲兵隊	上野	根津、本郷三丁目
	淺草	廐橋、吉原
	千住	北千住
	田端	王子、三河島、尾久
	板橋	所澤、赤羽、浦和
	白山	巣鴨
	熊谷	本庄
牛込	牛込	飯田橋
	大塚	大塚終點、江戸川橋

之ニ収容シ海軍ヨリ醫藥ヲ給シ町醫ト協力之カ救護ニ努メシカ漸次之等患者モ回復シ十月一日ニ至リ該病室ヲ廢止セリ尚當方面一般ノ衞生狀況ハ極メテ良好ニシテ警察署ト協力傳染病ノ豫防ニ努力セシ結果未タ其ノ發生ヲ見サル狀況ニ在リ

(7)、其ノ他

復舊作業ニ伴ヒ起ル可キ勞銀ノ暴騰ヲ防止スルタメ震災前ノ標準ニ之ヲ一定シ又一般保健上湯錢竝理髮料ヲ低下シ暴利者ニ對シ威力アル制裁ヲ加ヘタル等一般民衆生活ノ必須事項ニ對シ大ニ努力シ能ク其ノ目的ヲ達スルコトヲ得一般ニ戒嚴ニ對シ大ニ感謝ノ意ヲ表シツツアリ

要之建築材料ハ今尚著シク不足ノ狀態ニアルモ其ノ他ハ略ホ平常狀態ニ復シ漁業竝其ノ取引及金融機關ニシテ完全舊態ニ復セハ當方面ノ復興期シテ待ツヘキモノアリ

[illegible]艦船

一、入港艦船

阿蘇　十五日午後三時四十分入港搭載物件左ノ如シ

三浦郡役所宛トタン板五〇、〇〇〇枚　釘一七〇樽

横須賀海軍工廠宛　トタン板一〇、〇〇〇枚　鋲ベルト等若干

横須賀軍需部宛　輕便移動格納庫　二組

機關學校宛　印刷機械、變壓器活字等若

憲兵隊	目白	池袋　高田馬場
	四谷	代々幡　中野
	八王子	立川
麻布憲兵隊	麻布	高輪　目黒
	赤坂	赤坂見附　霞町
	澁谷	三軒茶屋
	品川	大井
横濱憲兵隊	横濱	日本橋　戸部町　御三宮
	根岸	前田橋　本牧　堀之內
	神奈川	東神奈川　横濱驛　程ケ谷
藤澤憲兵隊	藤澤	茅ケ崎　下鶴門
	鎌倉	戸塚　逗子
	横須賀	田浦　浦賀
小田原憲兵隊	小田原	國府津　熱海　箱根
	厚木	泰野
	平塚	大磯

震災關係情報　其ノ三十八

横須賀戒嚴司令部情報部

◉浦賀戒嚴地區震災概況

震災當初當地ニ於ケル被害ハ甚大ナルモノニシテ殊ニ兵員宿舍ノ倒壞或ハ浦賀工塲ノ大部ノ倒壞火災ニ罹ルアリ且又町家ノ破壞多數ニ上リ其ノ慘狀實ニ言語ニ絶ス當時兵員宿舍ノ下敷トナレルモノ四十三名ヲ算スルニ至レリ故ニ直チニ第六、第八驅逐艦艤裝員准士官以上十四名下士官以下百三十名ハ之カ救助ニ努力スルト共ニ町家方面ニ於テモ亦火災起リシヲ以テ直チニ溝ヲ境トシテ工塲三ヲ破壞シ幸フシテ工塲本部（倒壞）艤裝員事務所方面ヘノ延燒ヲ防止シタルカ如キ狀況ニシテ從テ町民及工塲本部ノ人命救助ハ夜半ニ及フニ至レリ又會社職員及監督官ハ全部倒壞建物ノ下ヨリ辛フシテ這ヒ出シタルカ如キ有樣ニシテ其ノ當時ニ於ケル慘狀名狀スヘカラサルモノアリ所長以下ノ責任者ハ海軍ト協力シ多大ナル奮鬪活動ヲナセリ尚ホ救難中工塲附近ノ米店ヨリ玄米百五十俵及米搗機ヲ不取敢買收シ或ハ其ノ他附近牛乳店ヨリ寄贈セシ牛乳ヲ直チニ傷病者ニ給與スル等ノ應急處置ヲ行ヒタリ通信連絡ニ至リテハ全部杜絶シ萬全ノ策ヲ施セシモ如何トモスル能ハス當時第六驅逐艦ノ無電ヲ利用セントセシモ未タ完成シアラス輕便無電ヲ試ミシモ遂ニ不可能ナリシハ遺憾トスル所ナリ而テ各方面ノ情況ヲ知ラント焦慮シ終夜漁船或ハ入港船舶ヲ取調ヘタルモ遂ニ三崎横須賀方面モ同樣ナリトノ報告ノ外何等知ルコトヲ得ス遙ニ横濱方面ヲ望メハ亦火災アルモノノ如ク黑煙天ヲ蔽フテ明

員十四五名斷崖ヲ崩シテ坂道ヲ作リ辛シテ車馬ノ通行ヲナシ得ルニ至レリ

ハ、久比里坂　從業人三十名餘復舊ハ十二月初旬ノ豫定車馬ノ交通不能ナル爲附近ノ山道ヲ開キ交通セリ

ニ、尻摺坂　殆ント復舊シ道路固マレハ車馬ノ通行差支ナシ

ホ、野比坂ハ尻摺坂ト同程度

ヘ、鴨居走水間　重要ナル道路ニアラサル爲メ被害少ナキモ復舊遲レ車馬ノ通行不能

ト、復舊作業ノ狀態　北下浦方面ハ復舊着々進捗セルモ其ノ他特ニ浦賀ニ在リテハ被害ノ大ナリシ等ノ故ヲ以テ進捗思ハシカラサルモ昨今假小屋ノ建造半倒家屋ノ押シ立テ方潰倒家屋ノ取毀チ方等漸次進捗スルヲ見ル

チ、電燈　九月十六日始メテ浦賀ノ一部ニ点燈シ十七日殆ント大津、浦賀、鴨居等ノ大部分ニ點燈セリ

リ、浦賀船渠會社ノ概況　工塲ノ主要部ハ燒失シ其ノ他ハ多ク潰倒シテ殘レルハ僅少ナリ唯々瀨口ノ分工塲ノ被害ハ小ナルヲ以テ同工塲ニテ爲シ得ル作業（主トシテ修理工事）ノミヲ以テ當分甘ンスルノ外ナキモノノ如シ、幸ニシテ新造中ノ艦船五隻ハ皆進水後ナリシ爲被害ナク乾船渠亦損害ヲ受ケス、

視スル能ハス夕刻四園ノ狀況慘憺タルニ夕陽青山ヲ照シテ一層ノ慘況ヲ呈シ海波ノ高低ハ約一丈ニシテ海嘯襲來ノ虞アリ爲ニ益々晝夜ノ警戒ヲ嚴ニセリ

其ノ後夜半ニ至リ火災亦起リシモ極力之ヲ防止シ以テ慘害ヲ未然ニ防クヲ得タリ前日來兵員ハ不眠不休活動シ警戒救助ニ任シ九月二日ニ至リ更ニ町民及工場內ノ人命救助及掘出シ方或ハ重要書類取出シニ從事セリ三日後ニ至リテハ前記ノ作業ヲ繼續スルト同時ニ不逞ノ徒及火災警戒ノ爲陸軍及警察ト協同シ町內外警戒ニ任セリ

之ヨリ先九月二日鈴浦丸ヲ兵員ノ手ヲ以テ運轉シ會社監督官ヲ横濱ニ送リ始メテ横濱東京等ノ慘狀ヲ知ルヲ得タリ茲後戒嚴令施行セラレシ結果著々トシテ復興氣分横溢シ秩序回復町民安寧ニ歸セリ以下項ヲ追而其ノ概略ヲ記述セントス

一、地域、野間口戒嚴地司令官ノ定メタル本地區左ノ如シ

浦賀町　久里濱村　北下浦村

二、被害ノ概要

町村名	死	傷	行衛不明	全人口	全燒又ハ全潰倒	全戸數
浦賀町	二三〇	一、三四〇		二〇、二〇〇	二、一二八	三、九〇〇
久里濱村	一四	三四	二	四、〇〇〇	一六三	七六〇
北下浦村	九	二〇一	一〇	四、〇〇〇	一三七	六六〇

大体ニ於テ被害ノ大ナルハ浦賀(字ヲ除ク)走水ニシテ倒潰家屋最モ多ク鴨居(浦賀町ノ字)池田(同上)吉井(同上)北下浦村等ハ少シ火災ハ浦賀ノ一部分ノミトス

小學校ノ倒潰セルモノ浦賀町五(全部)北下浦村一、

從業員ハ九月十日ヨリ一般ニ出動シ構內整頓中ナリ

五、指揮官部目今ノ狀況

イ、人員　指揮官以下士官五名下士官及兵二十名外ニ前述ノ艤裝員(准士官以上十七名、下士官及兵百三十九名)指揮官ノ麾下ニ屬シ戒嚴令實施ノ任ニ當リツヽアリ

ロ、業務　食糧、日用品ノ調達、復舊諸作業等成ルヘク各町村ニ於テ自辨スルヲ主義トセルヲ以テ警衞ノ外殆ント爲スヘキコトナシ唯食糧物品ノ運送等自治團ノ處理シ難キ事項ヲ補助シ諸種ノ相談ニ應シツヽアリ

[illegible]艦船

一、入港艦船

關東　十六日午前十一時入港搭載物件木材約七、〇〇〇石尙同艦ハ右木材中當地上ケノ分陸揚ケノ上直ニ横濱ニ回航臨時救濟事務局横濱出張所ニ該木材約五千石ヲ引渡シ歸港ノ筈

神威　豫定ノ通昨十七日入港搭載物件左ノ如シ

トタン鈑四〇、〇〇〇枚、疊二、一〇〇枚、木材一三、〇〇〇束、釘六〇〇樽、被服及建築用品一、九〇〇個食料二一、〇〇〇個外ニ大阪市ヨリ横須賀鎌倉方面ヘノ慰問品約四五〇個

二、出港艦船

木曾　十六日限リ當方面ニ於ケル震災救護任務ヲ解カレ既報ノ如ク昨十七日出港尙同艦ニハ米國救護團一行マツコーイ少將外九名神戸迄便乘セリ

久里濱村ノモノハ四棟ノ中一棟倒レ一棟半倒ノ狀態ニアリ
道路ノ崩壞個所ハ大ナルモノ約十ケ所ニシテ其ノ中二ケ所ハ今尚ホ通行不可能ノ狀態ニ在リ特ニ西浦賀ノ蛇畑ノ崩壞ハ道路兩側ノ人家數十軒ヲ埋メ九月二十日迄ニ發掘シタル死体約八十三名尚ホ約九名ノ殘留アル見込ナリ

三、救恤

イ、居住　居住ニ關シテハ浦賀ニ於テ應急避難所一ケ所ヲ作リタル外何ノ所置ヲモ爲サス幸ニ燒失家屋少カリシヲ以テ自宅附近ニ假小屋ヲ設ケ若ハ一時他所ニ轉居シテ咄嗟ノ急ニ應シタリ

ロ、食糧　浦賀町ニテハ當初施米ヲ行ヒ其ノ後浦賀(字ヲ除ク)ノミニ施米シ他ハ有償配給ヲナシ來リタルカ九月十七日ヨリ之ヲ廢シ町役場ヲ元賣捌所トシ從來ノ米穀商ヲシテ一定ノ價格ニテ販賣セシム
久里濱村ニテハ初ヨリ有償配給ヲナシ居レリ
北下浦村ニテハ食糧ヲ各自ノ才覺ニ委スルコトトセリ

四、其ノ他ノ狀況

一、保安　浦賀ニハ震災前ヨリ第六及第八驅逐艦艤裝員ノ在勤セルアリテ地震直後ヨリ前記ノ如ク救護、防火、警衛等ニ努力シ一般人民ノ動搖從ツテ甚シカラス戒嚴令實施(九月六日)以後數日間迄ハ青年團員等ノ警邏ヲナスモノアリタルモ昨今ハ殆ント平常ノ狀態ニ復シ只夜間衛兵ノ巡邏ヲ行ヒ居レルノミニシテ何等ノ事故ナク平靜ナリ

二、衛生　狀況ハ良好ニシテ目下腸窒扶私九名赤痢

膠州　來十九日作業地ニ向ケ出港ノ豫定
大和・武藏　本日出港

◎警察事務

一、司法事件
暴利取締令違反　三(十六日)
內務省令警察犯處罰令第二條第十一號違反、朝鮮慶尚南道釜山府金戸古(年三十三)　拘留十五日
(十五日)
違警罪　拘留　六
三崎戒嚴地區內ハ極メテ平穩ニシテ震災以來司法事件皆無ナリ

二、人事相談
家屋賃貸借　三

三、警衛隊ニテ檢束セルモノ左ノ如シ
酩酊檢束　三

◎衛生狀況

衛生狀況並取締ノ概況既報ノ如クニシテ新患者左ノ如シ
腸チフス　十五日　一(市內)
十六日　四(同右)
同　五(田浦)

◎鮮人ノ動靜

在住鮮人百四十八名中ノ腸病婦女及若干ノ怠勤者ヲ除キ一般强健ナル者ハ人夫ニ從事シ頗ル順調ニシテ靜穩ヲ持シ不入斗收容中ノ腸病者モ輕過良好ナリ尚去ル十五日五十名歸國セリ

◎米ノ販賣並拂下價格改正

十七日ヨリ橫須賀戒嚴地區ニ於テ同司令部ヨリ配給セル

二名アルモ蔓延ノ兆ナシ

三、交通　道路ノ崩壊個所多數ナルト其ノ被害ノ甚大ナルモノアリシタメ震災以來極力復舊ニ努力セルモ今尚ホ車馬ノ通行不可能ノモノアリ概況左ノ如シ

イ、蛇畠ハ山崩レ中最大ノモノニシテ震害以來全力ヲ注キ工事ニ從フ現在工事ニ從事スルモノ約三四十名ニシテ從來ハ殆ント死体發掘ニ力メタルモ附近ノ海岸ニ埋立地ヲ撰ヒ死体發掘ニ兼テ道路ノ開通ヲ行フ從業員ハ青年會在郷軍人會死者ノ親族等ノ應援アリテ時トシテ五六十名ニ及フコトアリ現從業員ノミニテハ復舊ノ見込立タスト雖モ當局ハ追々人員ヲ增シ復舊ニ力メツヽアリ車馬ノ通行不可能ナリ

ロ、船渠ノ上ハ蛇畠ニ次ク大ナル山崩レニシテ震災以來主トシテ道路ノ開通ニ力ム現從業

米ノ販賣價格及拂下價格ハ左ノ通リ改正サレタリ

品米	單位	販賣價格	拂下價格
白米	一升	參拾五錢	三十三錢五厘
玄米	一升	參拾貳錢	二十九錢五厘
外米	一升	拾參錢	十二錢三厘

◎走水水道（十三日市役所調）

走水伊勢町水源ヨリ市内稻岡濕ケ谷貯水池ニ至ル管路略ホ完成セリ走水水源ノ湧出水量竝濕ケ谷貯水池ニ著水ノ水量ハ目下精査中ナルモ大体ニ於テ震災前ト大差ナキカ如シ尚ホ曩ニ司令部承認ヲ經タル市ノ假設共用栓ハ全部竣工シ使用時間ヲ毎日午前九時ヨリ十時迄午後二時ヨリ三時迄ト規定シ給水中ニシテ使用水量ハ目下ノ處區域狹少ニシテ比較的少量ナリ

◎市役所救護狀況

施米配給人員　累計　六、五一六人（十六日現在）
被服配給人員　同　四一、六一七人（同　右）

大正十二年十月十九日（金曜日）

震災關係情報　其ノ三十九

横須賀戒嚴司令部情報部

●横濱港最近狀況

横濱港最近狀況逐日安寧秩序回復シ來リツツアルモ未タ未還囚人ノ殘存失業者ノ增加向寒ノ季節ニ際回セル等幾多市民ヲシテ軍隊撤退後ノ狀況ニ對シ幾分不安ノ念ヲ抱カシメツツアリト雖各部機關モ漸次復舊ノ緒ニ就キ食糧ノ充實不良分子ノ檢擧等ト相俟テ人心概シテ安定シ最早大ナル懸念ヲ要セサルカ如シ

既ニ陸軍警備隊ニ於テモ漸次兵力ヲ集結シ尙ホ仄聞スル所ニ依レハ漸次兵力ヲ縮少スル方針ナリト言フ飜テ海上方面ノ狀況ヲ見ルニ水上警察署ハ各種機關ノ損失ニ依リ未タ充分ナル活動ヲ開始スルニ至ラスト雖モ海陸軍警備ノ爲近來海上ニ不逞行爲ノ行ハレタルヲ聞カス加之水上署モ本月末ニハ二隻ノ巡邏艇ヲ入手スル筈ナルヲ以テ海上警戒モ次第ニ完備スルニ至ルヘシ

震災火災ノ爲大破燒失セル岸壁棧橋倉庫等ノ復舊ハ容易ナラストスルモ艦隊ノ手ニヨリテ假修理セシ稅關棧橋ハ大型巨船ノ横著ケニ充分ニシテ交通上至大ノ利便ヲ供シツツアリ又一時全滅ノ姿ナリシ運貨船竝曳船モ漸次充實セラルル等荷役モ概シテ圓滑ニ進渉シツツアリ港務部モ幹部九名慘死ノ爲一時事務ニ頗ル澁滯ヲ來セシモ昨今ハ殆ント常態ニ復セリ前記稅關棧橋ハ眞ニ應急的修理ニ過キサルヲ以テ風浪ニ破壞サレ易ク既ニ軍艦五十鈴ノ手ニテ修復スル事二回ニ及ヒシモ既ニ其ノ補修工事ヲ民間ニ請負ハシメタリトノ事ナルヲ以テ之等ニ對スル顧慮モ遠

増員セラレ補充憲兵トシテ勤務スルコトトナレリ

右補充憲兵ハ白布ニ憲兵ト朱書セル腕章ヲ左腕ニ附着ス

●衛生狀況

衛生狀況ハ漸次良好ニ向ヒ本日ハ新患者ナシ

●警察事務

一、司法事件

暴利取締令違反　三　取調中（十七日）

違警罪　拘留　六

酩酊ノ爲メ警衛隊ヘ撿束　三

二、人事相談

家屋、賃貸借　二

占有權ノ妨害廢除　一

●横須賀市內點燈狀況

（東京電燈會社横須賀出張所通知）

一、發電所竝變電所概況

市電燈電力ハ京濱電力株式會社横濱變電所（戸塚所在）ヨリ東京電燈株式會社横須賀變電所ニ四〇、〇〇〇ボルトニテ受電ノ上七、〇〇〇ボルトニ遞降シ之ヲ子之神山及船越變電所ニ供給ス子之神山變電所ハ家屋ニ相當被害アリシモ作業ニ支障ナク横須賀變電所ヨリ受電ノ上之ヲ三、〇〇〇ボルトニ遞降シ出張所全區域ニ亘ル電燈電力ノ供給ヲナス若シ京濱電力ヨリノ受電故障ノ際ハ若松町火力發電所ヲ使用シ應

カラスシテ不要トナルヘシ状況右ノ如ク港務ノ監督モ大部分ハ港務部ニヨリ遂行シ得ルノ状況ナリ

◉艦船（十月十七日）

一、出港

關東　横須賀務救濟事務局渡木材五千石搭載横濱ニ回航

松江　同　測量ノ為勝山ニ向ケ出港

◉村上軍事參議官來横

村上大將　行來横當方面震災状況ヲ視察サル

◉海陸上作業報告

月日	作業場所	作業種類	員数
十月十五日	軍需部	兵器、衣糧需品整理	一五六
	其ノ他	雑	三
十月十六日	港務部	構内整理	五〇
	軍需部	兵器、衣糧需品整理	一九七
	其ノ他	雑	八四
計			四九〇
十月以降累計			五、一一四

◉横須賀田浦間汽車開通豫定

暴風雨ノ為隧道入口一部破壊シ横須賀田浦間不通ナリシ

急發電ヲナスコトヲ得其ノ能力一、七〇〇キロワットナリ

二、夜間市内電燈供給状態

月日	市内電燈供給總電力	十六燭光換算電燈數	摘要
十月一日	七三〇「キロワット」	三五、五〇燈	總電力トハ電燈電線ノ電力合計
同　十日	七六一「キロワット」	三八、五〇燈	十六燭光ハ二〇「ワット」換算

◉臨時震災救護事務局神奈川縣支部廢止

十月十日限リ臨時震災救護事務局神奈川縣支部廢止セラレ新タニ同横濱出張所ヲ設ケラレ左ノ通事務ヲ開始セラレタリ

一、事務所　縣廳バラック南袖（食堂隣室）

二、分課擔任事務概要

總務部　人事、文書、義捐、徴發整理

揚陸部　荷揚、物資格納、保管

配給部　物資配給處量、物資輸送

會計部　豫産經理、出納、調度諸給與

三、主ナル擔當員

主務委員　三矢内務監察官

總務部　兒玉事務官

揚陸部　南事務官、御影池事務官

配給部　高山事務官、高橋軍務官

會計部　兒玉事務官

◉要塞司令部避難民収容状況

處排十復舊工事進涉シ來二十一日試運轉ノ上二十二日（月曜日）開通ノ豫定

[illegible] 補充憲兵

今般憲兵擴張ノ爲横須賀憲兵分隊ニ於テモ下士以下臨時

震災以來要塞司令部構内ニ避難民ヲ収容セシカ其ノ間九月一日ヨリ十月十六日至ル約四十五日ノ間何等ノ事故ハ發生セス且又患者モ僅少ニシテ流行病ヲモ見ス良好ナル經過ヲ以テ十月十六日全部市役所「バラック」ニ移轉セリ其ノ避難民収容數ハ左表ノ如シ

月日／區別	避難民總數	男	女	家族數	摘要
九月一日	約一、一〇〇名 外死亡七名	不明	不明	不明	
二日	九九八	名	名		
三日	四四九	二八五	一六四	〇六七	
四日	五二八	二七四	二五四	一〇一	
五日	五六〇	二九三	二六七	一一一	
六日	五五〇	二九一	二五九	一〇九	
七日	五四八	二八九	二四九	一〇八	
八日	五三二	二八三	二四九	〇九九	
九日	五〇四	二七三	二三一	〇九九	
十日	五〇五	二七四	二三一	〇九五	
十一日	四八五	二五四	二三一	〇九一	
十二日	三四六	一七九	一六七	〇六六	
十三日	三四六	一七九	一六七	〇六六	
十四日	三四六	一七九	一六七	〇六六	
十五日	三二九	一六八	一六一	〇六四	
十六日	三二九	一六八	一六一	〇六四	
十七日	一九九	一〇二	〇九七	〇五一	
十八日	一九九	一〇二	〇九七	〇五一	
十九日	一八七	〇九四	〇九三	〇四一	
二十日	一九〇	一〇〇	〇九〇	〇四一	
廿一日	一九六	一〇一	〇九五	〇四	
廿二日	一九六	一〇一	〇九五	〇四〇	
廿三日	一七五	〇九〇	〇八五	〇四〇	

廿四日	一七五	〇九〇	〇八五	〇三四	
廿五日	二一五	一二五	〇九〇	〇四一	
廿六日	二一五	一二五	〇九〇	〇四一	
廿七日	一九八	一一二	〇八六	〇三五	
廿八日	一八八	一一七	〇七一	〇三三	
廿九日	一六七	〇九六	〇七一	〇二八	
三十日	一〇二	〇五一	〇五一	〇二八	
十月一日	〇九二	〇四六	〇四六	〇二二	
二日	〇九二	〇四六	〇四六	〇二一	
三日	〇八五	〇四四	〇四一	〇二一	
四日	〇八五	〇四四	〇四	〇二一	
五日	〇八五	〇四四	〇四一	〇二一	
六日	〇八五	〇四四	〇四一	〇二一	
七日	〇八三	〇四三	〇四〇	〇二〇	
八日	〇八三	〇四三	〇四〇	〇二〇	
九日	〇八三	〇四三	〇四〇	〇二〇	
十日	〇五一	〇二四	〇二七	〇一二	男子一名出産母子共ニ健全
十一日	〇五一	〇二四	〇二七	〇一二	
十二日	〇四七	〇二二	〇二五	〇一一	
十三日	〇四七	〇二二	〇二五	〇一一	
十四日	〇四七	〇二二	〇二五	〇一一	
十五日	〇二八	〇一六	〇一二	六	
十六日	夕刻迄ニ全部市役所「バラック」ニ移轉ス				

◉訂正

本情報其ノ三十八日附「大正十二年十月十七日附」ノモノアリ右ハ「十月十八日」ノ誤ニ付訂正ス

大正十二年十月二十日（土曜日）

震災關係情報　其ノ四十

橫須賀戒嚴司令部情報部

◉橫須賀海軍建築部救援作業概況　其ノ一

一、電氣工事

九月一日震災ト同時ニ電話電燈ノ諸機關ノ大部ハ破壞セラレ全然通信送電ハ不能トナレリ此時各方面ニ起ル猛火ハ炎々市街ニ擴カリ且頻々タル余震ノ襲來スルアリ當部電氣係員職工ノ大部モ亦火災ノ被害ヲ受ケ之ヲ召集スルモ人員缺如シ手ヲ下スノ術ナク遂ニ當日ヲ了レリ

翌二日辛フシテ人員ノ幾部ヲ集メ應急ニ努メタルモ如何セン線路及機械ノ大部ハ燒失、埋沒、倒壞セラレ術ノ施スヘキ所ヲ知ラス然レトモ通信機關ノ如キハ救援作業上一刻モ放置スヘキニ非ラサレハ建築部在庫品ハ勿論在庫部內各方面ノ材料ノ融通ヲ受ケ辛フシテ先ツ鎮守府、砲術學校間ノ通信ヲ開始スルヲ得タリ

爾來引續キ急ニ應シ作業ヲ督勵シ左ノ如ク通信ノ開通ヲナスニ至レリ

開通日	開通場所
九月三日	鎮守府　港務部間
	同　工廠間
九月四日	同　工廠官廳間
	同　軍需部間
	同　水雷學校間（但シ海中ハ水雷學校ニテ施行）
	同　經理部建築部間

脚氣病簇出ノ爲該任務ヲ解カレ昨十九日午後一時半橫須賀著同二時半呉ニ向テ出港二十一日午前八時呉著ノ豫定ナリ

◉道路整理

一、港町崩土運搬

海上運搬	十四日	二〇五坪
	十五日	二七坪
	十六日	一七八坪
累計		三、三二六坪

二、荒井堀割開通工事　數日前ヨリ著手セリ

◉震災調査會委員及ビアード博士一行來橫

震災調査會委員約十名ビアード博士一行四名及今村博士二十日驅逐艦ニ便乘震災情況視察ノ爲來橫

◉警察事務

一、司法事件

暴利取締令違反　橫須賀市山王町六八金物商長崎勝三郎（年四十七）

橫須賀市中里二海軍御用商人川村挂吉（年三十）取調結了送局

違警罪　拘留　六名

二、人事相談

九月五日　同　警察署間
九月六日　港務部　逸見淨水池間
九月七日　鎭守府　軍需部間
同　西門間
同　海兵團間
同　機關學校間
九月八日　同　吾妻山見張所間
九月九日　軍需部、軍需部長補倉庫間
九月十四日　鎭守府　軍艦阿蘇間

引續キ各方面ノ應急ニ努メタルモ材料ノ缺乏人員ノ不足ノ爲一頓挫ヲ來タセシカハ兵員ノ援助ヲ得傍ラ吳佐世保ニ依賴シ僅少ナル材料ヲ以テ九月十五日ニハ三崎戒嚴地區司令部及走水水源地ヘ開通スルヲ得タリ爾後吳佐世保各鎭守府ヨリ到著セシ材料ト大阪市ヘ人ヲ派シ買集メタル材料ハ續々到著職工モ亦佐世保ヨリ五名吳ヨリ六名ノ來援アリ又市内モ幾分整頓シ若干ノ供給職工ノ應召スルモノアリテ茲ニ全回線ニ渉リ應急架設ニ從事シ半原水源地ヘノ電話線ハ十月一日復舊スルコトヲ得タリ又鎭守府海軍省間電話線ハ海軍省ト協力十月十三日復舊セリ今ヤ殆ント全回線ヲ擧ケ復舊ニ努メ居レハ日ナラスシテ從來ノ通各所ニ全通ヲ見ルニ至ルヘシ

一方電燈線路モ亦電話線路ト同樣殆ント燒失破壞サレ且供給會社箱根水力發電所及避雷線路モ當分送電ノ見込ナキ報告ニ接シタレハ別ニ獨立セル電源ヲ求メサルカラサルノ苦境ニ至リ先ツ應急ノ策トシテ海兵團學校等ニ在リテハ豫備發電機又ハ敎授用發電機ヲ運轉シ自營自給ノ策ヲ講シ然ラサル箇所ニ於テハ繫留艦艇ヨリ送電ヲ得テ何レモ應急處辨ノ途ヲ施

占有權侵害ニ關スル件　一
藝妓廢業ニ關スル件　一
家屋ノ賃貸借　一

衞生狀況

衞生狀況竝取締ノ概況ハ既報ノ通リニシテ本日ノ新患者左ノ如シ

赤痢　二
腸「チフス」　一　市内

橫須賀戒嚴管下震災關係寄特者調

其ノ一（橫須賀海軍人事部調）

今次ノ震災ハ實ニ有史以來未曾有ノ大變事ニシテ櫛比セル高樓大厦突如トシテ或ハ崩レ或ハ倒レ剩ヘ火災八方ニ起リ熖々タル紅蓮ノ猛火ハ天ヲ焦シテ死傷算ナク阿鼻叫喚ノ慘狀ヲ呈スルニ至レリ

此ノ時ニ當リテ克ク自己ノ危險ヲ顧ミス人命救助、救難作業ニ從事シ或ハ私事ヲ放擲シテ卒先公共ノ爲ニ盡瘁スル等烈々タル犧牲心ヲ以テ人情美ヲ發揮シタル寄特者尠カラス茲ニ橫須賀戒嚴管下内ニ於ケル艦團部隊官公署ノ通知又ハ公私人ヨリ寄セラレタル感謝狀等ニ基キ摘錄シ以テ逐日之ヲ掲記セントス

時雨乘組海軍三等兵曹　菊間常太郎

右ノ者夏季休暇允許上陸中大正十二年九月一日正午頃元町附近通行中偶々下川靴店前ニ差カヽルヤ大地震起リ家屋倒潰無數阿鼻叫喚ノ慘狀ヲ呈ス偶々手塚時計店ノ妻女及子供（二才）倒壞家屋ノ下敷トナリ呻吟シ居ルモ餘震未タアリ衆只呆然トシテ爲ス所ヲ知ラサルヲ認ムルヤ奮然起ツテ救難ニ赴キ梁桁及煉瓦塊ヲ除去シ漸ク引キ出スヲ得タリ

シ鎮守府經理部建築部海兵團砲術學校等何レモ點火照明ヲナスニ至レリ然レトモ斯ノ如キハ單ニ小規模點燈ニ對スル一時手段ニ過キス救援竝戒嚴事務遂行上海軍部內ハ勿論關係陸軍其ノ他各官衙竝部內要所ニ照明ヲ必要トスルニ依リ大規模ノ發電所假設ノ方策ヲ案シ工廠ト協議ノ上先ツ工廠ニ於テハ軍需部在庫ノ三〇キロ發電機四臺ヲ据付之ヲ運轉スル事トシ當部ニ於テハ專ラ配電線路ト引込線ノ施工ヲ擔當スルコトトシ之カ作業中供給會社ヨリ九月十日ニハ當市火力送電九月十三日ハ水力送電ノ見込アリトノ報告ニ接セルヲ以テ發電機据付ヲ中止シ當部ニ於テハ配電及引込線ノ作業ヲ急速續行九月十日電燈會社ヨリ一部ノ送電ヲ行ヒ同十三日ニハ先ツ安全ナル送電ヲ得シカハ直チニ各團隊ニ於ケル自營發電所ト切換ヘ爾來其ノ作業ヲ續ケ今日ニ至リテハ殆ント全部ノ電燈電力ノ送電ヲ得ルニ至レリ

右工事ニ於ケル材料及職工モ亦之ヲ呉佐世保ニ求メ工事遂行上多大ノ便宜ヲ得タリ

●艦船

一、入港（十九日）

筑摩　トタン板　一〇、〇〇〇枚｝大阪府ヨリ横須賀

迅鯨　同　右　｝戒嚴司令部宛

青島　午後二時半入港

醫療品約四十噸　横病院宛

二十日午前十一時品川ヨリ入港豫定

關東　本日午前十一時入港

二、松江行動

松江ハ十九日ヨリ當分舘山灣ニ假泊シ每日測量ノ爲

該子供ハ頭部粉碎ノ爲即死セルモ該妻女ハ意識アリ稍昂奮常軌ヲ逸シ居ルヲ認メ氷嚢ニテ頭ヲ冷ス等ノ手段ヲ構シ次テ震災及火災ニ對シ安全ナル個所ニ避難安臥セシメ精神ノ鎮靜ヲ得タル上家人ニ引渡セリ

横須賀海軍刑務所看守　佐　藤　清　吉

右ハ震災當時拘置監ノ直ニ當リ中央廊下ヲ巡回シツツ將ニ見張所階下ヨリ一二間ノ處ニ差掛リタル際强震ヲ感シ思ハス階下ニ立テシカ倍々動搖激シキヲ加ヘントスルヨリ被告人ヲ出房セシムル爲腰鍵ヲ探リツツ一歩廊下ニ踏ミ入リタル刹那向テ右側ノ監房煉瓦壁高サ凡ソ二間半ノモノ房扉ト共ニ廊下ニ倒壞シ續テ震動激甚煉瓦片飛散左側煉瓦壁モ今ヤ倒壞セントスルニモ拘ラス敢然挺身其ノ危險ヲ怠レ廊下ニ突入シ倒壞煉瓦ニ埋メラレテ左側監房拾個ノ扉カ悉ク開放不能ナルヲ見ルヤ飛散セル煉瓦片ヲ拾ヒ漸次房扉ヲ破碎シツツ被告人ヲ引出シ一人ノ腦震盪ヲ起セシモノアリシ外全員ヲ安全ニ救出スルヲ得タリ

横須賀海軍刑務所懲役囚海軍三等水兵佐野房太郎

右ハ震災當時他囚ト共ニ教誨室ノ半倒壞ニ依リ中央廣場ニ避難セシカ是ヨリ先キ同囚黃川田正見ハ教誨室ノ左側ニ置カレタル卓子ノ末端ニ居リタル爲立テノ命ニテ卓子左側ニ出テ爲ニ倒壞煉瓦塀ニ壓セラレタル腰板ニヨリ其ノ下腿ニ複雜骨折ヲ負ヒ右側出入口迄這出シ溝ニ陷リテ動クコト能ハス救ヲ求メツツアリシヲ見テ濱田看守ハ誰カ連レテ來ヨト命シタルトキ本囚言下ニ私カ行キマスト答ヘ卒先救助ニ赴キ安全ノ位置ニ運ヒタルモノナリ其ノ後彼ハ今回當市ノ慘狀ヲ聞キ且ツ三笠　避難ノ途中其ノ狀況ヲ實見シタルヨリ其ノ罹災者

出動スルコト、ナレリ

◉逗子戒嚴地區最近狀況

一、交通

(1) 船越新「トンネル」ハ排土作業未著手人ノミ通ス

(2) 沼間「トンネル」東口漸次排土（地方有志及航空隊兵員ニ依ル）荷馬車ヲ通ス自動車稍困難

(3) 田浦驛南方水道路ハ復舊完成

二、勞銀

十月一日以來横須賀市公定ノモノヲ適用セシカ各町村ニ依リ種々趣ヲ異ニセル點アルト復興作業モ相當進捗セシヲ以テ十月十七日以後ハ之ヲ廢シ大体横須賀市公定勞銀ヲ標準トシ多少ノ差異アルハ已ムヲ得ストノ條件ノ下ニ各町村ニテ規定シ不當勞銀取締ヲ嚴ニシツヽアリ

◉逗子戒嚴地區指揮官代理

大谷逗子戒嚴地區指揮官第七十潜水艦沈沒事件調査委員會へ列席ノ爲本日出發ニ付海軍少佐三木太市同指揮官不在中該指揮官ノ職務ヲ代理スルコト、ナレリ

◉第十六驅逐隊解任

第十六驅逐隊ハ品川方面ニ於ケル救護任務ニ從事中ノ處

ニ同情スルノ念篤ク自分ノ領置金全部（金拾貳圓貳拾四錢）ヲ罹災者ニ寄附致度ニ付其ノ手續相成度シト願出テタルニ依リ一應本人ヲ呼出シ滿刑出獄モ近キニアルヲ以テ其ノ際小遣ニ不足ヲ來スヘク且ツ多クノ犯罪カ金錢ノ不足ヨリ起ルコトニ鑑ミ今回ハ思ヒ止ルヲ可トセスヤト計リタルモ本人ハ出獄當分特別分隊ニ在ルヲ以テ金錢ヲ用ユルノ機會モナク且ツ自分等ハ所刑中ノ者ナルニ拘ラス斯クノ如ク雨露ヲ凌キ無事ニ衣食シ居ルハ過分ト云ハサルヘカラス是非寄附ノ手續セラレタシトノコトニ依リ本人ノ意思ヲ尊重シ當市役所ニ其ノ手續ヲナセルモノナリ

横須賀市旭町三十五番地士族
運送倉庫業　杉山重

右者九月一日大震災ノ際商用ニテ大湊地方ヘ出張不在中ノ處震災ニ加フルニ火災ノ爲所有家屋其ノ他全燒シタリシカ同月三日歸横衆人呆然自失ノ時偶然他地ニ在リテ命ヲ全ウシタルヲ望外ノ幸福ト感シ所有石炭ノ殘餘及發動機船參隻汽艇參隻ヲ提供シ先ツ横須賀京濱間ノ航路ヲ開通シ避難民其ノ他ノ利便ヲ圖リ交通ヲ開拓セン爲晝夜不眠不休野天ニテ部下ヲ指揮督勵シ家業ヲ放擲無料ニテ一般ニ開放シ同月四日ヨリ十一日迄八日間毎日二回出航約參萬人ノ輸送ヲ完ウシタリ

大正十二年十月二十二日（月曜日）　震災關係情報　其ノ四十一

●横須賀海軍建築部救援作業概況　其ノ二

二、水道工事

軍港水道ハ送水幹線ハ勿論配水線共沿線各所ニ渉リ被害ヲ受ケ之カ修理完成ニハ數月ヲ要スル見込ナルヲ以テ先ツ逸見貯水塢ニ殘存セル約八千噸ノ清水ヲホースヲ以テ港務部海岸ニ送リ不取敢港務部其ノ他ノ汽艇ヘノ給水ニ支障ナカラシメ他方從來市ニ使用ヲ許可セル淨水千五百噸ノ走水水源ノ應急利用方法ヲ講スルコトトシ附近海岸ニ假棧橋ヲ設ケ初メハ海軍ノ蒸氣ポンプヲ運搬シホースヲ以テ水船ニ九月九日以來給水ヲ開始シ續テ伊勢山崎海岸ニモ給水口ヲ設備セリ然ルニ本假設備ハ單ニ當面ノ應急處置ニ不過海上運搬ハ荒天ノ際ハ到底配給ノ杜絶ヲ來タスハ明カナルヲ以テ之ヨリ先市役所ト協議ノ上市ノ手ニテ走水濕ケ谷間ノ送水線ノ修理ニ著手セシメタリ本線路モ沿道各所ニ渉リ被害甚タシク漸クニシテ十二日濕ケ谷貯水池迄通水ヲ了シ本管沿道各所ニ使用栓ヲ設ケ時間ノ制限ヲ行ヒ以テ一部ノ給水ヲ開始スルニ至レリ仍テ直チニ市水道管海軍配水管トヲ連絡シ不取敢濕ケ谷工廠前水ケ浦ニ給水口ヲ設置シ引續キ機關學校海兵團砲術學校工廠等順ヲ追ヒ通水シツツ修理續行中ナリ一方半原逸見間送水本管ハ修理ノ爲九月二十一日以來今日迄四班ノ作業員ヲ派シ極力復舊ニ努メツツアリテ巳ニ水源池ヨリ三里余ノ通水ヲ見ルニ至レリ而シテ本作業ノ爲特ニ呉及佐世保ヨリ約二十名ノ職工ヲ轉傭シ更ニ神戸市ヨリ技手一職工

横須賀戒嚴司令部情報部

大船		五、五二
東京		七、〇七
同		八、三二
同		一〇、一二
同	午後	一二、一二
同		一、四七
同		三、〇二
同		四、三七
同		六、一二
同		七、三二

上リ（田浦發時刻）

東京行	午前	六、〇一
同		七、一〇
同		八、三三
同		一〇、一二
同		一一、四五
同	午後	一、三〇
同		三、〇五
同		四、二二
同		五、五五
横濱行		七四一
大船行	臨客	八、二〇

●巡査募集

今回警視廳及神奈川縣巡査ノ大增員募集アリ在鄉海軍軍人ヲ歡迎スル由ニ付志望者ニシテ志願手續等不明ノモノハ横須賀海軍人事部ヘ申シ出ツレハ志望者要覽ヲ送付セ

九名ノ來援ヲ得タリ以上作業ノ爲今日迄使用セル延職工數ハ實ニ三千五百人ノ多キニ上レリ

三、材料蒐集

震災當時大湊ニ出張中ノ建築部長歸廳ノ際大湊建築工事殘材丸太二千本輸送方竝青森ヨリ木材千八百石購入方手配シ次テ秋田、岩手、青森、宮城、靜岡、愛知ノ六縣ニ木材三万石大阪、兵庫ニ鉄鈑四〇、〇〇〇枚釘一〇、〇〇〇貫集聚依賴シ殆ント全部海軍艦船ニテ輸送陸揚濟尚ホ大阪府ヨリ前記以外鉄鈑五〇、〇〇〇枚救護事務局ヨリ木材約二千四百石送附サレタリ

其ノ他呉及佐世保ニ鉛コークス電機材料鉄鈑壘硝子鉄管等ノ購入ヲ依賴シ之亦大半受領濟ナリ

右ノ内材木一万石及ヒ鉄鈑三万枚釘一万貫ヲ横須賀市ニ木材五千石ヲ臨時震災救護事務局横濱出張所ニ鉄鈑一万枚釘千六百貫ヲ三浦郡ヘ鉄鈑九千枚ヲ田浦町ニ分讓又ハ其ノ豫約ヲナシ當戒嚴地區内ノ建築材料ノ不足ヲ補フコト、セリ

●最近三崎戒嚴地區管下概況

一、管區内引續キ安靜ニシテ漁業モ漸ク活氣ヲ帶ヒ建築材料モ移入セラレ破損家屋ノ修理建築モ漸次其ノ步ヲ進メ衞生狀態極メテ良好ナリ

二、城ケ島南方ニ放出セル氣泡ハ十月十四日出漁中ノ漁夫ハ之ヲ認メタルモ同十六日實地調査ノ際ニハ消滅シ居タルヲ以テ同十五日頃ヨリ放出止ミタルモノト認ム

三、十月十九日ヨリ毎日午後九時三崎港發汽輪、下浦、金田、浦賀ヲ經テ東京靈岸島ニ至ル汽船便ヲ復活魚類ヲ東京市場ニ運搬ス

四、十月十二日ヨリ同十六日迄ノ魚類扱高左ノ如シ

ラル、筈ナリ

●海軍救護狀況

海軍救護所ニ於テ取扱ヒタル自十月一日至同十五日患者左ノ如シ

場所＼病類	震災火災ニ因ル外傷	内科的疾病	外科的疾病	收容患者	計
海軍病院	三一	四八	九六	震一二七	三〇二
汐入	九二	一一九	一四八	〇	三五九
深田	一九九	一四〇	一六一	〇	五〇〇
山王	一二九	八六	一二六	〇	三四一
浦賀	八二	一二五	六七	震一六七 内七	四四八
田浦	九	一一	〇	〇	二〇
逗子	八五	七七	一三一	傳一三	三〇六
計	六二七	六〇六	七二九	震二九四 内七 傳一三	二、二七六
累計	五、九七三	三、一七七	三、四〇二	震四三四 内一五 外一二 傳七四	一三、〇七六

●横須賀戒嚴管下震災關係奇特者調

（横須賀海軍人事部調）其ノ二

横須賀海軍病院勤務　看護婦一同

右ハ大正十二年九月一日大震災ノ際本院看護科員ト協力シ餘震尚ホ激シキ裡ニ危險ヲ省ミス六百十有五名ノ患者避難ニ從事シ克ク職責ニ殉スルノ赤心ヲ發露シ婦女子ノ纖弱ナル身ヲ以テ身体ノ自由ヲ失ヘル多數重症乃至危篤

品名	数量		金額	
鰹	二、三三	四〇〇	八、三九一	七六〇
目鉢	一、三六	八〇〇	六〇七二	九一〇
キワダ	二五四	八〇〇	一、〇九二	四八〇
女梶木	五九	五〇〇	一四九	六七〇
梶木	四一	三〇〇	二〇八	三五〇
鯖	一四六	九〇〇	二二五	一三〇
宗田	一七四	一〇〇	一九四	一四〇
鮫			一、三二八	六三〇
雑魚			三〇一	五五〇
長井村ノ分			五、一四五	〇〇〇
計	四、三五八	八〇〇	二三、一〇九	一九〇

●艦船

一、出港艦船

時雨　昨二十一日午前七時半出港鮮人約百名ヲ便乗セシメ品川沖ニ同航右鮮人ヲ朝鮮総督府運送船昌福丸ニ移乗並陸揚ノ上即日帰港セリ

●道路整理

一、港町土砂運搬　十七日　二一〇坪

イ　海上運搬　十八日　二一三坪

累計　三、七四九坪

患者ヲ或ハ扶ケ或ハ背負ヒ悉ク避難セシムルコトヲ得タルモノナリ

横須賀海軍無線電信所勤務

海軍一等機関兵曹　村田達平

右者大正十二年九月一日午後允許外出中大震ニ際シ横須賀市汐入五十八番地古賀一雄方家屋倒崩レノタメ倒潰シ松田トク（五十九歳）幸子（二十八歳）房子（十二歳）ノ三名家屋内ニ埋没セラレタルヲ附近居住ノ持田某及横須賀海軍工廠職工等ノ救助ヲ受ケ屋外ニ搬出セラレシモトク及幸子ハ假死ノ状態ニアリタリ折柄現状ヲ通行セシ本人ハ斯クト見ルヤ直ニ人工呼吸法ヲ行ヒ幸子ヲ蘇生セシメ更ニトクヲ救護中醫師毛利孝臨場セシヲ以テ爾後ノ處置ヲ托シ退去シタリ次テ諏訪町一番地太平堂高柳ヨシノ店先ニ於テ火災漸次接近シ危険迫レル倒潰家屋ノ下敷トナリ悲鳴ヲ揚ケ救ヒヲ求メ居タル三十五六歳位ノ婦人ヲ認ムルヤ直ニ附近通行中ノ下士官兵ヲ糾合シ大ナル柱石ヲ取除キ遂ニ同人ヲ救助セリ更ニ元町第二銀行前通過ニ際シ若松町二十一番地板倉安太郎方傭人大塚仁三（二十一歳）震災ノ為重傷ヲ負ヒ氣絶シ居ルヲ發見シ種々手當ヲ施シテ之ヲ蘇生セシメ直ニ鎮守府ノ救護所ニ運搬スル等克ク人命救助救難作業ニ盡瘁セリ

五十鈴乗組海軍一等水兵　清　延　彦

大正十二年九月一日允許上陸中當日ノ震火災ニ際シ若松町海岸ニ避難中却テ猛火ニ襲ハレ逃路ヲ失ヒタル十數名ノ婦人小供ヲ見人家ノ扉及板塀ヲ破壊スル等機宜ノ處置ヲ以テ之ヲ避難セシメ次テ開陽軒附近ニテ倒壊家屋ノ下敷トナリタル三名ノ婦人アルヲ知リ折柄ノ猛火ノ接近並頻々タル餘震ニテ近寄リ救助スルモノ無キ際挺身之ヲ救助シ爾後郵便本局前ニテ大瀧六番地中澤六郎ノ妻八重長男及次男ノ三名石造家屋ノ下敷トナリ呻吟シ居ルヲ知リ

ロ　陸上運搬　自八日 至十九日　二二〇坪

累計　六〇五、五坪

◉警察事務

一、暴利取締令違反　市内山王六八金物商長嶋勝太郎

同　大瀧町四三番地金物商出口要三

漂流物横領　逸見一四一船夫中田港次郎

贓物故買　逸見一、九三三船大工矢島惣次郎

同　逸見五〇五材木商正本太郎吉

右何レモ取調ヲ了シ送局

違警罪　拘留　六

刑事被告人　留置　一

警衛隊　検束　三

二、人事相談

家屋賃貸借　三

◉汽車開通豫定並列車時刻變更

一、田浦横須賀間汽車開通豫定

本日ヨリ開通豫定ノ處昨日試運轉ノ結果不良ノ爲來二十四日午後更ニ試運轉施行ノ上二十五日一番列車ヨリ開通ノ豫定ナリ

二、列車時刻變更

馬入川徒歩連絡施行中ノ處昨二十一日ヨリ開通同時ニ東京沼津間（山北、谷峩間徒歩連絡從來通）時刻變更セラレ之ニ伴ヒ東京田浦間モ左記ノ通時刻變更セラレタリ

田浦驛發著時刻

下リ（始發驛時刻）

大　船臨客　午前　五、一五

接近スル猛火ノ危險アルヲ顧ミス之ヲ救ヒ出シ應急ノ手當ヲ施シタル後附近醫院ニ舁キ込ミタリ後間モ無ク八重及長男ハ死亡シタルモ次男ハ無事ナルヲ得タリ

横須賀海軍刑務所懲役囚海軍二等看護兵千葉信雄

右ハ震災當時他囚ト共ニ教誨室ヨリ廣庭ニ遁レ出テシカ其ノ際未タ拘置監被告人ノ救ヲ求ムル者アルヲ見テ自ラ進ンテ救助ニ赴カン事ヲ當直ナル須藤看守ニ願ヒ出テリ時ニ尚餘震甚タシクシテ同囚某ハ看守ニ向ヒ漸ク命ヲ助カリテ逃レ出テタルニ再ヒ殺シニ遣リテハ可ケマセント止メタル位ナリシカ看守ハ之ヲ許シ直チニ馳セテ拘置監ニ赴カントシ見張所ノ階下ニ入リタルトキ偶々被告坪田稻五郎カ倒壊煉瓦ノ間ヨリ脱出シ内庭ト反對側ナル監門ト見張所トノ中間ニ顛倒脳震盪ヲ起シ居ルヲ見テ直ニ之ヲ救助シ安全ノ地ニ運ヒ來リタルモノナリ

横須賀市佐野二十番地

休職陸軍砲兵中尉　朝日邦之助

右者大正十二年九月一日稀有ノ大震災ニ方リ民心恟々トシテ寔ニ不安ノ狀態ヲ認ムルヤ自家全壞ヲ顧ルコトナク之等多數ノ罹災者ヲ附近不入斗練兵場ニ避難セシメ又行衛不明者（主トシテ例壞家屋ニ就テ）調査救出ニ努力シ避難者ニハ爾後ノ衣食ヲ顧慮シテ各自近隣同志ノ團合ヲ促スト同時ニ其ノ離散者並持出家財ノ保護整理ニ任シ又流言蜚語盛ナルヤ克ク官憲ト連絡ヲ保チ其ノ虚報ナルヲ説得シテ専ラ民心ノ安定ヲ計リ一時其ノ保護ノ上ニ五百七十名ノ避難者ヲ重砲兵聯隊砲廠ニ収容ニ努メ又附近在郷軍人全部ヲ集結シ自ラ長トナリテ徹宵軍隊ト協力シテ巡羅警戒シ避難後ノ家財ヲ保護シ夜間市中ヲ通過スルモノノ危險ヲ排除スル等専ラ安寧秩序ノ維持ニ協力スルコト二週間此ノ間殆ント不眠不休事ニ當リタリ

震災關係情報　其ノ四十二

横須賀戒嚴司令部情報部

●横須賀海軍建築部救援作業概況　其ノ三

四、建築工事

イ、「バラック」建設

緊急事務用トシテ鎮守府假「バラック」建設方九月四日著手八日完成次テ機關學校構內ニ病院用賄所、浴室、精神病室等ヲ建設シ更ニ軍需部用倉庫トシテ水交社前空地ニ深浦ニアル在來工事用假設倉庫二棟ヲ移築シ尚市內一般救護用「バラック」（住宅）四十九棟二百九十四戸分千二百四十九坪五合ヲ田戸及小川町海岸埋立地ニ建設シ十月八日迄ニ完成市ニ假引繼ヲ了セリ尚引續キ二十棟百二十戸分五百十坪ヲ埋立地ニ建設方著手セリ

右ノ外應急用「バラック」五千五百坪分材料切組方呉ニ依托シ十月下旬及十二月上旬到著ノ事ニ手配濟ナリ

ロ、應急補强及修繕

管內各廳及ヒ官舍全部水交社海友社下士官兵集會所ノ危險ニ瀕セルモノ、補强工事修繕等ヲ施シ避難者ノ收容及ヒ居住ノ安定ヲ計レリ其ノ他各廳內交通及「バラック」建設敷地ヲ作ル爲收容鮮人約百五十名其ノ他ヲ使用シテ燒跡整理倒壞家屋取片付ヲ行ヒ尚ホ水道ガ不足ヲ補フ爲井戸修繕ニ當レリ

此等工事ニ就テ兵員及工廠職工ノ助力ヲ得タル

●横須賀戒嚴管下震災關係奇特者調　其ノ三

（横須賀海軍人事部調）

横須賀海兵團勤務海軍機關特務中尉引地更亮及關東乘組海軍一等機關兵金澤武次ハ大正十二年九月一日强震ニ際シ横須賀海軍下士官兵集會所前横須賀海軍工廠「コンクリート」墻壁倒壞シ折柄附近通行ノ田浦町船越八百八十三番地天野榮吉長女天野松枝同町田浦四百八十四番地石渡作次郎三女石渡ウメノ兩名ハ其ノ下ニ埋沒セラレ悲鳴ヲ擧ケ之カ救ヒヲ求ムルト雖モ震動直後ニ於ケル人心ハ他ヲ顧ルノ遑ナク何レモ之ニ耳ヲ傾クルモノナグ加フルニ同集會所建物ハ將ニ倒潰セン計リ傾斜シ一人トシテ之ニ近寄ルモノナキ狀態ナリシニモ拘ハラス來會セル横須賀海兵團分隊長心得引地機關特務中尉ト協力シ危險ヲ冒シテ覆ヘル「コンクリート」ヲ除キ前記二名ヲ救助シ更ニ負傷セル兩人ヲ負ヒテ汽艇ニ便乘海軍水雷學校ニ於テ應急手當ヲ受ケシメ其ノ家庭ニ送リ屆ケタリ爲ニ兩人ハ辛フシテ生ヲ全フスルヲ得タリト

横須賀海軍航空隊勤務海軍特務少尉荒井儀藏ハ九月一日副直將校タリ大震當時士官室ニ在リテ食事中ナリシカ激震ノ際一旦屋外ニ避ケタルモ直ニ引返シテ司令室ニ至リ折シモ馳付ケタル從兵二等機關兵石川增幸ト共　御眞影奉遷ノ準備ヲ整ヘ副長ノ指令ヲ受ケテ之ヲ安處ニ遷シ奉レリト

横須賀海軍建築部海軍技師松本伊之吉ハ九月一日大震ノ際當市公鄉二千四百三十九番地自宅椽側ニ在リシ爲家屋

事多大ナリ

五、交通整理

九月九日ヨリ命ニ依リ港町國道筋土岩埋沒箇所堀鑿ニ從事ス本作業ハ兵員工廠及當部ノ共同作業ニシテ土砂ノ運搬ハ陸上ハ工廠ニ於テ海上ハ當部ニ於テ擔任セリ而シテ本作業ノ爲布設セル軌條約千八百間從業員延數六千二百人泥受船毎日九隻ニシテ平均一日ニ約百二十坪ヲ搬出セリ十月末ニハ一般交通ニ支障ナキ迄ニ進捗セシムル豫定

其ノ他横須賀市區改正計畫ニ參畫シ其ノ測量抗打繩張リ等ニ從事セリ

六、被害調査

應急工事ヲ急ク傍ラ被害土地建物工作物ノ調査ヲ勵行シ一方復舊豫算ノ見積ヲナスト同時ニ他方設計上必要ナル參考資料ヲ求メタリ

◉横須賀戒嚴地區警衛隊編成改正

十月二十二日ヨリ左ノ如ク改メラレタリ

所轄	部隊	職名	官階兵種	員數
海兵	警衛隊本部	指揮官	大佐	一
		同附	少佐	一
	銃隊	中隊長	大尉	一
		同附	兵曹長	一
		同附	下士官兵	四
	第一小隊(二)	小隊長	特務少尉(兵曹長)	一
		同附	兵曹	三
		分隊下士官兵	兵曹	四
		列兵	水兵	三二

倒壊ト同時ニ屋外ニ投ケ出サレシトキ向側ノ遠藤宗吉方モ同様家屋倒壊シ女中ハ其ノ下敷トナリ全身壓セラレ顔ノミヲ出シ居ルヲ見付ケ身ノ危險モ顧ミス單身木材ヲ切リ土砂ヲ去リテ漸ク堀リ出シ無事救助スルヲ得タルト

横須賀市旭町三番地海軍御用商久保田清吉ハ平常公益事業ニ盡瘁シアル所尠ナカラサリシカ九月一日大震災ノ際震災ニ加フル火災ノタメ所有家屋ヲ全燒シ所有財産殆ント灰燼ニ歸シ餘スハ手提金庫一箇(井戸ニ投入身ヲ以テ免ル)ノミナリシカ屈セス私事ヲ放擲シ先ツ本市所在海軍病院市衛生課市醫師會ノタメ同月八日軍艦利根ニ便乘ノ上名古屋ヘ出張主トシテ衛生材料(内服藥、注射藥、綳帶材料)ノ蒐集ニ努メ晝夜不眠不休東奔西走自働車六臺分ヲ集メ輸送ノ上前記團体ニ對シ雜費ハ私財ニテ支辦原價ニテ提供セリ而シテ更ニ同月十六日市醫師會海軍建築部海軍工廠ノ依託ヲ受ケ火急必需材料調辦ノタメ特務艦尻矢ニ便乘大阪ヘ出張目下奔走中ナリ

◉海軍ニ對スル部外ノ感謝

横須賀市第四部長ヨリ震災時ニ於ケル海軍々人ノ献身的行動ニ對シ感謝ノ意ヲ表シ併セテ奇特行爲者ノ報告アリ海軍ニ對スル一般感謝ノ狀況ヲ窺フニ足ルヲ得ヘシ依而原文ノ儘之ヲ左ニ掲ク

謹啓這回ノ大震災ニ際シ閣下ノ部下タル海兵諸氏ノ勇敢機敏ナル救援作業ニ就テハ一般市民ノ良ク感謝ノ意禁シ能ハザル處ニ御座候

大變災ニ處シテ軍人諸氏ノ行ヒタル人命救助ハ枚擧ニ遑アラサル所ナルベケレ共左ニ御報告スベキハ實際小生目擊シ且ツ近隣市民ノ知悉セル事實ニ御座候

九月一日大震災ト共ニ當市汐入長源寺附近崖上ノ家屋ハ峽地ノ平然タルニ似ズ崖崩レニ併ヒ殆ト倒壞殊ニ艦政本

附屬隊	衛生隊長軍醫少尉	一
	隊員看護兵	一
	其ノ他必要ニ應シ之ヲ定ム	
軍港衛兵	固有編制ノ通	

團

◉衛生狀況

新患者左ノ如シ

赤痢 一 チフス 一(市内)(二十一日)

チフス 三(二十三日)

◉警察事務

一、司法事件

暴利取締令違反 一(二十三日)

違警罪 拘留 五(二十三日)

酩酊ニヨリ警衛隊ニ 檢束 一(二十一日)

二、人事相談

家屋ノ賃貸借 三(二十一日)

同 五(二十三日)

占有權保全 二(同日)

契約不履行 二(同日)

◉罹災民慰安ノ爲軍樂隊派遣

横濱市教育會ヨリノ申請ニ依リ震災罹災民慰安ノ爲本日軍樂隊准士官以下三十八名ヲ横濱ニ派遣セラレタリ

◉港町崩土運搬(十九日)

海上運搬 二六〇坪

累計 四、〇〇九坪

部勤務松木少佐留守宅及其ノ隣家里見市太郎宅ハ全潰シテ家族ハ梁 下敷トナリ救援ノ悲聲ヲ擧ゲ尚ホ余震ハ續ク各人ノ恐怖戦慄ヲ覺エ申居候折シモ通行中ナリシ海兵二名ハ直チニ駈走シ來リ松木少佐留守宅ヨリ先ツ女中ト覺シキ女子ヲ救出シ再度少佐夫人ヲ救出シタルモ少佐夫人ヨリ梁下ニ尚ホ母堂ノ在ルヲ聞クヤ人力ノ及バザルヲ以テ崖下ノ近江屋下駄店ニ救援ヲ求メ三人協力シ以テ里見宅ヨリ市太郎及娘ヲ救出シ下駄店主人鋸ヲ持參シテ協力辛フジテ少佐母堂令孃及里見妻ヲ救出シ直チニ人工呼吸法ヲ一時間以上必死トナリテ施シタルモ遂ニ緒切レ及バズ三人ハ死亡致候然シテ全潰家屋ニ已ニ人無キヲ認メ二人ノ海兵ハ歸艦ノ途ニ就キ申候

右海兵ノ勇敢ナル行爲ハ全員救助ノ目的ヲ達セザリシモ刻々ニ危險ノ逼リツツアリシ非常ノ際四人ヲ救助シ各其ノ本務ニツカントシテ歸艦シタルハ眞ニ軍人ノ龜鑑トシテ耻ヂザル所ナルベクト存候海兵二人ノ姓名ハ暫ク判明セザリシガ今回漸ク判然致候

特務艦關東乗組一等主計兵佐藤重次郎同一等機關兵佐藤宗悦ノ兩君賜暇休暇中ニテ大變災當日故郷ヨリ歸横シ下宿ニアリシニ幸ニ第一激震ニ於テ下宿ノ無事ナリシヲ認メ直チニ歸艦セント長源寺附近通行中ナル由ニ御座候閣下ノ部下ナル海兵諸氏ノ爲救出セラレタル本人等ハ申マデモナク非常ノ際良ク一般市民ノ爲献身的奮闘努力ノ謝意ヲ表シ度其ノ一端トシ御報告申上候早々謹言

大正十二年十月十八日

横須賀市汐入三九六
青木榮吉

横須賀市第四部長
今井久次郎

横須賀戒嚴司令官閣下

大正十二年十月二十五日（木曜日）

震災關係情報　其ノ四十三

横須賀戒嚴司令部情報部

●收容鮮人狀況

一、收容狀況

震災起ルヤ一部不逞鮮人ノ暴擧ニ依リ鮮人ニ對スル一般ノ激昂ト勞働杜絶ノ爲彼等ヲ保護スル必要ヲ認メ陸軍ノ協力ヲ得テ横須賀附近ノ鮮人三十六名ヲ不入斗砲廠ニ收容シ主トシテ横須賀重砲兵聯隊之カ保護ニ任セシカ横濱在泊華山丸ニ收容セシ横濱及鶴見方面ノ鮮人二二五名モ亦當司令部ニ於テ引キ受ケ保護監督スルコトトナリ九月二十三日之ヲ前記不入斗砲廠ニ收容セリ爾後横濱方面ヨリ三名浦賀方面ヨリ四十三名ヲ收容シ目下歸鮮者其ノ他ヲ除キ現在員八十名アリ詳細ハ左表ノ如シ

歸鮮員數	朝鮮總督府出張所ニ引渡シタル員數	知人又ハ雇傭關係者ニ引渡シタル員數	死亡者員數	逃亡者員數	計	現在員 新タニ收容シタルモノ	現在員 患者其ノ他ノ現員數	現在員 計
三七	一〇	一三	一	一四	一九五	五一	二九	八〇

二、監督保護使役

渥美少佐ヲ主任トシ外五名ノ鮮人掛ヲ設ケ收容所ニ於ケル日常ノ生活ニ對シテハ重砲兵聯隊主トシテ之カ世話ヲナシ給與及救護ニ關シテハ前記掛員陸軍當事者ト協議シ之カ保護監督ニ任ゼリ而シテ收容鮮人ハ殆ト全部機關學校及海兵團ノ燒跡整理ニ使役シ男子日給二圓乃至一圓二十錢婦女子八十錢ヲ給與シ食糧ハ無料給與ヲナセリ

三、衛生狀況

患者ハ收容當時約四十名ニシテ內脚氣患者三十名ハ

赤痢及同疑似症　一二名

計　五九名

三、鮮人ノ衛生狀況

鮮人ノ數ハ爾後移動アリ十五日前後ニ於テ約六十名ノ歸還者アリ漸次其ノ數ヲ減スルニ至リ從テ患者數モ著シク減少スルニ至レリ傳染病ニ就テハ終始注意スル處アリシモ今日迄疑似患者モ發生セサルハ大ニ幸福トスル所ナリ患者表左ノ如シ

月日	震災火災ニ因ル外傷	內科的疾病	外科的疾病	計
十月十三日	六	一五	一一	三二
十四日	五	一三	一二	三〇
十五日	四	八	九	二一
十六日	二	九	九	二〇
十七日	二	七	一一	二〇
十八日		七	一〇	八
十九日	一	六	一一	一八

●横須賀戒嚴管下震災關係奇特者調

（横須賀海軍人事部調）　其ノ四

初霜乘組海軍三等機關兵目黑喜藏ハ大正十二年九月一日允許上陸中午後零時三十分頃軍需部火災ト聞キ直チニ驅ケ行キ停車場前ニ到リシトキ崖崩レノ爲倒潰セル永島屋ノ屋內ニテ小兒ノ泣キ居ルヲ聞キ之ヲ救ハントセシニ土砂ニテ半ハ埋沒サレ居ルヲ以テ屋內暗ク且時々土砂崩壞シ來リ危險ニテ近寄レス停車場前ノ交番巡查ト屋內ヲ伺ヒ居ル中內部ニ火災起リ其ノ火焔ニテ壓死シタル母親ニ抱カレタル小兒アルヲ認メ得タリ依テ直チニ小兒ヲ引キ

震災ノ際打撲傷ヲ受ケタルモノ十名ナリシモ救護班ノ手當行届キタル爲脚氣患者一名死亡ノ外全部全快シ衞生狀態良好ナリ詳細ハ海軍病院救護狀況ニアルカ如シ

四、收容所内ニ於ケル狀況

收容當時ハ一般ニ非常ニ恐怖心ヲ懷キ官憲テモアテニナラヌト云フカ如キ態度ヲ以テ事々ニ猜疑ノ念ヲ以テ相對セシモ掛員ノ懇切ナル指導保護ニ依リ漸次眞意ヲ了解シ能ク官憲ヲ信頼スルニ至レリ一例ヲ擧クレハ鶴見方面ヨリ一鮮人來リ同方面ニ於ケル勞働ニ從事スル樣勸誘シ當收容所ニ於ケル狀態ヲ「監禁同樣云々」ト云フヤ收容鮮人大ニ怒リ怒號セシカ如キ又他ニ轉セシ者或ハ逃亡セルモノニシテ再度收容方ヲ嘆願シ來レルカ如キ以テ當所保護ニ滿足セシコトヲ察スルニ足ルヘク殊ニ十月一日及同二十一日歸鮮セル收容者ヘ何レモ收容中ノ厚意ヲ感謝セリ特ニ後者百餘名ノ歸鮮者ハ收容所ヲ去ルニ臨ミ賞與金ノ全部ヲ醵出シ約百圓ヲ横須賀市復興會ニ寄附ヲ申出シニ依リ掛員ヨリ夫レニ及ハザル旨諭セシモ罹災地ニ不係厚キ官憲ノ保護竝就職斡旋ヲ受ケ萬端不自由ナキ取扱ニ對シテ感謝ノ辭ナク之ニ酬ユルニ微細ノ醵金ヲ捧ケタキ旨誠意ヲ披攊シタルカ如キ以テ收容當時ニ於ケル心理狀態ハ全ク一變シ感謝ノ念ニ滿チ居タルヲ知ルヘクヲ左ニ原文ノ儘歸國鮮人ヨリノ謝狀ヲ掲ク

拜啓其ノ後益御清武ノ段大慶至極ニ奉存候陳ハ小生等横横賀練兵場内ニ於テ特別ナル救護ヲ受ケ居ル中多大ノ御恩ニ預リ御蔭ヲ以テ無事ニ歸國候段感謝ノ辭ナク爰ニ謹ンテ御禮申述候降テ小生事去ル十月六日途中無事到着候間御安心被下度先ハ御禮旁到着御通知マテ早々　敬具

出サントセシニ小兒ノ足部ハ母親ノ爲ニ壓セラレテ容易ニ出スコト能ハス依テ驛員等ト協力シ一方火災ヲ防キツツ漸ク午後四時四十分頃救ヒ出シ港務部ニ於テ看護中急ヲ聞キテ駈ケ來レル該兒ノ伯母ニ引渡セリト

安藝乘組海軍二等機關兵芳賀儀ハ神奈川縣三浦郡田浦町大字長浦千三百五十七番地鈴木卯吉方ニ下宿シ居リタルカ九月一日震災起ルヤ隣家鈴木吉松方家屋全潰シタリ然ルニ同家ニ於テハ晝食時ノ爲竈ニ火ヲ焚付グアル儘震動ト共ニ家外ニ避難セシカ火ハ倒壞セル茅屋根ニ燃ヘ移ラントスルヲ目撃スル近隣ノ者約十二三名ハ只胸々トシテ震災ヲ恐怖シ居リタルモノノ如ク誰レアリテ之カ消火ニ著手スルモノ無ク既ニ火ハ茅屋根ニ燃モ移リ煙ヲ見ルニ至リシモ尚ホ消火ニ努ムルモノ無キヲ以テ本人ハ若シ此ノ儘ニ放任セハ該部落ハ大火災ノ慘害ヲ免カレサルコトヲ知リ遂ニ自已ノ危險ヲモ顧ミス倒壞セル茅屋根ヲ切リ破リ屋根下ニ飛入リ奮闘努力ノ結果遂ニ鎭火シ同家及部落ノ火災ヲ免カレシメタリ

海軍病院勤務海軍一等看護兵千葉剛海軍二等看護兵藤代薫及同高橋信治ノ三名ハ大正十二年九月一日午前十二時横須賀海軍病院藥品庫ヨリ發火スルヤ防火隊員トシテ卒先現場ニ赴キ防火ニ從事シ震害ニ依ル水道斷水ノ爲放水ノ道無キヲ知リ危險ヲ冒シテ直チニ隣接廊下ノ破壞ニ從事中藥品ノ爆發ニ由リ全身火傷ヲ負ヒ爲ニ即死スルニ至レリ之カ爲隣接建築物ノ延燒ヲ免レシメタルモノニシテ其ノ献身的努力多大ナルコト實ニ賞嘆ニ値ス

第二潜水隊乘組海軍兵曹長牛稻若太郎、海軍一等兵曹渡邊彌太郎、海軍二等機關兵曹鈴木喜平、海軍一等機關兵曹池村喜八及海軍二等機關兵曹磯部鉄之助ノ五名ハ入渠中ノ潜水艦强震ト共ニ横倒レト爲リ且艦内ヨリ白煙ヲ噴出スルニ至レル際艦体ノ動搖墜落電池用劇藥ノ飛散等幾多危險ノ廣大ナリシニ拘ラス何ミ躊躇スル處無ク直チニ自發的ニ卒先シテ艦内ニ入リ諸般ノ應急處置ヲ施シテ水素

大正十二年十月九日　安州郡安州南川里

金　潤　瑞

池　鳳　善

戒嚴司令官閣下

因ニ鮮人係主任ニモ右ト同樣ノ禮狀アリタリ

拜啓貴兄益々御壯健奉祝賀候幸ニ諸兄同友ト無事山北ニ一泊翌日下關直行旅行ノ中途ニ有之一同無事ニ付御安心ヲ乞フ鮮人掛ノ方々一々氏名ヲ知リ難ク候ニ付貴兄ヨリ皆樣ヘ宜敷御禮申被下度願上候尚ホ又後便ニテ狀況御通知可致候　敬具

十月十七日　下關ヨリ

丁　鶴　鎮

鮮人掛　季柄海殿

因ニ本文ハ原文（朝鮮文）ヲ意譯セルモノナリ

◉艦船

入港　特務艦富士午後三時呉ヨリ入港搭載物件經理學校行被服梱二十一個

●衛生狀況（二十四日）

本日ノ新患者左ノ如シ

腸チフス　市內　三、　田浦　二

尚二十五日ニ於ケル新患者ナシ

◉警察事務

一、司法事件

違警罪　拘留　四（二十四日）

酩酊ニヨリ警備隊ニ　撿束　四（二十三日）

二、人事相談

家屋賃貸借　三
抵當權　一　（二十四日）

家屋賃貸借　三
不動産登記　一　（二十五日）

瓦斯ノ爆發竝艦內火災ヲ未前ニ防止シテ克ク事ナキヲ得タリト

横須賀海軍刑務所懲役囚海軍二等水兵齋藤廣記ハ前記佐野房太郎ト同樣今回ノ震災罹災者ニ預金全部金拾參圓ヲ寄附シ度キ旨出願アリタルヲ以テ是亦一應思ヒ止マルヲ可トセサルヤヲ計リタレトモ前記佐野ト同樣强テ寄附ヲナ乞フニヨリ本囚ノ意志ヲ尊重シ當市役所ニ其ノ手續ヲナセリト

横須賀防備隊附海軍特務少尉柳原恒之介ハ九月一日大震突發スルヤ猶豫ナク直チニ司令室ニ馳込ミ衛兵及從兵ヲ指揮シ萬難ヲ排シテ御眞影竝御勅諭ヲ隊內號令臺ト奉移セリト

神奈川縣三浦郡浦賀町字大津三宮綱次郎ハ同氏孫三宮重太郎方同居ノ一婦人ハ震災當日前ヨリ病床ニ在リテ震災勃發スルヤ不幸倒壞家屋ノ下敷トナレリ折リシモ此家ニ來合セタル同氏ハ辛ウシテ屋外ニ避難スルヤ未タ餘震强烈ナルニ直チニ右婦人ノ安否ヲ慮リ平素居住ノ座敷ノ方ニ至リテ婦人ヲ連呼スルモ應答ナカリシヲ以テ必然倒壞家屋中ニ取殘サレタルモノト判斷シ老齡ノ身ナルニ單身勇ヲ鼓シ餘震頻リニ至リ敗殘部猶甚シク動搖中ナル倒壞家屋上ニ昇リ瓦屋根等ヲ破リテ屋內ニ入リテ搜索スルヤ天井下ニ幽カニ呻吟スル婦人ヲ發見セリ單身屋外ニ救ヒ出サントシタルモ力及ハスト見ルヤ再ヒ屋上ニ昇リ叱呼シテ隣人ノ救援ヲ求メリ斯クシテ一隣人ノ援助ヲ受ケ再度屋內ニ入リテ漸ク負傷氣絶中ナル婦人ヲ救ヒ出セリ其ノ後引續キ百方手ヲ盡シ三時間半ノ後始メテ意識ヲ恢復セシメテ生命ヲ救助シタリ

震災前住所横須賀市中里八十九番地若月利範方豫備海軍一等機關兵村上榮三郎ハ大正十二年九月一日震災ノ際直チニ司令部構內ニ避難セシカ附近ナル醫師船山道篤氏ノ家族倒潰家屋中ニ苦シメルヲ聞クヤ危險ヲ省ス同家ニ到

占有權防害排除　一〇

●横須賀區裁判所移轉

假廳舍ヲ深田舊廳舍敷地内ニ建設中ノ處工事竣成十月二十三日移轉セリ

●横須賀海軍病院救護作業最近狀況

一、救護作業

救護班ハ尙ホ作業ヲ持續中ナルモ田浦方面ニアリテハ十月十二日ヲ以テ撤廢セリ爾後患者數ハ甚シキ移動ナク大凡百二十名前後ヲ算ス表示スレハ左ノ如シ

月日	海軍救護所					
	海軍病院	汐入	深田	山王	浦賀	計
十月十三日	二一	一八	三五	一九	二六	一一九
十四日	二三	一六	三四	一九	二二	一一四
十五日	一三	一七	二一	一九	二七	九七
十六日	二一	一七	三七	一八	二七	一二〇
十七日	一八	一七	三六	一八	三一	一二〇
十八日	一八	一七	四五	一九	二七	一二六
十九日	一七	一七	四五	一八	二八	一二五

尙ホ海軍病院收容中ノ患者ハ入院後死亡一名退院二名ニシテ現在七名ナリ

二、防疫部

防疫部ハ依然トシテ活動ヲ持續シ此ノ一週間ニ於ケル新患者チフス屬及疑似症十三名赤痢及疑似症六名合計十九名ヲ算スルモ一ハ防疫部ノ干涉ニヨリ比較的輕微ニシテ平素屆出ヲセサル如キ程度ノモノヲモ漏ササルニ因ル所多シト雖モ未タ警戒ヲ怠ル能ハサル狀態ニアリ一層其ノ蔓延ノ防止ニ努力スル必要アリト認ム十月十九日市立傳染病院收容現在患者數左ノ如シ

膓窒扶私屬同疑似症　四七名

リ車夫ト協力シテ看護婦一名ヲ救助シ又屍二個ヲ取出シ爾後ハ司令部職員ト協力シ寢食ヲ忘レテ司令部構内ニ避難セル千餘名ノ救助整理ニ盡力スル九月二日司令部構内避難者ヲ以テ市ヨリ一部會ト認メラルルヤ始メ班長トシテ部會長ノ命ニ從ヒ熱心救災事業ニ活動シ數日　後ニハ遂ニ部會長ニ推薦セラレ今日マテ變易ナク專心避難者ノ取締及救護ニ任シツツアリト

横須賀市中里九十二番地共立看護婦會員ハ震災當夜住宅會員一同東京灣要塞司令部内ニ避難セシカ多數死傷者發生シアルヲ見茫然自失シアルノ際ニアラサルヲ覺リ恰モ横須賀衛戍病院ニ於テ罹災者ノ救護業務ヲ實施シアルヲ聞知スルヤ九災二日進テ補助勤務ヲ申出テ爾來九月十七日救護業務ニ一段落ヲ告クルニ至ル迄延人員實ニ一百名出勤シ各自宅ノ被害ヲ顧ミス不眠ト休多數傷病者ノ看護ニ盡瘁シ其ノ間克ク規律ヲ守リ一切私利ヲ放シ只管同情ノ念ヲ以テ肉親モ啻ナラサル慈愛懇切ヲ盡シタリト

海軍砲術學校勤務海軍三等機關兵曹日高鉄男ハ震災當日横須賀市元町十六番地牛肉商下妻竹松ノ家屋到壞シ家人二名家ノ下敷ト爲リテ苦悶死ニ瀕シ而モ火災ハ十數軒先迄延燒シ來レルモ隣家ノ土藏傾キテ將ニ倒レ掛ラントシテ危險ニ付何人モ之カ救助ニ從事セントスル者無ク徒ラニ焦燥狼狽セル折柄海軍救護隊員トシテ來著スルヤ直チニ危險ヲ顧ミス卒先身ヲ挺シテ同家ニ近寄リ勇敢機敏ノ働作ヲ以テ萬難ヲ排シ終ニ之ヲ救出シ得タリト

●訂正

横須賀海軍建築部救護作業概要其ノ三中五、交通整理ノ七行目十月末ニハ一般交通ニ支障ナキ迄ニ進渉セシムル豫定トアルハ十一月末日云々ノ誤ニ付訂正ス

大正十二年十月二十六日（金曜日）

震災關係情報　其ノ四十四

橫須賀戒嚴司令部情報部

◉博恭王殿下ヨリ罹災患者ニ衣類御下賜

博恭王殿下ニハ先般橫須賀震災狀況御視察ノ際海軍共濟組合橫須賀病院長浦分院ニ御來臨アラセラレ海軍職工十四名市民四名ノ罹災患者ニ對シ衣服各一着宛ヲ御下賜セラレ同患者一同殿下ノ思召ニ感激シ難有之ヲ拜受セリ

◉逗子戒嚴地最近狀況

一、交通

イ、船越新及沼間「トンネル」ロハ未タ開通工事未完成ナリ

ロ、逗子ニ於テハ交通事故防止ノ爲憲兵隊警察ト協力シ毎夜無燈及無鑑札自轉車ヲ檢束セシ結果甚シク其ノ數ヲ減セリ

二、警衛

九月二十八日警衛隊ハ大削減ヲ行ヒシカ從來ノ方針タル自警團ヲ編制セシメサル範圍ニ於テ十月十六日再ヒ之ヲ減少シ十月二十三日又之ヲ最少限ニ減縮シ憲兵ト警衛法ヲ協定實施シツツアリ十月十八日葉山ニ於テ竊盜犯一名ヲ檢束セシ外異狀ナシ

三、衛生狀況

腸窒扶私　一（十六日）　逗子町逗子一八〇

同　一（十七日）　同　小坪六九四

◉衛生狀況

本日ノ新患者左ノ如シ

腸チブス　二　市內

赤痢　二　同

◉警察事務

一、違警罪　五

酩酊ニ依リ警衛隊ニ檢束　三（二十五日）

二、人事相談

家屋賃貸借　三

商家賣買　一

抵當權ノ侵害　一

◉將官橫須賀震災狀況視察

海軍將官會議ニ列席セラレタル將官中約六名明二十七日當地震災狀況視察ノ爲來橫ノ筈

◉橫須賀戒嚴管下震災關係奇特者調

（橫須賀海軍人事部調）其ノ五

海軍水雷學校勤務海軍二等水兵關谷讓ハ震災當時鎌倉地方救援ノ命ヲ受ケ急速同地小學校裏桑島少將宅ノ隣家ノ倒潰下敷トナレル長谷川カネ子ヲ救助シ析柄附近焦天ノ火災ニ對シ自巳ノ危險ヲモ顧ミス建物ヲ破壞シ或ハ大木

●震災當時ノ鎮守府　其ノ一

九月一日ハ土曜日ノ事トテ正午前ニハ職員一同其ノ日ノ仕事モ略々了ヘ僅ニ殘務ノ處理ニ余念ナキ時テアツタ青天ノ霹靂ト言ハフカ誰一人トシテ豫期シナカツタ大地震カ襲來シタ幕僚室テモ或者ハ突嗟ノ場合卓子ノ下ニ身ヲ潛メ或者ハ室ノ隅ニ身ヲ避ケタ潛メルモ避ケルモ其ノ間何等考ヘル暇ハナイ金庫ハ倒レル書棚モ倒レル唯一ノ身ノ守リテアル卓子モ倒レ相テアル之ニ倒レラレタラ最後テアル此處ヲ先途ト其ノ脚ヲ押ヘル急ニ室内カ明ルクナツタ室ノ外側壁カ活動寫眞ノソレノ如ク苦モナク外ニ崩壞シ去ツタノテアル煉瓦作リノ暖爐煙突カ途中ヨリ折レテ一二噸モアラウト思ハレル塊リノ儘屋根ヲ貫キ二階ノ床ヲ貫キ地響キ立テテ地底ニ落チ込ム轟然タル音響被處ニモ此處ニモ小瓦礫ハ雨下スル塵埃壁土ハ濛々ト立チコメル今ニモ鎮守府全体カ崩壞シ相テアル卓子ノ下ニ匿レハ匿レタモノノ今ヤ絶体絶命然シ幸ナルカナ動揺モ漸次收マリ幸フシテ鎮守府ノ倒壞ヲ免レタ此隙ニ總員廳舍前ニ免レ出タ長官ハ顔カラ服カラ埃タラケテアルカ怪我一ツナシ參謀長ハ頭ニ怪我セラレ夏服ハ血タラケテ一見シタ處一寸重傷ノ樣ニ見エタカ大シタ事モ無ク中山參謀ハ右眼上ニ微傷下士官属員中一二夏服カ流血ノ爲眞紅ニ染ツタ者モアツタカ之モ輕傷ニ止ツタ只八木筆生カ崩壞セル壁煉瓦ノ下敷トナツテ無慘ノ死ヲ遂ケタノハ返ヘス返ヘスモ氣ノ毒テアツタ廳舍ヲ免レ出テ廳舍ヲ振リ返ヘレハマタ余震ノ爲時々搖レテ居ル然シ何ハ兎モアレ茫然自失スヘキテハナイ前庭將旗ノ下ニ司令部幕僚ハ長官ヲ中ニ集合シタ試驗板ヲ肩ニ掛ケ長官ヨリノ命令報告ヲ筆記傳達ニ忙シキモノ續々到達スル各艦部隊ヨリノ防火隊ノ

ヲ倒シテ防火壁ヲ作リ以テ多數家屋ノ類燒ヲ免レシメタルノミナラス其ノ後連日進ミテ救援隊員トシテ同少將宅並附近ノ倒潰家屋ノ片付等ニ專念從事シ起臥飲食ノ不自由ヲ忍ヒツヽ献身的ノ努力ヲ續ケタリ

五十鈴乘組海軍三等機關兵曹樫山吉藏ハ大正十二年九月一日地震後當日ノ機關科當直將校タル内田機關中尉宅ノ狀況ヲ監視スヘキ命ヲ受ケ深田九十三番地ナル同宅ニ到リタルニ家屋倒壞シ五名ノ者生埋メニナリ居ルヲ聞キ他ニ應援ヲ求メテ之ヲ救ヒ出サントセシモ當時風下ニ當リ火災ノ恐アリ尚餘震繼續シ居リ一人トシテ顧ミル者無キヲ以テ本人ハ單身倒壞セル家中ニ入リ其ノ危險ヲモ顧ミス救助ニ從事シ二名ヲ救ヒ出シ避難セシメタリ

洲埼乘組海軍三等機關兵南出秀雄ハ夏季休暇ヲ以テ北海道北見國常呂郡野付牛十六番地ニ歸省中九月二日新聞號外ニ依リ東京方面ノ大震災ヲ知ルヤ當時實父病氣ニテ周圍ノモノハ休暇ナレハトテ引キ止メシモ次ノ號外ニ軍艦數隻沈沒ノ報アリシヲ以テ斷然意ヲ決シテ出發六日夜萬難ヲ排シテ横須賀著七日歸艦セリ

横須賀鎮守府文庫主管附定夫田村竹松同倉庫丁伴野爲市ハ大正十二年九月一日午前十一時五十五分猛烈ナル震災ノ際當庫營造物大部分倒潰破壞ノ慘狀ヲ呈シ偶々第一倉庫内ニ在リタル海軍技手廣瀨右品倒潰物ノ下敷トナリ瀕死ノ危急ニ迫レルヲ見連續ノ激震ヲモ顧ミス挺身之カ救援ニ努メ午後三時其ノ目的ヲ達シ生命ヲ取止ムルヲ得タリ

神奈川縣三浦郡浦賀町字大津氷商三好長衞ハ震災當日倉庫ニ充滿セル氷全部ヲ開放シテ先ツ病者傷者ニ無料給與シ尚往來ノ諸人ニ給與シテ當時地方救護ノ範ヲ垂レテ有

區署按配ニ苦心スル者其ノ間ニ市中カラハ子供カ埋ツタカラ掘出シテ呉レ或ハ火災狀況ヲ報告スル者鎭守府前庭ハ之等ノ人テ大混雜ノ狀況ヲ呈シタ火災カ漸次擴カルニ從ヒ罹災者モ又續々ト此處ニ避難シ來リ混雜ノ狀況ハ益々加ハツタ空ハ重油ノ燃ヘル煙テ眞黑テアル市中ハ火焔愈々盛テアル機關學校全燒、海軍病院全燒、海兵團ニ火カ付イタ等ノ報告ハ刻々至ル長官ハ先ツ差シ當ツテノ命令並報告ヲ出シ然ル後工廠並港內ノ狀況等實地踏查ノ爲一二幕僚ヲ隨ヘテ出ラレタ

●艦船

一、出港艦船

關東　海兵團新兵敎育關係者及同家族並敎育材料等ヲ搭載シ昨二十五日舞鶴ニ向ケ出港セリ

尙ホ同艦ノ行動豫定ハ左ノ如クニシテ青森ヨリ横須賀市役所宛木材四、五〇〇石積載歸港ノ筈

地名	著	發
横須賀		十月廿五日
舞鶴	十月三十日	十一月四日
青森	十一月七日	十一日
横須賀	十四日	

夕張　横濱方面震災救護任務ニ從事中ノ處本日該任務ヲ解カレ明二十七日午前十時佐世保ニ向ケ横濱出港ノ豫定

形無形的救援ノ實ヲ擧ケタルノミナラス其ノ後ニ於テモ傷病者ノ爲遠ク地方ニ走リ氷ヲ集メテ給與スル等救援事業ノ爲大イニ盡力セリ

横須賀海軍刑務所看守杉本喜之助ハ震災當時高見張ニ於テ勤務中强震ト共ニ藥罐顚倒シト腿部ニ熱湯ヲ負ヒ階下ニ降ラントシテ階段半ニ達シタル刹那一層ノ激震ヲ感スルト同時ニ拘置監ノ房壁崩壞シ被告ノ一人駈ケ出スヲ見テ直チニ被告人ノ救出ヲ決意シ時尙震動激甚煉瓦片飛散シ殘餘煉瓦壁ノ今ニモ倒壞セントスル危險アルニモ拘ラス敢然挺身拘置監ノ廊下ニ突入シ看守佐藤淸吉ニ力ヲ協セ房扉ヲ破碎シテ被告人ノ出房ヲ計リタルモノナリ

横須賀海軍刑務所看守高橋恂治同猪狩直吉ノ兩名ハ震災ノ當初休息番ニ當リ門衞所ニ在リシカ正午ヨリ交代直ニ當ル爲五分前ニ同所ヲ立出テ見張所ニ向フ途中强震ヲ感スルト共ニ在監人ノ救出ヲ決意シ高橋看守ハ走セテ監門ヨリ入ラントセシカ渡廊下倒壞シ進ムコトヲ得ス引返シテ屍體室前ニ傾斜シテ危ク墜落ヲ免レ居ル橋ヲ渡リ倒壞セル煉瓦塀ヲ越ヘ罰室ト拘置監トノ間ヨリ潜入シテ拘置監ニ駈ケ付ケ佐藤、杉本兩看守ノ反對側廊下ヨリ房扉ノ破壞ヲ爲シ其ノ一房ヲ破リ二房ハ佐藤看守等ト協力之ヲ破碎シ又猪狩看守ハ渡廊下倒壞シテ進ムヲ得サルヨリ懲役監橫ノ非常橋カ危ク傾斜シテ墜落ヲ免レ居ルヲ渡リ倒壞煉瓦塀ヲ踰越シ見張所階下ヨリ駈ケ入リ佐藤、杉本兩看守ニ協力被告人ノ出房ニ盡力セシモノナリ

震災關係情報　其ノ四十五

横須賀戒嚴司令部情報部

●震災當時ノ鎭守府　其ノ二

鎭守府モ何時迄モ野天テ執務ハ出來ナイ早速樹間ニ應急ノ天幕ヲ張リ司令部ヲ其ノ中ニ移シタ其ノ内長官モ歸ラレ港內重油ノ燃エツツアル狀況工廠內破損ノ有樣等聞クヲ得タ然シ通信機關ノ破損ハ東京ハ更ナリ横濱ノ情況モ一向判ラス差シ當ッテ先ッ當市民ノ餓ヲ凌クタケノ方法ヲ講シナクテハナラヌノテ軍需部ヨリ爲シ得ルタケノ乾麵麭罐詰ヲ供給スル事ニシタ此外命令ヤラ報告テ幕僚ハ目カ廻ル程忙シイクテ震災ノ第一日ハ暮レタ然シ市街ノ火ハ未タ消エス焔ノ光リカ天ニ映シテ物凄イ長官始メ職員一同ハ纔カニ正子過キ野天ニ椅子等ヲ並ヘテ疲レタ體ヲ横ヘル事カ出來タ翌二日ハ漸次各方面ノ事情カ判リ出シタ午後ニ至リ横濱ヨリ巡査カ一人二三人ノ男ヲ連レテ萬難ヲ排シテ當府ニ來リ委サニ横濱ノ狀況ヲ具シテ艦船ノ派遣ヲ願ヒ出タ其ノ他此頃ヨリ例ノ鮮人ノ噂カ頻々トシテ來ッタコレ等ニ對スル判斷モ當時ノ情況トシテ却々考慮ヲ要シタノテアル交通途絕ノ爲東京行驅逐艦ニ便乘ヲ願フモノマタ天幕張リ司令部ニ殺倒スル或貧困者ノ如キハ不幸ノ情況ヲ涙ナカラニ述ヘ大地ニ手ヲツイテ掛リノモノヲ伏シ拜ンタ或者ハ知名ノ士ノ照會テ是非便乘ノ許可ヲ懇願シタ其ノ當人當人ノ事情ニ立チ至レハ誠ニ悲慘ノ極テアルカ大局ヨリコレヲ見レハ許可スル事ハ出來ヌ即チ一律ニコレヲ斷ルヨリ仕方カナカッタ二日ノ晩長井村ヨリ靑年團員カ二名引キ續イテマタ二名怪船長井

横須賀著

大船ヨリ	午前	六、三一
東京ヨリ	同	七、三〇
同	同	八、五三
同	同	一〇、二五
同	同	一一、四五
同	午後	一、〇〇
同	同	二、二五
同	同	三、三〇
同	同	五、〇五
同	同	六、二五
同	同	七、二九
同	同	八、五三
同	同	一〇、三〇

●横須賀戒嚴管下震災關係奇特者調

（横須賀海軍人事部調）　其ノ六

横須賀海軍刑務所看守長 長野祐介 看守須藤榮治 同濱田亮之ハ震災當時懲役囚ヲ教誨室ニ集メ看守長ハ中學修身書ヲ講シ兩看守ハ戒護ニ任シ居タリシカ第一震ト共ニ外圍十二尺ノ煉瓦高塀突然教誨室ノ側面ニ倒レ懸リタル爲之ニ壓セラレテ同室ハ大傾斜半倒壞トナリタリ本人等ハ此ノ際ニ處シテ沈毅冷靜且ッ敏捷ニ良ク機宜ノ處置ヲ誤ラス總囚ヲ混亂ヨリ救ヒ爲メニ僅ニ一名ノ負傷者ヲ出シ

ニ入港鮮人上陸襲來ヲ報シテ來タ此時ニハ已ニ鮮人ノ噂ノ總テ虚報ナルヲ知ツテ居タノテ陸軍ノ手テ偵察シテ貰ツタ其ノ結果コレハ房州ノ船テ薪炭ヲ搭載シテ他地方ニ向フ途中清水ニ不足ヲ來タシタノテコレヲ貰イニ入ツタノテアツタカ其ノ交渉ニ當ツタ人カ房州ノ方言ヲ使ツタノテ鮮人ト間違ヘラレタトノ事カ判明シタノテ後テ大笑テアツタ

◉艦船

一、出港艦船

尻矢　準備出來次第出港大阪ニ回港同地在清水組ヨリ建築部宛材本約六百噸ヲ搭載歸港ノ豫定

一、日進　本月末日ヲ以テ品川方面ニ於ケル任務ヲ打切リ横須賀歸港ノ豫定

五十鈴及第五驅逐隊　從來ノ通リ横濱ヲ常泊地トシ日進品川引揚ケ後ハ品川方面ノ警備ヲ兼ヌル筈

◉港町土砂搬出

海上運搬

海上運搬	二十日	二八八坪
	二十一日	一六八坪
	二十二日	二四七坪五
	二十三日	二三四坪五
	二十四日	○
	累計	四、七九〇坪
陸上運搬	二十日	五九坪
	二十一日	四四坪九
	二十二日	五五坪五

タルニ止マリ他ハ悉ク安全ニ内庭ニ避難セシメ得タリ

日進乘組海軍一等水兵金子盛男ハ九月一日允許上陸シ下宿ニ赴カントスル途中軍港座前ニテ石塀崩壞シ三四人下敷トナルヲ見テ直チニ土方風ノ男ト共ニ協力之カ救助ヲナシ下宿ニ至レハ既ニ猛火ノ爲ニ襲ハレツツアルヲ以テ奮然家財諸道具ノ搬出ニ從事セリ尚ホ近隣三四軒ノ家人只恐レ戰キテ何事モナサス猛火來襲ノ危キヲ慮リ前記土方風ノ男及軍艦榛名乘組三等機關兵(氏名不詳)ト共ニ又モヤ家財諸道具ノ搬出ニ協同盡力シ草津温泉下附近ニテ陸軍兵ト共ニ消防竝家屋倒壞等ニ極力努力シタルモ人數尠キ爲竟ニ其ノ目的ヲ果サスシテ歸艦セリ

阿蘇乘組海軍二等水兵菊地久間二ハ九月一日午後允許上陸シ當市中里所在ノ自巳下宿整理後午後三時半海軍病院下深田通ニ至リ折柄同所火災ノ鎭火ニ從事中ナル榛名防火隊指揮官田村大尉ノ指揮下ニ入リ危險ヲ顧ミス風下ノ家屋倒シ方及疊ヲ水ニ浸シテ延燒ヲ防ク等極力防火ニ從事シ午後六時過キ遂ニ鎭火スルヲ得タリ

海軍砲術學校勤務海軍一等機關兵曹山口義雄ハ大正十二年九月一日震災當時分隊先任下士官ノ配置ニアリシカ市内自巳居住ノ安否其ノ他一切私事ヲ顧ミス連日連夜一意專心校内復興作業ニ從事シ良ク部下ヲ督勵シテ迅速ニ點燈作業ヲ完了シ又防火其ノ他應急諸作業ニ鞅掌シ其ノ處置機敏ニシテ機宜ニ適シ能ク校務ノ遂行ヲ援ケタリ

神奈川縣三浦郡長井村大木根千百拾ヵ番地花屋柴崎仁助ハ大正十二年九月一日震災ニ際シ自宅ノ全壞セルニモ拘ラス震災後直チニ自家用ノ大工道具ヲ以テ倒壞家屋ノ下敷トナリ居タル同村原田榮吉ノ妻ハナ外一名中川銀藏妻ヨシ外三名ヲ救助シタル所置ハ最モ機宜ニ適シタルモノ

二十三日　四五坪五
二十四日　二四坪
累計　七九一坪

尚土砂排除ノ進捗状況ハ附錄ノ通リニシテ十一月中ニハ道路開通ノ見込ナリ（略）

本日迄發掘シタル死体ハ十三ニシテ外ニ足三本アリ

◎汽車開通並列車時刻改正

明二十八日ヨリ東海道汽車全通ノ豫定從テ横須賀發著ノ列車時刻左ノ通變更ノ筈

横須賀發

			接續
東京行	午前	五、四〇（大船待合四七分）	神戸
同	同	六、四〇（同　四五分）	小田原
同	同	八、〇二（同　二九分）	米原、富山
同	同	九、一二（同　一一分）	小田原
同	同	一〇、三五（同　五分）	神戸
同	同	一一、五五（同　七分）	明石
同	午後	一、二〇（同　四〇分）	豊橋
同	同	二、四〇（同　三六分）	濱松
同	同	三、五五（同　五分）	小田原
同	同	五、一五　同　九分）	三等急行神戸
同	同	六、三五（同　七五分）	三等急行下關
同	同	八、〇〇（同　一五分）	一、二等急行下關
大船行	同	九、五五（同　一三分）	下關

ナリ

横須賀海軍航空隊勤務海軍二等機關兵石川增幸ハ九月一日大震災當時士官室ニ在リ激震ノ際一旦屋外ニ避ケタルカ御眞影ノ安否ヲ氣遣ヒテ直チニ司令室ニ到リ副直將校荒井特務少尉ヲ援ケ連續余震ノ裡ニ御眞影奉遷ノ事ニ當レリ

海軍砲術學校勤務海軍二等水兵平山榮作ハ大正十二年九月一日震災當時公用使トシテ横須賀市山王町三十番地街路ヲ通行中激震ト同時ニ同番地履物商高橋賢吉カ石ノ下敷トナリ且隣家ヨリ出火シ危急ニ瀕シツツアルヲ認ムルヤ挺身危險ヲ冒シテ之ヲ救出シ重傷ヲ負ヘル同人ヲ介護シテ海軍機關學校々庭ニ避難セシメ克ク其ノ生命ヲ完ウスルヲ得セシメタリ

阿蘇乘組海軍二等機關兵渡邊義一同秋山直伊同鈴木一郎同池田國三郎ハ九月一日震災當日若松町二十二番地永守勉方ニ於テ同番地附近迄猛火ノ來襲ニ際シ人心狼狽爲シナキノ秋ニ方リ極力家具ノ全部ヲ安全地帯平坂上ニ搬出シ且ツ深更迄之ヲ保護セシ爲何等損害ナキヲ得タリ

震災関係情報　其ノ四十五付録　大正十二年十月二十七日　横須賀戒厳司令部情報部

港町崩壊土砂排除工事進捗図

記事

一、海軍ニ於テ道路ノ開通迄土砂ヲ排除シ残部ハ市側ニ作業ヲ引渡ス筈ナリ

二、道路ハ十一月中ニ開通シ得ル予定ニシテ本月二十五日ニ於ケル作業状況左ノ如シ

(1)崩壊土砂総坪数約二〇、〇〇〇坪

内訳左ノ如シ

A　一、〇〇〇
B　七、〇〇〇
C　一一、〇〇〇
c　一、〇〇〇

(イ)海軍ニテ土砂排除済坪数

A　約一、〇〇〇
Bノ内　約二、〇〇〇
Cノ内　約二、八〇〇
計　約五、八〇〇

(ロ)将来道路開通迄海軍ニテ排除スヘキ坪数

a　約一、〇〇〇
b　約三、〇〇〇
c　約一、〇〇〇
計　約五、〇〇〇

海軍ニ於テ排除済及排除スヘキ総坪数
約一〇、八〇〇

市側ニ於テ排除スヘキ総坪数
約九、二〇〇

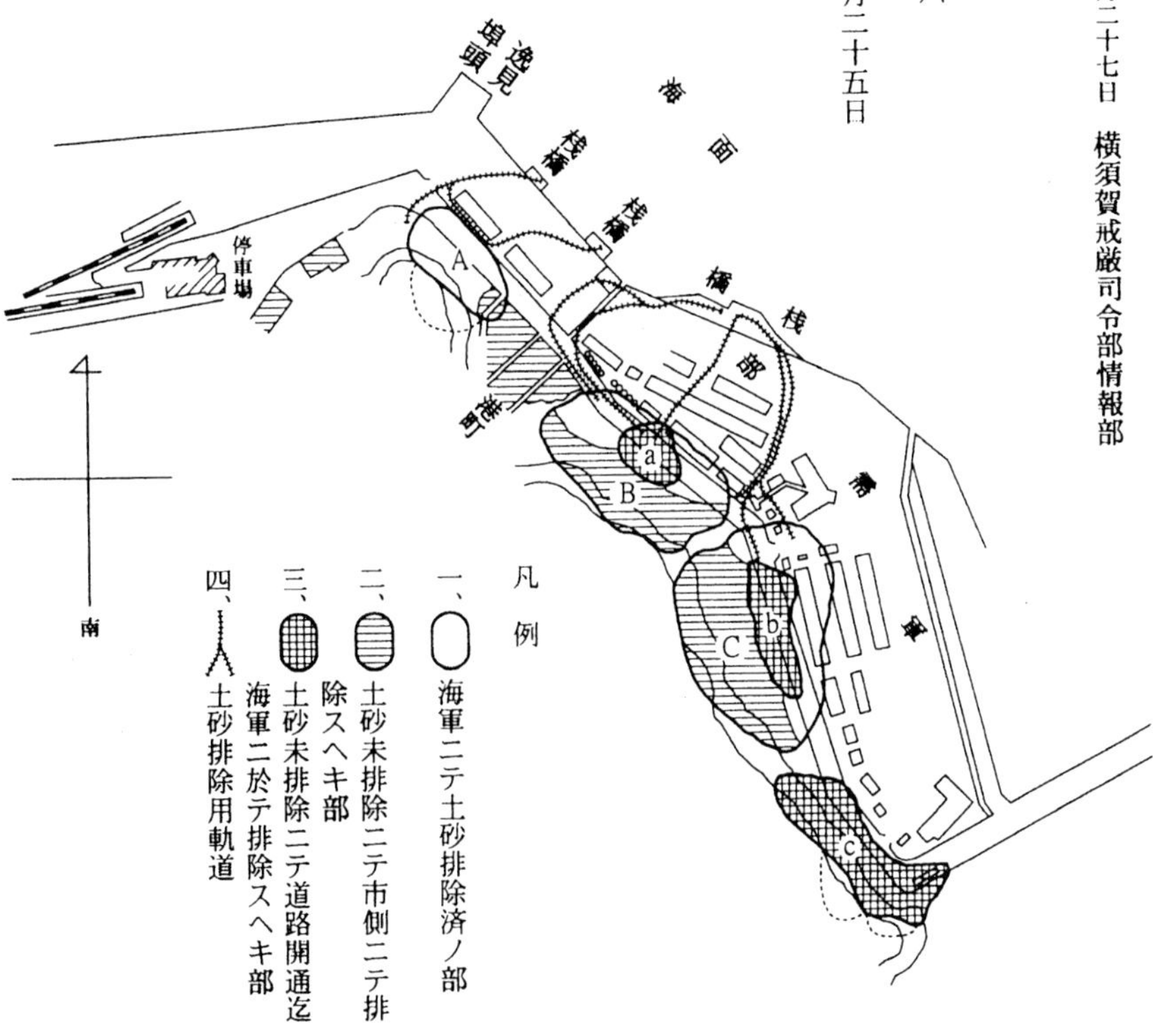

震災關係情報

其ノ四十六

横須賀戒嚴司令部情報部

◎震災以來ノ横須賀市概況

（市役所通牒摘要）（其ノ一）

一、震災時ノ狀況竝應急處置

九月一日午前十一時五十五分突如トシテ巨震本市ヲ襲ヒ一瞬ニシテ家屋其ノ他陸上ノ建設物大半倒レ山地土崩須臾ニシテ市內諸所ニ火災起リ繁華ノ街衢ハ全部灰燼ニ歸シ死傷算ナク家ヲ燒キ財ヲ喪フモノ枚擧ニ遑ナク一大修羅場ト化シ了ハンヌ加フルニ流言蜚語隨所ニ起リ人心恟々トシテ極度ノ不安裡ニ野天ニ一夜ヲ徹シタリ

當市役所ハ一瞬ニシテ本廳舍全壞シ死者二名傷者多數ヲ出シタレ圧幸ヒ燒失ヲ免レタルヲ以テ直チニ御眞影ヲ奉遷シ會計其ノ他重要書類ヲ持出シ幹部ハ一時八幡山高等小學校ニ於テ應急對策ヲ講シ翌二日本部ヲ鎭守府構內天幕內ニ移シ官憲ト協同聯合救援隊ヲ組織第一著手トシテ米麥ノ徵發ヲ行ヒ食糧ノ管理ヲナシタリ

大瀧埋立地水道課ハ類燒ノ厄ニ遭ヒシカ吏員死力ヲ盡シテ書類ノ搬出ニ消火栓ノ開栓ニ從事シタリシカ管路破損ノ爲施スニ術ナク同月八日ヨリ船廻シヲ以テ走水貯水池ヨリ應急給水ヲナシ火急ニ備ヘタリ

二、震災以來ノ救護事務

イ、被服

九月十八日ヨリ十月四日迄配給シタル成績左ノ

收容爾餘七名ハ自宅ニテ隔離療養中ニシテ一時消毒劑ニ不足ヲ告ケシコトアレ共現狀ハ十分ニアルヲ以テ豫防竝消毒ニ就テハ相當手段ヲ盡セルモ避病舍ニ收容センニモ看護婦ヲ得ル能ハサル結果自宅療養ノ止ムナキニ至レルモノナリ而シテ大体傳染病發生狀況ハ左表ノ通

年／月	六	七	八	九	一〇	一一
十年度	七	五	三	一二	八	○
十一年度	○	二	○	二	二	三
十二年度	九	二	四	一二	一一	一九（二十五日迄）

本表ハ各種傳染病患者ヲ含メリ

四、逗子方面指揮官ハ左記ノ者ヲ暴利護得者ト認メ十月二十四日葉山警察署長ニ告發セリ

逗子町逗子三一九　八百屋　川瀨磯吉

◎警察事務

一、暴利取締令違反　一

出版法違反　一取調中（二十七日）

違警罪拘留　二（二十六日）

二、人事相談

家屋ノ賃貸借

同　三（二十七日）

如シ

件數	人員	點數
合計 六、七五二	三〇、〇五二	一七八、三八三

十月五日ヨリ十九日ニ至ル全燒者、全潰者及一船貧困者ニ配給シタル成績左表ノ如シ

	全燒者			全壞者		
	件數	人員	點數	件數	人員	點數
合計	四七五	一、五三七	八、六八六	一、二五九	五、六〇三	三四七八二

一般貧困者ニ配給シタルモノ左ノ如シ

件數	人員	點數
合計 一、一一七	五、六四二	二九、八九五

ロ、施米

十月二十六日現在狀況左ノ如シ

施米世帶數 二一〇
同 人員 七八一
同 石數 二三四三合

三、衞生狀況

一、鮮人傷病者ノ診療 九月二十三日不入斗陸軍練兵塲內砲厰ニ鮮人二百五十五名ヲ保護收容セラレ其ノ健康診斷ヲ行ヒタルニ震災ニ因ル外傷患者二十八名其ノ他內外科ノ患者四十名計六十八名ノ多キヲ算スルヲ以テ市醫及助手各一名看護婦三名ヲ派シ砲厰內ニ鮮人治療所ヲ開設シ爾來診療ヲ繼續シ來リシカ歸國又ハ他地方ニ移轉シ鮮人ノ數次第ニ減シ患者モ治癒或ハ輕快シテ著シク減少シ特ニ治療所ヲ開設シ置クノ必要ヲ認メサルニ至リシヲ以テ十月廿二日之ヲ閉鎖シ其ノ後ハ時々回診シツツアリ治療所開設中ノ治療延

境界爭議 一(同 日)

◉港町崩土砂搬出

海上運搬 二二四坪
累計 五、〇一四坪
海上運搬從業延人員 二一二人 坪當單價二圓三十三錢
陸上運搬 三五坪
累計 八二六坪
陸上運搬從業延人員 一一八人 坪當單價九圓二十八錢

◉罹災者慰安ノ爲軍樂隊派遣

横濱市教育課ヨリノ申請ニヨリ震災罹災者慰安ノ爲來三十一日午後一時軍樂隊ヲ横濱ニ派遣セラル、筈

◉海底電線復舊

本土、小笠原間海底電線二十七日復舊セリ

◉横須賀管下震災關係奇特者調

(横須賀海軍人事部調) 其ノ七

阿蘇乘組海軍一等船匠兵淸水寅治ハ九月一日午後二時頃旭町雜賀屋呉服店裏附近通行中倒壞家屋ノ中ヨリ悲鳴聞ヘシヲ以テ直チニ捜索セシトコロ年齡三十五六歲ノ婦人右家屋ノ下敷トナリ且ツ猛火ハ五六間先マテ襲來セシヲ以テ機ヲ逸セス居合セタルモノト協力救助シ一時集會所ノ空地ニ避難セシメタリ

響乘組海軍一等水兵津島信次、海軍一等水兵吉岡英雄ハ九月一日午後一時工厰救援ノ爲派遣セラレタル際午後二

人員左ノ如シ
一、震災ニ因ル外傷患者　二五三人
一、内科患者　六七〇人
一、外科患者　二三二人
計　一、一四五人

一、防疫震災後ニ於ケル傳染病ハ著シキ傳播ヲ見スト雖飲料水ノ粗惡天候ノ不良其ノ他還境ト激變ニ因ル非衞生的生活ヲ續ケル結果赤痢腸チフス等ノ傳染病患者市内ニ散發シ未タ其ノ跡ヲ絶ツニ至ラス依テ之カ豫防ノ爲既報防疫班ニ於テ日々檢病的調査ヲ爲シ以テ患者ノ早期發見ニ努メ又患者ハ速ニ市立病院ニ収容シテ健康者ト離隔シ患者ニ對シテハ嚴重ナル消毒ヲ行フト共ニ井戸及下水ノ消毒汚物ノ除去、蠅ノ驅除ヲ勵行シツツアリ

自九月一日至十月廿五日傳染病患者發生數
腸チフス　七七人
パラチフス　八人
赤痢(疑似症ヲ含ム)　六一人
流行性腦脊髓膜炎　一人
計　一四七人

十月廿五日現在市立病院収容患者數
腸チフス　五〇人
パラチフス　四人
赤痢(疑似症ヲ含ム)　一〇人
計　六四人

一、赤十字社救護班ノ來援　日本赤十字社臨時震災救護部和歌山支部救護班(醫員二名、書記一名、

時頃工廠製罐工場附近ニ於テ同工場職工一名煉瓦ノ下敷トナリ危機ニ瀕セルニ遇ヒ他所轄派遣兵若干ト協力シ極力發掘ニ努メ午後四時ニ至リ漸ク六尺ニ近キ煉瓦ヲ除去シ被害者ヲ救助シ得タリ

有明乗組海軍三等主計兵曹伊藤勝太郎ハ九月一日午後二時允許上陸ニテ自宅(横須賀市小川町九番地)ノ救難ニ赴ク途中山王町迄行キタルニ火災ハ既ニ小川町大瀧町附近ニ及ヒ自宅ニ近ツクコト出來サレハ自宅救助ヲ斷念シ良長院下ニ到リ他ノ兵員ト協力シテ將ニ火ノ及ハントセル家屋二軒ヲ引キ倒シ附近ノ人々ヲ督勵シテ從事シ爲ニ山上ニ延燒セントスル猛火ヲ喰止ムルコトヲ得タリ後猶附近ニ殘リテ家財ノ搬出避難者ノ救助保護ヲナシ夜ヲ徹シタリ

初霜乗組海軍一等機關兵石井宗次郎ハ九月一日允許上陸シテ午後零時半頃軍需部構内通過ノ際港町ノ火災ヲ見軍艦榛名ノ兵員ト協力防火ニ努メ鎮火セシヲ以テ下宿ニ歸ラントシ午後二時半頃汐入横須賀館前ニ到リシ時該館家人ヨリ崩壊家屋ノ下ニ人アルヲ聞キ此ノ發堀ニ當リシニ後ヨリ武藏乗組兵員三名來リ協力シテ午後四時三十分頃横須賀館ノ主人及此宿人(海軍大尉トノコト)ノ二人ヲ救ヒ出シタリ

五十鈴乗組海軍一等水兵茂手木國造ハ大正十二年九月一日允許上陸中横須賀海軍病院入院中ノ實弟ヲ見舞ヒ皈途恰モ大震ニ遭遇シ深田五十二番地海軍工廠職工杉崎藤治長女二女長男カ病院石塀ノ下敷トナリ居ルヲ見重砲兵聯隊第四中隊見習士官ト協力シ二女ヲ救ヒ出シ長男ノ壓死体ヲ引出シテ人工呼吸法迄モ施シテ懇切ニ其ノ母ヲ慰撫シテ後急キ他ノ救助ニ向ヒタリ

看護婦八名）十月五日來援市立横須賀病院ニ於テ傳染病患者ノ診療ニ從事同月廿四日同社神奈川縣支部救護班（醫員一名看護婦八名）ト交替セリ

一、罹災死亡者　十月二十五日迄ニ埋火葬ニ附シタル罹災死亡者ハ五百四十九名ニシテ內身元判明セルモノ四百五名住所氏名ノ判明セサルモノ漂著三十五名發掘九名ナリ

◉最近逗子戒嚴地區情況報告

一、沼間「トンネル」東口辛フシテ自働車ヲ通ス
船越新「トンネル」開通工事未著手

二、警衛糧食等異狀ナシ

三、衞生
田浦町ハ近時傳染病患者續發シ九月中計十一名十月ニ入リテヨリ十九名ニ達シ殆ント其ノ全部腸「チブス」ナリ
浦郷方面ハ患者發生地附近住民約三百名ニ豫防注射ヲ施シタリ患者ハ目下十五名共濟會病院長浦分院ニ

五十鈴乘組海軍一等水兵近藤喜作、海軍一等水兵松井角五郎ハ九月六日横須賀港ニ於陸戰隊員トシテ上陸山下橋附近避難民秩序維持ニ從事ノ際附近ノ民家ニテ縊死ヲ企テタル支那婦人ヲ介抱シ他ノ婦人ト共ニ人工呼吸ヲ以テ約三十分後ニ之ヲ蘇生セシメ折柄他ニ水汲ニ赴キ歸リ來レル夫ニ引渡シタリ

五十鈴乘組海軍一等機關兵川越庄司ハ大正十二年九月一日允許上陸中震災ニ遭遇シタルヲ以テ直ニ自己下宿家ノ婦女子ヲ戶外ニ避難セシメ歸艦遲延ヲ慮リ海兵團ニ至リ之ヲ請願シ歸途機關學校前ニテ淺井某ノ住宅倒壞シ一婦人ノ下敷トナリ居ルヲ發見シ機關學校練習生數名ト共ニ之ヲ救ヒ出セリ

神奈川縣三浦郡長井村字大久保二千二百四十五番地僧侶大久保了弘ハ九月一日住家並佛殿殆ント半壞ノ狀態ナルニモ拘ラス海嘯襲來ノ恐アル海岸ノ住民二百名ヲ避難セシメ又青年團長ト協力シテ能ク道路ノ修理其ノ他災害ノ回復ニ大イニ盡力シタリ

震災關係情報　其ノ四十七

横須賀戒嚴司令部情報部

◎震災當時ノ鎮守府　其ノ三

三日ニナルト市中ノ狀況ハ稍々安靜ニナリ地方ノ狀況モ稍々確實ナ所カ判明シテ來タソレニ從ツテ鎮守府ノ仕事モ愈々忙シイ職員ハ未タ「ビスケット」ト罐詰テ飢ヲ凌イテ居ル幕僚ノ顏モ大分睡眠不足ノ狀カ見エル晝テモ夜テモ仕事ノ暇ニハ椅子ニヨリ居眠リヲ始メル確カ四日ダト思ツタカ十五驅逐隊カラ握飯ノ寄贈カアツタ之テ初メテ米ノ飯ニアリ付イタ譯テ恰モ大干ノ雲霓ヲ望ムカ如シテアル五日ニハ横須賀市竝三浦郡カ戒嚴カ施行サレタ時々鎮守府天幕內ニ市當局竝陸軍官憲モ集リ會議カアル便乘者ノ押シ掛ケルノハマタ減ラヌ漸次日ノ立ツニ從ヒ鎮守府ノ天幕モ整頓サレル諸方ヘノ電話モ通スル其ノ中ニ立派ナ（其ノ時ノ心持テ）「バラック」モ出來テ兎ニ角雨ニ潤レスニ仕事スル事カ出來ル樣ニナツタ其ノ中ニ市役所モ郡役所ノ出張所モ鎮守府內天幕ニ事務所ヲ設ケル寄贈被服ノ配給カ始マルト罹災者カ行列ヲ作ツテ押寄セル戒嚴司令部ノ仕事モ落付イテ來ル斯クシテ十月十一日ヨリ司令部ハ元經理部廳舍ノ一部ニ移リ司令部ノ「バラック」ニハ市役所カ其ノ儘入ツタ此頃暇ヲ得テ舊鎮守府廳舍ニ入ツテ見ルト玄關突キ當リノ大壁ハ全部落チ居ル長官室ハ例ノ煙突ノ折レテ屋根ヲ貫キ長官ノ机（平常使用サレシモノ）諸共床ヲ貫キ階下ノ會議室ノ地ノ底マテ貫カレテ居ル長官カ無難ナリシハ奇蹟テアルト云フモ差支ナイ參謀長室ノ前ノ廊下モ同樣テアル參謀長室ハ天井カ皆落チ居ル圖書室モ長官室ト同樣テアル裏ニ廻ハルト煉瓦壁土ノ落チタノカ山積シテ居ル八木筆生ノ死ンタノハ其ノ下テアル人事部ハ又例ノ煙突テ粉碎サレテ居ルヨクモ殆ト全部ノ人カ無難テアツタモノタ此跡ヲ見テハ未タニ慄然トスル感シカスル

◎震災以來ノ横須賀市概況（市役所通牒摘要）（其ノ二）

四、復舊事務

イ、市街　官民協力復舊ニ努メタル結果燒跡ニ追々假建築ヲナシ定業ニ復スル者增加シ市街漸次整頓シツツアリ

ロ、家屋　漸次燒跡ニ假建築ヲ爲スモノ增加シ倒壞破損家屋モ應急修理ヲ施シ夫々自家ニ復歸スルモノアレトモ財政的脅威ニ加フルニ建築諸材料

五、金融

第四條　各部ニ部長一人各委員部ニ委員長一人副委員長二人ヲ置ク

總務部長ハ會長之ニ當リ計畫部長委員長及副委員長ハ會長之ヲ指名ス

第五條　部長ハ部ヲ統轄ス

委員長ハ所屬委員部ノ事務ヲ掌理シ副委員長之ヲ補佐ス

第六條　部長、總務部委員、委員長及副委員長ヲ常務委員トス

第七條　常務委員ハ各部ノ會議ニ列席シ議事ニ參與シ議決ニ加ハルコトヲ得

第八條　常務委員會ハ本會ノ重要事項ヲ審議ス

第九條　委員ハ會長ノ指名スル所ニ依リ各部ニ分屬ス

第十條　委員ハ其ノ所屬以外ノ部ノ會議ニ列席シ意見ヲ述フルコトヲ得

横須賀復興會名簿

會長　奥宮衞

顧問　野間口兼雄　藤原英三郎　福原佳哉　小泉又次郎

總務部

部長　奥宮衞

委員　岩邊季貴　伊藤清　稲葉愿　石渡坦豊　畑瀬寅一　大井鉄丸　東京灣要塞司令部　河邊良平　川島喜之助　川井豊吉　吉村幹三郎　石坂銀五　高橋孫作　田邊熊吉　中村虎猪

◎横須賀軍港水道工事現況（附錄參照）

半原水源地ヨリ當軍港ニ至ル水道管路ノ損害甚大ニシテ其ノ復舊甚タ困難ナルカ目下作業ヲ四班ニ分チ鋭意該工事ニ努力中ニシテ其ノ概況左ノ如シ

一、第一班

横須賀方面ノ假給水設備進捗スルヤ九月二十一日第一班（鈴木技手）ハ半原水源地ニ至リ同水源地ヨリ約五里間ヲ擔當シ十月四日三里ノ通水ヲ見ルニ至リ目下相模川鉄管橋及其ノ前後ノ鉄管復舊ニ努メツツアリ

二、第二班

九月二十九日第二班（渡邊技手海軍省ヨリ應援）ハ第一班以東ノ約二里拾町間ヲ擔當シ目下同區間中ニ於ケル災害ノ甚大箇所海老名附近ノ線路崩壞鉄管破損ノ復舊工事ニ努力シ大ニ進捗ヲ見ツツアリ

三、第三班

九月二十七日第三班（泥谷技手）ハ第二班以東ノ約二里拾町間ヲ擔當シ目下藤澤字赤坂山及大坂山（藤澤堺川間）ニ於ケル災害部極力復舊工事中ナリ

四、第四班

十月四日第四班（海軍省應援高木技手）ヲ編成シ最終點淨水地間約三里半ヲ擔當シ目下鎌倉郡深澤村方面及同滑川鉄管橋災害箇所復舊ヲ急キツツアリ

以上ノ如クニシテ復舊工事開始以來本日ニ至ル職工人夫ノ使役延員數ハ實ニ四七〇〇人ニ達シ尚ホ送水管線路ニ二班配水管線路ニ二班ヲ增加スルノ必要アリテ目下之カ準備中ニアリ

◎三崎戒嚴地區指揮部部員一部引揚

三崎戒嚴地ハ刻下ノ現狀ニ鑑ミ去ル二十三日ヨリ左記ノ通部員ノ一部ヲ引揚ケタリ

	引揚人員	殘留員
少佐	一	〇
特務少尉、兵曹長	〇	一
兵曹	一	一
水兵	二	七
看護兵曹	一	〇
主計兵曹	〇	一
主計兵	一	〇

工賃ノ激騰ノ爲一般家屋ノ復舊ハ進捗遲々タル有様ナリ

八、通信　郵便電信電話ハ震災發生ト共ニ一時全然不通トナリシカ通信官署等ニ於テ極力復舊ニ努メタル結果市内官公署ノ開通ヲ見目下漸次一般ニ及ホスヘク鋭意工事中

ニ、電燈　點燈工事ハ大ニ進捗シ現在ニ於テハ殘存家屋ハ勿論假設家屋等ニモ隨時點燈セラレツヽアリ

五、震災以來ノ市内概況

餘震ノ激減セルト市内警備ノ充實ニヨリ人心頓ニ靜謐ニ向ヒ假建築物ノ増加、露店ノ多數ヲ見受ケ市況活氣ヲ呈シ復興ノ曙光ニ輝キツヽアリ

六、横須賀復興事業

横須賀市復興ニ付テハ野間口横須賀戒嚴司令官ノ慫慂モアリ林前横須賀市長職務管掌ノ手許ニ於テ規程案等ノ立案ヲナシ本月一日發起人總會ヲ開催次テ同月八日本市高等女學校ニ於テ創立總會ヲ開キ左記委員ノ銓衡規程ヲ決定セリ

爾來數次各部會ニテ開會鋭意調査立案中ニ屬ス本月廿五日開會總會ニ於テ決定セラレタル事項左ノ如シ

一、罹災民住宅建築ニ對シ補助金貸與ノ件

燒失家屋二千七十戸倒壊家屋二千三百戸是ヲ棟數ニ換算スル時ハ三千棟位ナラント思考ス依テ一棟平屋十五坪二階建二十五坪ト限定シ一坪ニ對シ金五十圓以内ヲ貸與スルコトトス

資金ハ大小家屋ヲ平均シ六万坪ト見込ミ凡金三百万圓ナリ

返濟方法ハ其ノ家屋ヲ擔保トシ月賦償還法ヲ以テ之ヲ償却セシムルコト但資金先借ヲ要スル時ハ小住宅ノ組合ヲ組織セシムルカ或ハ連帶責任者ヲ求メ貸借證ヲ作製スルコトトス

二、各學校ニ關スル件

各學校建築ニ對シテハ相當技術者ニ托シ其ノ耐久力ノ調査ヲナシ應急修繕ヲ加ヘ以テ兒童ヲ收容シ一日モ早ク授業ヲナサシムルコト

全然修繕シ能ハサルモノハ一時「バラック」ヲ建築スルコト

三、横須賀市立病院ヲ建設スルコト

四、火災保險金支拂ヲ政府ニ陳情スルコト

五、便宜ノ地ヘ市營トシテ倉庫建築ノコト

此建坪千坪々當リ百圓トシ此資金拾万圓也トス

六、都市計畫ニ關スル道路線改正案一二改正アリタ

宇佐川知義
上原松山
野田義夫
丸山敏夫
福田庫文司
福田靜太郎
荒城卓爾
淺羽長左衛門
宮下道三郎
見矢木欽爾
三上文太郎
篠崎眞介
庄司權之助
久野工
阡陌堯一
鈴木章太郎

計畫部

部長　奥宮衛

市財政及事業委員部

委員長　三上文太郎
副委員長　藤田松太郎
同　櫻井昇策
委員　今井金之助
若命信二
瀧川乙吉
長岡玄廓
永島源之助
古川祐太郎
小泉岩吉
鈴木力藏

都市計畫及港灣埋立委員部

委員長　大井鉄丸
副委員長　栗田万五郎
同　藤井勝一
委員　石渡啓太郎
川島不二郎
田中左右宜
竹見堅三
馬淵曜
松木爲吉
一本信太郎
菅谷鐵郎

運輸交通及通信委員部

尻矢

◉艦船

既報ノ諸建築部宛木材運搬ノ爲十一月一日大阪ニ向ケ出港同三日大阪著五日同地發歸港ノ豫定ナリ

尚ホ部内者竝同家族ノ便乘竝引越荷物ノ托送差支ナシ

◉艦船部隊兵員陸上作業廢止

從來艦船部隊ヨリ兵員ヲ陸上ノ震災復舊諸作業ニ派遣セラレタル處本日限リ取止メラルルコトトナレリ

◉警察事務

違警罪　拘留　三(二十八日)
同　同　二(二十九日)
刑事被告人　留置　一(二十九日)
警衛隊ニ酩酊檢束　二

◉衛生狀況

新患者左ノ如シ

赤痢　市内　一(二十八日)
腸チブス　同　三(二十九日)

◉米ノ配給移管

來十一月一日ヨリ横須賀市及三浦郡内町村團体等ニ對スル米ノ配給ヲ農商務省食糧局ニ移サルルコトトナレリ因ニ同局出張所ハ不日横須賀市ニ設置セラルル豫定ナリ

◉横須賀戒嚴管下震災關係奇特者調

(横須賀海軍人事部調)其ノ八

洲崎乘組海軍二等機關兵青山源之助ハ實母看護歸省中九月一日大強震ノ際常磐線東信號所地先ニテ旅客滿員列車脱線破壊シ急報ニ接シ當村青年會竝消防手援助ノ際看護中ニモ拘ハラス遭難地ニ馳付ケ死者ノ收容傷者ノ手當貨物ノ運搬等ニ從事シ克ク其ノ救難作業ニ努力セリ

青島乘組海軍一等水兵槍林雄太郎ハ大正十二年九月一日午後一時公用使トシテ郵便局ニ到レルニ折シモ郵便局ハ猛火ニ包マレ正ニ燒ケ落ントシツヽアルヲ見何等カ持出シヲ要スル貴重品ナキカトノ念起リシ爲一身ノ危險ニ些ノ顧慮ナク直チニ局内ニ闖入木曾武藏等行ノ郵便物ヲ持出シ之ヲ本艦ニ持チ歸リ以テ該郵便物ノ燒失ヲ免レシメタリ因ニ右郵便物ハ爾後本艦ニテ夫々配付セリ

尚ホ本人ハ郵便局往復ノ途次平坂ニ於テ一婦人ノ倒壊家屋内ヨリ貴重品ヲ取リ出サント苦心シツヽアリシヲ助力シ之ヲ取リ出シ又中里桃ノ湯附近某家ニ於テ倒壊家屋ノ下敷トナレル一少女ヲ救助セント焦慮シツヽアル婦人ヲ

ルモ大体原案通決定

道路改正費概算

金三百四十四萬圓也　市道

金四百二十五萬一千圓也　國縣道

合計金七百六十九萬一千圓也

横須賀復興會規程

第一條　本會ハ横須賀復興會ト稱シ其ノ事務所ヲ横須賀市役所内ニ置ク

第二條　本會ハ横須賀市ノ復興ニ關スル必要ナル施設ヲ調査研究シ之カ實行ヲ期スルヲ目的トス

第三條　本會ハ會長一名委員若干名ヲ以テ組織ス

第四條　會長ハ委員中ヨリ之ヲ互選ス

第五條　會長ハ必要ニ應シ委員ヲ囑託スルコトヲ得

第六條　會長ハ常務ヲ處理スル爲委員中ヨリ常務委員若干名ヲ指名ス

第七條　本會ニ顧問ヲ置キ會長之ヲ囑託ス

第八條　本會ニ幹事若干名ヲ置キ會長之ヲ囑託ス

第九條　會長ハ會務ヲ統理シ委員總會及常務委員會ノ議長トナリ本會ヲ代表ス

會長事故アルトキハ會長ノ指名スル常務委員其ノ職務ヲ代理ス

第十條　委員總會及常務委員會ノ議事ハ出席委員ノ過半數ヲ以テ之ヲ決ス

第十一條　本會ノ經費ハ寄附金及其ノ他ノ收入ヲ以テ之ニ充ツ

横須賀復興會處務規程

第一條　本會ニ左ノ二部ヲ設ク

一、總務部

二、計畫部

第二條　總務部ハ會務ノ全般ニ亘リテ會長ヲ補佐シ重要會務ニ參畫ス

總務部ニ庶務及會計擔任者各若干名ヲ置キ總務部委員及幹事中ヨリ會長之ヲ指名ス

第三條　計畫部ハ復興ニ關スル必要ナル諸施設ヲ調査研究シ之カ實行計畫ヲ立案ス

計畫部ニ左ノ委員部ヲ設ク

一、市ノ財政及事業

二、都市計畫及港灣埋立

三、運輸交通及通信

四、商工業

委員長　長濱佐一郎

副委員長　田邊熊吉

同　興津哲三

委員　伊藤喜市

畑瀬寅一

荻原宗十郎

高橋嘉喜知

野田義夫

矢部由次郎

北川喜代藏

島森庄右衛門

鈴木章太郎

商工業委員部

委員長　淺羽長左衛門

副委員長　石井長右衛門

同　小佐野皆吉

委員　石渡好文

今井清吉

服部復三

岡本傳之助

久保田清吉

小林房次郎

尼子又一

北村喜助

金融委員部

委員長　高橋孫作

副委員長　小山定吉

同　小林與兵衛

委員　今井市兵衛

飯塚竹次郎

遠山正次

土田寅次郎

佐々木惠秀

水澤專吉

三富春吉

幹事　（庶務）（兼）栗田万五郎　（庶務）（兼）古川祐太郎
（會計）（兼）今井金之助　（會計）（兼）阡陌堯一
稲見銀太郎、風戸義郎、石渡三郎、高田雄邦、香川德太郎

援助シ其ノ救助ヲ容易ナラシメタリ之等家屋ノ番地婦人ノ姓名等ハ匆卒ノ際ニテ明ニスルヲ得サリシモノナリ

響乘組海軍三等兵曹野本秋治ハ九月一日午後一時半市内救援ノ爲派遣セラレタル折横須賀市深田ニ於テ一魚店崩壞シ家婦及老母ハ家ノ下敷トナリ家婦ハ悲鳴ヲアケ老母ハ虫ノ息トナレルヲ見タリ時ニ災火將ニ附近ニ到リ一刻モ猶餘ス可カラサル狀況ナリキ此時ニ當リ右者水兵二名陸軍兵卒一名ト協力シ該二名ヲ救ヒ出シ安全ナル地ニ避難セシメタリ

神奈川縣三浦郡三崎町醫師新井民一郎ハ大正十二年九月一日震災アルヤ町内醫師ト協力シ連日連夜負傷者ノ收容應急手當ニ從事シタル等能ク其ノ職分ヲ盡シタリ

神奈川縣三浦郡三崎町看護婦吉永ナガハ大正十二年九月一日震災後直チニ負傷者救護所ニ出頭シ醫師ヲ補佐シテ負傷者ノ應急手當ニ從事シ爾來連日連夜勞苦ヲ意トセス懇切叮寧能ク救護ニ努力セリ

軍艦榛名第五分隊海軍二等水兵江連森治ハ這般ノ震火災ノ際市内稲岡町十一番地茂住シゲ方ニ至リ震災ノタメ失神狀態ニアリシシゲヲ励マシ家財ヲ屋外ニ搬出シ始メタルニ旭町及小川町方面ヨリノ火勢ニ包マレ進路ヲ失ヒ殆ト進退谷リテ死ヲ決シタル處江連ハシゲヲ脊負ヒ火煙ノ中ヲ鎭守府裏山ノ斜面ニ這上リ海軍經理部脇ニ避難セシメシゲヲ燒死ヨリ救ヒ出シタリ

◎情報日刊廢止

本日ヲ以テ本情報ノ日刊ヲ廢止セラレ以後情報ハ必要ノ都度鎭守府公報附錄トシテ發行セラルヽコトヽナレリ

顧ミレハ客月二十六日本情報發行以來已ニ月餘ニ及ヒ此間幸ニ各部ヨリ進ンテ報告通牒ヲ寄セラレ略ホ震災以來ノ各部ノ狀況竝活動ノ梗概ヲ記シ得タルハ誠ニ欣快ニ堪ヘサル所ナリ今ヤ己ニ復舊ノ作業モ大ニ進渉シ人心亦殆ト常態ニ復シ進ンテ復興ノ事業ニ移ラントスル時機ニ達シ本情報ノ目的モ大部之ヲ遂スルヲ得茲ニ日刊ヲ廢止セラルルニ際シ報告通牒ヲ寄セラレタル各部ニ對シ深ク感謝ノ意ヲ表ス

◎正誤

昨日ノ情報ヲ大正十二年十月二十八日（月曜日）トセシハ大正十二年十月二十九日（月曜日）ノ誤

震災関係情報　其ノ四十七　付録

大正十二年十月三十日　横須賀戒厳司令部情報部

横須賀軍港水道一般図

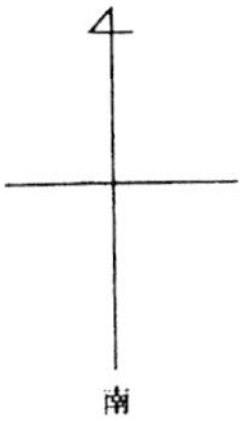

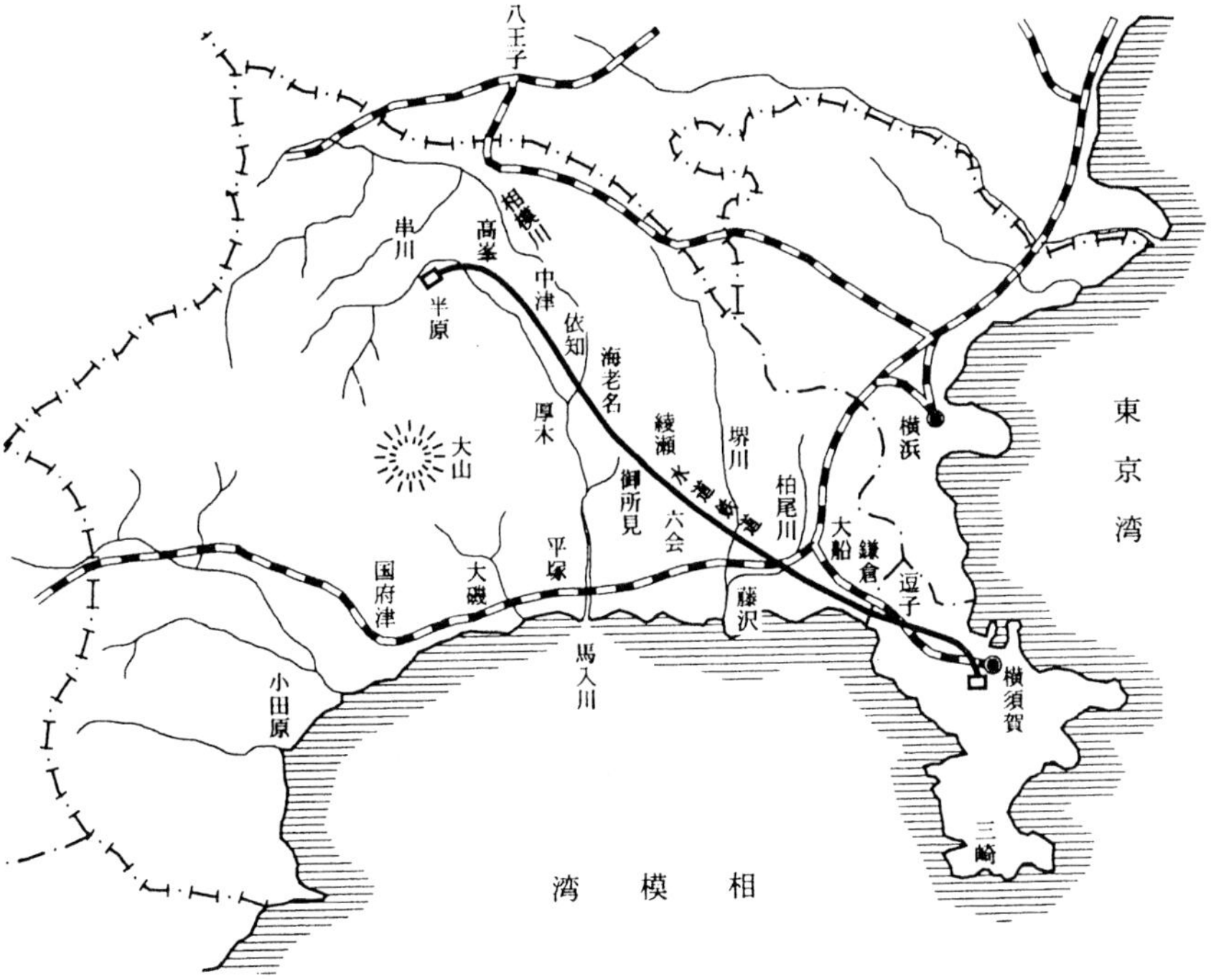

（松室文書）

震災以来十月二十日ニ至ル
関東戒厳地域内警備一般ノ状況

関東戒厳司令部

第一　関東戒厳司令部設置前ニ於ケル警備一般ノ状況

九月一日災害起ルヤ東京衛戍司令官代理石光第一師団長ハ直ニ近衛及第一師団ニ警備区域ヲ指示シテ全都ノ警備ニ当ラシメ特ニ皇居宮邸諸官庁大公使館刑務所等ニ兵力ヲ配置シ且火災ノ為危険ナル方面ニ救援隊ヲ派遣セリ然レ共震災範囲ノ拡大ハ到底在京部隊ノミヲ以テ処理スヘクモアラサルヲ以テ陸軍当局ハ憲兵隊ニ補助憲兵ヲ増加シ且不取敢教育総監近衛及第一両師団長ノ隷下部隊ニシテ東京以外ニ屯在セル部隊ヲ速ニ帝都ニ招致シテ東京衛戍司令官ノ指揮下ニ入ラシメタリ夜ニ入リ火災ノ蔓延愈々甚タシク帝都今ヤ火ノ海ト化シ市内ノ混乱其極ニ達シ加フルニ通信交通全ク杜絶シテ四囲ノ情況混沌タリ陸軍当局ハ事態誠ニ重大ニシテ万一民心動揺シ不逞団ノ乗スル所トナランカ帝都ノ治安為ニ破壊セラルヘキヲ慮リ二日更ニ第十三及第十四両師団ノ歩兵各二連隊及第二第八第九第十三第十四師団ノ各工兵大隊ニ東京ニ出動ヲ令シ又航空本部長ヲシテ航空諸隊ヲ区署シ帝都ト地方トノ連絡飛行ヲ行ヒ諸命令ノ伝達災害ノ通報罹災地範囲及被

害程度ノ確認等万難ヲ排シ活動ヲ開始セシメタリ

九月二日東京市及隣接五郡ニ戒厳令第九第十四条ノ規定ヲ適用セラレ東京衛戍司令官戒厳司令官ノ職ニ就ク第三師団長ハ此日東京地方ノ事態極メテ重大ナルヲ知

二日午後以来東京付近ニ於テハ鮮人暴挙ノ報所在ニ起リ人心ノ動揺甚シク就中東京西南部及舟橋（ママ）方面ニ在リテハ鮮人ノ大挙襲来ヲ伝ヘテ其混乱名状スヘカラス而モ猛火ハ尚炎々トシテ全市ヲ烏有ニ帰セスンハ止マサラントシ悽愴ノ気天地ヲ掩フ此時ニ方リ飛行機ノ偵察及神奈川県警務課長ノ徒歩連絡ニヨリ横浜ノ惨状明瞭トナリ当該官憲派兵ノ要求極メテ切ナリ当時東京市ノ物情亦極メテ危険ナルコト上述ノ如ク而モ在京ノ兵力尚頗ル僅少ナリシカ陸軍当局ハ万難ヲ排シテ横浜ニ派兵スルコトニ決シ同日夜恰モ急遽到着セル騎兵第十五連隊ヲシテ人馬休息ノ遑ナク続イテ急行セシメ更ニ歩兵一中隊ヲシテ翌三日駆逐艦ニテ横浜ニ向ハシメ以テ不取敢焦眉ノ急ニ応セシムルノ処置ヲ取レリ

第二　関東戒厳司令部設置後ニ於ケル警備ノ状況

其一　一般ノ状況

九月三日戒厳令施行区域ヲ東京府及神奈川県一円ニ拡張セラレ横須賀市及三浦郡ニ在リテハ横須賀鎮守府司令長官海軍大将野間口兼雄其他ノ地域ニ在リテハ新ニ任命セラレタル関東戒厳司令官陸軍大将福田雅太郎之カ鎮守警備ノ任ニ就キ翌四日関東戒厳地域ハ更ニ千葉埼玉両県下ニ拡張セラル

陸軍当局ハ戒厳地域ノ拡張ニ伴ヒ九月三日ヨリ同五日ニ亘リ更ニ第二第八第九師団ノ歩兵各二連隊第五師団ノ電信一連隊第十五師団ノ野戦重砲兵一連隊及内地全師団ノ衛生機関及末夕（ママ）招致セラレサル内地全師団（第四第六師団ヲ除ク）ノ工兵大隊ニ対シ出動ヲ命令シ之等ノ諸隊ハ到着ニ従ヒ関東戒厳地域内ニ在リシ全陸軍軍隊（各兵学校教導隊ヲ含ム）ト共ニ関東戒厳司令官ノ指揮下ニ入レリ

戒厳司令部ハ当初其本然ノ任務タル警備ノ外一般官民ニ関スル救済ノ業務ヲ併セ行ヒタリ蓋シ震災ノ為帝都付

近有ユル緒機関一時殆ント覆滅シ内外ノ連絡遮断シタルノミナラス各官公庁スラ震災ニ依ル被害激甚ニシテ敏速ナル活動ヲ許ササリシ当時ノ状況ニ於テハ戦時ノ独立活動ヲ基礎トシタル編制組織ヲ有スル軍隊ノ実力ヲ以テ之カ救済ヲ行フハ喫緊機宜ノ処置タルノミナラス当初火急ノ際焦眉ノ急ニ応スヘキ救済諸施設ハ警備ノ実行ト密接ナル連繋ヲ要スヘキヲ以テナリ然レ共救済業務ハ戒厳軍隊ノ本来ノ任務ニアラサルノミナラス幸ニ旬日ヲ越エスシテ軍隊ノ警備充実シ大ナル擾乱ニ陥ルコトナク応急救済処置亦概ネ其目的ヲ達シテ更ニ新ナル施設ニ移ルヘキ時期ニ到着セルヲ以テ九月十一日以来一般官民ニ関スル補給救療並交通通信ノ修復等ノ業務ノ大部□（ママ）ハ之ヲ陸軍震災救護委員ノ管掌ニ移管シ戒厳令司令部ハ主トシテ警備ニ専任スルニ至レリ

震災ノ直後流言飛語（ママ）ニ起因シテ各地多少ノ騒擾ヲ惹起シタルモ上述ノ如ク震災以来旬日ヲ出テスシテ各地民心ノ不安概ネ一掃セラレ一般ノ状況漸次安定ニ帰シ爾来日ヲ逐ウテ秩序回復ニ赴キツヽアリ之カ為メ警備軍隊ハ九月中旬以来直接警備ニ任スル兵力ヲ減少シテ其主力ヲ集結シ警備ノ持久ニ備ヘツヽアリシカ一般情況益々平静ナルヲ以テ九月下旬以来戒厳軍隊ハ一部兵力ノ撤去ヲ行ハレツヽアリ而モ民心何等動揺ヲ見ス治安維持ノ状態前述ノ如クナルニ拘ラス官民一般ノ心理状態ハ戒厳地域内ノ安寧ヲ軍隊警備ノ力ニ帰スルモノ頗ル厚キカ如ク軍隊ノ存在或ハ戒厳令施行ノ一日モ永カランコトヲ切望スルモノ頗ル多シ

其二　軍隊使用ノ状況

一、九月十二日迄ノ状況（兵力分散配置ノ時期）

関東戒厳司令官ハ九月三日正午命令ヲ下シ戒厳地域ヲ東京北部同南部神奈川及小田原ノ四警備地区ニ分チ左ノ如ク軍隊ヲ配置シ各地区ノ警備司令官ヲシテ担任地区内ニ於ケル治安維持ノ責ニ任シ且地方官憲ト協力シテ罹災民ノ救恤保護ニ従事セシム（付図第一参照［以下図五まで省略］）

1．東京北部警備部隊

イ、警備区域

東京市北半部甲武線及青梅線（含ム）以北ノ東京府

ロ、警備部隊

司令官近衛師団長　森岡中将

近衛師団（交通兵諸隊及航空部隊ヲ除ク）
歩兵学校教導連隊
歩兵第六十六連隊

2．東京南部警備部隊

イ、警備区域
東京市南半部甲武青梅線（含マス）以南ノ東京府

ロ、警備部隊
司令官第一師団長　石光中将
第一師団（横浜派遣ノ歩兵第一連隊ノ一中隊騎兵第十五連隊歩兵第四十九同第五十七連隊自動車隊欠）
歩兵第二十八旅団司令部及歩兵第十五連隊
騎兵学校教導隊
野戦砲兵学校教導連隊

3．神奈川警備部隊

イ、警備区域
相模川以東ノ神奈川県（横須賀及三浦郡ヲ除ク）

ロ、警備部隊
司令官歩兵第二旅団長　奥平少将
歩兵第二旅団司令部
歩兵第一連隊ノ一中隊
歩兵第五十七連隊
騎兵第十五連隊
工兵第十四大隊

4．小田原警備部隊

イ、警備区域
相模川以西ノ神奈川県

ロ、警備部隊
第十五師団派遣ノ部隊

5．爾余ノ諸隊ハ戒厳司令官ノ直轄トス

前項東京北、南ノ両警備部隊ハ三日已ニ概ネ其配置ニアリ又神奈川警備部隊ハ（三日已ニ横浜ニ到着セル騎兵第十五連隊及歩兵第一連隊ノ一中隊ヲ除ク）三日夜一部ハ駆逐艦ニヨリ主力ハ徒歩行軍ニ依リ東京出発横浜ニ向ヒ四日早朝来逐次横浜付近ニ到着シ同日正午頃ハ配備ニ就ケリ

戒厳司令官ハ三日夜更ニ命令ヲ下シ歩兵第四十九連隊（当時演習地ヨリ甲府屯営ニ帰営中）ヲシテ其一大隊ヲ以テ八王子ノ警備ニ任シ主力（二大隊）ヲ以テ神奈川警備隊司令官ノ指揮ニ属シテ藤沢及鎌倉方面ノ警備ニ任セシム該連隊五日午後一時頃八王子ニ到着シテ其一部ハ同地ノ警備ニ就キ其主力ハ六日夕迄ニ鎌倉高座郡ノ警備ニ就クヲ得タリ

士官学校生徒隊ハ四日戒厳司令官ノ指揮ニ入リ従来ノ

軍隊ト交代シテ東京各宮邸及各国大公使館ノ警備ニ就ク
　以上ノ軍隊警備ノ充実ニ伴ヒ戒厳地域内ノ状態ハ民心漸ク沈静ニ向ヒタルモ流言蜚語ニ起因スル鮮人問題ノ騒擾ハ逐次中山道方面ニ波及シ該方面ノ民心動揺恐慌ヲ呈シ警察治安ノ力ノミニテハ秩序紊乱ノ徴アリシヲ以テ戒厳司令官ハ四日午後参謀ヲ浦和ニ派遣シ不取敢東北本線ニヨリ鉄道輸送中ナル歩兵第三十二連隊第二大隊ヲシテ浦和ニ下車シテ該方面ノ治安維持ニ任セシムルノ処置ヲ取レリ該部隊ハ五日午前十時漸ク浦和ニ到着シタル為四日夜ヨリ五日ニ亘リ熊谷本庄付近ニ於テ行ハレタル鮮人傷害事件ヲ直接鎮圧スルコト能ハサリシモ爾後権威ヲ失墜セル警察力ノ後援トナリ人心ノ鎮定ノ為メ大イニ尽ス所アリ
　右鮮人問題ノ騒擾ハ更ニ群馬埼玉両県下ニ迄波及シ就中群馬県下ニ於テハ鮮人ノ取扱ニ関シ警察ト人民トノ間ニ争乱起リ事態容易ナラサルモノアリシ為第十四師団長ハ知事ノ要請ニヨリ九月七日前橋及藤岡方面ニ歩兵約三中隊ヲ派遣シ之カ鎮撫ニ任セシメタリ
　戒厳司令官ハ戒厳令地域ノ千葉埼玉両県下ニ拡張セラレタルト兵力ノ増加トニ伴ヒ九月七日更ニ中山道千葉県及藤沢方面ノ三警備地区ヲ設置シ第九師団ヨリ派遣セラレタル歩兵第六旅団長ノ指揮スル歩兵第七連隊ヲ以テ中山道方面ノ警備ニ任セシメ又騎兵第二旅団長ヲシテ歩兵学校教導連隊（近衛師団長ノ隷下ヲ脱ス）及千葉県下ニ在ル諸隊ノ残留部隊ヲ指揮シテ千葉県方面ノ警備ニ任セシメ又歩兵第一旅団長ヲシテ歩兵第四十九連隊騎兵第十五連隊ノ一中隊工兵第十六大隊第十六師団通信班ヲ指揮シテ藤沢方面ノ警備ニ任セシメタリ
　之ヨリ先第十五師団長ハ中央部ノ指令ヲ俟ツニ先チ独断当該師管内ノ被害地ノ救済ノ為二日夕以後逐次所要ノ部隊ニ出動ヲ命セリ同師団ノ部隊ハ早クモ三日朝ヨリ逐次小田原方面ニ到着シテ警備及救恤ニ就キ六日夕迄ニ歩兵三大隊及所要ノ救恤機関ハ平塚大磯国府津小田原松田総領箱根町等ノ各部落ニ配置セラレ同師団ノ工兵大隊ハ沼津以東東海道ノ電信線ノ復旧作業ニ又三島重砲兵旅団ハ箱根山道ノ修復ニ従事スル等機宜ニ適シテ溌溂タル活動ヲナセリ
　地方出動部隊ハ概ネ九月十日迄ニ戒厳司令官ノ隷下ニ入リテ其配置ニ就キタリ其兵力ハ東京部隊ヲ合シ大約
東京憲兵隊

歩兵五十九大隊
騎兵六連隊
砲兵六連隊外騎砲兵一大隊
工兵十七大隊
鉄道二連隊
電信二連隊
航空一大隊
気球一隊
自動車一隊
各師団衛生機関（衛生隊及救護班）
各学校教導隊及生徒隊
ニシテ其人員約五万二千馬約九千七百ニ達セリ其配備概況付図第二ノ如シ
以上ノ軍隊配備ハ当初極度ニ不安動揺ニ陥レル民心ヲ安定セシムルコトヲ主眼トセシヲ以テ広ク兵力ヲ分散配置シ以テ到ル処軍隊来レリトノ顧念ヲ抱カシムルコトニ努メタリ然レトモ特ニ左記ノ地点ハ相当兵力ヲ以テ確実ニ警備シ不時ノ事変ニ備ヘタリ
1．交通通信機関及国家生存上及時局救済上特ニ警備ヲ要スル物件構築物若クハ集積場
2．官公署若クハ官有公有又ハ之ニ準スヘキ重要物件皇族邸及戒厳地域内ニ於ケル外国公館並之ニ準スヘキモノ
3．個人ノ所有ニ属シ震災後社会公益上特ニ警備ヲ必要ト認ムル場所
二、自九月十三日至同三十日状況（兵力集結ノ時期）
以上ノ如キ分散配置ハ軍隊ノ疲労大ニシテ警備ノ持久ニ適セス且一方戒厳地域内一般ノ状況ハ九月中旬以後警備救恤ニ関スル諸施設ノ充実ニ伴ヒ民心漸次安定ヲ得ルニ至リシヲ以テ戒厳司令官ノ漸進的手段ニ依リ警備ノ実行ヲ地方機関ニ移シ以テ戒厳令撤癈《ママ》ノ際ニ於ケル紛乱ヲ予防スルノ方針ヲ定メ九月十三日警備軍隊ニ対シ今後ノ警備実行ニ関シ概ネ左ノ要領ニ拠ルヘキヲ命スルト共ニ政府各省府市其他関係各機関ニ其要旨ヲ通報セリ
一、各警備隊司令官ハ民心ノ安定ニ伴ヒ警察力及公衆自衛観念ノ復興ヲ促進ス
二、各警備部隊ハ民心ノ鎮静秩序ノ恢復状態ニ順応シ逐次兵力ニ依ル個々物件直接ノ警護ヲ減少シ小地区毎ニ兵力ヲ集結シ頻繁ナル巡察ニ依リ警備ヲ持続ス
三、各警備部隊司令官ハ情況ニ適応シ左ノ物件ニ対ス

ル直接警護ヲ左記ノ順序ニ従ヒ撤兵スルコトヲ得

1．社会公益ニ関係アル個人ノ所有ニ属スル物件

2．官公署若クハ官有又ハ之ニ準スル重要物件
皇族邸及戒厳地域内外国公館及之ニ準スヘキモノ

四、左記物件場所ノ警護撤兵ハ戒厳司令官ノ命令ニヨル

1．交通通信機関及国家生存上及時局救済上特ニ重要ナル物件

2．爆発物其他危険ノ虞アル物品ヲ格納セル場所ニシテ特ニ警護ヲ要スルモノ

3．避難外人集合所鮮人収容所等
但銀行ハ開業当日ハ直接警護ヲ与フルヲ原則トシ其他ノ日及焼跡金庫ハ銀行自ラ之ヲ警護シ所在軍隊ハ其請求ニ依リ巡察ヲ以テ之ヲ援助ス

陸軍士官学校生徒隊ハ教育上ノ必要ニヨリ九月十四日戒厳司令官ノ指揮ヲ脱ス

各警備部隊ハ概ネ十七日頃以来地方警察其他ノ関係機関ト密接ナル連繋ノ下ニ従来ノ分散配置ヨリ逐次集団配置ニ移リ九月廿日頃ニ至リテハ各警備部隊ハ概ネ其二分ノ一ノ兵力ヲ各小地区毎ニ集結スルニ至レリ

軍隊配備ノ緊縮ニ伴ヒ地方ニ及ス影響ニ関シテハ特ニ注視ヲ怠ラサリシカ地方一般ノ状勢ハ之カ為何等異常ヲ呈スルコトナク秩序逐日良好ノ状態ニ赴キツヽアリ

三、自九月二十一日至十月（ママ）　日状況（第一次及第二次撤兵時期）

九月下旬ニ入ルヤ戒厳地域内ハ益々平静ニシテ警備上特記スヘキ事件ナシ従テ軍隊配置ハ各警備地区内ニ於ケル兵力ヲ益々集結シ個々物件ノ直接配兵ヲ努メテ避クルノ方針ヲ取リ前旬ニ於テハ配置撤去ニ関シ戒厳司令官ノ別命ヲ受クルノ規定ナリシ物件ニ対スル警護モ当該警備部隊司令官ニ於テ状況ニ応シ物件管理責任者ト協議ノ上適宜之ヲ処理シ得ルコト、セリ而シテ救護物件ノ警護ノ要領及保管々理ノ責任ヲ明ニスル為九月二十二日左ノ如ク規定シ之ヲ関係官公庁ニ通牒セリ

一、凡テ物件ノ保管々理ハ集積者自ラ之ヲ担任シ之ニ必要ナル監視者ヲ配置スルコト

二、軍隊ノ警戒ハ暴力ヲ以テ前項物件ニ損害ヲ加ヘントスル者ニ対シ当該物件監視者ヲ援助スルヲ本旨トス

戒厳地域内一般ノ平静ニ鑑ミ第十四師団派遣ノ歩兵六

大隊及各兵学校教導隊ハ九月下旬逐次戒厳司令官ノ指揮ヲ脱シ原所属ニ復帰シ次テ該撤兵ノ結果民心ニ何等ノ動揺ヲ見サリシヲ以テ更ニ概ネ十月上旬ニ於テ第二第十三師団派遣ノ歩兵各六大隊ヲ逐次撤去セシメラレタリ

工兵諸隊ハ震災以来道路橋梁ノ補修架設水路ノ清浄建築爆発等各種ノ作業ニ従事シ一般官民ノ為直接至大ノ貢献ヲナシツヽアリシカ地方各機関ノ復興ニ伴ヒ十月上旬ニ入リ第七第八第九第十一第十六師団ノ工兵大隊ハ戒厳司令官ノ指揮下ヲ脱シ原所属ニ復帰スルコトトナレリ

又地方各師団派遣ノ衛生機関ノ一部ハ已ニ九月中旬末撤退セシモノアリシカ本旬ニ入リテハ地方衛生機関ノ開放スルモノ頻出シタルヲ以テ陸軍衛生機関ハ逐次業務ヲ之ニ引継キ本旬末ニ於テハ其全部カ戒厳司令官ノ指揮及陸軍震災救護委員長ノ区署ヲ離レ原所属ニ復帰セリ

以上軍隊ノ撤去ニ伴ヒ各警備部隊兵力ノ整理ヲ行ヒタリ十月十日ニ於ケル配備概況付図第三ノ如シ

四、自十月十二日至十月廿日状況（増加憲兵配置ノ時期）

地方派遣師団撤去ニ伴ヒ地方警察力ヲ補フ為九月下旬以来増加整備中ナリシ憲兵約二百補助憲兵約千七百八十月中旬全部憲兵司令官ノ隷下ニ入リ在来ノ兵力ト合シ約二千五百ハ付図第四ノ如ク其配置ニ就ケリ

憲兵ノ増加配置ト民情ノ安静トニ鑑ミ中山道方面警備部隊ハ本旬ニ於テ全部之ヲ撤去セリ

工兵大隊諸作業ノ終了ニ伴ヒ第二、第五、第十、第十二、第十三、第十四、第十五、第十七師団ノ工兵計八大隊本旬ニ於テ戒厳司令官ノ指揮ヲ脱シ原所属ニ復帰セシメラレタリ斯クテ十月二十日ニ於ケル関東戒厳司令官指揮下ノ兵力ハ九月中旬ノ兵力ニ比シ歩兵十八大隊諸学校教導隊生徒隊工兵十三大隊及地方師団派遣ノ衛生機関全部ヲ減少シ指揮下諸団体人馬ノ総数ハ人約三万六千馬約七千五百ニシテ十月二十日ニ於ケル配備概況付図第五ノ如シ

其三　行政司法事務ニ関シ戒厳司令官ノ処理シタル事項

一、九月三日戒厳司令官ハ警視総監関係地方長官警察官及郵便局長電信局長ニ対シ戒厳令第九第十四条ノ施行ノ方法ニ関シ所要ノ命令ヲ下シ且地方諸団体及一般人士ニ対シ極力自警協同ノ実ヲ発揮シ災害ノ波及ヲ制限スルニ努ムヘク不逞団蜂起ノ事実ヲ誇大流言シ却テ紛乱ヲ招キ或ハ糧水欠乏ノ為不穏破廉恥ノ行為ニ出テ秩序ヲ紊乱

スル等ノコトナカルヘキヲ諭示セリ

戒厳令施行地域ノ拡張ニ伴ヒ九月五日千葉及埼玉両県ニ於ケル関係官庁及市民ニ対シ亦同様ノ命令及諭示ヲ発セリ

二、地方自警団体ノ活動ハ到ル処大ニ見ルヘキモノアリ能ク官憲ノ力及ハサルヲ補ヒ或ハ警備ニ或ハ救恤ニ貢献セシ所少カラサリシモ各種ノ自警団続出スルニ及ヒ或ハ武器兇器ヲ携帯シテ妄リニ通行人ヲ誰何検問シテ狂暴ニ陥リ却テ公安ヲ害スルノ幣《(ママ)》害亦少カラス一方地方派遣師団ノ来着ニ伴ヒ軍隊ノ警備漸ク充実スルニ至リシヲ以テ九月四日地方自警団及一般市民ニ対シ左ノ事ヲ命令セリ

1. 自警ニ任スル団体若クハ個人ハ予メ最寄警備部隊憲兵又ハ警察官ニ届出テ其指示ヲ受クヘシ

2. 通行人ニ対スル誰何検問ハ軍隊憲兵及警察官ニ限リ之ヲ行フモノトス

3. 軍隊憲兵又ハ警察官憲ヨリ許可アルニアラサレハ武器又ハ兇器ノ携帯ヲ許サス

九月中旬以来地方ノ状態漸ク沈静ニ帰シ軍隊ハ警備ノ持続ニ適スル為漸次兵力ヲ集結スルニ至リタルトキ自警団ノ取締ヲ統一スルノ必要ヲ認メタルトニ依リ自警団ノ指導及取締ノ実施ハ之ヲ警察ノミヲシテ任セシムルコト、セリ

三、事変以来流言飛語《(ママ)》ニ起因シテ民心極度ニ昂奮シ諸事節制ヲ失フニ至リシカ此間一部ノ不逞人ハ更ニ之ヲ煽動シテ官憲特ニ警察官又時トシテ軍人軍隊ノ権威ヲ害ハントスルモノアルニ鑑ミ戒厳司令官ハ九月六日東京控訴院検事長ニ対シ陸軍刑法第二条戒厳令第十一条列記ノ犯罪ハ迅速厳重ニ措置スルコト及治安警察法出版法等ノ違反者ノ検挙ヲ一層厳重ニスヘキコトヲ要求セリ

四、帝都ニ集中スル各鉄道ハ地方ヨリノ上京者ニ依リ充満シ啻ニ異状ノ混乱ヲ生シ治安ニ害アルノミナラス補給及救護ノ実施ヲ妨クルコト少カラサルヲ以テ九月七日戒厳司令官ハ上京者ノ入京ニ関シ各地方ニ於テ厳ニ之ヲ制限スヘキヲ内務大臣ニ要求セリ

五、浦潮露国官憲ハ東京付近震災救助ヲ名トシ汽船「レーニン」号ヲシテ浦潮出帆九月十二日横浜ニ入港セシメシカ該救護団長ハ震災ニヨル労働階級ヲノミ救護ストサシ震災ニヨリ混乱セル地域ニ更ニ階級闘争ヲ惹起セシムルノ虞アルノミナラス船内ニハ赤化宣伝ノ材料ヲ積

載シアルノ疑アリシヲ以テ九月十三日戒厳司令官ハ之ヲ戒厳令施行地域外ニ退去ヲ命シ帝国政府ハ更ニ帝国領海外ニ退去ヲ命セリ同船ハ翌十四日午前横浜出帆帝国海軍監視ノ下ニ退去セリ

六、芝浦配給所ニ於ケル糧食警護ノ為夜間同地付近海面ノ交通ヲ禁止スルノ必要ヲ認メ九月十八日之カ実行ヲ警視総監ニ命シ且海軍ニ協力ヲ要求セリ

七、民心ノ激昂ニ因ル危険ヲ顧慮シ震災直後ノ騒擾以来支鮮人ハ各地ノ警察ニ於テ分散収容シアリシカ関係各官庁ノ協議ニヨリ之カ保護ヲ容易ナラシムル為成ルヘク一地ニ集団収容スルニ決シ陸軍ニ於テハ習志野俘虜収容所及金丸原廠舎ヲ提供シ且習志野収容ノ支鮮人ニ関シテハ戒厳軍隊ヲ以テ之レカ保護救恤ヲ担任スルコトトセリ習志野ニ収容セシ支鮮人ハ当初支那人約千六百名鮮人約三千二百名ナリシカ地方民情ノ安定ト地方各機関ノ復興トニ伴ヒ逐次之ヲ帰国セシメ或ハ地方救助各機関ニ引キ継キ十月二十日ニ至リテハ支那人ハ全部鮮人亦其大部カ他ニ移管セラルヽニ至レリ

収容支鮮人ハ何レモ官憲ノ好意ト温情トニ感謝シ慰問支鮮人等モ亦概ネ当局ノ措置ニ満足ノ意ヲ表セリ

（松室文書）

震災ト陸軍ノ活動状況（十月十日稿）

関東戒厳司令官山梨半造

一、緒　言

大正十二年九月一日突如起レル未曾有ノ震災ハ忽チニシテ関東一帯ヲ荒廃ニ帰シ政治及文化ノ中心タル東京ヲ始メトシ幾多ノ都市ヲ一瞬ニシテ焦土ト化シ数万ノ生霊数十億ノ国帑ヲ奪ヒ鰥寡孤独亦其数ヲ知ラサルノ惨禍ヲ呈スルニ至レリ

災害ノ真状ハ既ニ新聞紙ノ報道ニ尽シテ余ス処ナク其救済ニ関シテ官民ノ致シタル努力モ亦概ネ公知ノ所ナルモ特ニ此間ニ処セシ陸軍行動ノ状況ヲ叙シ以テ如何ニ軍民一致奉仕ノ任ニ当リシヤヲ紹介スルモ敢テ徒爾ナラサルヘシ

震災ニ際シ陸軍ハ警備ノ外一般市民ニ対スル救済ノ業務ヲ併セ行ヒタリ元来一般市民ニ関スル糧食ノ配給傷者ノ救療交通通信整理等ハ軍部本来ノ任務ニ非スト雖震災ノ為帝都付近ノ有ラユル諸機関一時殆ント覆滅シ内外ノ連絡遮断シタルノミナラス各官公庁スラ震災ノ被害激甚ニシテ敏速ナル活動ヲ許ササル当時ノ情況ニ於テハ戦時ノ独力活動ヲ基礎トシタル編成組織ヲ有スル軍隊ノ実力ヲ以テ之カ救済ヲ行フハ蓋シ喫緊機宜ノ処置タルヲ失ハ

ス即チ軍部ノ救済ハ全ク一時的応急施設ニ外ナラスシテ地方関係各機関ノ復興ニ伴ヒ速ニ之ニ移管セラルヘキモノナリサレハ民心ノ安定秩序ノ回復ニ伴ヒ逐次ノ引継ニ依リ補給及救療ニ関スル業務ノ大部ハ九月末ヲ以テ陸軍ノ管掌ヲ離レ工兵諸隊ノ行ヒツツアル技術作業モ亦遠カラス之ヲ中止スヘキ運ヒナリ

（備考　当初警備ノ外救済業務ヲモ挙ケテ戒厳司令部ノ管掌トナシタルモ九月十一日以来救済業務ノ大部ハ之ヲ陸軍震災救護委員ニ移管セリ）

以下震災以来陸軍ノ活動ヲ警備、救恤及交通ノ三方面ニ分チ其大要ヲ略述セントス

一、警　備

九月一日災害起ルヤ東京衛戍司令官代理石光第一師団長ハ直ニ近衛及第一両師団ニ警備区域ヲ指示シテ全都ノ警備ニ当ラシメ特ニ皇居宮邸諸官庁大公使館、刑務所等ニ兵力ヲ配置シ且火災ノ為危険ナル方面ニ救援隊ヲ派遣セリ然レ共震災範囲ノ拡大ハ到底在京部隊ノミヲ以テ処理スヘクモアラサルヲ以テ陸軍当局ハ憲兵隊ニ補助憲兵ヲ増加シ且不取敢教育総監、近衛及第一両師団長ノ隷下部隊ニシテ東京以外ニ屯在セル部隊ヲ速ニ帝都ニ招致シテ東京衛戍司令官ノ指揮下ニ入ラシメタリ夜ニ入リ火災ノ蔓延愈々甚タシク帝都今ヤ火ノ海ト化シ市内ノ混乱其極ニ達シ加フルニ通信交通全ク杜絶シテ四囲ノ情況混沌タリ陸軍当局ハ事態誠ニ重大ニシテ万一民心動揺シ不逞団ノ乗スル所トナランカ帝都ノ治安為ニ破壊セラルヘキヲ慮リ二日更ニ第十三及第十四両師団ノ歩兵各二連隊及第二、第八、第九、第十三、第十四師団ノ各工兵大隊ニ東京ニ出動ヲ令シ又航空本部長ヲシテ航空諸隊ヲ区署シ帝都ト地方トノ連絡飛行ヲ行ヒ諸命令ノ伝達、災害ノ通報罹災地範囲及被害程度ノ確認等万難ヲ排シ活動ヲ開始セシメタリ

九月二日東京市及隣接五郡ニ戒厳令中ノ一部ヲ適用セラレ東京衛戍司令官戒厳司令官ノ職ニ就ク

第三師団長ハ此日東京地方ノ事態極メテ重大ナルヲ知リ独断所属飛行大隊ニ令シ東京各務ヶ原間ニ連絡飛行ヲ開始セシメ且ツ名古屋以西ノ各団隊ニ之ヲ通報シテ帝都トノ通信連絡ノ中継ニ任スルト共ニ東京方面事態ノ真相ヲ各方面ニ普伝スル処置ヲ取レリ二日夕早クモ第三師団ノ一参謀ハ飛行機ニ搭乗東京ニ到着シ関西ノ状況ヲ報告セリ

上述ノ如キ飛行機ノ活躍ニヨリ帝都ト外部トノ連絡ハ辛ウシテ確保セラレ且東京付近ノ災害ノ情況亦漸次明瞭トナレリ特ニ日光御用邸ニ在シマセル　両陛下ノ御安泰ノ旨帝都市民ニ確報セラレ又　摂政殿下ノ御無事ノ旨両陛下ニ奏上セラレタルハ実ニ飛行機活動ノ功績ナリ

二日午後以来東京付近ニ於テハ鮮人暴挙ノ報所在ニ起リ人心極度ニ不安動揺ニ陥リ就中東京西南部及舟（ママ）橋方面ニ在リテハ鮮人ノ大挙襲来ヲ伝ヘテ其混乱名状スヘカラス而モ猛火ハ尚炎々トシテ全市ヲ烏有ニ帰セスンハ止マサラントシ叫喚天ニ響キ殺気地ニ漲リ悽愴惨絶ノ裡ニ三日仏暁ヲ迎フ

九月三日戒厳令施行区域ヲ東京府及神奈川県一円ニ拡張セラレ横須賀市及三浦郡ニ在リテハ横須賀鎮守府司令長官野間口大将其他ノ地域ニ在リテハ新ニ任命セラレタル関東戒厳司令官福田大将之カ鎮守警備ノ任ニ就キ翌四日関東戒厳地域ハ更ニ千葉、埼玉両県下ニ拡張セラレタリ陸軍当局ハ戒厳地域ノ拡張ニ伴ヒ九月三日ヨリ同五日ニ亘リ更ニ第二、第八、第九師団ノ歩兵各二連隊第五師団ノ電信一連隊第十五師団ノ野戦重砲兵一連隊及内地全師団ノ衛生機関及未タ招致セラレサル内地全師団（第四、第六師団ヲ除ク）ノ工兵大隊ニ対シ出動ヲ命シ士官学校生徒隊亦戒厳司令官ノ隷下ニ入リ従来ノ軍隊ト交代シテ東京各宮邸各大公使館ノ警備ニ就ク

関東戒厳司令官ハ九月三日戒厳地域ヲ東京北部同南部神奈川及小田原ノ四警備地区ニ分チシカ戒厳地域ノ拡張ト兵力ノ増加トニ伴ヒ更ニ千葉県中山道及藤沢方面ノ三警備区ヲ増加シ逐次到着其指揮下ニ入ル部隊ヲ部署シテ配置ニ就カシメ且警視総監関係地方長官警察官郵便電信局長ニ対シ戒厳令第九第十四条ノ施行ニ関シ所要ノ命令ヲ下スト共ニ地方団体及一般人士ニ諭示シテ官民一致協力能ク災害ノ波及ヲ制限シ秩序ノ維持ニ任スヘキヲ以テセリ

之ヨリ先二日午後飛行機ノ偵察及神奈川県警務課長ノ徒歩連絡ニヨリ横浜ノ惨状明瞭トナリ当該官憲派兵ノ要求極メテ切ナルモノアリ当時東京市ノ物情亦極メテ危険ニシテ而モ帝都ノ広キニ比シテ在京ノ兵力尚頗ル僅少ナリシカ陸軍当局ハ万難ヲ排シテ横浜ニ派兵ノ事ニ決シ同日夜恰モ急遽到着セル騎兵第十五連隊ヲシテ人馬休息ノ遑ナク続イテ急行セシメ更ニ歩兵一中隊ヲシテ翌三日艀（ママ）逐艦ニテ横浜ニ向ハシメ以テ不取敢焦眉ノ急ニ応セシメ

続イテ戒厳司令官ハ歩兵二大隊工兵一大隊ヲ派遣スルノ処置ヲ取リ更ニ地方派遣部隊ノ増加ヲ待チ歩兵ノ兵力ヲ五大隊ニ増加セリ

当時横浜付近ノ被害ハ遥ニ東京ノ上ニ出テ全市悉ク焼野ニ化シ市内外ノ交通全ク遮断シテ飢渇ニ迫レル幾万ノ市民ハ累々タル路上ノ焼骸ヲ超エテ米ヲ追ヒ水ヲ求メ加フルニ鮮人暴動ノ風説ハ根岸監獄ヨリ開放セラレタル千余ノ囚人出現ト相俟ツテ極度ニ民衆ヲ激昂セシメ而モ其間社会主義者一派ノ横暴ヲ擅ニスルモノアリ加フルニ警察官憲又多大ノ災害ヲ蒙リテ其権威殆ント行ハレス竹槍抜刀所在ニ閙《ママ》ヒ掠奪各所ニ行ハレ殆ト無政府状態ナリ三日午後騎兵第十五連隊ハ万歳観呼《ママ》ノ裡ニ横浜市ニ進入シ直チニ市内警備ニ就キ次テ同日夕歩兵中隊亦海路到着シ市民始メテ蘇生ノ思アリキ

之ヨリ先第十五師団長ハ中央部ノ指令ヲ俟ツニ先チ独断当該師管内ノ被害地ノ救済ノタメ二日夕以後逐次所要ノ部隊ニ出動ヲ命セリ同師団ノ部隊ハ早クモ三日朝ヨリ逐次小田原方面ニ到着シテ警備及救恤ニ就キ六日夕迄ニ歩兵三大隊及所要ノ救恤機関ハ平塚大磯国府津小田原松田総領箱根町等ノ各部落ニ配置セラレ同師団ノ工兵大隊ハ沼津以東東海道ノ電信線ノ復旧作業ニ又三島重砲兵旅団ハ箱根山道ノ修復ニ従事スル等機宜ニ適シテ溌溂タル活動ヲナセリ

帝都付近ハ地方出動部隊続々到着シ警備漸ク厳密ヲ加フルト共ニ市民昂奮亦漸次冷静ニ復シ市内外ノ形勢漸ク安静ニ復シタルモ鮮人問題ノ擾乱ハ栃木、群馬両県下ニ迄波及シ就中群馬県下ニ於テハ鮮人ノ取扱ニ関シ警察ト人民トノ間ニ争乱起リ事態容易ナラサルモノアリ之カ為第十四師団長ハ知事ノ要請ニヨリ前橋及藤岡方面ニ歩兵約三中隊ヲ派遣シ之カ鎮撫ニ任セシメタリ

地方出動部隊ハ概ネ九月十日迄ニ戒厳司令官ノ隷下ニ入リテ其配置ニ就キタリ其兵力ハ東京部隊ヲ合シ大約

東京憲兵隊

歩兵五十九大隊

騎兵六連隊

砲兵六連隊

工兵十七大隊

鉄道二連隊

電信二連隊

航空一大隊

気球一隊
自動車一隊
各師団衛生機関（衛生隊及救護班）
各学校教導隊及生徒隊
ニシテ其人員約五万二千馬約九千七百ニ達セリ其配備概況付図ノ如シ［図省略］

以上ノ軍隊配備ハ極度ニ不安動揺ニ陥レル市民ヲシテ速ニ沈静セシムルヲ主眼トセシヲ以テ到ル所ニ兵力ヲ分散配置シ軍隊ノ主力カ昼夜連続警備勤務ニ従事セサルヘカラサル状態ナリキ

此ノ如キハ軍隊ノ疲労頗ル大ニシテ警備ノ持久ニ適セス一方地方ノ状態ハ警備ノ充実補給救療ニ関スル諸施《（ママ）》ノ整備ニ伴ヒ民心漸次安定ニ帰シ秩序逐日恢復セラレタルヲ以テ戒厳司令官ハ九月半頃以後地方官民ニ対シ警察力及公衆自衛観念ノ復興ヲ促進スルト共ニ軍隊ヲシテ警備地区毎ニ従来ノ分散配置ヨリ逐次其主力ヲ集結シ以テ直接警備ニ任スル兵力ヲ減少シ且個々物件ノ直接警備ハ専ラ皇族邸大公使館官公署及社会公益上ノ重要欠クヘカラサル物件ニ止メ以テ警備ノ持久ニ適セシムルノ方針ヲ取レリ爾来地方ノ状況ハ益々安定ニ復シ警備上大ナル憂慮ヲ認メサルニ至リシヲ以テ一方軍隊訓練上ノ要求ヲ顧慮シ九月下旬以後諸学校教導隊及地方派遣師団ノ一部ノ撤去ヲ開始セリ斯クテ十月十日ニ於ケル戒厳司令官隷下ノ兵力ハ当初ニ比シ歩兵十八大隊諸学校教導隊生徒隊工兵四大隊及地方派遣衛生部隊ノ全部ヲ減少シ隷下諸団隊人馬ノ総数ハ人約三万九千馬約七千三百ナリ而シテ軍隊ノ減少ニ伴ヒ地方警察力ヲ補フタメ憲兵二百名補助憲兵約千七百名ハ逐次戒厳地域内ニ増加セラレ従来ノ憲兵兵力ヲ合シ約二千五百ハ十月中旬中ニ其新配置ニ就ク予定ナリ

三、救恤

一、補給

陸軍当局ハ各方面罹災ノ情況稍々明トナリ糧秣本廠亦全焼セルヲ知ルヤ二日在京各隊ニ命シテ戦用糧秣ヲ以テ応急ノ救護ニ充テシムルト共ニ別ニ大坂及宇品ノ糧秣支廠並第二第三第七第十二第十五ノ各師団朝鮮軍関東軍ヨリ軍部保管ノ糧秣ヲ東京ニ急送セシメ且糧秣蒐集班ヲ編成シテ近県ニ於ケル食料品ノ蒐集ニ着手セリ

当時東京府市ノ糧食物資ハ帝都ト共ニ焼尽シテ全市民

ノ為僅ニ一両日ヲ支フルニ過キサリシカ上述陸軍戦用及臨時蒐集糧秣其他政府電命又ハ地方長官ノ独断輸送ニ依ル各地ノ糧秣ハ九月四日夕以来已ニ陸続トシテ水路ニヨリ芝浦近海ニ到着シ又鉄道省及工兵隊ノ不眠不休ノ努力ニ依リ帝都東方及北方ノ各鉄道ハ四日田端隅田川及亀戸ニ開通スルニ及ヒ九月北陸東北総武ノ物資ハ鉄路ニヨリ東京ニ注流スルヲ期待シ得ルニ至リ補給ノ為光明ヲ認ムルニ至レリ

九月三日戒厳司令部ハ臨時震災救護事務局ト協議交渉シ速ニ海陸ヨリスル物資ヲ揚陸又ハ卸下シ各罹災民ニ配給スヘキ件ヲ決議シ翌四日本協定成立シ配給全統制ハ事務局之ニ任シ海軍ハ水線迄ノ揚陸ヲ陸軍ハ水線ヨリノ揚陸及各配給部ヨリ府市ノ糧秣交付場迄ノ輸送及警戒ヲ府市当局ハ罹災民ヘノ配給ヲ担任スルノ方針決定シ同日戒厳司令部内ニ補給部ノ編成成リ五日芝浦田端新宿亀戸ニ配給部ヲ設ケ六日ヨリ業ヲ開始セリ

当時芝浦海岸ニ於ケル揚陸設備ハ極メテ不完全ニシテ軍隊自ラ桟橋ヲ新設補修（両国支部ヲ命シ新設補修各四十三）スルヲ要シ且傭役人夫ノ素質劣等ニシテ海陸軍揚陸作業ノ労苦ハ実ニ言語ニ絶セリ加之運搬車輌ノ如キモ当初各部ノ争奪ヲ惹起シテ其統制ヲ欠キ著シク輸送能率ヲ減少シ補給ノ前途暗澹タリサレハ其実施ノ責ニ当レル将卒ノ焦慮一方ナラス真ニ不眠不休ノ努力ヲ尽シ為ニ健康ヲ害スルニ至レルモノ尠カラス然レ共其将卒異常ノ努力ニ依リ八日以後概ネ所要量ヲ補給スルニ至レリ

陸軍ノ給水業務ハ東京ニアリテハ九月三日以来横浜ニ在リテハ九月九日以来開始セラレ其満水セル軍用自動車搬水自動車ハ至ル処ニ於テ万才（ママ）歓喜シ迎ヘラレ火焔ト天日トニ苦メル幾十万市民ノ渇ヲ救ヒ又別ニ工兵隊ハ水道水路ノ補修ニ活動セリ

地方各機関ノ復興ニ伴ヒ糧食物資ノ配給及東京ニ於ケル給水ハ九月下旬ヲ以テ全ク陸軍ノ手ヲ離ル丶ニ至リシカ其補給数量概ネ左ノ如シ

1．東京市ノ分

米　四五四、六二二俵ヲ配給シ五〇、三七二俵ヲ集積ス

水　約三万石

副食物　六八一、九六八貫

衣類
燃料　一、九八二、〇五〇貫

雑品」

即チ二百五十万人ニ対シ一日一人平均米四合強副食物約五十匁ニ当レリ

2．横浜ノ分

米　一四七、〇〇〇俵ヲ市内ニ配給シ一〇三、一四五俵ヲ東京ヘ廻送セリ

水　約六万五千石

3．総配給量

米　六〇一、六二二俵

水　十万石以上（十月以後ニ於ケル横浜ノ給水量、調査未了）

副食物　三、一八二、七六八貫

衣類雑品　二、二三六、〇五〇貫

右配給量ハ府市ノ要求ヲ超ユルコト約二割ナリ

二、救　療

大震災ノ為発生セシ市民ノ死傷ハ実ニ数十万ニ上リ其惨状言語ニ絶シタリ東京衛戍司令官ハ一日午後第一第二衛戍病院ヨリ救護班数個ヲ編成シテ応急施療ノ普及ヲ図リ在京各隊亦何レモ独断所要ノ衛生員ヲ災害ノ現場ニ派遣セリ之等ノ人員ハ早クモ一日午後二時頃以来炎々タル猛火ノ裡ニ身ヲ投シテ老幼ノ救出傷病者ノ救護ニ活動シ在千葉衛戍病院ノ独断派遣セル救護班ハ一日夕已ニ江東方面ニ到着シ救療ニ従事セリ又陸軍当局ハ二日以来逐次内地全国各師団ニ令シテ救護班ヲ編成出動セシメ且貯蔵衛生材料ヲ地方各機関ニ交付シテ其救療ヲ援助ス

内地各師団救護班ハ九月三日以来陸続到着シ救療ニ従事シ九月中旬ニ至リ罹災患者ニ対スル初療ハ概ネ普及シ且地方衛生機関漸ク整備スルニ至リシヲ以テ逐次其業務ヲ之ニ譲リ各方面ニ作業セシ各師団救護班ハ其作業ヲ減少シテ九月下旬ヲ以テ概ネ原所属ニ復帰セリ其救療業務ノ統計概ネ左ノ如シ

衛生勤務員総数　約二千六百名

救護所開設個数　東京付近　六〇

神奈川県下　二四

千葉埼玉方面　一二　計九六

収容罹災者総数　約十五万

地方衛生機関ニ交付セシ衛生材料　九三点

同右価格　約八万五千六百円

四、交　通

震災ト共ニ交通及通信機関ノ活動ヲ要スルコト頗ル大ナルヲ思ヒ陸軍ハ特ニ内地工兵隊ノ殆ント全部鉄道電信自動車ノ全部航空隊ノ大部ヲ挙ケ万難ヲ排シテ戒厳及救護ノ任務ニ服セシメタリ

以上主トシテ諸隊作業ノ効程《(ママ)》ヲ叙シ以テ其活動ノ真想《(ママ)》ヲ明ニセントス

一　工兵隊ノ活動

在赤羽近衛第一両師団ノ工兵隊ハ九月一日震災ト共ニ命ヲ待ツコトナク所要ノ兵力ヲ屯営地付近並東京市内ニ派遣シテ消防救出ニ従事シ在松戸工兵学校教導隊ハ命ニ依リ二日午前中ニ東京ニ到着セリ是等ノ諸隊ハ一日午後以来各方面ニ於テ消防救出ニ活動セリ一日夜半以来二日払暁ニ亘リ麹町番町方面ヨリ第一衛戍病院ヲ襲ヒタル火ノ手ニ対シ徹宵火中ニ投シテ消火ニ従事シ遂ニ衛戍病院其他陸軍省付近一帯ノ地ヲ危急ヨリ救出セシモ亦工兵部隊活動ノ賜ナリキ地方師団派遣ノ工兵諸隊ハ九月四日以来逐次帝都付近ニ到着シ統一セル指揮ノ下ニ東京横浜両市ヲ始メ戒厳地域内一般ニ亘リ道路橋梁ノ補修新設道路及水路ノ清掃建築物残骸ノ爆破「バラック」新設等各種ノ作業ニ従事シ社会公益上絶大ノ事業ヲナセリ

十月十日迄ニ於ケル其作業効程ノ概要ヲ挙クレハ次ノ如シ

イ、道路補修延長約百三十吉米

ロ、橋梁ノ補修又ハ新設箇所数約九十個延長約五吉米

ハ、電車線路ノ補修延長約八十五吉米車台分解除去約三百台

ニ、水路清掃延長約二十一吉四百米

ホ、芝浦及両国ニ於ケル糧食其他ノ材料揚陸ノ為桟橋ノ新設四三補修四三

ヘ、建築物残骸ノ破壊東京市ニ於テハ残骸破壊完了総数四六其総坪数約一八、〇〇〇坪所要爆薬量約十噸今尚実施中ノモノ尚七個横浜ニ於テハ破壊完了総数一二今尚実施中ノモノ五アリ

ト、建築

官憲学校等ノ補修罹災民用「バラック」ノ新設等ニ努力セリ

二　鉄道隊ノ活動

震災当初千葉ニ屯営ヲ有スル鉄道両連隊ハ何レモ遠ク演習ニ出張中ナリシカ各残留部隊ハ九月一日午後以来命ヲ待ツコトナク所要ノ部署ヲナシ千葉稲毛間鉄道ノ補修

亀戸千葉間ノ列車運転千葉亀戸駅ニ於ケル交通整理亀戸両国間ノ要路タル江東橋ノ架設等徹宵活動ヲ開始セリ又我孫子付近ニ演習出張シアリシ鉄道第二連隊ノ主力ハ独断自ラ常磐線ヲ修理シツヽ二日ニ又鉄道第一連隊ノ主力ハ急行六日東京ニ到着セリ

当時帝都四周鉄道ノ被害ハ極メテ甚シク東北及信越方面ヘノ列車ハ赤羽鉄橋ノ破壊ニヨリ川口町ヲ起点トシテ辛ウシテ運行中ニシテ東海道ハ全ク不通ニシテ横浜トノ連絡ハ六郷川橋梁ノ破壊ニヨリ自動車スラ通スルニ至ラス其他横浜線中央線総武線北條線ノ被害又少カラス

鉄道隊ハ第一着ニ赤羽鉄橋ヲ改修シテ五日東北信越方面ノ交通ヲ開始セシメ又京浜線ヲ補修シテ九日之ヲ開通セシメ得タルハ特記スヘキ事項ナリトス

十月十日迄ニ鉄道諸隊ノ開通セシメタル鉄道線

東海道線　東京―大船間
横須賀線　田浦―横須賀間
横浜線　東神奈川―八王子間
総武線　千葉―稲毛間
北條線　大貫―浜金谷間
常磐線　我孫子―馬橋間

ノ諸線ニシテ延長約八十七哩隧道二個ニ及ヒ又鉄道隊ノ運転セシ列車数ハ稲毛亀戸間三〇列車輸送人員約五万ナリ尚目下工兵諸隊ノ援助シ東京内主要橋梁ノ架設ニ従事中ナリ

三　通信部隊ノ活動

事変勃発ト共ニ在中野電信第一連隊ハ東京衛戍司令官ノ命ニヨリ九月一日午後以来直ニ出動シ有線電話ハ二日正午迄ニ在京陸軍重要各官庁及各部隊並各官省ノ連絡スル外東京市役所ト各区役所トヲ連絡シ警備及主要国務ノ遂行ニ必要ナル唯一ノ通信ヲ確保シテ爾来戒厳司令部ノ統制ニ基キ其通信ヲ拡張シ九月九日電信第二連隊ノ到着ト共ニ益々之ヲ整備シ其有線電信電話ヲ以テ東京千葉浦和横浜横須賀小田原方面ノ各地ヲ連絡シ軍用通信ノ外一般諸官庁ノ通信ヲ取扱ヒ特ニ横浜ニ在リテハ軍隊及一般諸官庁ノ外主要ナル諸会社間ヲ連絡シ且市内警察電話線ヲ補修シテ救済上唯一ノ通信機関ヲ成セリ其架設線延長約二百二十里ニ及ヘリ又海軍省船橋間東京横浜駅間ノ鉄道電線神奈川県一般警察電話モ亦陸軍通信部隊ニヨリ補修セラレタリ

無線隊ハ移動無線ノ東京横浜立川清水（後小田原）ノ

各地ニ配置シ且中野金沢石狩ノ各固定無線ヲ運用シ又軍用並一般諸官公庁用ノ通信ニ任シ臨時鳩隊亦鳩約二千羽ヲ以テ宇都宮日光浦和立川千葉松戸小田原藤沢横浜横須賀千葉ノ各地ヲ連絡シ何レモ警察救済上多大ノ貢献ヲ成セリ

電信隊ハ以上通信作業ノ外東京及横浜両市ニ於ケル主要ナル位置ニ作業灯約六十個ヲ配置シ又野戦電灯野戦照空灯ヲ数ヶ所ニ配置シテ暗黒ヲ照明シ以テ諸作業ノ遂行民心ノ安堵並警備ノ逐（ママ）行ニ資シ特ニ横浜ニ於テハ一般官民ノ為屋内電灯電力ヲ供給セリ

四　航空隊ノ活動

震災ト共ニ帝都四囲ノ通信交通全ク杜絶スルヤ帝都内外ノ連絡ハ飛行機ヲ措イテ他ニ之ヲ求ムル能ハサルニ至レリ是ニ於テ陸軍当局ハ二日航空本部長ヲシテ全国航空隊ノ大部ヲ区署シテ帝都内外ノ連絡ニ任セシメ三日戒厳司令部ノ編成セラルヽト共ニ其一隊ヲ之ニ属シ戒厳ノ遂行ニ遺憾ナカラシメタリ

在所沢及下志津各航空学校在立川飛行第五大隊ハ各飛行場ヲ根拠トシテ代々木練兵場ヲ補助着陸場トシテ九月二日早朝ヨリ又愛知県在各務原飛行第一大隊第三師団長ノ独断区署ニヨリ九月二日午後以来活動ヲ開（ママ）シ在滋賀県八日市飛行第三大隊及在福岡県太刀洗飛行第四大隊亦続イテ行動ヲ起セリ之等諸隊ノ成シタル主要ナル活動ヲ摘記スレハ左ノ如シ

一　連　絡

1．日光御用邸ニ於ケル天機ノ奉伺並ニ帝都震災情況特ニ摂政殿下御安泰ノ旨ノ奏上

2．陸軍内務其他各官省ノ為兵力ノ集中糧秣ノ回送其他救済ニ関スル諸命令ノ伝達

3．一般諸官省ノ為各地ニ対スル災害情報ノ通信並各地情報ノ交換

4．電報ノ中継交文信書ノ送達

関西地方ヘ発送スル電信官報ハ主トシテ岐阜又ハ名古屋局ニ送達ス

5．人員輸送

公務ノ為戒厳地内外ヲ往復スル急ヲ要スル将校特ニ許可スル官吏及新聞記者ヲ輸送セリ

二　情報偵察

1．罹災範囲ノ確認

災害地カ伊豆稲取以北相模灘沿岸三浦半島沿岸房総

半島ノ外房ニ於テ勝浦浦山北南ナルコトヲ機上ヨリ偵察確認セリ戒厳司令部カ九月十一日付ヲ以テ関東地方罹災地ノ概況ヲ地図ニ印刷公布セシハ航空機ノ偵察結果ノ功極メテ多キニ居ルナリ

2. 被害程度ノ審査

視察偵察ノミナラス写真偵察ニ依リ各市街部落災害程度ヲ確認セリ

3. 監視

爾後ノ雨水害ニ当リ損害ノ程度工事進渉ノ情況等ヲ監察シ又気球ヲ以テ主トシテ帝都付近火災ノ監視ヲナシタリ

三 宣伝

戒厳地域内外ニ戒厳司令官ノ布告情報注意書等ヲ散布シ極力人心ノ安定流言防止ノ為宣伝ヲナセリ

九月二日ヨリ十月四日ニ亘ル飛行延回数ハ四百九十四回飛行延時間五百三十七時間十九分ニシテ気球ノ昇騰回数昼夜ヲ通シ二三回其延時間六十時間ナリ当時震災被害ノ為各航空機ハ殆ント気象ニ関スル確報ヲ受クル能ハス而モ天候気象概シテ不良ナリシニ拘ラス或ハ低雲下ヲ海面ニ接シテ飛行シ或ハ猛火上煤煙ヲ冒シテ行動スル等平素類例ナキ飛行ヲ敢行シ僅少ナル飛行故障ノ生シタルノミニテ克ク定期飛行ヲ中断セサリシハ一ニ搭乗者ノ勇気ト旺盛ナル義務心ノ到セシ所ニ外ナラス

五 自動車隊ノ活動ト自動車燃料ノ統制

震災勃発ト共ニ陸軍ハ自動車隊並其他軍用自動車ノ全部ヲ挙ケ出動セシムル外多数民間自動車ヲ雇用シ其総数約五〇〇台ニ及ヒ通信連絡糧水患者架橋通信材料ノ輸送等ニ全力ヲ傾注シテ活動セシメタリ

当時自動車ノ活動頗ル大ナルヲ要スルニ拘ラス之ニ要スル油類ノ供給極メテ憂慮スヘキ状態ニアリシヲ以テ陸軍ハ率先之カ統一配給ニ方リ先陸海軍並日本石油株式会社貯蔵ノモノ約一万凾ヲ統制シテ一般官公衙公共団体並一般民間ノ需用ニ応シ当初ノ混乱時ニ於テ克ク自動車ノ活動ヲ円滑ナラシメタリ該業務ハ九月十日以後之ヲ臨時震災救護事務局ニ移管セシカ当時迄ニ陸軍ヨリ部外ニ配給セル数量ハ約三千凾ノ多キニ及ヘリ

五、結　言

之ヲ要スルニ震災ノ跡ヲ回想スルニ其被害ノ激甚悲惨ナル古今未曾有ニシテ帝都五十年ノ文化殆ト灰燼ニ帰シ

警保救恤ニ関スル諸機関ノ運転一時全ク停止シ加フルニ流言飛語《(ママ)》所在ニ起リテ民心ノ狂乱其極ニ達シ当時ノ人士ヲシテ著シク形勢ノ推移ヲ憂慮セシタ《(ママ)》ルニ拘ラス幸ニ大ナル擾乱ニ陥ルコトナク旬日ヲ出スシテ警備救恤ニ関スル施設整備シ各地ノ民心ヲ概ネ安定ニ帰シ爾来日ヲ逐フテ秩序回復ニ赴キツヽアルハ是レ一ニ軍民一致協力異常ノ活動ヲ逐《(ママ)》ケ自制沈着事ニ処シタルニ因ルモノニシテ国家社会ノ為深ク慶賀ニ堪エサル処ナリ

然リト雖仔細ニ震災救護ノ跡ヲ考フルニ将来ノ為深ク国民ノ銘記猛省セサルヘカラサル所多々アリト信ス予ハ軍職ニ在ル者トシテ特ニ官公私各機関ニ対シ組織ノ確立及団体的訓練ヲ一層高調センコトヲ提唱シテ止マサルナリ流言トハ謂ヘ帝都二百五十万ノ市民カ少数不逞ノ徒ノ為一時全ク其度ヲ失ヒテ狂乱ニ陥リタルカ如キ彼ノ自警団カ其統制宜シキヲ得スシテ却テ公安ヲ害スルモノアリシカ如キ或ハ公安ヲ保持スヘキ官公庁ニシテ被害ノ為メ其職責ノ逐《(ママ)》行ヲ欠キタルモノアルカ如キ何レモ組織及団体的訓練ノ欠陥ニ因ルニアラサルカ予ハ妄リニ宣伝自負ヲ事トスルモノニアラスト雖モ内外ノ交通連絡全ク遮断シ官公各機関ノ運転殆ト杜絶シタル時ニ方リ我陸軍各機関カ多クハ命ヲ待ツコトナクシテ起チ震災当日ヨリ早クモ已ニ活動ヲ開始シ啻ニ其本来ノ職責タル警備ノミナラス一般官民ニ関スル補給救療交通通信等アラユル方面ニ亘リ概ネ克ク応急救済ノ目的ヲ達シ得タルハ全ク有形無形上ニ於ケル其組織及訓練整備ノ賜ナリト信スルナリ将来ノ戦争ヲ考フルニ大都市ノ空中爆撃ヲ蒙ルヘキハ殆ト免ルヘカラサルヘク政治経済ノ中心地ニ対スル敵国ノ宣伝思想ノ惑乱ハ益々巧妙ヲ極ムヘシ此時ニ方リ若シ今次ノ如ク大兵力ヲ注入スルニアラスンハ帝都ノ公安保持シ能サルカ如キコトアランカ帝国将来ノ国防真ニ寒心ニ堪エスト謂ハサルヘカラス実ニ各機関ノ組織克ク確立セラレ官民全体ヲ通シ統制変ニ処シ得ルノ訓練ヲ完フスヘキハ国防上ハ勿論平時公安上亦忽ニスル能ハス今ヤ文化復興ノ機運頗ル旺ナルモノアルニ方リ克ク治ニ居テ乱ヲ忘レス特ニ眼前ノ活教訓ヲ忽ニセサランコトヲ切望シテ已マサルナリ

更ニ稿ヲ終ルニ臨ミ予ハ戒厳司令官トシテ部下将卒カ自ラノ家庭ノ安否スラ知ルノ遑ナクシテ命令一下直ニ出動シ日夜精励克ク警備救恤ノ任ヲ完フシ国民ノ信頼ニ応ヘタルノ労ヲ多トシテ已マス特ニ其妻子眷族ヲ喪ヒ或ハ

家財ヲ焼キテ尚克ク公安ノ為其本務ニ尽粋セシ将卒ニ対シテハ真ニ帝国軍人ノ亀鑑トシテ衷心ヨリ敬仰感謝ノ意ヲ表セントス

（松室文書）

大正十二年十月十二日　　陸軍省工兵課印刷

救護ニ関スル陸軍ノ施設

交通部陸軍側事務官

［情報部の判あり］

目　次

注　意

イ、救護業務中陸軍ノ自ラノ発意ニ基クト事務局ノ打合ニ依ルトノ区別アルハ勿論ナルモ窮極ノ目的ハ一ナルヲ以テ記載ニ当リ之ヲ区分セス

ロ、救護業務ハ継続中ニ属スルモノ多キヲ以テ不備ノ点ハ後日更ニ補綴スヘシ

ハ、建築物残骸ノ破壊及建築ハ交通関係ニ属セサルモ便宜蒐録シ置ケリ

救護ニ関スル陸軍ノ施設

一、震災ト共ニ交通諸機関ノ活動ヲ要スルコト大ナルヲ思ヒ陸軍ハ特ニ内地工兵隊ノ殆ント全部鉄道電信自動車隊全部航空隊ノ大部ヲシテ救護戒厳ノ業務ニ服セシメアラユル艱難ヲ排シテ作業ヲ実施セシメタリ

交通諸作業等ノ為当初戒厳司令部内ニ交通課ヲ設ケ次テ陸軍省内ニ陸軍震災救護委員ヲ置キ其内ニ技術部ヲ設ケ以テ救護ニ関スル諸工事ヲ区処セシメタリ

二、補給ハ救護ノ第一義ナルヲ思ヒ陸軍ハ当初混乱ノ時期ニ於テ其衝ニ当リ幸ニ罹災民ヲシテ饑渇ヲ免レシメタリ

補給ノ為ニハ当初戒厳司令部内ニ補給部ヲ設ケ次テ之ヲ陸軍省内ニ移シ業務引継ト共ニ九月末之ヲ廃シタリ

三、震災救護ニ関スル交通通信運輸等ニ付陸軍ノ施設シタル事項ノ概要以下記スル所ノ如シ

第一　道　路

道路及橋梁ニ付工兵鉄道諸隊ノ実施シタル作業大要左ノ如シ

イ、東京及其付近

1．橋　梁

永代橋吾妻橋以下市内交通特ニ頻繁ナル橋梁ノ新設二七、補修一一計三八其延長一、一七〇米ニシテ内車輌ノ通過支障ナキモノ三〇トス

2．街　路

市街主要道路及芝浦日ノ出町、両国揚搭場等ノ道路ノ新設補修

延長八四、五六六米（新設一、四五八米　補修八三、一〇八米）

3．市内電車線路ノ補修清掃ハ先ツ糧食配給ノ為主要線路ヲ定メテ実施シ次テ一般交通ヲ容易ナラシムル目的ニテ逐次之ヲ増加シタリ

延長五〇、一一〇米

市内電車ノ運転開始ヲ迅速ナラシムル為各運転経路ノ電車線路上ニ横ハレル電車残骸及新宿有楽町車庫

内電車残骸ノ分解除去

約三〇〇台

4．自動車残骸

街路上ニ横ハレル自動車残骸ノ除去

約三〇台

ロ、横浜及其付近

1．橋　梁

車輌ノ通過ヲ許ス如ク架設シタルモノ一六

延長四六四米

車輌ノ通過ヲ許ス如ク補修シタルモノ一七

延長四四二米

橋長計九〇六米ニシテ其工事多クハ永久的ナリ

2．街　道

市内主要道路及保土ヶ谷並横須賀ニ通スル道路ノ補修

延長四四粁（約一一里）

3．電車線路

開通セシメタル電車線路ハ横浜市街線ノ幹線約二哩ニシテ其他電車橋二ヲ復旧ス

ハ、小田原鎌倉地方

1．橋　梁

馬入橋、酒匂橋、相模橋等最モ大ナルモノナリ

約二〇　延長約三、〇〇〇米

2．道路ノ補修及清掃

東海道、藤沢―横須賀道其他主要町村内ノ道路

ニ、各地区ニ於テ実施シタル小作業ハ之ヲ略ス

第二　水路及桟橋

一、航行、渡船等ノ為水路ヲ開設シタルモノ左ノ如シ

イ、東京付近

隅田川其他主要ナル河川ノ船舶輸送ヲ迅速ナラシムル為清掃並橋梁下ノ水路開設

延長一四、六二九米

ロ、横浜付近

大岡川、中村川及其両者ヲ連ヌル河川（延長六、七五〇米）

二、桟　橋

芝浦及両国ニ於ケル糧食材料其他揚陸ノ為設備セル桟橋

新設　四三

補修　四三

第三　鉄　道

震災当初鉄道両連隊ハ演習地ニ出張シアリシモ急遽之ヲ招致シタルニ自ラ総武線ヲ改修シ運転シツツ入京セリ

鉄道隊ハ第一着ニ川口付近ニ於ケル破壊箇所ヲ改修シ速ニ東北信越方面トノ輸送ヲ開始セシメ得タルハ特記スヘキ事項ナリトス

鉄道ニ関スル陸軍ノ実績ヲ摘記スレハ左ノ如シ

イ、開通セシメタル鉄道線　約八七哩

工事実施
- 東海道線　東京―大船間
- 横須賀線　田浦―横須賀間
- 横浜線　東神奈川―八王子間
- 総武線　千葉―稲毛間
- 北條線　大貫―浜金谷間

脱線列車ノ復線　常磐線　我孫子―馬橋間

ロ、運転シタル線路及列車数

総武線　稲毛―亀戸間　三四列車

輸送人員　約五〇、〇〇〇人

東武線　北千住―亀戸間　列車数及輸送数量調査中

ハ、開通セシメタル隧道

横須賀線　二個（同線第七号及第八号）

第四　船　舶

一、救護ノ為宇品陸軍運輸部ニ於テ汽船四隻約一三、〇〇〇噸ヲ傭上ケ陸軍ノ糧食天幕等ヲ輸送シタルカ概ネ九月中旬到着十月上旬荷揚ヲ終レリ

右汽船ニテ各府県等ヨリノ救護品ヲ無賃輸送セリ

二、宇品ヨリ小蒸気船二、馬舟九、団平四、発動機船二及所要ノ人夫ヲ招致シ芝浦ニ於ケル陸揚ヲ援助シタリ

三、以上ノ外陸軍借上ノ定期船ニハ船積ノ許ス限リ官庁又ハ公共団体ヨリノ救護品無賃輸送ヲ行ヒタリ

四、陸軍用船ニシテ部外ノ救護品ヲ輸送シタル数量四二六三噸ニ達ス

第五　自　動　車

震災勃発ト共ニ陸軍ニ於テハ自動車隊並其他軍用自動車ノ全力ヲ直チニ出動セシメ且ツ多数民間自動車ヲ傭入シテ救護ノ任ニ当リ自動車ノ総数約五〇〇余内傭入ノモノ時ニ二〇〇ニ達セシコトアリ殊ニ震災当初ニ於テハ通

信交通ノ機関全ク杜絶シ頻々タル余震ト焔々タル火災ノ裡自動車カ唯一ノ陸上連絡輸送機関トシテ震災救護上偉大ノ功績アリシハ一般ノ認ムル所ナリトス其主要ナル実績ヲ挙クレハ左ノ如シ

イ、連絡通信用

電信電話ノ杜絶ニ際シ乗用車自動二輪車ハ主トシテ市内外ノ連絡主要ナル命令通報、伝達ノ任ニ当リ速ニ両陛下ノ御動静ヲ奉伺シテ御無事ヲ国民ニ伝達セルカ如キハ特記スヘキ事項トス

ロ、救恤品ノ輸送

一日以来救恤品約三、〇〇〇、〇〇〇貫ノ輸送ヲ実施セリ其大部ハ最緊急ヲ要セシ糧食品ニシテ今尚救護協議会ニ対シ毎日自動貨車約一〇ヲ派遣シ配給ヲ援助シアリ

ハ、給　水

東京市ノ為（自九月二日至九月廿一日）約一、七〇〇石横浜市ノ為九月九日以降本日迄約一三、〇〇〇石ノ水ヲ配給シ今尚横浜市ニハ自動貨車四ヲ配属シ給水ヲ続行シアリ

ニ、患者輸送

九月一日倒壊工場ヨリ負傷者ヲ救療所ニ輸送シタルヲ始トシ爾後多数ノ傷病者ヲ輸送スルコト一ヶ月ニ及フ

ホ、部隊輸送

戒厳ノ為召集部隊ノ輸送並震災突発ノ当時流言其他ニ依ル警備ノ為部隊ヲ輸送シ以テ民心ヲ安堵ナラシムル基礎ヲナス

ヘ、架橋及電信電話材料ノ輸送

隅田川諸橋梁復旧ノ為架橋材料ヲ又通信網構成ノ為所要材料ヲ輸送セリ

ト、自動車ノ修理

九月二日参謀本部前空地ニ修理工場ヲ開設シタルヲ始トシ造兵廠東京工廠内ノ修理班、自動車隊内ノ工場等ニ於テ昼夜兼行自動車ノ修理ニ任シ修理完了車数陸軍ノモノ六五〇陸軍以外ノモノ一八〇ニ達ス

チ、自動車油類ノ補給

震災勃発以来自動車ノ使用日ニ激甚ヲ加フルニ至リ之ニ要スル油類供給ノ緊要ナルニ拘ラス諸機関未タ整ハサリシヲ以テ陸軍ハ率先之カ統制ニ従事シ先ツ陸軍及海軍貯蔵ノモノ並日本石油株式会社用ノモノ計約一〇、〇〇〇函ヲ以テ独リ陸軍ニ於ケル所要量ヲ補給スルノミナラス陸軍部外ノ各官公衙、公共団体並一般民間ノ

需要ニ応シ克ク当初ニ於ケル自動車ノ活動ヲ円滑ナラシムルヲ得タリ

震災当初ヨリ九月十日頃迄陸軍部外ニ救護ノ為配給セル自動車用油類ノ数量約三、〇〇〇缶トス

九月十日以後事務局交通部内ノ「ガソリン」課ニ於テ自動車用油類ノ統制配給事務ヲ開始セラレシヲ以テ自動車用油類ノ救護事務ハ之ニ譲リ爾後陸軍ハ単ニ自己所要量ノミヲ補給スルコトトセリ

第六　航　空　機

一、震災当初罹災地内外ノ通信連絡ハ一時杜絶シ飛行機ノ活躍ニ俟ツモノ甚タ多シ是ニ於テカ所沢、下志津、立川等ニ屯在スル飛行隊気球隊及航空学校ハ九月二日以来各其地飛行場ヲ根拠地トシ代々木練兵場ヲ補助着陸場トシ大活動ヲ開始シ在各務原飛行隊ハ主トシテ東京―各務原ノ連絡ニ任シ八日市、太刀洗等ノ部隊亦之ニ策応シテ東西ノ連絡ニ従事セリ

二、九月二日ヨリ十月四日ニ亘ル飛行延回数四九九回ニシテ飛行延時間実ニ五三七時間一九分ニ達ス

気球ハ一個ヲ使用シ其昇騰回数昼間一八回、夜間五回ニシテ延時間ハ六〇時間ナリ

三、各航空部隊ノ行動ヲ摘記スレハ左ノ如シ

イ、連　絡

1．日光御用邸ニ於ケル両陛下御動静奉伺並震災状況報告

2．震災情況通報並糧秣回漕ニ関スル命令ノ伝達

3．救済ニ関スル命令（陸軍ノミナラス内務省其他広範囲）及兵力集中ニ関スル命令ノ伝達

4．電報ノ中継

主トシテ関西地方へ発送スル官報ヲ岐阜又ハ名古屋局ヨリ打電ス

公文信書ノ速達

主トシテ関西地方へ発送スルモノ及震災ニ関シ関西方面ヨリ東京へ至急公文書

5．情報ノ交換

陸軍省、戒厳司令部、震災救護事務局等ヨリ公表スルモノノ通達及関西方面新聞其他震災地外ノ情報蒐集等

6．人員ノ輸送

公務ノ為戒厳地内外ヲ往復スル急ヲ要スル将校、許

可ヲ得タル新聞記者

ロ、偵　察

1．罹災地範囲ノ確認

伊豆、稲取以北、相模灘沿岸、三浦半島、東京湾沿岸、房総半島ハ外房ニ於テ勝浦以南ナルコトヲ機上ヨリ偵察確認ス

2．被害程度ノ審査

視目偵察ノミナラス写真偵察ニヨリ各市街、部落、災害程度ノ大小単ニ震災ノミナルカ又火災ニモ罹リオルヤ、鉄道、道路、橋梁等被害ノ程度ヲ確認ス

3．右ノ結果ヲ地図上ニ記入シ地図修正ノ用ニ供ス

4．監視

爾後ノ風水害ニ当リ損害ノ偵察、工事進捗ヲ監視ス

ハ、宣　伝

戒厳司令官布告、情報、人心安定ノ為流言防止ニ関スル宣伝ヲ戒厳地域内ニ散布ス

第七　通信及照明

一、電信隊ハ右ノ諸通信連絡ニ従事ス

イ、東京市内ニ於ケル諸官庁、直轄部隊相互間ノ通信連絡ニ任ス　其線路延長四五〇吉米　開設セル通信所電信二、電話一五八個、交換加入五七ニ達ス

ロ、東京、千葉、横浜、横須賀、小田原方面間ニ電信又ハ電話連絡ヲナシ軍用電報ノ外一般官報ヲ取扱フ

延長二八〇吉米　通信所二〇

ハ、横浜市内ニ於ケル諸官庁、主要ナル会社、陸軍部隊間ノ通信連絡ニ任ス　延長一五〇吉米　交換加入者四六ニ達ス

ニ、東京、横浜、立川、清水（後ニ小田原）ニ移動無線ヲ配置シ又中野、金沢、石狩固定無線ヲ運用シ軍用電報ノ外一般官報ヲ取扱フ

ホ、部外電線補修

1．海軍省―船橋間

2．東京駅―横浜駅間鉄道電線（鉄道隊ニテ）

3．横浜市内警察電話

4．神奈川県下警察電話

ヘ、東京市内及横浜市内ニ於ケル主要ナル位置ニ探照灯及照明灯ヲ配置シ照明ニ任ス

東京市　作業灯　四〇

横浜市　〃　二〇

右ノ外電灯ヲ以テ照明シ又屋内電灯ノ電力ヲ供給ス

二、臨時鳩隊ハ宇都宮（当初ハ日光）浦和、立川、小田原、藤沢、横浜、横須賀、千葉、松戸ニ鳩通信所ヲ置ク使用鳩数二、〇〇〇　取扱数初期ハ一日七、八十通ニ達ス

第八　補　給

九月三日以降罹災民ニ対スル陸上ノ補給業務ハ陸軍ニ於テ担任シ九月下旬之ヲ救護協議会ニ引継タリ其大要ヲ摘記スレハ左ノ如シ

イ、陸軍ニ於ケル補給業務ハ陸上ニ於ケルモノノミトシ補給ニ関スル事務局ノ計画ト府市ノ要求トニ基キ所要数量ヲ糧食分配所材料集積所等ニ輸送スルニアリ

ロ、補給ノ為戒厳司令部内ニ補給部ヲ設ケテ業務ヲ統制シ所要ノ地ニ補給又ハ輸送ノ機関ヲ置キ配給ヲ実施ス補給部ハ九月十一日以降戒厳司令官ノ隷下ヲ脱シ陸軍省内ニ設ケタル陸軍震災救護委員長ノ指揮下ニ入レリ

ハ、補給諸機関ノ設置及廃止時日左ノ如シ

場所	設置	廃止
芝浦	九月五日	九月二十三日
新宿	同	九月二十八日
田端	同	九月二十七日
隅田川	九月五日	九月二十七日
亀戸	同	九月二十六日
品川	九月九日	九月二十八日
横浜	同	同

ニ、陸軍ニテ実施セル補給数量左ノ如シ

1. 東京ノ分

米　四五四、六二三俵ヲ配給シ五〇、三七二俵ヲ集積ス

副食物　六八一、九六八貫

衣類・燃料・雑品　一、九八二、〇五〇貫

即チ二百五十万人ニ対シ一日一人平均米四合強副食物約五十匁ニ当レリ

2. 横浜ノ分

米一四七、〇〇〇俵ヲ市内ニ配給シ一〇三、一四五俵ヲ東京へ回送セリ

3．総配給量

米　六〇一、六二一俵

副食物　三、一八二、七六八貫

衣類雑品　二、二三六、〇五〇貫

右配給量ハ常ニ府市ノ要求ヲ超ユルコト約二割ナリ

尚是等配給量ノ六分ノ五ハ鉄道ニ依リテ輸送セラレタルモノナルハ注目ニ値ス

ホ、補給業務ノ為使用シタル車輌等延日数左ノ如シ

乗用自動車　二九三

貨物自動車　二、〇〇五

荷　車　六、五六七

手　車　八一八

艀　舟　八三

ヘ、補給業務ノ為使用シタル労力延人員左ノ如シ

人　夫　四四、六九五

在郷軍人　一七、〇六五

青年団　四、七四九

第九　器　材

一、救護ニ関スル工事ノ為陸軍部外ニ貸与シタル土工器具約二五、〇〇〇人分　荷車一〇〇両ニ達ス

二、陸軍ノ材料ヲ以テシタル架橋材料ハ吾妻橋外一一橋梁、価格約二〇、〇〇〇円ニ達ス

第一〇　建築物残骸ノ破壊

一、東京市内

宮内省、文部省、大蔵省、逓信省、等所管諸建築物其他民間建築物ノ残骸破壊完了総数四六ニシテ其総坪数約一八、〇〇〇坪　之ニ要シタル爆薬約一〇噸尚現在実施中ノモノ七箇所アリ

二、横浜市内

裁判所税関倉庫其ノ他官庁及民間建築物ノ残骸破壊完了総数一二ニシテ尚現在実施中ノモノ五アリ（坪数及爆薬量調査中）

第一一　建　築

一、東京

逓信省　一階ヨリ三階迄各階ニ床張ヲ為ス

坪数一、四四四坪

外ニ小「バラック」一棟及板塀三〇余間ノ

構築

二、横浜

日之出町「バラック」　七棟

元町「バラック」　三棟

絹業試験所内「バラック」　四棟

第一中学校庭内「バラック」　二棟（尚十四日迄ニ一棟ヲ完成）

其他商業学校教員室ノ新築及第一中学校々舎ノ補修

（松室文書）

芝浦及横浜ニ於ケル物資ノ集散配給其他ノ状況

一、緒　言

九月一日突如起レル大震災ニヨリ人世ノ惨事ヲ嘗《ママ》メ尽セル帝都付近ノ市民ハ糧資ノ焼尽ト帝都四囲鉄道杜絶ノ為更ニ飢餓ノ襲来ヲ受ケントシ糧食ノ配給ハ焦眉ノ問題トナレリ爰ニ於テ政府ハ各地方ニ救護用食糧材料ノ輸送ヲ急命シ各府県ハ或ハ命ニヨリ或ハ独断ヲ以テ莫大ノ物資ヲ蒐集シ主トシテ海路芝浦ニ向ケテ之ヲ発送セリ

芝浦港ニ於ケル揚陸設備ハ極メテ不完全ナリシ為糧食補給ノ前途尚暗澹タリシモ鉄道省及工兵隊ノ不眠不休ノ努力ニ依リ信越線東北本線ハ四日田端ニ開通シ常盤《ママ》線、総武線亦各々隅田川亀戸ニ開通シ北陸、東北、総武ノ物資ハ鉄路東京ニ注流スルヲ得ルニ至リ茲ニ一道ノ光明ヲ認ムルニ至レリ

九月三日戒厳司令部ハ其編制成ルト共ニ臨時震災事務局ト協議交渉シ東京方面ニ於テハ芝浦田端新宿亀戸ニ所要ノ機関ヲ設ケ速ニ海陸ヨリスル物資ヲ揚陸又ハ卸下シ之ヲ罹災民ニ配給スヘキ件ヲ決議ス翌四日本協定成立シ配給ノ全統制ハ事務局之ニ任シ海軍ハ水線迄ノ揚陸ヲ陸

軍ハ水線ヨリノ揚陸及各配給部ヨリ府市ノ食糧交付地ニ到ル輸送及其警戒ヲ府市当局ハ罹災者ヘノ直接配給ヲ担任シ相協力シテ補給ヲ完全ニ遂行スルコトヲ協定セリ

同日戒厳司令部内ニ補給部ノ［以下印刷なし］一等配給部ヲ新宿、亀戸ニ二等配給部ヲ設ケ各配給部ハ六日ヨリ一斉ニ業務ヲ開始セリ

当時横浜方面ノ補給ニ関シテハ同港諸設備大破セル為揚陸作業絶望ナリト認メラレ同地付近所在ノ物資ニヨルノ方針ナリシモ該地方ノ惨害ハ遥ニ帝都ノ被害以上ニシテ到底所在ノ物資ヲ利用スヘクモアラサルノミナラス一方芝浦ニ於ケル揚陸効程《ママ》所望ニ充タサルモ以テ万難ヲ排シ大破セル横浜埠頭ニ揚陸ヲ決行シ其危急ニ応スルニ決セラレ陸海軍及鉄道省相協同シテ努力施設ヲナシ漸ク廿一日以後揚陸ヲ開始スルニ至レリ以下東京近海海運ノ震災救護ニ及ホシタル影響ヲ考察スル為芝浦及横浜ニ於ケル物資ノ集散配給警備等ニ就キ略述センカ

二、芝浦ニ於ケル状況

一、揚陸場トシテ芝浦ノ価値

芝浦補給部ハ五日配置ニ就クヤ主力ヲ以テ芝浦埋立地ニ、一部ヲ以テ隅田川ノ水路ヲ利用シ蔵前高等工業学校跡ニ支部ヲ設ケ六日ヨリ海軍ト協力シテ揚陸集積ニ任シ七日ヨリ所定ノ配給管区ニ糧食ノ配給ヲ開始セリ

芝浦ハ当時海上ニ於ケル東都唯一ノ門戸ト認メラレ物資ヲ満積セル諸艦船悉ク之ニ集中シ来リ配給上最重要ナル位置ニ立テリト雖モ同地ノ揚陸場トシテノ価値ハ極メテ不充分ニシテ特ニ岸壁ノ状況及陸上ノ交通ニ於テ然リトス日出町海岸ニハ小型浅吃水船数隻ノ入泊シ得ルモノアルモ海陸ノ連接設備不充分ニシテ大汽船ハ之ヲ遠ク三乃至五海里ノ海上ニ繋留セサルヘカラス大規模ノ揚陸ヲ行ハントセハ大ナル困難ヲ伴フコト必然ナリ蔵前両国支部ニ於ケル陸岸設備及隅田川航路又根底ヨリ修築ヲ要スルモノアラサレハ糧食満載ノ多数ノ艦船品海ヲ蔽ヘリト雖揚陸効程ヲ所望ニ充タシムルノ時期殆ント予測スル能ハス、之カ為陸軍ハ独力ヲ以テ其補備工事ヲ為ササルヘカラサルニ至リ配給開始ノ当初ニ於テハ専ラ之ニ主力ヲ傾注セリ其主要ナルモノ左ノ如シ

一、桟橋ノ構築

二、集積場ノ整備

三、道路ノ改修
四、軌条ノ敷設
五、照明設備
六、宿舎ノ整備
叙上補備《ママ》作業ハ十八、九日ニ至リ概ネ完成シ浅吃水船ノ利用ト相俟ツテ港湾其物ノ価値ハ大ニ増加シ又陸上輸送力ハ道路ノ開通ニ依リ大ニ其能率ヲ高上シ九月中旬以来常ニ府市要求額以上ノ配給ヲ実施スルヲ得タリ

斯クノ如クニシテ芝浦ニ於ケル揚陸効程ハ一日約四千噸ニ達セシムルコトヲ得横浜ニ於ケル揚陸効程ハ亦概ネ同量ナルニ至リシモ品海ニ到着セル百隻(約二十五万噸)ニ垂ントスル艦船ノ搭載貨物ヲ短時日ニ揚陸スルコトハ到底為シ得サリキ、而モ又一方ニ於テハ府市ノ要求額陸上交通設備及輸送材料等ノ関係ニヨリ日々芝浦管区ニ於ケル食糧品ノ配給額ハ一千噸内外ニ制限セラレタルヲ以テ一日約二三千噸ノ割ヲ以テ揚陸貨物ノ堆積ヲ見ルニ至レリ是ニ於テ速ニ之カ集積保管ノタメ集積倉庫ノ要切ナルモノアレトモ奈何セン帝都ニ於ケル此種倉庫ハ物資ト共ニ焼尽シ僅ニ神田川ヲ余スニ過キス、是ニ於テ逐次到着スル建築材料ヲ以テ急造バラツク倉庫ノ建設ヲナスニ決シ九月十八日其建築ニ着手シ十月上旬漸ク完成スルニ至レリ

二、揚　陸

揚陸初期ニ於テハ海陸設備ノ不完全、司令部人員ノ充足未完了、労力ノ不足等ノ為メ効程上ラス殊ニ当時米ノ需要ハ焦眉ノ急ナリシニ拘ラス荷積ノ関係上之等ノ揚陸意ノ如クナラス其第一日(九月六日)ニハ約一千噸第二日(同七日)ニハ約二千噸ノ貨物ヲ揚陸シタルノミニシテ殊ニ雑品材料ヲ主トシ食糧ハ其十分ノ一ニモ及ハス担任配給管区ノ配給日額ヲ充スコト能ハス果シテ重任ヲ尽シ得ルヤ頗ル懸念ニ堪エサルモノアリキ然ルニ其後司令部人員ノ充足ト揚陸設備ノ完成浅吃水中継船利用ノ実現等ハ大ニ揚陸効程ヲ大ナラシメ十日以後ニ於テハ最大限約四千噸強ノ効程ヲ発揮シ得ルニ至レリ而シテ揚陸セシ品種ハ米約十六万五千俵（両国支部ヲ合スルトキハ約十九万俵）副食物、雑貨各種材料等ニシテ其数量少クモ米ト同量以上ナリ尚ホ本作業ニ従事セシ人員ハ一日平均人夫七百七十九人在郷軍人百五十人軍隊百八十四人ナリ

三、配　給

芝浦配給司令部ノ配給担任区域ハ、麹町、赤坂、麻布、

芝、京橋ノ五区荏原郡ノ一郡ニシテ其両国支部ハ日本橋、浅草、神田ノ三区ヲ担任シ合計八区一郡ナリ尚ホ此外官衙、学校、公共団体、公私ノ米倉庫等ニ配給セシモノ頗ル多シ而シテ平均一日ノ配給米ハ約六千俵ニシテ其最大ニ達セルトキハ約九千俵ニ及ヒ府市ノ要求配給総額約七万俵ニ対シ約九万七千俵（両国支部ノモノヲ合スルトキハ府市ノ要求総額約八万二千俵ニ対シ約十二万俵配給）ト之ニ応スル副食物及雑貨ノ多数トヲ配給セリ而シテ配給ノ為メ使用シタル人員、車輌ハ一日平均人夫五百二十六人在郷軍人二百十七人青年団員百六十一人ニシテ又車輌ハ自動車一日平均三十六輌、荷馬車百五十輌ナリ

　叙上配給ノ跡ヲ観ルニ概ネ順調ニ進捗シ唯業務開始ノ当初ニ於テハ米ノ揚陸意ノ如クナラス一方食糧ニ依ル市民救護ノ度切実ナルモノアリシヲ以テ頗ル憂慮ニ堪エサルモノアリシモ幸ニシテ此危機ハ鉄道ノ迅速ナル開通ニ依リテ田端新宿方面ヨリ支援ヲ受ケ事ナキヲ得タリ九月十日以後日ヲ経ルニ従ヒ配給米行渡リテ市内処々ニ小「ストック」ヲ成形シ一方多クノ罹災民ハ地方ニ避難シ又人口調査ノ精確トナルニ従ヒ事務局ハ逐次救恤米ヲ減少シテ敗《ママ》売米ヲ増加スルノ方針ニ改メタルヲ以テ府市ニ対スル配給ハ著シク低減シ或ハ一特之ヲ中止スルモノヲ生セシハ正ニ家庭ノ米櫃ト公私倉庫ノ充実トヲ示セルモノニシテ蓋シ配給ノ大目的ヲ達セシモノナリ

四、警　備

　揚陸物資及配給ノ警備ハ前述ノ如ク配給順調ナリシト非常ノ際ニ処シテ克ク官憲ヲ信頼セシ市民ノ教養等ヨリ何等之ニ対シテ奪掠的行為ニ出ツルモノナク時ニ揚陸場等ニ於テ鼠盗アリシト雖モ您《ママ》ハ揚陸初期ニ於テ震災以来充分ニ食事セサリシ徒輩カ思慮ヲ失シタル結果ニシテ深ク咎ムヘキモノニアラサルナリ、サレハ同司令部ニ於テモ窮状ヲ察シ一般雇傭人夫ニモ食事ヲ給シ其一食最大二千人内外ニ達セシコトアリ、陸上ノ警備ハ守備隊（最初一中隊ト一小隊ナリシモ貨物揚陸ニ伴ヒ逐次増加シ約一大隊ト為ル）憲兵、海軍衛兵等相連繫シテ之ニ当リ又配給ニハ在郷軍人ヲ以テ荷物ノ宰領ヲ兼ネ監視ニ当ラシムル等所謂水モ漏サヌ手配アリシトハ謂ヘ何等特記スヘキ事故ヲ生セサリシハ東京市民ノ名誉ノ為メ祝福セサルヲ得ス

五、滞貨問題

品海ニ於ケル海軍ノ揚陸力ハ其使用セル艀舟等ヨリ判

断シテ約六千噸ト見做スヲ得ヘク之ニ対シ陸上ノ揚陸力ハ約四千噸（設備上ヨリ算定セハ五千噸ナルモ人夫ノ能率低キ等ノ為実際ハ四千噸ナリキ）配給力即チ荷捌力ハ約一千噸ナリ然ルニ海ニハ大小ノ艦船百隻ニ垂トシ滞船既ニ旬余ニ及ハントスルモノ少カラス其揚陸ノ一刻モ早カランコトヲ翹望シ就中腐敗シ易キ品種、慰問品ヲ搭載スルモノニ於テ然リトス、斯ル状況ニ於テ海陸歩調ヲ一ニシ揚陸効程ニ応シ海上輸送力ヲ控制セントスルコトハ事実ニ於テ甚タ困難ニシテ命令系統ナキ両者ノ協定ノミヲ以テハ殆ト不可能事ニ属セリ故ニ全力ヲ尽シテ揚陸ノ進捗ト配給ニ任シタリト雖一方陸上ノ配給ハ陸上運搬力ノ制限ヲ受ケ又日ヲ経ルニ従ヒ府市ノ要求配給料減少シ府市又適当ナル「ストック」ナキ為メ多量ノ配給ヲ希望セサルニ至ルヤ芝浦ニ推貨《（ママ）》ノ生スルハ自明ノ理ナリ若シ夫レ芝浦ニシテ平時ヨリ完備セル埠頭、上屋、倉庫等ヲ有シ市内各所ニ相当ノ倉庫残存シ且市内トノ鉄道道路ノ連絡設備完全ニシテ又東京市内ニ使用セシ貨物自動車モ其数尚一層多カリシニ於テハ堆貨問題ヤ食糧腐敗問題ハ蓋シ起ラサリシナラン

然レトモ集積スヘキ倉庫ハ総テ焦土ト化シ之カ建設ハ相当ノ時日ヲ要スルヲ以テ此間如何ニ雨覆ヲ良好ニスルモ尚ホ且雨露ノ犯ス所トナリ変敗ヲ生セシコトハ殆ト不可抗力ニ属ス殊ニ残暑ノ候在船数旬船中既ニ変敗ニ瀕セルモノアルニ於テオヤ

若シ夫レ這回ノ情況ニ於テ此患ナカラシメントセハ芝浦ノ揚陸効程ト東京ノ需要量トヲ考慮シ適当ニ其発送ヲ統制スヘカリシナリ実ニヤ芝浦ニ於ケル多大ノ物資ヲ腐敗セシメ天下ノ同情ヲ水泡ニ帰シ国帑ヲ消費セリトノ非難ハ之ニ従事セルモノノ等シク其責任ヲ感スル所ナレ共然モ一日五千噸ノ揚陸効程ニ列シテ二十数万噸ノ物資カ一時ニ集中セシコトハ人力ノ如何トモスル能ハサル処ニシテ芝浦港湾ノ不備ニ基ク当然ノ帰結ナリト云フヘシ

各地方ヨリ救護品ノ輸送順序及船内ノ荷積法ハ倥偬《（ママ）》ノ際トハ云ヒナカラ何等罹災民ノ需要ト揚陸ノ便トヲ顧慮シアラサリシモノ多カリシハ亦配給ノ実施ヲ妨ケシ一因ナリ例ヘハ米麦未タ需要ヲ満タス能ハサルモ清涼飲料或ハ果物ノ到着ヲ見或ハ緊要欠クヘカラサル米ヲ不急ノ雑貨ノ下積ト為セシカ如キ是ナリ

三　横浜ニ於ケル状況

一、揚　陸

大震災ノ被害ハ横浜付近最甚シク其大港湾ノ設備モ大破シテ又使用ニ堪エス之ニ多クノ揚陸ヲ期待スルコト能ハスト認メラレシヲ以テ当初海上ノ物資ハ陸続トシテ芝浦ニ集中セリ

然ルニ芝浦ノ揚陸効程モ莫大ナル揚陸ニ堪エサルハ明ナルヲ以テ戒厳司令部ハ九月六日横浜配給部ヲ編成シ命スルニ該地付近ノ配給ニ任セシムルト共ニ横浜港湾ノ利用程度ヲ調査シ速ニ報告スヘキヲ以テセリ

九月七日横浜配給部ハ横浜ニ到着ス

当時横浜市ノ惨状ハ帝都以上ニシテ飢餓ニ瀕セルノ状況ナリシヲ以テ配給部ハ救護事務局ト協力シ余炎ヲ冒シテ港湾ヲ調査シ「ドック」桟橋付近ニ揚陸シテ横浜市民ニ配給スル為速ニ芝浦船舶ノ一部ヲ横浜ニ回航セシムヘキ意見ヲ具申ス次テ港湾専門ノ委員ノ調査ヲ復行シテ遂ニ横浜ニ揚陸スルニ決シ九月十日海軍ノ来着ト共ニ揚陸ノ諸準備ヲナシ翌十一日ヨリ先「ドック」桟橋ニ揚陸ヲ開始ス

然レトモ該地ハ岸壁ノ破損ト地積ノ不充分ナルトノ為揚陸効程大ナラサルヲ以テ工兵隊之カ修理ニ努力スルト共ニ十三日海軍ハ独力ヲ以テ税関桟橋ニ揚陸ヲ試ミ遂ニ其用フヘキヲ確メ爾後此二ヶ所ヲ併用シ著シク其揚陸効程ヲ増大セリ其最高潮ニ達セシ九月下旬ニ於テハ揚陸日額前者ハ千三百九十屯後者ハ三千二百四十屯ニ及ヒ所要配給量ノ数倍ニ達セリ

然ルニ九月中旬来東京方面ノ糧食漸次其欠乏ヲ告クルニ至リ十七日ヨリ海神奈川ニ揚陸ヲ開始セリ最大揚陸日量一、一〇〇屯ニ達セリ

如斯当初殆ト用ニ堪ヘスト認メラレシ港湾ハ海陸軍ノ努力ト鉄道省ノ施設ト相俟ツテ其偉大ナル潜勢力ヲ発揮シ一日最大五千七百三十屯ニ達シ芝浦ノ効程ヲ凌駕シ横浜付近一帯ノ配給ニ応シ得タルノミナラス帝都ノ急ニ応スルコトヲ得タリ

若シ陸上ノ倉庫及配給力ニシテ之ヲ許セハ優ニ一万屯以上ノ揚陸効程ヲ発揮シ得ルノ余力ヲ存シタリ

是芝浦ハ一千噸級以上ノ船舶ハ岸壁荷役ヲ許ササルニ反シ横浜ハ総テヲ岸壁ニ横着シ得ルノ設備ヲ有シ幸ニシ

テ根底ヨリ大破シアラサリシヲ以テ岸壁荷役ヲ行ヒ艀舟人夫ヲ煩サルルコト少ク加フルニ天候波浪ノ障碍ヲ蒙ルコト少キニ依ルナリ

以上横浜ニ於テ実施セル揚陸効程右表ノ如シ

揚陸地／区分	一日揚陸最大量屯	揚陸全量屯	揚陸日数	一日平均揚陸量	揚陸開始日
船渠倉庫	一、三九〇	一一、〇五九	一六	四二〇	九月十一日
税関桟橋	三、二四〇	六、七二〇	一四	七九〇	九月十三日
海神奈川	一、一〇〇	五、七七〇	一〇	五七七	同　十七日
計	五、七三〇	二三、五四九		一、七八九	
備考	一日ノ最大量ハ日ヲ異ニシアルヲ以テ単ニ揚陸ノ最大量ヲ合計シテ示セリ				

二、配　給　　海神奈川品川間ニ輸送ス

横浜配給部ノ担任管区ハ横浜市及神奈川県下七郡ナリシモ主トシテ横浜市及湖南（ママ）付近ニ配給シ且時々横須賀方面ニモ海路輸送ニ依リ補給セリ

揚陸開始前ハ専ラ在神奈川ノ横浜倉庫及船渠倉庫内ノ在貨ヲ受継キテ罹災民ノ救護ニ任シ次テ揚陸開始セラル、ヤ郡部ハ主トシテ海神奈川倉庫ヨリ横浜市ハ揚陸貨物ニ依リテ補給シ海神奈川揚陸ノ物資ハ専ラ東京ニ回送セリ其配給額右ノ如シ

配給方面／物資	米（四斗俵）	副食物（梱）	雑品（梱）
横浜市及神奈川県下	六一、八三二	二五、八〇〇	八三、〇〇〇
東京方面	九〇、六九八		

其他配給額ノ約二倍ノ物資ヲ倉庫ニ集積セリ

三、揚陸及配給ニ使用シタル人員及輸送材料

以上揚陸及配給ノタメ使用シタル兵力ハ左ノ如クニシテ揚陸及配給量ト使用運搬機関ノ数トヲ芝浦ノ夫ニ対照スルトキ如何ニ港湾ノ設備ト倉庫ノ有無トカ労力ニ大ナル影響ヲ有スルヤヲ知ルヘシ

種類	延数	一日平均	使用日数	摘要
貨物自動車	八八	五、五	一六	
荷馬車	三二五	二〇、三	一六	
人夫	六、四四一	四〇三	一六	
在郷軍人	三〇五	三〇	一一	
貨物	五〇一	五二、一	一〇	海神奈川品川間ニ輸送ス

四、結　言

之ヲ要スルニ凶変勃発当初愡倥（ママ）ノ間ニ平時何等ノ連繋

ト統率ノ関係ナキ人員ト機関トノ集成ヲ以テ設備極テ不完全ナルカ或ハ大破セル港湾ヲ利用シ糧資ノ揚陸及配給ノ業務ヲ開始シ概ネ克ク所要ヲ充足シテ市民ノ飢餓ヲ救ヒ得タルハ実ニ陸海軍人及関係各省各官公衙ノ協力一致シテ克ク不眠不休ノ活動ヲ遂ケタリト天下ノ同情市民ノ節制ヲ得タルトノ賚ニシテ此ニ聖代余沢ノ反映ナリト信ス

以下静ニ業務実施ノ跡ヲ回想シ二三所感スル所ヲ述ヘシ

第一ニ吾人ノ痛感スルハ貧弱ナカラ芝浦港湾ノ現在カ帝都自活ノ為如何ニ大ナル貢献ヲナシタルヤ是ナリ上述ノ如ク芝浦ニ於ケル揚陸ハ諸般ノ原因ニヨリ遺憾ノ点少カリシトハ謂ヘ同地配給部ハ倥偬ノ間ニ業ヲ起シ僅カ二週間ニ十六万五千俵（両国支部ヲ含ミ約十九万俵）ノ主食ヲ揚陸シ東京市ノ過半ト東京府ノ市郡トノ配給ニ遺憾ナカラシメタリ、若シ鉄路杜絶ノ時ニ方リ芝浦ノ浚渫未タ成ラス其護岸現行セスシテ徒ニ潮干狩ノ名所ナリシナランニハ帝都市民ノ不安果シテ如何ナリシカ固ヨリ完全ナル築港作業ノ実施ハ尚諸種要件ヲ考慮シテ之ヲ論スヘキモノナランモ眼前ノ活教訓ニ鑑ミ帝都自活ノ為急遽事変ニ応スルノ施設ヲ充実スルコト切要ナリ

次ニ横浜港湾ノ震災ノ為多大ノ破壊ヲ蒙リ当初之カ使用見込ナシト迄論セラレタルニ拘ラス流石ニ天然ノ良港ト平時設備ノ整備トハ大破シ乍ラモ流石ニ尚克ク港湾タルノ価値ヲ発揮シ其揚陸効程ハ芝浦ヲ凌駕シ之ト相俟テ克ク京浜三百万ノ市民救活ノ為至大ノ貢献ヲナシタリ亦以テ港湾ノ観察上参考ニ資スヘキ点ナリトス、最後ニ芝浦ニ於ケル滞貨問題ニ就キ再ヒ一言スル所アラン帝都ノ急ヲ告クルヤ或ハ政府ノ命ニ依リ或ハ地方ノ独断ニヨリ急遽且多量ニ物資ヲ帝都ニ回送シタルハ一面ニ於テ克ク市民ノ飢餓ヲ救ヒタル所以ナルモ芝浦ニ於ケル揚陸効程一日多クモ五千屯ヲ上ラサルニ拘ラス無統制ニ回航セシ百隻ニ垂トスル艦船ハ一時ニ二十五万噸ノ物資ヲ集中セシ為滞船間未タ一梱ヲモ揚陸セサルニ船中早ク已ニ変敗シ或ハ漸ク之ヲ揚陸スルモ集積格納スヘキ倉庫ヲ欠キテ雨露ノ犯ス処トナリ国帑ヲ徒費シ天下ノ同情ヲ水泡ニ帰セリトノ非難囂々タルニ至レリ

芝浦ニ於ケル滞貨問題ハ已ニ述ヘタルカ如ク畢竟芝浦ニ於ケル港湾施設ノ不備ニ加フルニ陸上ノ需用揚陸効程並海上輸送ノ三者ノ統制ヲ欠キタルノ結果ニシテ平素何

等ノ連繫統率ノ関係ナキ各機関ノ集成作業トシテ一面不可抗力ノモノナリト雖亦全然人事ヲ尽スヘキノ余地絶無ナリト謂フヘカラス物資蒐集ニ関スル最全《ママ》ヲ統一シテ一途ニ出ツヘカリシコト其一ナリ、揚陸輸送及配給ノ全業務ノ統一ヲ一層十分ナラシムヘキコト其二ナリ、各関係機関カ共同ノ目的ニ向ヒ有形無形上一層積極的ニ活動スヘキコト其三ナリ、要スルニ組織ノ確立ニ於テ一層徹底ヲ期スヘカリシコト尚人事ノ尽スヘキ余地ト謂フ所以ナリ、要スルニ滞貨ノ責任ハ諸業務ニ従事セシ全機関ノ連帯スヘキモノ若シ夫レ紊リニ自己ノ責任ヲ回避シテ他ニ中傷セントスル如キハ其精神カ抑モ滞貨ヲ生シタル主因ヲナシタルモノナリ

（松室文書）

3

実業団協議会・義捐金・救護功労者・建議等

震災ニ関スル実業団協議会ノ施設

大正十二年九月一日東京付近一帯ニ亘リ千古未曾有ノ大災ノ突発スルヤ急遽トシテ組織セラレタル臨時震災救護事務局副総裁内務大臣後藤子爵ハ九月拾四日左記拾壱名

日本銀行営業局長　永池　長治
東邦電力株式会社副社長　松永安左エ門
三菱商事株式会社常務取締役　加藤　恭平
三井物産株式会社取締役　南條　金雄
大阪商船株式会社専務取締役　深尾隆太郎
株式会社白木屋社長　西野恵之助
貴族院議員久原鉱業株式会社取締役男爵　伊藤　文吉
東京瓦斯株式会社専務取締役　松方　乙彦
鈴木合名会社理事　長崎　英造
株式会社三越専務取締役　倉知　誠夫
日本郵船株式会社副社長　石井　徹

ヲ官邸ニ招致シテ主トシテ在朝ノ官吏ヲ以テ成レル該事務局ノ活動ニ民間実業家ノ協心戮力ノ必要ナルヲ痛感セル旨ヲ伝ヘタリ、吾等ハ其任ノ重キニ省ミ一度別室ニ退キテ協議スル所アリタルモ、事ハ突如トシテ家居資産ヲ失ヒ妻子眷族ヲ奪ハレ悲惨ノ極ニ沈湎セル百数十万ヲ算スル罹災市民ノ救恤ニ関シ、徒ニ逡巡シテ一刻ヲ空シクスルコトヲ許サザルノミナラズ、吾等ノ微力尚努力奮闘奉公ノ赤誠ヲ致サバ、或ハ克ク此ノ至難ナル事業ヲ完成ニ進ムルノ一端ヲ果シ得可キヲ信シタルヲ以テ、謹ンデ其ノ命ヲ拝受シ左ノ諸件ヲ打合セ決定セリ、

一、石井徹氏ヲ坐長《(ママ)》ニ推シ事務ノ一切ハ事務嘱託ヲ受ケタル全員ノ協議ニヨリ執行スルコト

二、嘱託事務所ハ日本郵船会社内ニ設クル事

三、臨時震災救護事務局ト嘱託事務トノ間ニ即時電話線ノ架設ヲ請求スルコト

四、当分ノ裡毎日午前十一時ヨリ十二時マデ嘱託員ノ定時協議会ヲ開クコト

依テ直チニ右ノ趣ヲ石井座長ヨリ後藤副総裁ニ答申セリ（電話架設ノ件ハ副総裁ノ承認ヲ得タリ）尚同副総裁ノ注意ニ基キ嘱託員一同内務省土木局長長谷川氏ノ案内ニテ芝浦陸上《(ママ)》場ノ情況ヲ視察セリ

［内閣総理大臣、内閣書記官長、内閣書記官の印あり］

第一回協議会

拾五日午前十一時開会

出席者　加藤氏　南條氏　深尾氏　西野氏　伊藤男

松方氏　長崎氏　倉知氏　石井氏

嘱託員ハ伊藤男ノ提出ニカヽル、同氏私案ニ基キ次ノ事項ニ就キテ、救護事務局総務塚本内務次官及河原田委員ノ説明ヲ聴取セリ、

一、芝浦海岸碇泊ノ荷物船舶種別並ニ船数

一、船舶積載ノ物品種類並ニ数量ノ大体

一、今後着荷予想並ニ着荷予報ノ連絡如何

一、海軍陸上《(ママ)》ゲノ能率現状

一、陸上運送ノ能率現状

一、上屋速成計画如何

一、市内貯蔵場計画如何

一、救護並ニ商品配給ノ方法如何

更ニ郵船会社京浜艀係長秋山氏ニ就キテ同一事項ニ関シ実際ノ状況ニ対スル参考ノ資料ヲ徴シタル結果目下陸揚貯蔵及陸上運送ノ状況未ダ完全ノ域ニ達セズ、此儘ニテ推移セバ眼前多大ノ資料ヲ擁シナガラ配給ノ不完全ニヨリテ救護ノ目的ヲ達スルコト不能ナルノミナラズ、遂ニ折角貴重ナル物質ノ変質毀損ヲ見ルニ到ル可キコトヲ把ル、ヲ以テ、伊藤男ノ私案ヲ基礎トシテ左ノ事項ヲ決

議セリ、
一、救護用物資ノ陸揚ハ海軍ノ指揮監督ノ下ニ、信頼スルニ足ル一手引受者ヲ設クルコト
二、芝浦陸揚場ニハ即時約一〇〇〇〇坪ノ「バラック」建上屋ヲ建設スルコト
三、芝浦以外ノ陸揚地ノ設定ニ就テハ更ニ考究スルコト
四、救護用物質ノ陸上輸送ハ陸軍ノ指揮監督ノ下ニ信頼スルニ足ル一手引受者ヲ設クル事
五、陸上輸送力ハ極メテ微弱ナルヲ以テ夜間電車ヲ利用スルコトニ事務局ヨリ市電当局ニ交渉ノコト
六、市内ニ於ル貯蔵場ハ約拾ケ所、各々約五〇〇坪ノ「バラック」ヲ建設スルコト
七、配給方法ニ就キテハ更ニ一層研究ノ上討議スルコト
尚右ニ関連シテ
一、各地ヨリノ救護物資ハ其発送通知ヲ救護事務局ニテ入手次第直チニ嘱託団ニ通知スルコト
二、船舶ノ寄港ニ適セザル湘南地方ノ救助方法トシテ鉄道ノ復旧一日モ早カラン事ヲ希望スル外ナキモ一面救護物資ヲ輸送スル船舶ヲ横須賀ニ廻航シ更ニ小型発動機船ヲ以テ数次ニ輸送スルノ方法ヲ研究スルコト
三、物資輸送ニ要スル諸経費ニ就キ、艀賃人夫賃ノ如キハ日々支払ヲ為サヽレバ彼等四散シ再ビ募集困難ニ陥ルガ故ニ、之ニ要スル資金ハ協議会ニ於テ、事務引受ト同時ニ支弁シ得ル様、事務局ニ於テ調達スルコト
前記決議事項ハ塚本次官ヨリ救護事務局ニ打合セ其結果ヲ十七日協議会ニ報告スルコト
右打合セノ上零時半散会セリ

第二回協議会

九月十七日午前十一時開会
出席者　石井氏　加藤氏　深尾氏　長崎氏　伊藤氏
西野氏　河原田内務事務官　陸軍配給司令官木原少将　陸軍配給部櫻井中尉
震災救護事務局事務官河原田氏ヨリ第一回協議会ノ決議事項ニ関シ夫々当局トノ打合ノ結果トシテ、
一、陸軍配給司令部ニテハ協議会ノ立案ハ大体ニ於テ之ニ賛同スルモノナルモ、既ニ協議会ノ成立セル今日ニ於テハ現在迄海上ハ海軍、陸上ハ陸軍ノ指揮ノ下ニ立チ

タル事務一切ヲ一統制ノ下ニ置クコトトナルヲ以テ勢ヒ、陸上運送ヲ陸軍ノ指揮監督ノ下ニ立タシムルコトハ面白カラズト思ハル、寧ロ陸海軍ノ手ヲ離レタル独立ノ機関トナス方適当ナル可シトノ見解ヲ有スルコト

二、「バラック」建上屋ノ建設ハ極メテ適切ナル施設ナルヲ以テ、即時実行ニ入ルコトヲ承認スルモ、混雑ノ漸次緩和スルト共ニ横浜港ノ岸壁モ使用ニ耐ユルモノ尠カラズ、且ツ鉄道局ノ意見ニ依レバ臨港鉄道ノ破損モ今後二週間位ニ応急修理ヲ成ス予定ナルノミナラズ東神奈川ニ於ケル陸揚場モ相当利用シ得ベキ望アルヲ以テ其辺モ考慮ニ入レ計画ヲ立ツルコトニ致シ度キ当局ノ意向ナルコト

ト報告アリ、之ニ対シ石井座長ハ協議会ノ意向ヲ代表シ、

一、芝浦ニ於ル荷役ハ冬季ニ入レバ、到底困難ナルノミナラズ横浜ニ於ケル応急的施設其歩ヲ進ムルト共ニ、漸次其ノ利用ヲ主トシ芝浦ヲ従トスルコトトナル可キモノナルヲ信ジテ居ルヲ以テ、協議会モ此ノ際上屋ノ建設其ノ他ノ手配ヲ為スニ当リ決シテ永続的ナル施設ヲ為サントスルモノニアラズ、更ニ海陸軍及事務局ノ研究ト比較シ適切ナル処置ヲ取リ度キ考ナルコト

二、今日ノ場合此ノ事業ヲ遂行スルニハ、陸海軍ノ指揮又ハ援助ヲ得ルニ非ザレバ到底之ヲ成就シ得ル見込ナキヲ以テ、当分ノ内陸海軍ノ指揮監督ノ下ニ、協議会ハ主トシテ実務ノ方面ノミヲ引受クルコトニ致シ度キコト

ヲ述べ、配給司令官木原少将ハ

今日ハ最早、救護物資ノ運搬配給ヲ民業ニ移スノ時期ナリト信スルニ、物資ノ陸揚倉入、運搬貯蔵等ニ関スル施設及警備ニ就キテハ、陸軍ニ於テ充分ノ援助ヲ与フ可ク、恐ラク海軍ニ於テモ同様ナル可キヲ以テ此ノ際協議会ハ事務局ニ属スル独立ノ機関トシテ活動スル方適切ナリ、トノ意見ヲ開陳シ、会員相互及出席陸軍当局トノ間ニ意見ノ交換アリ、

結局、陸海軍ヨリハ出来得ル限リ援助ヲ受ケ協議会自ラ救護用物資一切ノ運搬交通ノ実務ヲ遂行スル事ヲ決定シ尚ホ、陸海軍当路者《(ママ)》ノ協議会々議ヘノ出席ヲ要求スル件ヲ可決シ其具体案ヲ立案スル為メ、座長指名ニヨリ左ノ起草委員ヲ挙ゲ

伊藤氏　加藤氏　長崎氏　石井座長

三時半ヨリ再会《(ママ)》ノコトトシ二時半閉会セリ

午后三時半再会

出席者　松方氏　長崎氏　加藤氏　石井氏　深尾氏
西野氏　伊藤氏

起草委員ヨリ次ノ如キ成案ヲ提出シ全会一致ヲ以テ可決伊藤氏石井氏ニ依頼シテ事務局ニ交渉スルコトニ決シ五時閉会セリ、

救護事務嘱託団決議事項

一、臨時震災救護事務局嘱託ハ一団トナリ、救護協議会ヲ組織スルコト

二、協議会ノ目的事項ハ救護ニ関連スル万般ノ事項ニ亘ルハ勿論ナリト雖、差当リ救護事務局及陸軍海軍ノ援助ニ依リ東京湾入港船舶積載貨物ノ陸揚、倉入、運送並、上屋建設等ノ現業ニ従事スルコト

三、協議会ノ組織及機関ヲ左ノ如ク定ムルコト

- 協議会　代表者　石井徹
  - 本部　日本郵船会社ノ二階ニ置キ嘱託委員執務ス
  - 現業部
    - 総務
      - 庶務
      - 会計
    - 事業
      - 海上
      - 陸上
      - 倉庫

四、救護事務局ハ各府県知事共同団体等ニ指令シ救護品、品名並ニ数量等ヲ、搭載船東京湾入港ニ先チ、事務局ニ到達スル様報告セシメ該報告ハ遅滞ナク本協議会ニ転送スルコト

五、観音崎付近又ハ其他適当ノ場所ニ、軍艦ヲ碇繋シ東京湾入港震災救済物資搭載船舶ノ積荷ノ種類噸数ヲ調査シ、之ヲ芝浦ノ現業部ニ遅滞ナク報告スルコト

此ノ目的遂行ノ為メニ快速船三隻ヲ充当シ更ニ必要ニヨリテ海軍無線電信ヲ使用スルコト

尚、同所ニ於テ必要ニ応シ、海軍ノ名ヲ以テ各船仕向地ヲ変更又ハ指定スルコト

六、前記ノ目的ノ為メ右碇繋船ニハ海軍当局ヲ補佐スベク、協議会ヨリ相当ノ代表者ヲ任命搭乗セシムルコト

七、芝浦ニ於ケル海陸交通機関トシテ艦載小蒸汽船約十隻ノ提供ヲ受クルコト

八、現在海軍ニ於テ使用スル曳舟、小蒸汽船、艀等ハ其儘提供ヲ受クルコト

九、本船荷役、艀取等ハ本協議会指定ノ請負者（日本郵船、共同運輸（三菱倉庫ヲ含ム）、東神倉庫三社ノ組合）ヲ以テ之ニ当タラシムルコト

十、陸揚場ニ於ケル陸揚、倉入、及市内各所配給所間ノ陸送ハ本協議会指定ノ請負者（近海郵船会社）ヲシテ

之ニ当タラシムルコト
十一、陸上ノ上屋ハ左ノ各所ニ置クコト
(1)芝浦、中央上屋トシテ一万坪ヲ建設ス、経費、場所等ノ関係モアルベキニ付多少ノ縮少《ママ》ハ不得止ルモ出来ル丈広キヲ希望ス
(2)サブディポー（補助上屋）ヲ左ノ通リ設置シ各五百坪
(a)京橋区、大根河岸
(b)日本橋区、四日市河岸
(c)浅草区　蔵前河岸
(d)本所区　立川筋（二ツ目付近）
(e)深川区　清住町（三菱倉庫跡）
(f)下谷、神田区　秋葉原
(g)牛込、小石川、本郷区　砲兵工廠跡
(h)赤坂麹町ノ一部麻布　赤坂見付《ママ》
(i)牛込、四谷区　士官学校跡
(j)汐止
(3)郡部ニ対スル配給ハ山手線ニヨリ其ノ各駅ヲ利用スルコト
十二、芝浦及各支上屋ノ連絡ノ為メ自動自転車又ハ自動車約弐拾台ヲ備フルコト
十三、陸上輸送ノ敏活ヲ計ル為メ目下陸軍ニテ使用中ノ貨物自動車、荷馬車等全部提供ヲ受クルコト
十四、海上及陸上ノ警備ハ陸海軍ニ於テ之ニ当タルコト
十五、横浜ニ於ケル海陸設備其他ハ事務局ト打合セ出来得ル丈ケ速カニ現場視察ノ上立案スルコト
十六、湘南地方、千葉県下ヘハ便宜芝浦又ハ横浜ヨリ物資ヲ輸送スルコト
此ノ目的ノ為メ約三十噸積発動機七隻位ヲ充当スルコト
十七、前掲ノ目的ヲ遂行スル為メニ要スル経費、就中艀賃、人夫賃ノ如キハ日々神速《ママ》ニ支払フ必要アリ、一日金五万円ヲ要スル見込ニ付、之ガ準備ヲ整ヘ救護事務局会計官ヲ芝浦ニ派遣シ支払ノ任ニ当ラシメラレタキコト

以上

第三回協議会

九月拾八日午前十一時開会

出席者　長崎氏　加藤氏　南條氏　石井氏　松方氏

深尾氏　倉知氏　伊藤氏

石井座長ヨリ前日ノ決議事項ヲ齎シ事務局ヲ訪問シ総務塚本内務次官其他関係当局者ト会見セル模様ニ関シ、大体協議会ノ決議ハ当局者ノ諒トセル所ナリシモ、尚

一、観音崎付近ニ軍艦ヲ駐在セシムルコト其他海軍ニ対スル要求ハ事務局ニ於テハ稍大規模ナル如ク考ヘタルモノノ如キモ、精々海軍ト交渉スル意響（ママ）ナルコト

二、陸軍ノ現在使用スル貨物自動車自転車荷馬車等全部ヲ提供スルコトハ名目上モ穏当ニアラザルノミナラズ実際ニモ困難ナルニヨリ、此項ヲ出来ル丈ト訂正シ協議会ノ要求ニヨリ現在同様ノ運送機関ヲ供スルコトト致サレタキコト

三、鉄道省ノ各駅ニ於ケル救護物資ノ輸送モ現在ハ陸軍ノ指揮ノ下ニ遂行セラルレドモ此ノ方面モシ協議会ニ於テ統一引受ケ成シ得ル様方針ヲ立テラレタキコト

四、芝浦ノ上屋ハ大蔵省食糧局ニ於テ一万坪ヲ建設中ナリト聞ク、之レモ事務局貨物ノ為ニ使用出来ル見込ノ由、又事務局ニ於テモ不取敢手持材料ニテ三千坪ヲ建設スルコト丶決定セリ、各区ノ仮上屋ハ事務局ニ於テ土地使用上、障害ノ有無等調査研究シ追テ何分ノ回答ヲ成ス可キコト

五、該経費ノ支払ニ対シテハ相当ノ金額ヲ協議会ニ前渡シスルノ方法ヲ採リタキコト

等ノ数項ニ関シテ多少意見ノ懸隔希望条件等ノ存シタリシ旨ヲ報告シ、直チニ議事ニ入リ

一、現業部ニ補助委員会ヲ設ケテ、貨物ノ艀取陸揚、運送等ノ業務一切ノ執行ニ当タラシムルコトトシ秋山、万田、田中、三枝、林諸氏ヲ此ノ委員に任命シ秋山氏ヲ委員長トスルコト

二、前日決議事項ガ事務局其他当局ニヨリ承認セラル丶ト同時ニ、協議会代表者ノ資格ニ於テ現業ヲ担当ス可キ委員ヲ同伴事務引継ノ第一歩トシテ陸海軍其他関係各官庁ニ挨拶スルコトヲ石井氏ニ依頼スルコト

三、芝浦三号地ニ於ケル配給司令部所在ノ場所ト事務局ノ建設ス可キ仮上屋トノ間地ニ協議会ノ芝浦現業部事務所約五十坪ヲ建設スルコトトシ直チニ其工作ニ着手スルコト

四、現業部ハ事務引継ト同時ニ上屋ノ建設完成ニ俟タズ可成迅速ニ貨物ノ陸揚ヲ開始シ、一方船舶ヲ自由ニスルト共ニ、他方救護物資ヲ潤沢ナラシムル様努力ス

ルコト
五、各種経費ノ支出及賃率ノ決定ハ事業ノ性質上最モ慎重ナル態度ヲ要シ協議会ノ深キ注意ヲ払フ所ナルヲ以テ其意ヲ体シ、賃率表ノ作製変更ハ現業部ノ委員会ニ於テ之ヲ成シ協議会ノ承認ヲ受クルコトトシ協議会ハ更ニ之ヲ事務局ニ提出シ置ク事

ヲ決議セリ

次デ十七日石井座長ト同伴協議会決議事項ニ関シ事務局トノ打合セヲ成シ引続キ十八日各方面当局トノ折衝ノ任ニ当タラレタル伊藤氏ハ午后一時其ノ結果ヲ齎ラシテ協議会ニ出席セラレ、各方面当局者ハ何レモ大体ニ於テ協議会ノ決議事項ヲ諒トシ之ヲ承認スルノ意向ナレドモ大約左ノ諸点ニ就議論アリ幾分ノ修正ヲ加ヘラル可キ模様ナルコト報告セリ

一、決議事項第五ノ観音崎付近ニ軍艦ヲ碇繋シテ東京湾入港船舶ニ停船ヲ命ズルコトハ逓信省其他ノ関係ヨリ尠カラザル困難ヲ伴フ可キニ付キ芝浦ニ軍艦ヲ置キテ芝浦入港救護品積載船ノ積荷噸数等ヲ調査スルコトト致シタキコト、従テ観音崎芝浦間伝令用快速船ハ之ヲ使用スルノ要ナキコトトナル可キコト

二、決議事項第六　碇繋船ニハ単ニ海軍当局ノミナラズ事務局及陸軍ノ当局ヲ置キ夫々ノ官庁ト連絡ヲトルコトニ致シタキコト

三、決議事項第七　艦載小蒸汽船ノ隻数ハ何隻ト限定セズ、出来ル丈多数之ヲ提供スルノ範囲ニ止メタキコト

四、決議事項第八　現在海軍ニ於テ使用スル曳船、艀等ニハ既ニ食糧局其他ニ於テ使用中ノモノモアリ全部ヲ其ノ儘提供スルコトハ困難ナルヲ以テ小蒸汽船、徴用船等ト改メタキコト

五、決議事項第九、第十　神奈川県庁側ハ今後横浜ヲ以テ主要陸揚地ト成シ度キノ意切ナルモノアリテ芝浦其他東京ニ於ル応急的計画ヲ誤解セシ所アルガ如ク横浜方面ニハ別個ノ救済事務嘱託団ヲ設置スルノ必要ナルヲ論ジ従テ又当協議会提案ノ請負者ヲ承認シ得ルヤ否ヤヲ定ムルコト困難ナリトノ意見ナリシモ協議会モ素ヨリ充分ニ横浜ノ陸揚地トシテノ地位ヲ認メ居ルヲ以テ横浜ハ別ニ考慮スルコトトナシ、東京方面ニ対スル計画トシテ此ノ項ヲ容認セシムルコトニ極力説明シ置キタルコト

六、決議事項第十一　各区仮上屋五百坪ノ建設ハ差支ナキモ其ノ場所ニ実際ニ適当ナル土地ヲ使用シ得ルヤ又

ハ仮上屋ニ代リ得可キ建築物ノ有無等目下事務局ニテ調査中ニ付キ此ノ項ハ未決トシテ保留スルコト

七、決議事項第十三　陸軍ニテ現在使用ノ貨物自動車其他ヲ全部提供スルハ困難ナル事情アルヲ以テ出来ル丈多ク提供スルノ範囲ニ止メタキコト

八、決議事項第十七　日日会計官ヲ派シ諸経費艀賃等ノ支払ヲ成スハ手続ヲ煩雑ナラシムルヲ以テ一定金額ヲ協議会ニ前渡スルコトニ致シタキコト

九、決議事項ニ洩レタルモ午後九時以後市電ノ夜間運送モ可能ナル筈ニ付キ此ノ点ニ関シテハ協議会ト市電当局ト協議アリタキコト

十、横浜方面ニ対スル嘱託員ハ本日

東洋銀行取締、県会議員　平沼　亮三

三ツ引商事監査　若尾幾太郎

東洋汽船会社専務　浅野　良三

ノ三氏任命セラレタルコト

依テ決議事項ニ関シ事務局ヨリ確定的回答ヲ得テ協議会ハ直チニ現業部ノ活動ニ入ルコトヲ申シ合セ、且ツ十九日、深尾、伊藤、南條、松方ノ四氏ニ依頼シ前記横浜側ノ嘱託員ト共ニ横浜ノ状況ヲ視察スルコトニ決シ閉会セリ

第四回協議会

九月十九日定刻開会

出席者　加藤氏　倉知氏　石井氏　長崎氏　其他現業部員数名

石井座長ヨリ其後ノ経過トシテ

一、協議会ノ決議事項ヲ第三回協議会ニ於テ同氏及伊藤氏ヨリ報告セシ修正要点以外陸海軍本省其他関係当局ニ於テモ異議ナク海軍ハ来ル二十一日頃ヲ以テ事務引継ヲ成シタキ希望ナリトノコトナルヲ以テ本日午後迄ニハ事務局ヨリ何分ノ回答アル可キコト

二、諸経費ノ支払ニ充ツ可キ資金ハ差当リ金弐拾万円ヲ既ニ事務局ヨリ協議会ニ前渡交付セラレタルニ付協議会代表者石井徹ノ名義ヲ以テ三菱銀行ニ預ケ入ルヽコトニ致シタキコト

三、兵庫県官憲ニヨリ徴発セラレタル自動自転車二十一台、自動車五台ヲ事務局ヨリ協議会へ回付アリタルコト

ノ報告アリ、議事ニ入リ

一、右交付アリタル自動自転車及自動車ニ関スル引取方及其置場運転手等ノ斡旋ハ加藤氏及倉知氏ニ一任スルコト

二、芝浦三号地ハ自動車、荷馬車ノ置場、馬力夫、自動車運転手其他ノ人夫ノ宿泊所トシテ「バラック」約千坪ヲ建設スルコトヽシ、三号地ノ借入レ及警視庁ノ関係ニ付キテハ石井氏ヨリ事務局ニ打合セ「バラック」建設ニ関シテハ倉知氏ヨリ清水組又ハ大林組ニ相談スルコト

三、徴発船廣喜丸ノ積載木材ハ横浜ニテ筏ニ組ミ芝浦ヘ回送スル方荷役上便宜ナルヲ以テ同船ノ横浜回航ヲ事務局ニテ許可スル様石井氏ヨリ交渉スルコト

ヲ決議シ更ニ石井氏ヨリ現業部員ニ対シ

一、物資ノ取扱ハ現在無記録ノ状態ナルモ協議会引受後ハ記録ヲ作製スル必要アル故其ノ準備ヲ整ヘ置カレタキコト

二、現在ノ人夫ハ品質劣等ナルヲ以テ専門的人夫ト交替セシムルノ必要ナル可キモ其ノ交替ニハ夫々当局ト連絡ヲ保チ円滑ニ取運ブ様注意アリタキコト

三、各種経費、賃率ハ実情ヲ精査シ適切ナル決定ヲ成ス様努力アリタキコト

四、永代橋焼跡其他現業ニ対シ障害トナル可キ場所ノ修理ニ関シテハ協議会ノ名ニ於テ現業部ヨリ陸軍側ヘ作業方ヲ要求スルコト

ヲ命ジ午後零時半閉会セリ

第五回協議会

九月二十日定刻開会

出席者　南條氏　加藤氏　長崎氏　伊藤男　深尾氏
倉知氏　西野氏　石井氏　若尾氏　浅野氏　平沼氏
河原田事務局委員　鉄道省官吏工富氏　同菊地氏
金井氏其他

新キ（ママ）横浜方面ヨリ嘱託員ヲ命ゼラレタル若尾浅野平沼三氏ノ出席アリタレバトテ石井座長ヨリ今日迄協議会ノ採リタル措置ニ関シテ簡明ナル説明アリ更ニ第四回ノ協議会ハ横浜ヘ出張セシ嘱託員ノ参加ヲ得サリシヲ以テ前回協議ノ内容及其後ノ経過ニ就テ

一、芝浦六号地ニ於テ自動車、馬車置場、馬力夫、運転手宿所ニ充ツ可キ約一〇〇〇坪上屋建設ノ件ハ同敷地ヲ市ヨリ借入ノ交渉及市内ニ馬匹ヲ繫置スルカ為メニ要スル市トノ折衝ハ事務局ヨリ運ビ呉（ママ）ルヽコトニ了解ヲ得

他方倉知氏ニ依頼シテ大林組ニ見積リヲ成サシメタルニ馬小屋ニ充ツ可キ分坪当リ二十八円、人夫宿所ニ充ツ可キ分坪当リ六十五円ニテ比較的廉価ニ請負フ由ニ付キ直チニ引受ヲ成サシメ現業部監督ノ下ニ直チニ工事ニ着手スルコト

二、廣喜丸ノ横浜回航ノ件ハ事務局ノ承認ヲ得タルコト、尚同船積木材ヲ協議会ニテ使用ノ件ハ大体差支ナキモ既ニ他方面ニ対スル用途ノ決定セルモノナキヤヲ取調ベノ上事務局ヨリ何分ノ指図アル筈ナルコト

三、現在海軍ノ執行スル事務ノ協議会引継ハ二十二日ヨリ開始シ陸軍ハ其間事務ノ整理ヲ急キ二十四日ヨリ引継ヲ成シタキ意向ナリシコト

四、曩ニ事務局ニ提出セシ協議会決議事項ハ多少字句ノ修正アリタルモ内容ニ於テハ何等ノ変更ナク別項添付覚書ノ通リ承認アリ、事務局ヨリ夫々関係官庁へ通告セラレタルニ付キ承知アリタキコト

交甲第一六七号　（大正一二、九、一八）

臨時震災救護事務局交通部

臨時震災救護事務局嘱託団ヲ活動セシムルニ付テノ覚書及関係各部ノ協定

一、臨時震災救護事務局嘱託ハ一団トナリ救護協議会ヲ組織スルコト

二、協議会ノ目的事項ハ差当リ救護事務局指示ノ下ニ陸軍、海軍ノ援助ヲ得テ東京湾入港船舶積載貨物ノ陸揚倉入運送並上屋建設等ノ現業ニ従事スルコト

三、協議会ノ組織及機関ヲ左ノ如ク定ムルコト

- 協議会　代表者　石井徹
  - 本部　日本郵船会社ノ二階ニ置キ嘱託委員執務ス
  - 現業部
    - 総務
      - 庶務
      - 会計
    - 事業
      - 海上
      - 陸上
      - 倉庫

四、救護事務局ハ各府県知事共同団体等ニ指令シ救護品、品名並ニ数量等ヲ搭載船東京入港ニ先チ事務局ニ到達スル様報告セシメ該報告ハ遅滞ナク本協議会ニ転送スルコト

五、芝浦ニ軍艦ヲ碇繋シ入港震災救済物資搭載船舶ノ積荷ノ種類噸数ヲ調査シ之ヲ芝浦現業部ニ遅滞ナク報告スルコト

尚同所ニ於テ必要ニ応シ海軍ノ名ヲ以テ商船ノ錨場ヲ指定シ又商船仕向地ヲ変更又ハ指定スルコト

六、前記ノ目的ノ為右碇繋船ニハ海軍当局ヲ補佐スヘク事務局及協議会ヨリ相当ノ代表者ヲ任命搭乗セシムルコト

七、現在海軍ニ於テ使用スル曳船小蒸汽船艀等（徴用船ヲ含ム）ハ其儘提供ヲ受クルコト

八、本船荷役艀取等ハ本協議会指定ノ請負者（日本郵船、共同運輸（三菱倉庫ヲ含ム）東神倉庫三社ノ組合）ヲ以テ之ニ当タラシムルコト

九、陸揚場ニ於ケル陸揚倉入及市内各補助上屋間ノ輸送ハ本協議会指定ノ請負者（近海郵船会社）ヲシテ之ニ当ラシムルコト

十、陸上ノ上屋ハ目下着手中ノ上屋三ケ所ノ外陸上上屋ヲ建設スヘキ場所其ノ他ニ付テハ事務局ニ於テ研究指示スルコト

参考案左ノ通

(1)ディポー中央上屋ヲ芝浦ニ置ク、一万坪ヲ欲スレトモ場所ノ関係モアル故若シ困難ナレハ夫以下ニテモ不止得出来ル丈広キヲ希望ス

(2)サブディポー（補助上屋）ヲ左ノ通設置シ各五百坪ツヽトス

(a)京橋区、大根河岸
(b)日本橋区、四日市河岸
(c)浅草区　蔵前河岸
(d)本所区　立川筋（二ツ目付近）
(e)深川区　清住町（三菱倉庫跡）
(f)下谷、神田区　秋葉原
(g)牛込、小石川、本所区　未定
(h)赤坂、麻布、麹町ノ一部　赤坂見付（ママ）
(i)牛込区、四谷区　牛込区水野ケ原
(j)汐留

(3)郡部ニ対スル配給ハ山手線ニ依リ其各駅ヲ利用スルコト

十二、芝浦及各支上屋ノ連絡ノ為自動車又ハ自動自転車約二十台ヲ備フルコト

十三、陸上輸送ノ敏活ヲ計ル為目下陸軍ヨリ能フ丈多数ノ輸送力ノ提供ヲ受クルコト

十四、海上及陸上ノ警備ハ陸海軍ニ於テ之ニ当ラシムルコト

十五、横浜ニ於ケル海陸設備及ビ連絡其他ハ事務局ト打合セ出来ル丈速ニ現場視察ノ上立案スルコト

十六、湘南地方、千葉県下ヘハ便宜芝浦又ハ横浜（時宜ニ依リ横須賀）ヨリ物貨（ママ）ヲ輸送スルコト

此ノ目的ノ為メ約三十噸積発動機船七隻位ヲ充当スルコト

十七、前掲ノ目的ヲ遂行スル為メニ要スル経費就中艀賃人夫賃ノ如キハ日日迅速ニ支払ノ必要アリ、一日約金五万円ヲ要スル見込ニ付、之ガ準備ヲ整ヘ事務局会計経理部ヨリ便宜ノ取計ヲ受ケルコト

ヲ報告シ、次ニ加藤氏ハ事務局ヨリ協議会ニ回付アリタル兵庫県ノ徴発自動自転車ハ

単車　一〇台
サイドカー　一一台
リヤカー　五台
合計　二六台
運転手　二七名
巡　査　一名

ナル旨ヲ報告セリ、更ニ横浜方面ヲ視察セリ深尾氏ヨリ其ノ状況ニ関シテ

一、横浜方面ノ荷役状況ハ芝浦ニ比シ稍々整備セル所アリ今日二、〇〇〇乃至三、〇〇〇噸ノ荷役ヲ成シ追テ五、〇〇〇噸ニ達シ得可キ見込ナリトノコトナリシモ人夫、艀及艀ヨリ陸揚ヲ成シ得可キ岸壁等ノ状況ニ鑑ミ協議会ニテ引受クルコトトナラバ一日一万噸及至一万五千噸ヲ陸揚スル困難ニ非ザルコト

二、横浜ニ於ル物資ノ配給ハ自動車四台其他荷馬車ニヨリ十一日ヨリ十八日迄ノ平均引取リ高、米三〇〇〇俵約二五〇噸ニテ満谷監察官ノ意見ニ依レハ当分之レ以上増加ノ見込ナク且ツ鉄道ニヨル横浜ニ（ママ）ヨル横浜東京間ノ輸送力ハ

海神奈川所在　一〇〇輌
岸壁　六〇輌
桜木町所在　二〇〇輌

一車平均九噸トシテ一日一、八〇〇噸位ノ見込ナルヲ以テ一日一万噸ヲ陸揚スルモノトシテ日日八千噸ハ横浜ニ滞貨トナル可キコト

三、此ノ滞貨ヲ貯蔵ス可キ上屋ノ建設場所ハ

横浜船渠倉庫跡　八、〇〇〇坪
岸壁上屋　二、五〇〇坪
共立倉庫　四、〇〇〇坪

合　計　　一四、五〇〇坪

アリ、其他尚適当ナル場所ヲ物色スル事困難ニ非ザルコト

四、横浜ハ今日迄三汽船会社ノ代表者及知事市長港務部長等中心トナリ陸海軍ト共ニ応急事務ニ当リ居リタル事情アリ、協議会ガ其ノ目的事務ヲ横浜ニ於テ執行スル為メニハ之等ノ人々ト協力スルコト必要ナル可ク其ノ間円滑ニ取運ブ様充分ナル注意ヲ要ス可キコト、尚湘南地方ニ対シテハ横浜ヨリ多少救護ヲ試ミタルモ今日迄ハ甚タシキ物資ノ窮乏ヲ告ゲ居ラザル由ニ付此点ハ「モーター」船ニヨル物資輸送ノ計画ヲ実行スルニ当リ考慮アリタキ事

ヲ報告セラレ続イテ議事ニ入リ浅野氏ハ深尾氏ノ第四項ニ述ベラレタル主旨ヲ補足スル所アリ、更ニ横浜方面官公吏ヲ事務局役員ニ任命スルコトノ能否ニ関シ河原田事務局委員ノ意見ヲ聴取シ次ノ決議ヲナセリ

一、協議会ハ全会一致ヲ以テ神奈川県知事、横浜市長港務部長税関長等ヲ夫々臨時震災事務局ノ役員ニ任命セラレンコトヲ事務局ニ要望スルコト

二、各区仮上屋建設場所ヲ至急決定指図セラレンコトヲ事務局ニ申出ツルコト

三、横浜高島町三菱倉庫ノ焼跡ハ家根（ママ）ノ築造ヲ成シ協議会ノ上屋トシテ使用スルコト

四、石井座長ノ指名ニヨリ小委員ヲ任命シ横浜港ニ於ケル協議会ノ事務取扱ヒ覚書ヲ作製スルコト

依テ第一項第二項ハ石井座長ヨリ事務局ニ交渉スルコトニ申合セ、第四項ノ起草委員トシテ深尾、浅野、若尾、平沼、石井ノ五氏ヲ座長ヨリ指名シ午后零時四十五分閉会セリ

第六回協議会

九月廿一日定刻開会

出席者　石井氏　倉知氏　松永氏　西野氏　南條氏
深尾氏　若尾氏　松方氏　浅野氏　伊藤氏　加藤氏
長崎氏

先ツ石井座長ヨリ本会ノ決議ニ基ク横浜救済事務ニ関係スル官吏ヲ救護事務局ノ職員ニ任命ノ件ニ付河原田事務官ヨリ神奈川県知事及横浜市長ヲ参与ニ、税関長ヲ委員ニ、港務部長内務部長警察部長産業部長市助役ソノ他十七名ヲ事務官ニ任命スル事ニ内定セル旨書面ヲ以テ回

答アリタル趣ヲ報告シタル後議事ニ入リ事務局ニ対スル左記要求事項ヲ決議セリ

一、救済品搭載船ヲ京浜向差立テハ一時見合ハスル様事務局ヨリ地方官憲ヘ命令スルコト

但シ衣類等要急不得已モノノ搭載船ハ此限リニ非ズ

一、今後救済品ノ京浜向ケ船積発送ハ事務局ト打合セノ上取計フ様事務局ヨリ地方官憲ヘ命令スルコト

一、芝浦碇泊船ノ内比較的急ヲ要セザル物資ヲ搭載セル船舶ハ此際適宜阪神ヘ回船、貨物ハ一ト先同地方ニ陸揚スル事

一、市内各地ニ建設スベキ上屋敷地ノ内差支ナキ分丈ケ直工事ニ着手シ度キニ付事務局詮議ノ結果ヲ一部分ナリトモ至急承知致度シ

一、鉄道貨物ヲ市郡ニ配布スル為メニハ陸上運輸業者ノ組織スル「鉄道公認運送組合中央会」ニ依頼スルヲ便宜トスルニ付該会ニ長中野金次郎氏ニ事務局嘱託ヲ命ゼラルレバ好都合ナリ、其事ニ御取計願度シ

次ニ石井座長ヨリ昨日小委員会ニ於テ作製セル「横浜港ニ於ケル協議会事務取扱ニ関スル覚書」ニ就テ遂項《(ママ)》説明スル所アリ

結局該覚書ヲ横浜現業部当事者ニ示シ其意見ヲ参酌シタル上決定スルコトトナレリ

右覚書第九項ニ仮上屋ノ建設地トシテ指定シアル高島町三菱倉庫焼跡ニ関シテハ加藤氏ヨリ左ノ要領ノ説明アリ、

(イ) 鉄筋コンクリート建倉庫総坪数一、二〇〇坪ノ内四〇〇坪ハ震災前ノ貨物ヲ保管シアルヲ以テ今直チニ提供シ得ルハ八〇〇坪ニシテ之ハ小修繕ノ後使用シ得ル見込ナリ、外ニ木骨亜鉛葺六二五坪アリ

(ロ) 付近ニ壊滅ノ個所多ク且海上ニハ木材等ノ浮流物多キヲ以テ之ヲ修理、取片付スル必要アリ

(ハ) 右倉庫ハ元来棉花同業者ニ於テ使用ノ目的ヲ以テ建設シタルモノナレバ其辺御諒解ヲ得置キタシ

尚加藤氏ヨリ

三重県ヨリ送リ来レル貨物自動車九台、事務局ヨリ廻付アリタル事

ノ報告アリ、終リニ浅野氏ヨリ

鶴見岸壁ハ干潮面二十四尺満潮面三十尺ノ水深ナルヲ以テ茲ニ上屋ヲ建設スレバ船舶ヲ岸壁ニ繋留シテ荷役シ得ベキ

旨提言アリ、仍テ横浜側委員ヲシテ上屋ノ建設其他具体的方法ニ関係シ研究セシムル事ヲ可決シ午後零時二十分散会セリ

覚書案〔朱書あり〕

横浜港ニ於ケル協議会事務取扱ニ関スル覚書

一、横浜港ニ左ノ機関ヲ置クコト

- 横浜港現業部
  - 総務
    - 庶務
    - 会計
  - 事業
    - 海上
    - 陸上
    - 倉庫
    - 配給

二、横浜港現業部ハ差当リ救護協議会ノ下ニ陸軍海軍ノ援助ヲ得テ横浜港入港船舶積載貨物ノ陸揚、倉入、運送等ノ現業ニ従事スルコト

三、郵船会社、共同運輸、関東運輸、東神倉庫、四社組合ヲ作リ荷役ヲ請負フコト

四、四社組合ハ沖荷役ヨリ陸揚マデ之ヲ行フコト

五、上屋ヨリ配給所又ハ停車場ヘノ運送及汽車積込ニ関シテハ四社組合ヨリ横浜公認運送組合組合長ニ協議シテ適当ノ措置ヲ採ルコト

六、現在海軍ニ於テ使用スル曳舟、小蒸汽船、艀（徴用船ヲ含ム）ハ其儘提供ヲ受クルコト

七、海陸交通機関トシテ出来得ル限リ艦載小蒸汽船ノ提供ヲ受クルコト

八、陸上ニ於ケル運送ノ敏活ヲ計ル為メ目下陸軍ニテ使用中ノ貨物自動車荷馬車等全部提供ヲ受クルコト

九、左ノ各所ニ仮上屋ヲ建設スルコト

六号岸壁	二、〇〇〇坪
共立倉庫跡	四、〇〇〇坪
東横浜	二、〇〇〇坪
海神奈川	二、〇〇〇坪
合　計	一〇、〇〇〇坪

外ニ高島町三菱倉庫ノ焼残ヲ利用スルタメ屋根築造ノコト（坪数未詳）

十、海上及陸上ノ警備ハ従前通リ陸海軍ニテ当タラルヽコト

（以上）

（大正十二年公文雑纂　巻二十四止）

台湾罹災者状況

大正十二年九月二十二日

台湾総督　内田嘉吉

内閣総理大臣伯爵山本権兵衛殿

今回ノ震災ニ罹リタル台湾籍民及台湾在住内地人ノ保護救済其他ノ概況ニ就テハ本月十二日付及報告置候処尚其後ニ於ケル概況左記ノ通及報告候也

[欄外に、写　内閣総理大臣の花押、内閣書記官の印あり]

記

一、罹災困窮者ノ保護救済ニ就テハ其後各方面ニ亘リ取調ヘヲ為シ又ハ東京朝日、東京日々、報知、中央、及都ノ五新聞広告等ヲ以テ其宣伝ニ努メタル結果安否通知ノ依頼者ハ多数ニ上リタルモ救済ヲ求ムル者僅少ニシテ其後本日迄ノ収容人員及累計左ノ如シ

区分	職員及家族	台湾在住内地人	台湾人	計
九月十三日ヨリ同月二十日マテ収容人員	五	二	三	一〇
九月十二日マテノ収容人員	五七	一〇七	三一	一九五
九月十二日マテノ食料配給人員			一五八	一五八
計	六二	一〇九	一九二	三六三

一、台湾帰還者ノ取扱ニ就テモ前項同様宣伝ニ努メ九

月十六日第三回九月十八日第四回九月二十日第五回ノ送還ヲ為セリ其人員及累計左ノ如シ

区分	内地人	台湾人	計
第三回	六	八	一四
第四回	二二	四	二六
第五回	一六	四	二〇
計	四四	一六	六〇
第一、及第二回	三八	一〇〇	一三八
累計	八二	一一六	一九八

一、前項団体還送ノ外個人トシテ帰台セル者尠カラス現ニ東京市ニ残留セル者ハ極僅少ノ見込ニテ此等ハ皆稍々生活ノ安定ヲ得学生ニ在リテハ近ク通学ノ見込ヲ有シ其他ノ者ニ在リテハ各々生業ニ就キ又ハ就クヘキ見込ヲ有スル者ニシテ今後応急救助ノ必要ナキニ至リタルヲ以テ九月二十日限リ炊出救助ヲ廃シ今後ハ転入学其他就業上ノ便宜供与及帰台者ノ取扱ヲ当分継続スルコトトセリ

一、台湾在住内地人及台湾人ニシテ震災ノ為死傷セル者ノ調査ハ未タ確実ヲ得サルモ極少数ノ見込ニテ目下判明セル者左ノ如シ

住所	職業	氏名	備考
台北市医学専門学校官舎	教授	瀧野彌市	小田原ニ転地療養中九月一日圧死
台中州豊原郡社石崗庄	学生	林衍庭	神田下宿屋ニテ九月一日圧死
台中州大屯郡廍子庄	同	邱阿瑜	同 下宿屋ニテ九月一日圧死ノ疑アリ目下所在不明
不明	同	許水波	

一、前数回ノ便船ニテ帰台セル罹災台湾人ハ当地官憲ノ保護及当府ノ採リタル処置ニ深ク感激スル所アリタルモノノ如ク帰台早々其総代二名ハ総督府ニ出頭シテ厚ク感謝ノ意ヲ表シタリ

此等罹災民ノ引揚帰台セルモノ多数各地ニ帰郷シ震災ノ実況及震災時ニ於テ台湾人ニ対スル当地官民ノ保護ノ実況ヲ齎シ一般台湾官民ニ好影響ヲ与フルト共ニ罹災地ニ対スル同情ノ念益々高潮ニ達シ目下募集中ノ義捐金ハ八拾万円ヲ超エル見込ニシテ内二拾万円ハ前報告ノ通物資ヲ以テ寄贈シ残余ノ見込金額六拾万円ハ現金寄付ノ予定ナリ尚右義捐金ノ外ニ衣類其他ノ現品寄付ヲ募集中ナリ

一、前記二拾万円ノ物資ハ当初横須賀、横浜、及東京ニ分配寄贈ノ予定ナリシモ横浜及東京ハ比較的物資豊ナ

リシト荷役ノ関係ニ依リ救護事務局ト協議ノ上当時物資ノ最モ究乏《ママ》セル横須賀ノ急ヲ救フヘク全部ヲ挙ケテ同市ニ寄贈セリ其品目数量左ノ如シ

一、白　米	七千五百袋
一、ミルク	五　百　箱
一、缶詰類	三千五百箱
一、ヒスゴ	二百二十五俵
一、塩鮭及塩鯖	二百二十五箱
一、千切大根	四　十　俵
一、沢　庵	六百十二樽
一、漬　物	三百四十五樽
一、食　塩	五　百　叺
一、醤　油	二　百　樽
一、味　噌	三百五十樽
一、砂　糖	五　十　袋
一、梅　干	二百十八樽
一、干海老	二十九箱
一、トロロ昆布	五十三俵
一、開　鱈	四十九俵

一、罹災帰台者ノ台湾内ニ於ケル取扱ハ左記ノ方法ニ依リ処理シツツアリ

1、罹災証明書ヲ所持スル者ニ対シテハ其本居地迄三等乗客ニ限リ鉄道ヲ無賃トナスコト

2、鉄道乗車以外ニ諸費用ヲ要スル見込ノ者ニ対シテハ十円以内ヲ貸与ス但シ特別ノ事情アルモノニ限リ十円以上ノ費用ヲ要スル者ニ対シテハ其所要額ヲ貸与スルコト

3、貧困者ニシテ返済ノ資力ナキモノニ対シテハ相当ノ金員ヲ給与ス

（大正十二年公文雑纂　巻二十四止）

東京市集団バラック収容人員調

東京市集団バラック収容人員調

調査月日	世帯数	収容人員
十二年 九月 十七日	—	一〇三、九九八
〃 三十日	—	八三、七四五
十月 五日	—	八三、五四九
〃 三十日	—	八二、一二八
十一月 五日	—	八四、一二三
〃 三十日	—	八七、四九三
十二月 一日	二一、二一四	八七、六九〇
〃 三十日	—	八三、五四二
十三年 一月 十日	—	八〇、四七四
〃 三十一日	—	七七、六一四
二月 二十日	—	七七、一七〇
〃 二十九日	—	七五、〇一六
三月 十日	—	七三、九八六
〃 二十日	—	七四、九八四
四月 十五日	—	七二、七一一
三十日	—	七〇、四二六
六月 一日	—	六五、五六九
七月 一日	一七、九九〇	六三、二二六
十日	一七、〇九一	六二、九四〇

八月　一日	一六、四九二	五七、八九九
十月　一日	一四、五九二	五四、五五四
十一月　三十日	一二、九二五	四五、五八六
十四年一月　二十日	九、三一六	—

簡易住宅地区福祉事業経営計画

一、東京府経営ノ分　一三五、〇〇〇円

(1)職業紹介人事相談施設　一四、〇〇〇円

職業紹介人事相談ニ応セシムル為ノ七ケ所ノ相談所ヲ設置シ各事務員ヲ置キテ各般ノ相談斡旋ニ従事セシメ各所互ニ連絡ヲ保チテ居住者ノ便宜ニ備ヘムトス

(2)小資融通施設　二七、〇〇〇円

東京府社会事業協会ニ於テ現ニ行ヒツ、アル小資貸付係員ニ事務ヲ兼掌セシメ人事相談係ト相互ニ連絡ヲ保チ夫々詮考ノ上地区居住者ニ対シ三ケ月ヲ一期トシ第一回ハ五十円以内第二回以後ハ百五十円以内ヲ無利子無担保ヲ以テ貸付ケ生業ノ助成ヲナサムトス

(3)医療施設　九四、〇〇〇円

偏鄙（ママ）ニシテ医療機関ノ備ハラサル地区五ケ所ニ診療所ヲ設ケ施療ヲナスト共ニ入院患者三十名ヲ収容シ得ル療養所一ケ所ヲ済生会東京府委託病院ニ付設シ救療ヲ委託セムトス

二、同潤会経営ノ分　一八五、〇〇〇円

(1)授産施設　七一、〇〇〇円

職ヲ求ムルニ最モ困難ナル地区三ケ所ニ授産所ヲ設ケ教師助手ヲ置キ授産及職業ノ補導ヲナサムトス

(2)託児施設　八〇、〇〇〇円

労働者ノ多キ地区五ケ所ニ託児所ヲ設置シ各所ニ保母助手各二名ヲ置キ幼児ノ保育ヲナシ就職及内職ニ遺憾ナカラシメムトス

(3)救済施設　三四、〇〇〇円

貧困ニシテ生活困難ナルモノニ対シテハ生計費ヲ給与シ或ハ教育費、葬儀費、帰国旅費等ヲ補給シ又疾病ノ為メ入院セムトスルトキハ之ヲ送院ヲナスノ外、病者、乳児、病弱児童等ニ牛乳ヲ給与スル等各種ノ救済ヲ行ハムトス

（特殊資料第七類　大正十二年関東大震災関係書類）

義捐金収支状況調

大正十三年十二月末日現在

義捐係

第一　義捐金内訳表

種別		申込額	収納額	未納額
内国	道府県扱ノ分	二一、三九八、九六一円一四五	二一、三九八、九六一円一四五	
	其他ノ分	一六、〇五三、九七二円二二五	一六、〇五三、九七二円二二五	
	計	三七、四五二、九三三円三七〇	三七、四五二、九三三円三七〇	
外国		二二、七八九、二二二円七九〇	二二、〇一八、四一六円八四〇	七七〇、八〇五円九五〇
合計		六〇、二四二、一五六円一六〇	五九、四七一、三五〇円二一〇	七七〇、八〇五円九五〇
義捐品払下代金			三、〇七八、七五五円八一八	
銀行預金利子			三九二、八三九円四三〇	
有価証券利子			五六、六一〇円一一〇	
賠償金及違約金			一、一五一円〇五〇	
義捐金ニヨル事業上ノ収益金			一、二三六円七二〇	
収納総額			六三、〇〇一、九四三円三三八	

第二、義捐金収支一覧表

大正十三年十二月末日現在

種別	金額	備考
収納総額	六三、〇〇一、九四三円三三八	
支出予算額	五八、六七六、九八〇円四五七	
差引	四、三二四、九六二円八八一	支払余力
外ニ有価証券額面高	一、三九七、四一五円〇〇〇	

内国義捐金明細調

大正十三年十二月末日現在

地方別	道府県扱ノ分	其他ノ分	合計	備考
東京府		一五、二九八、八九一円五六〇	一五、二九八、八九一円五六〇	
神奈川県		二〇円〇〇〇	二〇円〇〇〇	
埼玉県		二七円七〇〇	二七円七〇〇	
千葉県		一二六、四八一円七五〇	一二六、四八一円七五〇	
茨城県	一七〇、三七六円九四〇	二、〇一〇円〇〇〇	一七二、三八六円六四〇	
栃木県	一八三、四五八円六〇五	三〇〇円〇〇〇	一八三、七五八円六〇五	
群馬県	二一六、七七〇円二八〇	一四〇円〇三〇	二一六、九一〇円三一〇	
長野県	三〇〇、〇〇〇円〇〇五	一〇、〇三〇円〇〇〇	三一〇、〇三〇円〇〇五	
山梨県		一三九円五〇〇	一三九円五〇〇	
静岡県	一九五、七〇三円〇五〇		一九五、七〇三円〇五〇	
愛知県	一、二四六、七四五円一六〇	二一〇円九〇〇	一、二四六、九五六円〇六〇	
三重県	七〇〇、〇〇〇円〇〇〇		七〇〇、〇〇〇円〇〇〇	
岐阜県	五六〇、一六三円一二八	三四円七〇〇	五六〇、一九七円八二八	支出承認額 一七、六二〇円五三〇
滋賀県	二〇七、〇〇五円三八五	六〇〇円〇〇〇	二〇七、六〇五円三八五	
福井県	一一七、八一〇円七〇五	三〇、七三五円六三〇	一四八、五四六円三三五	
石川県	二五〇、〇〇〇円〇〇〇	一〇、五〇〇円〇〇〇	二六〇、五〇〇円〇〇〇	
富山県	二一一、四八九円八〇五	一〇、〇八五円五〇〇	二二一、五七五円三〇五	
新潟県	六二三、六三四円五一五	二四、〇〇七円九一五	六四七、九四二円四三〇	
福島県	四九、三三一円二三〇	六、五九七円四三〇	五五、九二八円六六〇	
宮城県	三七〇、八四六円九五五	五二一円八〇〇	三七一、三六八円七五五	
山形県	三八七、一四四円二〇五	一二、〇四〇円二〇〇	三九九、一八四円四〇五	

秋田県	一〇〇、〇〇〇円〇〇〇	一〇、四〇七円〇〇〇	一一〇、四〇七円〇〇〇	
岩手県	一四九、三四一円四五〇		一四九、三四一円四五〇	
大阪府	二、一〇〇、〇〇〇円〇〇〇	八、八四四円三七〇	二、一〇八、八四四円三七〇	
奈良県	三三一、五四〇円八二〇		三三一、五四〇円八二〇	
和歌山県	二二二、四六三円八〇〇		二二二、四六三円八〇〇	
兵庫県	九〇三、〇一九円二一〇	七、〇〇九円〇〇〇	九一〇、〇二八円二一〇	支出承認額 一〇〇、〇〇〇円〇〇〇
岡山県	四四七、〇五五円一一〇	二五、二八八円八七〇	四七二、三四三円九八〇	
広島県	六三〇、五九五円九一〇	一五、四六七円〇五〇	六四六、〇六二円九六〇	
山口県	五九四、五四〇円九五五	二一一、一二五円五五〇	八〇五、六六六円五〇五	
島根県	二五四、七三二円九二〇	一二〇円九五〇	二五四、八五三円八七〇	支出承認額 四、六八七円五六〇
鳥取県	一四八、八三七円二六〇	二八、八九四円一七〇	一七七、七三一円四三〇	支出承認額 八、六二五円八一〇
徳島県	一六六、二七七円一二五	四、〇五〇円〇〇〇	一七〇、三二七円一二五	
香川県	一三一、九九八円二五五	四五円一〇〇	一三二、〇四三円三五五	
愛媛県	二五〇、〇〇〇円〇〇〇		二五〇、〇〇〇円〇〇〇	
高知県	一七四、二九八円六一〇		一七四、二九八円九一〇	
長崎県	二二四、三〇六円四〇五	一八九、八四一円二二〇	四一四、一四七円六二五	
佐賀県	三六〇、二一四円一八〇		三六〇、二一四円一八〇	
福岡県	一、二七九、七八〇円三三〇	一、六八七円五〇〇	一、二八一、四六七円八三〇	支出承認額 一七三、六三三円六一〇
熊本県	二六八、八四六円九四〇	一、八六九円三三〇	二七〇、七一六円二七〇	
大分県	三一五、三九〇円七一〇	四五一円九三〇	三一五、八四二円六四〇	
宮崎県	一五五、六〇九円〇六〇		一五五、六〇九円〇六〇	
鹿児島県	一〇〇、〇〇〇円〇〇〇		一〇〇、〇〇〇円〇〇〇	

地方別	額面額 道府県扱ノ分	額面額 其他ノ分	合計	備考
沖縄県	三六、一五七円八一〇		三六、一五七円八一〇	
北海道庁	九六三、五五七円二六七	五三円五〇〇	九六三、六一〇円七六七	支出承認額 八、四八八円一五〇
計	一七、九七一、五二五円三三五	一六、〇三八、六六五円一五五	三四、〇一〇、一九〇円四九〇	
台湾	一、〇四三、四四九円〇七〇	一九円七一〇	一、〇四三、四六八円七八〇	
樺太庁	六一、二〇六円四二〇	四、五六一円三七〇	六五、七六七円七九〇	
朝鮮	一三一、九二七円二七〇	七、〇〇九円九六〇	一、三二六、三三九円二三〇	
関東庁	九八七、六二五円五九〇	三、二一六円〇三〇	九九〇、八四一円六二〇	
南洋庁	一五、八二五円四六〇	五〇〇円〇〇〇	一六、三二五円四六〇	
計	三、四二七、四三五円八一〇	一五、三〇七円〇七〇	三、四四二、七四二円八八〇	
合計	二一、三九八、九六一円一四五	一六、〇五三、九七二円二二五	三七、四五二、九三三円三七〇	支出承認額 三一三、〇五五円六六〇

有価証券之部

大正十三年十二月末日調

地方別	額面額 道府県扱ノ分	額面額 其他ノ分	合計	備考
東京府		一、三〇八、九〇〇円〇〇〇	一、三〇八、九〇〇円〇〇〇	内 八、九〇〇円ハ入札違約金ナリ
長野県	五円〇〇〇		五円〇〇〇	
栃木県	三、〇〇〇円〇〇〇		三、〇〇〇円〇〇〇	
宮城県	七、〇九〇円〇〇〇		七、〇九〇円〇〇〇	
福島県	一、〇五〇円〇〇〇		一、〇五〇円〇〇〇	
山形県	二、六〇〇円〇〇〇	二〇〇円〇〇〇	二、八〇〇円〇〇〇	
静岡県	一五、〇〇〇円〇〇〇		一五、〇〇〇円〇〇〇	
富山県	二一〇円〇〇〇		二一〇円〇〇〇	

滋賀県	一六〇円〇〇〇		一六〇円〇〇〇
福井県	三〇〇円〇〇〇	五、二〇〇円〇〇〇	五、五〇〇円〇〇〇
山口県	二〇円〇〇〇		二〇円〇〇〇
鳥取県	一〇円〇〇〇		一〇円〇〇〇
徳島県	一四〇円〇〇〇		一四〇円〇〇〇
高知県	一、〇〇〇円〇〇〇		一、〇〇〇円〇〇〇
佐賀県	一〇円〇〇〇		一〇円〇〇〇
長崎県		二、〇一〇円〇〇〇	二、〇一〇円〇〇〇
宮崎県	一〇〇円〇〇〇		一〇〇円〇〇〇
鹿児島県	五〇、〇一〇円〇〇〇		五〇、〇一〇円〇〇〇
北海道	三〇〇円〇〇〇		三〇〇円〇〇〇
朝鮮	一〇〇円〇〇〇		一〇〇円〇〇〇
合計	八一、一〇五円〇〇〇	一、三一六、三一〇円〇〇〇	一、三九七、四一五円〇〇〇

外国義捐金

大正十三年十二月末日現在マデ収納

国名	金額			合計
	外国人	在留邦人	内外人	
米国及其属領	二二、六五〇、一七三円二七〇 二二、五二七、五三二円四七〇	二、七八一、六〇一円二四〇 二、七六一、一六二円〇二〇	一七、三八一円五二〇	一五、四四九、一五六円一三〇 一五、三〇六、〇七六円〇一〇
玖馬	一〇、四〇二円一五〇			一〇、四〇二円一五〇
墨西哥	五七、八一一円六六〇	七、二九七円五〇〇	七二、八一六円九九〇	一三七、九二六円一五〇
巴奈馬	一、五二八円六六〇	二、〇四〇円八二〇		三、五六九円四八〇
秘露	九、九一〇円一六〇	一四六、八四七円三五〇	二九、七五七円四七〇	一八六、五一四円九八〇
智利	九、二三〇円七六〇		八、六四七円〇八〇	一七、八七七円八四〇

亜爾然丁	五五三円〇〇〇		四三、三三一円〇八〇	四三、八八四円〇八〇
伯剌西爾	一円七五〇	二、四一二円四二〇	一一、一五七円七四〇	一三、五七一円九一〇
中華民国	一、三四七、八九八円九六〇 一、〇六五、三七二円三一〇	二三六、一八七円〇七〇 二〇七、六一四円八三〇	七二、九二三円八三〇 四五、八六九円三〇〇	一、六五七、〇〇九円八六〇 一、三一八、八五六円四四〇
暹羅	六一、六四八円二七〇			六一、六四八円二七〇
英国及其属領	三、六一九、〇八五円五三〇 三、五六四、五八五円五三〇	四九〇、二四五円六四〇	一、五二七円七三〇	四、一一〇、八五八円九〇〇 四、〇五六、三五八円九〇〇
諾威	一、一六九円五四〇			一、一六九円五四〇
独逸		二、七五二円四五〇	一三、〇六八円五三〇	一五、八二〇円九八〇
蘭国及其属領	二七八、九〇三円三三四	五一、四二四円四四〇	二五、四〇八円一七〇	三三五、七三五円九四四
白耳義	一四一、四六六円三〇〇	七五〇円〇〇〇	二、〇四八円六八〇	一四四、二六四円九八〇
仏国及其属領	三〇六、四六六円三七八 七二、三九三円九六八	八、五三九円七七〇	五、七八六円六四〇	三二〇、七九二円七八八 八六、七二〇円三七八
伊太利	四一、四二六円二八〇			四一、四二六円二八〇
瑞西			八九、二三一円五四八	八九、二三一円五四八
露西亜	一、〇〇五円〇〇〇 五円〇〇〇	一五四円二〇〇	二八、九六一円一〇〇	三〇、一二〇円三〇〇 二九、一二〇円三〇〇
ラトビィア国	四、三九五円〇四〇			四、三九五円〇四〇
土耳古	一九三円七二〇			一九三円七二〇
波蘭	一、二六八円九五〇			一、二六八円九五〇
墺国	一八六円一三〇			一八六円一三〇
瑞典	四〇、六二四円五六〇	二八二円〇二〇		四〇、九〇六円五八〇
チェッコ国	二九、一〇〇円〇〇〇			二九、一〇〇円〇〇〇
暮利比亜		一二、三四五円三四〇		一二、三四五円三四〇
ウルガイ国	七、五四四円九〇〇			七、五四四円九〇〇
ルーマニア国	七四円六五〇			七四円六五〇

諸国混合			一、〇五〇円七四〇	一、〇五〇円七四〇
葡萄牙国（澳門）	一、一七四円六三〇			一、一七四円六三〇
合計	一八、六二三、二四三円六八二 一七、九二八、五〇三円七二二	三、七四二、八八〇円二六〇 三、六九三、八六八円八〇〇	四二三、〇九八円八四八 三九六、〇四四円三一八	二二、七八九、二二二円七九〇 二二、〇一八、四一六円八四〇

主任出納官吏扱義捐金支払一覧表

大正十三年十二月末日現在

費目	内訳	支払予算額	支出済額	差引
食糧費		五、六四七、五二〇円九六〇	五、六一五、一七〇円九六〇	三二、三五〇円〇〇〇
	食糧費	五、五六五、一七〇円九六〇	五、五六五、一七〇円九六〇	〇
	東京市ニ対スル救護費	八二、三五〇円〇〇〇	五〇、〇〇〇円〇〇〇	三二、三五〇円〇〇〇
衣類費		五、〇〇〇、〇〇七円三〇〇	五、〇〇〇、〇〇七円三〇〇	〇
衛生医療費		五、五三一、四四六円五四〇	五、五三一、四四六円五四〇	〇
	簡易療養所建設経営費	二、七九四、三一一円四九〇	二、七九四、三一一円四九〇	〇
	仏国寄贈病院経営費	一五八、七五〇円〇〇〇	一五八、七五〇円〇〇〇	〇
	衛生医療費	二、五〇一、〇九二円五五〇	二、五〇一、〇九二円五五〇	〇
	罹災傷病者旅費	六三円〇〇〇	六三円〇〇〇	〇
	牛乳及煉乳購入費	六五、七八九円五〇〇	六五、七八九円五〇〇	〇
	被害地鑿井費	一一、四四〇円〇〇〇	一一、四四〇円〇〇〇	〇
小住宅建設費		三、九七五、八〇八円〇〇〇	三、九七五、八〇八円〇〇〇	〇
薪炭費		一、〇〇〇、〇〇〇円〇〇〇	七二〇、〇〇三円一九一	二七九、九九六円八〇九
教科書及学用品費		三〇〇、〇〇〇円〇〇〇	二九六、三四二円九二二	三、六五七円〇七八
蚊帳調達費		二〇〇、〇〇〇円〇〇〇	一一、八四九円六〇〇	一八八、一五〇円四〇〇
食糧及ビ衣類費		八、五六六、五三六円〇〇〇	五、六〇〇、〇〇〇円〇〇〇	二、九六六、五三六円〇〇〇

	陸海軍立替食糧及衣類費	八、五六六、五三六円〇〇〇	五、六〇〇、〇〇〇円〇〇〇	二、九六六、五三六円〇〇〇
社会施設諸費		二、八一三、九五二円〇〇〇	二、八一三、九五二円〇〇〇	〇
	婦人宿泊所建設費	四一、六六四円〇〇〇	四一、六六四円〇〇〇	〇
	簡易宿泊所建設費	一、二一五、五五二円〇〇〇	一、二一五、五五二円〇〇〇	〇
	簡易食堂経営補助費	五〇〇、〇〇〇円〇〇〇	五〇〇、〇〇〇円〇〇〇	〇
	簡易浴場建設費	五九二、一九二円〇〇〇	五九二、一九二円〇〇〇	〇
	簡易市場建設費	二二一、七六〇円〇〇〇	二二一、七六〇円〇〇〇	〇
	託児所建設費	二四二、七八四円〇〇〇	二四二、七八四円〇〇〇	〇
社会事業団体補助費		三、〇〇〇、五〇〇円〇〇〇	二、九五〇、五〇〇円〇〇〇	五〇、〇〇〇円〇〇〇
	社会事業団体補助費	三、〇〇〇、〇〇〇円〇〇〇	二、九五〇、〇〇〇円〇〇〇	五〇、〇〇〇円〇〇〇
	夜間中学補助費	五〇〇円〇〇〇	五〇〇円〇〇〇	〇
授産事業及小資融通事業補助費		一、〇一〇、〇〇〇円〇〇〇	九〇四、〇〇一円〇〇〇	一〇五、九九九円〇〇〇
公益質屋経営補助費		八〇〇、〇〇〇円〇〇〇	五〇〇、〇〇〇円〇〇〇	三〇〇、〇〇〇円〇〇〇
老廃収容施設費		二、〇〇〇、〇〇〇円〇〇〇		二、〇〇〇、〇〇〇円〇〇〇
米国記念病院建設経営費		七、〇五八、八二三円五三〇	七、〇五八、八二三円五三〇	〇
住宅紹介事業拡張補助費		五、〇〇〇円〇〇〇	五、〇〇〇円〇〇〇	〇
バラック管理諸費		三〇三、三九〇円七八〇	三〇三、三九〇円七八〇	〇
	バラック修理費	二〇一、四三九円八四〇	二〇一、四三九円八四〇	〇
	バラック移転費	二五、〇七五円〇〇〇	二五、〇七五円〇〇〇	〇

	電灯料	一、一八六円九四〇	一、一八六円九四〇	〇
	バラック修繕費	七五、六八九円〇〇〇	七五、六八九円〇〇〇	〇
土地使用料		一三〇、五一〇円六二〇	一三〇、五一〇円六二〇	〇
同潤会交付金		一〇、〇〇〇、〇〇〇円〇〇〇	一〇、〇〇〇、〇〇〇円〇〇〇	〇
救護用材料費		四四、八一〇円三一〇	四四、八一〇円三一〇	〇
外国義捐者ニ対スル救護状況宣伝費		二〇、〇〇〇円〇〇〇	一九、九九九円九〇〇	一〇〇
救護品運搬並配給諸費		四二三、七五八円二三〇	四二一、六〇三円三六〇	二、一五四円八七〇
	天幕病院材料運搬費	一七、〇五〇円五五〇	一七、〇五〇円五五〇	〇
	義捐品運送費	五三、九三七円四九〇	五三、〇六四円八九〇	八七二円六〇〇
	外国義捐品運搬費	二三二、七九八円二〇〇	二三一、六〇八円六三〇	一、一八九円五七〇
	滞船並転錨料	九、二二四円五〇〇	九、二二四円五〇〇	〇
	救護品配給費	一一五、七四四円九四〇	一一五、七四四円九四〇	〇
	救恤品輸送費	三、三一二円三〇〇	三、三一〇円六〇〇	一円七〇〇
	救恤品積替費	一、六九〇円二五〇	一、五九九円二五〇	九一円〇〇〇
義捐金品取扱諸費		二六、八二三円四九〇	二六、七六四円五四〇	五八円九五〇
	義捐金品募集事務費	一一、六五三円六八〇	一一、六五三円六八〇	〇
	翻訳料	八一円〇〇〇	八一円〇〇〇	〇
	印刷物諸費	三、二九六円三六〇	三、二六四円八一〇	三一円五五〇
	救護謝状伝達費	四、五一六円八八〇	四、五一六円八八〇	〇
	ベルギー美術展覧会費	五、五三〇円〇〇〇	五、五〇二円六〇〇	二七円四〇〇
	賠償金	一、六九五円五七〇	一、六九五円五七〇	〇

	諸雑費	五〇円〇〇〇	五〇円〇〇〇	〇
借入物品修理費		三四、四八八円三五〇	三四、四八八円三五〇	〇
指定寄付転換金		七二九、六〇四円三四七	七二九、六〇四円三四七	〇
震災志(ママ)編纂印刷購入費		五四、〇〇〇円〇〇〇	一、五〇〇円〇〇〇	五二、五〇〇円〇〇〇
計		五八、六七六、九八〇円四五七	五二、六九五、五七七円二五〇	五、九八一、四〇三円二〇七

（特殊資料第七類災害関係　大正十二年関東大震災関係書類）

震災救護ニ関スル行賞ノ件

「元社会局救護課長仮案
（陸海軍ハ別ニ当該者ニ於テ調査シテ貰フ見込）
の書きこみあり」

震災救護ニ関スル行賞ノ件

一、範　囲

一、総裁、副総裁、局長ハ勲章又ハ金杯

二、参与、委員、局内高等官及同待遇者、震災地府県知事、警視総監、市長ニハ金杯若ハ銀杯但シ功労抜群ノ者ニハ勲章

三、震災救護上労《ママ》顕著ナル局外高等官及同待遇者ニハ金杯又ハ銀杯

四、震災地府県知事以外ノ高等官、市助役ニハ銀杯但シ功労抜群ノ者ニハ金杯

五、局内及局外判任官及同待遇者ニシテ主任者トシテ功労顕著ナル者ニハ銀杯又ハ賜金

六、道府県知事ニハ特功選抜ノ上金杯又ハ銀杯

七、民間篤志者（震災地町村長ニシテ功労顕著ナル者、新聞社、実業家汽船会社其他救護上特別ニ功労アリタル者ニハ金杯又ハ銀杯但シ功労抜群ノ者ニハ勲章

二、調査事項

（一）　功績調査ノ為メ左記事項ヲ「カード」（別紙

様式参照）ニ依リ調査ス［別紙は省略］
イ　位、勲、爵、官職、官等、氏名
ロ　奏功当時ノ位、勲、爵、官職、官等
ハ　現住所
ニ　本籍
ホ　震災救護事務従事状況（職、所属、従事事項、従事期間及場所ヲ記入シ功績ノ状況ヲ可成具体的ニ記載スルコト）
（二）各履歴書添付ノコト（二通）
三、調査ノ方法
（一）局内高等官（事務官以下）ハ各所属委員ニ照会内申セシムルコト
（二）前項ノ中大正十二年十一月三十日以降ハ各所属課長ニ照会内申セシムルコト
（三）震災地府県知事、警視総監ニツキテハ本局ニ於テ直接調査ノコト
（四）震災地府県知事以外ノ高等官及震災地ノ市長、助役ニツキテハ府県知事ニ照会内申セシムルコト
（五）局内判任官及同待遇者ニツキテハ高等官ノ例ニ準ス
（六）局外高等官同待遇者及判任官同待遇者ハ各本属長官ニ照会内申セシムルコト
（七）震災地外道府県知事ニツキテハ本局ニ於テ直接調査ノコト
（八）民間篤志者ニツキテハ府県知事ニ照会内申セシムルト共ニ本局直接調査ヲ合セ行フコト
四、詮　衡
（一）賞賜内規（別案）ニ依リ詮衡ノコト
（二）功績内申ハ特、甲、乙、丙ノ四階ニ分チ査定ノ後特ハ内規別表勲功ニ甲ハ同勲労ニ、乙丙ハ功労甲乙、トシテ取扱フコト

大正十二年震災救護関係文官賞賜内規

第一条　大正十二年九月震災救護ニ関シ功績アル文官ニ対スル賞賜ハ総テ本内規ニ拠ル
第二条　功績ハ左ノ賞格ニ分チテ之ヲ論定ス
一、勲　功
二、勲　労
三、功　労

第三条　勲功ト称スルハ功績優秀ナルモノヲ謂フ
勲功ニ論定セル者ニハ旭日章又ハ銀杯ヲ賜フ
第四条　勲労ト称スルハ功績顕著ナルモノヲ謂フ
勲労ニ論定セル者ニハ瑞宝章又ハ銀杯、一時金ヲ賜フ
第五条　功労ト称スルハ勤労大ナルモノヲ謂フ
功労ヲ分チテ甲乙ノ二種トス
功労ニ論定セル者ニハ金、銀杯又ハ一時金ヲ賜フ
第六条　賞格ハ奏功当時ノ官等ニ基キ別表ノ区分ニ拠ル
第七条　別表ノ区分ニ拠ル勲等ト同等以上ノ勲章ヲ有スル者ニハ一等ヲ陞（ママ）叙シ又ハ同等ノ旭日章ヲ賜フ
第八条　文官ニ非ル者ニシテ功績アル者ハ文官ニ準シ賞賜ス
第九条　死者ニハ特ニ生前ノ日付ヲ以テ本内規ニ依リ賞賜ス

別表

官等＼賞格		勲功	勲労	功労 甲	功労 乙
高	親任	旭一	瑞一 瑞二	金杯一組	金杯一個
	一等	旭二	瑞二 瑞三	同	同
官等	二等	旭三	瑞三 瑞四	同	同
	三等	旭四 旭五	瑞四 瑞五	金杯一個	銀杯一組
	四等	旭五	瑞五	同	同
	五等	旭五 旭六	瑞五 瑞六	同	同
	六等	旭六	瑞六	銀杯一組	銀杯一個
	七等	旭六	瑞六	同	同
	八等 九等	旭六	瑞六	同	同
判任官	一等	銀杯一組	銀杯一個	賜金一三〇	賜金一一〇
	二等	銀杯一組	銀杯一個	賜金一二〇	賜金一〇〇
	三等	銀杯一個	賜金一三〇	〃一一〇	〃九〇
	四等	同	〃一二〇	〃一〇〇	〃八〇

一表　官制改正前ノ部

官職別	員数
総裁	一
副総裁	一
参与	一三
委員	四八
事務官	三三三
書記	五二二
神奈川県支部員	三二
専任嘱託	七

官職別	員数
高等官嘱託	四
判任官嘱託	二
高等官委嘱	五六
判任官委嘱	一六七
実業家嘱託	一五
嘱託（本職嘱託）	二
委嘱（同上）	一一〇
計	一、三一三

二表　官制改正後ノ部

官職別	員数
総裁	二
副総裁	二
局長	一
参与	二七
専任書記官	二
兼任書記官	一二
専任事務官	七
兼任事務官	七
兼任技師	一
専任属	三一
兼任属	六八
専任嘱託	二四
高等官嘱託	三五
判任官嘱託	三三
高等官委嘱	｜
判任官委嘱	一
実業家嘱託	一五
嘱託（本職嘱託ノモノ）	五
委嘱（同上）	一
計	二七四

三表　集部

官職別	員数
総裁	二
副総裁	二
局長	一
参与	三二
専任高等官	九
兼任高等官	三三三
専任判任官	三一
兼任判任官	五二〇
神奈川県支部員	三二
専任嘱託	二四
高等官嘱託	三九
判任官嘱託	三三
高等官委嘱	五二
判任官委嘱	一五六
実業家嘱託	一五
嘱託（本職嘱託）	五
委嘱（同上）	一〇二
計	一、三八八

参考表（勤務日数六十日以上ノモノ　△印ハ勤務日数五十日以上六十日以下ノモノ）

官職別	員数
総裁	二
副総裁	二
局長	一
参与	二三
委員	二六 △一
専任書記官	二
兼任書記官	一二
専任事務官	七
兼任事務官	一七四 △一
兼任技師	一
専任属	三〇
兼任属	六八
書記	二九三
専任嘱託	二二
高等官嘱託	三八
判任官嘱託	三二 △一
高等官委嘱	三七
判任官委嘱	一二五
実業家嘱託	一五
嘱託（本職嘱託）	一四 △一
委嘱（同上）	五五 △一
計	九六八 △五

震災救護功労者調

警視庁

現住所　京橋区月島東仲通十丁目三番地
氏　名　加藤　重六
年　令　当二十一年

経　歴

父ハ湯屋営業者ニシテ神田順天中学校卒業後私立中央大学法科ニ入学シ目下本科二年ニ在学中ナリ

功績概要

九月一日震災ニ次キ火災各所ニ起リシモ月島ハ消火ニ努メ幸ニ大火ニ至ラサリシカ折柄ノ烈風ノ為午后八時ニ至リ終ニ築地対岸ヨリ飛火シ月島通五丁目ヨリ発火漸次延焼シテ一面ノ猛火トナルヤ月島警察員ハ管内居住民ハ勿論本所深川及京橋区方面ヨリ避難シ来レル罹災民ヲ東京市ノ土管及鉄管置ナル月島三号地埋立及石川島佃島ニ指導避難セシメタルカ翌朝迄ニ三号地ノ避難民ハ其ノ数五万五千余ニ達シタリ月島署ハ焼失ノ為二日午前五時三号地東京セメント試験所ノ一室ニ仮事務所ヲ設ケ直ニ事務ヲ開始シ署員ヲ督励シ先ツ傷病者ヲ収容シテ応急手当ノ方法ヲ講シタルカ如何ニセン月島唯一ノ要路タル相生

橋焼失シ加フルニ築地方面ノ渡船亦杜絶シ管内ハ佃島漁民部落ヲ残ス外全焼ニ帰シタルヲ以テ全ク策ノ施スモノナキニ至レリ茲ニ於テ月島警察署又ハ同所ニ避難中ノ二号地市営住宅自治会長小川正及二号地町会長安生慶三郎並平素能ク公共ノ為ニ尽瘁セル前記加藤重六ヲ招致シテ糧食調達ノ方法ヲ諮リタルニ加藤ハ只今ヨリ決死隊ヲ組織シテ埼玉地方ニ赴カント申出タルヲ以テ同署長ハ其ノ壮気ヲ賞揚シ「此者ハ避難民ノタメ派出セルモノニ付何卒特別ノ便宜ヲ与ヘラレンコトヲ乞フ」ト記載セル名刺数葉ヲ持タセ池田亀之助田多井某外二名ノ青年ト共ニ出発セシメタリ然レ共加藤池田田多井ノ三名ハ警視庁ニ状況報告ノ特使ノ用ニ仕立タル渡舟ニテ京橋区南小田原町ニ渡リ他ノ二名ハ隅田川ヲ泳渡リテ一同余焔矇々タル小田原町ヲ通過シ尾張町ニ出テ神田須田町万世橋ヲ経テ避難民ノ蝟集セル上野付近ヲ過キテ本郷本富士署ニ到着セシガ此時池田外三名ハ須田町付近ニテ落伍シ加藤重六一人ナリシト云フ而シテ加藤ハ事情ヲ縷述援助ヲ求メタルモ同署ハ既ニ危態ニ頻シ居リシコトヽテ其意ヲ果サス依テ更ニ駒込署ニ至リ署長ニ面会シテ窮状ヲ訴ヘ署長ノ好意ニ依リ食事及飲料等ノ恵与ヲ受ケ更ニ同署ヨリ巡査部長小山高保外一名ノ巡査ヲ同道セシメ小山部長ノ斡旋ニヨリ上富士前町ニ於テ自動車一台ヲ傭ヒ同乗シテ巣鴨市電終点ヨリ板橋街道ニ入リ埼玉県下戸田町ニ到リタルニ偶々同所ニ出張中ノ埼玉県保安課長及同地警察署長ニ出会シ月島警察長交付ノ前記名刺ヲ提示シ事情ヲ訴ヘテ援助ヲ求メタルニ保安課長ハ同地ノ穀物商植野屋事植野助三郎ヲ紹介セラレタルヲ以テ此処ニ於テ小山巡査部長一行ト別レ自動車ヲ駆リテ浦和町ニ赴キ玄米六十俵ヲ調達セシ処同地ニ在リタル埼玉県穀物輸出検査所員加藤琢二ヨリ未検査米ノ理由ニテ其ノ移出ヲ差止メラレタルヲ以テ両人ハ涙ヲ呑ンテ植野助三郎方ニ帰リ同人所蔵ノ玄米二十俵ヲ送付スルコトニ決シタルモ輸送ノ方法ナク遂ニ内務省荒川河川改修工事戸田橋出張所ニ赴キ主任柴崎幹ニ嘱願シタルニ同人ハ其ノ窮状ニ同情シテ直ニ発動機船ヲ仕立テ右玄米ヲ積込ミタル船ヲ曳カシメ同乗シテ同日午后四時半頃航行上ノ危険ヲ冒シテ永代橋ニ着シタルカ同橋焼失破損ノ為通船スル能ハス已ムナク永代橋ノ上流日本橋河岸ニ陸揚シテ加藤此旨ヲ月島署長ニ報告シ同署長ハ更ニ水上署ニ依頼シテ之ヲ輸送スヘク指示シタルニ加藤ハ水上署ニ出頭シテ駒田警部ノ配慮ニ依リ付近ニ在

リタル小船六艘ヲ水上署発動機船ニ曳カシメ危険ヲ冒シテ永代橋下ヲ通航シテ小舟ニ玄米ヲ積込ミ午后七時三号地ニ無事着荷スルコトヲ得亦月島署ニ於テ調達セル二十四俵及小川正ニ購入セシメタル九俵ノ米ト合シテ二日三日ノ両日間一人宛約四勺ノ配給ヲ為スコトヲ得セシメタルハ当時ノ状況ニ於テ一般人ノ企及シ能ハサル処ナリ

前項ノ外九月一日震災後二号地月島第二小学校ニ避難セル者ノ救護ニ奔走シ同日午后八時月島ニ飛火シ第二小学校ニ延焼スルヤ老幼数名ヲ介護シ三号地ニ避難セシメテ無事ナルヲ得セシメ尚九月四日三号地ニ避難中ノ小学校同窓生ヲ叫合シテ自警団ヲ組織シ警備ノ任ニ充リ九月九日一旦之ヲ解散シタルモ引続キ町会警備員トシテ盗火警防ノ事ニ服シ一方物資配給等ノコトニ昼夜尽瘁シ其功績顕著ニシテ一般青年ノ模範タルモノト認ム

現住所　浅草区駒形河岸八十号地
氏　名　秋山　寅吉
年　令　当二十九年
経　歴

高等小学校卒業後漁業船ノ船員トナリ大正九年九月発動機三等機関士ノ資格ヲ取得シ大正十二年五月隅田川汽船株式会社ニ雇ハレ汽船墨田丸第三十四号ノ機関士タリ

功績概要

大正十二年九月一日ノ大震災ト共ニ東京水上警察署ハ避難救助ノ急ヲ認メ直ニ汽船墨田丸三十四号ヲ徴発シ氏ハ同船機関士トシテ警察官指揮ノ下ニ新大橋上下流ヨリ両国橋下流ノ避難民救助ニ従事シタリ当時同地一帯並永代橋上下流ノ船舶及岸上ノ避難民ヲ身命ヲ賭シテ猛火ノ裡ヨリ一万三百名ヲ救助シタリ今其ノ概況ニ述ヘンニ

同船員ハ警察官指揮ノ下ニ尤モ勇敢ニ奮闘シテ沿岸猛火ノ為火粉降下ノ中ヲ船員ハ交々水中ニ飛ヒ込ミ抜キ手ヲ切手《ママ》避難船ニ泳キ着キ本船ヨリ曳綱ヲ結ヒ付ケ来ル等敏捷ナル離レ業ヲ演シ大川筋竪川筋川口ニテ船舶約十五隻ヲ曳船安全地帯ニ導キ乗船者三千名ヲ救助シ続キテ同河岸ニ遁ケ場ヲ失ヒ悲鳴ヲ揚ケ居ルモノ約五百名位ヲ本船ニ収容救助シタル上燃料欠乏シタルヲ以テ一旦水上警察署ニ引揚ケコークス代用木炭ヲ補充シ午后七、八時頃再ヒ上航救助ニ赴キタリ此ノ時永代橋々梁全部ハ一面ノ火トナリ危険極リシカ同船員等ハ之レニモ痺《ママ》マス頭上ヨリ水ヲ浴ヒテ同橋下ヲ潜リ抜ケタル瞬間ニ於テ同橋梁ハ水中ニ焼ケ落チタリ夫レヨリ新大橋上下流ヨリ両国橋下流ニ亘ル隅田川流域日本橋側ニ於テ船上ノ避難民約六千人ヲ前記ノ方法ニ依リ曳航救助シテ当時安全ノ地ナリシ焼跡ヘ避難セシメ翌午前三時頃迄奮闘ヲ続ケタリ此ノ間燃料欠乏シタルヲ以テ盛ニ焼ケツヽアリシ東京通運会社ノ台船ヨリコークスヲ取リ出シ汽船ニ積ミ込ム等殆ンド一死ヲ賭シテ活動ヲ為シタルモノナリ翌二日黎明永代橋カ全部焼落ノ為交通杜絶セルヲ以テ之ヲ開通スヘク赤羽工兵隊ノ援助ヲ求メン為ニ警察官指揮ノ下ニ前日来ノ疲労ト空腹ヲモノトセス再ヒ上航シタルニ偶々千住鉄橋下ニテ工兵隊ノ下航シ来ルニ会シタルヲ以テ同隊ノ端艇ヲ曳キ再ヒ永代橋ニ戻リタリコノ間食糧ヲ求メントシタルモ果サス各船員等ノ疲労ハ極度ニ達シ居リタルカ永代橋ヲ開通スルニハ爆発薬ノ必要生シタルヲ以テ更ニ赤羽ニ急航シ午后三時頃永代橋ニ帰来シ同夕刻橋爆発ノ目的ヲ達スルト同時ニ兵隊ノ乞フニ応シ再四赤羽本隊ニ送リ届ケ其ノ後ハ水上警察署員指揮ノ下ニ食糧ノ配給ニ従事シタリ同船員中ニハ家財焼失妻子ハ離散シ所在ダニ知ルニ由ナキニ拘ラズ之等ヲ顧ミスシテ人命救助罹災民救護ニ従事シタルモノニシテ功労顕著ナルモノナリ

現住所　日本橋区蛎売町《(ママ)》一丁目四番地

氏　名　杉原　孝太郎

年　令　当四十四年

経　歴

小学校卒業後廻漕業ニ従事シ適齢ニ際シ第七師団歩兵第二十五連隊ニ入営明治三十六年十一月歩兵一等卒トナリ同三十七年八月日露戦役ノタメ召集セラレ出征翌三十八年九月常備役免除トナリ同三十九年四月一日勲八等ニ叙セラレ白色桐葉章下賜引続キ廻漕業ニ従事ス

功績概要

氏ハ九月一日震災当時自宅ニ在リシカ午后二時頃京橋区内ヨリ発火シ猛火ハ忽チニシテ管内箱崎町及蛎売町ニ延焼シ自宅モ遂ニ焼尽スルニ至レリ此ノ間氏ハ自己ノ危難ヲ顧ミス激震后直ニ自宅前ノ行徳河岸ニ繋留シ置キタル自己所有ノ小見川丸二十噸積ニ付近居住民約百名以上ヲ乗リ込マシメ奮闘救護ニ尽力セリ軈テ火災延焼シ来タリ箱崎町及蛎売町方面一体火ノ海ト化シ火勢益々加ハリ

遂ニ両岸ノ家屋ハ紅焔ノ包ム所トナリ狼狽混乱セル多数避難者ノ乗リ込メル川岸ノ大小伝馬船ハ烈火ノ飛沫ヲ受ケ火災ヲ起スニ至リ該小見川丸モ危険刻々逼レルヲ以テ万難ヲ排シ船員ヲ督励シ辛シテ猛火ノ余焔ヲ浴ヒツヽ同所ヲ逃レ箱崎橋ヨリ霊岸橋下ヲ越ヘ亀島川ヨリ高橋ニ出テ相生橋ヲ越ヘテ漸ク洲崎沖ニ出テ府下南葛飾郡新川口ニ船ヲ進メ万死ノ中ヨリ是等ノ避難者ヲ救助スルヲ得タリ尚船内積込ミノ白米三俵其他副食物全部ヲ提供シテ避難者ノ食料ニ給シ九月一日ヨリ四日ニ至ル間完全ニ救護ノ大任ヲ果セル献身的行動ハ一般ノ模範トナスニ足リ其ノ功顕著ナルモノトス

現住所　京橋区南小田原町三丁目九番地

氏　名　綿谷　元周

年　令　当三十五年

経　歴

早稲田実業学校卒業シ明治四十二年一月志願兵トシテ輜重大隊ニ入隊伍長トナリ満期後チヤリ合名会社ニ奉職現在ニ至ル

功績概要

九月一日大震ノ為家屋倒壊破損算ナキヲ見ルヤ直ニ自己付近ノ住民救護ニ努メタリシカ次テ海嘯襲来ノ流言行ハレ且火災各所ニ起ルニ及ビ船中ニ避難セシムルノ安全ナルヲ思ヒ其ノ準備ニ着手セムト氏ト共ニ活動中ナリシ荒田庄次郎、久住竹次郎、川口志馬八、瀬戸由次郎、三階仙之助及京橋築地警察署勤務坂東茂吉ト協力シテ水上警察署前水上堀ニ繋留中ナル伝馬船十五、六艘（一捜ニ約二百名乗船シ得）ニ付近ニ逃迷フ避難民ヲ乗船セシメ同日午後六時迄ニ全部収容シタリシカ折柄猛火ハ築地方面ヨリ新富町方面ニ及ヒ強風ノ為火粉飛散シ船中ノ避難民亦危険ニ迫リタルニヨリ前記ノ者ト相諮リ防火ノ準備ヲ為サント近傍「ガデリウス」会社ヨリ蒸気ポンプ三台ヲ借リ受ケ船中ニ放水シテ防火ニ尽力セリ当時周囲ハ猛火ニ包マレ身辺頗ル危険ナルニモ不拘一意専念放水ニ努力シ翌朝五時迄継続セリ

以上ノ如ク防火ニ努力セシ結果船中ニ在リタル約三千人ノ避難者中一名ノ死傷者モ出サス皆無事生命ヲ全フスル事ヲ得タルハ洵ニ公共ノ為勇ナルモノニシテ功績顕著ナルモノト認ム

現住所　日本橋区箱崎町二丁目十八番地
氏　名　高橋　作五郎
年　令　当五十六年

経　歴

富山県中新川郡大岩村ニ生レ農業ニ従事シ二十歳頃上京シ湯屋男トナリ二十五歳ニシテ浴場ヲ経営シ今日ニ至ル

功績概要

九月一日大震後京橋方面ニ起リタル火災ハ延焼シテ日本橋区北新堀町ニ移リ続イテ箱崎町ニ及ヒシ為午後二時半頃自宅モ類焼スルニ至リ一時大山公園ニ避難シタリシカ火勢益々強ク蛎売《ママ》町モ亦猛火ノ襲フ処トナリ土洲橋南詰ニ避難中同橋上及其付近ハ浜町蛎売町方面ヨリノ避難民ヲ以テ充満スルニ至リタリ然ルニ同所ハ午後八時頃終ニ猛火ヲ以テ包囲セラレ付近ニ持チ出シタル家財ハ一面ノ火トナリ人皆逃路ヲ失ヒ死ヲ待ツノ外ナキ危険ノ状態トナリタリ茲ニ於テ氏ハ身ヲ挺シテ此ノ難局ニ衝リ同業者野中才次郎ト共ニ携帯セルバケツヲ以テ河中ニ下リ河水ヲ汲ミ上ケ家財並避難民ニ打チ掛ケ延焼飛火ヲ防キツヽ火勢ノ鎮静スル迄継続シ漸ク土洲橋付近ニ在リタル約八十名ヲ完全ニ救助シ得タルモノニシテ其ノ功労顕著ニシテ一般ノ模範ト為スニ足ルモノナリ

現住所　京橋区南飯田町一番地
氏　名　小野　長次郎
年　令　当五十一年

経　歴

小学卒業後現住所ニ於テ魚商ヲ営ミ震災前ハ町内ノ世話役タリ

功績概要

九月一日震災ニ依リ家屋ノ倒壊スルモノ多ク且余震相次キ町民ノ狼狽甚シク他ヲ顧ル者ナキヲ看卒先付近町民ノ救護ニ努力中海嘯襲来ノ流言ヲ耳ニシタルヲ以テ之ガ安全策トシテ船ニテ町民ヲ避難セシムベク準備ヲ為シ付近住民ナル新實勘助、花澤祐一郎、成岡久光ノ三名ト相謀リ三井貯炭場ヨリ二艘ノ船ヲ借リ受ケ約五百名ヲ乗船セシメタリ午後八時頃自宅付近一帯ハ猛火ノ襲フ所トナリ多数ノ避難民救ヲ求メテ右往左往スルヲ認メ前記三名ト協力シテ更ニ三井貯炭場ヨリ十艘ノ船ヲ借リ受ケ逃ゲ迷フ老幼婦女子ヲ初トシ避難民約一千名ヲ順次乗船セシメ自己ハ最後マテ止マリ取残サレタル無キヲ確メ乗船セントシ繋留綱ヲ切継セル際干潮ノ為船ハ急速力ニテ流サレ自己ハ遂ニ乗船シ得スシテ取残サレタルヨリ已ムナク伜福太郎ト共ニ明石町河岸ニ至リテ石垣ノ蔭ニ隠レ辛シテ一命ヲ全フシ乗船セル避難民ハ何等異状ナク船中ニテ生命ヲ完フセルハ実ニ自己ノ危険ヲ顧ミス救助ニ努力セル結果ニ外ナラス其功労顕著ナルヲ認ム

現住所　深川区伊勢崎町三十七番地

氏　名　小松　熊次郎

年　令　当三十五年

経　歴

小学校卒業後先代ノ後継キ明治四十一年十二月ヨリ廻漕業ニ従事中ナリ

功績概要

氏ハ二十五隻ノ船舶ヲ所有シ廻漕業ヲ営ミ居リタルカ大正十二年九月一日大震災ニ次キ各所ニ火災起リ同日午後六時頃ニ至ルヤ本所、深川区全ク火ノ海ト化シ京橋区ヨリノ火災ハ日本橋ニ延焼シ来リ罹災者ハ避難所ニ窮シ小松氏ノ所有船ニ飛込ミ忽チ満員トナレリ折柄日本橋、京橋方面ノ火災ハ大川ニ猛火ヲ浴セ亦一方深川浅野セメント及大倉庫ノ火ノ為両側ヨリ船上ヲ襲ヒ危険甚シカリシヲ以テ各船頭其ノ他避難中ノ壮者ヲ督励シ風浪高ク猛焔激甚ナル中ニ必死トナリテ河水ヲ撒布シ防火ニ努メ進航シタリシカ午後八時半頃烈風ト潮流ノ為船ハ永代橋方面ヘ押流サレムトシ或ハ他船ニ火災起リ又ハ浸水シテ沈没セムトスルモノアル等其ノ混乱名状スヘカラサル中ヲ船員其ノ他ノ奮闘ニ依リ能ク防火ニ尽シ乗船者千余名ヲ完全ニ救助シ且翌朝ニ至リ糧食ニ窮スルヤ自己所有米ヲ炊出シ之ヲ避難者ニ給与シ亦東奔西走知人ヲ頼リ或ハ強請シテ玄米ヲ購ヒ数日間保護シ長キハ十日在船シタル者アリタリト謂フ氏ノ如キハ洵ニ公共ノ為勇ナル者ト謂フヘク其ノ功績顕著ニシテ一般ノ模範タリ

現住所　深川区富川町三十一番地
氏　名　　平井　寅吉
年　令　　当四十三年

経　歴

浅草区馬道町ニ生レタルモ後二十年来本所、深川区内ニ在住シ始大工職タリシモ一時博徒ノ群ニ投シタリシカ後改悛シ数年来ヨリ人夫請負業ヲ為シ異名大寅ト称シ付近ノ謂所顔役ナルモノナリ

功績概要

九月一日大震災ト共ニ倒壊家屋頗ル多ク為ニ住民ノ圧倒埋没セラレタルモノ多キヲ見当時殉職セル深川扇橋警察所勤務巡査小野塚與八氏ニ協力率先シテ部下齋藤三郎外三十余名ヲ集メ左腕ニ赤布ヲ纏ヒ決死隊ヲ編成シ之ヲ指揮シ倒壊家屋ヲ排除シテ罹災者ヲ救出シ其数三十余名ニ達シ之等ヲ本所区林町二丁目八十九番地矯風会空地ニ搬出避難セシメ付近薬店ヨリ薬餌材料ヲ購入シ来リ傷病者ニ応急手当ヲ施ス等救護ニ尽シ居タルガ午後四時三十分頃富川町付近一帯猛火ニ襲ハルルヤ逸早ク付近住民ニ避難方ヲ告知指導シ危険ノ切迫セルヲ顧ミス付近及本所区方面ヨリ逃避シ来レル避難者ノ指導ニ努メ之等数百名ヲ岩崎公園内ニ容易ニ避難スルヲ得セシメ最後ニ自己ハ焔煙ニ包囲セラレ数カ所ニ火傷ヲ負ヒ避難ノ方途ナク辛シテ同町三十一番地先伊予橋下ニ身ヲ投シ九死ニ一生ヲ得タルモノニテ其ノ果敢ノ行動ハ一般ノ推奨スル処ナリ

神奈川県

功　績　書

神戸市鈴木商店横浜支店所属
華山丸船長　小原　光五郎

本船ハ震災直後京浜地方ニ於ケル避難民ノ救済ニ資スヘキ白米其他ノ物資ヲ満載シ急遽神戸ヨリ横浜ニ入港セシカ当時陸上ハ鮮人襲来ノ流言蜚語頻リニ伝ハルヤ人心恟々到ル処邦人ノ反感ヲ起シ殺気粉々タルノ際彼等ハ殆ント進退ニ窮シ身ヲ各警察署ニ投シ保護ヲ請ヒタルモ邦人ハ彼等ヲ奪取セントシテ各署ニ殺到シ各署ハ庁舎既ニ焼失セシヲ以テ復タ之ヲ奈何トモスルコト能ハス是ニ於テ海上ノ汽船ニ対シ之カ収容保護方ヲ依頼セシモ曩ニ鮮人ノ凶報伝ハルヤ船員等ハ敢テ之ニ応スル者ナキ時ニ当リ同船長以下船員一同ハ身危害ニ及フヲモ顧ミス進ンテ

之カ救護ニ応シ八日各署ヨリ送致ニ係ル百余名ノ鮮人ヲ始メトシ爾来都合七百二十三名ヲ収容セシカ船内之ヲ容ルル余地ナキニ至リシヲ以テ船員等ハ各自ノ船室ヲ開放シ之カ休憩ノ室ニ充テ又炊出シヲシテ給与セル等翌月三日出帆当日迄昼夜寝食ヲ忘レ熱心救護ニ従事セシ功労洵ニ顕著ナリト謂フヘシ

功　績　書

日本郵船株式会社所属上海丸

船長　増住　栄次郎

右ハ震災直後急遽長崎上海間ノ定期航路ヲ引上ケ九月九日ヨリ二十六日ニ至ル間不眠不休ノ状態ニテ部下ヲ督励シ同船特有ノ快速力ヲ利用シ往航ニハ罹災者約二千名ヲ搭載シテ当港ヨリ神戸ニ輸送シ復航ニハ当港ニ於テ欠乏甚シキ食糧及飲料水ヲ神戸ヨリ輸送シ来レリ毎航罹災者に対スル慰安給養負傷手当等万遺漏ナク重大ナル責任ヲ完フシタル功績洵ニ顕著ナリト謂フヘシ

功　績　書

日本郵船株式会社所属長崎丸

船長　高野　武平

右者震災直後急遽長崎上海間ノ定期航路ヲ引揚ゲ九月九日ヨリ二十六日至ル間不眠不休ノ状態ニテ部下ヲ督励シ同船特有ノ快速力ヲ利用シ往航ニハ罹災者二千名ヲ搭載シテ当港ヨリ神戸ニ輸送シ復航ニハ当港ニ於テ欠乏甚シキ食糧及飲料水ヲ神戸ヨリ輸送シ来レリ毎航罹災者ニ対スル慰安給養負傷手当等万遺漏ナク重大ナル責任ヲ完フシタル功績洵ニ顕著ナリト謂フヘシ

功　績　書

日本郵船株式会社所属甲種一等運転士

従七位海軍予備少尉　林　信夫

同　二等運転士　正八位海軍予備少尉　岡部　毅

閉籠　勘一

東洋汽船株式会社所属　永田　米三郎

同　コレヤ丸船長　渡邉　嘉七

同　会社所属　市岡　昇

三井物産株式会社所属甲種船長
従七位海軍予備中尉　篠崎　朝吉
大阪商船株式会社所属甲種二等運転士
正八位海軍予備少尉　服部　秀雄
同　甲種二等運転士
正八位海軍予備少尉　稲垣　次郎

震災直後仮港務部ヲ「コレヤ」丸ニ開始セルヤ東洋汽船株式会社長代理浅野良三、日本郵船会社横浜支店長渡邊水太郎、大阪商船株式会社太田丙子郎、三井物産株式会社横浜支店長井上治兵衛等当時港務部職員ノ圧死又ハ負傷セルヲ以テ深厚ナル同情ヲ寄セ前記各会社所属ノ社員又ハ船員ヲ港務部援助ノ為差向ケタリ斯クテ各員ハ船舶出入調査、米国船ノ水路嚮導錨地指定、搭載貨物明細書、徴収、汽艇及艀船ノ徴発、食糧及水ノ配給、避難民ノ輸送、貨物陸揚等ニ従事セリ当時人心恟々トシテ何等ノ安定ナク殊ニ汽艇ノ船員、船頭、人夫ノ如キハ事毎ニ昂奮シテ暴力ヲ振ハントスルアリ或ハ多人数カ凶器ヲ携ヘテ配給品ヲ掠奪セントスル者来リ危険混乱ノ極度ニ達シ居ルノ際全ク犠牲的精神ヲ発揮シ十有余日間殆ンド寝食ヲ忘レテ奮闘努力セル功績洵ニ顕著ナリト謂フヘシ

功　績　書

横浜市中村町字東　遊行寺避難所
住職　桑畑　静善

同所ハ震災当日ヨリ引続キ院内全部ヲ開放シテ翌年二月十四日ニ至ル間避難民ノ救護ニ努メ其収容人員実ニ十二万九千二百五十名ノ多キニ達シ同所ノ中村町ニ於ケル多数ノ貧民ヲ収容セルヲ以テ其窮《（ママ）》困ノ程度一層甚シク惨状見ルニ忍ヒス殊ニ当日ノ如キハ避難民ニシテ七名ノ分娩者ヲ出セリ是等ノ産婦ニ対シテハ各自ニ夜具ヲ貸与シ又ハ衣類ヲ供給シ其他老幼若ハ病者ニ炊出シヲ為シ救護セル等住職以下一致協力シテ相互扶助ノ実績ヲ挙ケタルヲ以テ恰モ一大家族制度ノ観ヲ呈シ其功績洵ニ顕著ナリト謂フヘシ

功　績　書

根岸療養院長　元横浜市医師会副会長
大村　民藏

右者震災当日自己経営ニ係ル根岸療養院ハ其建物及器物ノ大半破壊ノ厄ニ遭遇シタルニモ拘ハラス専ラ全力ヲ

挙ケテ救護事務ニ鞅掌シ九月三十日迄施療救護セシ傷病者外来一千七百五十一名此延人員三千六百三十七名入院患者五十二名此延人員六百六十二名ノ多数ニ及而カモ従来ノ有料患者五十余名ヲ解除シテ一般傷病者ノ施療ニ従事シ更ニ其力ノ足ラサルヲ憂ヒ十月一日ヨリ日本赤十字社震災臨時救護部ニ無条件ヲ以テ全院ヲ挙ゲテ提供シ自己生活ノ根拠ヲ放棄シテ顧ミサリシ等其ノ救護ノ為ニ尽瘁セル功労洵ニ顕著ニシテ同人ハ当時横浜市医師会副会長ノ職ニアリテ同会員救済及医業復興等ニモ亦貢献セル所尠ナカラス

功　績　書

元横浜市医師会長　徳永　竹二郎

右者震災当時横浜医師会長ノ職ニアリシカ同会員ノ殆ト全部ハ震火災ノ厄ニ遇ヒ六十余名ノ死亡又ハ行方不明者ヲ出タシ一時全市ノ医業ハ潰滅シ復興ノ望ナキ観ヲ呈セシ際身ハ老境ニアリ全家ハ灰塵ニ帰シ其居所スラ安定セサルニモ拘ラス爾来数月ノ長キニ渉リ一身一家ヲ顧ミルノ遑ナク其会員ノ救済策トシテ低利資金ノ借入レ医療材料ノ配給及一般医業復興ノ為鞠躬努力シテ倦マサル功労洵ニ顕著ニシテ一面ハ会員ノ離散ヲ防止シ既ニ開業ノ緒ニ就クモノ続出スルニ至レリ全市医業復興ノ曙光ヲ認ムルノ進境ニ達セシハ同会長カ私ヲ棄テ公ニ奉スルノ犠牲的精神ヲ発揮シ医事衛生上ニ貢献セル所尠少ナラスト謂フヘシ

功　績　書

足柄下郡小田原町緑三丁目

柳川　菊次郎

同町ハ従来掘抜井戸又ハ掘井戸ヲ各戸ニ設ケ用水トシテ使用セシモノ其大半ヲ占メ曽テ不自由ナカリシカ大震災ニ当リ其井戸ハ殆ント崩壊シ僅ニ災害ヲ免レ用水トシテ使用ニ堪ユルモノ数箇所ヲ以テ一般罹災者ノ用ニ供セリ然レトモ僅ニ残ル井戸ヲ以テ到底多数罹災者ノ急ヲ救フニ足ルヘカラサルハ明瞭ニシテ人心不安ニ陥リツヽアル折柄同人ハ日常掘井戸掘穿ヲ業トシ居リシカ自家モ亦罹災ノ厄ニ遇ヒ家族ハ災後恂々トシテ安定ヲ得サルニ先チ平素ノ業務ヲ幸トシ一般罹災者ノ急ヲ救フベク予メ町

当局ノ諒解ヲ得身ヲ挺シテ町内要所六ケ所ヲ選ヒ昼夜専心作業ニ従事シ漸クニシテ日ニ不足ヲ生スル用水ヲ補充シ辛フシテ罹災者ノ急ヲ救フコトヲ得タリ若シ此ノ篤志者ナキカ孰レモ汚水ヲ使用スルノ已ムナキニ至リ保健衛生上遺憾ナキヲ保シ難ク其功労洵ニ顕著ナリト謂フヘシ

功績書

東洋汽船株式会社

震災勃発以来同社ハ社船これや丸、大洋丸、安洋丸、明洋丸、及春洋丸ノ五隻ヲシテ専ラ救護事務ニ膺ラシメこれや丸ノ如キハ当日横浜港内四号岸壁ニ繋留中ナリシカ岸壁崩壊ト共ニ海中ニ墜落シタル多数ノ人員ヲ救助シ艫テ離岸スルヤ既ニ避難民三四百名ヲ収容シ港外ニ出タル後本船ハ端艇ヲ遣ハシテ港内ニアリシ同社小蒸汽船ニ命令ヲ伝ヘ数回沿岸ニ航行セシメ避難民ヲ収容シ尚翌日ニ至テモ亦新山下町岸ニ小蒸汽船一隻ヲ派遣シ以テ同地方ニ避難シ居タル罹災民ヲ救助収容セリ当時本船ニハ十二日ニ至ル迄本県港務部、横浜税関、横浜水上警察署及逓信局海事部横浜出張所ヲ仮設シ又本船ノ設備ニ係ル無線電信ノ如キハ震災ノ状況、救護ノ要求等重要通信ノ公務ヲ取扱ヒ終始官憲ノ使用ニ提供セリ斯クテ二十日ニ至ル迄引続キ避難民ノ収容及傷病者ノ救護ニ従事シ其収容人員実ニ二千六百名此延人員一万一千八百六十七名ニ上レリ是等ニ対スル救護費ハ悉皆社費ヲ以テ支弁セリト云フ又大洋丸ハ九日避難民二千六百七十名ヲ搭載シテ横浜ヲ出帆シ内二千百五十五名ヲ清水ニ五百十五名ヲ神戸ニ輸送シ更ニ引返シテ二十日再ヒ避難民二千有六十名ヲ搭載シ横浜港ヲ出帆シ内一千百六十二名ヲ清水ニ八百九十七名ヲ神戸ニ一名ヲ長崎ノ各港ニ孰レモ無料輸送シ又安洋丸ハ十八日迄避難民六百二十一名ヲ搭載シテ神戸ニ無料輸送シ又明洋丸ハ神戸ヨリ唐津ヲ経テ大連ニ向フ途中ナリシカ避難民救助ノ電命ヲ発シ神戸ニ引返サシメ同地ニ於テ救恤品ヲ満載シテ横浜ニ輸送シ次テ避難民五十五名ヲ搭載シテ神戸ニ無料輸送セリ又春洋丸ヲシテ神戸ヨリ横浜ヘ救護品ヲ輸送セシメ其他陸上ノ避難民ニ施米ヲ為セリ又同社カ震災ニ於ケル避難民ノ収容及輸送並救恤品輸送等ノ為ニ要スル滞船料及臨時支出並社員又ハ其遺族ニ対スル恩給手宛金品等ヲ合算スレハ四十四万二千円ノ巨額ニ達セリト言フ夫レ斯ノ如ク同社々員並船員一同

カ私事ヲ顧ミス誠意全力ヲ傾倒シテ社会奉仕ノ為ニ尽瘁セル功績洵ニ顕著ナリト謂フヘシ

功績書

日本郵船株式会社

震災当日横浜市内建造物ハ大部分倒潰又ハ全焼シ同支店亦其ノ厄ニ遇フヤ当時碇泊中ナリシ三島丸ヲ以テ其ノ本部ニ充テ支店長以下社員並船員ハ同船ニアリテ陸上ヨリ続々避難シ来レル多数ノ罹災者ヲ三島、丹後、六甲、りおん、りま及筑波丸ノ社船六隻ニ収容シ其数三島丸ハ数日間毎日約三千名丹後丸ハ約一千名其他ノ各船モ亦数百名ヲ下ラサル状況ニシテ一時食料、飲料水ノ欠乏ニ陥ラントセシモ急ヲ神戸、大阪、函館及小樽ノ各地同支店ニ通シ社船便ヲ以テ陸続関西並北海道方面ヨリ食料、飲料水及医療品等ノ補給ヲ受ケ之ヲ多数避難民ニ配給シ或ハ船内貯蔵ノ寝具類全部ヲ提供シ之カ救護ニ努メ又罹災者ニシテ神戸其他ノ各地ニ避難ヲ希望スル者ニ対シテハ便宜之ヲ社船ヲ以テ無料輸送ヲ開始シ又筥崎丸ヲシテ三千五百名ノ避難民ヲ神戸ニ向ツテ輸送セシメ加之当地ニ於ケル小蒸汽船全部ト特ニ神戸ニ差向ケタル二隻ノ小蒸汽船トヲ使用シテ絶エス避難民ヲ往復運搬シ又陸上ニ於ケル医療設備ノ全滅ニ帰スルヤ三島、丹後ノ二隻ヲ日蒐《(ママ)》ケテ各方面ヨリ重軽傷者ヲ輸送シ来ルモノ多数ナルヲ以テ是等ニ対シテハ特ニ治療ノ途ヲ講シ船医其他ヲシテ専心之カ救護ニ従事セシメ其治療患者数一千有余名此延人員実ニ二千五百八十名ノ多キニ達セリ夫レ斯ノ如ク同社員及船員ハ各部署ヲ定メ連日連夜不眠不休ノ努力ヲ掲シ一般避難民ノ無料輸送、救護品ノ揚卸、食料ノ配給及慰安救護等ニ遺憾ナカラシメ以テ社会奉仕ノ実績ヲ挙ケタル功労洵ニ顕著ナリト謂フヘシ

功績書

財団法人　横浜孤児院

震災当日同院内本館玉宝館第一家族舎全潰シ他ノ十三棟亦半潰スルヤ直ニ在院者ノ点検ヲナシ一同屋外ニ避難スルコトヲ得タルヲ以テ直ニ事務室及各家族舎賄所ノ火気ヲ滅シ又庭園ヲ開放シテ避難者ヲ院内ニ収容スルヤ忽ニシテ五百余名ノ避難者院内ニ麕集セリ此際特ニ迷児ノ

収容ニ意ヲ注ギ既ニ百四十四名ヲ収容シ又本市ヲ介シテ六名ヲ収容シ都合百五十名ニ至レリ殊ニ哺乳ヲ要スル嬰児ハ牛乳欠乏ノ折柄一層手当ノ困難ヲ来タシタルニモ拘ハラス克ク之カ救護ノ実ヲ挙ケ其迷児トテ収容シタル児童ハ同年末迄ニ引取人ヲ発見シ不明ノ者僅ニ三名ニ過キス同院ハ幸ニ火災ヲ免レタルヲ以テ嘱託医其他医員ノ来院ヲ請ヒ其翌日ヨリ臨時救療所ヲ設ケ施薬救療ヲ開始シ以テ十月ニ至レリ之カ為ニ同院備付ニ係ル多数ノ薬品及諸材料ヲ供給セリト云フ今震災ニ依リ収容セシ罹災者人員ヲ算スレバ同年末ニ至ル迷児延人員八千三百名避難者収容延人員二万四千五百九名施薬救療延人員三千五百十名ニ達セリ而シテ震災以来十一月下旬避難者全部立退ニ至ル間院内ノ全潰屋舎百七十五坪ノ木材及畳建具類ヲ応急バラック用トシテ供給シ以テ多大ノ便益ヲ与ヘタル等其功績洵ニ顕著ナリト謂フヘシ

功績書

横浜市梅ヶ枝町　真宗大谷派本願寺

震災救護事務局関東部　横浜支部

同支部ヲ横浜市ニ設置シ震災救護事業ニ膺ラル、ヤ九月十日ヨリ無料宿泊所ヲ開始シ十月十日ニ至ル間無料ヲ以テ収容セシ罹災者延人員四百五十一名又九月十五日ヨリ無料診療所ヲ開キ翌年三月二十五日ニ至ル迄無料ヲ以テ診療セシ延人員一万三千百八十一名又十月十九日ヨリ託児所ヲ開キ翌年二月ニ至ル間ニ取扱ヒシ託児数延人員三千百三十九名ニ及ヘリ其間或ハ信徒ノ寄贈ヲ慰問品等総計一万八千五十点郵便端書三千枚ヲ罹災者ニ配給シ其内大部分ハ市内各青年団ニ依託シテ之ヲ交付セリ而シテ布団三百枚毛布三十枚雑品百七十点ハ大谷派婦人法話会本部ヨリ横浜婦人法話会支部ヲ経テ夫々配給セラレタリ今其救護事業ノ為ニ要セシ金額ヲ合計スレハ一万八千四百八十六円余ナリト云フ功績洵ニ顕著ナリト謂フヘシ

功績書

足柄下郡小田原町　小田原保勝会

同会ハ震災当日小田原町罹災者ノ窮状ヲ見ルヤ直ニ臨時震災救済会ヲ組織シ震災直後人心恟々トシテ其為ス所ヲ知ラサル時ニ膺リ会員川部潤三、倉橋連之祐ヲ大阪地

方ニ派シ其惨状ヲ各方面ニ披瀝シ専ラ同情ヲ需メ救済方ヲ依嘱セリ而シテ其労空シカラス同地方ノ同情ヲ得大阪地方ヨリ白米八百俵其他生活必需品ヲ満載シタル汽船三瓶丸ノ当地海岸ニ着スルヤ会員一同之カ陸揚ニ従事シ直ニ罹災者救済ノ料トシテ之ヲ当町ニ引渡セリ此時既ニ町当局ハ食料ノ欠乏ヲ虞リ町会議員ヲ他地方ニ派シ其買収ニ従事セシメ相当食料品ヲ貯蔵シタリト雖更ニ此同品ヲ得町内人心ノ安定ヲ得サシメタルハ同会ノ功労与テ力アリト謂フヘシ

功　績　書

小田原電気鉄道株式会社

震災当日小田原町所在井水涸渇シ又ハ汚濁シ剰ヘ町内各所ニ火災起リ大半焦土ト化シ多数ノ負傷者ヲ出タシ医師ノ手当スラ受ク能ハサル惨状ヲ呈セリ時ニ同会社ハ予テ貯蔵シタル氷約五百噸ヲ一般罹災者救済ノ為メ門戸ヲ開放シ自由ニ搬出セシメ飲用水又ハ医療用ニ供セシメタリ斯クシテ九月三日ニ至リ井水数箇所ニ湧出スルアルヲ認メ以来治療用ニ限リ配給シ或期間ヲ経持スヘク専ラ之カ取締方ヲ講シ九月下旬迄経持スルコトヲ得漸クニシテ傷病者救済ノ目的ヲ達セリ功績洵ニ顕著ナリト謂フヘシ

交　通　部

日本郵船株式会社副社長　会長　石井　徹

右ニ対シ五百円位ノ見込ヲ以テ紀念品（桐花紋章付銀製花瓶適当ナランカ）謝礼トシテ贈与相成度

東邦電力株式会社副社長　松永　安左エ門
三菱商事株式会社常務取締役　加藤　恭平
三井物産株式会社取締役　南條　金雄
大阪商船株式会社専務取締役　深尾　隆太郎
株式会社白木屋社長　西野　恵之助
貴族院議員久原鉱業株式会社取締役　伊藤　文吉
東京瓦斯株式会社専務取締役　松方　乙彦
鈴木合名会社理事　長崎　英造
東洋銀行取締役　県会議員　平沼　亮三
三ツ引商事監査役　若尾　幾太郎

東洋汽船会社専務取締役　浅野良三
株式会社三越専務取締役　倉知誠夫
内国通運株式会社専務取締役　中野金次郎
右ニ対シ三百円乃至四百円位ノ見込ヲ以テ紀念品（桐花紋章付銀製花瓶適当ナランカ）謝礼トシテ贈与相成度

日本郵船会社京浜艀係長　秋山九八郎
同社文書役　渡邊水太郎
鉄道公認運送組合中央会副会長　松平安彦
右現業事務ニ鞅掌シタルモノニ対シ二百円乃至三百円位ノ範囲内ニ於ケル記念品ヲ謝礼トシテ贈与相成度
（嘱託永池長治氏ハ協議会ニ一回モ出席セス殆ト事務ニ関係セサリシヲ以テ之ヲ除ク）

一、配給ニ従事シタル協議会ノ功績

震災直後京浜ニ於ケル運送業ハ労働者四散シ従業員亦部署ニ就カス殆ント其機能ヲ失ヒタルヲ以テ救護物資ノ陸揚及配給ハ主トシテ陸海軍ノ力ニ依レリ陸海軍ハ精励敏活能ク三百万市民ノ危急ヲ救シタリト雖モ陸海軍カ其ノ固有ノ任務ヲ放擲シテ運輸事務ニ従事スルカ如キハ永ク之ヲ継続スル能ハサル事情アルノミナラス指揮監督ニ当ル士官並直接労務ニ服スル兵士在郷軍人青年団及狩リ集メタル人夫ハ何レモ運送作業ニ慣レス為ニ帳簿ノ整理ニ於テ物資ノ取扱ニ於テ遺憾ノ点尠カラス一方民間当業者ハ漸次其ノ機能ヲ回復シタルヲ以テ陸揚配給並保管ノ事務ハ民間有力者ノ協力ニ俟ツヲ適当ナリトシ九月十四日別記十一名ニ対シ救護事務局ノ嘱託ヲ命シタリ（後四名追加）

此ノ時ニ当リ内外ノ同情ニ依リ救護物資ハ続々トシテ聚集シ而モ陸揚配給並保管意ノ如クナラサルカ為芝浦ニハ数十隻ノ船舶停滞シ救護物資ハ野天ニ曝サレテ損敗セントシ配給ニ対スル不備漸ク市ニ高カラントス嘱託諸氏ハ罹災民ヲ救済シ中外ノ同情ニ答ヘンカ為献身的努力ヲ致サンコトヲ誓ヒ直チニ協議会ヲ組織シテ石井徹氏ヲ会長ニ推シ郵船会社ヲ本部トシテ活動ヲ開始セリ

協議会ハ連日会議ヲ開キ事務局ト隔意ナキ協定ヲ遂ケタル上京浜ニ於ケル運送業者ヲ糾合シテ急務ニ当タルコトトシ芝浦及横浜ニ現業部ヲ置キ海路ヨリ来ル貨物ノ陸揚ケ保管ニ任セシメ芝浦ヨリ市内及郡部ニ対スル配給ハ内国通運ヲシテ東京市各停車場ヨリノ配給ハ鉄道公認運

送組合中央会ヲシテ之ヲ担当セシメ従来陸海軍ニ於テナシタル陸揚配給及保管ノ作業ヲ継続シタル外府市及区ニ於テ為シタル配給ニ運送ノ大部ヲ一手ニ引受ケ又保管ニ必要ナル上屋ノ建設ヲモナシタリ

其ノ作業ノ総量ハ横浜ニ於ケル七万噸芝浦陸揚四万噸各停車場ノ積卸配達約二万噸ニシテ十月上旬芝浦沖ノ滞貨ヲ一掃スルト共ニ先ツ芝浦ノ陸揚ヲ打切リテ其ノ後漸次業務ヲ縮少シテ十一月廿日其ノ業務ヲ廃シテ夫々担当者ニ引継クニ至レリ此間嘱託諸氏ハ無報酬ヲ以テヨク其ノ事務ニ当リ多忙ノ身ヲ以テ連日会議ニ列シ事務ノ成績ヲ挙ケタルハ其労ヲ多トセサルヘカラス殊ニ石井氏ハ会長トシテ協議会ノ責ヲ双肩ニ負ヒ連日必ス会議ニ列シテ議事ヲ纏メ事務ヲ統括シ其ノ配下ニアル郵船会社ヲシテ協議会ノ中心トシテ活動セシメタルモノニシテ協議会ノ成績ハ其ノ主要ナル部分ヲ同氏ノ功ニ帰セサルヲ得ス協議会ノ下ニアリテ直接作業ヲ担任シタル諸氏ハ何レモヨク困苦欠乏ノ中ニアリテ献身的努力ヲナシタルモノニシテ此間甲乙ヲ付スルヲ得スト雖モ特ニ其ノ労ヲ多トスヘキハ芝浦現業部長秋山八九郎氏横浜現業部長渡邊水太郎氏鉄道公認運送組合所会長松平氏等ニシテ秋山氏渡邊氏ハ夫々芝浦及横浜現業ノ事務ノ主任タリ配下並同業諸会社ヲシテ奉仕精神ヲ以テ事ニ当ラシメ松平氏ハ中野氏ト共ニ極メテ面倒ナル直接配給ノ事務ヲ担任シタルモノニシテ其ノ功尠カラサルナリ

嘱　託

日本銀行営業局長	永池　長治
東邦電力株式会社副社長	松永　安左エ門
三菱商事株式会社常務取締役	加藤　恭平
三井物産株式会社取締役	南條　金雄
大阪商船株式会社専務取締役	深尾　隆太郎
株式会社白木屋社長	西野　恵之助
貴族院議員久原鉱業株式会社取締役	伊藤　文吉
東京瓦斯株式会社専務取締役	松方　乙彦
鈴木合名会社理事	長崎　英造
東洋銀行取締役県会議員	平沼　亮三
三ツ引商事監査役	若尾　幾太郎
東洋汽船会社専務	浅野　良三
株式会社三越専務取締役	倉知　誠夫
内国通運株式会社専務取締役	中野　金次郎
日本郵船株式会社副社長会長	石井　徹

一、米国救護団ノ接渉ニ従事セル坂井徳太郎氏

米国政府ハ我国へ寄贈ノ海軍陸軍及ヒ赤十字社ノ寄贈品ヲ統轄スルタメニフィリツピンニ赴任ノ途ニアリシマツコイ将軍ヲ米国救護団長ニ任命シテ我国ニ暫ラク駐メテ此等寄贈品ニ関スル外交事務ニ当ラシメタリマツコイ将軍ハ九月中旬来朝シ十月中旬マテ約一ヶ月間帝国ホテルニ滞在シ米国救護物資ノ輸送及ヒ註文ニ関スル事務ヲ採リタリ右代表者ト意見ノ疎通ヲ謀リ其ノ誤解ノ発生ヲ防止スルハ誠ニ急務ナリ故ニ救護事務局ハ外務省ト相謀リ語学ニ湛能ナル民間外交家ヲシテ之ニ当ラシムルノ策ヲ得タルモノトシテ坂井徳太郎氏ヲ嘱託トシテ之レニ当ラシメタリ

同氏ハマツコイ将軍滞在期間中同将軍ノ隣室ニ事務室ヲ設ケ非常ナル熱心ト誠意ヲ以テ日夜専ラ接衝ノ任ニ当リマツコイ将軍側ト日本側トノ間ニ立チ外務省、海軍省、陸軍省、救護事務局ノ間ニ奔走シマツコイ将軍等一行ヲシテ非常ナル満足ヲ以テ退京スルヲ得セシメタリ

而シテ米国ノ寄贈ニ係ル病院ノ如キ米国陸軍ノ手ニ依リ建設サレタルカ為メニ二百人以上ノ軍隊来リタルガ之等軍人、看護婦ヲシテ当時ノ混乱状態中ニ於テ良ク誤解紛議ヲ生セシムルコト無カラシムルハ容易ナラサル事ニ属ス右ノ将士ヲ満足ノ念ヲ以テ退京セシムルヲ得タルハ坂井氏其ノ間ニ立ツテ良ク幹旋之レ努メタルコト大イニ之レニ与ツテ力アルモノニシテ其ノ労全ク多トスヘキモノアリ

（特殊資料第七類災害関係　大正十二年関東大震災関係書類）

震災に関する建議請願

建議

今回ノ大震火災ハ空前ノ大災害ニシテ火災保険ニ関スル政策ノ如何ハ実ニ災害地ノ復興救済ト民心ノ安危ニ至大ノ関係アルモノト信ズ

政府ハ宜シク被保険者ヲ保護安堵セシムルノ適当ナル政策ヲ立案シ速ニ之ヲ公布セラレンコトヲ望ム

右建議ス

大正十二年九月十四日

日本弁護士協会

決議

第一　応急的救済施設充分ナラス就中物資配給其ノ宜シキヲ得サルヲ以テ政府ハ事務ノ統一ト敏活ヲ期スルカ為メ今一層果断ノ処置ニ出ツヘキコト

第二　速カニ都市計画ノ根本方針ヲ確立シ此ノ計画ニ矛盾セサル限リ一日モ早ク永久的建設物ノ築造ヲ許スコト

第三　経済ノ復活ハ主トシテ金融ノ回復ニ俟ツヘキコト

ハ曩ニ本会第二回ノ決議ニ於テ発表シタ通リナルカ当局者ハ今一段ノ努力ヲ以テ政府保障ノ下ニ日本銀行ヲシテ金融ノ回復ニ努メシムルコト

第四　火災保険ニ就テハ当該会社カ犠牲的精神ヲ以テ最大限度ノ支払ヲ決行スヘキコト勿論ナルモ政府ハ之カ解決ノ為メ進ンテ財政ノ許ス限リ援助ヲ為スヘキコト

第五　被害家屋ノ建築ニ付政府ハ年賦償還ノ方法ニ由リ長期低利ノ資金ヲ貸付スルコト

第六　来年度予算編成ニ付テハ行政財政ノ根本的大整理ヲ行フ方針ヲ決定シ尚ホ本年度ヨリモ直ニ事業ノ繰延ヘ政費ノ大節約ヲ行ヒ之ヲ復興財源ニ充ツヘキコト

第七　横浜、横須賀両市其他災害地ノ救済施設及ヒ復興問題ハ帝都ノ回復ト共ニ閑却スヘカラサル重大事項ナルカ特ニ此ノ方面ニ対シテモ官民共ニ最善ノ努力ヲ為スコト

大正十二年九月二十三日　　憲政会本部

内閣総理大臣伯爵山本權兵衛殿

〔はじめに別紙憲政会決議右回覧ニ供ス、上の欄外に、各大臣の花押あり〕

大東京都市計画ニ関スル請願一件

本邦有史以来の大凶変に就て東洋の文化を集めたる我東京市が一片の焦土と化したるは御同様遺憾至極に御座候承れば之れを機会に予て企図されつゝありし大東京市の計画が着々実行の歩武を進められ居候由就ては我等基督教徒諸団体は兼て野蛮の遺制として撤廃を希望致居候ひし公娼問題並に芸者問題に付御一考相煩し度左に簡単に其意見を開陳仕候

一、大東京市には公娼地域を設定せざる事

労働は商品に非ずと云ふは第一回国際労働会議に於ける根本の主張に有之候況んや貞操が国家の公認の下に売買せらるゝが如きは驚くべき時代錯誤にして前借金は事実上の人身売買に有之彼等の生活は事実上の奴隷生活に御座候売淫の存在を必要なる罪悪として仮りに余儀なきものとするも国家公認の下に堂々たる妓楼を建設して公然淫風を煽揚し其奴隷使用主は名誉職に就いて憚らざるが如き今日の社会制度は世道人心を麻痺して益々風俗を紊乱するものと云ふべく世界の大勢は売笑婦の絶滅を期

せんとする施設を行ひつゝある今日尠くとも之れを大東京市の外に移して窃かに存在せしむるの程度に制限すべきは大市民の理想たるべきを信ずるものに有之候

世人動もすれば口を病毒の蔓延を防止するに籍りて存娼の止むなきを説く者ありと雖も斯くの如きは既に破れたる医学上の謬論にして検黴の無効なるは既に学術上の定論に有之候仮に一歩を譲りて衛生的監視を必要なりとするも之れを私娼として取締るに何の差問か之れあらんや今や我大東京市の建設に着手せられんとする秋に当り我等基督教信徒各団体は少くとも売淫を是認し婦人の貞操を蹂躙せしむる地域を設定するが如き事なからんやう切に懇願に不堪候

二、芸者屋及待合業を表通に許さゞる事

芸者なる者は歌舞音曲を以て酒間の歓興を助くる事を営業とする婦人なりと見るを得ざるは余りに明かなる事実にして彼等は実際上売笑婦の華々しき一表現に候事故此際彼等を駆逐し去るは最も望ましき事なれとも今俄に其実行を強ふべからざるは勿論なれば先づ今日の社会に於ては彼等の居住営業を大通に禁止し可成人目に付かざる裏通りに制限し風俗の醇厚を期すべきは又大東京市民の理想たらざるべからずと存候

右謹て及請願候也

大正十二年九月十八日

基督教震災救護団　代表者　小崎弘道 印

山室軍平 指紋

守屋　東 印

久布白落實 印

内閣総理大臣伯爵山本権兵衛殿

［公娼、芸妓及待合業区廃止ニ関スル意見書の書きこみ、欄外に各大臣の花押、内閣書記官長、内閣書記官　の印あり］

建議書

今次ノ大震災ニ当面シテ善処スルタメニ起チタル二十三日会ハ大杉栄氏其他ノ殺害事件ガ社会民心ニ与フル影響ノ重大ナルベキヲ思ヒ左ノ決議ヲナシタリ

決　議

一　大杉栄氏殺害ノ真相殊ニ同氏以外ノ被害者ノ氏名年齢被害ノ場所其他一切ノ事情ヲ速ニ公表ス可シ

二　甘糟《(ママ)》大尉ニ関スル軍法会議ハ完全ニ之ヲ公開ス可

シ
三　右事件ニ関スル新聞記事差止メノ命令ハ直チニ之
ヲ解除ス可シ
以上ノ決議ハ刻下ノ非常時ニ際シ人心ノ安定ヲ期シ該
事件ノ正当ナル批判ヲ為ス上ニ於テ絶対ニ緊要ナリト信
ス冀クハ御採容アラムコトヲ

大正十二年十月四日

二十三日会

伊藤　文吉
長谷川萬次郎
馬場　恒吾
堀江　歸一
千葉　亀雄
渡邉（ママ）鐵藏
吉野　作造
吉阪　俊藏
饒平名智太郎
鶴見　祐輔
中野　正剛
永井柳太郎
大川　周明
太田　正孝
山川　均
山本　實彦
松木幹一郎
桝本　卯平
福田　徳三
小村　欣一
小村俊三郎
小松原彌六
権田保之助
安部　磯雄
秋山　高
北　昤吉
城戸　元亮
三宅雄次郎
三宅　驥一
下村　宏
末弘嚴太郎
鈴木　文治

内閣総理大臣伯爵山本權兵衛閣下

［供覧、内閣総理大臣の花押および内閣書記官等の印あり
「建議書」の下に大杉栄殺害事件ニ関ス、と朱筆の書きこみあり］

（大正十二年公文雑纂　巻二十四止）

黒龍会主幹内田良平ノ震災ニ関スル意見開陳

今回の震災は安政以来の大激震にして、其の損害の大なると死傷者の夥しきとは遠く之に過くると謂ふも敢て過言ではあるまい

我か黒龍会は平昔皇室中心を本位とし、政党政派の外に超越して、夙に対外問題を研究し国家に貢献し社会に奉仕するを本領とする団体である。是を以て一朝、震災の起るや、吾人は即刻会員を招集し、之に諭すに罹災民救済の寸時も緩うす可からさる所を以てし、夫々会員を市外地方並に近県に派遣し、直に食糧買集めの準備に着手した。是れ実に大正十二年九月一日、即ち震災当日の午後より二日に亘っての事であった。

本会か二百万市民の罹災者に対し、深甚なる同情を表し、一致協同死力を竭して、食糧の配給に従事したるものは、咄嗟の間、官署其の他公共団体の食糧配給か到底焦眉の急に応するに足らさるべきを慮かり、其の準備方法緒に就くまでの間、微力ながら其の応急措置に出でたものであった。而して二日より九日に至り、政府其の他公官署の食糧配給か漸く其の緒に就くを認めたので、本会は、十日を以て一先づ救済運動を終結することとした。此の間、其の食糧は首として馬鈴薯を煮て、之を一般罹災者に配給した。其の総高約九十噸一日平均十噸の割合であった。而かも此の九十噸即ち一日平均十噸の配給を以て、彼の最も悲惨なる状態の下に呻吟しつつある罹災者の生命を救ふことが出来たのである、而して是れ実に本会が社会に奉仕した最善の努力であった。

吾人は会員一同と共に食糧配給の一段落を告くると同時に、第二著の社会改造事業、即ち震災善後の救済、政治、社会、経済、教育の改造策を講し、之れか調査に着手せねばならぬ。因て此際本会は政府当局者に対して、平生より吾人の憂慮しつゝある鄙見を述べて、献芹の微衷を表して置きたいと思ふのである。

抑も本会か罹災者救済運動を開始するや、吾人は会員一同に対して『予か聞き得たる事は、此の震災の起るや、無政府主義を宗旨とする不逞鮮人の徒か、其の隙に乗じて猖狂を逞うし、一層其の災害を劇甚ならしむる行動に出て来たと云ふ事だ。此事や十年来吾人か同志と共に憂慮しつゝあった所にして、又た平生政府当局者に注

意し、且つ勧説して居った所である。是れ他にあらず、政府が朝鮮に対する統治政策が其の根本方針を誤って居るからである。苟《(ママ)》も朝鮮当地の根本方針を一変するにあらざれば、禍が蕭牆《(ママ)》の裡に起ると云ふことを痛感したので之を当局者に苦言した。然るに吾人の忠告は所謂る良薬は口に苦しと云ふか如く啻に其の省する所と為らざるのみならず、却て吾人が当局者より何か為めにする所ありてかの如く疑はるゝと云ふ有様と為った。即ち今回の出来事は云ふ迄も無く従来の失政累積の結果か此に暴露して来たものであるから、茲に改めて之を言ふの必要が無い。

又た他の一面より観察すれば、此の震災の結果をして一層劇甚ならしめたものは、維新以来、採用し来った物質万能主義に偏した結果である。再言すれば泰西に模倣した文明的設備の欠点から来た結果である。現に其の一例を挙けて之を云ふも徳川幕府三百年間天災に対する設備に就ては、歴史上、幾多の経験を重ねて来た結果、火災消防の方法に就ても家屋建築の方法に就ても、其の完備を尽して居たのである。所謂る火事は江戸の花であると言ふた程、江戸は火災の多い所である。而して此の火災を防くの方法に就ては、市内の各町々は自治制度の下に、消防組なるものか設けられて其の施設か比較的完備して居った、又た其の消防の用に供すべき井戸は到る処に完備したものである。然るに明治政府は井水は、衛生保健に害ありと云ふの故を以て、悉く潰させて仕舞ひ、唯た鉄管の一本から来る所の水道に依頼すると云ふことにして仕舞った。加之、此れか為に帝国の国防も出来ぬと云ふことに為つた。

抑も東京に於て、断水すると云へば、一般市民の生活が困難に陥ることは言ふを俟たぬ、亦た何の余裕あって敵国外患に当ることを得んやだ、左れは井戸を潰さすることは、国防上に取りて、実に憂慮すべきことである、然るに物質万能主義に心酔した当局者の慮は爰に及はす井戸全潰の結果、今回の如き震災に際し、消防の用に供すべき水が無いのみならず、消防に訓練された旧来の消防夫も之れ無く全然予備の機関を没却せしめた為め、震災よりは火災の方が幾十倍の損害を市民に与へたのである。此等は我が帝国の歴史を無視し泰西の物質的文明に模倣した結果に外ならぬのである。今日吾人は之を言ふも詮無けれとも、此に一言せさるを得ざる所以のものは、所謂る前車の覆轍は後車の戒となるからである。唯た今日は、都下の罹災者を救ふの外、他の念頭も何も無い。在京の会員一同は、孤軍奮闘献身的勇気を鼓して、此に従事しやうでは無いか』と述べて救済運動に着手したのであった。

吾人は罹災者救済の外、言ふことを欲しない。今日は唯だ目前の救済に急だからである、併し国家の前途に関し、一片耿々の志、禁せんと欲して禁すること能はさるものがある。是れ他にあらず、此の震災に対する当局者の政策が其の方針を誤まり、百般の施設か其の宜きを得さることである。因て此際二三の要点を摘んで其の反省を求めたいと思ふ。今試に其の箇条を掲くれば、即ち左の如しである。

(一) 赤化主義の鮮人か、内地に於ける社会主義者の一派と其の声息気脈を通じて、日本に於て破壊運動を逞うせんとする計画は、決して今日に始まったもので無い。其の兆候は社会主義者の行動に徴するも其の一端を知るべく、且つ識者の夙くから予知しつゝあった事柄である。之に対して政府当局者は何等予防の策を講せさりしことは吾人の遺憾とする所であること。

(二) 鮮人と社会主義者とか互に相策応して、破壊運動を逞うし、或は重油庫、火薬庫を襲ひ或は爆弾を投して火災を起さしめ、或は毒薬を井水に投して、老弱《(ママ)》男女の区別無く之を毒殺せんとし或は自警団を襲撃した暴挙は掩ふ可からさる事実であること。

(三) 以上の事実と同時に鮮人の暴挙に対し、激昂しつゝある国民が其の現行犯を目撃して、之を殴殺したと云ふことは事実であること。

(四) 鮮人の暴挙及ひ残虐の行為に対し責任ある政府当局者が、事実無根の旨を内外に声明して居ることも亦た事実であること。

(五) 警察官は、鮮人が暴行を逞うしつゝある最中、即ち二日の夕刻、自己の能力が不足なる為め、直に国民に勧めて、自警団を組織せしめ、此等の団体に対して、鮮人の現行犯を捕へたならば、之を斬殺するも已むを得ぬ旨を宣言した。是に於て、刀剣を所持して居るものは申すに及ばず、其の他、鳶口、棍棒等を取り出して自警に従事した事も亦た事実であること。

(六) 二箇師団の兵力で、広漠なる大東京の防備を全ふすることは出来ない為めに、各地方の師団より援兵を得て、纔に其の防備の完整するや、警察官は直に自警団に対し、一切の武器を所持することは不相成と令して之を没収し始めた。之れか為に職業用の器具を所持して居るものも、取り上けられ、其の太甚《ママ》しきに至りては、避難者が、足を痛めて之を杖にして居る其杖迄も取り上けて之を山の如く積み上けて居ったことも事実であること。

(七)　以上の如き結果に対し将来社会警衛の任に当るべき巡査が、人民と衝突して或は警察官を殴打し、或は之を殴殺した事例は到処に少なからず。此の勢は滔々として底止する処を知らず、益々警察官と人民との間に乖離を生するの虞あること。

以上の箇条は吾人が国家の前途に対して深憂自ら禁することを能はざる所である。其の中に就て、政府当局者が鮮人の暴挙若くば残虐行為に対し、故らに事実無根の旨を声明した事は朝鮮統治の政策上に取りても、将た又た国際政策の関係に取りても、重大なる事件であると思はれる。鮮人の暴挙若くは残虐行為にして、果して当局者の声明したるが如く事実で無いとすれは吾人は敢て言ふ所か無いけれとも、鮮人の暴挙と残虐行為とは、掩ふ可からさる事実にして、而かも公憤を発した市民が、自衛の為に此の不逞鮮人を殴打し、又は之を殴殺したのは寔に止むを得ないことで必ずしも尤むべきではない。然かも当局者は鮮人の暴行を否認し掩蔽して居るのであるから、彼の宣伝運動に巧妙なる鮮人の徒が、鮮人虐殺と云ふを辞柄として、之を世界に宣伝し之れを訴ふるに於ては日本国民は此に拭ふべからざる汚名を被るべく又た万一国際問題の起るに際し、我が当局者は何等の口実を以て其の責任を免れんとするであらうか。是れ実に国際政策上に取りて容易ならざる事実問題であると謂はねばならぬ。吾人は重ねて公言する。今回の如き未曾有の震災に際し、国家警察権の及ばざる時に我か国民が公憤の余自衛の為め、不逞鮮人を殴殺すると云ふが如き事は、実に已むを得ざるに出でたものである。故に国政燮理の任に当る当局者か、宜しく国家の大局に着眼し、秘密外交の陋を排し、光明正大を主として事実を事実とし、之を以て、国際政策の要語とし、之を以て朝鮮統治の方針とし、之を以て一切内外の疑惑を一掃するのが当然である。然るに政府当局者が区々たる小刀細工の政策を事とし、事実を以て事実とせず、鮮人の暴挙を掩蔽し、又た之を否認し、併せて我か国民が鮮人殴殺の事実をも掩蔽し以て一時を糊塗せんとするは、所謂る耳を掩ふて鈴を盗むの類にして自縄自縛の太甚しきものであって、其の果は近く国際的困難の襲来を予期せねばならぬ。万一此の難題にして到来するあらんか今回の災害により国力の特に減殺せられたる我か国は何を以て之れに当るであらうか、是れ実に我が国の一大困難と言はねばなるまい。吾人は政府当局者の真意の在る所を知るに苦まざるを得ぬ。又た現在震災後の状況は決して楽観を許さざるのみではなく経済的に混乱不穏を呈せんとするの状顕然たるものがある。此際社会保衛、公共保安の任に当るべき警察官が当然其の尽すべき任務を竭すこと能はず、人民は警察官を蔑視し、警察官と人民との乖離、益々其の太甚しきこと前述の如きものがある。唯た頼むべきは軍隊であるが、是れとて軍縮の結果一旦緩急の際其保安を全ふすること疑問なき能はざるに於て、一層寒心せざるを得ない。吾人は、此点に於て、併せて当局者の反省を乞はさるを得ざるのである。

今や我が帝国が此の時局多難に対する方針政策と其の施設如何は、世界列国の斉しく環視し、斉しく嘱目する所である。其の一挙手其の一投足は、国際政局に影響すること少小ならさるものがある。是れ吾人が本会を救済運動に関する顛末を報告すると同時に茲に一言にして切に政府当局者の省慮を乞はさるを得さる所以である。若し夫れ我が帝国の政治、経済、教育、社会等百般の制度改造事業、即ち国家善後の救済策に就ては、吾人別に研究する所あり。更に端を改めて教を当局諸公に乞ふ所があるであらう。

大正十二年九月十一日

黒龍会主幹　内田良平

財部彪殿

［書き出しの上欄に大臣の花押あり、供覧の印あり、財部彪殿は墨書］
［軍務局 法務局の印あり］

（内田良平から財部彪への書簡　防衛庁防衛研究所図書館蔵）

4

昭和十六年、内閣、内務省の戒厳令の研究

戦役及び事変

（昭和十六、九、十六）　　　　［佐野私見　と書きこみあり］

戒　厳

戦時又ハ事変ニ際シ一定ノ区域内ヲ警戒スルモノニシテ其ノ効果トシテ司法及行政ノ作用ハ一般普通ノ行政官庁ヲ離レ軍事上ノ官庁ニ移ル。

参　照

○帝国憲法第十四条

天皇ハ戒厳ヲ宣告ス

戒厳ノ要件及効力ハ法律ヲ以テ之ヲ定ム

（註）

右第二項ノ戒厳ノ要件トハ戒厳ヲ宣告スルノ時機及其ノ必要区域其ノ他戒厳ヲ宣告スル為ノ必要ナル規程ヲ云ヒ戒厳ノ効力トハ戒厳宣告ノ結果ヲ云フ而シテ此ノ戒厳ノ要件及効力ハ法律ヲ以テ定ムベク此ノ憲法ノ規定ニ従ツテ明治十五年布告ノ戒厳令ハ法律トシテ現ニ其ノ効力ヲ有ス。

○戒厳令第九条乃至第十四条及第十六条

（註） 戒厳ノ地境

(イ) 臨戦地境　戦時若ハ事変ニ際シ警戒スベキ地境

地方行政事務及司法事務ノ軍事ニ関係アル事件ニ限リ其ノ地ノ軍司令官ノ管轄ニ属ス

(ロ) 合囲地境　合囲攻撃ノ為警戒スベキ地境

地方行政事務及司法事務ハ殆ンド総テ其ノ地ノ軍司令官ノ管轄ニ帰ス

其ノ他戒厳地域内ニ於テハ軍司令官ハ臨戦地境タルト合囲地境タルトヲ問ハズ一般ニ法律ニ依ラズシテ信書ノ秘密、集会、出版ノ自由及所有権ノ不可侵等ヲ制限スルコトヲ得。

○事変ノ場合ノ戒厳

緊急勅令（帝国憲法第八条第一項）ニ依リ一定ノ地域ニ戒厳令中必要ノ規定適用ノ件ヲ制定シ「一定ノ地域ヲ限リ別ニ勅令ノ定ムル所ニ依リ戒厳令中必要ノ規定ヲ適用スルコトヲ得」ル旨ヲ規定シ、之ニ基キ更ニ其ノ勅令ノ施行勅令トシテアル区域（例へバ東京市）ニ戒厳令中アル条文（例へバ第九条及第十四条）ヲ適用スル旨ヲ規定スルヲ例トス。

従ツテ戒厳司令部令ノ制定、軍法会議設置等ノコトヲ生ズ。

○戦時ノ戒厳宣告

通例勅令ヲ以テス、而シテ枢密院官制第六条第七号ニ依リ枢密院ニ御諮詢ヲ奏請ス。

又詔書ニ依リ戒厳ヲ宣告スルコトモ考ヘラル、憲法第十四条ニ依ル　天皇ノ戒厳宣告ノミナルニ於テハ詔書ヲ以テスルモ又可ナルベシ。

詔書ニ依ルト勅令ニ依ルトヲ問ハズ地域、戒厳地境ノ種類、戒厳施行ノ時ヲ示スヲ要ス。

例

日露戦争ノ場合ノ戒厳宣告

朕枢密顧問ノ諮詢ヲ経テ帝国憲法第十四条ニ依リ戒厳宣告ノ件ヲ裁可シ茲ニ之ヲ公布セシム

御　名　御　璽

明治三十七年二月十四日

内閣総理大臣

海　軍　大　臣

陸　軍　大　臣

勅令第三十六号

長崎県長崎要塞地帯及之ニ関スル要塞地帯法第七条第二項ノ区域内ヲ臨戦地境ト定メ本令発布ノ日ヨリ戒厳ヲ行フコトヲ宣告ス
長崎要塞司令官ヲ以テ前項戒厳地ノ司令官トス但シ戦時指揮官ヲ置キタル場合ニ於テハ戦時指揮官ヲ以テ其ノ司令官トス

（註）

㈠詔書ノ場合ハ各国務大臣副署スルヲ可トス。
㈡詔書ノ場合モ法制局ニ諮詢アルヲ相当トス。

○大日本帝国憲法（抄）

第十四条　天皇ハ戒厳ヲ宣告ス
戒厳ノ要件及効力ハ法律ヲ以テ之ヲ定ム

戒　厳　令

明治十五年八月五日
太政官布告第三十六号

第一条　戒厳令ハ戦時若クハ事変ニ際シ兵備ヲ以テ全国若クハ一地方ヲ警戒スルノ法トス
第二条　戒厳ハ臨戦地境ト合囲地境トノ二種ニ分ツ
第一　臨戦地境ハ戦時若クハ事変ニ際シ警戒ス可キ地方ヲ区画シテ臨戦ノ区域ト為ス者ナリ
第二　合囲地境ハ敵ノ合囲若クハ攻撃其他ノ事変ニ際シ警戒ス可キ地方ヲ区画シテ合囲ノ区域ト為ス者ナリ
第三条　戒厳ハ時機ニ応シ其要ス可キ地境ヲ区画シテ之ヲ布告ス
第四条　戦時ニ際シ（鎮台営所）要塞海軍港鎮守府海軍造船所等遽カニ合囲若クハ攻撃ヲ受クル時ハ其他ノ司令官臨時戒厳ヲ宣告スルコトヲ得又戦略上臨機ノ処分ヲ要スル時ハ出征ノ司令官之ヲ宣告スルコトヲ得
第五条　平時土寇ヲ鎮定スル為メ臨時戒厳ヲ要スル場合ニ於テハ其地ノ司令官速カニ上奏シテ命ヲ請フ可シ若シ時機切迫シテ通信断絶シ命ヲ請フノ道ナキ時ハ直ニ戒厳ヲ宣告スルコトヲ得
第六条　軍団長師団長旅団長（鎮台営所）要塞司令官警備隊司令官若クハ分遣隊長或ハ艦隊司令長官艦隊司令官鎮守府長官若クハ特命司令官ハ戒厳ヲ宣告シ得ルノ権アル司令官トス
第七条　戒厳ノ宣告ヲ為シタル時ハ直チニ其状勢及ヒ事由ヲ具シテ之ヲ（太政官）ニ上申ス可シ
但其隷属スル所ノ長官ニハ別ニ之ヲ具申ス可シ

第八条　戒厳ノ宣告ハ曩ニ布告シタル所ノ臨戦若クハ合囲地境ノ区画ヲ改定スルコト得

第九条　臨戦地境内ニ於テハ地方行政事務及ヒ司法事務ノ軍事ニ関係アル事件ヲ限リ其地ノ司令官ニ管掌ノ権ヲ委スル者トス故ニ地方官地方裁判官及ヒ検察官ハ其戒厳ノ布告若クハ宣告アル時ハ速カニ該司令官ニ就テ其指揮ヲ請フ可シ

第十条　合囲地境内ニ於テハ地方行政事務及ヒ司法事務ハ其地ノ司令官ニ管掌ノ権ヲ委スル者トス故ニ地方官地方裁判官及ヒ検察官ハ其戒厳ノ布告若クハ宣告アル時ハ速カニ該司令官ニ就テ其指揮ヲ請フ可シ

第十一条　合囲地境内ニ於テハ軍事ニ係ル民事及ヒ左ニ開列スル犯罪ニ係ル者ハ総テ軍衙ニ於テ裁判ス

刑法

第二編

第一章　皇室ニ対スル罪

（第二章　国事ニ関スル罪）

（第三章　静謐ヲ害スル罪）

（第四章　信用ヲ害スル罪）

（第九章　官吏瀆職ノ罪）

（第三編）

（第一章）

（第一節　謀殺故殺ノ罪）

（第二節　殴打創傷ノ罪）

（第六節　擅ニ人ヲ逮捕監禁スル罪）

（第七節　脅迫ノ罪）

（第二章）

（第二節　強盗ノ罪）

（第七節　放火失火ノ罪）

（第八節　決水ノ罪）

（第九節　船舶ヲ覆没スル罪）

（第十節　家屋物品ヲ毀壊シ及ヒ動植物ヲ害スル罪）

第十二条　合囲地境内ニ裁判所ナク又其管轄裁判所ト通路断絶セシ時ハ民事刑事ノ別ナク総テ軍衙ノ裁判ニ属ス

第十三条　合囲地境内ニ於ケル軍衙ノ裁判ニ対シテハ控訴上告ヲ為スコトヲ得ス

第十四条　戒厳地境内ニ於テハ司令官左ニ記別ノ諸件ヲ執行スルノ権ヲ有ス但其執行ヨリ生スル損害ハ要償ス

ルコトヲ得ス
第一　集会若クハ新聞雑誌広告等ノ時勢ニ妨害アリト認ムル者ヲ停止スルコト
第二　軍需ニ供ス可キ民有ノ諸物品ヲ調査シ又ハ時機ニ依リ其輸出ヲ禁止スルコト
第三　銃砲弾薬兵器火具其他危険ニ渉ル諸物品ヲ所有スル者アル時ハ之ヲ検査シ時機ニ依リ押収スルコト
第四　郵信電報ヲ開緘シ出入ノ船舶及ヒ諸物品ヲ検査シ並ニ陸海通路ヲ停止スルコト
第五　戦状ニ依リ止ムヲ得サル場合ニ於テハ人民ノ動産不動産ヲ破壊燬焼スルコト
第六　合囲地境内ニ於テハ昼夜ノ別ナク人民ノ家屋建造物船舶中ニ立入リ検察スルコト
第七　合囲地境内ニ寄宿スル者アル時ハ時機ニ依リ其地ヲ退去セシムルコト
第十五条　戒厳ハ平定ノ後ト雖トモ解止ノ布告若クハ宣告ヲ受クルノ日迄ハ其効力ヲ有スル者トス
第十六条　戒厳解止ノ日ヨリ地方行政事務司法事務及ヒ裁判権ハ総テ其常例ニ復ス

朕朝鮮ニ施行スル法律ニ関スル件ヲ裁可シ茲ニ之ヲ公布セシム
左ニ掲クル法律ハ之ヲ朝鮮ニ施行ス
九　戒厳令（外略）
付　則
本令ハ公布ノ日ヨリ之ヲ施行ス

朕台湾ニ戒厳令施行ノ件ヲ裁可シ茲ニ之ヲ公布セシム
明治十五年第三十六号布告戒厳令ハ之ヲ台湾ニ施行ス

朕陸軍刑法、海軍刑法等ヲ樺太ニ施行スルノ件ヲ裁可シ茲ニ之ヲ公布セシム
第一条　左ニ掲クル法律ハ之ヲ樺太ニ施行ス
八　戒厳令（外略）
付　則
本令ハ公布ノ日ヨリ之ヲ施行ス

○戒厳ノ宣告ニ関スル件（昭和十六、九、十五）

㈠　戒厳宣告ノ形式

戒厳ノ宣告ハ、詔書ヲ以テ公布スルヲ適当トスベシ。
日清及日露両戦役ノ場合ニ発セラレタル戒厳ノ宣告ハ、何レモ勅令ヲ以テ公布セラレタル処、右ハ、公式令ノ制定以前ノ事例ニ属シ、公式令制定以後ニ於テハ、詔書ト勅令トヲ判然区別セラルルニ至リ「大権ノ施行ニ関スル勅旨ヲ宣誥スルハ別段ノ形式ニ依ルモノヲ除クノ外詔書ヲ以テスル」コトトナリタルヲ以テ、日清及日露両戦役後ノ場合ノ例ニ依ラズ戒厳ノ宣告ハ詔書ヲ以テ公布セラルベキモノト思料セラル。

(二) 戒厳宣告ノ詔書ニ関スル事務。

(1) 詔書案ノ起案、閣議上申式及上奏式。

内閣官房総務課ニ於テ起案ス。法制局ニハ諮詢セズ。

閣議上申式及上奏式ハ左案ヲ以テ可ナルヘシ。

○上申式（閣議）

戒厳宣告ノ件

右閣議ニ供ス

追テ本件ハ枢密院官制及事務規程第六条第七号ニ依リ枢密院ニ御諮詢相成可然

（別紙添付）

詔　書　案

○上奏式

戒厳宣告ノ件

右謹テ上奏シ恭シク

聖裁ヲ仰キ併セテ枢密院ノ議ニ付セラレンコトヲ請フ

年　月　日

内閣総理大臣

枢密院可決（修正）上奏書内閣ニ御下付アリタルトキハ、再ビ閣議ニ提出シ閣議決定ノ上、詔書原本ヲ浄書シ、原議ヲ添ヘ、裁可ヲ奏請ス。

閣議上申式ハ左案ヲ以テ可ナルベシ。

戒厳宣告ノ件

右枢密院ノ御諮詢ヲ経テ御下付ニ付同院上奏ノ通裁可奏請セラレ然ルベシ

(2) 詔書ノ副署

内閣総理大臣及各国務大臣副署スルヲ適当ト思料ス。

(3) 詔書ノ内容

戒厳ノ宣告ハ「特定地域ヲ戒厳ノ状態ニ置クコトヲ宣告スルモノ」ナルヲ以テ、其ノ詔書ハ、次ノ事項ヲ明ラカニ示スベキモノナリト思料セラル。

(1) 戒厳ノ施行セラルル地域。
(2) 臨戦地境又ハ合囲地境ノ別。
(3) 戒厳ノ施行期日。

詔書案ハ左ノ如キ案ヲ以テ可ナルベシ。

朕帝国憲法第十四条ニ依リ某地ヲ臨戦地境（又ハ合囲地境）ト定メ　月　日ヨリ戒厳ヲ行フコトヲ宣告ス

（参考）
(1)帝国議会解散ノ詔書
朕帝国憲法第七条ニ依リ衆議院ノ解散ヲ命ス
(2)臨時議会ノ召集詔書
朕帝国憲法第七条及第四十三条ニ依リ本年　月　日ヲ以テ帝国議会ヲ某地ニ召集シ　日ヲ以テ会期ト為スヘキコトヲ命ス

(4) 過去ノ「戒厳ノ宣告」ハ、何レモ勅令ヲ以テ公布セラレ、戒厳機関ニ関スル事項ヲモ同勅令中ニ規定セラレタルモ、右事項ハ戒厳宣告ノ内容ヲ為スニ非ザルヲ以テ、戒厳宣告ノ詔書中ニ規定セラルベキ性質ノモノニ非ズ、統帥組織ニ関スルモノナルヲ以テ軍令ヲ以テ制定公布セラルベキモノト思料セラル。

（勅令ヲ以テ制定スベシトスル説アリ……森山参事官）

(三) 戒厳機関。
戒厳機関ハ、戒厳ノ宣告ト同時ニ軍令ヲ以テ制定セラルベキモノト思料セラル。従ツテ戒厳宣告ノ詔書ノ公布ニ際シテハ、予メ陸軍省関係者ト詔書ノ公布等ニ関シ打合セヲ為スコトヲ要ス。


（註）

日清及日露両戦役ノ際ニ行ハレタル戒厳宣告ノ場合ニハ、戒厳地関係ノ陸海軍最高指揮官ヲ以テ戒厳司令官トシ、別ニ、特別ナル戒厳機関ヲ新ニ設置スルコトナカリキ。

戒厳施行指針（未定稿）　（一六・八・一森山）

一　戒厳ノ法上ノ性質
戒厳ハ外敵内変ノ時機ニ臨ミ常法ヲ停止シテ司法及行政ノ一部ヲ挙ゲテ之ヲ軍事処分ニ委スルモノナリ（憲法義解）。即チ戒厳ノ施行ハ通常ノ警察力（出兵請求ヲ含ム）ヲ以テ、治安ヲ維持スルコト不可能ナル如キ非常事態ニ対処スル非常手段トス。

戒厳ノ場合ニ於ケル敵其ノモノニ対スル行動ハ本来ノ統帥作用ニシテ、戒厳ノ範囲外ニ在リテ其ノ兵力使用ハ軍令（作戦命令）ニ基キ行ハルルモノナリ。戒厳ノ本質ハ一種ノ非常警察ニシテ、敵其ノモノニ対スルモノニ非ズシテ、公共ノ治安維持ヲ目的トスル住民ヲ対象トスル警察作用ナリ、其ノ治安維持ガ、統帥権ニ依ル権力行為トシテ兵力ヲ以テセラルルコトニ其ノ特色ヲ有ス。而シテ之ガ為ニスル兵力使用ハ憲法第十四条ニ基ク戒厳令ノ「兵備ヲ以テ警戒ス」ト云フ規定ヲ根拠トスルモノト解セラル。

戒厳ガ平時ノ警察（出兵請求アリタル場合ヲ含ム）ト異ル点ハ第一ニハ地方行政及司法事務ノ全部又ハ一部ガ戒厳司令官ノ管掌ニ移ルコト（戒厳令第九条第十条等参照）及第二ニハ戒厳司令官ガ戒厳特別警察権ヲ有スルニ至リ、平時ニ於テハ到底容易ニ認容スルコト能ハズト認メラルル如キ程度ノ自由ノ制限禁止ヲ為スコトヲ得ルコト（戒厳令第十四条参照）ニ存ス。憲法義解ガ「常法ヲ停止シテ」ト謂ヘルハ此ノ意味ナラン。

一　戒厳宣告ノ要式

戒厳宣告ハ公式令第一条ニ謂フ「大権ノ施行ニ関スル勅旨ヲ宣誥スル」ニ該当スルヲ以テ「詔書」ヲ以テスルコト理論上正シトス。然レドモ戒厳宣告ニ当リテハ、何人ヲ以テ戒厳司令官ト為スヤヲ明定スル必要アリ、而シテ此ノ戒厳司令官ヲ指定スル行為ハ単純ナル処分行為ト見ルベキニ非ズシテ、一種ノ官制的規程ヲ定ムル措置ト見ルベキモノニシテ、従ツテ之ガ指定ハ勅令ヲ以テスルヲ相当ト思考セラルル。仍テ彼此之ヲ合一シテ一個ノ勅令ヲ以テ戒厳宣告及戒厳司令官指定ヲ行フヲ便トセン。従来ノ先例ハ日清日露両戦時共ニ勅令ヲ以テ戒厳ヲ宣告セラレ居ル（戒厳司令官ノ指定ヲ含ム）ガ、当時ハ現行公式令ノ制定ナク、詔書ナル形式ガ規則上確定セラレ居ラザル時代ノモノナルヲ以テ、直ニ之ヲ以テ適当ナル先例ト断ジ難キモ、採ツテ以テ範トシテ可ナランカ。

（備　考）

一、学説ハ詔書説ニ傾ク（公式令第一条ヲ根拠トス）

一、戒厳司令官ヲ定ムルハ勅令事項ニ非ズシテ軍令事項ナリトノ所見アルモ、勅令事項トシテ処理スル方穏当ト考フ。

一、勅令ハ法規ニ限ラズ処分ヲモ定メ得ルヲ以テ、勅令事項ト併セテ詔書事項ヲ規定スルモ支障ナカラン。

一、戒厳宣告ハ詔書ヲ以テシ、戒厳司令官ヲ定ムル規定ハ勅令ヲ以テスルコト一方法ナリ、カクスレバ、全ク理論ニ合ス。

一　戒厳司令官ト一般行政機関トノ関係（戒厳行動ト一般行政トノ調整）

　戒厳ヲ施行スルトキハ地方行政事務及司法事務ノ全部又ハ一部ハ戒厳司令官ノ管掌ニ移ル。而シテ戒厳司令官ハ統帥系統ノ指揮ノ下ニ立ツヲ以テ、前記事務ハ従来ノ上級官庁ノ指揮監督ヲ離ルルノ結果ト為ル、従ツテ前記事務ト爾余ノ事務（一般ノ中央行政事務並大審院及同検事局ノ事務）トノ間ニ齟齬ヲ来タシ、行政ノ統一ヲ欠クノ虞ナキヲ保シ難シ。従ツテ運用ノ適正ヲ期スル為調整方法ヲ講ズルノ要アリト思考セラル。

　右ノ関係ヲ今少シ詳説スレバ、戒厳令ノ施行ニ因リ戒厳司令官ノ指揮下ニ這入リタル者ノ従来ノ上官トノ関係ニ付テハ、戒厳令中ニ明文規定ハナキモ、戒厳司令官ノ指揮下ニ這入リタル者ハ従来ノ諸上官トノ関係ハ断絶スルモノト考フベキナリ、即チ例ヘバ内務大臣ハ戒厳地境内ノ軍事ニ関係アル事項ニ関シテ知事ヲ指揮監督スル権ナキニ至リ、陸軍大臣及憲兵司令官ハ戒厳司令官ノ指揮下ニ這（ママ）入リタル憲兵隊長ヲ指揮監督スルコト能ハザルニ至ル。按ズルニ戒厳司令官ハ　天皇ニ直属シ何人ノ区処モ受ケズ、戒厳ノ実行行動ヲ為スモノナラン。（戒厳ノ実行行動ハ陸海軍大臣ガ輔弼スト云フ説アルモ陸海軍大臣ノ輔弼事項ニ非ズ参謀総長、軍令部総長ガ奉勅指導スベキモノト解スル説正シト認ム）

　而シテ戒厳ノ実行行動ガ統帥作用ナルコト戒厳ノ本質上然ルベキ所ナルガ、其ノ内容タルヤ、本来ノ統帥関係事項ニ非ズシテ、行政及司法ヲ管掌スルモノナリトス。又戒厳司令官ノ管掌事項以外ニ在テハ、依然トシテ一般ノ行政部、司令部ニ重要ナル事務（就中戒厳地境内ニ効力ヲ及ボス勅令、省令ノ如キハ従来通リ一般国務、省務トシテ処理セラルベキモノトス）残存スルヲ以テ、業務ノ円滑適正ヲ図ル為ニハ両者ノ間ニ、緊密ナル連絡協調ヲ必要トス。仍テ全国戒厳又ハ相当広キ地域ニ戒厳ヲ施行サルル如キ場合ニハ、戒厳ノ実行行動ニ付テハ純粋ノ統帥系統ノ機関ニ一切ヲ任セ切リトスルコトナク、行政及司法両部モ亦之ニ参与シ得ルノ機構ヲ考慮スルノ必要アラン。（連絡会議ノ設定、統帥機関ニ行政司法部ノ一

部職員ノ参加等）

一　戒厳ト政府ノ態度

戒厳司令官ノ管掌スル事務ハ統帥ノ作用トシテ国務大臣ノ輔弼ノ職責外ニ在ルト解スルコト通説ナリ。従ツテ帝国議会ノ行フ行政監督ノ対象ト為ラザルノミナラズ、戒厳行動ニ対スル一般人民ノ恐怖心モ亦全然之ヲ否定シ得ザルモノト認メラル。仍テ政府側トシテ留意スベキ若干ノ事項ヲ挙グレバ次ノ如シ。

(イ)　戒厳宣告其ノモノハ、国務大臣ノ輔弼ニ依ルベク又国務大臣其ノ責ニ任ゼザルベカラザルモノナルヲ以テ、戒厳宣告ノ時期並ニ戒厳地境ノ種別（臨戦地境、合囲地境ノ別）及戒厳地境区画ノ広狭ヲ決定スルニ付テハ慎重ニ対処スルヲ要ス。思フニ戒厳宣告ハ非常手段ナルヲ以テ、警備上（治安維持上）絶対ノ必要ヲ生ズルヲ見ルニ至ツテ始メテ行ハルベキ筋合ノモノナリ。

地方長官ノ出兵請求権行使ノ限度ニ於ケル非常警察実行ヲ以テ（必要ナル戦時立法ヲモ準備シツツ）賄ヒ得レバ、成ルベク戒厳ヲ実施セザル方可ナリトノ論モ立チ得ベシ。

(ロ)　殊ニ戒厳令ハ明治十五年ノ制定ニ係ルモノニシテ、其ノ内容ガ時代ノ要求ト行政ノ実際ニ適応セザルモノアルヲ以テ、戒厳施行ヨリ生ズル国務遂行上ノ実際上ノ不便（別項ニ其ノ一端ヲ示ス）ノコトモ十分考慮ノ内ニ入レテ戒厳宣告ノ要否ヲ決スベキモノト思考ス

(ハ)　然レドモ翻ツテ考フルニ、仮リニ帝都ガ空襲ヲ受クル場合ヲ想像スルニ、斯ル場合ニ於ケル市民ノ各種ノ人心不安ヲ除クニハ、兵力ニ依リ帝都ノ治安ハ維持セラレアリトノ安心ヲ与フルコトヲ以テ、恐ラク最モ有効ナル措置トモ考ヘラルベキヲ以テ、彼此利害得失ヲ較量シテ善処スルヲ要ス。

(ニ)　戒厳実施中ハ戒厳行動ト一般行政トノ連絡協調ニ付制度的ニ又運用上ニ必要ナル措置ヲ講ジ、殊ニ戒厳令ノ不備ハ実際ノ運用ニ依ツテ之ヲ補フノ心構ヘ無カルベカラズ。（之ガ措置ノ一端ハ別項ニ明カニス）

(ホ)　戒厳ノ効果ハ戒厳令ニ規定スルモノ以上ニ出ズルコトヲ得ザルヲ以テ、実際上ハ他ニ戦時立法ヲ準備スルノ要アルモノト思考セラル。

（特殊資料第五類　戦役及事変）

昭和十六年七月

戒厳令ニ関スル研究

三、戒厳令実施下ニ於ケル警察活動事例ノ概況

(一) 序　説

戒厳ノ施行ニ関スル宣告ハ日清、日露両戦役ニ前例ヲ有スルノミ、爾来三回ニ渉リ戒厳令ノ一部ヲ適用シ軍備ヲ以テ国内治安維持ノ警戒ニ衝リタルモ凡テ各緊急勅令ニ拠ル。戦時ニ於ケル戒厳施行ノ宣告ハ宣戦ノ詔勅下ル直後ニ於テ行ハルルコトハ「戦時」ノ意義ヨリシテ当然ノ形式ナルト共ニ前例亦之ニ倣フ。

事変ニ際シテ戒厳ノ施行セラレタル前例ナシ。

緊急勅令ニ拠ル戒厳令ノ一部適用ニ付テハ事例ハ概ネ警視総監ヨリノ上申ニ基キタリ（関東大震災、二・二六事件ノ如シ）蓋シ日比谷焼打事件、大震火災、二・二六事件ハ地域的ニ警視庁管轄地ヲ中心トセル事件ナルニ因ル。

如斯戒厳令施行ノ形式ハ法令ニ依リ定マルトコロナルモ将来発生スベキ非常事態ヲ予想スルトキ、

(1)　突発的事態ナルコト

(2)　全国的広範囲ノ事態ナルコト

(3) 建造物倒壊及大火災ノ発生シ得ルコト
(4) 重要物資ノ配給ニ混乱ヲ生ズルコト
(5) 流言蜚語ノ伝播サルルコト

等ニ因リ各地ニ発生スル大混乱ノ状態ヲ当然ニ予知シ得ルヲ以テ斯カル事態ニ対処シテ警察活動ノ十全ヲ期スル対策樹立ノ資料タラシムル為ニハ過去ニ於ケル非常急変ノ事例中大正十二年九月一日来襲セル関東地方大震災ノ概況及戒厳令下ノ警視庁ノ活動状況ヲ研究シ置クコトヲ最モ適切ナリト認ムルヲ以テ順次当時ノ概況ヲ記述シ併セテ最近接セル非常事態タル所謂「二・二六事件」ノ概況ヲ之ニ付記ス　　　「二・二六事件」は省略」

(二) 関東地方大震火災ノ場合ニ於ケル状況

(1) 震火災ノ概況

大正十二年九月一日午前十一時五十八分東京、神奈川、千葉、埼玉、静岡、山梨、茨城ノ一府六県ヲ襲ヘル関東地方ノ激震ハ東京府下ニ於ケル被害概ネ左ノ如シ。

(a) 罹災世帯数　　三二五、一三九戸
　全戸数ニ対スル百分比　　三八、一一%
(b) 罹災総人口　　一、三三四、一三四人
(内) 死者　　六〇、四二〇人
　負傷者　　三一、〇五一人
　行方不明者　　三六、六三四人
　其ノ他ノ罹災者　　一、一九六、一二九人
　総人口ニ対スル百分比　　三四%

震火災ト共ニ交通、通信、給水、灯火等ノ諸機関一時全ク杜絶シ、加之焼残地域ノ公園其ノ他ノ広場ニハ瞬時ニシテ数十万ノ避難民ヨリ成ル大集団ヲ見タリ。

此ノ際物資欠乏シ配給困難ヲ極ムルト雖モ之ヲ補充スルノ方途ナク市民ハ其ノ罹災者タルト否ヲ問ハズ、悉ク饑渇ニ迫リテ多大ノ不安ニ襲ハルト共ニ鮮人ノ暴動化、強震、海嘯ノ再襲等ト云ヘル流言蜚語宣伝セラレ人心益々動揺シ、遂ニ隣保相倚リ自警団ヲ組織シ、鮮人ニ対スル警戒ヲ試ムルニ及ビ、市郡ヲ通ジ大混乱ノ状ヲ呈シ、警察力ノ強化困難ナル為、災後ノ民衆ヲシテ一大騒擾ノ渦中ニ投ゼシムルニアラザルヤヲ危惧スルニ至ラシメタリ

(2) 警視庁ノ活動概況

(a) 警戒本部ノ組織

九月一日午前中庁舎及付属建築物焼失シタル為同日午後一時頃日比谷公園有楽門内ニ移転ス。

市内ハ刻々混乱ノ状態ニ陥リ普通警察力ヲ以テ治安確保スルノ困難ナルコトヲ見越シ、遂ニ近衛師団長ニ対シテ出兵ヲ要求（警視庁官制第五条）シ同時ニ臨時警戒本部ノ組織ヲ左ノ如ク定ム。

（一）　司令長　　　　　警視総監

　総務部

　○事務総括

　○内務省、衛戍司令官、内閣等トノ連絡

（二）　警戒班　　班長　　警務部長

　○警戒一般

（三）　偵察班　　　班長　　刑事部長

　○情況偵察

　○報告統一

（四）　特別諜報班　　班長　　官房主事

　○裏面偵察

　○不穏不逞ノ徒ノ蠢動ニ対スル偵察

（五）　給与班　　班長　　保安部長

　○交通、通信機関

　○食糧品其他物品ノ徴発配給

（六）　救護班　　班長　　衛生部長

　○傷病者ノ救護一般

（七）　消防班　　班長　　消防部長

　○消火防水事務一般

(b)　応急活動

是ニ於テ帝都治安保持ノ最大急務ハ

○避難民ニ対スル飲食料ノ供給

○戒厳令ノ実施

ニアリト確信セル当時ノ赤池警視総監ハ左ノ応急措置ヲ講ジタリ。

（一）　非常徴発令ノ発布ト戒厳令ノ実施ニ関シ内務大臣ニ建言ス

（二）　出動軍隊ト協力シ食料品市場、倉庫、店舗等ヲ警戒シ食糧騒擾ノ発生ヲ予防ス

（三）　徴発令ノ実施ヲ俟ツ遑ナキ為、行政執行法第四条ニ依リ物資徴収ノ議ヲ定メ、即日飲食料ノ蒐集ニ着手シ、炊出ノ配給並ニ給水ノ事務ヲ開始ス

（四）　九月二日非常徴発令ノ公布アリ

（五）　同日戒厳令一部施行ノ緊急勅令発布アリ。
（六）　山本内閣成立、臨時震災救護事務局設置ス。
（七）　非常徴発ニ依リ遠ク他府県ニ其ノ範囲ヲ拡大シテ物資ヲ徴用シ食糧品等重要物資潤沢トナリ都下ノ民衆ヲシテ饑渇ヨリ免レシムルコトヲ得タリ。
（八）　九月三日関東戒厳司令部条例公布アリ警戒事務ハ司令官ノ命令ニ遵ヒ、爾来軍隊、警察協力シテ秩序保持ノ任ニ膺ル。

(3)　出兵ノ概況

当時東京衛戍司令官タル森岡近衛師団長ハ衛戍勤務令及東京衛戍服務規則ニ基キ震災直後ヨリ東京屯在部隊ヲ出動シテ全市ノ警備ト市民ノ救護ニ任ジタリシガ同日午後警視総監ヨリ出兵ノ請求アルニ及ビ更ニ出兵ヲ続行シ且地方ヨリ招致セル部隊ヲモ増加シ警戒勤務ニ就キタリ。

(a)　出動部隊ノ員数

歩兵十箇連隊
騎兵六箇連隊
砲兵四箇連隊
工兵六箇大隊
鉄道二箇連隊
電信一箇連隊
輜重兵二箇大隊
飛行、気球、自動車各一隊
歩、騎、砲、工兵、学校教導隊、救護班数箇

(b)　活動ノ概要

衛戍司令官ハ東京市及其ノ付近ノ治安ト警備ニ関シ告諭、訓令ヲ発シ各部隊之ニ拠リテ警察官憲ト協力シ其ノ行政権ヲ尊重スルト同時ニ積極的ニ警察力ヲ補助シ傍憲兵司令官ニ命ジ憲兵及補助憲兵ヲ指揮シ軍隊、憲兵、警察官三者協同ニ依リ九月一日及二日ノ治安ハ完全ニ保持シタリ。

(4)　戒厳令ノ実施

(a)　九月一日警視総監ヨリ衛戍司令官ニ出兵ヲ要求セルハ一時ノ急ニ応ズルノミ、従ツテ当該要求ト同時ニ総監ハ更ニ進ミテ内務大臣、警保局長等ニ罹災地一帯ニ戒厳令ヲ実施シ以テ万全ノ警備対策ヲ講ズルノ急務ナルヲ切言ス。

(b)　九月二日戒厳令中必要ノ規定ヲ適用スルノ件第

三九八号緊急勅令公布アリ。

(c) 同日戒厳令第九条及第十四条ノ規定ヲ東京市、荏原郡、豊多摩郡、北豊島郡、南足立郡、南葛飾郡ニ適用スルノ勅令第三九九号公布アリ。

(d) 九月三日更ニ適用区域ヲ東京府、神奈川県ニ改ムルノ勅令第四〇一号公布アリ。

(e) 九月三日勅令第四〇〇号ヲ以テ関東戒厳司令部条令公布アリ。即日司令官ニ陸軍大将福田雅太郎、参謀長ニ陸軍少将阿部信行任命セラレ、以下東京北警備司令官ニ近衛師団長、同南警備司令官ニ第一師団長、神奈川警備司令官ニ歩兵第二旅団長、小田原警備司令官ニ歩兵第二十九旅団長等各任命セラル。即チ之ガ兵力ハ東京二箇師団、神奈川県二箇旅団ニ達セリ。

(f) 九月四日更ニ戒厳令適用区域トシテ埼玉県、千葉県ヲ加フル勅令第四〇二号ノ公布アリ。

(g) 是ニ於テ警視総監ノ権限ハ其ノ軍事ニ関係アル事件ニ限リ戒厳司令官ノ管掌ニ移リ其ノ指揮ヲ受クルコトトナレリ。

(5) 臨時震災救護事務局創設

(a) 官制発布

九月二日震災被害救護ニ関スル事務ヲ掌ル為、臨時震災救護事務局官制発布セラル。

(b) 組織ノ概要

総　裁　内閣総理大臣

副総裁　内務大臣

参　与　各省次官、社会局長官、警視総監、東京府知事、東京市長

事務局内ニ警備部ヲ置ク。内務省警保局ヲ之ニ充テ部長ニハ警保局長任命セラル。本事務局ハ救護事務ニ鞅掌スベキ最高機関ナルヲ以テ戒厳司令部、陸海軍両省、司法省、憲兵司令部、警視庁等警備関係諸官庁トハ密接ナル関係ヲ有スル為、警備部内ニ各関係官庁主任官ヨリ成ル協議会ヲ設置以来毎日開催各方面ヨリノ情報ヲ交換シ警戒ノ最高方針ヲ謀議シ警備、警戒ノ万全ヲ期スルトコロアリタリ。

(6) 流言発生ニ対スル警戒措置

九月一日午後一時頃以来流言蜚語四方ニ伝播シ驚クベキ速度ヲ以テ拡大セリ。其ノ流言ノ内容概ネ左

ノ如シ。

(a)　九月一日午後一時頃―同三時頃

（一）　富士山ニ大爆発アリ今尚大噴火中ナリ。

（二）　東京湾沿岸ニ猛烈ナル大海瀟来襲シテ人畜ノ死傷多カルベシ。

（三）　更ニ大地震ノ来襲アルベシ。

（四）　社会主義者及鮮人ノ放火多シ。

(b)　九月二日午前十時―午後七時頃

（一）　不逞鮮人ノ来襲アルベシ。

（二）　昨日ノ火災ハ多ク不逞鮮人ノ放火又ハ爆弾ノ投擲ニ依ルモノナリ。

（三）　鮮人中ノ暴徒某神社ニ潜伏セリ。

（四）　従来ノ官憲ノ圧迫ニ不満ヲ抱ケル大本教ハ其ノ教書中ニ於テ今回ノ大火災ヲ予言セルガ今ヤ其ノ実現セラレタルヲ機トシテ密謀ヲ企テ教徒数千名上京ノ途ニアリ。

（五）　市ケ谷刑務所ノ解放囚人ハ山ノ手及郡部ニ潜在シ夜ニ入ルヲ待チテ放火スルノ企アリ。

（六）　鮮人約二百名神奈川県寺尾山方面ノ部落ニ於テ殺傷、掠奪、放火等ヲ恣ニシ漸次東京方面ニ襲来シツツアリ。

（七）　鮮人約三千名既ニ多摩川ヲ渉リテ洗足村及中延付近ニ来襲シ今ヤ住民ト闘争中ナリ。

（八）　横浜ノ大火ハ概ネ鮮人ノ放火ニ原因セリ。彼等ハ団結シテ至ル所ニ掠奪ヲ行ヒ婦女ヲ辱シメ、残存建物ヲ焼毀セントスル等暴虐甚シ。

（九）　横浜方面ヨリ来襲セル鮮人ノ数ハ約二千名ニシテ銃砲、刀剣ヲ携行シ既ニ六郷ノ鉄橋ヲ渡レリ。

（一〇）　軍隊ハ六郷河畔ニ機関銃ヲ備へ、鮮人ノ入京ヲ遮断セントシ在郷軍人、青年団員等亦出動シテ軍隊ニ応援セリ。

（一一）　横浜方面ヨリ東京ニ向ヘル鮮人ハ六郷河畔ニ於テ軍隊ノ阻止スルトコロトナリ転ジテ矢口方面ニ向ヘリ。

（一二）　大塚火薬庫襲撃ノ目的ヲ有スル鮮人ハ今ヤ其ノ付近ニ密集セントトス。

（一三）　鮮人原町田ニ来襲シテ青年団ト闘争中ナリ。

（一四）　原町田ヲ襲ヘル鮮人二百名ハ更ニ相原、

片倉ノ両村ヲ侵シ農家ヲ掠メ、婦女ヲ殺害セリ。
（一五）鮮人目黒火薬庫ヲ襲ヘリ。
（一六）鮮人鶴見方面ニテ婦女ヲ殺害セリ。
（一七）鮮人百十余名寺島署管内四ツ木橋付近ニ集リ海瀟来ルト連呼シツツ戎凶器ヲ揮シテ暴行ヲ為シ或ハ放火ヲ敢テスルモノアリ。
（一八）戸塚方面ヨリ多衆《ママ》民衆ニ追跡セラレタル鮮人某ハ大塚電車終点付近ノ池ニ毒薬ヲ投入セリ。
（一九）鮮人某ハ劇毒薬ヲ流用シテ帝都市民ノ全滅ヲ期セントス井水ヲ飲ミ菓子ヲ食スルハ危険ナリ。
（二〇）上野精養軒ノ井水ノ変色セルハ毒薬ノ為ナリ上野公園下ノ井水モ異状アリ、上野博物館ノ池水モ変色シテ金魚悉ク死セリ。
（二一）上野駅ノ焼失ハ鮮人二名ガ麦酒瓶ニ容レタル石油ヲ注ギテ放火セル結果ナリ。

(c) 九月四日午後三時―同午後九時

（一）鮮人警察署ヨリ解放セラレタレバ速カニ之ヲ捕ヘテ殺スベシ。
（二）鮮人市内ノ井戸ニ毒薬ヲ投入セリ。
（三）青年団ガ取押ヘテ警察署ニ同行セル鮮人ハ即時釈放セラレタリ。
（四）上野公園及焼残地域内ニハ警察官ニ変装セル鮮人アリ注意スベシ。
（右ニ掲グルハ流言中最モ人心ヲ刺戟シ伝播力ノ激甚ナリシモノナリ之ノ外枚挙ニ遑アラズ）

(d) 流言ハ日時ノ経過ニ伴ヒ漸次悪質化セリ。

(e) 流言ノ為、人心ハ頓ニ動揺シ遂ニ鮮人ニ対スル極端ナル増悪トナリ之ニ対抗スル為、武器ヲ執リテ自衛シ甚ダシキハ不逞鮮人中警察官ノ服装ヲ為スモノアリトノ流言ニ迷ヒ制服ノ警察官、軍人ヲ道ニ塞シテ逮捕尋問スルノ暴行ヲ敢テスルモノ出ヅルニ至ル。

(f) 流言ノ原因

（一）遠　因

日韓合併ノ条約ニ不満ヲ抱ケル不逞鮮人ノ行動タル伊藤博文ノ遭難ヲ初メ爾後枚挙ニ遑ナキ破壊運動等国内民心ニ自戒ノ情ヲ強メシメタル当時ノ大天災ナルヲ以テ鮮人暴動ニ杞憂ヲ抱ケ

ル民衆ガ直覚的ニ其ノ実現ヲ恐レタルニ因ル。

（二）　近　因

○東京、横浜方面在住ノ鮮人労働者ハ大震災ノ為、衣食住ニ欠乏シ加之職業ヲ失フノ窮地ニ陥レリ。

○活躍ヲ東京ニ求メントシ相率ヒテ東上セリ。

○途路饑渇ニ迫リテ食ヲ求メ、物資ノ購入ヲ為サンニモ容易ナラズ救済ヲ仰ガンニハ亦言語通セズ窮余ノ策トシテ中ニハ鼠盗ヲ働キ掠奪スル者極メテ軽微ナル盗犯ヲ敢行セリ。

○異状変事ノ際ナルヲ以テ一般民衆ハ之ヲ目シテ平素杞憂ノ実現セラルルナランコトノ不安ニ陥リ疑心暗鬼ノ裡ニ鮮人暴動ノ予言ヲ生ジタリ。

○如斯流言蜚語ノ発生スルヤ鮮人ガ一般民衆ノ迫害ヲ恐レ、或ハ同僚ヲ誘引シテ四方ニ遁走シ、或ハ警視庁及警察署ニ来タリテ保護ヲ求メントスレバ民衆ハ之ヲ目シテ来襲ナリト誤信シ戎器ヲ執リ追撃ヲ試ムルニ及ビ鮮人モ亦已ムヲ得ズシテ抵抗闘争ヲ為スモノアリ、流言ノ一部ガ事実ヲ醸成シテ益々民心ヲ興奮セシム。

(g)　流言ト事実

大震ト共ニ東京市内ハ避難者其ノ他ノ来往雑閙ヲ極メ形勢異状ナルニ加ヘ内地人ト鮮人ノ区別困難ナリシ為ニ言語不明瞭ナルハ鮮人トナシ、集団ヲ為セル避難民ヲ見テ不逞鮮人ノ団体ナリト速断シ、鮮人労働者ガ雇主ニ引率セラレテ作業場ニ赴クヲ鮮人団体ノ来襲ナリト誤信セル如キ事例尠ナカラズ民衆ノ誤解、錯覚ハ実ニ甚ダシク其ノ実例左ノ如シ。

（一）　九月二日午後三時頃自警団員ガ駒込警察署ニ同行セル爆弾、毒薬所持鮮人ナリトスル者ヲ調査ノ結果、爆弾ト称スルハパイナツプルノ缶詰、毒薬ト考ヘシハ砂糖ナリ。

（二）　同日午後六時頃品川署ハ管内仙台坂方面ニ約二百名ノ鮮人白刃ヲ翳シテ掠奪シツツアリトノ情報ニ接シ即時之ヲ取調タルニ七名ノ鮮人横浜方面ヨリ避難上京ノ途次自警団ノ重囲ニ陥リテ争闘ヲ開キ混乱ノ状ヲ呈セルガ為ニ自他ノ区別明ナラズ此ノ一部ヲ不逞鮮人団ナリトシ更ニ白刃掠奪ノ流言ヲ創装セルモノナルコト判明ス。

（三）　市部各所ニ鮮人ガ暴行襲撃、放火ノ計画ヲ同志ニ示サントスル暗号アリトノ情報頻リナルヲ以テ各署ニ於テ調査ノ結果、肥料《(ママ)》吸取人、新聞、牛乳ノ配達人等ガ得意先ニ対スル目標トシテ各横町ノ路頭、角等ニ白墨ニ記セル記憶ノ符合ニ過ギザルコト判明ス。

(四)　九月二日午後九時頃、府中署管内西府中村中河原ニ居住シテ鮮人労働者ヲ使役セル土木請負人二階堂友治ガ京王電車笹塚車庫ノ修理ニ鮮人十八名ヲ貨物自動車ニ乗ゼシメ同行甲州街道ヲ進行中自警団七、八十名ハ鮮人ノ襲来ト誤リ自動車ヨリ引降シテ暴行ヲ加ヘ多数ノ負傷者ヲ出ス惨事ヲ生ゼリ。

(五)　同日夕刻毒薬流布ノ説伝ハルヤ井水、菓子ノ鑑定ヲ各署ニ申請スルモノ尠ナカラズ無根ノ事柄ニシテ鑑定ノ結果明ナルニ不拘、同日午後二時頃ニ毒薬ヲ投入セラレタルル井戸水ナリト称シ清水一封度入瓶ヲ携ヘ来タル民人アリ早稲田署長ハ当人ノ面前ニテ之ヲ飲ミ流言ノ信ズルニ足ラザルヲ示シタリト言フ。

流言ノ事実無根ナル如斯ト雖モ非常災変ニ際スル群衆心理作用ノ治安ニ及ス関係及流言蜚語ノ悪影響ハ戦慄スベキモノアルヲ知ル。

(h)　流言防止ノ方策

九月二日午後三時流言ノ防止及民衆指導取締ニ関シ警視庁ハ左ノ方針ヲ決定ス。

(一)　流言防止、人心安定ヲ策スベキ大宣伝ヲ実施スルコト。

(二)　流言ノ由来、経路、真相ヲ厳密探査シ流言者ハ厳重取締ルコト。

(三)　真相判明スル迄ハ応急警戒ヲ実施スルコト。

(四)　朝鮮人、内地人ノ如何ニ不拘、不逞行為ヲ為スモノハ厳重取締ルコト。

(五)　朝鮮人ノ収容保護ヲ迅速ニシ内鮮人間ノ融和ヲ図ルコト。

(六)　自警団ヲ善導シ、戎兇器携帯ヲ禁ジ、其ノ暴挙ニ対シテハ断乎取締ヲ為スコト。

更ニ九月五日政府ハ内閣告諭ヲ発シテ民衆ニ戒告セリ（水野《(ママ)》内務大臣ノ主張ニ依ル）

内閣告諭第二号

今次ノ震災ニ乗ジテ一部不逞鮮人ノ妄動アリトシテ鮮人ニ対シ頗ル不快ノ感ヲ抱ケル者アリト聞ク、鮮人ノ所為若シ不穏ニ亘ルニ於テハ速カニ取締ノ軍隊又ハ警察官ニ通告シテ其ノ処置ニ俟ツベキモノナルニ民衆自ラ濫リニ鮮人ニ迫害ヲ加フルガ如キコトハ固ヨリ日鮮同化ノ根本主義ニ背戻スルノミナラズ又諸外国ニ報ゼラレテ決シテ好マシキコトニアラズ事ハ今次ノ唐突ニシテ困難ナル事態ニ基因スト認メラルルモ刻下ノ非常ニ当リ克ク平素ノ冷静ヲ失ハズ慎重前後ノ措置ヲ誤ラズ以テ我国民ノ節制ト平和ノ精神ヲ発揮センコトハ本大臣ノ此際特ニ望ム所ニシテ民衆各自ノ切ニ自重ヲ求ムル次第ナリ。

内閣総理大臣伯爵　山本権兵衛

(i)　流言防止ノ宣伝方法

(一)　模造紙ニ依ル宣伝文ノ大掲示

(二)　民衆ニ対シ宣伝文ノビラ撒布

(三)　自動車ニ依ル口頭宣伝（メガホン使用）

(四)　宣伝文内容事例

(其ノ一)

大阪方面ヨリ六十万石ノ米ヲ取寄スルコトニ手配セリ其ノ他近県ヨリモ明日ヨリ簇々到着スルニ付、安心セラレヨ、災害ハ東京、横浜方面ノミニシテ他ハ平穏ナリ。

(其ノ二)

不逞鮮人妄動ノ噂盛ナルモ、右ハ多ク事実相違シ訛伝ニ過ギズ、鮮人ノ大部分ハ順良ナルモノニ付、濫リニ之ヲ迫害シ、暴行ヲ加フル等無キ様注意セラレタシ。

(其ノ三)

東京市ハ只今六十台ノ自動車ヲ以テ各方面ニ白米ノ配給ヲ為シツツアリ戒厳令施行ノ結果警視庁管下各所ニ軍隊ノ派遣アリ警戒厳重ナリ。

(其ノ四)

連合艦隊ハ横須賀ヨリ食糧ヲ多量ニ積ミ一度品川ニ陸揚ゲシタル後、大阪方面ノ米ヲ運輸実施中。

(其ノ五)

東京警戒ノ為、宇都宮師団昨夜来着、高田師団本日到着シ尚仙台師団ハ出動準備ヲ為シアリテ警戒充実セルニ付キ、安心セラレ度シ。

(其ノ六)

戒厳司令官ノ指揮ニ依リ十五万人分ノ天幕ヲ供給シ之ガ設備ヲ為スコトトセリ。

(其ノ七)

九月五日夜ヨリ鼠賊ノ潜入ヲ防グ為警察ト軍隊ト協力シ市内外ノ各要所ニ検問所ヲ設ケ、一々通行人ヲ査問シ、厳重ナル警戒ヲ加フルコトトナリタルヲ以テ一般民衆ハ可成夜間ハ戸外ニ出デザル様セラレタシ。

(其ノ八)

門柱、板塀等ニ記セル符合ニ付テ 12a 2Ⓟ ⊥B Ⓚ ⊥m ◯ 3w ケ r n ◎□ m Ⓟ 等記シアルヲ以テ鮮人ノ不正行為ノ暗号ナラムト一般ニ不安ノ念ヲ抱ケル如キモ右ハ中央清潔会社ノ人夫等ガ得意先ノ心覚ヘ及便所所在地ノ方向、個数等ノ符合ナルコト判明セリ。

(j) 取締ノ効果

狂暴性ヲ帯ブル者ニ対シ断乎タル検挙取締ニ併行シテ宣伝文等ニ依ル治安維持ノ効果ハ極メテ顕著ナルモノアリ九月七日頃ニ至リテハ流言ノ内容殆ド虚偽ナリトノ与論漸次強力化シ一時民心ヲ惑乱セル流言ハ全ク其ノ跡ヲ絶テリ。

但シ戒厳令施行ニ依ル兵力ノ増強ト警察力ノ逐次恢復及物資供給ノ施設ノ整備等ノ関係ハ社会不安ノ除去ニ最モ効果アリ両者相俟ツテ其ノ効果ヲ掲ゲタルモノト認ムベシ。

(7) 自警団ト之ガ指導取締

(a) 自警団ノ発生、目的及其ノ組織

自警団ハ大災害ノ生ミタル恐ルベキ現象トシテ民衆ノ脳裡ニ深刻ナル印象ヲ残シタリキ。

然レ共社会ノ秩序一時混乱ニ陥レル際、警察力ノ弱化ヲ思考シ自己防衛ノ為ニ団体ノ威力ヲ恃マントスルハ必然ノ帰結ト云フベク東京府下一円ニ発生セル当時ノ自警団ハ

(一) 一時警察力ノ充実ヲ欠キタルコト。

(二) 鮮人来襲ノ流言伝播セルコト。

ノ二原因ニ其ノ発端ヲ有ス。

而シテ其ノ組織ハ概ネ九月十六日現在ニ於テ左ノ個数ヲ算セリ。

○東京市内　五百六十二箇
○郡　部　五百八十三箇
○一箇当人員　二名乃至七百五十名

(b)　性質及活動ノ状況

団体トシテ機能完備セザルモノ多シ。従ツテ無秩序、無節制ニシテ群衆心理作用ニ依リ其ノ行動ハ過激粗暴ナリ。

斯カル性格ノ自警団員ハ各自刀剣、木刀、混棒、竹槍、銃、鳶口、鍬、玄能、熊手、鎌、鋸等凡ユル兇戎器ヲ執リ町村ノ要所及出入口ニ非常線ヲ張リ通行人ニ対シ厳重ナル尋問ヲ始メ、強制同行シ、暴力ヲ揮フ等言語ニ絶スル狂暴ノ行動ヲ敢行セリ其ノ行動ノ主タルモノヲ挙ゲルニ左ノ如シ。

(一)　鮮人ハ善悪ヲ不問之ヲ迫害セリ。
(二)　内地人ト雖、言語不明瞭ナル者ニ対シ鮮人トシテ迫害シ之ニ反抗スル者ヲ苛虐ノ処置ヲ以テシ甚敷ハ殺傷セルモノ尠カラズ。
(三)　団体ノ威力ヲ籍リ暴行、掠奪、殺傷ヲ擅ニシ官憲ノ権力執行ヲ無視ス。
(四)　秩序恢復ニ伴ヒ自警団中生業ニ就クモノ多ク団員加入者漸減スルヤ老、幼、婦女ニ至ル迄加入ヲ強制シ加入セザルモノニ対シテハ寄付金ヲ強要ス。

(c)　自警団員ノ犯罪

大局的見地ニ立脚シテ警視庁ハ自警団員ノ犯罪者ヲ検挙ス。

九月中ニ発生セルモノ
○殺人犯　百十件
○傷害犯　九十七件

ノ多数ニ上リ被害者ハ概ネ鮮人ニ誤認セラレタル内地人ナリ。

(d)　自警団ニ対スル指導取締

戒厳司令官ノ命令及警視総監ノ示達ヲ以テ九月四日以来各警察署長ニ対シ自警団ノ指導取締ヲ厳達ス。

(一)　自警団ハ憲兵、警察ノ指揮下ニ置クコト。
(二)　誰何検問ハ絶対許サザルコト。
(三)　官憲ノ許可アラザレバ戎器及兇器ノ携帯ヲ禁ズルコト。

(四) 禁止ヲ肯セザルモノノ持器《ママ》ハ之ヲ領置スル
コト
(五) 許可自警団体ニハ団員左腕ニ警視庁許可○
○自警団ト記セル腕章ヲ用セシムルコト。
(六) 許可ヲ受ケントスル団体ハ指揮者、団員ノ
氏名、職業、団体ノ目的ヲ記載シタル文書ヲ以
テ届出シムルコト。
(七) 許可シタル団体ハ単独ノ行動ヲ許サズ軍隊、
警察官ニ付属シテ行動セシムルコト。
(八) 命令ニ違背スル団体ハ許可ヲ取消スコト。
九月七日頃ニ到ル迄ノ状況ハ団結鞏固ニシテ容易ニ命令ニ遵ハズ狂暴ヲ極ム。故ニ軍隊、警察官ハ協力シテ之ガ取締ヲ強行シ九月七日頃ヨリ辛フジテ軍隊又ハ警察官ノ指揮下ニ置キ秩序ヲ整理セリ。

此ノ際戎器、兇器ヲ領置セル九月中ノ状況左ノ如シ。

日本刀	三九〇	巡査洋刀	四
仕込杖	九一	洋刀	二一
刀身	六九	大禮刀(大小)	二
焼刀身	一九七	軍刀剣	二六
匕首	七一	押ノミ	一
焼短刀	一〇	木刀	六一
小刀	二三	金棒	六九二
庖下	六	ハンドメス	一
露国製刀剣	七	鍬	六
銃剣	一〇	薙刀	三
短剣	三	袖搦	三
焼剣	九	金槌	一
三十年式歩兵銃剣	二	釘抜	二
着剣歩兵銃	三	鑢	二
ピストル	一八	玩具ピストル	二
猟銃	一九	錐	一
洋杖銃	一	玄能	一
空気銃	四	薪割	二
斧	三	熊手	二
鉈	二	鎌	三
鉞	一	鋸	二
竹先ニ短刀ヲ付セルモノ	一	散弾	一五
同小刀ヲ付セルモノ	一	実弾	二四
鎗	三〇	薬莢	一〇
竹槍	一二	弾丸	二一
鎗先	七	計	一、九四七
鳶口	四九		

(8) 救護

(a) 九月一日行政執行法第四条ヲ実施シテ食糧品ヲ徴用ス。

(b) 九月二日緊急勅令ヲ以テ左記非常徴発令発布セラル

非常徴発令（大正十二年九月二日 勅令第三九六号）

第一条　大正十二年九月ノ地震ニ基ク被害者ノ救済ニ必要ナル食糧、建築材料、運搬具其ノ他ノ物件又ハ労務ハ内務大臣ニ於テ必要ト認ムルトキハ其ノ非常徴発ヲ発スルコトヲ得

第二条　非常徴発令ハ地方長官ノ徴発書ヲ以テ之ヲ行フ

第三条　非常徴発ヲ命ゼラレタルモノ徴発ノ命令ヲ拒ミ又ハ徴発物件ヲ蔵匿シタルトキハ直ニ之ヲ徴用スルコトヲ得

第四条　徴発物件又ハ労務者ニ対スル賠償ハ其ノ地市場ニ於ケル前三年間ノ平均価格ニ依リ之ヲ定ム其ノ平均価格ニ依リ難キモノハ評価委員ノ評定スル所ニ依ル。

第五条　非常徴発ノ命令ヲ拒ミ又ハ徴発物件ヲ蔵匿シタルモノハ三年以下ノ禁固又ハ三千円以下ノ罰金ニ処ス徴発シ得べキ物品ニ関シ当該官吏員ニ対シ申告ヲ拒ミ又ハ虚偽ノ申告ヲ為シタル者亦同ジ

第六条　徴発物件ノ種類、賠償ノ手続、評価委員ノ組織其ノ他本令ノ施行ニ必要ナル規定ハ内務大臣之ヲ定ム

付　則

本令ハ公布ノ日ヨリ之ヲ施行ス

同日内務省令ヲ以テ食糧品、飲料、薪炭油、其ノ他ノ燃料、家屋、建築材料、薬品其ノ他ノ衛生材料、船車其ノ他ノ運搬具、電線、労務ニ付物件ヲ指定シ併セテ勅令施行ニ関スル詳細ナル手続ヲ定メタリ。

(c) 物資ノ配給

徴用其ノ他ニ依リ蓄積セラレタル飲食料其ノ他ノ物資ハ東京市役所ヲシテ一般避難民ニ配給セリ。

(d) 罹災者ノ収容

広場、空地、山ノ手方面ニ群衆セル避難民概数百二十万ヲ算シ各警察署、町村当局ノ努力ニ依リ

各学校、寺院等ニ収容シ尋テ親籍（ママ）知己ニ寄寓ノ移動ヲ為サシムルコトヲ以テ整理ヲ進メタリ。

九月四日臨時震災救護事務局ハ収容バラックノ建設ヲ決定直ニ着工セリ。

(9) 衛生医療

(a) 九月一日激震ト同時ニ警視庁ニ救護本部ヲ設置ス。

(b) 衛生警察職員ヲ総動員スル傍、東京府医師会、東大、慶大両医学部、済生会、日赤東京支部、市医師会、各区医師会ニ応援ヲ請求セルモ何レモ罹災者ノ地位ニアリ、慶大ノミ応ズ。

(c) 皇室ノ恩恵

宮内省ハ　皇后陛下ノ思召ニ依リ巡回救療班ヲ設ケラレ妊産婦及乳幼児ノ保護救療ヲ主トシ尚一般傷病者ノ診療ニモ従事セリ。

(d) 防疫ノ施設トシテ警視庁ニ巡回防疫班ヲ編成シ災害地ニ於ケル防疫事務ニ従事シ就中消毒班ノ予防消毒及検病的調査ノ励行ハ励行シタルモ集団バラックニ於ケル当時ノ状況ハ災後幾許モナク赤痢猖獗シ之ガ衰フルヤ腸チブス代リ伝染病ノ蔓延恐ルベキモノアリキ。

之ガ状況ハ日時ノ経過ニ伴ツテ激烈ヲ極メ十月ニハ前年ノ二倍ニ達スル情態ヲ醸出セリ。

(e) 臨時震災救護事務局衛生医療部ノ活動ト相俟チ人的物的施設ノ整備強化ト伝染病予防ニ関スル宣伝ニ依リ万全ヲ期シタリ。

(f) 屍体処分ニ関スル施設ヲ急造シ九月中ニ六万九百四十個ヲ火葬ニ付セリ。

(g) 東京市ノ屎尿排出量ハ約一万石ナリシヲ以テ青年団員、在郷軍人団員等出動セシメ且隣県知事ニ協議シテ汲取容器具ヲ購入スル等屎尿ノ汲取ヲ迅速ナラシメ十月初旬ニ至リテ略々小康ヲ保テリ

(h) 其ノ他汚物ノ処分ニ付各警察署長ノ活動ニ依リ漸次施設ノ完備ト排除ノ好成績ヲ挙ゲタリ。

(10) 消防概観

(a) 当時警視庁消防制度ハ概ネ左ノ如シ。

消防署	六
消防組	二七〇
常備消防員	八二〇
予備消防員	一、四〇二

(b)　九月一日午前十一時五十八分強震ト同時ニ望楼ヨリ望見スルトコロニ依レバ市内ニ於テ火災ノ黒煙沖天スルモノ実ニ百三十余条ト算セラレタリト謂フ、而モ同時ニ通信諸機関断絶シ、水道断水シテ消防行動ニ嗟跌《ママ》ヲ生ジ加フルニ折柄ノ強風ハ火勢ヲ煽リテ四方ニ延焼シ爾来三日間ニ於テ東京市ノ大半ヲ焦土ト化シ数万ノ生霊ヲ亡セリ。

(c)　消防隊ノ消防方略

第一期　各消防隊ハ単独ヲ以テ行動シ各受持区域内ノ防火ニ死力ヲ尽ス。

第二期　九月一日夜ヨリ二日払暁ニ亘リ被害僅少ト認ムル山ノ手方面ニ勢力ヲ集中シテ下町方面ハ一時防火活動ヲ放棄ス。辛フジテ工兵隊ノ出動ト相俟ツテ功ヲ奏シ延焼ノ区域ヲ下町方面ニノミ極限セリ。

第三期　勢力ヲ漸次下町ニ移動セシメタル結果逐次火勢衰ヘ九月三日午前九時未曾有ノ大火災ハ其ノ終局ヲ告グ。

(11)　災害ノ犯罪ニ及ボシタル影響

(a)　放火　九月中ニ二十五件ヲ算ス前年同月ニ比シ五倍トス。

(b)　遺棄　九月中ニ十件ヲ算ス。

(c)　殺人及傷害　九月中ニ殺人百十件、傷害九十七件ヲ算ス。

(d)　戎器取締法違反　九月中ニ十四件ヲ算ス。

(e)　流言蜚語

○治安維持ニ関スル罰則適用ノモノ

九月―十月　十一件

○警察犯処罰令ニ依リ処罰セルモノ三十二件ヲ算ス。

(f)　暴利取締

前三ケ年平均価格ヨリ三割以上ノ価格ヲ以テ販売セルモノヲ暴利トシテ取締セリ。

(g)　窃盗　軽微ナル事犯激増セリ。

(h)　詐欺及恐喝

救恤金品ノ詐取、郵便貯金騙取、憲兵、警察官ノ官名ヲ詐称シテ恐喝、強要ヲ為セルモノ簇出セリ。

等々ナルモ右ハ検挙犯罪ヨリ算出セルモノナルヲ以テ之ガ被害ハ相当数ニ上リタリ。

(12)　警視庁警察官ノ増員拡充

警視庁所属警察官ハ一般罹災者ト同様ノ地位ニア

リ加之震火災ノ直後ヨリ警戒、救護ノ任務ノ過労ト饑渇ニ迫ラレ而モ死傷多ク予メ補充スルニ非ザレバ克ク治安ノ確保ニ任ズルヲ得ザル事態ニ陥リタリ。

(a)　他府県警察官ノ来援及出向

九月二日臨時震災救護事務局警備部（警保局）ハ応援警察官ノ派遣ヲ千葉、栃木、茨城、群馬、長野、福島及新潟ノ諸県ニ電命セリ。

九月三日午後二時栃木県ヨリ警部以下四十名ノ入京ヲ初メトシ諸県ヨリ相前後シテ来援アリ本庁及各署ニ分属シ警察本来ノ面目ヲ一新セリ。

「第一次来援」　九月三日―九月十五日

千葉、栃木、長野、茨城、京都、石川、福島、新潟、山形、樺太、十庁府県ヨリ

警視以下　九八五名

「第二次来援」　九月一九日―十月二日

青森、秋田、兵庫、宮城、京都、三重、岐阜、奈良、福井、石川、富山、茨城、栃木、長野、福島、山形、新潟、愛知、和歌山ノ十九府県ヨリ

警視以下　九三〇名

総合計警視以下一、九一五名ヲ算ス。

尚九月二十一日ヨリ十一月九日迄ニ他府県ヨリ出向シ来タル巡査千八十六名ヲ算シ之ヲ震災後人口激増セル市隣接郡部各署ニ配置シ警察力ノ充実ヲ計リタリ。

因ニ警視庁職員ニシテ職ニ殉ジタル者ハ、

警視一、消防士一、警部補二、消防曹長一、巡査五七ナリ。

(b)　警視庁警察機構ノ拡充強化

(一)　緊急ノ必要ニ依リ九月十二日勅令第四十三（ママ）号ヲ以テ警視専任五人、警部専任二十人ヲ増員ス。

(二)　十月二十日更ニ警視六名、警部二十四名、警部補以下二十名ヲ増員ス。

之ニ依リ戒厳解除後ノ治安確保ニ万全ヲ期シタリ。

(13)　戒厳令撤廃後ニ於ケル警戒

大正十二年十一月十五日物情漸ク鎮定シ兵力ニ依ル警備ノ必要ナシト認メ政府ハ戒厳令ヲ撤廃セリ。

同時ニ自後ニ於ケル警備ハ専ラ警察官ノ任ズルトコロナルヲ以テ他府県ヨリ出向ノ警察官及増員警察官ノ

配置ヲ以テ警戒ノ万全ヲ期シ併セテ本庁警務部内課、係ヲ増設シ各警察署派出所、立番所等ヲ増設シタルコトニ依リ有終ノ美ヲ致セリ。

当時警部補、巡査定員九千九百六十六人ヨリ一万一千九百六十六人ニ強化サレタリ。

(昭和十六年七月　戒厳令ニ関スル研究)

監修者紹介

松尾　章一（まつお　しょういち）

1930年生まれ。62年法政大学大学院人文科学研究科日本史学専攻博士課程単位修得。71年同大学より文学博士の学位授与。
現在，法政大学経済学部教授。東京多摩自治体問題研究所理事長。
主著　『増補改訂　自由民権思想の研究』（日本経済評論社，1990年），松尾章一・貞子共編『大阪事件関係史料集』（全2巻，同社，1984年），等。

編集者紹介

大竹　米子（おおたけ　よねこ）

1930年生まれ。1990年まで千葉県習志野市立中学校教諭，歴史教育者協議会会員，千葉県における関東大震災朝鮮人犠牲者追悼・調査実行委員会世話人。
主著　「朝鮮人虐殺事件の掘りおこしから」（中学校教育実践選書34『部活動』所収，あゆみ出版，1983年），『いわれなく殺された人びと』（共著，青木書店，1983年），「地域の掘りおこしと民衆の歴史意識　—関東大震災と朝鮮人虐殺—」（共同執筆『歴史地理教育』380号，1985年）。

編集・解題者紹介

平形　千恵子（ひらかた　ちえこ）

1941年生まれ。船橋学園東葉高等学校教諭，歴史教育者協議会会員，千葉県における関東大震災朝鮮人犠牲者追悼・調査実行委員会世話人。
主著　『いわれなく殺された人びと』（共著，青木書店，1983年），「地域の掘りおこしと民衆の歴史意識　—関東大震災と朝鮮人虐殺—」（共同執筆『歴史地理教育』380号，1985年），「関東大震災は天皇制国家にどう利用されたか　—大震災と民衆運動の弾圧—」（『日本歴史と天皇』所収，大月書店，1989年），「陸軍病院で働いた女学生」（『学校が兵舎になったとき』所収，青木書店，1996年）。

関東大震災政府陸海軍関係史料　Ⅰ巻　政府・戒厳令関係史料

1997年1月10日　第1刷発行

監修者　松尾章一
編集者　大竹米子
編集・解題者　平形千恵子
発行者　栗原哲也

発行所　株式会社　日本経済評論社
〒101　東京都千代田区神田神保町3-2
電話 03-3230-1661 FAX 03-3265-2993
振替 00130-3-157198

装幀・大貫デザイン事務所
版下・トーク編集工房　印刷・平河工業社　製本・協栄製本

関東大震災 政府陸海軍関係史料 Ⅰ巻
政府・戒厳令関係史料（オンデマンド版）

Digital Publishing

2003年10月1日 発行

監修者 松尾 章一
編集者 平形千恵子
大平 米子
発行者 栗原 哲也
発行所 株式会社 日本経済評論社
〒101-0051 東京都千代田区神田神保町3-2
電話 03-3230-1661 FAX 03-3265-2993
E-mail: nikkeihy@js7.so-net.ne.jp
URL: http://www.nikkeihyo.co.jp/
印刷・製本 株式会社 デジタル パブリッシング サービス
URL: http://www.d-pub.co.jp/ AB433

乱丁落丁本はお取替えいたします。 Printed in Japan

ISBN4-8188-1621-3